René König Schriften. Ausgabe letzter Hand

Band 15

Reihe herausgegeben von
Heine von Alemann
Köln, Deutschland

Hans-Joachim Hummell
Duisburg, Deutschland

Oliver König
Köln, Deutschland

Hans Peter Thurn
Düsseldorf, Deutschland

Mit der Edition der Schriften wird der Versuch unternommen, dieses inhaltlich reiche und formal vielgestaltige Lebenswerk René Königs erstmals im Zusammenhang vorzustellen und der Öffentlichkeit in geschlossener Form zugänglich zu machen. Dabei werden die wichtigsten deutschsprachigen Bücher jeweils in der Fassung letzter Hand ediert, wird eine Vielzahl von Abhandlungen in thematischer Gruppierung neu veröffentlicht, sollen bisher weit verstreute Studien, zum Teil auch bisher unpublizierte Arbeiten, ihren angemessenen Platz in der Gesamtedition finden. Jede der aufgenommenen Schriften wird ungekürzt und in der Form präsentiert, die René König selbst ihr gegeben hat. Mit diesen Editionsprinzipien und der Gesamtanlage nach stellen die „Schriften" René König in authentischer Weise als bedeutenden deutschen und international renommierten Gelehrten des 20. Jahrhunderts vor sowie als namhaften Neubegründer der Soziologie in der Periode der Rekonstruktion einer zivilen demokratischen Gesellschaft nach dem Zweiten Weltkrieg in Deutschland und Europa.

Weitere Bände in der Reihe http://www.springer.com/series/12709

René König

Soziologische Studien zu Gruppe, Gemeinde und Stadt

2., erweiterte Auflage

Mit einem Nachwort versehen von Kurt Hammerich

 Springer VS

René König
Köln, Deutschland

Kurt Hammerich
Köln, Deutschland

Frontispiz: René König, 1982 (Foto: Stefan Moses)

René König Schriften. Ausgabe letzter Hand
ISBN 978-3-658-28250-9   ISBN 978-3-658-28251-6   (eBook)
https://doi.org/10.1007/978-3-658-28251-6

Die Deutsche Nationalbibliothek verzeichnet diese Publikation in der Deutschen Nationalbibliografie; detaillierte bibliografische Daten sind im Internet über http://dnb.d-nb.de abrufbar.

Planung/Lektorat: Cori A. Mackrodt
Springer VS ist ein Imprint der eingetragenen Gesellschaft Springer Fachmedien Wiesbaden GmbH und ist ein Teil von Springer Nature.
Die Anschrift der Gesellschaft ist: Abraham-Lincoln-Str. 46, 65189 Wiesbaden, Germany

INHALTSVERZEICHNIS

TEIL I

Gruppe und Organisation

Soziale Gruppen

Man muß sich darüber klar sein, daß für den Soziologen die Geographie, seit es eine ernst zu nehmende wissenschaftliche Soziologie gibt, immer eine ganz entscheidende *Parallelwissenschaft* gewesen ist. Seit Emile Durkheim die „Année Sociologique" begründete, nahm er engsten Kontakt auf mit der Schule von Paul Vidal de la Blache, und er hat auch Kontakt gehabt mit den deutschen Geographen. In der zweiten Nummer der „Année Sociologique" erschien bereits ein Aufsatz von Friedrich Ratzel[1], der seinerzeit in Frankreich und auch in Deutschland großes Aufsehen erregt hat. Insbesondere fiel es auf, daß die Soziologen in einer der ersten rein soziologischen Zeitschriften Europas von Anfang an der Geographie einen so großen Raum boten. Das kam auch zum Ausdruck im Besprechungsteil, in dem eine eigene Abteilung nur für die Geographie mit vielen Unterabteilungen eingerichtet wurde, und die französischen Geographen haben seit jener Zeit regelmäßig bis heute in der „Année Sociologique" Heimatrecht gehabt, und man hat sie immer als auf gleicher Stufe stehend empfunden.

Ich persönlich sehe heute noch einen weiteren Grund, diesen Zusammenhang mit der Geographie zu pflegen, und zwar einen pädagogischen. Ich pflege alle meine Studenten immer wieder darauf aufmerksam zu machen, sie möchten, wenn irgend möglich, geographische Vorlesungen besuchen. Ich tue das mit Fleiß, damit die jungen Leute nicht, wie es heute manchmal der Fall ist, sich das Hirn voll stopfen mit Begriffen: Integration, soziales System,

---

[1] Friedrich Ratzel, Die geographische Lage der großen Städte. In: Jahrbuch der GeheStiftung (1903). Bibliographische Nachweise finden sich in René König (Hrsg.): Soziologie (Fischer Lexikon), Neuausgabe. Frankfurt 1967 (Artikel: Soziale Morphologie) sowie in ders. (Hrsg.): Handbuch der Empirischen Sozialforschung, Bd. II. Stuttgart 1968 (insbes. das Kapitel über Großstadt).

© Der/die Autor(en), exklusiv lizenziert durch Springer Fachmedien Wiesbaden GmbH , ein Teil von Springer Nature 2021
R. König, *Soziologische Studien zu Gruppe, Gemeinde und Stadt,* René König Schriften. Ausgabe letzter Hand 15,
https://doi.org/10.1007/978-3-658-28251-6_1

Interaktion, Interdependenz und was nicht alles. Das klingt alles großartig, aber sie können dann nachher nicht einmal mehr ein Dorf von einer Großstadt unterscheiden. Hier, möchte ich meinen, hat die Geographie die ganz entscheidende Funktion, den morphologischen Aspekt der Gesellschaft immer wieder in den Vordergrund zu schieben. Was wäre ein Sozialwissen-schaftler, der nicht imstande ist, rein morphologisch die Differenzierung sozialer Gebilde zu erfassen? Es ist einer der größten Vorteile der Geographie, daß sie in dieser Weise weitgehend morphologisch arbeitet.

Die Art und Weise, wie dann später von Frankreich ausgehend Soziologie und Geographie zusammenflossen, führte zur Begründung einer eigenen Unterdisziplin der Soziologie, nämlich der sozialen Morphologie. In dieser *sozialen Morphologie* schloß sich die Soziologie außer der Geographie noch mindestens einer anderen Wissenschaft an, die für uns genauso wichtig ist, nämlich der Demographie, die ja auch den Geographen außerordentlich nahe steht. So versuchte man, den ganzen Aspekt in eine komplexe Wissenschaft zusammenzufassen, die man als soziale Morphologie bezeichnete. Sie sehen also in der Tat, es fällt einem Soziologen gar nicht schwer, den Weg zu den Geographen zu finden. Im Gegenteil: Er ist für ihn gewissermaßen ganz all-täglich. Denn bei zahllosen Untersuchungen müssen die Soziologen von den Geographen gewisse entscheidende Informationen beziehen. Wir können ohne ihre Vorarbeit überhaupt nicht die ersten Schritte tun. Sie bieten uns bereits vorbereitete Materialien an, auf die wir dann andere analytische Techniken anwenden, die wir etwa als *sozialstrukturelle Analyse* bezeichnen.

Was ich Ihnen ferner zeigen möchte, geht dahin, daß mindestens im gleichen Rang wie die anschließenden sozialstrukturellen Analysen noch *kulturelle Analysen* hinzukommen, und Sie könnten sogar noch *historische Analysen* hinzufügen, weswegen ich persönlich in meiner gleichen Politik, die Studenten an das Morphologische heranzuführen, außer der *Sozial und Wirt-schaftsgeographie* auch noch die *Sozial- und Wirtschaftsgeschichte* zu empfehlen pflege, in der der junge Mensch genau die gleiche Verformung erfährt wie durch die Geographie. In Frankreich ist unter dem Einfluß von Lucien Febvre[2] diese Betrachtungsweise durchaus Allgemeingut geworden. Der Kreis um die bedeutende Zeitschrift „Annales" bezeugt das eindrücklich. Das Studium der materiellen Konfigurationen der Gesellschaft im Raum ist Arbeit des Geographen, und wenn wir seine Informationen haben, können wir daran ansetzen und weiterarbeiten, einerseits in Richtung der Strukturanalyse und andererseits in Richtung der kulturellen Analyse.

Aus diesem Grund möchte ich Ihnen heute zweierlei vorführen, zunächst einmal in einer allgemeinen Weise ein Erklärungsschema für die Arbeits-teilung zwischen Geographie und Soziologie, wobei ich anschließen möchte an ein Modell von George C. Homans[3] mit seinem Buch „*Die menschliche*

---

[2] Lucien Febvre, La terre et l'evolution humaine. Paris 1922.

[3] George C. Homans, The Human Group. New York 1950 (deutsch: Theorie der sozialen Gruppe. Köln-Opladen 1960).

Gruppe", das auch deutsch erschienen ist und dessen Lektüre ich allen Geographen empfehlen kann; denn Sie werden merken, daß Sie in diesem Buche selbstverständlich rezipiert werden und daß man die Geographie als völlig gleichgestellten Partner und ganz wesentlichen Auskunftsgeber betrachtet. Anschließend werde ich in einem zweiten Teil einige spezielle Probleme ansprechen, die ich aus der modernen Großstadtforschung genommen habe, mit der ich mich zurzeit wieder beschäftigen mußte, und die Ihnen die Stellung menschlicher Gruppen in einem sehr speziellen Raum, nämlich dem der Großstadt zeigen. Auch da werden Sie die überraschende Entdeckung machen, daß mindestens gleichviel Geographie wie Soziologie oder, wie man auch sagt, Sozialökologie zum Zuge kommt.

Zunächst zu der ersten Problemreihe. Für den Soziologen gehört der Raum zum Vollzugsort für das, was Homans das „äußere System" der Gruppe genannt hat. Homans geht dabei aus vom „totalen System" der menschlichen Gruppe und versucht, sie in der Realität einzurichten. Dabei zeigt sich eine doppelte Ausrichtung der Aufgaben, einmal nach außen, in die Außenwelt ganz allgemein, andererseits nach innen. So stellt er im totalen sozialen System das „äußere soziale System" dem „inneren sozialen System" gegenüber. Das äußere soziale System bedeutet in klassischer Weise die Einbettung der menschlichen Gruppe in die physische Umgebung. Das ist natürlich sehr abstrakt und sagt nicht viel aus. Aber er hat hier die Geographie im Auge, und er sagt es auch: Denn die Geographie zeigt uns, in welcher unerhört verschiedenartigen Weise die menschlichen Gruppen in der äußeren Umwelt sich heimisch gemacht haben. Allerdings stellt nun Homans gleich die zweite Frage, wie das geschehen ist, und zieht jetzt den Begriff der menschlichen Arbeit heran. Durch *Arbeit* macht sich der Mensch gewissermaßen die Umwelt zu eigen, indem er sie umformt – verschieden stark nach dem Wollen und Können der Gruppen.

Um einem nahe liegenden Mißverständnis zu begegnen: In Deutschland wird gemeinhin diese Problematik als Anpassung in dem Sinne mißverstanden, als handele es sich um eine passive Anpassung. Sie sehen schon an dem Begriffsmodell, das ich Ihnen vorführte, daß davon überhaupt keine Rede sein kann; ganz im Gegenteil, es handelt sich um *aktive Anpassung* oder, wie der amerikanische Ausdruck lautet, „creative adjustment", *schöpferische Anpassung,* in der irgendwelche gegebenen Außenweltbestandteile sowohl sozialstrukturell in den Dienst einer Gruppe gestellt, andererseits kulturell umgeformt werden. Dieser Prozeß wird vermittelt durch die Arbeit. Die Arbeit als solche bekommt ihren letzten Aufhänger im „inneren sozialen System", das gleichzeitig durch die soziale Struktur der Gruppe wie durch ihre Kultur bestimmt wird. Mit anderen Worten: Die Art und Weise, wie Gruppen arbeiten und sich in der Außenwelt einrichten, ist nicht nur durch kulturelle Vorstellungen, Wertvorstellungen, religiöse Vorstellungen bestimmt, sondern auch durch die *Struktur der Gruppe.* Unter Struktur verstehen wir Soziologen diejenigen

Züge einer Gesellschaft, die ihr das Überdauern in der Zeit als identische Gruppe erlauben. So können Sie leicht sehen, daß etwa Gesellschaften mit einer geringeren Herrschaftsstruktur eine andere Auswirkung im Raum entfalten als solche mit einer größeren Herrschaftsspannung, mit einem größeren Herrschaftsgefälle. Das spielt gerade in der Gestaltung der Außenwelt eine sehr große Rolle, indem wir nämlich zwei Arten der Umformung der Umwelt unterscheiden können, nämlich einerseits jene, die sich große Räume eröffnet, wie bei allen imperialen Figuren der alten Welt, den großen Despotien, oder solche, die sich mehr im kleinräumlichen Bereich hält, wie z. B. die griechischen Stadtstaaten und die entsprechenden Siedlungen nördlich der Alpen. Hier zeigen sich dann die Differenzen der inneren sozialen Strukturen gleichzeitig in einer Differenz der Ausgestaltung der Systeme in der äußeren Welt.

Früher wurden in die Analyse des Verhältnisses der Soziologie zur Geographie gelegentlich stark biologische Akzente hineingebracht. Viele von Ihnen werden sich daran erinnern, daß man etwa Darwinsche Konzepte vom Kampf ums Dasein in Zusammenhang sah mit der Verteilung der menschlichen Gruppen im Raum, d. h. eine Art Konkurrenzkampf annahm, der dann entschied, in welcher Weise die Menschen im Raum siedeln, und zwar sowohl im großen als auch im kleinen. So entstand etwa die Großstadtökologie.

So wichtig die *Ökologie* seinerzeit gewesen ist, so problematisch halte ich sie aus dem einfachen Grunde, weil sie zunächst die entscheidenden Beziehungen zur sozialstrukturellen Analyse und auch zur kulturellen Analyse nicht in den Blick bekam. Andererseits werde ich Ihnen zu zeigen haben, daß einer der ersten Sozialökologen diese Probleme sehr wohl gesehen hat. Dann wurden sie allerdings beiseite gedrängt bei dem Versuch, immer komplexere Indizes, immer perfektionistischere Maßzahlen zu bilden, die die strukturelle und auch kulturelle Analyse beiseite treten ließen.

Für uns bleibt also in der Tat eine sehr weitgehende Anwendbarkeit des Erklärungsmodells von Homans, um Soziologie und Geographie bzw. Soziageographie zusammenzuführen. Dabei wäre noch eine weitere Frage aufzurollen, die ich nicht ausführen möchte, aber ich muß sie doch erwähnen. Ich habe gesagt, das Modell von Homans genügt, um das Verhältnis von Soziologie und Sozialgeographie in ihrer gegenseitigen Abhängigkeit zu erläutern. Ich habe aber nicht von der Geographie als solcher gesprochen. Jetzt erhebt sich die Frage nach der eigenen Aufgabenstellung der Geographie ohne Zusatz, also jenseits des Begriffs Sozialgeographie; denn es gibt selbstverständlich Räume, die vom Menschen nicht erreicht werden und die für den Geographen interessant sind, was Ratzel noch den *anökumenischen Boden* nannte. Gerade in unserer Zeit beginnt sich der Begriff des anökumenischen Bodens immer mehr zu relativieren, indem immer neue Bereiche unserer Erde dem normalen Leben des Menschen zugänglich gemacht werden, wenn es wirtschaftlich nötig ist. Dann wird es erzwungen, Gebiete, die ansonsten nicht bewohnbar wären, zu bewohnen, die entsprechend eigene Siedlungsform ausbilden. Das wäre ein weiterer wichtiger Diskussionsgegenstand, der in Zeiten der interplanetarischen Forschung, aber auch der wirtschaftlichen Nutzung der Meerestiefen von höchster Aktualität geworden ist.

Im Prinzip stellt sich also die Frage für Homans und auch allgemein für die Soziologie in der Weise, daß durch menschliche Arbeit die Räume durch die Gruppen umgestaltet werden, indem die Gruppen sich gewissermaßen die Räume anbilden, sich an diese selbst schöpferisch anpassen. Damit wird notwendigerweise nicht nur die *Struktur der Gruppe* ins Spiel gebracht, sondern gleichzeitig die *Kultur,* worunter ich in einem weitesten Sinne alle sozialen Traditionen verstehe, also vom Brauch zur Sitte, vom Gewohnheitsrecht zum Recht, von der Kunst bis zur Religion. Verschiedene materielle Gegebenheiten können dann unter verschiedenen kulturellen Aspekten verschiedene Bewertungen erfahren und entsprechend auch verschiedene Formen der Bewältigung des Bodens oder der Bewältigung der Außenwelt anbahnen. Genauso aber können wir sagen, daß verschiedene soziale Strukturen die gleiche Möglichkeit haben, so daß es unmöglich ist, eine konkrete gegebene Gesellschaft in einem gegebenen geographischen Areal zu verstehen, ohne auf ihre Struktur zurückzugreifen, die immer auch eine eigene Kultur ist. Wenn man die soziale Struktur der Menschheit vor der letzten Eiszeit verstehen will sowie ihre Verteilung auf der Erdoberfläche, dann muß man notwendigerweise davon ausgehen, daß es sich hierbei um *Jäger-Sammlerinnen-Völker* handelt, die in einer gewissen Weise nur Raubbau treiben und vom Vorhandenen so lange leben, bis es nicht mehr reicht, und dann weiterziehen. So wie die Jäger-Sammlerinnen eine ganz bestimmte Kultur entfalten, so entfaltet eine andere Kulturstufe wieder eine andere, nämlich die *Jäger-Gärtnerinnen-Kulturen.* Während die *Rolle des Bodens* bei den Jäger-Sammlerinnen äußerst prekär ist, da sie beweglich sind und aufgrund ihrer unendlich unterentwickelten Wirtschaft kaum die Möglichkeit haben, etwas aus dem Boden zu ziehen, ändert sich die Situation ganz entscheidend bereits bei der der Jäger-Gärtnerinnen. Die Männer gehen nach wie vor der unsicheren Jagd nach. Die Frauen hingegen sind bodenständig geworden, indem sie vom bloßen Sammeln von Pflanzen dazu übergegangen sind, mit dem Grabstock gewisse Pflanzen auszugraben und sie in der Nähe einer provisorischen Behausung wieder anzupflanzen. Das ist der Anfang des Gartenbaues, der dann später, wie Sie wissen, in mutterrechtlichen Kulturen eine so große Rolle gespielt hat, ein Zweig der Kulturentwicklung, dem angesichts anderer Entwicklungen keine große Zukunft beschieden gewesen ist. Aber es bleibt, daß die Beziehung zum Boden hier durch die Gärtnertätigkeit der Frauen erreicht worden ist. Erst in den eigentlichen *Bauernkulturen* gewinnen dann auch die Männer eine feste Bindung zum Boden.

Dieser Satz hat für den Soziologen eine außerordentlich tiefgehende Bedeutung. Sie könnten geradezu sagen: Wenn die Menschheit nicht in ihrer ersten großen Krise, die sie erlebt hat, nämlich der Seßhaftwerdung, gewissermaßen ein festes Verhältnis zum Boden gewonnen hätte, könnten wir uns spekulativ vorstellen, daß die menschlichen Gesellschaften wieder zerstoben wären; denn die Kontinuität der menschlichen Gruppen lebt zu einem großen Teil von der Kontinuität des Bodens, was immer wieder Theorien etwa über die Determinationskraft des Bodens aufgebracht hat, denen wir heute allerdings nicht mehr anhängen. Wohl aber zeigt sich, daß kulturell eine ganz andere Stetigkeit in das menschliche Gesellschaftsleben hineingekommen ist, seit sich die menschlichen Gesellschaften fest an einen Boden gebunden haben, und es zeigt sich auch, daß die Vorstellung der Rolle des Bodens in der menschlichen Gesellschaft eine ganz andere ist bei *bäuerlichen Kulturen* als etwa bei *nomadischen Großviehhirten*. Nomadische Großviehhirten, die grundsätzlich großräumig ausgerichtet sind, haben eine völlig andere Einstellung zur Bewirtschaftung des Bodens. So können wandernde Großviehhirten völlig verständnislos bleiben für die besondere Art des Wirtschaftens, die z. B. mit der Bewässerungswirtschaft verbunden ist. Ich denke dabei an ein ganz besonderes Beispiel, nämlich *Nordafrika*, wo die vor den arabischen Eroberungen vorhandene Bewässerungswirtschaft durch die wandernden arabischen Kulturen völlig zerstört worden ist aufgrund eines solchen Mißverständnisses. Und da, wo vorher grüne Gärten waren, erschien wieder die Wüste, d. h. eine geographische Veränderung, bedingt durch einen Konflikt zwischen zwei Kulturen, eine Veränderung in Richtung der totalen Verwüstung eines Landstriches, der sich erst in unseren Tagen wieder von der arabischen Eroberung zu erholen beginnt. Aber Sie sehen daran gleichzeitig noch etwas anderes, und deshalb ist mir das Beispiel wichtig: *Der gleiche Raum, von verschiedenen Gruppen besiedelt, verwandelt unter Umständen völlig seinen Charakter.*

Was bedeutet dann sowohl für Geographen als auch für Soziologen der Begriff *Raum*? Im übrigen darf ich Sie darauf hinweisen, daß es eine Parallele zu dem anderen Grundphänomen unserer Existenz gibt – nämlich der *Zeit*. Natürlich haben wir eine einheitliche Weltzeit, nämlich die astronomische, die auf der Konstanten $c = 299.792 \text{ km/s}$ aufgebaut ist. Aber das ist nicht die reale historische Zeit, in der wir leben, also die Eigenzeit menschlicher Kulturen. Und genauso wie es eigenzeitliche menschliche Kulturen mit verschiedenen Zeitkomponenten gibt, genauso gibt es auch verschiedene Räume. D. h. der selbstverständlich auch vorhandene physikalische Raum ist für uns nicht das Problem, sondern der Raum, der jeweils aus den vielen Möglichkeiten des allgemeinen Raumes durch die Sozialstruktur der Gruppen und gleichzeitig durch ihre Kulturen ausgeschnitten wird. *Der Raum ist also immer anders* für Jäger, für Bauern, für Großviehhirten, für gemischte Kulturen von Bauern und Großviehhirten, für Kulturen mit ausgebauten Aristokratien und ausgedehnten Sklavenwirtschaften, schließlich für gemischte Bauern- und Gewerbekulturen, die praktisch bis an den Anfang des Frühkapitalismus reichen, mit dem die zweite große Krise der Menschheit beginnt. Jeweils verschiedene soziale Wertvorstellungen, die weitgehend strukturell bedingt sind, geben dann dem Boden eine völlig verschiedene Färbung. Auch die sogenannten natürlichen Ressourcen, und das betrifft insbesondere auch die Wirtschaftssoziologie, müssen unter diesem sozialstrukturellen Aspekt und auch unter dem kulturellen Aspekt betrachtet werden, denn sie können jeweils eine ganz verschiedene Bedeutung bekommen. Hier wird dann auch der historische Faktor deutlich sichtbar. So kann der gleiche physikalische Raum mit den gleichen Ressourcen verschiedenen Kulturen ganz verschieden erscheinen, was ja auch die Veränderung der politischen Lage in unserer Welt erreicht hat, indem mit neuen wirtschaftlichen Techniken Räume, die vorher politisch abgestorben waren, plötzlich zu neuer politischer Aktivität kamen. Ich denke dabei an die Rolle des Erdöls und die Reaktivierung der arabischen Halbinsel. Diese Dinge sind in der modernen *Soziogeographie* in den letzten Zeiten viel studiert worden.

So kommen wir also notwendig dazu, hier gleichzeitig von *sozialstrukturellen* und von *kulturellen Faktoren* sprechen zu müssen. Ich kann das natürlich nicht in aller Breite aufrollen, das würde uns viel zu weit führen. Darum möchte ich hier nur ein einziges Beispiel heranziehen, mit dem ich mich in der letzten Zeit besonders eingehend beschäftigt habe, nämlich einen Aspekt aus der modernen *Großstadtsoziologie,* bei der sowohl die strukturellen als auch die kulturellen Faktoren besonders deutlich ins Auge springen. Wenn wir abschließend die Verhältnisse der menschlichen Gruppen zum Raum fassen wollten, würde ich den alten Begriff vom *geographischen Possibilismus* wieder vor schlagen; er stammt von Vidal de la Blache[4]. Die materiellen Gegebenheiten bedürfen erst einer Ergreifung durch andere Instanzen, in dem Fall sozialstruktureller oder kultureller Art, um von einer bloßen Möglichkeit zu einer Realität zu werden. Sie sehen damit gleichzeitig, daß hier ein Weg gefunden ist, um den alten „tellurischen Determinismus", wie Ratzel noch zu sagen pflegte, weitgehend auszuschalten. Im übrigen hat er in seinen tatsächlichen Forschungen *seine* Theorie nicht befolgt, sondern von Anfang an im Grunde wie ein Soziologe gearbeitet, weswegen seine großen Forschungen heute nach wie vor als historische Marksteine in der Entwicklung der empirischen Soziologie angesehen werden können. Derjenige, der diese Dinge übrigens von soziologischer Seite am besten ausgearbeitet hat, war Maurice Halbwachs[5] in seinem Buch über die *Soziale Morphologie.* Hiermit verlassen wir diese erste Problematik des Modells vom äußeren und vom inneren System und gehen zur Analyse von Gruppen im großstädtischen Bereich über.

Die Problematik wurde hier früher etwas verdrängt durch ein übermäßiges Nachwirken von ökologischen Vorstellungen. Das hing teilweise zusammen mit lokalen Phänomenen in den Vereinigten Staaten, insbesondere mit dem Nachleben bestimmter Theorien, denen gegenüber die Soziologen glaubten,

[4] Vidal de la Blache, Principes de Geographie Humaine. Paris 1922.
[5] Maurice Halbwachs, Morphologie sociale, 2. Aufl. Paris 1946.

sich wehren zu müssen, als eine Art Wehr gegen einen geographischen Materialismus, wenn ich so sagen darf. Und so wurde ein starker Akzent auf die Ökologie gelegt, stark beeinflußt übrigens durch Pflanzenökologie und durch Tierökologie. Allerdings wurde dann sehr bald in der Auseinandersetzung zwischen Menschensoziologie und Pflanzensoziologie der letztere Ausdruck ersetzt. Man sprach dann nicht mehr von Pflanzensoziologie, sondern von Pflanzenbiozönosen, also Lebensgemeinschaften von Pflanzen gewissermaßen, die aber schon durch die Verwendung des Ausdrucks „Biozönosen" oder auch „Biom" andeuten, daß sie *nicht* identisch sind mit jenen Gemeinschaften, wie die Menschen sie in ihren Gruppen bilden. Diese Art des Biologismus ist zwar bei den ersten großen Ökologen lebendig gewesen, aber ich möchte Ihnen gleich anhand einiger Zitate zeigen, daß sie schon sehr früh die Differenz gesehen haben, wenn Sie etwa an einen der großen Pioniere dieser Arbeitsweise, den unvergessenen Robert E. Park[6] von der Universität Chicago, denken, der ganze Scharen von Schülern ausgebildet hat, die sich vielfach auch geographisch betätigt haben. So finden wir bei ihm neben der rein biologischen Begründung der Ökologie auch ganz andere Gesichtspunkte, und zwar schon sehr früh.

Ich habe hier etwas herausgeschrieben aus seiner allerersten Vorlesung über *Großstadtökologie,* die er im Jahre 1916 an der Universität von Chicago hielt, und da heißt es (ich übersetze frei): Die Stadt – auch vom Gesichtspunkt dieses Aufsatzes – ist mehr als nur eine Häufung von Menschen und mehr als nur ein Angebot von sozialen Leistungen, Straßen, Gebäuden, elektrische Beleuchtung, Straßenbahnen, Verkehrssysteme, Telefone, mehr auch als eine bloße Konstellation von Institutionen und Administrationen, Organisationen, Gerichten, Spitälern, Schulen, Polizeiorganisationen usw. Die Stadt ist vielmehr „a state of mind, a body of customs and traditions, and of the organized attitudes and sentiments that inhere in these customs, and are transmitted by this tradition"[7]. Dies sind äußerst entscheidende Worte, die deutlich sagen, daß jene hochkomplexe Gruppenorganisation, die wir als Stadt oder Großstadt bezeichnen, ein Geisteszustand, a state of mind, a body of customs, ein System von Gewohnheiten und Traditionen ist und daß die Haltungen, Attitüden und Gefühle in diesen Gewohnheiten mit bestimmten Traditionen weiter getragen werden. Das ist der *sozialstrukturelle* sowie der *kulturelle Aspekt* der Großstadtproblematik in einem gesehen, nämlich sozialstrukturell insofern, als es eine Menge von sozialen Wertvorstellungen gibt in der Stadt, die verbindlich sind; das ist das eine. Zweitens werden diese in der Zeit fortgepflanzt und werden damit zu einer eigenen Struktur, also zu einer sogenannten Großstadtkultur.

An der gleichen Stelle sagt er auch etwas, das für Geographen interessant ist: Selbstverständlich ist einerseits die Stadt eine territoriale Konfiguration;

---

[6] Robert E. Park, Human Communities. Glencoe, Ill., 1952.

[7] Ebenda, S. 13.

aber darüber hinaus ist sie nicht nur der geographische Ausdruck einer bestimmten Vereinigung von Menschen, sondern dazu kommen noch andere Gesichtspunkte, z. B. politische, wie er sagt, ferner „a moral order", also eine Wertdimension. Aber leider wurden damals diese spezifisch soziologischen und kulturellen Nebentöne verdrängt von den *methodischen Aufgaben der Forschung*, nämlich irgendein Mittel zu finden in diesem städtischen Konglomerat, das scheinbar überhaupt keine soziale Ordnung hatte, soziale Gruppen ausfindig zu machen. Und so gilt dann die Arbeit seiner ganzen Generation zunächst der Feststellung der *demographischen Verteilung der verschiedenen Gruppen* auf dem Areal der Stadt *Chicago*. Die Ökologie wurde in dem Sinne verstanden, daß man die verschiedenen Einwanderergruppen in ihrer räumlichen Fixierung festzustellen suchte. Also einerseits natürlich die Bevölkerungen geschieden nach Schwarz und Weiß; dann aber innerhalb der weißen Kultur die verschiedenen Unterkulturen, die aus Europa gekommen waren und die sich geradezu eigene Namen gaben. So gab es ein „Little Sicily" in Chicago, aber auch „Little Italy", ferner „Little Greece", Klein-Jugoslawien, Klein-Polen, alles war dort zu Hause, und dazu noch die großen Gruppen der jüdischen Einwanderer, die ebenfalls in eigenen Quartieren wohnten. Man versuchte nun zweierlei: nämlich einerseits zu zeigen, daß in diesen Quartieren als ökologischen Einheiten oder, wie Park mit einem sehr verfänglichen Ausdruck sagt, als „natural areas", natürliche Gebiete, jeweils eine Majorität von Einwohnern einer bestimmten ethnischen Einheit wohnten. Das ist gewiß ein legitimes Vorgehen. Kritisch wurde die Sache erst in dem Augenblick, wo man zweitens versuchte, zu diesen *ethnischen Indizes* andere, nämlich *wirtschaftliche* in Beziehung zu setzen, indem man jetzt zwischen Ethnie einerseits und wirtschaftlicher Lage Korrelationen aufstellte. Daran schlossen sich andere, die interessiert waren an der *Wohnungsfrage* und an der Frage nach den *Grundstückspreisen*. Plötzlich komplizierte sich die Sache unheimlich, und man glaubte jetzt wirklich, Gradienten aufbauen zu können vermittels verschiedener Indizes, die zu komplexen Indizes zusammengefaßt wurden. Solche Gradienten sollten etwa von einem Höchstpreis der Grundstücke und Wohnungen im Zentrum der Stadt, in diesem Fall dem „Loop", nach außen regelmäßig abfallen. Und man dachte nun, mit diesen Gradienten eine reale soziologische Information bekommen zu haben. Das war natürlich ein großer Irrtum: Denn aus der Existenz eines solchen Gradienten (wir wollen dabei einmal voraussetzen, daß er richtig errechnet worden ist) läßt sich nicht die geringste Aussage über auch nur eine einzige Kleingruppe, über eine einzige Familie in einem einzelnen Quartier gewinnen. Diese Zahlen sind ja nur Aggregatzahlen und keine Maße, die Auskunft geben über menschliche Gruppen. So war die Statistik hier eher irreführend als nützlich für die Forschung, und wir erfahren durch sie im Grunde gar nichts über menschliche Gruppen, sondern einzig über Durchschnittspreise, die wir nun rückübersetzen müßten in die Existenz von einzelnen realen Familien. Das geschah dann übrigens auch, und so wurde Chicago gleichzeitig zum Ursprungsort der modernen *Familiensoziologie,* um das gleich anzufügen. Für uns ist aber entscheidend, daß hier ein Weg gefunden wurde, der zunächst einmal mit den reinen Mitteln der geographischen resp. ökologischen *Statistik* Auskunft zu geben glaubte über die Verfassung der einzelnen Groß- und Kleingruppen in einer Großstadt. Es stellte sich sehr bald heraus, daß z. B. die Definition von Quartieren mit solchen Global- zahlen an der Wirklichkeit völlig vorbeigeht. Man muß schon zu vielen kleineren Einheiten kommen, um von wirklichen Gruppen (etwa aktiven Nachbarschaften) sprechen zu können, statt von bloßen Aggregatzahlen.

Diese Entwicklung läuft heute noch weiter. Allerdings hat man eine Kleinigkeit vergessen, nämlich daß bei Park neben diesem Interesse an den „natural areas" noch das Interesse an der sozialstrukturellen Entwicklung und an der kulturellen Problematik der Großstadt lebendig war. Und hier erhebt sich jetzt die Frage, wie sich diese Problematik unter dem unerhörten statistischen Aufwand, der getrieben wurde, wieder allmählich ans Licht des Tages durchkämpfte. Das wurde zunächst einmal durchdiskutiert bei der Frage der *Jugendkriminalität,* indem sich eine offensichtliche Regelmäßigkeit der Verteilung der Kriminalität auf dem Gebiet der Stadt Chicago zeigte. Was lag da näher als die Annahme: Es gibt eine Korrelation zwischen Wohnungs- preisen und Kriminalität, je niedriger die Wohnungspreise desto höher die Kriminalität. Diese primitive Korrelation erwies sich allerdings sofort als völlig untragbar; denn im gleichen Quartier waren ja nicht alle Jugendlichen delinquent, sondern nur ein verschwindend kleiner Prozentsatz. So kam die Notwendigkeit auf, intervenierende Variablen einzuführen, die nun die eigentliche Erklärung anbahnen konnten. Hierbei erschien als entscheidende intervenierende Variable eine ganz konkrete Gruppe, nämlich wiederum die Familie, so daß man jetzt nicht mehr sprach von globalen Gradienten und all- gemeinen Aggregatzahlen, sondern vom Zustand einer bestimmten sozialen Institution, der Familie.

So sehen Sie, daß die geographische Verteilung bestimmter Erscheinungen auf dem Gebiet der Großstadt zunächst tatsächlich geholfen hat. Dann mußten aber die Soziologen lernen, die entscheidenden Variablen ein- zufügen. Hier haben die Geographen in gewisser Weise den Soziologen geholfen, und zwar über die Mittel der Soziologie hinaus, bis dann das eigentliche Thema der Jugenddelinquenz auftauchte, nämlich die Familie, deren Zustand sehr entscheidend ist für die Entwicklung der jugendlichen Persönlichkeit. Aber es blieb nicht dabei, sondern die Sache ging weiter. Es zeigte sich im übrigen vor allem, daß bei der Einstellung des konkreten Menschen und der konkreten Gruppen in einer räumlichen Umgebung nicht nur die wirkliche Situation entscheidend war, sondern auch die Erwartungen.

Jede menschliche Gruppe bringt mit sich bestimmte *Erwartungen, wie sie sich ihre Umwelt denkt.* Wenn nun diese Erwartungen mit dem, was schon besteht, übereinstimmen, dann fühlt sie sich wohl. Wenn das nicht der Fall ist, dann wird sie schleunigst aus dem betreffenden Stadtgebiet herausdrängen. Hier kommen ganz andere Dinge zum Zuge, nämlich *Wünsche,* die allerdings sehr handgreifliche materielle Folgen haben.

In der Bundesrepublik hat vor einigen Jahren Elisabeth Pfeil[8] die *Wohn-wünsche von Bergarbeitern* untersucht, also nicht die Wohnverhältnisse, sondern die Wohnwünsche. Sowie wir aber von Wünschen und Erwartungen sprechen, sind wir schon mitten drin in der Kultur; denn was Wünsche sind, entscheidet sich mit der jeweiligen Kultur dieser Gruppen, die eine hohe Variabilität besitzen.

Nun hat man versucht, diese Dinge immer methodischer auszugestalten. So ist es in jüngster Zeit zu einer interessanten Kontroverse gekommen, die zur Aufstellung folgender Alternative geführt hat: die orthodoxe und die sozialkulturelle Arbeitsweise in der Ökologie. Die orthodoxe, das wäre die weitere Aufstellung von Indizes und Gradienten; die sozialkulturelle ist genau das, was mir vorschwebt und wovon ich glaube, daß es für die Kooperation von Geographie und Soziologie entscheidend wichtig ist.

Unter dieser Voraussetzung hat der verdienstvolle Leiter einer ganzen Gruppe von Soziologen in Paris, Paul Henry Chombart de Lauwe[9], seit seiner großen *ökologischen Studie über Paris,* die ein Gesamtbild der Stadt gibt, nicht aufgehört, immer neue Arbeiten zu produzieren, wobei er einem großen Geographen, nämlich dem Briten Robert Dickinson[10], den Sie alle als den großen Monographen über die europäische Stadt kennen, außerordentlich ähnlich ist. Hier sind in beiden Fällen die traditionellen Grenzen zwischen Geographie und Soziologie auf weiten Strecken nieder-gebrochen.

Die klassische Ökologie befindet sich auf der ganzen Linie gewissermaßen im Rückzug. Ich möchte Ihnen nun zeigen, wie Chombart de Lauwe diese Analysen nicht nur aufgrund allgemein-impressionistischer Vorstellungen voranzutreiben, sondern mit den strengen Mitteln der *empirischen Sozial-forschung* anzugehen sucht. Dabei prägt er von sich aus einen Begriff des *sozialen Raumes,* der als ein immer komplexeres Phänomen erscheint, an dem, wie gesagt, die Mitarbeit der Geographen überhaupt nicht mehr aus-zuschalten ist. So wird der soziale Raum in diesem Sinne nicht durch die räumlichen Grenzen der Verteilung von Personen und Personengruppen einer bestimmten Berufszugehörigkeit, die wiederum durch Bodenpreise, Konzentration der Industrie, Art der Wohnverhältnisse usw. bestimmt sind, sondern zusätzlich durch symbolische Anziehungskräfte determiniert, die sehr verschieden sein können: Börsen oder Kirchen, Banken oder Ver-sicherungen. Dabei ist es nicht verwunderlich, daß gerade in den Vereinigten Staaten der Bau von *Wolkenkratzern* in diesem Zusammenhang eine ganz

---

[8] Elisabeth Pfeil u. a., Wohnwünsche von Bergarbeitern. Tübingen 1954.

[9] Paul Henry Chombart de Lauwe, Paris et l'agglomération parisienne, 2 Bd. Paris 1952.

[10] Robert Dickinson, The Western European Cities. London 1951.

besondere Rolle spielt. Es ist *nicht* so, wie ich es noch in der Schule gelernt habe, daß die Wolkenkratzer zuerst in New York gebaut wurden wegen des Bodens aus Granit, sondern sie wurden ausgerechnet zuerst an einem Ort gebaut, wo der Boden aus Sand besteht, nämlich in Chicago. Aber es ist sehr interessant zu sehen, wer den ersten Wolkenkratzer in Chicago baute; es war nämlich die First Home Insurance, eine Versicherungsgesellschaft, die sich mit ihm ein *Symbol* schaffte. Wir haben vor einiger Zeit in unserer Fakultät in Köln eine faszinierend interessante Antrittsvorlesung über die Rolle der Bauinvestitionen von großen Versicherungsgesellschaften gehört, und das gab genau die Lösung zu diesem Problem. Der Wolkenkratzer und der Bürogroßbau sind nicht nur ein wirtschaftliches Problem, sondern vom Soziologen aus gesehen gerade auch ein Symbol, ein Symbol über das dann der französische Geograph Jean Gottmann[11] großartige Ausführungen gemacht hat. Aber wir müssen noch weitergehen.

Chombart de Lauwe sagt, man habe früher so getan, als wohne dem Boden eine sogenannte determinierende Kraft inne. Dabei hatte man völlig vergessen, daß die Aktivität menschlicher Gruppen dem Boden eine neue Qualität gibt. Wir können sagen, daß bestimmte extreme Werte immer dableiben, nämlich die *Wohlstandsquartiere* auf der einen und die *Slums* auf der anderen Seite, selbst wenn es außerordentlich schwer fällt, zwischen ihnen anhand von irgendwelchen Indizes weitere Typen von Quartieren einzuordnen. Aber es zeigt sich zunehmend auch, daß ein Slum positive kulturelle Funktionen haben kann, wie etwa englische Untersuchungen gezeigt haben, bei denen herauskam, daß Arbeiter, die in Slums wohnten, sehr unglücklich waren, als sie nachher umgesiedelt wurden.

Wichtig erscheinen jetzt insbesondere jene Untersuchungen, die versuchen, bestimmte Punkte herauszugreifen, an denen wir diese Problematik in konkreten Einzelheiten verfolgen können. So etwa die von Anselm Strauss[12], wieder einer aus der Schule von Chicago, der neuerdings in einem großartigen Buch über die *Bilder der amerikanischen Städte* den Begriff des „Bildes" zu analysieren versucht, von dem ich wünschte, daß er in Europa und gerade unter den Geographen aufgegriffen werden möchte. Strauss verfolgt darin die Entstehung jener Städtedarstellungen, die charakteristische Komplexe von Symbolen bilden, wie er das ausdrückt.

Einer unserer Mitarbeiter in Köln, Heiner Treinen[13], hat den Ausdruck von *„symbolischer Ortsbezogenheit"* in einer kleinen Gemeindeanalyse im Lande Bayern benutzt. Das ist genau dasselbe und ist unabhängig von Strauss entstanden. Sie sehen, wie hier von verschiedenen Seiten die Forschungen

---

[11] Jean Gottmann, The Skycraper amid Sprawl. In: Ders. und Robert A. Harper (Hrsg.), Metropolis on the Move: Geographers Look at Urban Sprawl. New York-LondonSidney 1967.

[12] Anselm Strauss, Cognitive Mapping. Images of the American City. Glencoe, Ill., 1961.

[13] Heiner Treinen, Symbolische Ortsbezogenheit. In: Kölner Zeitschrift für Soziologie und Sozialpsychologie XVII (1965).

konvergieren. Dabei fügt Strauss hinzu, es müsse bei dieser Imagerie nicht immer das Ganze gegeben sein, vielmehr stehen dann Einzelheiten wie die Golden Gate Bridge für San Francisco, das French Quarter für New Orleans, die Skyline von Manhattan für New York oder etwa die Uferpartie von Köln nach einem berühmten Stich des Anton Woensam von Worms für die ganze Stadt, wo nicht nur die vielen Kirchen Köln als Kultstätte, sondern die Schifflandeplätze Köln als Umschlagplatz erweisen. Bei den Städteplanern sind in dieser Hinsicht eminent interessante Dinge zutage getreten, wie etwa bei Kelvin Lynch[14], der von der „Image-ability", also der *Bildfähigkeit* gewisser Städte spricht und zeigt, daß es Städte gibt, die überhaupt nicht bildfähig sind, etwa die Stadt *New Jersey* bei New York einfach ein Teppich von Häusern und weiter nichts.

Walter Gropius hat dafür schon sehr früh einen guten Ausdruck geprägt, als er von der *optischen Kultur der Städte* sprach. Dabei kommt es besonders darauf an, die symbolische Bedeutung etwa von Straßenführungen zu analysieren, aber wie gesagt, nicht impressionistisch, sondern mit strengen Forschungsmethoden. Die symbolische Bedeutung von Straßenführungen und Plätzen, was gerade beim Wiederaufbau zerbombter Städte so entscheidend gewesen ist, indem sich die alten Bilder gegen die Realität durchgesetzt haben. Es gab damals sogar ausgesprochene Ideologien, insbesondere eine, die von Köln ausstrahlte, daß man wegen der unterirdischen Investitionen die Straßenfluchten nicht ändern könne. Was dem in Wahrheit im Wege stand, war das Bild von Köln, das man hatte, und das man nun genauso wiederhaben wollte, wie es vorher gewesen war.

Fred Charles Iklé[15] hat sowohl am Wiederaufbau *deutscher* als auch am Wiederaufbau *japanischer* Städte nach dem Kriege gezeigt, wie außerordentlich wirksam diese Bilder gewesen sind. So haben wir gewissermaßen in der Tat einen neuen Aufhänger gewonnen, anhand dessen wir das Heimischwerden einzelner Gruppen in gewissen Städten analysieren können. Und um Ihnen nun zu zeigen, daß das wirklich zu handgreiflichen Ergebnissen führt, möchte ich Ihnen zum Abschluß meines Berichtes noch einige Gegebenheiten aus der Forschungsarbeit von Chombart de Lauwe vorführen. Es zeigt sich z. B., daß in *Paris* die verschiedenen Großgebäude für die verschiedenen Klassen eine ganz verschiedene Attraktivität haben. An der Spitze, von allen akzeptiert, steht allein das Hotel de Ville, dann folgen im zweiten Rang erst Notre Dame und die Oper. Sie sehen daran, daß die Cité eine relativ kleine Rolle spielt, also gewissermaßen das historische Paris. Drittens folgen die Universität, der Sportpalast und die Maison de la Jeunesse; viertens der Messepark und das Palais des Sciences, schließlich der Arc de Triomphe; fünftens der Justizpalast, die Arbeitsbörse, das

---

[14] Kelvin Lynch, The Image of the City. Cambridge, Mass., 1960.
[15] Fred Charles Iklé, The Social Impact of Bomb Destruction. Norman, Okl., 1958.

Funkhaus. Hier sehen Sie eine Skala von Präferenzen gegenüber gewissen symbolischen Großbauten. Dabei kommt nun nicht nur zum Vorschein, wie die Bevölkerung von den ästhetischen Bauten und Monumenten, Straßen, Plätzen, Parks usw. Gebrauch macht, sondern zusätzlich noch, daß die verschiedenen Gruppen sich an verschiedenen Orten treffen, wie es z. B. die vertiefende Analyse des Zentralquartiers von Paris zeigt. Selbstverständlich stehen dabei im Vordergrund die erwarteten Motivationen, nämlich Wohnen, Einkaufen, Zerstreuung, also die Freizeit. Erstaunlich ist es aber nun zu sehen, wie differenziert der Begriff des Zentrums ist; von Männern und Frauen gleichzeitig bevorzugt ist das Quartier der Opéra bis nach St. Lazare, das gewissermaßen als das vornehme Zentrum von Paris gilt. Das andere Quartier, das gleich danach kommt, ist das Chatelet, die Rue de Rivoli, das Hotel de Ville, und diese Achse ist deutlich verschieden von der ersten; denn es ist das Quartier, in dem sich die Arbeiter wohler fühlen, während in dem ersten die Mittelklassen zu Hause sind. Dann geht es weiter: Der dritte Ort ist die Place de la République und die Bastille; da trifft sich ganz ausgesprochen die Arbeiterklasse. Am Schluß kommt auch die Rive Gauche, die allerdings nicht sehr viel Beliebtheit genießt. Es waren nur 5 % Männer dafür und 6 % der Frauen; der Unterschied ist statistisch nicht signifikant, aber vielleicht haben manche Frauen einen Sohn auf der Rive Gauche wohnen und fühlen sich deshalb etwas dorthin gezogen.

So können Sie also sagen, daß die verschiedenen sozialen Klassen in Paris sich von verschiedenen Teilen der Stadt angezogen fühlen. Es ist aber interessant zu sehen, daß etwa die Arbeiter aus der Banlieue nicht etwa dem Zentrum der Stadt fremd gegenüberstehen. Sie gehen gern hin zum Einkaufen und auch zum Spazierengehen, um die städtische Landschaft an sich vorbei defilieren zu lassen; sie gehen allerdings nicht unbedingt gern dorthin, wo die Mittelklassen sind. Sie trennen sich durchaus davon. Im übrigen wird der Aufenthalt im Zentrum von der überwältigenden Zahl der Befragten als angenehm empfunden, und zwar von 80 % der Frauen, von 70 % der Männer; natürlich stehen die Frauen an der Spitze, weil sie im Zentrum der Stadt ihre Einkäufe tätigen, was vielleicht die Männer etwas gegen das Zentrum einnehmen mag.

Wir sehen hier, und deswegen habe ich das Beispiel ausgeführt, wie plötzlich Begriffe, die dem Geographen vertraut sind, von der Soziologie in eine zweite Bearbeitung genommen werden, so daß ganz neue Probleme aufgeschlossen werden, nämlich sowohl die sozialstrukturellen, z. B. alles, was mit sozialer Schichtung zusammenhängt, als auch die kulturellen, alles das, was mit den Symbolwerten zusammenhängt.

Ich bin aufgrund aller dieser und anderer Materialien in der Tat der Meinung, daß wir heute zu einer *Kooperation zwischen Geographie und Soziologie* keine großen Umwege mehr benutzen müssen, daß wir auch nicht mehr Riesenschritte machen müssen, um uns einander anzunähern, sondern mit einem ganz kleinen Schrittchen sind wir schon zusammen an der Arbeit, in allerengster Kooperation, von der ich mir für die Zukunft sehr viel verspreche.

Spontane Gruppenbildung und marginale Gruppen der Gesellschaft

I

In der Soziologie der menschlichen Gruppen hat sich im Laufe der letzten Jahrzehnte ein tiefgreifender Wandel vollzogen, ohne dessen vorgängige Abklärung die Themenstellung dieses Berichts unverständlich bleiben müßte. Daher soll zunächst dieser theoretische Wandel beschrieben werden, bevor wir an die konkrete Analyse unseres Gegenstands herantreten.

Die ältere Auffassung der Soziologie von der Gruppe kann man nicht besser als mit dem Worte des polnisch-amerikanischen Soziologen Florian Znaniecki[1] umschreiben, nach dem der Begriff der Gruppe an die Stelle getreten sei, an der noch früher der Begriff der Gesellschaft stand. Ich möchte das die gesamtgesellschaftliche oder strukturelle Funktion des Gruppenbegriffs nennen, die sich zumeist dadurch auszeichnet, daß sie sich auf weiteste soziale Erscheinungen bezieht wie etwa die Menschheit im Ganzen oder zumindest nationale Gesellschaften. Sie besagt im Grunde nur, daß die Gesellschaft nicht eine „Summierung" von Individuen darstellt, sondern ein zusammenhängendes „Ganzes". Damit erhält der Begriff Gruppe gewissermaßen eine ontologische Dignität, die etwas über die „Natur" der Gesellschaft insgesamt aussagt.

In dieser Bedeutung gewinnt der Begriff der Gruppe eine Reihe von weiteren Teilbedeutungen, die speziell für uns im augenblicklichen Zusammenhang wichtig sind, weil sie in sehr ausgesprochener Weise unserem Interesse nach „spontanen" Gruppenbildungen widersprechen. Wenn in der Tat die Gruppe als Gesellschaft oder die Gesellschaft als Gruppe ein Ganzes ist, das sie deutlich von den Individuen, die sie aufbauen, unterscheidet,

---

[1] Florian Znaniecki, Social Organization and Institutions. In: Georges Gurvitch und Wilbert E. Moore (Hrsg.), Twentieth Century Sociology. New York 1945.

© Der/die Autor(en), exklusiv lizenziert durch Springer Fachmedien Wiesbaden GmbH , ein Teil von Springer Nature 2021
R. König, *Soziologische Studien zu Gruppe, Gemeinde und Stadt,* René König Schriften. Ausgabe letzter Hand 15,
https://doi.org/10.1007/978-3-658-28251-6_2

dann ist sie in diesem Zusammenhang gerade nicht das spontane Element, sondern umgekehrt: ein auf Dauer ausgerichtetes Element, mit dem sich der „Systemcharakter" des Ganzen entscheidet. Die Gruppe beharrt, während die Individuen oder Einzelpersonen kommen und gehen. Man kann sich das am einfachsten mit folgendem Schema vergegenwärtigen, das die Unabhängigkeit des Systemcharakters von den tragenden Personen veranschaulicht:

a	b	c	d	e
z	b	c	d	e
z	y	c	d	e
z	y	x	d	e
z	y	x	w	e
z	y	x	w	v

Am Schluß sind alle Elemente ausgetauscht, aber das System als solches (in unserem Falle eine Fünfergruppe) beharrt in der Zeit.

In Bezug auf Spontaneität sagt das zugleich, daß gewissermaßen jedes Einzelelement in eine vorbereitete Position einrückt, die ihm vorschreibt, wie es sich zu verhalten hat. In diesem Zusammenhang haben soziale Rollen zweifellos einen prägenden und repressiven Sinn, bzw. sie können nur zu einem meist länger währenden Dialog zwischen den verschiedenen Gliedern des Ganzen modifiziert werden. Umgekehrt heißt das aber auch nicht, daß dies System völlig unbeweglich wäre; denn Individuen haben es an sich, daß niemals auch nur zwei von ihnen identisch sind, so daß sich das System unter dem ständigen Einfluß solcher Varianzen immerfort infinitesimal verändert, aber eben nicht strukturell, was für uns entscheidend ist.

Aber schon in der älteren Gruppentheorie zeigte sich eine Tendenz zur Überwindung dieser einseitigen Bindung an globale Gruppen (wie Menschheit oder Nation) und zum Anschluß an kleinere Gruppen, ohne indessen den Systemcharakter aufzugeben. Gesellschaft erschien dann als „System aus Systemen", das heißt einem weitesten Zusammenhang gruppenhaften Charakters und Teilsystemen der gleichen Art. Der soziale Prozeß geht dann einerseits in der Auseinandersetzung zwischen den einzelnen Teilgruppen oder andererseits zwischen Teilgruppen und der globalen Gruppe vor sich. Das war im wesentlichen der Standpunkt Emile Durkheims[2], der allerdings den auf Dauer und Systemerhaltung ausgerichteten Charakter der Gruppe nicht aufgab, wie der von ihm in seinem Selbstmordwerk verwendete Begriff der Gruppenkohäsion deutlich anzeigt. Die „Kohäsion" ist eben die Wirkung der Kontinuität der Gruppe; sie ist nur der subjektive Anblick jener strukturellen Voraussetzung und führt uns darum auch grundsätzlich nicht viel weiter.

---

[2] Emile Durkheim, Les regles de la méthode sociologique, 11. Aufl. Paris 1950 (deutsch: Die Regeln der soziologischen Methode. Hrsg. von René König, 2. Aufl. NeuwiedBerlin 1965).

Die Nichtbeachtung dieses Umstands hat der modernen Kleingruppentheorie, speziell den „Group Dynamics", viel zu schaffen gemacht, als es um die Operationalisierung des Kohäsionsbegriffes ging. Hier hätte eine deutlichere Absetzung von dem alten Kohäsionsbegriff im Sinne Durkheims zweifellos weitergeholfen.

Eine wichtige Mittlerrolle spielt in diesem ganzen Zusammenhang der Begriff der „Primärgruppe", insofern er einen ausgesprochenen Doppelcharakter hat. Einerseits folgt er der Durkheimschen Kohäsion, läßt aber andererseits, speziell in seinen späteren Ausprägungen, auch der Spontaneität Raum – und das im Gegensatz zu allem bisherigen. Bei Charles H. Cooley[3], der diesen Begriff prägte, ist davon noch wenig die Rede; aber in der Diskussion unmittelbar vor und vor allem nach dem zweiten Weltkrieg kommt dieser Aspekt immer deutlicher zutage. Cooley verstand unter Primärgruppen verhältnismäßig stabile Assoziationen interagierender Personen wie etwa die Familie, Spielgruppen von Kindern und Jugendlicher, Nachbarschaftsgruppen und die lokale Gemeinde. Bei der Definition dessen, was diese Gruppen vor anderen (etwa Sekundärgruppen) auszeichnet, wird neben der „Kooperation" vor allem das „face-to-face-Verhältnis" erwähnt, also die Gegenwart verschiedener Personen, zwischen denen dann spontan soziale Beziehungen entstehen. Allerdings genügt das Verhältnis „von Angesicht zu Angesicht" nicht ganz für die Konstitution primärer Gruppen, es gibt solche Gruppen auch, die alles andere als primär sind, z. B. die Angestellten in einem Großraumbüro. Vielmehr kommt noch hinzu, wie Ellsworth Faris[4] schon früh gezeigt hat, daß die entstehenden Beziehungen ganz oder vorwiegend „emotional" bedingt sein müssen. Diese emotionalen Beziehungen können dann selbst bei räumlicher Trennung aufrecht erhalten werden (Korrespondenz, Telefon), umgekehrt mag der emotionale Zug selbst bei sachbedingtem engstem Kontakt fehlen wie bei dem erwähnten Großraumbüro. Genau hier setzt dann das Neue an, das in diesem Bericht diskutiert werden soll.

In einer berühmten Abhandlung von 1922 hatte Herman Schmalenbach[5] mit seinem Begriff des „Bundes" etwas ganz ähnliches aufgegriffen, wobei mir besonders wichtig erscheint seine Unterstreichung des durchaus ambivalenten Charakters solcher sozialen Gebilde. Sie entstehen spontan – wenn auch unter besonderen strukturellen Voraussetzungen, auf die noch zurückgekommen werden soll – aus einer Gefühlsemphase, welche die Menschen wenigstens für Momente engstens zusammenbindet; aber die Dauer und Erhaltung dieses einzigartigen Verhältnisses ist ein Problem

---

[3] Charles H. Cooley, Social Organization, 2. Aufl. Glencoe, Ill., 1956.

[4] Ellsworth Faris, The Primary Group: Essence and Accident. In: American Journal of Sociology XXXVIII (1932).

[5] Herman Schmalenbach, On Society and Experience. Hrsg. von Günther Lüschen und Gregory P. Stone. Chicago 1977.

besonderer Natur. Denn es gehört zu spontanen Emotionen, daß sie ihrer Natur nach unbeständig und kurzfristig sind. So gibt es nur die Lösung einer unadäquaten Systembildung: Aus dem Bund wird etwa eine politische Partei; oder aus dem Liebesbund eine Ehe und Familie, womit wir in das Schema der primären oder sekundären Gruppen zurückgekehrt wären, von dem wir unseren Ausgang genommen haben. Spontaneität und Dauer scheinen miteinander unvereinbar zu sein, beziehungsweise es treten sofort neue Strukturmerkmale in Aktion, sowie eine ursprünglich spontane soziale Beziehung zu einer Dauerbeziehung wird, die sie schnell in eine neue Dimension überführt. In diesem Sinne unterschied auch Georges Gurvitch[6] zwischen „Gruppierungen" (groupements) und „Gruppen" (groupes), wobei der erste Begriff die spontane Entstehung und relative Kurzfristigkeit zum Ausdruck bringen soll, der zweite die strukturell bedingte Dauer eines Systems.

Der neue theoretische Ansatz tritt aber erst mit der neuen Industrieund Betriebssoziologie, speziell mit Fritz J. Roethlisberger[7] und seinen Mitarbeitern, mit Jacob L. Moreno[8] und der Soziometrie sowie mit der Kleingruppenforschung und ihrem Schöpfer Kurt Lewin[9] und seinen Mitarbeitern in Erscheinung. Diese drei Ansätze, die mir die wichtigsten zu sein scheinen, haben sich vollständig von der alten Gruppentheorie gelöst, wobei meines Erachtens die von Moreno selbst immer wieder hervorgehobene Beziehung zwischen der Soziometrie und dem Stegreiftheater von entscheidender Bedeutung ist. Denn durch nichts könnte man den spontanen Charakter der untersuchten Erscheinungen deutlicher bezeichnen als durch die Beziehung zum Stegreiftheater, was auch beweist, daß aus dem kreativen Zusammenschließen vieler Einzelinitiativen nicht nur ein völlig konsistenzloses „Bündel" von Eindrücken, sondern eben eine eigene Form entsteht, die sich in dem Raum „von Angesicht zu Angesicht" und in einer Atmosphäre emotionaler Lockerung vollzieht, die uns als die beiden wesentlichen Bedingungen für spontane Gruppenbildung erschienen sind. Daß sich dahinter noch therapeutische Momente verbergen, wie sie etwa im Rollenspiel zum Vorschein kommen, lassen wir im Moment bewußt außer acht, da unser Bemühen primär auf die Auszeichnung des theoretischen Rahmens für diese Problematik ausgerichtet ist. Wir betonen aber, daß es sich dabei um eine durchaus künstliche Abstraktion handelt; denn dieser therapeutische Aspekt unterstreicht deutlich die Bedeutung der Befreiung der Spontaneität aus den relativ starren Verhaltensschemata, die diese nicht nur lockert, sondern gewissermaßen in die Dimension des prozeßhaften Geschehens

[6] Georges Gurvitch, Déterminismes sociaux et liberté humaine. Paris 1955.

[7] Fritz J. Roethlisberger und William J. Dickson, Management and the Worker. New York 1939.

[8] Jakob L. Moreno, Sociometry, Experimental Method and Science of Society. Beacon, N. Y., 1951.

[9] Kurt Lewin, Field Theory in Social Sciences. New York 1951.

überführt. Mir scheint hier ein Rückgriff nötig auf eine Technik, die Moreno selber in früheren Jahren als „Erwärmungsprozeß" bezeichnete, wie er sich auch bei allen Erweckungsbewegungen findet, und als dessen Ergebnis eben die ungebundene Spontaneität hervortritt; das ist einmal für den Beobachter ein Faktum wie andere soziale Erscheinungen auch, für den Therapeuten bedeutet dies Vorgehen gleichzeitig eine Lösung persönlicher Probleme in der Gruppensituation.

II

Das Unerwartetste ist aber der Umstand, daß sich ein besonderer Zweig dieser Forschung ausgerechnet in jenem Rahmen anbahnte, den man gemeinhin als die Ausgeburt rationaler Organisation anzusehen gewohnt ist, nämlich in der Industrie- und Betriebssoziologie, der man im übrigen die Lehre vom Bürokratisierungsprozeß und die Organisationstheorie anfügen könnte. Es ist dies die Lehre von den sogenannten „informellen Gruppen". Im übrigen ist bei der Betrachtung dieser Probleme bis heute viel zu wenig beachtet worden, daß Roethlisberger in seinem Hauptwerk nicht schlechthin von informellen, sondern von „spontaneous informal groups" spricht. Bei dieser immer wiederkehrenden Formel steht das Merkmal der Spontaneität also ganz eindeutig an der Spitze. Der Zusammenhang mit Moreno und der Soziometrie, der übrigens von George C. Homans[10] auch expressis verbis hergestellt wurde, liegt auf der Hand: Aus emotionalen Dimensionen (sentiments) entspringt durch Sympathien, Antipathien und gegenseitiger Ignorierung ein Netz sozialer Beziehungen, die man verschiedenen Analysetechniken unterwerfen kann. So kam es auch zu der Definition der Soziometrie durch Ake Bjerstedt[11], sie sei „die Analyse menschlicher Präferenzen". Während nun mit Recht von vielen Seiten immer wieder die Bedeutung der soziometrischen und Verhaltens-„Kriterien" hervorgehoben wurde, nach denen die Wahlen getroffen werden, wird nach wie vor das Merkmal der Spontaneität vernachlässigt. Das ist aber gerade bei den genannten Beispielen von verhängnisvoller Bedeutung, würde es doch die Gefahr beschwören, daß der Beobachter eine im formellen Arbeitsplan vorgesehene Arbeitsgruppe mit einer spontanen informellen Gruppe verwechselt, die gewiß „bei Gelegenheit" jener entsteht, aber mit ihr keineswegs zur Deckung zu bringen ist, da sie teils mehr, teils weniger Mitglieder umfaßt. Positive Beziehungen bestehen ja auch zu Personen außerhalb der Gruppe, etwa zum Werkstattmeister, umgekehrt werden formelle Mitglieder der Arbeitsgruppe ignoriert. Mehr noch: Die Beziehungen können den Charakter ausgesprochenster Abneigung und Diskriminierung annehmen wie etwa gegenüber einem ausländischen

---

[10] George C. Homans, The Human Group. New York 1950 (deutsch: Theorie der sozialen Gruppe. Köln-Opladen 1960).

[11] Ake Bjerstedt, Interpretations of Sociometric Choice Status. Lund 1956.

Arbeitnehmer von Seiten der Einheimischen. Das tritt insbesondere dann in Erscheinung, wenn der Gastarbeiter besonders gut und besonders schnell arbeitet und dann bei Akkordarbeit auf einen Spitzenlohn kommt. Er steht dann in der formellen Organisation ganz oben, aber die gesammelten Antipathien der anderen drängen ihn in eine ausgesprochene Randseiterposition. Die psychologischen Folgen für das Arbeitsklima liegen auf der Hand, aber wir müssen uns darüber klar sein, daß schwerste innerbetriebliche Konflikte aus dieser Situation entstehen können.

Der spontane Charakter dieser Erscheinungen macht sie auch völlig unvoraussehbar. Ganz ähnlich sind die Verhältnisse im Bürokratisierungsprozeß, von dem bisher zumeist angenommen wurde, daß er nicht nur Ausdruck einer allgemeinen Rationalisierung ist (und hierin der betrieblichen Situation ganz analog), sondern darüber hinaus vorgibt, „ohne Ansehen der Person" nach allgemeinen Kriterien zu entscheiden. Bei näherem Zusehen hat sich erwiesen, daß jenseits des (rationalen) Leistungsprinzips ein Selektionsprozeß schon bei der Rekrutierung der Mitglieder einer bürokratischen Organisation einsetzt, der spontan die sozialen Klassenmerkmale der die Organisation tragenden einseitigen Auswahl als allgemeine Merkmale darstellt – man könnte sogar sagen „fälscht". Da aber dieser Prozeß den Akteuren zumeist unbewußt ist, was seinen Spontancharakter nur noch unterstreicht, steht er im Grunde jenseits von wahr und falsch: Diesen Maßstab setzt erst der Beobachter an. Eine neuere Theorie der Bürokratisierung, wie sie von Michel Crozier[12] vorgetragen wurde, stellt auf dieser Grundlage sogar einen Grundzug der Theorie der Bürokratisierung in Frage, nämlich die überragende Rolle der „Expertokratie"; bei der „Liberation" in Frankreich von 1944 wurde ein großer Teil der bisherigen Bürokratie durch andere Personen ausgewechselt, die direkt gesehen keineswegs den Charakter von Experten hatten. Aber sie übernahmen spontan das kriegsbedingte System der Kollaborateure und schufen daraus nicht nur eine neue Bürokratie, sondern geradezu einen neuen Staat (die Vierte Republik). Später machten sich auch in der neuen Organisation bürokratisierende Tendenzen bemerkbar, aber das änderte nichts daran, daß mindestens zeitweise eine spontane Aktion alle traditionellen Ordnungen umgeworfen hatte. Die Beziehung dieser Probleme zu jener Form beschleunigten sozialen Wandels, den wir als „Revolution" bezeichnen, liegt auf der Hand, soll aber hier nicht weiter verfolgt werden. Selbst in einer so hoch durchrationalisierten Organisation wie der Armee zeigt sich die spontane Entstehung informeller Gruppen und Cliquen. Obwohl das von Samuel A. Stouffer[13] herausgegebene monumentale Werk über den „American Soldier" weder das

---

[12] Michel Crozier, Le phénomène bureaucratique. Paris 1963.

[13] Samuel A. Stouffer u. a., Studies in Social Psychology in World War II, 4 Bd. Princeton 1949/50.

Problem der Gruppe noch das der Spontaneität thematisch angeht, lassen sich aus dem ausgebreiteten Material interessante Schlüsse ziehen, wie Edward A. Shils[14] bemerkt hat. Natürlich ist in einer Armee alles auf effiziente Kommandogewalt und entsprechende Sanktionsdrohung ausgerichtet, trotzdem wird dadurch die spontane Entstehung von informellen Gruppen nicht ausgeschaltet. In der Grenzsituation des aktuellen Kampfes, wo das Unerwartete alle Planung überspielt, muß die formelle Ordnung zwangsweise modifiziert werden. Diejenigen, die sich hier auszeichnen, sind meist solche Personen, die im hyperorganisierten Friedenszustand keineswegs auffällig wären. So spielen selbst in dieser Situation die aus informellen Gruppen spontan entspringenden Motive eine wesentlichere Rolle für das tatsächliche Verhalten, und zwar bedeutend mehr als etwa Haß gegen den Feind oder allgemeine Loyalitätsgefühle zum eigenen Land oder zum eigenen Regime. Eine Untersuchung an deutschen Kriegsgefangenen von 1944 bis zum Kriegsende, die von Shils und Morris Janowitz[15] durchgeführt wurde, zeigte ebenfalls, daß der Durchschnittssoldat sein Vertrauen zunächst aus dem Funktionieren der kleinen spontanen Gruppen schöpfte und erst sekundär aus seiner Loyalität zum Nationalsozialismus. Demgegenüber erwies sich sogar die Symbolidentifikation mit dem „Führer" als weniger bedeutsam, wie sie auch vollkommen verschwand, als die informellen Primärgruppen aufgelöst wurden und Selbsterhaltung zum einzigen Motiv wurde. Wie stark im übrigen beim einfachen Soldaten Gefühle die Wahrnehmung seiner Stellung in der Armee bestimmen, zeigt auch die Theorie von der „relativen Deprivation".

Ich habe dies ausgeführte Beispiel mit Absicht gebracht, um zu zeigen, daß nicht einmal die rationalste Organisation unabhängig ist von solchen spontanen Gruppenbildungen, sondern daß sie umgekehrt in besonderen Situationen ihrer geradezu bedarf im Sinne des einfachen Überlebens. Wir werden uns zu fragen haben, welches diese besonderen Situationen sind. Denn schon Georges Friedmann[16] hat die Frage aufgeworfen, ob die z. B. im Industriebetrieb (oder in der bürokratischen Organisation) beobachteten Verhaltensweisen in kleinen Gruppen ausschließlich aus diesen selber, oder nicht eher aus der umgebenden größeren Organisation einer Werkstätte oder einer Betriebsabteilung oder gar des Betriebs im Ganzen oder schließlich aus gesamtgesellschaftlichen Verhältnissen erwachsen (z. B. Spannung zwischen Lohnarbeiterschaft und Management im kapitalistischen Klassensystem). Das wären dann die strukturellen Voraussetzungen, die das Auftreten spontaner informeller Gruppen begünstigen.

[14] Edward A. Shils, Social Organization and Institutions. In: G. Gurvitch und W. E. Moore (Hrsg.), Twentieth Century Sociology, a.a.O.

[15] Morris Janowitz, Cohesion and Desintegration of the Wehrmacht in World War II. In: Public Opinion Quarterly XII (1948).

[16] Georges Friedmann, Problèmes humains du machinisme industriel, 2. Aufl. Paris 1955.

Daß es sich übrigens bei beiden Gruppenformen um deutlich unterschiedene Wirklichkeiten handelt, die insbesondere in ihrer Stellung zur Zeit verschieden sind, wird durch die Anwendung soziometrischer Teste bei Neusiedlungen deutlich gemacht. Unmittelbar bei dem Einzug der Bewohner in eine neue Siedelung entstehen spontan zahllose sympathiebegründete soziale Beziehungen, die insbesondere aus Akten gegenseitiger Hilfe zumeist in der nächsten Nachbarschaft erwachsen.

Untersucht man solche lokalen Gemeinden nach einiger Zeit nochmals, dann zeigt sich deutlich eine Umschichtung nach weiterreichenden sozialen, politischen und kulturellen Kriterien. Sind die ersten Assoziationen an die Nachbarschaft gebunden, so ist das bei den zweiten nicht mehr der Fall. Der Weg von den ersten zu den zweiten wird durch den Zeitablauf bestimmt. Die spontanen Gruppenbildungen kann man eigentlich nur in statu nascendi in Reinkultur beobachten; Spontaneität ist kein Dauerzustand. Je mehr Zeit vergeht, desto mehr gleichen sich die ersten Gruppenformen den zweiten an, werden also zu Gruppen im Sinne der älteren Theorie, d. h. mit anderen Worten zu sozialen Systemen, die sich auf Überleben in der Zeit einrichten und durch soziale Organisation, klare Rollendefinition und Rollenabgrenzungen, durch Arbeitsteilung, Schichtung und Hierarchisierung in der Umwelt zu überleben suchen. Alle die zuletzt genannten Merkmale sind aber bei den spontanen Gruppen im ursprünglichen Zustand bestenfalls rudimentär, meist aber überhaupt nicht vorhanden, weil sie unter Umständen als Ausdruck des „Establishment" ausdrücklich perhorresziert werden. Für den kundigen Beobachter bleibt aber nur die melancholische Erfahrung, daß auf diese Gruppen, je länger sie in der Zeit überdauern, das gleiche Schicksal wartet wie für die etablierten Gruppen, nur daß sich die Akteure dieses Prozesses nicht bewußt sind, dem sie im Gegenteil entrinnen zu können glauben.

Diese Einsicht soll nun im dritten Teil dieses Berichts vertieft werden, indem wir einige andere dieser spontanen Gruppen analysieren, insbesondere auch den schon erwähnten strukturellen Voraussetzungen nachgehen, die sie in ihrer Entstehung besonders begünstigen. Mehr und mehr werden dabei die spontanen Gruppen als eine Art ephemerer Gruppen erscheinen, deren mindestens ansatzweise Entstehung man auch unter normalen Umständen forcieren kann, ohne daß ihnen aber darum eine besonders lange Lebensdauer beschieden wäre.

III

Im Falle des Industriebetriebs und bürokratischer Organisationen ist es deutlich der Zwangscharakter, der sie zu Wachshäusern spontaner informeller Gruppierungen werden läßt; speziell in Fällen, wo der soziale Status einer Gruppe besonders prekär ist, wird sie danach drängen, sich eine Art von Schutzraum zu schaffen, innerhalb dessen sie ihren Status sichern kann.

Hier wird übrigens ein Ansatz sichtbar, der auf Dauer ausgerichtet ist, um die gewonnene informelle Position nicht zu verlieren. So deutlich schon bei Roethlisberger, für den die bedeutendste Auswirkung der spontan entstandenen informellen Gruppenordnung im Betrieb der „Widerstand gegen den Wandel" (Resistance to change) ist. Damit wird der Aufbau von Dauerpositionen eingeleitet, die dann als feste Gewohnheiten gewissermaßen als betriebliche Folklore die psychische Sicherung der Menschen im Betrieb garantieren. Der Übergang von der befristeten spontanen Ordnung in eine Dauerordnung ist damit eingeleitet. Eine strukturelle Voraussetzung für die Häufung spontaner Gruppenbildungen ist also die Kompensationsnotwendigkeit für einen grundsätzlich unsicheren sozialen Status. Das ist in unserer modernen Gesellschaft insbesondere für die Jugend der Fall, die – mit der völlig veränderten Beschäftigungsstruktur – eine Verlängerung wie nie zuvor erfahren hat. In allen früheren Gesellschaftssystemen war der Übergang von der Adoleszenz zum Erwachsenenalter nur kurz.

Er wurde abgeschlossen durch den Eintritt in den Beruf, der von nun an den Status des Menschen bestimmte. Für uns heute haben sich nun zunächst alle Ausbildungsgänge wesentlich verlängert, außerdem werden diese Ausbildungsgänge in einer fortgeschrittenen Industriegesellschaft, in der es immer weniger auf spezifische und immer mehr auf polyvalente Fertigkeiten ankommt, so paradox das auch klingen mag, immer weniger unmittelbar berufsbezogen, sondern mehr allgemeiner Natur, so daß aus ihnen kaum noch Elemente zur Sicherung des sozialen Status gewonnen werden können. Das hat eine unübersehbare Statusunsicherheit für sehr große Teile unserer Gesellschaft in den Altersgruppen von etwa 16 bis etwa 30 Jahren zur Folge.

Traue niemandem über Dreißig; dieser Satz setzt die Grenzen sehr genau. Die Unsicherheit dieser insgesamt 15 Jahrgänge wird bestimmt durch eine weitgehende wirtschaftliche Abhängigkeit, speziell in den Mittelklassen. Diese Abhängigkeit besteht gegenüber der Familie oder der Gesellschaft insgesamt, welche vielfach die Ausbildungskosten übernimmt. Daraus resultiert zunächst eine Spannung, die oft in offene Hostilität ausmündet, immer aber folgt daraus eine Emigration in die Marginalität, d. h. die Jugend als solche fühlt sich an den Rand der Gesellschaft verdrängt oder versetzt sich selbst dahin.

Nun – das sind altbekannte Dinge, die in den letzten Jahren viel diskutiert worden sind, so muß man sie nicht noch mal resümieren. Für uns liegt das Problem an einem anderen Ort, nämlich in der Frage nach spontanen Gruppenbildungen in dieser Marginalität.

Genau hier aber beginnen die Kontroversen. Es geht um die Frage, ob Jugend eine Gruppe eigener Art in unserer Gesellschaft darstellt oder nicht. Das scheint uns aber eine falsche Fragestellung zu sein, denn in diesem Sinne ist Jugend bestenfalls ein rein statistisch relevantes Aggregat, aber niemals eine Gruppe, wenigstens nicht im strukturellen Sinne: Denn dazu würden Interaktionen zwischen ihren Mitgliedern vorausgesetzt, die eben gerade nicht bestehen; so ist die Situation der Jugend in der heutigen Gesellschaft in dem Sinne marginal, daß ihre Mitglieder – gleich weit entfernt von Familie und Gesellschaft – ganz einfach „ähnlich" sind. Jugend ist in diesem Zusammenhang zweifellos ein Grenzfall der Sozialität. Soziale Regeln werden zwar wahrgenommen, aber nicht ernst genommen. Man träumt von der Realisierung einer gesellschaftsenthobenen Utopie. In einer großen Zeit-schrift las ich jüngst den Ausdruck „vom Abenteuer des Alleinseins". Das ist in der Tat die strukturelle Ausgangslage für die Jugend heute. Darin ist sie auch zutiefst unterschieden von der älteren „Jugendbewegung", die zu urtümlichen Sozialformen zurückstrebte; diese Jugend heute anerkennt überhaupt keine Sozialform und repräsentiert die reinste Marginalität, die man sich denken kann. Im übrigen ist diese Marginalität im Gegensatz zu anderen Erschei nungen dieser Art durchaus selbst gewollt. Denn es steht wohl fest, daß noch niemals in der Geschichte so viel von der Gesellschaft für die Jugend getan worden ist. Letztere nimmt das als einen schuldigen Tribut, verharrt aber in ihrer Haltung der grundsätzlichen Gesellschaftsenthobenheit.

Im Abenteuer des Alleinseins ist nun spontane Gruppenbildung der ein-zige Weg, der ein Überleben ermöglicht. Ein Blick, ein Lächeln genügen, um eine Zweiergemeinschaft zu knüpfen; zwischen Mädchen, zwischen Jungen, zwischen Jungen und Mädchen. So entsteht eine Welt von „Dyaden" in einer ungeheuerlichen Mannigfaltigkeit, die nur durch ihre Kurzfristigkeit übertroffen wird. Bei zweigeschlechtlichen Paaren ist nicht das Geschlecht-liche relevant, sondern vor allem der Wunsch zur Überwindung der Einsam-keit. Das gleiche ist der Fall, wo junge Leute in größeren Ansammlungen gemeinsam auftreten, sei es in den dichtgedrängten Räumen einer Diskothek oder bei einem Massenfestival von Rock-Musik. Was hier auftritt, ist nicht die „Gruppe" Jugend, sondern ein Heer von Einsamen, die immer nur für einen Augenblick diese Einsamkeit überwinden.

Wenn man die Flucht in die Frühehe als Abstoßung durch die Familien-atmosphäre betrachtet, so trifft das nur einen Teil der Wahrheit; denn eine Jungehe gehört wie jede Ehe in den Rahmen der verteufelten etablierten Normen. Viel typischer ist daher die Paarbildung ohne rechtliche Legitimation; sie ist gewissermaßen der Prototyp der spontanen Gruppen-bildung in diesem Zustand der Marginalität. Sie führt allerdings auch nicht sehr weit. Paarbildung in diesem Sinne ist im Grunde Einsamkeit zu zweit, manchmal auch nicht einmal das, wie insbesondere die neueren Tanzformen zeigen, wo eigentlich jeder mit sich allein tanzt in einem gewissen Abstand vom Partner, der auch nur in seltenen Augenblicken ein Partner ist.

Der nächste Schritt führt zur vielberufenen „Kommune", ebenfalls ein typisches Resultat spontaner Gruppenbildung. Ich empfinde persönlich die vielen Kritiken der Erwachsenenwelt an den Kommunen als Orte sexueller Hemmungslosigkeit nicht nur als abgeschmackt, sondern eher als Ausdruck von bürgerlichen Wunschträumen.

In Wahrheit spielt, wie schon einmal gesagt, das Sexuelle wahrscheinlich eine nur sekundäre Rolle. Vielmehr handelt es sich hier um den realen Versuch des Aufbaus einer Minigesellschaft ohne Repressionen und Autoritäten; so utopisch das anmuten mag, so ist es doch eine Realität, die wir ernst nehmen müssen und in der sich wiederum spontane Gruppenprozesse auswirken. Hier findet die Soziometrie ihr vielleicht größtes Arbeitsgebiet, nur daß sie es bisher noch kaum betreten hat.

Was anderes ist denn dieser Gruppenprozeß als eine ständige Wiederholung von Wünschen, Zuneigungen und Abneigungen in ihren gegenseitigen Beziehungen. Die soziale Spontaneität ist in diesem Fall zunächst emotional gefärbt, so daß sich der Vergleich mit dem Begriff des „Bundes", wie ihn Schmalenbach diskutiert hat, von neuem aufdrängt. Die soziale Spontaneität eröffnet sich in unendlichen Gesprächen, Diskussionen, Auseinandersetzungen in der Gruppensituation, wobei die unabgerissene Suche nach praktikablen Sozialnormen führend wird, die nicht dem herrschenden System angehören. Alle Spontaneität, die auf der Suche nach dem „absolut" Richtigen ist, muß radikal werden, zumeist radikal utopisch, aber auch radikal gewaltsam, wenn es so kommt. Man denke an die kalifornische Mordkommune von Manson.

Nicht das ist übrigens das Kernproblem der Kommunen, wenn es ihnen auch gelegentlich die farbigen dramatischen Akzente gibt. Vielmehr erhebt sich die Frage nach ihren Überlebensmöglichkeiten in der Zeit. Jede Kommune hat ihren Haushalt, zum Haushalten aber langt der emphatische emotionale „Aufschwung" nicht aus. Hier treten auf: Organisation der Haushaltsführung, Rollendefinitionen, Arbeitsteilung – alles Phänomene aus der verhaßten umgebenden Gesellschaft; diese Punkte stellen auch regelmäßig die kritischen Aspekte in der Entwicklung solcher spontanen Zellengebilde dar. Noch komplizierter wird es, wenn es etwa um Regelung von Rechtsfragen geht, etwa bei der Sorgepflicht für uneheliche Kinder, wie man aus zahlreichen Beschreibungen solcher Gebilde erkennen kann. Meist führt der Zusammenstoß zwischen sozialer Spontaneität der Einsamen mit formellen Normen nur zu einer Explosion von im verborgenen gestauten Aggressionen, die das Gebilde genau so schnell wieder zerfallen lassen, wie es entstanden ist. Schon vor Jahrzehnten wurde dieser Prozeß in einer Beschreibung des utopischen Experiments auf dem Monte Verità bei Ascona sehr genau analysiert. Allerdings wurde dabei vergessen, daß alle diese wohlbekannten Erscheinungen nichts gegen die Bedeutung der spontanen sozialen Gruppenbildungen aussagen; denn selbst wenn die Einsamkeit auch nur für einen Augenblick überwunden wurde, ist für die Regeneration des jungen Menschen in unserer Gesellschaft etwas Wesentliches getan.

So zeigt sich in der Tat in der Marginalität die größte Auswirkungsmöglichkeit für die spontane Gruppenbildung. Das ist nicht nur für die Jugendsoziologie insgesamt schon seit langem diskutiert worden, sondern insbesondere für die Analyse von Bandenbildungen.

Von Frederic M. Thrashers[17] Werk über die Gangs in Chicago bis zu William F. Whyte[18] oder Albert K. Cohen[19] zeigt sich immer wieder das gleiche Phänomen. Man könnte dem in jüngster Zeit die Situation bei den drogensüchtigen Jugendlichen anfügen. Man darf nur Marginalität nicht mit Kriminalität verwechseln. Letztere kann aus der Marginalität erwachsen, sie muß es aber nicht. Zunächst sind alle diese Erscheinungen Folgen der Status-unsicherheit der Jugendlichen in unserer Gesellschaft, wobei im übrigen auch seit jeher als therapeutisches Mittel die Diskussion in der Gruppensituation hervortritt, im Laufe derer die Spontaneität in eine neue Richtung umgelenkt wird, was allerdings nicht ganz einfach ist, da diese spontanen Gruppen, wie vorher schon mehrfach erwähnt, auch utopische Anti-Werte entwickeln, mit deren Hilfe sie ihre Marginalität akzentuieren.

So wichtig die Entstehung von spontanen Gruppen im spezialen Alltag ist, so können sie also unter besonderen strukturellen Verhältnissen eine Art von Inflation erfahren, was uns theoretisch zwingt, neben der klassischen Gruppentheorie eine zweite für sich zu entwickeln, die sich ausschließlich mit diesen kurzfristigen Erscheinungen befaßt.

Das heißt aber auch, daß die Soziometrie keine vorübergehende Mode-erscheinung, sondern ein Dauerbestandteil der modernen Soziologie ist.

---

[17] Frederic M. Thrasher, The Gang, 2. Aufl. Chicago 1936 (zuerst: 1927).

[18] William F. Whyte, Street Corner Society, 2. Aufl. Chicago 1955 (zuerst: 1943).

[19] Albert K. Cohen, Delinquent Boys. Glencoe, Ill., 1955 (deutsch: Kriminelle Jugend. Reinbek 1961).

Die Gruppe im Sport und die
Kleingruppenforschung

Es ist erstaunlich zu sehen, wie spät sich die Sozialpsychologie der Gruppe, insbesondere die Kleingruppenforschung des Problems „Gruppe im Sport" angenommen hat, obwohl sich Vorläufer schon im 19. Jahrhundert finden lassen, etwa Untersuchungen über das Verhältnis von Schrittmacher und Rennfahrer beim Radsport. Aber diese älteren Versuche blieben nur sporadisch und waren auch wenig methodischer Natur (vor allem waren sie auch von Psychologen und nicht von Soziologen angebahnt), so daß keine ernsthaften Anstöße für die soziologische Forschung von ihnen ausgegangen sind. Dagegen war das Interesse für die Untersuchung von Arbeitsgruppen in der Industrie von Anfang an viel intensiver, was vielleicht durch das unmittelbare wirtschaftliche Interesse für die Ergebnisse dieser Untersuchungen erklärt werden kann, während der Sport in den Augen der meisten Forscher eben doch nur wirtschaftsenthobenes „Spiel" war – und das trotz aller Beeinträchtigung des Amateurtums, durch den sich immer mehr in den Vordergrund drängenden Berufssport, der sicher die Öffentlichkeit zuweilen mehr interessiert, selbst wenn die Zahl der Amateure noch immer die überwältigende Majorität darstellt.

Insbesondere sind es zwei Punkte, die uns eine mehr methodologische Beschäftigung mit dem Problem der Gruppe im Sport nahe zu legen scheinen, die auch für die allgemeine Kleingruppenforschung fruchtbare Resultate erbringen könnte: l. Das Verhältnis der Gruppensituation zur Leistung und 2. die Tatsache, daß im Zeitalter des Massensports unendlich viele, ja praktisch unbegrenzte Möglichkeiten für die Beobachtung von Gruppenphänomenen im Sport gegeben sind. Der erste Punkt berührt sich engstens mit den Interessen der Betriebssoziologie und der Analyse von Arbeitsgruppen; der Gedanke ist nicht von der Hand zu weisen, daß Ergebnisse der Sportsoziologie dazu benutzt werden könnten, um

R. König, *Soziologische Studien zu Gruppe, Gemeinde und Stadt,* René König Schriften. Ausgabe letzter Hand 15, https://doi.org/10.1007/978-3-658-28251-6_3

besondere Situationen bei der Leistungserstellung besser zu beleuchten, z. B. die viel umstrittene Frage, ob es auf ein „Maximum" oder nur auf ein „Optimum" inneren Zusammenstimmens bei der Gruppe ankommt, um einen befriedigenden Ausstoß zu erzielen. Ferner muß man zugestehen, daß die Chancen der Beobachtung bei Sportgruppen insofern besser sind als bei industriellen Arbeitsgruppen, als bei den ersteren keine greifbaren Motive da sind, die die Leistung und den Ablauf des Geschehens beeinflussen könnten, während es im zweiten Falle, wie wir wissen, sehr viele Motive gibt, die sowohl zu einer bewußten (also taktisch angewendeten) als auch – was viel wichtiger ist – zu einer unbewußten Beeinflussung des Arbeitsprozesses beitragen, sowie die „Beobachtungssituation" gegeben ist. Darum hat sich ja auch die Erforschung der Gruppenleistung von der Feldforschung immer mehr in die Laboratoriumsatmosphäre zurückgezogen, was große Nachteile im Gefolge hat, selbst wenn man es sich zur Regel macht, erfolgreiche Laboratoriumsexperimente unmittelbar mit Hilfe von Feldexperimenten zu kontrollieren.

Angesichts der hier nur anzudeutenden Verhältnisse bleibt es also wirklich unverständlich, wieso das Phänomen „Gruppe im Sport" erst so spät methodisch angegangen worden ist – vielleicht sogar etwas zu spät, um noch mit dem gleichen Brio und Optimismus behandelt zu werden, die, wie Hans Anger[1] sehr richtig bemerkt, Anfang der 50er Jahre in der eigentlichen Kleingruppenforschung einen eindrucksvollen Höhepunkt der Produktion zur Folge hatten. Wir möchten es aber nicht nur einer Modeströmung zuschreiben, wenn seither die Forschung auf diesem Gebiet zurückgegangen ist, sondern dem zunehmenden Hervortreten neuer Einsichten, die einerseits zur Zurückhaltung mahnen, andererseits aber neue Differenzierungen kritischer Art hervorgetrieben haben, so daß sich die künftige Forschung vor die Notwendigkeit gestellt sehen wird, neue und komplexere Untersuchungsansätze aufzubauen, um weiterkommen zu können. Das würde also nicht ein totales Zurücktreten der Kleingruppenforschung, sondern neue Entwicklungsmöglichkeiten auf neuen Grundlagen zur Folge haben. Wir möchten damit allerdings nicht behaupten, daß darum Kleingruppenforschung ein eigener Zweig der Sozialforschung bleiben wird, wie es in den 50er Jahren zu sein schien; vielmehr wird sie sich sicher in breiter gelagerte Forschungsansätze einbauen, wobei wir nicht ausschließen, daß dies in verschiedenen Wirklichkeitsbereichen unter durchaus verschiedenen Aspekten der Fall sein kann: etwa Gruppenforschung im Betrieb, wobei der Rahmen die Gesamtorganisation des Betriebs ist („Small Groups and Large Organizations"), oder Gruppenforschung in der Familie, bei der der Akzent viel mehr auf den Interaktionen der einzelnen Partner als im bezug auf einen allgemeinen Rahmen liegt, der sich als Zwangsorganisation auswirkt.

[1] Hans Anger, Kleingruppenforschung heute. In: Günther Lüschen (Hrsg.), Kleingruppenforschung und Gruppe im Sport (Sonderheft 10 der Kölner Zeitschrift für Soziologie und Sozialpsychologie). Opladen 1966, S. 15–43.

Zusammenfassend gesehen, scheint uns mindestens ein Teil der Schwierigkeiten, denen sich die klassische Kleingruppenforschung heute gegenübersieht, methodologischer Natur zu sein. Es mag verwunderlich klingen, bei einem scheinbar so hoch entwickelten Forschungsgebiet von methodologischen Schwierigkeiten zu sprechen, aber wir möchten uns in der Tat allen jenen anschließen, die von geradezu elementaren methodologischen Unklarheiten bei der Kleingruppenforschung sprechen. Wir wiederholen ausdrücklich, daß wir mit diesen Bemerkungen den Forschungsansatz als solchen keineswegs radikal über Bord werfen, sondern nur in weiteren Forschungsansätzen einbauen wollen, ein Verfahren, daß vielleicht einige der bestehenden methodologischen Unklarheiten zu erhellen beitragen wird. Aber es ist nicht von der Hand zu weisen, daß man sich außer einigen gelegentlichen Bemerkungen noch überraschend wenig Gedanken gemacht hat über gewisse Probleme, mit denen die Kleingruppenforschung bisheriger Art steht oder fällt.

Dazu gehört in erster Linie, was wir als die Reichweite der Beobachtung oder ihren Fokus bezeichnen wollen. Jedermann sind die soziometrischen Beziehungsdiagramme bekannt, mit deren Hilfe sich *in vielen Fällen* Gruppenstrukturen vorzüglich diagnostizieren lassen; *aber eben nicht in allen Fällen* z. B. in denen nicht, in denen eine Person in der Gruppe angibt, *ihre soziometrischen Wahlen außerhalb der real präsenten Gruppe zu treffen.* Wenn man in einem solchen Fall zu analysieren fortfährt, wie man es gewöhnt ist, muß man notwendigerweise ein völlig schiefes Bild erhalten; denn man behandelt das nach außen orientierte Mitglied ganz gleich wie die anderen, ohne nachzuforschen, ob diese Gleichheit wirklich vorhanden ist. Bei Untersuchungen über Kommunikationsdiffusion muß das sogar zu falschen Annahmen führen, indem dieser eine über Kommunikationskanäle verfügt, die den anderen grundsätzlich nicht offen stehen (im Betrieb etwa die Beziehung eines Arbeiters zu einer Direktionssekretärin). Die Soziometrie sieht nun in ihrer Praxis diesen Fall zwar vor, indem sie in der graphischen Darstellung eine Verbindung zu einem Punkt außerhalb der Gruppe zieht, der von dieser selbst durch einen Strich getrennt ist. Aber sie macht mit dieser Einsicht insofern nicht Ernst, *als im Zweifelsfalle eigentlich alle beteiligten Mitglieder der real präsenten Gruppe außerhalb dieser ebenfalls ihre höchst vielseitigen Beziehungen und Interessen haben, die man nur bei der Auswertung einfach unter den Tisch fallen läßt.* In dem beschriebenen Fall wird der Fokus der Beobachtung das eine Mal enger, das andere Mal weiter eingestellt, was methodologisch unter keinen Umständen zu rechtfertigen ist. Im übrigen ist unser Problem keineswegs auf die Soziometrie begrenzt, sondern tritt in gleicher Weise bei Laboratoriumsexperimenten auf, bei denen viel zu häufig die Unterstellung gemacht wird, als seien die ad hoc etwa in einem Beobachtungsraum zusammengebrachten Personen, die ein Gruppenexperi ment durchführen sollen, gewissermaßen berufliche Versuchskaninchen ohne spezielle Persönlichkeitskomponenten, ohne Geschichte, ohne Interessen und Verbindungen außerhalb des Versuchsraums. Wenn wir die Möglichkeit hätten, diese Variablen bei der Beobachtung in Anwendung zu bringen, dann würde sich vielleicht herausstellen, daß ein äußerlich gleichförmiges Verhalten verschiedener Personen in jedem einzelnen Falle eine unter Umständen ganz verschiedene Bedeutung hat, so daß man in der Auswertung eines solchen Experiments im Grunde Unvergleichbares gewaltsam über einen Leisten schlägt, weil die entscheidenden Variablen unter Umständen erst bei einer beträchtlichen Erweiterung des Fokus der Beobachtung sichtbar werden (wie z. B. nicht nur die interpersonalen Beziehungen in einer Arbeitsgruppe für den Ausstoß verantwortlich sind, sondern genauso Zugehörigkeit oder Nichtzugehörigkeit zu einer Gewerkschaft).

Wir rollen hier diese Fragen auf, weil sie uns gerade bei der Behandlung des Problems der „Gruppe im Sport" besonders aufdringlich zu sein scheinen. Damit würde das späte Eindringen der Kleingruppenforschung in den Sport ein doppeltes Ergebnis zeitigen, nämlich 1. die Anwendung bereits in anderen Wirklichkeitsbereichen bewährter Forschungstechniken auf eine neue Wirklichkeit und 2. eine Anwendung unter neuen methodologischen und auch theoretischen Voraussetzungen, die vielleicht später auf die Kleingruppenforschung in anderen Lebensbereichen zurückwirken werden. Dabei ist es auch wichtig zu vermerken, daß relativ alte und auch allgemeine Probleme hier wieder neu erörtert werden müssen, wie etwa das Verhältnis von allgemeinem „sozialen Einfluß" und spezifischer „Gruppenwirkung". Dies kann sich etwa so auswirken, daß das Ziel einer Sportgruppe, nämlich der Sieg über die gegnerische Mannschaft, durch eine diesem Ziel entgegenwirkende Norm, „nicht zu verlieren", die von einer unbestimmt-allgemeinen Umwelt ausgeht, aufgehoben wird. Das drückt sich praktisch z. B. bei den nationalen Liga-Ausscheidungskämpfen im Fußball in einer Vermehrung der Spiele aus, die mit dem Ergebnis 0:0 endeten. Nur in den wenigsten Fällen ist dies Ergebnis eine Folge gleicher Spielstärke, sondern zumeist die eines stärkeren sozialen Einflusses, der in der Gruppe die Risikobereitschaft herabsetzt und damit auch das Ziel des Spiels verdrängt, nämlich den Sieg über die gegnerische Mannschaft. Es liegt auf der Hand, daß angesichts dieser Situation auch das ganze Zusammenwirken der Spielergruppe beeinflußt werden wird, indem etwa die Rollenverteilung zwischen Angriff und Verteidigung eine Umstellung erfährt; versucht man sonst die „aggressiven" Spieler in den Angriff zu nehmen, so wirken sie jetzt in der Verteidigung, und die gesamte Spieltaktik wird durch den Verzicht auf Angriff und Sieg bestimmt. Damit muß die Beobachtung notwendigerweise auf die Mentalität der Trainer, der Verbands oder Vereinsleiter sowie der Manager und Agenten und schließlich auch auf die des Publikums ausgedehnt werden, die unter Umständen alle miteinander vollauf damit zufrieden sind, daß eine Niederlage vermieden wurde. Um zu siegen, muß man siegen wollen, lautet die eine Norm; die andere: es genügt, bis zum Ende des Spiels ohne Entscheidung durchzuhalten, um den Abstieg aus der Liga in eine untere Klasse zu verhindern. Daß dies Ausdruck einer „schlechten Moral" ist, spricht nicht gegen die Wirkung solcher Vorstellungen, die etwa jüngstens in der italienischen Fußballwelt zu einer akuten Krise geführt haben, wobei man zum ersten Male auf die beträchtliche Zunahme der Spiele aufmerksam wurde, die mit 0:0 Toren endeten.

Zunahme der Spiele, die mit 0:0 Toren endeten (Italien) (Quelle: Corriere della Sera, Freitag, den 5. August 1966, Blatt 12)

Spielzeiten		*Spielzeiten*	
1952–1953	28	1959–1960	39
1953–1954	24	1960–1961	31
1954–1955	25	1961–1962	28
1955–1956	38	1962–1963	37
1956–1957	24	1963–1964	49
1957–1958	33	1964–1965	50
1958–1959	35	1965–1966	50

Damit eine solche Taktik Erfolg hat, muß sie natürlich von beiden Spielergruppen angenommen werden. Wiederum sprechen wir hier nicht etwa von einer „Verabredung", sondern von einem allgemeinen „sozialen Einfluß", dem beide Partner unterliegen. Von hier aus wird gleichzeitig sichtbar, daß ein Fokus der Beobachtung, der *nur* eine Mannschaft ins Auge faßt, zu eng sein muß. Der wirkliche Prozeß spielt sich in einer „Konfiguration" ab, die *beide* Mannschaften umfaßt und in ständiger Bewegung ist (Norbert Elias und Eric Dunning[2]). Außerdem unterliegt dieser Prozeß „Einflüssen", die keineswegs nur von den „Spielregeln", sondern noch von einer ganzen Reihe anderer Meinungsträger und Interessen bestimmt werden, die mit dem Sport nicht das Geringste zu tun haben.

Damit wird als weitester Horizont des Geschehens schließlich die Gesamtgesellschaft sichtbar; es ist schon lange bemerkt worden, daß jede Gesellschaftsform die ihr eigentümliche Form des Sports hat. Das soll und kann aber natürlich nun nicht in dem Sinne verstanden werden, als sollten aufgrund dessen alle Ansätze der Kleingruppenforschung aufgegeben werden; vielmehr fordern wir damit nur die Einordnung der Sportgruppe in jeweils zugeordnete weitere Rahmen gesamtgesellschaftlicher Natur, die auch gewisse funktionale Verschiebungen zur Folge haben können, indem etwa die große Mehrheit der Mitglieder von Sportvereinen nicht um des Sports, sondern nur um der Geselligkeit willen (im Sinne der Freizeitgestaltung) dabei sind. Es gibt noch zahlreiche andere intermediäre Gruppen zwischen der Sportgruppe und der Gesamtgesellschaft, wie etwa Banden von Jugendlichen, Schulklassen, Schulen, Vereine, Verbände, aber auch Altersgruppen sowie soziale Schichten, die über die Partizipation an verschiedenen

---

[2]Norbert Elias und Eric Dunning, Zur Dynamik von Sportgruppen. In: G. Lüschen (Hrsg.), Kleingruppenforschung und Gruppe im Sport, a.a.O., S. 118–134.

Sportarten entscheiden (in verschiedenen Kulturen übrigens auf höchst verschiedene Weise). Insgesamt kann man sagen, daß das Verhältnis von „äußerem System" und „innerem System", wenn wir uns einmal der Sprache von George C. Homans[3] bedienen wollten, äußerst flexibel ist, indem das, was im einen Falle als äußeres System erscheint, sich in einem anderen seinerseits als inneres System gegenüber einem anderen, weiteren äußeren System darstellt. Von entscheidender Bedeutung ist aber jeweils das prozeßhafte Geschehen, dessen Analyse präzise Schlüsse darüber zuläßt, was im einzelnen Falle als das innere und was als das äußere System anzusehen ist. Damit ist schließlich auch eine Basis erreicht, die die früher viel ventilierte Frage weit hinter sich läßt, ob Ergebnisse der Kleingruppenforschung auf die weitere Gesellschaft anwendbar seien. Diese Frage stellt sich jetzt vielmehr so dar, daß die Prozesse in kleinen Gruppen jeweils mit verschiedenen weiteren sozialen Ordnungen in Interdependenz stehen, die es durch die Forschung methodisch einwandfrei herauszuarbeiten gilt.

[3]George C. Homans, The Human Group. New York 1950 (deutsch: Theorie der sozialen Gruppe. Köln-Opladen 1960).

Chancen und Risiken der Familie als Gruppe

Die Familie hat nach dem Verlust zahlreicher Funktionen an andere gesellschaftliche Einrichtungen als Kernfamilie die Aufgabe der „Sozialisierung", deren erste Phase als „Soziabilisierung" bezeichnet wird. Diese Kernfamilie weist im Normalfall als Gruppe eine starke Dynamik auf („Familien zyklus") durch Veränderung der internen Beziehungen (Berufstätigkeit, Ausbildung der Kinder, Heirat usw.). Risiken liegen nicht nur in der Desorganisation (z. B. unvollständige Familie), sondern stark auch in der sogenannten „Überorganisation", die ausführlich dargestellt wird. Da die Krisen hier verdeckt sind, wird diese Erscheinung oft nicht erkannt. Sie verhindert jedoch weitgehend die „Sozialisierung" und kann zu krankhaften Ausfällen führen. Eine Gegentendenz scheint sich in der jugendlichen Gruppenbildung abzuzeichnen (peer-groups).

Ich möchte versuchen, Ihnen zunächst eine allgemeine Einleitung zu geben, wo die Familienproblematik heute steht, und zwar Familie als Gruppe. Zweitens möchte ich Ihnen dann eine Serie von Phänomenen in einiger Ordnung vorführen, und zwar solche, die ich die Überorganisation der Familie nenne. Sie hören überall von Desorganisation der Familie. Darüber gibt es ganze Bibliotheken. Aber über Probleme der Überorganisation wird wenig gesprochen. Dabei sind diese Probleme meines Erachtens mindestens genauso wichtig wie die anderen.

Nun zunächst zur Familie als Gruppe. Was heißt Familie als Gruppe? Sie kennen alle die Thematik, die etwa so läuft: In der Entwicklung hat die Familie eine nach der anderen ihrer Funktionen abgeben müssen an andere Agenten der Gesellschaft. Die Produktivfunktion etwa ist übergegangen an die Betriebe der Wirtschaft. Die Familie als Träger von Produktiveinheiten ist heute die Ausnahme geworden. Sie finden sie noch ausnahmsweise da, wo Sie ein traditionelles Bauerntum finden, Sie finden sie teilweise noch beim Handwerker oder beim Einzelhandel, obwohl sie da, wie Sie wissen, rapide am

R. König, *Soziologische Studien zu Gruppe, Gemeinde und Stadt*, René König Schriften. Ausgabe letzter Hand 15, https://doi.org/10.1007/978-3-658-28251-6_4

Verschwinden ist. So ist dies Verhältnis die Ausnahme geworden, und es gibt wirklich gar keinen Grund, daß die Familie Träger von einzelwirtschaftlichen Betrieben sein soll, wo die Wirtschaft das so sehr viel besser erledigt. In dieser Weise sind unendlich viele Funktionen von der Familie weggegangen, auch die Erziehungsfunktion und zwar in den letzten zwanzig Jahren in noch viel entschiedenerer Art und Weise als jemals vorher, nachdem wir die „parallelen Erziehungsorganisationen" haben, insbesondere das Radio und das Fernsehen, welche die Familienerziehung ganz beträchtlich modifiziert haben, beziehungsweise schon unendlich früh Einflüsse der Außenwelt, der größeren Gesellschaft, in den engere Raum der Familie hineinbringen, was früher nicht der Fall war.

Jetzt ergibt sich aber die Frage: Wie sollen wir das bewerten, daß die Familie so viele Funktionen aufgegeben hat? Was bleibt denn dann übrig? In den zwanziger Jahren war es Mode zu sagen: Da die Familie so viel Funktionen verloren hat, bleibt am Schluß nichts mehr übrig. Sie ist keine Gruppe mehr, sondern ein ganz lockeres Konglomerat. Die Frage ist nachzuprüfen, ob das wahr ist. Ich persönlich bin der Meinung, es ist nicht wahr. Und ich stehe damit auch nicht allein. Ein britischer Soziologe, der in den Vereinigten Staaten lehrte, hat diesen Tatbestand einmal großartig zusammengefaßt. Er sagt ungefähr so: Im Laufe der Entwicklung hat die Familie eine ihrer Funktionen nach der anderen aufgeben müssen. Aber sie gewann dabei ihre eigene. Das klingt nun sehr paradox, und wir müssen sofort fragen, was heißt das? Welches ist die eigenste Funktion der Familie, die ihr keine andere Gruppe der Gesellschaft abnehmen kann? Dies ist von den Kulturanthropologen, von den Sozialpsychologen, aber auch von den allgemeinen Psychologen. der ganzen Welt schon seit Jahrzehnten aufgegriffen worden. Diese Aufgabe der Familie ist, mit einem Wort gesagt, der Aufbau der sozialkulturellen Persönlichkeit. Das kann keine andere Organisation, die wir kennen, leisten. Es können natürlich und es müssen auch sehr häufig Hilfsorganisationen eintreten, wenn die Gruppe Familie aus irgendeinem Grunde ihre Aufgabe nicht leisten kann. Aber wir wissen aus Erfahrungen, daß diese Erziehung dann nie so vollgültig ist, und Sie können sagen, eine Familie, die nicht ganz in Ordnung ist, ist immer noch ein besseres Erziehungsfeld als irgendein Heim. Speziell gilt das für die Kleinkinderbetreuung. Denken Sie an die Probleme des Hospitalismus, die Ihnen vertraut sind. Denken Sie an die ganze Forschung von René Spitz[1] und anderen, dann werden Sie sehen, was ich meine. Also eine Funktion, die durch nichts zu ersetzen ist.

Mein Kollege Dieter Claessens[2] in Berlin hat dabei noch eine Verfeinerung eingeführt, die ich Ihrer Aufmerksamkeit empfehle. Er unterscheidet in

---

[1] René Spitz, The First Year of Life. New York 1965 (deutsch: Vom Säugling zum Kleinkind. Stuttgart 1967).

[2] Dieter Claessens, Familie und Wertsystem, 2. Aufl. Berlin 1967 (zuerst: 1962).

diesem allgemeinen Sozialisierungsprozeß im Rahmen der Gruppe Familie die Soziabilisierung von der Sozialisierung im weiteren Sinne. Der Unterschied ist wohl klar. Soziabilisierung heißt, ein Menschenleben überhaupt erst in den Zustand bringen, und zwar durch Koordination etwa seiner geistigen Fähigkeiten, daß es sozialisierbar wird. Vorher ist es das noch gar nicht. So teilt Claessens den Gesamtprozeß also in zwei Phasen. Eine Kleinstkinderziehung und danach die Kindererziehung, die einen eigentlichen Akt der Sozialisierung, wie es die Sozialpsychologie versteht, darstellt.

DIE KERNFAMILIE

Das geht nun vor sich im Rahmen einer Kleingruppe, wobei wir das Personal dieser Kleingruppe genau bezeichnen können. Ich möchte Ihnen hier die Minimalmatrix zeigen, die für jede Familie gegeben sein muß.

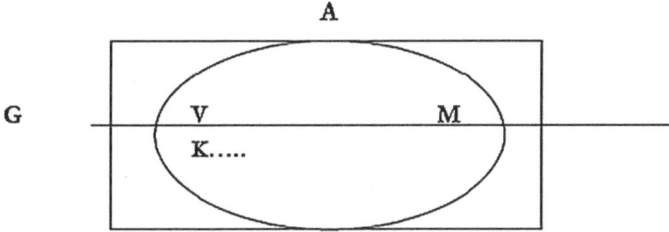

Alter-Geschlecht-Matrix der Familie

Sie besteht aus zwei Dimensionen. Die eine Dimension der beiden Geschlechter und die Dimension der Alter. Das ist das Minimalsystem der Familie. Wenn das nicht erfüllt ist, können wir nicht mehr von Familie sprechen. Nun läßt sich dazu wiederum einiges sagen, was nicht unzweideutig ist. Sie kennen alle dieses System und Sie sind vielleicht gewöhnt, ein anderes Wort dafür zu verwenden. Sie sprechen sicher gern von „Kleinfamilie". Dies würde ich nicht gern mitmachen: Denn damit kann man sich ganz gewaltig irren. Kleinfamilie gilt zwar zweifellos für Europa, gilt speziell heute für die Bundesrepublik: Wenn keine italienischen Gastarbeiter hier wären, wäre die deutsche Geburtlichkeit schon längst defizitär. Die deutsche Bevölkerung wird heute nur noch durch italienische Kinder aufrecht gehalten, sonst würde sie sich bereits vermindern. In anderen hochindustrialisierten Ländern liegt das anders, und deswegen vermeide ich gerne den Ausdruck Kleinfamilie und möchte ihn ersetzen durch den Ausdruck „Kernfamilie". Denn das ist der Kern, der theoretische Kern, auf den Sie nicht verzichten können. Wo das nicht ist, haben Sie eine unvollständige Familie. Also Mann, Frau und Kinder. Sie ersehen daraus, daß ein Ehepaar ohne Kinder keine Familie darstellt, obwohl das Recht das unterstellen muß, aber aus anderen Gründen, die uns hier nichts angehen.

Wenn Sie die Verhältnisse in den Vereinigten Staaten seit ziemlich genau 1940 anschauen, dann werden Sie in der Kernfamilie ungefähr folgenden Personenbestand finden, und zwar bei allen verheirateten Frauen mit Kindern (also ausgeschlossen sind die unverheirateten Frauen und die Frauen, die keine Kinder haben). Von verheirateten Frauen mit Kindern bekommt jede Amerikanerin bis zum 28. Lebensjahr durchschnittlich vier Kinder. So sehen Sie, daß in einer hochindustrialisierten Gesellschaft, gerade in dem Moment, wo sie in eine neue Industrialisierungswelle eintrat, eine beträchtliche Vergrößerung der Familie stattgefunden hat, die Gegenzahl für die Bundes-republik liegt heute ungefähr bei 1,7: Das ist die letzte Zahl vom Ende des vergangenen Jahres (1972), die mir gerade aus dem Bundesamt für Statistik mitgeteilt wurde.

GEFÜHLSBILDUNGEN IN DER KERNFAMILIE

Zwischen solchen relativ großen und relativ kleinen Gruppen gibt es nun viele verschiedene Gruppen, aber sie bleiben trotzdem Kernfamilien, weil sie zusammengeschlossen sind um diese Minimalmatrix. Sie ersehen daraus, daß eines abgeblaßt ist, nämlich die Rolle der Verwandtschaft. Sie fällt mehr oder weniger aus, was nicht heißt, daß in einzelnen Haushaltungen diese kleine Gruppe erweitert wird durch einzelne Verwandte, die mit aushelfen. Vor allen Dingen natürlich Großelternteile und unter den Großelternteilen wieder die Großmutter, die eine besonders große Rolle spielt. Wir wissen im übrigen bis jetzt noch nicht, wie in der Bundesrepublik die Familien in bezug auf diese Zusammensetzung aussehen. In der Kölner Zeitschrift für Soziologie und Sozialpsychologie ist soeben ein großer Aufsatz von Martin Koschorke[3] erschienen; er versucht, einmal theoretisch die bestehenden Möglichkeiten abzuschreiten, und Herr Hermann Schubnell vom Bundesamt für Statistik hat mir dazu geschrieben, er sei bereit, auch vom Bundesamt für Statistik aus jetzt einmal eine solche Erhebung einzuleiten, die uns dann ein Bild geben würde, aus welchen Personen tatsächlich eine durchschnittliche deutsche Familie besteht. Aber das ist noch Zukunftsmusik.

Es bleibt: Wir haben eine kleine Gruppe vor uns, die gebunden ist durch starke Gefühle: Diese werden uns später noch sehr eingehend zu beschäftigen haben. Wir dürfen dabei aber einen Fehler nicht machen, den man immer wieder begeht, daß man nämlich diese Gruppe viel zu statisch ansieht. Hier muß ich Sie mit einer Neuentwicklung der modernen Familiensoziologie bekanntmachen, die speziell aus den Vereinigten Staaten kommt, nämlich die sogenannte Theorie des „Familienzyklus". Das heißt also, daß Familie nicht ein fester Bestand von Personen ist, sondern sich in bestimmter Weise ent-wickelt, wobei sich auch die Zusammensetzung des personellen Inventars

---

[3]Martin Koschorke, Formen des Zusammenlebens. In: Kölner Zeitschrift für Soziologie und Sozialpsychologie XXIV (1972), S. 533–563.

ständig wandelt. Das möchte ich Ihnen mit einer anderen Zeichnung zu erläutern versuchen.

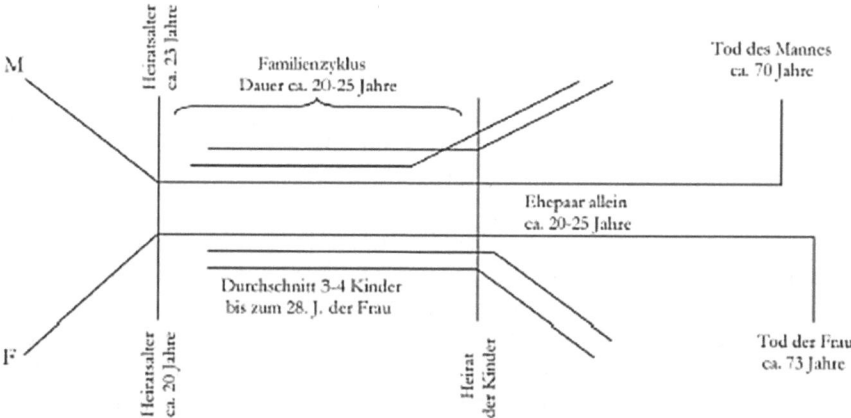

Schematische Darstellung des Familienzyklus in den Vereinigten Staaten

Nehmen wir das Verhältnis in den Vereinigten Staaten, so haben wir durchschnittlich damit zu rechnen, daß das Durchschnittsheiratsalter für die Männer 23 beträgt, für die Frauen 19 Jahre. In der Bundesrepublik betragen oder betrugen bis vor kurzem die Zahlen für Männer 26 (sie hat die Tendenz herunterzugehen) und für Frauen 23 (sie hat die Tendenzherunter zugehen). Ich schätze, daß sich in höchstens zehn bis fünfzehn Jahren die Bundesrepublik völlig angepaßt haben wird an ein hochindustrialisiertes Land wie die Vereinigten Staaten. Jetzt beginnt das gemeinsame Leben. Ich habe Ihnen davon schon gesagt, daß sie durchschnittlich vier Kinder haben. Jetzt müssen wir achten auf die Dynamik dieses Mini-Systems, das ich in Form einer Matrix aufgezeichnet habe. Es enthält insofern eine sehr präzise Dynamik, als schon sehr früh mit der Berufsausbildung die Kinder ausstrahlen und nicht nur anderen Einflüssen unterliegen, Schule, Studium, Berufsausbildung, sondern sich auch räumlich distanzieren von den Eltern, bis sie selbst heiraten. Wenn sie selbst heiraten, ist die Regel, daß sie einen eigenen Haushalt, getrennt vom Haushalt der Eltern, sich aufbauen. Nun erhebt sich die Frage, wie lang ist die Zeit bis zu diesem Punkt, nämlich zu dem Punkt, da alle vier Kinder das Haus verlassen haben? Auch darüber kann man ganz präzise Auskünfte geben. Es hat sich gezeigt, gerade in den Vereinigten Staaten, daß die Töchter die Tendenz hatten, im selben Alter wieder zu heiraten wie ihre Mütter, so daß sie also zwanzig Jahre später im gleichen Alter von gut 19 Jahren heiraten. Setzen wir hier den Fall, daß Mädchen und Söhne mit verschieden langer Berufsentwicklung im Hause sind, dann können Sie sagen, dauert der Familienzusammenhang höchstens 25 Jahre, nicht länger. Dann baut sich ein anderes Verhältnis auf. Die Kinder haben das Haus verlassen und stehen ihren Eltern als ganz etwas anderes gegenüber, nämlich nicht mehr als Kinder, sondern als selbständige, wirtschaftende Personen. Selbstverständlich gibt es dann noch Bindungen, aber das sind Bindungen zwischen Erwachsenen, selbständigen und selbständig entscheidenden Personen, und nicht mehr zwischen Eltern und Kindern. Sie sehen also, dieser sogenannte Familienzyklus hat in unserer Gesellschaft eine sehr eigenartige Form, insofern als er nur eine bestimmte Zeit andauert, die wir ziemlich genau voraus berechnen können. Damit ist auch gesagt, daß die Gruppe, die hier entsteht, eine höchst fragile Angelegenheit ist. Sie ist nicht so fest wie früher, wo die zwei Generationen oder auch drei Generationen im gleichen Haus wohnten.

Noch schnell einen Satz zu dieser letzten Frage. Mein Kollege Friedhelm Neidhardt[4] aus Tübingen hat in einem sehr guten Buch geschrieben, in der Bundesrepublik heute gäbe es „nur" neun Prozent Drei-Generationen-Haushalte. Ich finde es enorm; er hätte schreiben müssen, es gibt „noch immer", trotz allem, neun Prozent Drei-Generationen-Haushalte. Sie sehen, mit solchen Zahlen muß man vorsichtig sein. Aber im Prinzip müssen wir damit rechnen, daß diese Erscheinungen deutlich im Abflauen sind, so daß die Dynamik dieses Systems in dem Vierteljahrhundert seiner Existenz dahin geht, sich fortlaufend immer wieder aufzulösen und sich neu zu gestalten. Das ist der entscheidende Punkt, von dem wir ausgehen müssen. Diese kleine Gruppe ist also nicht etwas, was ein für allemal feststeht, sondern etwas, was sich ständig dynamisch verwandelt.

Dabei erhebt sich nun die entscheidende Frage nach der Beständigkeit oder auch Unbeständigkeit, und das ist ja Ihr Problem und Ihr Interesse, dieser Gruppe. Man hat ihr wieder die Rolle der Ausfälle im personalen Inventar im Laufe dieser Entwicklung diskutiert. Dabei sind sehr interessante Sachen zum Vorschein gekommen. Man hat zum Beispiel gesehen, daß zunächst die Rollen von Mann und Frau ganz verschieden sind. Die Rolle der Frau ist im Grunde die entscheidende, und wir müssen uns darüber klar sein, daß der Mensch als Kleinstkind in einer fast ausschließlich weiblichen Atmosphäre aufwächst. Der Mann spielt seinen Kleinstkindern gegenüber praktisch keine Rolle. Ich würde nicht so weit gehen wie mein Freund Alexander Mitscherlich[5], der von der „vaterlosen" Gesellschaft spricht, aber ich möchte doch meinen, daß die Rolle des Vaters außerordentlich prekär geworden sind. Wenn Vater Sigmund Freud heute noch lebte, hätte er, glaube ich, schlechte Träume über die Sicherung seines patriarchalischen Modells. Denn dieser Vater von heute ist, auch bei normalen Verhältnissen, derartig von außen in Anspruch genommen, daß er oft als Ehemann seine Funktion sehr ungenügend üben kann und meistens als Vater versagt. Dabei ist das keine persönliche Schuld, sondern es handelt sich um ein strukturell

---

[4] Friedhelm Neidhardt, Familie in Deutschland. Opladen 1966.
[5] Alexander Mitscherlich, Auf dem Wege zur vaterlosen Gesellschaft, 2. Aufl. München 1968 (zuerst: 1963).

bedingtes Versagen. In einer technisch entwickelten Gesellschaft, die sich so enorm wandelt, wie unsere Gesellschaften heute, kann der Vater eine instrumentale Rolle, etwa bei der Berufsfindung oder bei der Berufsentscheidung, einfach nicht mehr spielen: Denn er weiß nicht mehr Bescheid, und was zu einer Zeit galt, ist im Moment des Heranwachsens der Kinder garantiert falsch, unter Umständen sogar schädlich. So wissen es die Kinder notwendigerweise besser, auch das ist kein Lob, sondern eine Feststellung, eine einfache strukturelle Feststellung. Denn sie setzen bei der Erfassung dieser heutigen Wirklichkeit zu einem anderen Zeitpunkt an. Außerdem kommen dann noch die parallelen Erziehungsinstitutionen hinzu, also das Fernsehen. Nur ein Wort darüber, was aber meines Erachtens nicht unwichtig ist, weil es eine alte Theorie total umwirft. Wir sind immer davon ausgegangen, daß die Ungleichheit der Chancen in der Entwicklung junger Menschen weitgehend sprachlich bedingt ist, indem Kinder aus Mittelklassen von Anfang an eine bessere Sprache sprechen, die der Sprache des Lehrers in der Schule entspricht.

Die entscheidende Rolle der Frau

So können sie sich mit dem Lehrer mühelos verständigen. Ein Arbeiterkind kann das nicht. Es spricht eine andere Sprache, es kann infolgedessen den Lehrer nicht verstehen und kann sich dem Lehrer gegenüber nicht erklären. So war es bis zu dem Moment, wo das Fernsehen ein allgemeiner Konsumartikel wurde. Denn eines steht fest, die schauspielerisch geschulte Sprache am Fernsehen ist einfach besser als die Alltagssprache durchschnittlicher Familien. So kommen schon kleine Kinder, Arbeiterkinder, in die Verlegenheit, die Hochsprache in einem Alter präsentiert zu bekommen, wo sie es von den Eltern nie bekommen würden, sondern erst später in der Schule. Sie sind also besser gewappnet für den Zusammenstoß mit der Schule. So haben die Parallelinstitutionen eine immer wachsende Rolle.

Wir haben also damit zu rechnen, daß hier eine zunehmende Distanzierung der jungen Leute von den Eltern erfolgt, wobei die ältere Lehre ausschließlich hingewiesen hat auf die Desorganisationserscheinungen, die daraus resultierten. Es stimmt ja auch, daß, was ich Ihnen eben andeutete, sich wesentlich negativ auswirken muß auf den inneren Zusammenhalt dieser Gruppe. Ein Mann, der tagtäglich auswärts ist, der erst am Freitagabend nach Hause kommt, müde ist, Frau und Kinder verdrischt und dann sein Bier trinkt, mit diesem Vater ist bei Gott nicht viel anzufangen, und am Samstag geht er auch noch arbeiten, wir wissen das alle: Er arbeitet schwarz und verdient sich damit den Extrakomfort, den er für sich und seine Familie haben will. So wird der Sonntag zum eigentlichen Katastrophentag im Leben der Familie. Wenn es regnet, dann gehen Mann und Kinder nicht weg, und die Hausfrau hat nicht nur die ganze Arbeit im Haushalt, sondern zusätzlich noch einen nörgelnden Mann und quengelnde Kinder am Hals. Das ist dann das sogenannte sonntägliche Familienfest. Das schafft eine Überlastung der Beziehungen, speziell, wenn solche sich in der delikaten Dimension der Emotionen ansiedeln, weil neben positiven Beziehungen sofort Aggressionen lauern, die bei der geringsten Kleinigkeit ausgelöst werden können und sich dann explosionsartig auswirken. So war es zweifellos richtig, wenn die ältere Familiensoziologie ihre Aufmerksamkeit speziell diesen Krisen zuwandte. Dabei untersuchte sie etwa folgende Dinge: Nicht nur die Abwendung des Interesses von Seiten des Vaters, sondern auch sein Verschwinden, also etwa Desertion, Tod, Verwitwung. Nun eine Information aus den Statistiken aller fortgeschrittenen Industriegesellschaften: Männer heiraten später und sterben früher als Frauen, so daß in jeder fortgeschrittenen Industriegesellschaft wesentlich mehr Witwen mit Kindern als Witwer mit Kindern vorhanden sind. Außerdem ist die Wiederverheiratungschance bei einem Witwer mit Kindern sehr viel größer als bei einer Witwe mit Kindern. Sie sehen, wie hier alles zusammenwirkt, um eine für die Frau mit Kindern recht ungünstige Situation zu schaffen, so daß sie im Grunde in einer Rest- oder Rumpf-familie wohnt, für die sie die Verantwortung ganz allein zu tragen hat, was oft eine übermenschliche Arbeitsleistung von ihr verlangt. So sind also diese Ausfallserscheinungen wirklich wichtig. Dazu kommen Desertion, Trennung auf Gegenseitigkeit oder auch ohne, schließlich Scheidung. So hat man in der früheren Familiensoziologie die Aufmerksamkeit auf diese Phänomene konzentriert und zwar mit vollem Recht; denn das waren wirklich die Probleme, die ins Auge sprangen. Man übersah dabei aber andere Probleme, und das sind die, auf die ich heute das Schwergewicht legen möchte, weil man geneigt ist, diese zu unterschätzen.

ÜBERORGANISATION IN DEN FAMILIEN

Es war übrigens ein medizinischer Kollege, der diesen Dingen zuerst nach-kam, nämlich Hans Binder[6] von der Universitätsklinik in Bern, der noch mitten im Krieg von äußerlich intakten Familien mit verdeckten Konflikten sprach, wie er es nannte. Damit sagte er also nicht mehr und nicht weniger, als daß eine Familie äußerlich völlig intakt sein kann, das personelle Inventar ist da, alles funktioniert scheint's vortrefflich, aber es sind verdeckte Krisen da, die verdrängt werden. Das ist der entscheidende Punkt. Und nun unter-suchte er ein Material, das zwar ein extremes war, denn es handelte sich um uneheliche Mütter. Was ihn interessierte, waren aber nicht die unehelichen Mütter selbst, sondern die Familienverhältnisse, aus denen sie stammten, und er fragte sich, ob es da nicht solche verdeckten Krisen gegeben hatte. Ein Schüler von ihm, Carl Haffter von der Universitätsklinik Basel, ebenfalls ein Mediziner, hat dann eine klassisch gewordene Arbeit über Scheidungskinder

---

[6] Hans Binder, Die uneheliche Mutterschaft. Bern 1941.

veröffentlicht[7], wo er dasselbe zeigt, daß unter Umständen die Scheidung diese geheimen Konflikte wegbringt, und das mit dem interessanten Ergebnis, das von allen früheren Meinungen abweicht, daß Scheidungskinder gelegentlich in einer besseren Situation sind als Kinder, die in einer Familie mit verdeckten Konflikten aufwachsen. So kann man, mit aller Vorsicht, sagen, es gibt Bedingungen, unter denen sich eine Scheidung positiv auswirken kann, sowohl auf die Erwachsenen als auch, was wichtiger ist, auf die Kinder.

Das waren die ersten Ansätze für Untersuchungen dieser Art in Europa, die hier schon viel diskutiert worden sind. Dann kamen aus den Vereinigten Staaten groß angelegte Untersuchungen aller Art, die sich nun mit jenen kompletten Familien befaßten, die sogenannte „problem families" waren, also Problemfamilien Ich persönlich habe in diesem Zusammenhang noch einen anderen Begriff eingeführt, den ich Ihnen schon nannte, nämlich den Begriff der „Überorganisation". Unter Überorganisation bezeichne ich soziologisch genau das gleiche, was Binder als Familie mit verdeckten Konflikten bezeichnet hatte. Die Konflikte werden deswegen verdeckt, weil die Familie übermäßig starr gebunden ist und nicht imstande ist, die Konflikte auszutragen; denn sie würde dann befürchten müssen, daran einfach zu zerplatzen. So ist hier ein eindeutiger Fall von Überorganisation gegeben.

Nun sagte ich Ihnen aber, das Material von Binder war ein extremes. Es waren Gruppen von unehelichen Mädchen. Wollen wir doch einmal von diesen Extremfällen absehen und unsere Aufmerksamkeit mehr auf Durchschnittsfälle wenden, die ja in diesem Zusammenhang viel interessanter sind als die extremen Fälle. Wenn Sie jetzt auf dieses Schema zurückblicken, das ich Ihnen dort aufgemalt habe, dann können Sie das auch folgendermaßen interpretieren: Die Linien, die sich nachher ganz abwenden vom Zentrum der Familie, bedeuten die zunehmende Lockerung der inneren Bindungen, die Verselbständigung der Einzelpersonen, die Kinder sind dann nicht mehr eingeschlossen in den Entscheidungsprozeß der Eltern, sondern sie bahnen an und führen durch Entscheidungsprozesse auf eigene Faust und auf eigene Verantwortung. So ist also der Sinn der Dynamik in diesem System die zunehmende Trennung.

Wenn es richtig ist, daß der Aufbau der sozialkulturellen Person in der Familie beginnt und zunächst nur durch sie geleistet werden kann, so ist es genauso richtig, daß dieser zweiten Geburt auch eine „Abnabelung" erfolgt, eine psychologische Abnabelung, die sich nun je nachdem in verschiedenen Altersstufen langsam erst anbahnt und sich dann immer mehr beschleunigt. Das ist der Punkt, mit dem wir rechnen müssen, und das ist die innere Dynamik dieses Systems. Wenn nun, aus irgendwelchen Gründen, diese Abnabelung verhindert wird, dann kommt es zu Schwierigkeiten, wie ich sie Ihnen vorhin andeutete. Ich muß Ihnen ein Beispiel geben, wie ich

---

[7] Carl Haffter, Kinder aus geschiedenen Ehen, 2. Aufl. Bern 1960 (zuerst: 1948).

dahinter kam, daß es diesen Fall gibt, als ich einmal mit einem Studenten in Zürich zu tun hatte. Er hatte einen Klumpfuß, also war mit einer schweren Organneurose belastet, und dann erfuhr ich so ganz nebenbei, er war 22 oder 23 Jahre alt und schlief mit seiner Mutter im selben Zimmer, obwohl es eine ganz normal gestellte Mittelklassenfamilie war. Nun mit 22 oder 23 Jahren mit der Mutter schlafen, ist eindeutig Ausdruck einer Überorganisation.

Frage: Können wir jetzt als Soziologen voraussehen, in welchen Fällen, eventuell sogar quantitativ, sich eine solche Überorganisation darstellen läßt? Ich will Sie nicht verleiten, an die Statistik zu glauben; denn ich weiß, wie irreführend sie sein kann. Aber sie gibt uns doch gewisse Rahmenvorstellungen. Wenn wir nämlich damit rechnen müssen, daß in unserer Gesellschaft Männer sich zunehmend von ihren Frauen abwenden, ich setze gar keine Krisen voraus, weil sie beruflich so stark engagiert sind, dann steht auf der anderen Seite ein ebensolches Müssen gegenüber, indem die Mutter sich an ihre Kinder hält, an dem oder den Söhnen, und sich gewissermaßen an ihnen aufrecht erhält. Das kann ambivalent sein, indem sie den Sohn gewissermaßen idealisiert anstelle des Ehemannes, oder sie wirft alles auf ihn ab, benutzt ihn als Sündenbock und wirft alles das, was sie ihrem Mann insgeheim vorwirft, ihrem Sohn vor; also in der Tat ein durchaus ambivalentes und hochbedenkliches Syndrom, das aber immer häufiger in Erscheinung treten muß in einer Gesellschaft, in der die Männer solchermaßen von außen her überlastet und überkonzentriert sind. Das gilt speziell für die oberen Mittelklassen. So ist das ein ganz typisches Syndrom in diesen sozialen Schichten. Der Mann kommt erst nach 50 auf den Höhepunkt seiner Berufslaufbahn. Die intensivste Tätigkeit liegt zwischen 50 und 70 Jahren, so daß genau in diesem Alter, wo die Jungen erwachsen werden, plötzlich der Mann nicht mehr da ist. Wir haben dann als Ergebnis eine Mutter, die sich übermäßig die Kinder hält. Ich fingiere ein Beispiel: Eine solche Familie mit einem Mann, der sich nicht mehr auf die Familie konzentrieren kann, weil beruflich zu sehr beansprucht, ein Sohn und zwei ältere Schwestern. Sie können garantiert voraussagen, dieser Mann wird homosexuell; denn er wächst in einer ausschließlich weiblichen Atmosphäre auf und findet keinen Geschlechtspartner. Hier sehen Sie, welche Konstellationen aufgrund dieser übermäßigen Bindung entstehen können, denn jetzt klammert sich nicht nur die Mutter an den Sohn, sondern etwa auch noch ein oder zwei ältere Schwestern. Ähnliche Situationen können wir aber, wie gesagt, geradezu berechnen, weil wir wissen, wie oft solche Konstellationen vorkommen. Sie sind aber nicht nur von der Frau her bedingt, obwohl eine mütterlich bedingte Überorganisation der Familie wohl das dramatischste Syndrom in unserer heutigen Gesellschaft ist. Man spricht nicht gerne davon, man sollte mehr davon sprechen.

Wir haben aber auch das umgekehrte, nämlich den nachlebenden Patriarchalismus der Väter, und zwar rede ich dabei nicht von dem

Primär-Patriarchalismus der alten Welt, sondern ich rede vom Sekundär-, ja Tertiär-Patriarchalismus, wie er in unseren Gesellschaften besteht, die also in dem Sinn gar keine echten Traditionen mehr haben, sondern indem hier der Vater einfach in seiner Familie mit einer gewissen Gewaltsamkeit zu überleben versucht und zum ausgesprochen Störungsfaktor in dieser Familie wird, wie zahllose Untersuchungen in der Bundesrepublik nach diesem Kriege besonders deutlich gezeigt haben. Patriarchalismus ist aber auch ein Überorganisationsverhältnis, und welche Ausmaße das annehmen kann, kann ich Ihnen mit einem Beispiel sagen, das den Vorteil hat wahr zu sein. Wir führten vor circa 20 Jahren in Köln eine große Untersuchung durch, die sich mit dem Patriarchalismus beschäftigte, um den vielen Studien, die damals über die deutsche Familie gemacht wurden, eine gewisse Parallele anhängen zu können.

DIE ROLLE DES VATERS

Wie ich friedlich im Büro sitze, klingelt plötzlich das Telefon, eine sehr rauhe und unfreundliche Stimme meldet sich und fragt: „Ist es wahr, daß hier Herr Müller in Ihrem Auftrag Interviews durchführt?", und ich antwortete ihm, daß es stimme, es sei einer meiner Mitarbeiter; ob der Fragende irgendwie Anstoß genommen habe. „Ja, der will allein mit meinem Sohn sprechen". Ich sagte „Ja und?". Die Bevölkerung war definiert als über 21 Jahre alt; dann habe ich mit dem Vater diskutiert, und schließlich packte mich die Wut, und ich tat etwas, was man nicht machen soll, und sagte ihm, „Ihr Sohn war Ihnen also gut genug, um ins Feld geschickt zu werden, aber allein mit einem Studenten darf er nicht sprechen". Danke, und ich legte auf. Am Abend, als mein Mitarbeiter zurückkam, ließ ich mir über das Vorgefallene berichten. Vor allem fragte ich: Wer war dieser Mann? Er war ein Metzgermeister. Nicht, daß dieser Beruf besonders patriarchalismusanfällig wäre, aber es war der typische Mittelstand mit seiner radikalen patriarchalischen Ausrichtung, die alles andere ist als in diese Zeit passend. Wir fanden dann übrigens noch andere ähnlich versteinerte Formen des Patriarchalismus. In einer Oberklassenfamilie in Köln war ein Ehemann, der seiner Frau das Wirtschaftsgeld jeden Morgen abgezählt hinlegte; das ist auch Patriarchalismus. Wir bezeichnen auch das als eine typische Form von Überorganisation und, wie mein verstorbener Kollege Gerhard Baumert[8] gezeigt hat, die Familie hat eine Unmenge von Techniken und Strategien entwickelt, um mit dem andauernd raunzenden und anspruchsvollen Vater fertig zu werden.

Ich möchte jetzt auch eine weitere Form von Überorganisation anfügen. Wir haben gesprochen von der mütterlichen Überfütterung, jetzt vom väterlichen Patriarchalismus. Es gibt auch einen elterlichen Autoritarismus, wenn ich so sagen darf, der sogar für Praktiker ein besonders ernsthaftes Problem

---

[8] Gerhard Baumert, Untersuchungen zum Problem der Ehescheidung. Frankfurt/M. 1955.

ist. Setzen Sie den Fall: Ein Ehepaar hat lange kein Kind bekommen. Es bekommt schließlich ein Kind in einem relativ fortgeschrittenen Alter und hat gleichzeitig die Gewißheit, daß es keine anderen Kinder haben wird. Hier entwickelt sich eine Art Schutzkomplex bei beiden Eltern, die sich nun auf das unglückliche Kind stürzen und es gewissermaßen vor allen Gefahren beschützen und behüten wollen, sozusagen die Keime aus der Luft filtrieren, eine Situation, die Ihnen allen vertraut ist und die wir sehr ernst nehmen müssen. Ferner kann es hier eine sehr eigenartige Zuspitzung noch dadurch geben, daß dann plötzlich noch eine Großmutter auftaucht. Häufig ist elterliche Überorganisation noch mit einer großmütterlichen Über-organisation verbunden. Nun ist das merkwürdigerweise in der BRD über-haupt noch nicht richtig untersucht worden, obwohl man allen Grund hätte, es zu tun. Denn die normale Lage einer jungen Frau in der BRD ist die: Alle jungen Mädchen, fast alle, lernen einen Beruf und arbeiten. Sie heiraten, sie bekommen ein erstes Kind. Sie bleiben heute im Beruf. Die junge Frau in der BRD zieht sich erst zurück bei der Geburt des zweiten Kindes. Infolgedessen müssen wir damit rechnen, daß die Großmutter in Funktion tritt, und sie tut es auch, und das sind die Dinge, denen wir jetzt nachgehen wollen, wie ich Ihnen vorhin sagte, wir möchten ein Inventar haben, aus wieviel Personen sind durchschnittlich Haushalte in der BRD zusammengesetzt, um zu wissen, wieviel Großmütter gibt es darin. Welches sind ihre Funktionen, inwiefern sind sie im Familienprozeß eingegliedert, inwiefern tragen sie ihn vielleicht sogar?

Wollen Sie vielleicht dazu einmal bedenken, wie alt eine Großmutter heute ist. Sie müssen sich dafür nicht mehr halten an Ihre Großmutter. Großmütter sind jung heute. In den USA ist eine Großmutter heute circa 40 Jahre alt. Ist eine Frau von 40 heute eine alte Frau? Ich finde das eine Beleidigung. Sie sehen, man stellt sich unter Großmutter immer etwas vor, was andauernd Strümpfe strickt und am Ofen sitzt, dagegen sind Großmütter heute jung, spielen Tennis, treiben Sport und sind auch sonst puppenlustig, so daß man doch das Bild der „Oma" etwas revidieren muß. Es trifft bestenfalls für die Urgroßmutter zu.

Hier haben wir einen Mangel an Informationen, den uns nun Gott sei Dank das Bundesamt für Statistik beheben wird. Wir haben dann noch weitere Punkte der Überorganisation, wobei ich wieder zurückkommen möchte auf die mütterliche Überorganisation, Zunächst einmal ein Beispiel. Sie wissen es sicherlich, ich lehre regelmäßig in den USA und lese auch eine Vorlesung The Contemporary American Family. Bei diesen Vorlesungen muß man andauernd Übungsarbeiten schreiben lassen. Dazu gibt man meist verschiedene Themen zur Auswahl, und ich gebe in diesen Kursen auch regelmäßig das Thema (unter vier oder sogar fünf anderen), beschreiben Sie was ist: Maternal Overprotection. Alle Jungen und Mädchen in der Klasse nahmen dieses Thema, alle. Keine Ausnahme. Sie ersehen daraus, daß den Studenten dieses Thema enorm auf den Fingern brannte, wahrscheinlich waren sie alle in der Situation und wollten das dabei gewissermaßen los-werden; denn ich merkte ganz deutlich beim Lesen dieser vielen Arbeiten, daß sie wirklich ganz persönlich sprachen und nicht theoretisierten. Diese mütterliche Überorganisation ist nun auch für Europa eine Größe, und hier liegt die schwierigste Form der Überorganisation, weil in der Öffentlich-keit weithin eine akzeptierte Meinung besteht, daß die Familie im Zeichen der Mutter steht. Ich spreche auch aus der Erfahrung von zahllosen Unter-suchungen, in denen das immer wieder zum Vorschein gekommen ist und in denen die Betreffenden, wenn sie sich äußern wollten, wissen, sie würden mit einer Kritik die allgemeine Mißbilligung auf sich ziehen; und so wird denn das Problem weggeredet, an den Rand des Blickfeldes verdrängt, mit der Folge von schwersten psychischen Störungen, wobei mit der Ambivalenz, die alle diese Verhältnisse haben, sie gleichzeitig neben der aggressiven Ablehnung der Mutter eine ebenso übermäßige emotionale Bindung finden mit dem Ergebnis einer Mutterfixation, die einen jungen Mann schwerstens belasten kann, und zwar so sehr, daß er in den Augen normaler Sozial-arbeiter oder normaler Ärzte ein Invalide ist, gelähmt, er kann nichts mehr tun. Wenn Sie dieses Bild einmal gesehen haben, dann werden Sie wissen, es gibt kaum ein schrecklicheres als das, einen normalen jungen Menschen von 20 Jahren zu sehen, der einfach nicht imstande ist zu leben, und seien Sie sich ganz klar darüber, daß die vielen, die heute unglückseligerweise zum Rauschgift gegriffen haben, vielleicht früher anders gehandelt hätten, aber heute diese Schwierigkeit wegbringen durch den regelmäßigen Genuß von Rauschgift. Sie lösen damit nichts, genauso wenig wie Alkohol etwas nützt. Aber man muß nicht danach fragen, sondern man muß fragen, welches ist die Ursache, die jemanden zum Alkohol greifen läßt, welches ist die Ursache, die jemanden zu Marihuana oder zu LSD oder zu sonst etwas greifen läßt? Erst wenn Sie die Ursache haben, wissen Sie, welches die Reaktionen dieses Jüng-lings sind.

Wie Benjamin Fine[9], der Jugendberater der New York Times, einmal sagte, nachdem er eine Menge von Heimen mit süchtigen Jugendlichen besucht hatte, ich habe nicht einen einzigen „bad boy" getroffen, aber sehr viele sehr unglückliche. Das sind die Opfer gewissermaßen. Opfer dieser Überorganisation, die nun leider ein wirkliches Problem dadurch wird, daß man es öffentlich nicht zugestehen darf, so daß es praktisch nur durch Ein-greifen des Psychiaters oder des Psychoanalytikers zu lösen ist. Im Lande Berlin anerkennt übrigens die Krankenkasse solche Behandlungen, und sie werden anstandslos bezahlt. In anderen Ländern hat es sich ebenfalls mehr und mehr durchgesetzt, soviel ich informiert bin, daß, wenn ein anderer Arzt ein Gutachten abgibt, dann auch eine Psychoanalyse von der Kranken-kasse bezahlt wird. An vielen Universitäten haben wir heute bereits psycho-logische Beratungsstellen für die Jugendlichen. Als sie eingerichtet wurden,

[9] Benjamin Fine, 1 000 000 Delinquents. London 1956.

setzte ein derart irrsinniger Zustrom ein, daß man merkte, es gab hier wirklich ein allgemeines Bedürfnis. Leider gibt es nur nicht genug ausgebildete Psychoanalytiker in der BRD, so daß die wenigen, die zur Verfügung stehen, enorm überlastet sind. Wir brauchen immer mehr. Sie wissen ja auch, daß die Rauschgift-Welle jetzt die Lehrlinge erreicht hat, so daß wir annehmen können, daß auch da bestimmte Syndrome sich anbahnen, die wohl einen ähnlichen Hintergrund haben wie die anderen. Wir müssen also damit rechnen, daß nicht nur Desorganisation in der Familie, Ausfall im personalen Inventar ein Problem ist, sondern auch das Fortbestehen der emotionalen Familienbindungen in einem Alter, wo sich ein Mensch selbst abnabeln sollte, nachdem ein Mensch sein Entscheidungen selber treffen sollte, und nicht mehr als Bestandteil des elterlichen Entscheidungsprozesses. Normalerweise kommt natürlich der junge Mensch in eine Menge von familienfremden Milieus hinein, ich sprach auch von den parallelen Erziehungsagentien. Wir haben aber noch viel zuwenig Bewußtsein von der Notwendigkeit dieses Vorgangs. Für die Lehrer ist das meines Erachtens eine ganz entscheidende Frage, denn unsere Lehrer haben es darum enorm schwer, weil eben sehr häufig die Kinder oder Jugendlichen, mit denen sie es zu tun haben, noch im Banne dieser elterlichen Atmosphäre, auch der mütterlichen Atmosphäre stehen. Wenn sie davon befreit wären, würde es den Lehrern viel besser gehen. Dann müßten sie nämlich nicht die Aggressionen auffangen, die sie nicht verursacht haben, sondern die die Eltern im Hintergrund verursacht haben und die sich nun im Klassenzimmer austoben, sehr zum Nachteil des Lehrers, der dann auf die Dauer selber neurotisch wird.

Es kommt also an auf die Bewußtmachung dieses Prozesses der Distanzierung, die ich Ihnen in unserem Schema anzeichnete, und die immer früher auftretende Distanzierung und Verselbständigung gegenüber der Familie. Dabei muß eines bedacht werden, was ein kulturelles Merkmal ist und deswegen für die Bundesrepublik besondere Schwierigkeiten schafft. Nehmen Sie angelsächsische Gesellschaften, da haben Sie schon von klein ab eine Bandenbildung unter Kindern und Jugendlichen. Wenn sie nach Hause kommen, ist etwa die ganze Jungmannschaft über den Kühlschrank gegangen, die Eltern möchten essen, er ist aber ratzekahl. Daß Kinder in Banden spielen, ist ein fester Modus für Angelsachsen. So war es auch ein Erziehungsideal; britische Eltern wollen ihre Kinder nicht sehen, bevor sie nicht erwachsen sind. So wachsen sie im Internat auf und erst wenn sie 20 sind, lernen sie ihre Eltern kennen. Dann aber als selbständige Menschen in einer gewissen Distanz von ihren Eltern. Ähnlich ist es mit den Bandenbildungen der Jugendlichen, gegenüber denen sowohl Lehrer als auch Eltern in Europa einen Heidenschrecken haben. Natürlich gibt es auch delinquente Banden, aber sie dürfen auch nicht so dramatisieren.

DIE BEDEUTUNG DER FAMILIENSITUATION

Wenn dieses Miteinander-Leben der Jugendlichen sich stärker durchsetzt, wie es momentan zu sein scheint in der BRD, ich sage dies aber mit allem Vorbehalt, dann würde sich dieser Prozeß der Abnabelung zweifellos vereinfachen und gleichzeitig neue soziale Beziehungen aufbauen, nämlich die mit den Altersgenossen, was die Amerikaner „peergroups", also die Gruppe von ungefähr Gleichaltrigen, nennen. Ganz nebenbei gesagt, was auch beim Stil in der Geburtenfolge in den USA in Erscheinung tritt, während deutsche Frauen ihre Geburten distanzieren, haben die Amerikanerinnen die Tendenz, sie ganz eng zusammenzudrücken, so daß eine durchschnittliche Frau mit 28, wie ich vorhin sagte, vier Kinder bekommen hat. Dann bilden die Kinder eine kleine Bande, da gibt es eine Geschwistergruppe und es gibt keine Altersdistanz. Alfred Adler[10], der große österreichische Psychoanalytiker, hat gesehen, daß die Rangordnung der Geschwister für die Entwicklung ihres Charakters eine enorme Bedeutung hat. Und in dem Sinne können wir sagen, daß ein altersmäßiges näher Aneinanderrücken eine andere Kindergruppe schafft, als wenn sie altersmäßig zu sehr getrennt ist. Nur hat es sich in Europa nicht so spontan hergestellt wie in den USA, wo es nun ein üblicher Modus ist, die Jugend soll mit sich selbst auskommen, sie soll sich selbst erziehen, wo man auch nicht an den Kindern herumzompelt, daß sie möglichst sauber und möglichst korrekt angezogen aussehen, sondern wenn das Kind seine Schuhe nicht zuschnürt, geht es eben mit ungeschnürten Schuhen in die Schule, und niemand wird daran rühren, auch der Lehrer nicht. Wenn dann andere Kinder ihm sagen, mach deinen Schuh zu oder du fällst hin, dann wird es das schon tun, aber es entscheidet dann selber und wird nicht von außen her ermahnt.

So scheint mir in der Tat die Problematik der Überorganisation in der Familie heute viel spruchreifer zu sein als das, was wir bis jetzt allein verhandelt haben, nämlich die Desorganisation. Deswegen weiß ich, daß mein Bericht heute einseitig war; es war aber beabsichtigt. Ich unterschätze die anderen Dinge bei weitem nicht, aber ich wollte, da ich in diesem Kreis hier spreche, einmal die Aufmerksamkeit auf die Dinge lenken, die sonst nicht im Blickfeld sind, die aber durch ihre Symptomatik Ihnen allen garantiert in Ihrem Leben begegnet sind als Praktiker oder vielleicht auch als Eltern. Damit möchte ich mich beschränken, bin aber bereit, in der hoffentlich folgenden Aussprache noch andere Dinge aufzunehmen, die ich im Moment nicht behandelt habe.

---

[10] Alfred Adler, Die Technik der Individualpsychologie, Bd. 2: Die Seele des schwererziehbaren Kindes. München 1930; ders., Menschenkenntnis, 5. Aufl. Zürich 1947 (zuerst: 1925).

Die analytisch-praktische Bedeutung des Gruppentheorems

Ein Blick in die Hintergründe

I. Der trivialisierte Gruppenbegriff

Wenn man bedenkt, daß in den Sozialwissenschaften genau wie in anderen Disziplinen selbst die bedeutendsten Theoreme ungewöhnlich schnell trivialisiert werden – und zwar um so schneller, je mehr sie zum Gegenstand des öffentlichen Gesprächs werden –, so wird man sich nicht wundern dürfen, daß auch das Gruppentheorem diesem Erosionsprozeß ausgesetzt gewesen ist. Genau in diesem Sinne schreibt ein neuestes (1978) „Lexikon zur Soziologie": „Gruppe, soziale Gruppe, eine im einzelnen sehr verschieden verwandte Bezeichnung für eine Mehrzahl von Individuen." Diese „Definition" sagt in der Tat alles und gar nichts, ihr Formalismus ist bar jeglichen greifbaren Inhalts, so daß sich der Autor zu einer unmittelbar anschließenden spezifischeren Formulierung veranlaßt sieht:„Jedoch scheinen die meisten Definitionen wenigstens darin übereinzustimmen, daß zwei oder mehr Individuen dann eine Gruppe bilden, wenn die Beziehung zwischen diesen Individuen soweit als regelmäßig und zeitlich überdauernd betrachtet werden können, daß man von einer integrierten sozialen Struktur sprechen kann, es sich also nicht lediglich um eine bloße Menge oder Kategorie oder um eine momentane Ansammlung von Individuen handelt." Im Anschluß daran folgt in besagtem Lexikon bereits eine Aufzählung spezifizierter Gruppenarten, so daß man über die „integrierte soziale Struktur" nichts mehr erfährt[1].

---

[1] Werner Fuchs, Rüdiger Klima, Rolf Lautmann, Ottheim Rammstedt und Hanns Wienold (Hrsg.), Lexikon zur Soziologie, 2. verb. und erweiterte Auflage. Opladen 1978 (zuerst 1973), S. 291 ff.

Dagegen ist unversehens ein dorniges Problem eingeschmuggelt worden, das
seinerzeit große Diskussionen ausgelöst hat, ob nämlich „zwei Individuen"
bereits eine „Gruppe" bilden und nicht vielmehr ein „Paar" (oder wie man
heute sagen würde: eine „Dyade"), das nicht unter den Begriff der Gruppe
subsumiert werden kann. Als weiteres, sonst nicht mehr berührtes Problem ist
die Frage nach der Bedeutung der Mitgliederzahl anzusehen, und zwar nicht
mehr nur in Grobschichtung nach „groß" und „klein", sondern spezifischer als
Zweier-, Dreier-, Vierer-Fünfergruppe usw. Auch davon wird später zu sprechen
sein.

Trotz der augenscheinlichen Unzulänglichkeit der angeführten Definition
zeigt sich aber an diesem ganz simplen und anspruchslosen Beispiel schon eine
doppelte Perspektive, die einerseits einen rein analytischen oder theoretischen
Charakter hat mit Begriffen wie „Menge", „Kategorie", „Aggregat",
„Ansammlung" von Einheiten mit besonderen Merkmalen (z. B. Größe resp.
Kleinheit), die man genau beschreiben kann. Andererseits hat sie gleichzeitig
einen „praktischen" Aspekt im Sinne der Integration und der Feststellung ihrer
Bedingungen; denn es heißt im obigen Text, eine Gruppe entstehe zwischen
mehreren Individuen, „wenn die Beziehungen zwischen diesen Individuen soweit
als regelmäßig und zeitlich überdauernd betrachtet werden können", wenn also –
um mit Heinrich Popitz[2] zu sprechen – eine „Integrationsstruktur" aufweis-
bar ist, die „eine Identität in der Zeit, also Kontinuität zu erhalten" „bestrebt"
ist. „Bestrebung" aber ist ein Modus der Praxis und zwar – wie Popitz im
Zusammenhang zu zeigen unternimmt – eine unter Umständen sehr komplexe
und umwegreiche Praxis. Der gezeichnete Zwiespalt ist gewissermaßen das
Urphänomen, von dem ich meinen Ausgang nehmen möchte.

Die Absicht der vorliegenden Abhandlung liegt nun darin, wenigstens
einige der erodierten Bedeutungen des Begriffs wieder zum Bewußtsein zu
bringen, die einmal bei seiner Entstehung wirksam waren, und einiges über
seine Rolle im Prozeß der Entstehung und Entfaltung der Soziologie auszusagen, was mittlerweile aus dem Blickfeld entschwunden ist. Ich habe schon
vor einiger Zeit auf eine Bemerkung des polnischen Soziologen Florian
Znaniecki hingewiesen, nach dessen Urteil „in der heutigen Soziologie der
Begriff der Gruppe an die Stelle getreten sei, an der früher der Begriff der
Gesellschaft stand"[3]. Seine Bedeutung war also früher mindestens teilweise

---

[2] Heinrich Popitz, Die normative Konstruktion von Gesellschaft. Tübingen 1980, S. 77.

[3] Siehe Gruppe in: René König (Hrsg.), Soziologie (Fischer Enzyklopädie Bd. 10), 19. Aufl.
(410.000). Frankfurt 1980 (zuerst 1958), S. 112. Diese Bemerkung bezieht sich auf: Florian
Znaniecki, Social Organization and Institutions. In: Georges Gurvitch und Wilbert E. Moore
(Hrsg.), Twentieth Century Sociology. New York 1945 (frz. Ausgabe: La sociologie au XXe
siècle, Paris 1947). Die gleiche Einstellung bei Hans Anger, Kleingruppenforschung heute. In:
Günther Lüschen (Hrsg.), Kleingruppenforschung und Gruppe im Sport (Sonderheft 10 der
Kölner Zeitschrift für Soziologie und Sozialpsychologie). Opladen 1966, S. 16: „Kurzum: In
der Soziologie nimmt der Begriff der Gruppe mehr und mehr den Platz ein, an dem früher der
Begriff der Gesellschaft stand."

„gesamtgesellschaftlich" ausgerichtet, während einem heute bei Benutzung dieses Ausdrucks – nach der im Prinzip schon verrauschten Inflation an Gruppenforschung – ganz eindeutig kleinere Teilstrukturen in den Sinn kommen. Es soll nun beileibe nicht gesagt werden, daß diese Teilstrukturen soziologisch irrelevant wären; im Gegenteil: Ihre eingehende empirische Analyse hat uns erlaubt, vieles vorher als unbezweifelbar wahr Angenommenes aufzugeben, mindestens aber auf eine differenziertere Weise zu sehen. Die Frage ist jedoch, ob bei dieser analytischen Verwendung nicht manche Züge, die der ursprünglichen Einführung dieses Begriffs zugrunde lagen, mehr oder weniger aus dem Blickfeld entwichen sind. Dies kann aber einzig durch einen kurzen Rückblick auf die Geschichte der Soziologie geklärt werden. Es muß auch gefragt werden, ob man bei solchem Vorgehen dazu legitimiert ist, die Gruppe etwa nicht nur als „zentralen", sondern als „einzigen" Grundbegriff anzusehen, ob er nicht von anderen (übergeordneten) abhängt, resp. selber Untereinheiten hat, die über eine eigentümliche Systematik verfügen.

Es versteht sich von selbst, daß in dieser Abhandlung nicht einmal annähernd die ganze Problematik aufgerollt und in ihren historischen wie theoretischen Dimensionen verfolgt werden kann. So wollen wir uns damit begnügen, gewisse Ursprünge des Gruppentheorems aufzuzeigen und bis an die Schwelle der Gegenwart zu verfolgen. Die Absicht ist, durch Klärung der Hintergründe der Entstehung die Sensibilität in der heutigen Diskussion für gewisse Aspekte zu schärfen, ohne hingegen der eigentlichen Diskussion vorzugreifen. Diese soll hier nicht mehr berührt werden, bestenfalls nur am Rande, es soll vielmehr ein geschärftes Bewußtsein für jene Fallstricke entwickelt werden, denen – wie an zahlreichen Beispielen gezeigt werden kann – die Diskussion nur zu oft zum Opfer gefallen ist.

II. Zur Ursprungsgeschichte

Ich habe nicht die Absicht, etwa eine Wortgeschichte des Begriffs Gruppe zu geben (obwohl eine solche ebenso dringlich wie nützlich wäre), sondern will vor allem jenen Ansatz hervorheben, bei dem eine spezifisch soziologische Bedeutung hervortritt, die es erlaubt, diesen Begriff im Sinne der transzendentalen Logik als „Kategorie" im strengen Sinne zu bezeichnen, in der sich die „Natur" des Sozialen auf eine besonders handgreifliche Weise offenbart.

In der Auseinandersetzung zwischen Claude Henri de Saint-Simon und Auguste Comte tritt diese „Natur" wohl zum ersten Male in ihrer Spezifität in voller Klarheit hervor (übrigens gleichzeitig mit einer Reihe daraus resultierender Widersprüche, die in die Zukunft weitergewirkt haben). Während Saint-Simon das „Soziale" als „idées communes" oder „idées générales" (= gemeinsame oder allgemeine Vorstellungen, gewissermaßen die erste Formulierung des „Wir Bewußtseins") definiert, brachte Comte (damals noch Sekretär des ersteren, in heutiger Sprache sein „Neger", der für ihn die

Artikel schrieb) eine kleine Korrektur an, die sich aber nach jeder Richtung hin als zuhöchst explosiv erwies. Er spricht von „idées morales communes" (= gemeinsame „moralische" Vorstellungen, also Vorstellungen, die durch eine genau angebbare „Verbindlichkeit", die ihren Inhalt charakterisiert, ausgezeichnet sind). Das sind aber normative Regelungen, die im strengen Sinne Handlungsanweisungen darstellen, also im wesentlichen einen „praktisch-evaluativen" (und nicht nur kognitiven) Charakter haben. Genau das bezeichne ich als die analytisch-praktische Doppelbedeutung des Gruppentheorems, die hier diskutiert werden soll[4].

Ich habe in anderem Zusammenhang darauf hingewiesen[5], daß Comte damit in seiner Philosophie den gleichen Übergang zur „Praxis" vollzieht (schon um 1820), den Karl Marx erst zwei Jahrzehnte später vollziehen sollte[6]. Für Comte resümiert sich diese Entscheidung später in dem Satze: *„Positivisme c'est action."* Im übrigen betrachtet Comte diese frühen Schriften, die teilweise unter dem Namen von Saint-Simon erschienen sind (siehe Anm. 4), für derartig wichtig, daß er sie im 4. Bande seines „Système de Politique positive" neuerlich abdruckte. Seinerzeit wurde übrigens die falsche Autorschaft zum Gegenstand eines öffentlichen Skandals, an dessen Ende Saint-Simon zur Beruhigung seiner Geldgeber betonte, er werde jetzt zu seiner „ersten Art" zurückkehren[7].

Im übrigen muß ich den Leser warnen, daß die Ausführungen Comtes vorläufig nicht direkt auf den Begriff „Gruppe" bezogen sind; wir dürfen nicht vergessen, daß wir uns noch in der Frühperiode der Soziologie bewegen, in der noch keine Rede sein kann von einer Spezifizierung der Begriffe. In unserem Falle laufen die Definitionen für „das Soziale" und den Begriff „Gruppe" noch durchaus durcheinander, letzterer wird eigentlich vorläufig ohne Spezifität verwendet. Übrigens liegen hier auch die entscheidenden Trennungspunkte zur deutschen Konzeption des „Sozialen" der damaligen Jahre (mit einziger Ausnahme von Ludwig Feuerbach), indem Comte immer wieder betont, daß sich die menschliche Gesellschaft nicht aus Individuen, sondern aus (Familien-)Gruppen zusammensetzt. Das ist die Tradition, die er aus England und der schottischen Philosophie übernommen hat und die

[4]Die beiden zitierten Stellen finden sich bei Claude H. de Saint-Simon und Barthélémy-Prosper Enfantin, Oeuvres de Saint Simon et Enfantin, Bd. 18. Paris 1865, S. 208; Bd. 19, S. 32.

[5]Siehe R. König, Auguste Comte. In: International Encyclopaedia of the Social Sciences, Bd. 3. New York 1968, S. 201–206.

[6]Auguste Comte, Système de politique positive ou Traité de sociologie, instituant la religion de l'humanité, 4 Bde. Paris 1851–1854; im Nachdruck von Göttingen 1967 fehlen diese Schriften, es findet sich nur noch der Titel „Appendice Gènèral du Système de Politique Positive, contenant tous les opuscules primitifs de l'auteur sur la philosophie sociale", aber es folgt kein Text. Daneben gibt es noch eine Sonderausgabe der Frühschriften: A. Comte, Opuscules de philosophie sociale (1819–1828). Paris 1883. Siehe zum Ganzen außer dem englischen Originalartikel auch Anm. 5 auch R. König, Claude Henri de Saint-Simon und Auguste Comte. In: R. König, Emile Durkheim zur Diskussion. München 1978, S. 15–38 und 39–55.

[7]Dazu Alfred Pereire, Autour de Saint-Simon, Documents originaux. Paris 1912.

sich seit den 1820er Jahren immer intensiver über Frankreich verbreitet und als humanistischsoziale Geistesströmung von Honoré Balzac über Georges Sand, Victor Hugo bis zum Realismus und Naturalismus von Emile Zola reicht[8]. Es gibt also eine doppelte Beziehung zwischen Gruppe und gesamtgesellschaftlichen Zusammenhängen (der „Natur" Gesellschaft), indem nicht nur Gruppe – so Znaniecki – an die Stelle rückt, wo früher der Begriff Gesellschaft stand, sondern auch umgekehrt Gesellschaft sich bei näherer Analyse als gruppenartiges Gebilde resp. als mehr oder weniger komplex zusammengesetztes *Gebilde aus Gruppen* entpuppt. Diese Beziehung hat früher einige Unklarheiten gezeugt, die sich aber leicht beseitigen lassen. So vor allem die Verwechslungsmöglichkeit mit der Einstellung der großen Restaurationsdenker Joseph de Maistre und Louis Gabriel Ambroise de Bonald, worauf Comte übrigens selbst hinweist, der gleichzeitig mit überragender Klarheit die Differenz zwischen ihm selber und den genannten hervorhebt, daß sie die Revolution von 1789 ungeschehen machen wollen, er dagegen über sie hinausgehen und, wie schon von Saint-Simon beansprucht (und lange vor Marx), die *Geschichte* der *Zukunft* zu entwerfen gedenke. Unangesehen dieser Verschiedenheit der politischen Ausrichtung bleibt aber der *gemeinsame Ausgangspunkt von* der *ursprünglich sozialen Natur* des *Menschen,* womit das weltliche Naturrecht im Sinne von Jean Jacques Rousseau von beiden Parteien gleichmäßig zurückgewiesen wird bei im übrigen radikal oppositioneller politischer Einstellung.

Von entscheidender Bedeutung ist hierbei die definitive Trennung des deutschen sozialwissenschaftlichen Denkens vom französischen. Comte hat es mit aller Klarheit gesagt: Der einzelne Mensch ist nur eine theoretische Abstraktion (bestenfalls ein „vorsozialer" biologischer Gattungsbegriff); das für den Historiker und Sozialdenker eigentlich Wirkliche ist die Menschheit als „Gruppe" resp. ein urtümlicher sozialer Zusammenhang. Die deutsche Konzeption geht dagegen sowohl psychologisch vom isolierten Individuum aus, wie sozialwissenschaftlich von der Konstruktion eines „Notsystems" isolierter Einzelner, die sich einzig in einer Überorganisation (= Staat) vereinen können. Das ist seit Georg Wilhelm Friedrich Hegel entschieden und durch Marx definitiv festgeschrieben worden. Für die französische Denkweise stellt sich die Frage vielmehr *nach der ursprünglich solidarischen Einheit der Menschheit als sozialer Einheit und als Voraussetzung für jeden Konsensus.* Weltanschaulich gesehen spricht man in der französischen Tradition auch von „Solidarismus"[9], der seit Ende des 19. Jahrhunderts im Kreise um Emile Durkheim theoretisch vertieft wurde. Aber diese Konzeption steht vor allem im Zentrum bei Comte, dessen spätere Menschheitsphilosophie nicht einen „Abfall" von seiner „positivistischen" Wissenschaftsbegründung darstellt,

---

[8] Man vergl. dazu R. König, Die naturalistische Ästhetik in Frankreich und ihre Auflösung. Leipzig 1931, vor allem S. 3 Ende und S. 4 ff. (Wiederabdruck als Band 1 der René König Schriften, hrsg. von Hans Peter Thurn. Opladen 1998).

[9] Célestin Bouglé, Le solidarisme. Paris 1907.

sondern umgekehrt ihre „Vollendung"[10]. Es entstehen allerdings hier einige Probleme, die für die Gruppentheorie von Bedeutung sind, so daß wir einen Moment bei ihnen verweilen müssen.

Die Entfaltung dessen, was ich als „menschheitlichen Solidarismus" bezeichnen möchte, geht in zwei Schritten voran. Im „Cours" (1830–1842) wird er gewissermaßen als letzter transzendentaler Horizont (Immanuel Kant: „Ursprünglich transzendentale Einheit der Apperzeption") aller Bemühungen sichtbar; später dagegen als eine Art von „Metaphysik", die die These vom „Bruch" in Comtes Denken provoziert hat, obwohl sie nur seiner konsequenten moralistischen Orientierung entspricht, von der wir gesehen haben, daß sie bereits in der Auseinandersetzung des jungen Comte mit seinem „vermeintlichen" Lehrer Saint-Simon einen Streitpunkt dar- stellt. Ich stelle die Frage zurück, ob seine Lösung „gelungen" ist. Wohl aber möchte ich hervorheben, daß die gleiche Problematik spätestens seit 1840 von Pierre Leroux mit größtem Erfolg behandelt worden ist[11], und zwar in einer so einzigartigen Weise, daß man sich darüber wundern muß, warum eine überragende Rolle in dieser Entwicklung bis heute nicht annähernd verstanden worden ist[12]. Philosophisch gesehen entwickelt Leroux eine Art von spinozistischer Substanztheorie der Menschheit, die sich in ver- schiedenen Attributen offenbart, insbesondere denen von Zeit und Raum. Die substanzielle Einheit der Menschheit wird als „Solidarität" bezeichnet („le genre humain est solidaire"). Damit ist entschieden, daß „Gesellschaft", d. h. die Verbindung des Menschen mit seinesgleichen, für diesen wesent- lich ist. Gibt es, mit anderen Worten, ein Kollektivwesen Menschheit oder nur einzelne Menschenindividuen? Leroux beantwortet die letztere Frage mit überwältigender Klarheit (und genau wie Comte, was natürlich die Frage nach einem Einfluß nahelegt): *„un homme seul, c'est-à-dire un homme horriblement incomplet, ... une sorte e monstre"* (S. 93). Das Beharren auf dieser Größe des isolierten Individuums ist der reinste Ausdruck des „Psychologismus" (dieser Begriff findet sich bereits bei Leroux, S. 10). Allerdings scheint es gelegent- lich auch, als sei die solidarische Menschheit identisch mit der „Nacht, in der alle Kühe grau sind", um Hegels Kritik an der Substanztheorie von Thomas C. Schelling heranzuziehen. In der Tat ist der Spinozismus bei Leroux mit

[10] Über die philosophischen Hintergründe siehe R. König, Kritik der historisch- existenzialistischen Soziologie. München 1975, Kap. 12, S. 74 ff. (Wiederabdruck als Band 3 der René König Schriften, hrsg. von Hans-Joachim Hummell. Opladen 1998).

[11] Pierre Leroux, De l'humanité, de son principe, et de son avenir, 2 Bde., 2. Aufl. Paris 1845 (zuerst 1840).

[12] Selbst bei einem der besten Kenner dieser Periode, Raymond Aron, Les étapes de la pensée sociologique, Paris 1967, taucht sein Name nicht auf. Die beste Darstellung des Verhältnisses des jungen Comte zu Saint-Simon von Henri Goutier, La jeunesse d'Auguste Comte et la formation du positivisme, 3 Bde. Paris 1933–1941, bringt zwar manches Material zum Verhältnis von Leroux zu Saint-Simon (z. B. Bd. 2, S. 106 und 268; Bd. III, S. 168, 202, 301 und 362), aber das bezieht sich ausschließlich auf Saint-Simons Finanzprobleme, die philosophische Frage- stellung wird mit keinem Wort berührt.

Händen greifbar, wenn er sagt: „Vivre, c'est être avec limitation" (S. 195), mit anderen Worten: *Omnis determinatio est negatio.* Damit wird das allgemeine Wesen Menschheit als das einzig Wirkliche dargestellt, nicht im Sinne eines begrifflichen Realismus sondern im Sinne eines immanenten Realismus oder wie ich später sagen werde – einer „immanenten Transzendenz": „L'humanité c'est chaque homme dans son être infini" (S. 214, 200 und öfter).

Bevor wir die Grenze dieses Ansatzes aufweisen, müssen aber einige andere Umstände der Existenz von Leroux dargestellt werden. Leroux war von Beruf Druckermeister und als Herausgeber der großen liberalen Zeitung „Le Globe" (1828–1832) nicht nur ein Praktiker der Massenkommunikation, in deren Dienst er seine Philosophie stellte, sondern er spannte die Zeitung umgekehrt vor den Karren seiner Philosophie, womit er das Zeitalter vielleicht tiefergehend verwandelte als irgendein anderer vor ihm oder nach ihm. Es stellt den deutschen Sozialdenkern der Zeit kein gutes Zeugnis aus, daß keiner von ihnen (mit vielleicht einzelnen Ausnahmen – wenigstens vorübergehend von Feuerbach und sehr zentral von Moses Hess) jemals die mehrfache Bedeutung von Leroux für die Entwicklung des sozialen Denkens in Frankreich nach 1830 erkannt hat, als er sich voll für *Saint-Simon* einsetzte. Das schaffte eine soziokulturelle Atmosphäre, in der sich später nicht nur das soziologische Denken in Frankreich entfaltete, sondern insbesondere auch die Kunst. Letzteres ist vielleicht nur atmosphärisch wichtig, darf aber nicht unterschätzt werden, da es sich in Form einer echten *Lebensbewegung oder Kulturrevolution* schließlich als ein neues Kommunikations- und Symbolsystem entfaltete, von dem eigentlich in der Zeit nichts unberührt geblieben ist. Dagegen schuf Comte in seiner zweiten Phase des „Système de Politique positive" (1851–54) mit der Einführung des Begriffs „Gruppe", vorläufig allerdings beschränkt auf die Familiengruppe, einen konkreten Ansatz zur Gliederung der spinozistischen Menschheitsphilosophie von Leroux, ohne allerdings ein differenzierteres System daraus zu entwickeln.

Es ist ein seltsames Übereintreffen, daß Comte nach einem ersten (wegen Krankheit) gescheiterten Versuch ab 1830 den ersten Band seines „Cours" veröffentlicht (der seit dem 4. Band ab 1839 die „Soziologie" bringt), während genau gleichzeitig ein anderer großer Sozialwissenschaftler und Historiker, Charles Alexis Henry Clérel de Tocqueville, sich ab Mai 1831 mit seinem Freund Gustave de Beaumont in den Vereinigten Staaten aufhält, wobei sein 1835 erscheinender Bericht den Begriff Gruppe, wenn auch in einer nicht modifizierten amerikanischen Form entdeckt, der uns hier allein weiterführen kann, wie schon oben angedeutet. Neben vielen anderen Entwicklungen stößt Tocqueville auf das Phänomen der „voluntary associations"[13]. Für

---

[13] Charles Alexis Henry Clérel de Tocqueville, De la démocratie en Amérique, 2 Bde. Paris 1835, beste Ausgabe heute: Oeuvres complètes d'A. de Tocqueville. Hrsg. von Jacob Peter Mayer. Paris 1964. Die „volantary associations" zuerst entwickelt in Teil II, Kap. 2ff. Hans Peter Thurn erinnerte mich an diese Quelle.

Tocqueville war die Absicht dabei eine politikwissenschaftliche: Er wollte die Grundlagen der amerikanischen Demokratie erforschen. Aber es konnte nicht ausbleiben, daß er auch der sozialen Nebenwirkungen dieser Wirklichkeit gewahr wurde, was wir heute als soziales System bezeichnen. Das soziale System in diesem Sinne besteht aus einer unübersehbaren Fülle von einzelnen Gruppen, was unter anderem für die politische Verfassung, d. h. die Machtstruktur dieses Systems von Bedeutung ist und seine Eigenheit ausmacht, aber selbstverständlich auch auf die Konzeption des Sozialen abfärben muß (viel später erschien dies unter dem Aspekt der *Spontaneität sozialer Vergruppungen*). So hat unter anderem auch die Schreckfigur des „Molochs Gesellschaft" im amerikanischen Denken niemals die gleiche Rolle gespielt wie etwa im deutschen Denken, Gesellschaft und Staat waren aus unendlich vielen vertrauten Bestandteilen zusammengesetzt, die jedem offen standen, die spontan entstanden, sich dauernd wandelten und sich in immer neuen, kaum voraussehbaren Kombinationen darstellten. Damit konnte das Gefühl einer Übermacht gar nicht erst aufkommen, bestenfalls das der größeren oder geringeren Vertrautheit, was später bei Charles H. Cooley zur Scheidung von *primary* und *secondary groups* führte[14]. Das war auch insofern neu – verglichen mit Europa –, als der moderne „Egalitarismus" der Vereinigten Staaten hierin seinen kreativen Charakter offenbarte, während Tocqueville in Europa nichts Analoges ausmachen konnte außer der allgemeinen Einwalzung (oft als „Vermassung" bezeichnet) der Gesellschaft, die der Verschleiß der alten gesellschaftlichen Formen des Ancien Régime gefolgt wäre[15]. Das öffentliche Leben der Vereinigten Staaten eröffnete sich für Tocqueville als ein eigentlicher *gesellschaftlicher Pluralismus,* dessen Elemente unendlich viele Gruppenformen darstellten. Ihn interessierten vor allem die politischen Konsequenzen dieses Systems, während die europäischen Sozialwissenschaftler noch längere Zeit brauchten, um sich dieser neuen Realität bewußt zu werden.

Immerhin war es Comte, der in seiner zweiten Phase des „Système de Politique positive" wenigstens die Familie als Gruppe entdeckte, worin ihm schon 1855 Frédéric Le Play folgte[16]. Im „Discours préliminaire sur l'ensemble du positivisme" spricht Comte von der „Soziabilität" des Menschen, die sich primär in der Familie als „éducation morale" entfaltet, wobei Comte unter anderem seine Theorie der Frauenrechte darstellt[17]. Das Gleiche findet sich in seinem Werk „Statique sociale ou Traité abstrait

[14] Siehe heute „The two Main Works" von Charles H. Cooley, Social Organization; Human Nature and the Social Order. Glencoe, Ill., 1956 (zuerst 1909 resp. 1902).

[15] Auch das Prinzip des Egalitarismus wurde in Frankreich im Rahmen der Schule Durkheims aufgegriffen und weitergeführt von Célestin Bouglé, Les idées égalitaires. Paris 1899.

[16] Frédéric Le Play, Les ouvriers européens, 6 Bde., 2. Aufl. Tours 1877–79 (zuerst 1855), wobei er das Familienbudget als Indikator für die Erkenntnis der Familienstruktur benutzte, womit er bis heute nachwirkt (Maurice Halbwachs, Henry Chombart de Lauwe, Pierre de Bie).

[17] A. Comte, Système de politique positive ou traité de sociologie, instituant la religion de l'humanité, Bd. 1, a.a.O., 2. Teil.

de l'ordre humain" (1852), worin vor allem Kapitel III wichtig ist, in dem *Gesellschaft als ein System von Gruppen* bezeichnet wird, *die verschiedene Kompositionsgrade aufweisen*[18]. Im gleichen Zusammenhang tritt der Begriff der Gruppe nicht nur als Ordnungsprinzip auf, sondern zugleich in der historisch konkreten Form der „Horde" als die wohl ursprünglichste soziale Einheit in der Entwicklung der Menschheit (Bd. 2, S. 285), was sich insbesondere als lokale Bindung der Menschheit darstellt.

Im vorhergehenden Kapitel IV hat er zudem den Grundcharakter des Zusammenhangs der (Familien-) Gruppe als kommunikatives Handlungssystem emotionaler Natur entwickelt (Bd. 2, S. 218ff.) und hebt die „bewundernswürdige Harmonie hervor, die zwischen der Institution der Sprache und der radikalen Transformation unserer Aktivität besteht. Die Sprache wie die Religion eignen gleichzeitig der individuellen wie der kollektiven Existenz. Aber es ist vor allem erstere, die ihr mehr noch als die Religion ihr Hauptziel sowie ihre natürliche Quelle gibt. Da die Sprache in direktem Zusammenhang steht mit dem sozialen Leben, kann sich die Sprache immer erst nach seiner intimen Verknüpfung auf das persönliche Leben beziehen. Diese bedeutende Institution ist also spontan konform mit der notwendigen Transformation unserer praktischen Existenz, deren altruistischen Charakter sie während der stärksten Präponderanz des egoistischen Regimes betont (S. 219)[19]." „En effet, le langage est, comme la religion, inspiré par le coeur et construit par l'esprit. C'est ainsi qu'il tient d'abord à la famille et ensuite à la société bases respectives de l'essor effectif et du progrès mental. Destiné surtout à communiquer nos émotions, il s'applique de préférence, comme la religion, aux impulsions sympathiques, seules pleinement transmissibles (S. 218)."

Damit sind schon einige Schritte vorwärts getan, aber es bestehen nach wie vor eine Reihe von Problemen und Unklarheiten, zu denen vor allem der Stellenwert der von Tocqueville hervorgehobenen „freiwilligen Assoziationen" gehört. Diese für die politische Verfassung der Vereinigten Staaten als typisch bezeichneten Gruppenformen werden nämlich von den professionellen amerikanischen Soziologen resp. Politikwissenschaftlern zunächst kaum beachtet; sie waren ihnen vielleicht wohl zu selbstverständlich, um als untersuchungswürdig zu erscheinen. Sie werden erst wesentlich später zu Gegenständen der Forschung, ja – David L. Sills, der Herausgeber

---

[18]Ebenda, Bd. 2, a.a.O., S. 180 ff.

[19]Ebenda: Im Original (S. 219): „Il faut ici remarquer enfin l'admirable harmonie qui existe naturellement entre l'institution du langage et la transformation radicale de notre activité. En effet, le langage, comme la religion, convient à la fois á l'existence individuelle et à l'existence collective. Mais c'est surtout celle-ci qui lui fournit, encore plus qu'à la religion, sa principale destination et sa source naturelle. Directement relatif à la vie sociale, jamais le langage ne se rapporte normalement à la vie personelle que d'après leur intime connexité. Cette grande institution est donc spontanément conforme à la transformation nécessaire de notre existence pratique, dont elle annonce réellement le caractère altruiste pendant la plus forte prépondérance du régime égoiste."

der International Encyclopaedia of the Social Sciences[20], sieht ihre Entfaltung erst seit den 60er Jahren des 20. Jh., was einigermaßen enttäuschend klingt und wohl auch wirklich ist. Damit wird der Faden zur Gruppentheorie, wenigstens zu der der Frühzeit, abgerissen.

III. Menschheit als Gruppe (Ludwig Gumplowicz)

Die größere Schwierigkeit bestand indessen in der im deutschen Sprachbereich erst von Karl Dunkmann herausgehobenen Frage danach, ob man Menschheit als Großgruppe ansehen dürfe, was ja bei Comte die bisher als selbstverständlich unterstellte Voraussetzung war. Dunkmann[21] sieht zwar als einer der ersten deutschen Soziologen, daß „der Begriff der in sich einheitlichen ‚Menschheit' … erst der Comteschen Soziologie das eigenartige Gepräge" gibt. Aber er sieht auch deutlich die Differenz zwischen einem allgemein anthropologischen und dem spezifisch soziologischen Begriff der Menschheit (eodem loco, S. 171), so daß man bei der Menschheit keine „sprachliche Möglichkeit" habe, von Gruppe zu reden (S. 212). Dieser Zusammenhang konnte erst auf einem Umweg geklärt werden, den der weithin unterschätzte Gumplowicz, der vor allem auf Durkheim und Franz Oppenheimer eingewirkt hat, gegangen ist.

Dieser Umweg führte Gumplowicz über die Alternative zwischen einem ursprünglichen „Monogenismus" resp. „Polygenismus" der Menschheit. Man hätte von einer einheitlichen Gruppe Menschheit einzig unter der Annahme des Monogenismus sprechen können. An dessen Stelle setzt Gumplowicz ein mit seiner Theorie des Polygenismus der Menschheit, den er empirisch aus dem „Rassenkampf" (wohl das unerbitterlichste Buch, das je ein Soziologe geschrieben hat[22]) ableitet. Der wesentliche Gegenstand ist dabei nicht „Rassentheorie" (wie man noch immer lesen kann), sondern die Tatsache der *Mannigfaltigkeit der Menschengruppen im heutigen Sinne von Ethnien*, die nach den verschiedensten Richtungen hin differenziert sind und damit aufgrund ihrer Strukturen unausweichlich in Widerstreit stehen. *Ist es unmöglich, Menschheit als Gruppe zu sehen, so darf man es aber sehr wohl bei den Ethnien; damit hat der Begriff der Gruppe unmittelbar einen enorm erweiterten und konkreten Anwendungsbereich und zugleich eine wesentliche Vertiefung gewonnen.* Gerade hierbei tritt aber neuerlich

---

[20]David L. Sills, Voluntary Associations, Sociological Aspects. In: International Encyclopaedia of the Social Sciences, Bd. 16. New York 1968, S. 362–379.

[21]Karl Dunkmann (Hrsg.), Lehrbuch der Soziologie und der Sozialphilosophie. Berlin 1931, S. 135. In ähnlichem Sinne gleichzeitig Theodor Geiger, Gesellschaft. In: Alfred Vierkandt (Hrsg.), Handwörterbuch der Soziologie. Stuttgart 1931, S. 203 ff.

[22]Zuerst Innsbruck 1882 (poln., franz., spanische und englische Übersetzungen). Siehe später: Ludwig Gumplowicz, Sociologie. Ausgewählte Werke. Hrsg. von Franz Oppenheimer, Francesco Savorgnan, Max Adler, Gottfried Salomon, 4 Bde. Innsbruck 1926–1928 (zuerst: 1896; deutsch: 1885).

die analytischpraktische Doppelbedeutung des Gruppentheorems zutage, wenn sich zeigt, daß das Bewußtsein der Zusammengehörigkeit, das „Wir-Bewußtsein", unmittelbar eine Abstoßungstendenz gegenüber allen anderen Gruppen erzeugt. Mit den Worten von Gumplowicz: „Syngenismus erzeugt Fremdenhaß." Das ist die existenzielle Realität, die Gumplowicz als doppelter Minoritätsangehöriger im alten Österreich, als Pole und als Jude, erlebte, und die – als Grundlage des Wir-Bewußtseins benutzt – sofort und spontan eine feindliche Reaktion gegen alle anderen Gruppen provoziert (vermittelt durch Vorurteile, Stereotypen und nachfolgende Diskriminierungen). Die Identitätsfindung impliziert also automatisch Abstoßung des Fremden: eine der unüberwindbar tragischen Ausgangsstellungen der Menschheit insgesamt. Erst jetzt wird der Begriff zu einem echten soziologischen Grundbegriff, aus dem sich nicht nur eine Gestalt im Sinne der Statik, sondern eine Quelle unabgerissener Dynamik herausschält (die bei Gumplowicz wesentlich konfliktgeladen ist); die Überwindungsmöglichkeiten dieser Konfliktsituation werden einzig mit der Entstehung des Rechtssystems angebahnt und sind da auch immer nur zeitweise wirksam. Im übrigen stellt auch bei ihm der Begriff der Ethnie in Verbindung mit dem der Horde den Übergang zur Ethnologie und zum Evolutionismus dar, dessen Kraft und Dynamik sie allererst erklärbar macht. Zugleich wird der Comtesche Begriff der Gruppen-„komplexe" mit soziologischem Inhalt erfüllt, *indem sich etwa nationale Gebilde als vielfältig zusammengesetzte Komplexe ethnischer Einheiten in der n-ten Potenz erweisen*[23]. Daraus ist ein wichtiger Teil der modernen Staatstheorien erwachsen (beginnend mit dem Begriff der „Überschichtung", was hier natürlich nicht verfolgt werden kann). Einige Parallelen mit Tocquevilles Entdeckung der freiwilligen Assoziationen sind auffällig und verdienen eine weitere Diskussion, vor allem im Zusammenhang mit der Bildung unabhängiger Machtgruppen.

IV. Emile Durkheim und Georg Simmel

Fast gleichzeitig mit diesem für die Gruppentheorie entscheidenden Schritt benutzte Durkheim wohl als erster bewußt Gruppe als soziologischen Grundbegriff und aktivierte ihn zugleich für die Forschung und, was im momentanen Zusammenhang vielleicht wichtiger ist, *für die Praxis*. Auch bei ihm erweist sich also die analytisch-praktische Doppelbedeutung des Gruppentheorems. So versucht Durkheim die Krise der Familie seiner Zeit in Terminis des Gruppentheorems zu analysieren, wobei er – wohl als erster – zwischen der Mitgliederzahl einer Familie und ihrer Dichte (resp. Kohäsion) unterscheidet. Es kommt also nicht nur auf die Differenzierung in der Dimension von „groß" oder „klein" an, da die Größe einer Gruppe anwachsen kann ohne innere „Verflechtung", sondern auf den jeweiligen

---

[23] L. Gumplowicz, Sociologie, a.a.O., Bd. 3, Kap. II, 2 Ende.

Grad an „Kohäsion", der in der wachsenden oder abnehmenden Zahl der Interaktionen gemessen werden kann. Ich selber habe im Anschluß an James H. S. Bossard die Formel

$$X = \frac{y^2 - y}{2}$$

verwendet, wobei x die Zahl der Interaktionen, y die Zahl der Personen angibt; das Ergebnis ist ein überproportionales Ansteigen der Interaktionen bei Zunahme der Personen und ein entsprechender Abstieg, wenn ein oder mehrere Mitglieder die Familie verlassen (Verwitwung, Trennung, Scheidung)[24]. Im übrigen geht diese Differenzierung zwischen Volumen und Dichte bis auf Charles de Secondat de la Brède et de Montesquieu zurück[25], so daß man wohl mit Recht von ihrer soliden Verankerung in der französischen Soziologie sprechen darf.

Damit ist eine erste theoretische Stufe für die empirische Anwendung des Gruppentheorems gefunden, die gleichzeitig insofern praktische Konsequenzen sehen läßt, als die „Krise" der Familie damit beleuchtet und differenziert gemessen werden kann. In seinem Werk über den Selbstmord (1897) gibt Durkheim eine meisterliche Anwendung dieses Theorems an Hand von zwei von Marcel Mauss zusammengestellten Tabellen[26] (deren Bedeutung bisher alle Durkheim-Interpreten unterschätzt haben, Steven Lukes[27] übersieht sogar vollständig die große Bedeutung dieser Tabellen für die Familiensoziologie). Durkheim setzt hier die Variablen des Familienstandes (ledig, verheiratet, verwitwet, geschieden) sowie die Zahl der Kinder ein und entwickelt die sehr speziellen Krisenkonstellationen der Familie als differenzierte Ausfallserscheinungen in ihrer Gruppenstruktur[28]. Einen zweiten Anwendungsversuch des Gruppentheorems, diesmal noch deutlicher in analytisch-praktischem Doppelsinn, entwickelt Durkheim in der Vorrede zur 2. Auflage seiner „Division du travail social" von 1902 über die Berufsgruppen. Ich habe schon in anderem Zusammenhang auf den fragwürdigen Charakter der Berufsgruppentheorie wegen ihrer Verwandtschaft mit dem

---

[24] R. König (Hrsg.), Handbuch der empirischen Sozialforschung, Bd. 7, Familie, Alter, 2. Aufl. Stuttgart 1976, S. 116.

[25] Ders. (Hrsg.), Emile Durkheim. Die Regeln der soziologischen Methode, 4. Aufl. Neuwied 1976 (zuerst 1961), S. 25 f.; ders., Emile Durkheim zur Diskussion. München 1978, S. 144 und 192. Das Gleiche spielt eine Rolle in E. Durkheim, De la division du travail social. Paris 1893, S. 237–318, speziell S. 244.

[26] Siehe die Tabellen XXI und XXII, die S. XII als von Marcel Mauss zusammengestellt anerkannt werden; im Text auf S. 183 und 204. Es ist ein pikantes Detail, daß Mauss diese empirische Arbeit im Pariser Amt für Statistik durchführte, dessen Direktor damals Gabriel Tarde, der „Erzfeind" von E. Durkheim, war.

[27] e:\Visu\Work for Home\Word Files\Springer\Soziologische Studien zu Gruppe, Gemeinde und Stadt\TXT\Chapters 01–06\Chapter 02\

[28] Siehe die sehr eindrucksvollen Ausführungen in E. Durkheim, Suicide. Paris 1897, Buch II, Kap. 6, S. 312 ff.

Korporativismus hingewiesen und will das hier nicht wiederholen[29]. Immerhin sei betont, daß Durkheim die Stärkung der Berufsgruppen (im Gegensatz zur versagenden Familie) als krisensteuerndes Element ansieht, womit ganz eindeutig die Beziehung der Gruppentheorie zur Praxis hergestellt ist (gleichzeitig mit der Gefahr politischer Verzerrungen im Sinne des Korporativismus, die sehr bald in Italien, Österreich und Deutschland spürbar werden). Daneben aber hat das Gruppentheorem eine zweite Erscheinungsform in besagter Vorrede, *nämlich im Sinne der Entfaltung eines Systems intermediärer Gruppen,* deren ungenügende Entwicklung zwischen den allgemeinen Organisationen des Staates und der nationalen Kultur einerseits und den zuhöchst differenzierten und konkreten Gruppen des sozialen Alltags andererseits, sich als krisensteigerndes Element erweist[30]. In einer Sozialstruktur, in der der Zusammenhang des Einzelnen mit dem makrosozialen System grundsätzlich nicht mehr direkt, sondern einzig indirekt erfolgen kann, kommt dem ungeheuer breiten Gürtel der intermediären Gruppen eine kaum zu unterschätzende Rolle in der Integration einer Gesellschaft zu (wobei hier mindestens ein indirekter Zusammenhang zu den *voluntary associations* von Tocqueville besteht). Genau hier stößt auch Friedhelm Neidhardt auf die analytisch-praktische Doppelbedeutung des Gruppentheorems, wenn er – speziell im krisenanalytischen Sinne – spricht vom „Insistieren auf bestimmten Funktionen, die erfüllt sein müssen, um Anomie zu verhindern – Funktionen, die auch zur Begründung der Notwendigkeit von Gruppen angesetzt werden können"[31].

Einen dritten Anwendungsbereich des Gruppentheorems finden wir schließlich in Durkheims Religionssoziologie, wo er wie bei Gumplowicz im Zusammenhang der Begriffe Horde und Clan auftaucht, insbesondere *als Symbolidentifikation;* da wir aber damit in die ethnologische Problematik übergehen müßten, wollen wir diesen speziellen Problembereich zurückstellen. Abschließend kann hierzu bemerkt werden, daß Durkheim selber sich wenig bemüht hat um die Analyse spezieller Gruppen; dies war unter seinen Schülern und Mitarbeitern eher die Leistung von Maurice Halbwachs und Célestin Bouglé. Dagegen muß ein anderes Problem aufgegriffen werden, das im Vorgehenden gelegentlich schon angedeutet wurde, *nämlich die zunächst ganz formal erscheinende Frage nach Größe oder Kleinheit einer Gruppe als einem vermeintlich strukturbestimmenden Merkmal.* Als Anhang dazu muß die weitere Frage angeschlossen werden, *ob es bestimmte Zahlenwerte gibt,* denen (qualitativ) spezifische Strukturen entsprechen.

Diese Unterscheidung der Gruppenbildung in große und kleine Kreise ist uralt; sie geht im Grunde bis auf Platon zurück. Die neuere Diskussion

---

[29] R. König, Emile Durkheim. Der Soziologe als Moralist. In: Dirk Käsler (Hrsg.), Klassiker des soziologischen Denkens, Bd. 1. München 1976, S. 325.

[30] Dazu ders., Arbeitsteilung. In: Ders. (Hrsg.), Soziologie, a.a.O., S. 37, 158 und 317.

[31] Friedhelm Neidhardt, Das innere System sozialer Gruppen. In: Kölner Zeitschrift für Soziologie und Sozialpsychologie XXXI (1979), S. 657, Anm. 2.

wurde insbesondere durch ein Kapitel von Georg Simmel: „Die quantitative Bestimmtheit der Gruppe" ausgelöst[32].

Es lohnt nicht, die vielen Mißverständnisse aufzugreifen, die in diesem Zusammenhang entstanden sind. Die beste Antwort darauf gab schon vor einiger Zeit Friedrich H. Tenbruck[33], als er betonte, daß für Simmel „die Gesamtheit des sozialen Handelns … gerade zuoberst nicht in einzelnen Handlungen und ihrem Vergleich, sondern in der stabilen Struktur von Beziehungen" liege. Damit ist von vornherein die Interpretation von „groß" und „klein" im Sinne arithmetischer Verhältnisse ausgeschlossen und durch die Vorstellung strukturell komplexer Formen ersetzt, selbst wenn ihm manchmal sprachlich zweideutige Wendungen entschlüpfen. Was Simmel vielmehr im Sinne hat, und er sagt es deutlich, ist das bei zahlenmäßig ausdrückbarem Größenwandel jeweils neu entstehende „Ganze"[34]. Es wird dann zu einem im wesentlichen semantischen Problem, wie man Unklarheiten vermeidet. Das hat wohl viele veranlaßt, den Terminus „Zweiergruppe" durch den der „Dyade" zu ersetzen; da darin noch immer die Ziffer „zwei" enthalten ist, sollte man eher den Begriff des „Paares" benutzen, das in der Tat eine Ganzheit im Sinne von Simmel und Tenbruck darstellt, die durch das Merkmal einer emphatischen „Intimität" (als Freundschaft oder Liebe) ausgezeichnet ist. Von jetzt ab wird zugleich die Verwendung des Begriffs „Dreiergruppe" weniger verfänglich; denn diese bedeutet nun nicht mehr „eins plus eins plus eins", sondern die „Modifikation der Intimität", was ganz etwas anderes ist, z. B. die Geburt eines Kindes in der Familie. Im übrigen kann man auch hier bemerken, daß Simmel selber keineswegs additiv denkt, sondern im Sinne der Strukturierung einer sozialen Konstellation, wie schlagend durch seine eigene Darstellungsweise belegt wird, wenn er etwa sagt, daß es einen wesentlichen Unterschied mache, wenn ein Parlament aus nur zwei oder drei Parteien zusammengesetzt sei. *Dann wird die genannte Zahl unabhängig von der Menge zu einer „Gliedzahl".* Das schwebte wohl auch Leopold von Wiese vor, wenn er ein Einteilungsschema folgender Art entwarf: a) das Paar, b) die kleine Gruppe, c) die große Gruppe[35]. Sein Beitrag zum Problem liegt in der Annahme einer „Optimalgrenze" für die jeweils unter die einzelnen Rubriken zu subsumierenden sozialen Gestalten. Trotzdem bleibt er manch mal in höchst mißverständlicher Weise an der Zahlenfrage hängen, was erst von Dunkmann überwunden wird[36], der wie

---

[32] Georg Simmel, Soziologie, 2. Aufl. München-Leipzig 1922.

[33] Friedrich H. Tenbruck, Georg Simmel (1858–1958). In: Kölner Zeitschrift für Soziologie und Sozialpsychologie X (1958), S. 597.

[34] G. Simmel, Soziologie, a.a.O., S. 49.

[35] Leopold von Wiese, System der allgemeinen Soziologie, 3. Aufl. München-Leipzig 1955, (zuerst 1924–28).

[36] K. Dunkmann, Die Bedeutung der Zahl in der Soziologie. In: Blätter für Deutsche Philosophie, April 1931; ders. (Hrsg.), Lehrbuch der Soziologie und Sozialphilosophie, a.a.O., S. 183–185.

Simmel von einem „irgendwie bestimmten Ganzen" ausgeht, nur zieht er
die Konsequenzen deutlicher: „In Wirklichkeit ist die Zweiergruppe gar
keine Gruppe von zwei Menschen, die sich etwa addieren, sondern die zwei
bedeutet hier nur ein Wort *für eine ganz andere Art des Zählens,* nämlich der
bloßen Angabe einer Vielzahl von *Gliedern* in einem irgendwie bestimmten
Ganzen. *Man kommt so zu der Erkenntnis der Unterscheidung von Quanten-
zahl und Gliedzahl,* die beide grundverschieden sind" (Auszeichnung vom
Verfasser). Dementsprechend ist auch eine Dreiergruppe nicht eine Zweiergruppe plus einen; entscheidend ist auch hier nicht die Addition, sondern
das neue „Ganze" mit einer neuen Gliedzahl. Von hier aus wird auch sichtbar *eine durchaus diskontinuierliche Reihe von verschiedenen „Ganzen",* die
von ad hoc zusammengestellten (experimentellen) Gruppen zu „sozialen
Berührungen" (von Wiese), Begegnungen („brief encounter", ich nehme
hier mit Absicht den Filmtitel statt der kürzeren Form von Erving Goffman),
bis zu spontanen Vereinigungen, informellen Gruppen von längerer oder
kürzerer Lebensdauer, von mehr oder weniger großem Tiefgang reichen,
aber auch von Aufläufen, Zusammenrottungen, Massenaktionen, spontanen
oder organisierten Demonstrationen, zu brauchtümlich sich zu festen
Daten wiederholenden Ereignissen allgemeiner Belustigung wie Karneval u.
ähnl., also lauter kurzfristigen Ereignissen, die relativ wenig Spuren hinterlassen (außer einer neun Monate nach dem Karneval ansteigenden Zahl von
legitimen oder illegitimen Geburten). Kurz und gut, um alles in ein Wort
zu pressen, es geht in der Tat, um die Formulierung von Neidhardt zu verwenden, *um die Ausmessung des „inneren Systems" sozialer Gruppen* (siehe
Anm. 31). Damit geht aber in den so verstandenen Gruppenbegriff nicht nur
ein analytisches, sondern zugleich auch ein praktisches Interesse *im Sinne der
Sicherung des Überdauerns ein,* das vom Gruppenbegriff (wie oben gesagt)
nicht abtrennbar ist. Zugleich wird damit eine Scheidung in die Gruppentheorie selber eingeführt, indem von nun an „soziale Berührungen", „einfache soziale Systeme" (Niklas Luhmann), „Begegnungen" (encounters)
getrennt werden müssen von der Gruppentheorie, wie wir sie verstehen; hierbei
kommt es, um nochmals auf Neidhardt zurückzugreifen, auf „einen zusätzlichen Bedarf an ‚Wir-Gefühl' und an Konsensus" an[37].

Dies Postulat läßt sich leicht an einer weitergehenden Analyse von Simmels
Ausführungen über die „quantitative Bestimmtheit der Gruppe" realisieren.
Denn wenn er etwa von der Wirkung von Zahlengruppen als Einteilungs-
prinzip nach Innen (Untergruppen) und als Abhebung von Außen spricht,
setzt er ein „Ganzes" voraus, das den eigentlichen sozialen Zusammenhang konstituiert, entsprechend also der Quantifizierung präexistent ist. So
bleibt zwar der Tatbestand, daß in vielen Gesellschaften unterschieden wird
nach groß oder klein oder nach anderen (bestimmten) Zahlenwerten, etwa
„Hundertschaften"; aber nur wenn die Gruppe vorher schon konstituiert war,

---

[37] F. Neidhardt, Das innere System sozialer Gruppen, a.a.O., S. 644.

wird es wichtig, ob sie groß oder klein ist, resp. nach dieser oder jener Zahl in Untergruppen aufgeteilt wird. Das zwingt also zu einer Weiterverfolgung der Frage nach dem Gruppenzusammenhang. Es gibt nun in der Tat eine Linie in der Gruppenforschung, die diesen Weg erschlossen hat und der zunächst nachgegangen werden soll.

V. Das Problem der Primärgruppen (Cooley)

Natürlich kann auch in diesem Fall der Begriffsgeschichte nicht im Einzelnen nachgegangen werden. Darum will ich mich auf Cooley und die Diskussion seines Begriffs der „primary groups" als „intimate face-toface association and cooperation" beschränken, dem in diesem Zusammenhang zweifellos eine Schlüsselfunktion zukommt[38]. Ich muß aber darauf hinweisen, daß dies nicht ohne Berücksichtigung sowohl der älteren wie der daraus sich ableitenden Begriffe vollzogen werden kann. Dazu gehören folgende Begriffe: „active adjustment" bei Lester F. Ward[39], „habits" bei John Dewey[40], „common activities and interactivities" bei Franklin H. Giddings[41] und schließlich die „folkways, mores and morals" bei William Graham Sumner[42], den Giddings als „the most consistently sociological if not the greatest of sociologists" bezeichnete[43]. Dazu kommt die Akzentuierung der „Wir-Gefühle" bei Edward A. Ross[44], des „social heritage" bei Graham Wallas[45] und schließlich der „social attitudes" und den sozialen Werten bei William I. Thomas[46]. Diese Namen und Problemfragmente (denen beiden noch viele anzufügen wären) bezeichnen den Weg und die allgemeine Atmosphäre, in denen sich die theoretische Konstitution des Begriffs der „primary groups" seit Anfang des Jahrhunderts entwickelt hat. In ihm wird zunächst *die Intimität der Beziehungen* hervorgehoben; als Beispiele werden angeführt Familie, Spielgruppen der Kinder und Jugendlichen, Nachbarschaft und schließlich die lokale Gemeinde (community), d. h. der Faktor „Kleinheit" ist eigentlich primär nicht unbedingt vorherrschend. Das sollte beachtet werden, wenn

---

[38] Siehe Anm. 14. Die Theorie der Primary Groups wird zentral abgehandelt in Ch. H. Cooley, Social Organization. A Study of the Larger Mind. New York 1909, auch als Paperback 1962.

[39] Lester F. Ward, Dynamic Sociology, 2 Bde. New York–London 1883 (2. Aufl. 1897, neue Ausgabe 1920).

[40] John Dewey, The Need for Social Psychology. In: Psychological Review XXIV (1917).

[41] Franklin H. Giddings, Principles of Sociology. New York 1896; ders., Studies in the Theory of Human Society. New York 1922.

[42] William Graham Sumner, Folkways. Boston-New York-Chicago-London 1940 (zuerst 1906).

[43] F. H. Giddings, Studies in the Theory of Human Society, a.a.O., S. 293.

[44] Edward A. Ross, Social Control. A Survey of the Foundations of Order. New York 1901.

[45] Graham Wallas, The Great Society. London 1914; ders., Our Social Heritage. London 1925.

[46] William I. Thomas, Social Behavior and Personality. Hrsg. von Edmund H. Volkart. New York 1951 (deutsch: Person und Sozialverhalten, Neuwied-Berlin 1965).

wir die Beziehung zwischen diesen Problemen und denen der Kleingruppenforschung aufgreifen werden: Primärgruppen sind nicht unbedingt klein; man
kann den Satz auch umkehren: Kleine Gruppen sind nicht unbedingt vom
Charakter der Primärgruppen. Schließlich werden noch sehr realistisch die
„Kooperation" und die „face-to-face Beziehung", d. h. die gemeinsamen
Tätigkeiten und persönliche Anwesenheit, als konstitutive Merkmale hervorgehoben. In der bedeutendsten Forschung, die mit Hilfe dieser Grundbegriffe durchgeführt worden ist, nämlich dem Werk über die polnischen
Bauern in Europa und Amerika von Thomas und Florian Znaniecki[47], werden
alle genannten Problemelemente zusätzlich mit anderen benutzt. Allerdings
zeigte der Sozialpsychologe Ellsworth Faris[48] etwas mehr als zehn Jahre nach
Veröffentlichung des genannten Werkes, „daß nicht alle Gruppen, in denen
Menschen untereinander von Angesicht zu Angesicht verkehren, Primärgruppen sein müssen. Sie sind es nur, wenn die innere Beziehung ganz
oder vorwiegend emotional ist. Dies kann auch bei räumlicher Trennung
aufrechterhalten werden (etwa Korrespondenz), und umgekehrt mag der
emotionale Zug selbst bei engstem persönlichen Kontakt fehlen[49]". Thomas
und Znaniecki haben diese Schwierigkeit durch empirische Auswertung eines
außerordentlich umfangreichen Materials an *Emigranten-Korrespondenzen*
bewältigt. Heute hätten sie auf andere Mittel der Telekommunikation
zurückgreifen können, die persönliche Kontakte über größte Entfernungen
erlauben (und dementsprechend bei der Ausmessung des „inneren Systems"
der Gruppe berücksichtigt werden müßten). Zusätzlich bemerke ich, daß
man schon seit langem die Dichte des Telefonverkehrs in einem Gebiet als
Merkmal (unter anderen, z. B. gegenseitige Besuche) für das Bestehen eines
engeren sozialen Zusammenhangs in Stadt und Großstadt benutzt hat. Entsprechend hat man durch Analyse der „expressiven Verkehrskreise"[50]so in
der Großstadt differenziert nach Familienangehörigen, Freunden und/oder
Familienfremden, die regelmäßige Aufrechterhaltung „intimer" Kontakte
sogar im großstädtischen Milieu nachweisen können.

Die zentrale Leithypothese war für Thomas und Znaniecki, daß sich in
den „face-to-face groups" feste Gewohnheiten und Wertvorstellungen aufbauen, die für möglichst viele „Situationen" die „rechte" Handlungsweise
formulieren. Umgekehrt entfalten sich die kritischen Probleme, wenn das
Individuum auf sich selber angewiesen ist und nicht mehr „getragen" wird
von der Teilnahme der anderen. Thomas spricht hier von „individualization

---

[47]William I. Thomas und Florian Znaniecki, The Polish Peasant in Europe and America, 2
Bde. New York 1958 (zuerst in 5 Bdn., 1918–1920).

[48]Ellsworth Faris, The Primary Group: Essence and Accident. In: American Journal of
Sociology XXXVIII (1932).

[49]R. König, Gruppe, a.a.O., (siehe Anm. 3), S. 114.

[50]Vgl. ders., Großstadt. In: Ders. (Hrsg.), Handbuch der Empirischen Sozialforschung, 3.
Aufl. Bd. 10. Stuttgart 1977 (zuerst 1969), Teil III: Demographie und Ökologie, hier S. 84, 86
u.ö.

of behavior"[51], wobei sofort wieder der Zusammenhang zwischen dem Gruppentheorem und der Praxis sichtbar wird, wenn es heißt, daß in der modernen Gesellschaft die Familie und die Gemeinde nur noch in beschränktem Maße die Situationsbestimmungen garantieren, ohne die die soziale Orientierung erschwert, wenn nicht gar unmöglich wird. Es ist bezeichnend für Cooley, daß er zwar die Rolle der Primärgruppen im Sozialisierungsprozeß zu profilieren weiß, uns aber bezüglich der Sekundärgruppen keine greifbare Antwort gibt, was natürlich letztlich auch auf den Begriff der Primärgruppe zurückschlagen muß, die wegen dieses Mangels eines Antonyms des rechten Ziels ermangelt und – wie Georges Gurvitch hervorgehoben hat – darum einer Reihe unklarer Wertungen Vorschub leistet[52]. Deutlich tritt dies bei dem Sozialpsychologen Charles A. Ellwood[53] zu Tage, der höchst vereinfacht feststellt, daß die Primärgruppen der Zeit und der Bedeutung nach in der Gegenwart zurückgehen müßten und damit, ähnlich wie Ferdinand Tönnies, zu der Feststellung gelangt, daß sich Gemeinschaft im wesentlichen darin erschöpft, immerfort zu verfallen[54]. Falls dem wirklich so ist, erhebt sich die Frage, wozu ein solcher Begriff eigentlich dient, dessen Reichweite so außerordentlich kontingent erscheint. Und das bleibt auch im Prinzip so, wenn Ellwood den Gegensatz von Primär- und Sekundärgruppen sich mit dem von „unvoluntary" und „voluntary" groups kreuzen läßt[55]:

unvoluntary groups

primary groups   secondary groups

voluntary groups

In die „unvoluntary groups" wird das Individuum hineingeboren (Familie, Nachbarschaft, Gemeinde, Polis, Nation, Staat). Im Gegensatz dazu stehen die „voluntary groups" im Sinne der traditionalen freiwilligen Vereinigungen, aber auch Zweckgruppen, also Assoziationen, Vereine und Organisationen (Verbände) für mehr oder weniger langfristige Unternehmungen (politische

---

[51] W. I. Thomas, The Unadjusted Girl. Boston 1923, S. 70 ff.; ders., Social Behavior and Personality, a.a.O.

[52] Georges Gurvitch, La vocation actuelle de la sociologie. Bd. I: La sociologie différentielle, 2. Aufl. Paris 1957 (zuerst 1949), Kap. V: Typologie des groupements, S. 281–304.

[53] Charles A. Ellwood, The Psychology of Human Society, 2. Aufl. New York 1936 (zuerst 1925).

[54] Zu Tönnies vgl. R. König, Die Begriffe Gemeinschaft und Gesellschaft bei Ferdinand Tönnies. In: Kölner Zeitschrift für Soziologie und Sozialpsychologie VII (1955) S. 452–462 (Wiederabdruck in erweiterter Fassung in: Soziologie in Deutschland. Begründer, Verächter, Verfechter. München 1987, S. 122–197).

[55] Ch. A. Ellwood, The Psychology of Human Society, a.a.O., S. 119 f.

Parteien, religiöse Sekten, Gewerkschaften, Industrieund Wirtschafts-korporationen usw.). Die Vereinigungen analytischer und praktischer Ausrichtung im solchermaßen verstandenen Gruppentheorem wird hierbei nochmals denkbar klar gemacht, wenn das Hauptziel der Sozialpsychologie insgesamt dadurch bestimmt wird, daß nach wie vor die Attitüden aus den Primärgruppen erfolgreich erhalten werden können in den weitergelagerten komplexen Sozialsystemen[56]. *Sonst gäbe es ja überhaupt keinen Sinn, in der Gegenwartsgesellschaft nach Primärgruppen Ausschau zu halten.* Im übrigen tritt schon bei Ellwood (in guter Comtescher Tradition) das *sprachliche Kommunikationssystem* als Träger der Assoziation hervor, durch das sich auch die *Transmission der Kultur in der Geschichte* vollzieht. Diese Konzeption erfuhr eine beachtliche Vertiefung durch George H. Mead[57], der damit den Ansatz von John Dewey und Ellwood gewissermaßen zum Abschluß bringt.

VI. Franz Oppenheimer, Werner Sombart, Theodor Geiger, Karl Dunkmann, Alfred Vierkandt, Kurt Lewin

In der deutschen Diskussion tauchen, wenn auch weniger ausgeprägt, ähnliche Fragestellungen auf, bei denen Werner Sombart insofern aus der Reihe tanzt, als er in seinem Artikel im „Handwörterbuch der Soziologie" den Begriff des Verbandes an die Stelle setzt, wo bisher der der „Gruppe" stand[58]. Wie die Ausführungen zeigen werden, gelangt diese Terminologie nur zu einer Reihe von Unklarheiten. Da überdies für Sombart der Verband im formalen Sinne einen „Sinngehalt" repräsentiert, so scheint mir hier der Ansatz für eine spezifisch deutsche Mißdeutung des Begriffs Gruppe vorzuliegen, die irgendwie dazu neigt (im positiven wie im negativen Sinne), Gruppe als „Kommandoordnung" anzusehen, die ihren Mitgliedern das Verhalten „vorschreibt". Es wird später nochmals auf diese spezielle Frage zurückzukommen sein, die insbesondere in den sechziger Jahren viel diskutiert wurde. Aber abgesehen davon tritt insofern ein neuer Gesichtspunkt bei Sombart auf, als er die Verbände als Sinngemeinschaften in *allen historischen Zusammenhängen* lokalisiert, so *daß man – und sei es zunächst nur per analogiam – die Primärgruppen immer ausschließlicher als emotionale Gemeinschaften ebenfalls* in *allen historischen Konstellationen* zu *lokalisieren legitimiert wird.* Sie wären damit getrennt von der alten Gemeinschaftskultur im Sinne von Tönnies und das wäre auch die abschließende Antwort

---

[56] Ebenda, S. 124.

[57] George H. Mead, Mind, Self, and Society. Chicago 1934; ders., On Social Psychology. Hrsg. von Anselm Strauss. Chicago 1964.

[58] Werner Sombart, Grundformen des menschlichen Zusammenlebens, in: A. Vierkandt (Hrsg.), Handwörterbuch der Soziologie, a.a.O.; ders., Soziologie, was sie ist und was sie sein sollte. Entwurf einer Noo-Soziologie als selbstständige Wissenschaft. In: Abhandlung der Berliner Akademie der Wissenschaften philosophischhistorischer Klasse V. Berlin 1936 (2. Aufl. unter dem Titel: Noo-Soziologie. Berlin 1956).

auf die unbefriedigende Darstellung des Problems der Primärgruppen bei
Cooley und allen anderen, die diesen Begriff in seinem Sinne benutzt haben,
als würden sie aus den modernen Industriegesellschaften fortlaufend ausgeschlossen und einzig durch Sekundärgruppen (Verbände, Organisationen)
verschiedenster Art ersetzt. Im Grunde ließe das *emotionale Gemeinschaften
völlig an den Rand des Gesichtsfeldes rücken,* speziell all jene mit größerer
Lebensdauer und Tiefgang, wie sie Neidhardt sehr zu recht von den bloßen
„Begegnungen" unterscheidet und für die er einen „zusätzlichen Bedarf
an,Wir-Gefühl' und an Konsensus" postuliert[59]. Mit anderen Worten: Wir
befinden uns hier in einem echten Umschlag von der älteren Konzeption, die
noch immer am Modell des Gegensatzes Gemeinschaft-Gesellschaft haftet[60],
zu einer völligen Umformulierung des Gruppentheorems, deren allmähliche
Entfaltung sich in der Nachkriegsperiode in vielen verschiedenen Schritten
vorbereitet hat. Bevor wir dazu übergehen, noch ein paar Worte zur Aus-
gangssituation, die uns zu diesen Bemerkungen veranlaßt hat.

In der Zwischenkriegsperiode wurde gewissermaßen die alte Diskussion
von Comte nochmals aufgegriffen, gleichzeitig aber wachsend differenziert.
Das ist z. B. der Fall bei Oppenheimer, der in seinem Hauptwerk der
Gruppenproblematik wohl die eingehendste Würdigung zukommen läßt,
die bisher im deutschen Sprachbereich geboten wurde, wobei seine Darstellung auf einer erstaunlichen Kenntnis der damaligen Weltliteratur aufbaut[61]. Ausgehend von der Bestimmung der Gesellschaft als Komplex
von Gruppen (Comte) unterscheidet Oppenheimer „Rahmengruppen"
und „Elementgruppen", was auch von anderen übernommen wird, z. B.
von Theodor Geiger[62]. Heute spricht man von der Gesellschaft als einem
System von Systemen. Ausgehend von diesen Substanzen entwickelt Oppenheimer im Anschluß an Durkheim und Mauss den Begriff der „Reziprozität der Beziehungen", die das innere System der Elementgruppen eröffnen,
eine Sichtweise, die in der deutschen Soziologie und Gruppentheorie insbesondere durch Theodor Litt und seinen Begriff der „Reziprozität der
Perspektiven" begründet worden ist und die Gruppentheorie entscheidend
befruchtet hat[63]. Litts Wirkungen reichen im deutschen Sprachraum in der
Kombination mit den Analysen von Mead bis heute[64]. Oppenheimer hat

[59] F. Neidhardt, Das innere System sozialer Gruppen, a.a.O., siehe Anm. 37.

[60] Siehe dazu R. König, Die Begriffe Gemeinschaft und Gesellschaft bei Ferdinand Tönnies,
a.a.O., siehe Anmerkung 54.

[61] Siehe vor allem Franz Oppenheimer, System der Soziologie. Stuttgart 1964, hier vor allem
Bd. I, 1 und 2, (zuerst Jena 1922–1934), S. 748–1011.

[62] Theodor Geiger, Gestalten der Gesellung. Karlsruhe 1928; ders., Gesellschaft, in: A.
Vierkandt (Hrsg.), Handwörterbuch der Soziologie, a.a.O., S. 207.

[63] Theodor Litt, Individuum und Gemeinschaft, 3. Aufl. Leipzig-Berlin 1926 (zuerst 1919).
Vgl. dazu jüngstens Wolfgang Schulz, Zur Aktualität der Kulturphilosophie Theodor Litts. In:
Pädagogische Rundschau XXXVI (1982), S. 141–152.

[64] W. Schulz, Zur Aktualität der Kulturphilosophie Theodor Litts, a.a.O., etwa Anm. 9 und
andere Aufsätze im gleichen Heft.

dagegen die Neigung, den Gruppenzusammenhang aus den „Interessen" zu entwickeln, wobei natürlich die „emotionalen Gruppen" zu kurz kommen müssen. Es gibt allerdings Ausnahmen, hierzu gehört auch Dunkmann[65], der dem Ausdruck „Vollgruppe" Autarkie als zentrales Merkmal zuspricht (was natürlich auch Emotionalität mit einschließt); er verfolgt dann eine Reihe von „miteinander verbundenen Schichtungen", außerdem noch andere Gruppen bis zu den „metaphysischen Gruppen". Aber der eigentliche Gegensatz zu den Vollgruppen sind die „elementaren Gruppen" (S. 199) oder die *„konkreten Gruppen"* (S. 212), für die Dunkmann eine Klassifikation zu entwerfen sucht.

Hier liegt gleichzeitig ein anderer wesentlicher Kritikpunkt verborgen, der sich sowohl gegen die Substanzialisierung der Gruppe wie ihre Auflösung in eine bloße Ballung von Prozessen wendet. Durch Litt ist das Verhältnis von Individuum und Gemeinschaft als ein „dialektisches" definiert worden, d. h. nach Dunkmann resp. seinem Schüler Gerhard Lehmann: *„Die Einheit der Gruppe ist eben nicht die Einheit eines ‚Ganzen'* … sondern sie ist die Einheit einer *Kollektivindividualität* im wörtlichen Sinne, d. h. die Einheit eines *Ganzen und Nichtganzen.* Die Individuen sind in der sozialen Gruppe beides: Gliedwesen und selbständige, freie Einzelwesen. Die Einheit der Gruppe ist eine dialektisch widerspruchsvolle[66]." Damit nähert sich der Gruppenbegriff dem Leben. Diese Ausführungen richten sich wesentlich gegen Vierkandt und seine Gruppentheorie[67], die mit der „Ganzheitstheorie" seiner Zeit eine verhängnisvoll enge Verbindung eingegangen war (Othmar Spann), womit der Gruppenbegriff jene Charakteristik erhielt, die ihn als „objektives Gebilde" „gegenüber" der Person darstellt, als „Urphänomen", was alles sowohl von der Sozialpsychologie aufgelöst wurde wie von den vielen Kritikern der Gruppentheorie seit den 60er Jahren, die darin implizit *einen akuten Persönlichkeitsverlust an eine vermeintlich „objektive" Übermacht erblickten.* Aber auch sonst erweist sich die Definition der Gruppe als „Urphänomen" in diesem Sinne als eine bedenkliche theoretische Entscheidung, weil sie die „schöpferische Entwicklung des Sozialen" (die „évolution créatrice" Henri Bergsons) aus dem Blickfeld verliert, während von Wiese demgegenüber mit seiner Vorstellung der „Ballung sozialer Prozesse" gewissermaßen *unter der Realitätsschwelle des Sozialen bleibt,* weil die Sinn- und Kommunikationsstrukturen einfach übersehen werden[68]. Früh schon hatte Kurt Lewin die falsche Fragestellung in der Ganzheitstheorie der

---

[65] K. Dunkmann, Lehrbuch der Soziologie und Sozialphilosophie, a.a.O., S. 188 ff.

[66] Gerhard Lehmann, Sozialphilosophie. In: K. Dunkmann (Hrsg.), Lehrbuch der Soziologie und Sozialphilosophie, a.a.O., S. 55 ff. (Auszeichnungen vom Verfasser); siehe dazu auch K. Dunkmann (Hrsg.), Lehrbuch der Soziologie und Sozialphilosophie, a.a.O., S. 212 ff.

[67] A. Vierkandt, Gesellschaftslehre, 2. Aufl. Stuttgart 1928 (zuerst 1923); siehe auch seinen Artikel Gruppe in: Ders. (Hrsg.), Handwörterbuch der Soziologie, a.a.O., S. 239 ff.

[68] Siehe dazu R. König, Beziehung. In: Ders. (Hrsg.), Soziologie (Fischer Lexikon). Frankfurt/M. 1967, S. 42–48.

Gruppe erkannt, als er feststellte, daß „the whole is not 'more' than the sum of its parts, but it has different properties. The statement should be: 'The whole is different from the sum of its parts.' In other words, there does not exist a superiority of value of the whole. Both whole and parts are equally real. On the other hand, the whole has definite properties of its own. This statement has lost all its magic halo and has become a simple fact of science, since it was discovered that this holds also for physical parts and wholes[69]."

Wir haben damit einen entscheidenden Wendepunkt erreicht. Vierkandt repräsentiert insofern den Höhepunkt der bisherigen Diskussion, als er die Gruppe im strengen (soziologischen) Sinne als „Kategorie" bezeichnet[70]; im gleichen Sinne wird auch von der Gruppe als „Urphänomen" gesprochen. Man begreift das Bedenkliche dieser Feststellungen, wenn man ihren durchaus exklusiven Charakter bedenkt; d. h. es besteht eine Tendenz, alle erfahrbaren sozialen Phänomene direkt oder indirekt auf Gruppen zu reduzieren. In der Tat bleiben bei Vierkandt außer diesem Ansatz, ihm gewissermaßen vorgelagert, nur „soziale Anlagen"[71]. Die Bedeutung dieser Konzeption tritt deutlich zutage, wenn als Konsequenz z. B. von einem „Gruppenbewußtsein" gesprochen wird, als sei die Gruppe ein Subjekt, was sie notorisch nicht sein kann, da alles Denken an das „Cogito" des René Descartes gebunden bleibt. Vierkandt steht hier noch in der alten Tradition, die insbesondere auf Gumplowicz zurückgeht, daß die „Gruppe im Menschen denkt", eine falsche Fragestellung, der auch Durkheim (mindestens in der sprachlichen Formulierung) gelegentlich anheim gefallen ist. Aber nicht das allein ist der entscheidende Punkt, der uns zur Fortführung der Diskussion zwingt, sondern *der durchaus monolithische Aspekt dieses theoretischen Ansatzes,* was bei einem so ungeheuer komplexen Gegenstand wie den menschlichen Gesellschaften und Gruppen denkbar verfehlt erscheint, ganz abgesehen von unklaren Wertungen, die sich einschleichen mögen. Der Gegenstand selber ist es, der einen pluralistischen Ansatz erfordert. So fährt Lewin auch folgendermaßen fort: „Conceiving of a group as a dynamic whole should include a definition of group which is based on interdependence of the members (or better, of the subparts of the group). It seems to me rather important to stress this point *because many definitions of a group use the similarity of group members rather than their dynamic*

---

[69] Kurt Lewin, Field Theory in Social Science. Selected Theoretical Papers. New York 1951, S. 146 f. Der Aufsatz, aus dem das Zitat stammt, erschien ursprünglich 1939, man kann ihn darum buchstäblich als das Ende der Vorkriegsdiskussion ansprechen, wobei ich hinzufügen möchte, daß Lewin in seiner Berliner Zeit (wie auch Wolfgang Köhler) vieles von diesen Gedanken schon früher fertig formuliert hatte, wie ich aus eigener Erfahrung bestätigen kann.

[70] A. Vierkandt, Gesellschaftslehre, a.a.O., S. 323: „Die Gruppe ist demgemäß für die menschliche Auffassung eine letzte Einheit, also eine soziale Kategorie, die Auffassung der sozialen Wirklichkeit mittels dieser Kategorie eine letzte nicht weiter ableitbare Tatsache, also ein Urphänomen, das sich zunächst auf dem emotionalen und volitionistischen Gebiet und später auch auf dem der Vorstellung entfaltet."

[71] Ebenda, S. 203–207.

interdependence as the constituent factor." Ausgehend von diesem Grund-satz stellt sich „Interdependenz" als das eigentliche „Urphänomen" dar, das man empirisch erfahren kann. Also nicht primär eine Ähnlichkeit oder Gemeinsamkeit[72], sondern Interaktion, die immer und notwendigerweise außer einer begrenzten Sphäre des Einverständnisses zahllose Differenzen enthalten muß, so wie die Variationsmöglichkeiten des sozialen Lebens geradezu unendlich sind. Gruppe ist auch insofern kein Urphänomen, als sie – so schon Lewin – „Unterteile" hat, die in verschiedensten Kombinationen auftreten können. So kann also in der Tat Gruppenhandeln primär nicht auf „Gemeinsamkeit" (resp. Ähnlichkeit der Interessen o.ä.) gründen, sondern *auf gegenseitiger Abhängigkeit und entsprechenden Interaktionen.* Es zeigt sich dabei sogar, wie wiederum Lewin hervorhebt, *„that a whole or a very high degree of unity may contain very dissimilar parts*"[73], und er führt als Bei-spiel die Familie an, die zwar eine Gruppe darstellt, deren Mitglieder aber trotz ihrer gegenseitigen Abhängigkeit und auch ihrer Solidarität die *ver-schiedensten* Interessen und Probleme haben, die *allzu oft nur miteinander in Konflikt kommen.* Die Aufgabe wird dann sein, wie man in der unmittelbaren Erfahrung einer Gruppe die für das Gruppenganze entscheidenden Fakten „sehen" kann, die sich nicht unmittelbar im Verhalten der einzelnen Mit-glieder widerspiegeln[74]?

VII. Mikro- und Makrosoziologie: Georges Gurvitch

An dieser Stelle zeigt sich, daß wir es mit einer vielfach geschichteten Situation zu tun haben, die ohne Rückgriff auf die Vergangenheit nicht zu verstehen ist, aber gleichzeitig die Einführung einer neuen Differenzierung eröffnet. Der wesentliche Punkt ist *die Einführung der Scheidung zwischen Mikro- und Makrosoziologie,* wie sie von Gurvitch (nach früheren Ansätzen, die bis in die Mitte der dreißiger Jahre zurückreichen) spätestens seit 1940 explizit eingeführt worden ist[75]. In der entfalteten Form gab er sie erst nach dem Kriege heraus, aber der Grundplan war schon immer klar, selbst wenn seine Terminologie gelegentlich wechselt[76]. Der Gegenstand der Makrosozio-logie entspricht dem, was Oppenheimer die „Rahmengruppen", Dunkmann

---

[72] Ebenda, S. 221.

[73] K. Lewin, Field Theory in Social Science, a.a.O., S. 147.

[74] Ebenda, S. 154; für die dabei auftauchenden Probleme der Beobachtung siehe R. König, Die Beobachtung. In: Ders. (Hrsg.), Handbuch der empirischen Sozialforschung, Bd. 2, 3. Aufl. Stuttgart 1973, S. 1–65.

[75] G. Gurvitch, Eléments de sociologie juridique. Paris 1940 (engl.: Sociology of Law. New York 1942). Manche Spuren finden sich auch in dem Band von ders., Essais de sociologie. Paris 1937; siehe auch über diese frühen Quellen für die Entwick lung des Begriffs der Mikrosozio-logie in ders., La vocation actuelle de la sociologie, a.a.O., S. 246, die bis auf die Jahre 1934–37 zurückreichen.

[76] Siehe dazu ders., La vocation actuelle de la sociologie, a.a.O.

die „Vollgruppen" nannten; hier spricht Gurvitch von „globalen Gesellschaften"[77]. Davon sind unterschieden, was Oppenheimer die „Elementgruppen", Dunkmann die „elementaren" oder „konkreten" Gruppen nannte;
hier spricht Gurvitch von „Gruppierungen" (groupements)[78], aus denen
sich die Globalgesellschaften zusammensetzen. Diese Gruppierungen entsprechen einer *partiellen Makrosoziologie*, die konkreter ist als die Mikrosoziologie. Hier handelt es sich *um reale kollektive Einheiten, deren Verhalten
direkt beobachtet werden kann,* die eigene Strukturen ausbilden, und nicht
nur um die im wesentlichen unstrukturierten „Formen der Interdependenz"
von Lewin. Letztere bezeichnet Gurvitch als „Formen der sozialen
Beziehungen"[79], die sich in jeder einzelnen Gruppe, auch der kleinsten,
auf die verschiedenartigsten Weisen „aktualisieren, kombinieren, sich aus-
einandersetzen, in verschiedenster Weise zum Gleichgewicht kommen in
jeder, auch der kleinsten Gruppe, wie auch in der globalen Gesellschaft"[80].
Wenn nun auch die vorgehenden Ausführungen einen zuhöchst
theoretischen Charakter zu haben scheinen, so ist doch gerade in der
scheinbar rein kognitiven Ausrichtung der Gestalttheorie von Lewin der
praktische Einschlag gerade in Bezug auf die Gruppenproblematik mit
Händen zu greifen. Zunächst wird der *Begriff des „Action Research"* von ihm
im Zusammenhang mit der Frage nach der Bekämpfung sozialer Vorurteile
entwickelt[81], die am Anfang dessen steht, was unter dem Begriff der *„group
dynamics"* bekannt geworden ist. In einer viel diskutierten Abhandlung über
dies Thema betont er deutlich die Frage, daß Widerstand gegen den Wandel
(resistance to change) mindestens teilweise mit der positiven Bedeutung der
Gruppenstandards für das Individuum zusammenhängt, so daß dieser Widerstand also einzig durch ein Verfahren gebrochen werden kann, das die Stärke
des Gruppenstandards mindert oder die Wahrnehmung des Individuums von
dem, was als sozialer Wert angesehen wird, verändert. *Das geschieht aber vor
allem durch gruppengetragene Veränderungen, wie sie dem Einzelnen in face-
ta-face groups begegnen*[82]. Es entsprach der Zeitproblematik, wenn Lewin
und seine vielen Schüler sich seinerzeit vor allem auf Veränderung politischer
Einstellungen (Re-education), resp. Probleme der autokratischen resp. der
demokratischen Führung, aber auch der Veränderung von Ernährungs-
gewohnheiten im Dienste der Kriegswirtschaft und ähnl. konzentrierten.

---

[77] Er behandelt sie ebenda, Kap.VII.

[78] Siehe ebenda, Kap. V.

[79] Siehe ebenda, Kap. III und IV.

[80] Siehe ebenda, S. 10.

[81] K. Lewin, Resolving Social Conflicts. New York 1948; dazu auch R. König, Action Research.
In: Wilhelm Bernsdorf (Hrsg.), Wörterbuch der Soziologie, 2. neu bearbeitete Aufl. Stuttgart
1969, S. 8.

[82] K. Lewin, Frontiers in Group Dynamics. In: Ders., Field Theory in Social Science, a.a.O.,
S. 227 ff.

Bei Gurvitch tritt dieser Aspekt in einer weniger zeitgebundenen, d. h. auch abstrakteren Formen auf in seiner Auseinandersetzung mit der Soziometrie Jacob L. Morenos, wobei der Akzent in der Einschätzung der mikrosozialen Formen der Soziabilität liegt. Gurvitch behandelt dies in einem eigenen Kapitel[83] seines Hauptwerks, das mehrfach für sich abgedruckt und auch ins Deutsche übersetzt wurde. Man erkennt bei der Lektüre, wie weit zurück diese Diskussion reicht (siehe Anmerkung 75), die von Moreno seit Anfang der 30er Jahre in den Vereinigten Staaten und vorher schon in Wien angebahnt worden war. In diesem Zusammenhang betont Gurvitch mit allem Nachdruck *das ontologische Primat der Globalgesellschaft*[84], d. h. mit anderen Worten die Irreduktibilität der Gruppen auf die sie zusammensetzenden Formen der Soziabilität. Morenos „Sozialatome" (die kleine Gruppe) wird hier entlarvt als eine Art von Wiederholung der alten individualistischen Theorie des Sozialen, nur daß hier anstelle der einzelnen Personen als soziale Atome „kleine Gruppen" stehen; aber es wird übersehen, *daß die mikrosoziologische Betrachtungsweise der sozialen (globalen) Realität immanent bleiben, also den sozialen Totalphänomenen unentrinnbar eingebettet bleiben muß.* Sonst wird die Soziometrie zu einer Art von Interpsychologie (im Sinne von Gabriel Tarde) oder einer Art von „Ballung sozialer Prozesse" (im Sinne von von Wiese), die soziologisch unergiebig bleiben muß; in Wahrheit verschwindet in ihr auch die Gruppe als solche und es bleiben im Grunde nur persönliche Präferenzen und Ablehnungen[85], was letztlich zu einer höchst künstlich abstrakten Situation führt. Dementsprechend verbietet sich die Übertragung der Resultate der Soziometrie resp. des Psycho- oder Soziodramas auf größere Gruppen. So betont auch Hans Anger mit Recht, daß vorschnelle Verallgemeinerung der Ergebnisse der Kleingruppenforschung auf Sozialgebilde höherer Ordnung illegitim sei[86]. Methodologisch wird dies spätestens in dem Moment klar, in dem man die Beziehungen eines Gruppenglieds zu Personen außerhalb der kleinen Gruppe bedenkt; dazu kommt, daß letztlich *jede* konkrete Person in einer Experimentiergruppe *unausweichlich solche Außenbeziehungen* hat, womit die Frage verbunden ist, aus welcher Perspektive die reale Person in einer realen Situation jeweils stärker beeinflußt wird. *Das tatsächliche Verhalten kann also nicht aus der Kleingruppe allein, sondern einzig als Resultante aus Erfahrungen innerhalb und außerhalb der Gruppe bestimmt werden.*

---

[83] Siehe G. Gurvitch, La vocation actuelle de la sociologie, a.a.O., Kap. IV: Microsociologie et sociométrie, S. 246–280 (deutsche Fassung: Mikrosoziologie und Soziometrie. In: Zeitschrift für die gesamte Staatswissenschaft III (1955), S. 322–353).

[84] Ders., La vocation actuelle de la sociologie, a.a.O., S. 256; siehe auch ders., Sociologie générale, Kap. II, in: Ders., (Hrsg.), Traité de sociologie, Bd. I, a.a.O., S. 173 u.ö.

[85] G. Gurvitch, La vocation actuelle de la sociologie, a.a.O., S. 261 ff. dem neuen Niveau (nicht verlieren). Man muß nur das Wort „Leistung" durch „Motivation" ersetzen.

[86] H. Anger, Kleingruppenforschung heute, a.a.O., S. 21.

Ich selber habe vor längerer Zeit diese Regel auf die Sportgruppen angewendet. Hier muß sich zunächst ein Beobachtungsfokus, der etwa beim Fußball *nur die eine* Mannschaft ins Auge faßt, als zu eng erweisen. „Der wirkliche Prozeß spielt sich in einer „Konfiguration" ab, die *beide Mannschaften* umfaßt und in ständiger Bewegung ist" *(*Norbert Elias und Eric Dunning). Außerdem unterliegt dieser Prozeß „ ‚Einflüssen', die keineswegs nur von den ‚Spielregeln', *sondern noch von einer ganzen Reihe anderer Meinungsträger und Interessen bestimmt werden, die mit dem Sport nicht das Geringste zu tun haben*[87]." So müssen wir also weiter ausholen. Natürlich gehören zum konkreten Spiel zunächst die Spieler der beiden Parteien; dazu kommen aber als wesentliche Determinanten die Trainer, die Vereins- oder Verbandsleiter, die Geldgeber, sowie die Besitzer der Spielplätze, Manager und Agenten, schließlich sogar das jeweilige Publikum auf dem vereinseigenen oder dem gegnerischen Sportplatz und die interessierten Teile der öffentlichen Meinung. *Ferner ist die Motivationsfrage keineswegs klar.* „Dies kann sich etwa so auswirken, daß das Ziel einer Sportgruppe, nämlich der Sieg über die gegnerische Mannschaft, durch eine diesem Ziel entgegenwirkende Norm, „nicht zu verlieren", die von einer unbestimmt allgemeinen Umwelt ausgeht, aufgehoben wird. Das drückt sich praktisch z.B. bei den nationalen Liga-Ausscheidungsspielen im Fußball in einer Vermehrung der Spiele aus, die mit dem Ergebnis 0:0 endeten. *Nur in den wenigsten Fällen ist dies Ergebnis eine Folge gleicher Spielstärke, sondern zumeist die eines stärkeren sozialen Einflusses, der in der Gruppe die Risikobereitschaft herabsetzt und damit auch das Ziel des Spiels verdrängt, nämlich den Sieg über die gegnerische Mannschaft* (Auszeichnung von mir). Es liegt auf der Hand, daß angesichts dieser Situation auch das ganze Zusammenwirken der Spielgruppe beeinflußt werden wird, indem etwa die Rollenvereilung zwischen Angriff und Verteidigung eine Umstellung erfährt; versucht man sonst die „aggressiven" Spieler in den Angriff zu nehmen, so wirken sie jetzt in der Verteidigung, und die gesamte Spieltaktik wird durch den Verzicht auf Angriff und Sieg bestimmt[88]". Das gilt sowohl auf nationaler wie auf internationaler Ebene, wie die Weltmeisterschaftsspiele von 1982 gezeigt haben, wo eine Art „Verabredung" zwischen der österreichischen und der bundesdeutschen Mannschaft getroffen wurde, ein Ergebnis zu erspielen, das die letztere Mannschaft in die Weltmeisterschafts-Schlußrunde zu bringen gestattet hätte, in der dann aber die Deutschen deutlich geschlagen wurden. Es ist eine Ironie des Schicksals, daß gerade die italienische Mannschaft zum rächenden Engel an diesem Betrugsversuch werden mußte, nachdem man – wozu ich das Material und die Begründung schon 1966 beigebracht habe – ausgerechnet bei genauer Beobachtung der italienischen Ligaspiele zum ersten Male den Mechanismus dieses Verfahrens erkannt hatte (worüber damals die größte italienische Tageszeitung, der *Corriere della Sera* vom 5. August 1966, Blatt 12 berichtete).

[87] R. König, Die Gruppe im Sport und die Kleingruppenforschung. In: G. Lüschen (Hrsg.), Kleingruppenforschung und Gruppe im Sport, a.a.O., S. 9, Auszeichnung von mir (Wiederabdruck in diesem Band).

[88] Ebenda, S. 8. Dies Verfahren entspricht genau dem Dreischrittschema von K. Lewin, Field Theory in Social Science, a.a.O., S. 228 mit a) „Auftauen" des bisherigen Leistungsniveaus (Sieg), b) Übergang zum neuen und c) erneutes „Einfrieren" auf dem neuen Niveau (nicht verlieren). Man muß nur das Wort „Leistung" durch „Motivation" ersetzen.

Dieses Beispiel und ähnliche Forschungen aus Industrie- und Betriebssoziologie bestätigen die Kritik und die Thesen von Gurvitch. Es muß hierbei übrigens beachtet werden, daß die verschiedenen Personenkreise, die ein „Wir-Bewußtsein" entwickeln, nicht unbedingt „bewußt" wirken müssen, sondern zumeist wohl unbewußt oder nur halb-bewußt. Das bedingt gleichzeitig eine enorme Dynamik dieser Systeme (nach der Regel: Halb zog es ihn, halb sank er hin), die alles andere als homogen, sondern außerordentlich vielfältig geschichtet sind bis zu den mikrosozialen Konflikten und Allianzen. Auch hier erscheint also, wie in der folgenden Periode der Gruppentheorie immer deutlicher wird, was Wilhelm Bernsdorf als Ergebnis seiner Darstellung der Gruppentheorie zusammenfaßt, daß man *„eine Brücke zwischen dem Abstrakten und dem Konkreten, zwischen Gruppentheorie und Gruppenpraxis zu schaffen"* sucht[89], worin sich nochmals die analytisch-praktische Doppelbedeutung des Gruppentheorems dokumentiert.

VIII. Kleingruppentheorie: George C. Homans, Robert F. Bales, Jacob L. Moreno

Es ist unmöglich, hier auf die Probleme der Kleingruppenforschung im Einzelnen einzugehen, dazu ist sie viel zu weitläufig[90]. Es sollen vielmehr nur einige abschließende Fragen aufgerollt werden, die sich beim Studium der einschlägigen Veröffentlichungen aufdrängen. So ist sich selbst ein Mann wie Homans im Grunde nicht ganz klar darüber, ob er in seinem (mit Recht) so bekannten Werk (von 1950) die Gruppe selbst untersucht, die als Gegenstand der Untersuchung allein im Titel figuriert, oder aber ob er nicht vielmehr die Gruppe nur als Folie, als Rahmen betrachtet, in dem sich bestimmte Vorgänge abspielen, die ihn interessieren. „Small groups are not what we study but where we often study it[91]." Man darf auch nicht vergessen, daß er zwar in einer weit ausholenden Übersicht mit Henry W. Riecken seine

---

[89]W. Bernsdorf, Gruppe. In: Ders. (Hrsg.), Wörterbuch der Soziologie, a.a.O., S. 384.401, hier S. 394.

[90]Als wichtige zusammenfassende Literatur siehe Robert T. Golombiewski, The Small Group: An Analysis of Research Concepts and Operations. Chicago 1962; Alexander P. Hare, Handbook of Small Group Research. New York 1962; Joseph E. McGrath und Irwin Altman, Small Group Research, A Synthesis and Critique. New York 1966; H. Anger, Kleingruppenforschung heute, a.a.O.; Theodor M. Mills, Soziologie der Gruppe. München 1970; vgl. auch die Artikel zu Groups in: International Encyclopaedia of the Social Sciences, Bd. 6. New York 1968, Beiträge von George C. Homans, Morton Deutsch, Muzafer Sherif und Carolyn W. Sherif, Alexander P. Hare und Bertram H. Raven.

[91]G. C. Homans, Small Groups: Radio Vortrag 1959, publiziert durch U.s. Information Agency, Washington 1961; Hinweis bei H. Anger, Kleingruppenforschung heute, a.a.O., S. 16; neuerdings wieder G. C. Homans, The Study of Groups. In: International Encyclopaedia of the Social Science, Bd. 6, a.a.O., S. 259: „A Group so small that an investigator can observe the behavior of each of its members in same detail is a good setting for the study of this subject: but the group usually remains the setting rather than the object of investigation (Auszeichnung von mir)."

Hypothesen an vielen empirischen Untersuchungen nachprüfte, um aber daraus schließlich ganz etwas anderes, nämlich *eine allgemeine Theorie des sozialen Verhaltens* (1961) zu entwickeln, bei der die Gruppe wieder in den Hintergrund tritt, bedeutsam nicht als „Gegenstand", sondern bestenfalls als „setting" für die Analyse[92]. Die Lerntheorie ist zweifellos wichtig, aber sie hat mit der Gruppentheorie nur sekundär zu tun, indem sie sich oft innerhalb ihrer abspielt, aber nicht primär und nicht ausschließlich. Überdies bedeutet dies keinen Schritt voran, sondern mehrere Schritte zurück, *indem „Gruppe" resp. das „Soziale" wieder als „Ballung sozialer Prozesse" (wenn auch in Form verflochtener Lernprozesse) dargestellt wird,* wie oben schon besprochen. Wichtiger aber ist noch ein anderer Umstand, daß bei der *Kleingruppenforschung* nicht einmal immer das Merkmal der „Kleinheit" eingehalten wird, und zwar bereits im ersten Hauptwerk von Homans.

In seinem Werk über die menschliche Gruppe behandelt Homans nämlich Beispiele verschiedenster Größenordnung; in der Einleitung spricht zwar Robert K. Merton von der *„Renaissance" des Interesses an „kleinen" Gruppen,* was von Homans gleich zu Beginn ganz pragmatisch damit gerechtfertigt wird, daß es leichter sein mag, eine „soziologische Synthese" für kleinere Gruppen als für ganze „Gemeinden" oder „Nationen" zu schaffen (S. 3)[93]. Er hält sich allerdings nicht daran, sondern behandelt in Kapitel IX über die Tikopia eine Ethnie auf einer typischen Südseeinsel von ca. 1.200 Einwohnern (S. 196), und in Kapitel XIII eine Gemeinde Hilltown in Neuengland von 1.019 (1945) Einwohnern (S. 342). In beiden Fällen spricht er von „kleinen" Gruppen: Bei Hilltown schreibt er vorsichtig: „We shall study this community as if it were a small group" (S. 639), und bei den Tikopias sucht er zunächst „general characteristics of the small group" (S. 191), was er allerdings später insofern mildert, als er plötzlich von „society" und nicht mehr von „group" spricht (S. 192). Natürlich sind Begriffe wie „groß" und „klein" relativ, so könnte man es hinnehmen, wenn er daneben von „wirklich" kleinen Gruppen spricht wie in Kap. III dem Bank Wiring Observation Room mit einer Arbeitsgruppe von 14 Personen (S. 51), in Kap. VII über eine Gang von 13 Mitgliedern, in Kap. XIV über eine komplexe Elitengruppe von 40 Personen (S. 369). Aber nicht hinnehmen kann man es, wenn er unversehens den Begriff der „primary group" alternativ verwendet mit „small group" oder einfach „group" ohne Zusatz, selbst wenn er einschränkend hinzufügt: „An older group of sociologists called them primary groups (S. 85)." Da er hierbei den Bank Wiring Observation Room im Auge hat, kann man das noch hinnehmen. Man sollte aber auch bedenken, daß

---

[92] Henry W. Riecken und G. C. Homans, Psychological Aspects of Social Structure. In: Gardner Lindzey (Hrsg.), Handbook of Social Psychology, Bd. 2. Reading, Mass., 1954, G. C. Homans, Social Behavior. Its Elementary Forms. New York 1961.

[93] Von hier ab beziehen sich – sofern nichts anderes vermerkt – die Zahlen in Klammern auf G. C. Homans, The Human Group. London 1950 (deutsch: Theorie der sozialen Gruppe. Köln-Opladen 1960).

die Theorie der primary group ursprünglich von der Annahme einer Rückentwicklung dieser Gruppenform in den Industriegesellschaften ausging.
Wenn nun aber Homans im Einleitungskap. I, wo es auf begriffliche Klarheit besonders ankommen sollte, sagt, das Buch wolle „the human group"
untersuchen – „the primary group as sociologists call it" (S. 21), was zurückverweist auf das erste Alinea von Kap. I, wo sogar Cooley zitiert wird (S. 1,
Anm. 1), auf den sich vielleicht auch die oben angeführte Bemerkung über
die „ältere Generation" bezieht –, dann wird man stutzig. Daß er es mit
der Benutzung des Begriffs „primary group" ernst meint, wird auch durch
die gleichzeitige Bemerkung unterstützt: „A chance meeting of casual
acquaintances does not count as a group for us (S. 1)." Daß es legitim ist,
eine Primärgruppe im Sinne von Cooley zu unterscheiden von einer „sozialen
Berührung" (von Wiese) oder einer „Begegnung" (Goffman: encounter),
haben wir schon oben erwähnt, aber wie steht es mit Arbeitsgruppen (wie
sie etwa in der Hawthorne Study behandelt werden), die zwar eine Weile
dauern, aber auch aufgrund des normalen „turnover" regelmäßig einen Mitgliederwechsel erleben? Ich darf nochmals auf meine Bemerkung hinweisen,
daß „nicht alle Gruppen, in denen Menschen untereinander von Angesicht zu
Angesicht verkehrten, Primärgruppen sein müssen".

Homans könnte nun hier seinen Begriff der Interaktion einführen, aber darauf
könnte man mit Gregory P. Stone antworten, daß „alle Gruppen zweifellos
soziale Beziehungen einschließen, (aber) nicht alle sozialen Beziehungen eine
Gruppe" umfassen[94]. So bleibt der Eindruck einer noch durch aus ungeklärten
Situation erhalten, was auch dadurch verstärkt wird, daß im Register das Stichwort „primary group" mit einem Verweis auf das Stichwort „group" figuriert,
unter dem sich dann zu dem Adjektiv „primary" kein Eintrag findet (S. 474),
obwohl das Thema mehrfach im Buch behandelt wird und auch nach dem Hinweis auf S. 1 dauernd im Hintergrund mitschwingt. Das wird auch bestätigt
durch die Ausführungen am Schluß des Werkes, wo der Untergang einer Gesellschaft identifiziert wird als die Zerstörung der kleinen Gruppen (S. 456/7).
Damit wären wir im Grunde zurückgekehrt zu Cooley, von dem einer der
letzten Sätze des Werkes stammen könnte: „At the level of the small group,
society has always been able to cohere" (S. 468). Vielleicht ist das, nur in einer
leicht modifizierten Form, eine verschleierte Utopie[95] der „primary groups"?
Natürlich müssen kleine Gruppen nicht immer Primärgruppen sein, aber
müssen Primärgruppen immer klein sein? Die Frage bleibt durchaus offen.

Angesichts dieser weitreichenden Konsequenzen wird aber die Frage der
Forschungstechnik aufdringlich, ob man – wie so häufig geschehen – aus

[94] Siehe dazu Gregory P. Stone, Begriffliche Probleme in der Kleingruppenforschung. In: G.
Lüschen (Hrsg.), Gruppe im Sport, a.a.O., S. 63, Anmerkung 7.

[95] So meint etwa G. Gurvitch, La vocation actuelle de la sociologie, a.a.O., S. 289, Anm. 2,
daß G. C. Homans vom „Wunderland der kleinen Gruppen" träumt in Übernahme einer
Bemerkung von Pitirim A. Sorokin.

der künstlichen Zusammenstellung einer Gruppe von einander ursprünglich fremden Personen irgendwelche Rückschlüsse ziehen darf[96]. Oder man
läuft Gefahr, seine Beispiele *in ausschließlich industriellen Arbeitsgruppen
zu suchen* (in Fortführung der Hawthorn Study, die besser ist als ihr Ruf);
viele der Beteiligten haben ursprünglich für die Harvard Business School
gearbeitet und waren letztlich nicht an Gruppenproblematik, sondern an
„human relations in industry" interessiert. Betriebswirtschaftslehre und
Operations Research machten einen erheblichen Einfluß geltend (auch
methodologisch), was dann dazu führt, daß man den ganzen Zweig als Cow
Sociology bezeichnete (anspielend auf die „glücklichen Kühe" der Werbung,
die besonders gute Milch geben sollen[97]). Dabei wurden aber zentral
wichtige Fragen vernachlässigt, z. B. danach, ob denn nun *eine Arbeitsgruppe
in der Industrie mit regelmäßigen Interaktionen und face-to-face-Beziehungen
nicht doch als Primärgruppe angesehen werden muß?* Oder ist sie nur als eine
einfache Ansammlung oder Häufung von Einzelnen zu verstehen, die im
übrigen völlig voneinander isoliert und ihrer Mitgliedschaft in einer Gruppe
völlig unbewußt bleiben? Vielleicht daß ein Bedürfnis für solche Gemeinschaft vorhanden ist, das durch die betriebliche Organisation nicht befriedigt
wird und zu Konflikten zwischen diesen Gruppen und den Organisationen
führen kann?[98] Dabei kommt es zu den seltsamsten Paradoxien, indem sich
herausstellt, daß vielleicht eine Arbeitsgruppe mit hoher Kohäsion eine
erhöhte Leistung aufweist, aber es zeigt sich gleichzeitig, daß der gleiche
Zustand der inneren Übereinstimmung die Leistung auch senken kann[99].

Hier rückt die betriebssoziologische Forschung immer dichter an die
Therapiegruppenbewegung heran, was nochmals einen unerwarteten Hinweis auf die analytisch-praktische Doppelbedeutung des Gruppentheorems
eröffnet, die nun nicht nur auf dem Gebiet der Industriesoziologie ergeht,
sondern genau so bei Lerngruppen in Schule und Universität, beim Militär,
Flugzeugbesatzungen und dem Personal der Weltraumforschung, beim
Sport, bei der Gruppenfertigung, aber auch bei verhaltenstherapeutischen
und Selbsterfahrungsgruppen, die ihren Ursprung in Morenos „Psycho-
drama" haben und seither in zahllosen verschiedenen Formen weiterleben,
mit denen eine beachtliche (und wohlorganisierte) Menge von „Profis" der

[96]Dazu als in Beispiel unter vielen anderen R. T. Golombiewski, The Small Group, a.a.O.,
S. 47 u.ö. (siehe Anm. 90).

[97]Dazu R. König, Die informellen Gruppen im Industriebetrieb. In: Erich Schnaufer und
Klaus Agthe (Hrsg.), Organisation. TFB-Handbuchreihe, Bd. 1. Berlin-Baden-Baden 1962,
S. 55–118.

[98]Eine reiche Übersicht über diese betrieblichen Probleme bei Stanley E. Seashore, Group
Cohesiveness in the Industrial Work Group (Survey Research Center, University of Michigan).
Ann Arbor, Mich., 1954.

[99]Vgl. S. E. Seashore, Group Cohesiveness in the Industrial Work Group, a.a.O., bei
Besprechung von St. Schachter.

Gruppendynamik aufgetaucht ist, und die, worauf Neidhardt mit Recht hingewiesen hat, daraus kein schlechtes „Geschäft" machen[100].

Es wird dabei vor allem unterschlagen, was eben erwähnt wurde, daß die Forschung schon lange erwiesen hat, daß kohärente Gruppen dieser Art sowohl zu höherer Leistung als auch zu ausgesprochener Minderleistung imstande sind (siehe Anm. 99). Ich gebe, um den Umfang dieser Bewegung ermessen zu können, hier nur eine einfache Aufzählung der auftretenden Gruppenorganisationen beim letzten Kongreß für Gruppenpsychotherapie und soziale Umwelt (1973 in Zürich): Gruppenpsychotherapie für Kleinkinder, Kinder, Jugendliche, Lehrlinge, Studenten, in der politischen Bildungsarbeit, im Leistungssport, Gruppenpsychotherapie für Ehepartner, Familien, in der psychiatrischen Klinik, für Neurosen, Psychosen, Suizidgefährdete, in Strafanstalten, bei Drogenabhängigen, Alkoholikern (Alcoholic Anonymous), Gruppenbildung in modernen Siedlungen und marginale Gruppen, Gruppendynamik der Aggression, letztlich sogar Supervisionsgruppen, in denen „Teilnehmer verschiedenster theoretischer und technischer Herkunft sich über die Inhalte und Probleme der anderen Teilnehmer orientieren können, Supervision erfahren oder geben oder bei der Supervision zuhören um zu lernen, in welchen Kategorien die vorgetragenen Gruppenvorgänge in den verschiedenen Schulen verstanden werden"[101]. Damit dreht sich das ganze System im Kreise und wird zum Selbstzweck.

Ein weiterer Einwand bedeutsamer Natur liegt *in der geringen Zeitdauer, während der die Experimentiergruppen existieren,* zu kurz, um Gruppeneigenschaften zu produzieren, bzw. man hat sich nie gefragt, wie lange Zeit es eigentlich benötigt, bis eine Gruppe aus einem Zusammentreffen (encounter) von Individuen entsteht; auch die Frage nach den befördernden oder hinderlichen Faktoren wurden kaum je aufgerollt. Außerdem ist der Prozeß der Gruppenentstehung kein durch den Mitgliederkreis begrenztes System, *sondern ist wesentlich abhängig von Umweltvariablen,* unter denen sich auch *andere Gruppen* finden[102]. Hier zeigt sich schon bei Muzafer Sherif, einem der älteren Kleingruppentheoretiker, ein Umriß dessen, was Neidhardt weiter zu verfolgen und zu vertiefen strebt, ähnlich *die langsame Entwicklung des inneren Systems in neu entstandenen Gruppen*[103].

[100] F. Neidhardt, Das innere System sozialer Gruppen, a.a.O., S. 640.

[101] Ambros Uchtenhagen, Raymond Battegay und Adolf Friedmann (Hrsg.), Gruppentherapie und soziale Umwelt. 5. Internat. Kongreß für Gruppenpsychotherapie. Bern-Stuttgart-Wien 1975.

[102] So eines der klügsten Forscherpaare auf diesem Gebiet Muzafer Sherif und Carolyn W. Sherif, Group Formation. In: International Encyclopaedia of the Social Sciences, Bd. 6, a.a.O., S. 277.

[103] F. Neidhardt, Das innere System sozialer Gruppen, a.a.O., S. 653 ff.; er geht von der genau gleichen Kritik an Homans aus, die ich oben andeutete, und betont in Anm. 51, S. 659, daß die „künstlich und kurzfristig zusammengestellte „Gruppen" in unserem Sinne noch gar keine Gruppen sind". Siehe dazu auch R. König, Spontane Gruppenbildung und marginale Gruppen der Gesellschaft, in: A. Uchtenhagen, R. Battegay und A. Friedmann (Hrsg.), Gruppentherapie und soziale Umwelt, S. 276.286, a.a.O. (Wiederabdruck in diesem Band).

Am aufschlußreichsten ist aber eine Anmerkung von M. Sherif nach der die „Gruppenhaftigkeit einer Gruppe" *eine „Gradfrage"* sei[104]. Es fehle an Vorstellungen, wie man sich verhalten könne, wenn sich Unbekannte zum ersten Male treffen[105]. Erst nach längerer Zeit differenzieren und profilieren sich die Verhaltensweisen der Mitglieder eines Kreises von vorher Unbekannten. Will man also auf diesem Wege wirklich weiterkommen, dann bleibt als einzige Lösung nur die mehrfache (vielfache) Wiederholung solcher Experimente (gibt es dabei ein Optimum?), allerdings dann auch mit dem stets gleichen Mitgliederbestand, was nicht nur sachliche sondern auch finanzielle Probleme aufrollt. Diesen Weg hatte Robert F. Bales[106] schon früh eingeschlagen, allerdings stand nicht immer wieder die gleiche Besetzung unter Beobachtung, außerdem litt sein an sich höchst interessantes Unternehmen, das ich schon im Jahre 1952 beobachten konnte, an der Nachbarschaft zu der imponierenden Selbstsicherheit von Talcott Parsons, die ihm – sicher ohne sein Zutun – einen höheren Grad an theoretischer Bedeutung vindizierte, als er hätte wirklich vertreten können.

Am wichtigsten erscheint uns jedoch *die mangelnde Berücksichtigung der Umweltbedingungen*[107], von deren Bedeutung wir bereits bei Besprechung der Sportgruppen einen Eindruck erhielten. Diese Umweltvariablen sind insbesondere bei den industriesoziologischen Gruppenexperimenten vernachlässigt worden, und zwar vielfältig, wie Georges Friedmann schon früh hervorgehoben hat. So stellt der „Bank Wiring Observation Room" eine völlig künstliche Einheit dar[108], die sowohl aus dem innerbetrieblichen Umweltsystem herausgerissen ist, so daß etwa die Grenze der Gruppe grundsätzlich mit der Grenze der Abteilung zusammenfällt, mehr noch aber aus der weiteren Umwelt der Globalgesellschaft. Immerhin würden bei dem Frageschema von Moreno die Beziehungen einer Gruppe zu anderen Gruppen in anderen Abteilungen schon auffällig werden; das Gleiche wäre aber nicht der Fall mit der weiteren sozialen und politischen Umwelt (soziale Klassen, Spannung zwischen Unternehmerschaft und Arbeiterschaft, Gewerkschaftszugehörigkeit usf.); wenn man – im Sinne von Mauss und Gurvitch – die industrielle Arbeitswelt als „soziales Totalphänomen" ansehen will, dann muß

---

[104] M. Sherif und C. W. Sherif, Group Formation, a.a.O., S. 376 f.

[105] Ebenda, S. 278, siehe auch das Schaubild auf S. 279.

[106] Robert F. Bales, Interaction Process Analysis. A Method for the Study of Small Groups. Reading, Mass., 1950.

[107] R. F. Bales, The Equilibrium Problem in Small Groups. In: Talcott Parsons u. a. (Hrsg.), Working Papers in the Theory of Action. Glencoe, Ill., 1953; ders. und Philip Slater, Role Differentiation in Small Decision-making Groups. In: T. Parsons und R. F. Bales (Hrsg.), Family, Socialization and Interaction Process. Glencoe, Ill., 1956.

[108] Siehe G. C. Homans, The Human Group, a.a.O., S. 80, wo gezeigt wird, wie die Isolierung der Gruppe geradezu einen Antagonismus zwischen ihr und dem Rest des Betriebes geschaffen hat.

diese Grenze überschritten werden, wenn man die wesentlichen Variablen in den Blick bekommen will, die eine konkrete Arbeitsgruppe in ihrem Verhalten konditionieren[109]. Dies wird teilweise auch eingesehen von den Vertretern der amerikanischen Kleingruppenforschung, z. B. von Morton Deutsch[110], wenn er auch einräumen muß, daß bisher wenigstens kein systematischer Weg gefunden wurde, um das Verhältnis von Gruppenleistung und Umgebungsvariablen zu charakterisieren. Was nun die Einsicht in die theoretischen Zusammenhänge betrifft, die wir oben bei Besprechung von Gurvitch entwickelt haben, so muß man darauf hinweisen, daß Homans ihn zwar in einem Enzyklopädieartikel, der aber lange nach seinem Hauptwerk geschrieben, wurde, im Literaturverzeichnis richtig zitiert, *aber in keinem Moment erkennen läßt, daß er ihn auch zur Kenntnis genommen hätte*[111]. M. Sherif und Carolyn W. Sherif kommen Gurvitch am nächsten, ohne ihn zu zitieren[112]. Als bezeichnend für die Nachteile der Kompartmentalisierung der Wissenschaft ist zum Abschluß noch der Umstand zu erwähnen, daß fast nie die Problematik der „voluntary associations" aufgerollt wird, wenn es um die Frage der „group formation" geht, wobei man ja die Entfaltung der spontanen Gruppen in verschiedenen Aspekten ihres status nascendi hätte studieren können.

Der einzige Punkt, an dem eine Überwindung der gegebenen Situation hätte angebahnt werden können, nämlich die Analyse der „Gruppenkultur" im Sinne der Kulturanthropologie, die auf viele der genannten und andere Kleingruppenforscher eingewirkt hat, hat sich leider nicht in der Hinsicht ausgewirkt, die Gruppe in ihre nähere und weitere soziale und kulturelle Umgebung zu integrieren (mit nur wenigen Ausnahmen). Vor allem hätte das auch mehr Informationen über die emotionalen Wechselbeziehungen der beteiligten Personen beibringen können. Homans unterscheidet zwar zwischen dem äußeren und dem inneren System der Gruppe, aber die Analyse der inneren Strukturen kommt definitiv zu kurz, wie Anger schon vor einiger Zeit bemerkt hat[113]. Bestenfalls findet sich ein Ansatz dafür bei Bales in seiner Unterscheidung zwischen dem Vater als „task specialist" und der

---

[109] Man sehe dazu die Anmerkung des Herausgebers am Ende von G. Friedmann und Jean-Daniel Reynaud, Psycho-sociologie de l'entreprise. In: G. Gurvitch (Hrsg.), Traité, Bd. I, a.a.O., S. 478, die allerdings nicht Friedmann betrifft, son dern jene Leser, die das Kapitel unter dem Eindruck der Kleingruppenforschung in der Industriesoziologie lesen.

[110] Siehe dazu M. Deutsch, Group Behavior, in: International Encyclopaedia of the Social Sciences, Bd. 6, a.a.O., S. 271 f. (siehe auch Anmerkung 90).

[111] G. C. Homans, The Study of Groups. In: International Encyclopaedia of the Social Sciences, Bd. 6, a.a.O., S. 264.

[112] M. Sherif und C. W. Sherif, Group Formation. In: International Encyclopaedia of Social Sciences, Bd. 6, a.a.O., speziell S. 277 f. im Abschnitt: Generality of groups formation.

[113] H. Anger, Kleingruppenforschung heute, a.a.O., S. 22.

Mutter als „social emotional specialist" in der Familie[114], deren Simplizität aber eher verwirrend als klärend gewirkt hat; sie gibt jedenfalls nichts her für die Entfaltung des inneren Systems der Kleingruppe Familie. Nicht viel förderlicher war die Applizierung soziometrischer Teste am Ende der Experimentalsitzungen, selbst wenn das zur Identifizierung einiger wiederkehrender Rollenstereotype beigetragen hat[115]. Vor allem wird aber die höchst bedeutsame Umwandlung ursprünglich emotionaler Gruppen vom Typus der „Bünde" im Sinne von Herman Schmalenbach[116] bei längerer Eingelebtheit völlig vernachlässigt. Auch das ist eine Umwandlung des inneren Systems in Richtung einer Organisation, resp. eines bloß gewohnheitsmäßigen Beieinanderseins. So bleibt hier in der Tat noch vieles zu tun, sowohl auf theoretischer Basis als auch in der Forschung. Für eine Förderung der Einsicht in gewisse Gruppen, die heute mehr und mehr in den Vordergrund getreten sind, wie Kommunen und Wohngemeinschaften, Bürgerschaftskomitees, aber auch wissenschaftlichen und künstlerischen Arbeitsgruppen sowie psychotherapeutischen Selbsthilfegruppen wäre das von allergrößter Bedeutung.

IX. Ausblick

Man kommt angesichts solcher Schwierigkeiten an diesem Punkt nur weiter durch Ansetzung einer Tiefenstaffelung des Sozialen, wie sie vorher bereits kurz gestreift wurde durch Berufung dessen, was Mauss und Gurvitch als soziale Totalphänomene bezeichnet haben. Auch Gruppen sind, so klein sie immer sein mögen, soziale Totalphänomene mit eigenartigen Tiefendimensionen. Bei flächenhafter Betrachtung des Sozialen entschwindet aber nicht nur die Chance zur perspektivischen Tiefenanalyse, sondern Oberfläche und Tiefe verschwimmen in eins, was alle autogenen Entwicklungen der Phänomene auslöscht und infolgedessen von vornherein die Erkenntnischancen beschränkt. Wenn Gurvitch von einem ontologischen Primat der Globalgesellschaft (siehe bei Anmerkung 84) spricht, in die sich die Gruppen einordnen, so haben diese ihrerseits ihre Unterteile, die man in der Interpretation als bloße Aktivitäten, Interaktionen, Beziehungen, Perspektiven, also kurz gesagt: als bloße Ballungen von Motivationen, Austauschhandlungen, sprachlicher oder vorsprachlicher (symbolischer) Natur im wesentlichen verfehlt. Vielmehr haben auch sie angebbare Strukturen und Formen, für die der Ausdruck der „Rollen" nur eine sehr generische, also inhaltsleere

---

[114]T. Parsons und R. F. Bales (Hrsg.), Family, Socialization and Interaction Process, a.a.O.

[115]Alexander P. Hare, Role Structure. In: International Encyclopaedia of the Social Sciences, Bd. 6, a.a.O., S. 285.

[116]Siehe dazu Herman Schmalenbach, Die soziologische Kategorie des Bundes. In: Die Dioskuren, Bd. 1. München 1922, S. 35–105. Neuerdings ist dieser Aufsatz besser zugänglich in der englischen Übersetzung: H. Schmalenbach, On Society and Experience. Hrsg. von G. Lüschen und G. P. Stone. Chicago 1977.

Bezeichnung ist; diese wachsen auch nicht kontinuierlich aus „kleinen" Ver-hältnissen in immer „größere", sondern durchaus diskontinuierlich und in unvoraussehbaren Sprüngen, sowie die Spontaneität ins Spiel kommt. Ohne Spontaneität des Sozialen gibt es keine Gruppen, die immer irgendwann entstanden sind; bestehende Gruppen bleiben aber nicht, was sie in einem gegebenen Moment sind, sondern wandeln sich unaufhaltsam.

In dynamischer Sicht wandelt sich das Soziale in allen seinen Schichten andauernd; die Vorstellung der Stabilität ist bestenfalls ein blinder Fleck im Auge des Beobachters. Die soziale Wirklichkeit wandelt sich nicht nur immerfort, sondern sie transzendiert sich damit selber ständig, so daß, was einmal war, nicht mehr ist, was es war, wenn wir es beobachten. Das Soziale und damit die Existenz der Gruppen läuft sich selber also ständig davon, solange es lebendig ist.

Es lebt nur in der ständigen Selbsttranszendenz, die aber nicht über dieses Leben hinaus führt, sondern eine innerweltliche Transzendenz ist und bleibt (wie oben schon einmal angedeutet wurde). Es gibt kein „Jenseits" des Sozialen, wohl aber einen ständigen Erneuerungsprozeß, in dem das Heute immer das Gestern von Morgen ist. Da dieser Prozeß aber mit der „Praxis" identisch ist, d. h. mit dem tatsächlich gelebten Leben, wird auch die analytisch-praktische Doppelbedeutung des Gruppentheorems seine fundamentalontologische Voraussetzung erfüllen, ohne die das Gruppen-problem nicht adäquat zu verstehen ist.

Soziale Organisation

I. Begriff und Inhalt der sozialen Organisation

Obwohl der Begriff der sozialen Organisation schon erstaunlich früh in der Soziologie eine recht brauchbare Definition erfuhr (Herbert Spencer[1]), dauerte es jedoch bis nach dem 2. Weltkrieg, bevor sich eine soziologische Organisationstheorie entwickelte, nachdem neben der allgemeinen Definition eine ganze Reihe von Einzelaspekten oder Einzelformen der sozialen Organisation, teilweise in völliger Unabhängigkeit voneinander, bereits behandelt worden war. Bei Spencer bewirkt gesellschaftliches Zusammenwirken Organisation, die entweder ohne oder mit bewußter Absicht entsteht. Die zweite Form setzt die „klare Anerkennung öffentlicher Zwecke" voraus. Letzteres eröffnete eine gefährliche Verwechslungsmöglichkeit, da für viele Soziologen die Gesellschaft des modernen Industriekapitalismus als „System der Zwecke" (Georg Wilhelm Friedrich Hegel, Lorenz von Stein, Karl Marx, Ferdinand Tönnies, Werner Sombart u. a.) definiert wurde, so daß der Begriff „soziale Organisation" eine stark gesamtgesellschaftliche Ausrichtung erhielt. Das wurde eigentlich erst durch Florian Znaniecki[2] endgültig zurückgewiesen, als er hervorhob, daß soziale Organisation immer nur im unmittelbaren Bezug auf besondere soziale Gruppen oder Assoziationen verstanden werden könne. So wird soziale Organisation zu einem Zusammenwirken interdependenter Teile mit jeweils besonderer Funktion in einem Ganzen.

---

[1] Herbert Spencer, Principles of Sociology. London 1876–96 (deutsch: Die Prinzipien der Soziologie, 4 Bd. Stuttgart 1885).

[2] Florian Znaniecki, Social Organizations and Institutions. In: Georges Gurvitch und Wilbert E. Moore (Hrsg.), Twentieth Century Sociology. New York 1945.

© Der/die Autor(en), exklusiv lizenziert durch Springer Fachmedien Wiesbaden GmbH , ein Teil von Springer Nature 2021
R. König, *Soziologische Studien zu Gruppe, Gemeinde und Stadt*, René König Schriften. Ausgabe letzter Hand 15, https://doi.org/10.1007/978-3-658-28251-6_6

Damit ist sowohl die gesamtgesellschaftliche Bedeutung des Begriffs zurückgewiesen als auch entschieden, daß soziale Organisationen immer nur in einer
ungeheuren Pluralität existieren können, wie auch die Zahl der Ziele, für
deren Verfolgung die Menschen sich zusammenschließen können, unendlich
ist. So erfährt die Definition der sozialen Organisationen eine erste wichtige
Präzisierung, indem sie als Gruppen mit einem angebbaren Mitgliederkreis,
einer kollektiven Identität und Aktionsprogrammen bestimmt werden, die
der Erreichung jeweils spezifischer Ziele dienen (Talcott Parsons[3], Renate
Mayntz[4]).

Allerdings reicht diese erste Präzisierung noch nicht ganz aus, um
eine hinreichende Abhebung zu erlauben, weil noch zwei Aspekte durch-
einandergehen, nämlich (1) die Auffassung der betriebswirtschaftlichen
Organisationslehre als Organisiertsein auf ein bestimmtes Ziel hin (so
auch Leopold von Wiese[5] mit seiner Organisationslehre als „angewandte
Beziehungslehre", einem Vorläufer der Praxis der *Human Relations)* und
(2) soziale Organisation als soziales System (Assoziation, Gruppe). Das
erste ist eine Verfahrenslehre, die mehr oder weniger theoretisch erleuchtete
Anleitungen für rational effizientes Handeln zu geben sucht; hier spielen
Entscheidungskalküle und ähnliches eine Rolle. Das zweite ist hingegen
ein System theoretischer Sätze, mit deren Hilfe das Verhalten einzelner
Personen und von Teilgruppen in diesen sozialen Systemen erklärt werden
soll. In beiden Fällen wird übrigens die Frage völlig vernachlässigt, ob es
soziale Organisationen auch ohne rational zweckgerichtete Ziele geben
könne, also etwa im Sinne Max Webers[6] nicht nur zweckrational, sondern
auch z. B. wertrational, emotional oder gar traditional motivierte soziale
Organisationen. Diese vorherrschende Einengung des Bereichs der möglichen Motivationen, resp. die Nichtbeachtung des Umstands, daß Effizienz
nicht nur rationalinstrumental zu sein braucht, hat manche Schiefheiten in
die Soziologie der Organisationen gebracht, wie etwa die Tatsache beweist,
daß in der Produktionssphäre instrumental effizient sowohl unter rationaler
Verfolgung bestimmter Zwecke als auch im Rahmen einer „routinisierten
Technik" gehandelt werden kann, wie es z. B. bei den wirtschaftlich unterentwickelten Gesellschaften in der Regel hervortritt. Das mag auch vielleicht
dafür verantwortlich sein, daß die Vertreter der betriebswirtschaftlichen
Organisationslehre teilweise bis heute blind geblieben sind für die Gesetzlichkeiten des wirklichen Funktionierens komplexer Organisationen, die
neben ihrer rationalen Zweck-Mittel-Struktur noch eine Menge anderer
Erscheinungen beinhalten, die man dann je nachdem als „unbeabsichtigte
Nebenfolgen", als irrationalen (und daher vernachlässigenswerten) Daten-

---

[3] Talcott Parsons, Structure und Process in Modern Societies. Glencoe, Ill., 1960.
[4] Renate Mayntz, Soziologie der Organisation. Reinbek b. Hamburg 1963.
[5] Leopold von Wiese, System der allgemeinen Soziologie, 3. Aufl. Berlin 1955.
[6] Max Weber, Wirtschaft und Gesellschaft. Tübingen 1921.

kranz um die rationalen Modelle, als „Ist-Ordnung" gegen die „Soll-Ordnung", als „Störungen" oder noch primitiver als „Sabotage" der „formellen" Organisationsstruktur bezeichnete, ohne sich über die Relativität des Begriffs der Rationalität klar zu werden. Dies bedingt unausweichlich, daß etwa eine technische Anordnung, die gestern das Höchstmaß an Rationalität und Effizienz darzustellen schien, wie die polyvalente Revolverdrehbank, heute als völlig unwirtschaftliches und ineffizientes Mittel erscheint wegen der vielen überflüssigen Bewegungen, die sie vom Arbeiter verlangt. Das erhebt die Frage nach der Eindeutigkeit des Verhältnisses von Mitteln und Zwecken: Gibt es nur eine einzige soziale Kooperationsform zur Erreichung eines bestimmten Zwecks? Die vernichtende Kritik, die sich der Taylorismus und die Theorie der wissenschaftlichen Betriebsführung haben gefallen lassen müssen (z. B. Georges Friedmann[7]), haben gerade in dieser Hinsicht neue Perspektiven eröffnet. Wir betonen schon hier, daß die soziologische Lehre von den Organisationen zweifellos immer mehrere Wege offen läßt, während der Entscheidungskalkül der Betriebswirtschaftslehre auf ein optimales Modell drängen muß, um gewissermaßen eine limitierende Folie zu erhalten, mit deren Hilfe sie die möglichen Annäherungswerte an die optimale Lösung geradezu quantifizierend „messen" kann. Daran ist wiederum die soziologische Organisationslehre nicht interessiert, die vielmehr an der Analyse des realen Verhaltens in verschiedenen Organisationen interessiert ist, ferner daran, ob sich gleich bleibende Gesetzmäßigkeiten in allen sozialen Organisationen finden lassen.

Ohne daß er dafür unseren Begriff verwendet (s. dazu weiter unten), gibt Weber in *„Wirtschaft und Gesellschaft"* unter dem Titel *„Betrieb"* die Definition für eine Organisation im bisherigen Sinne (auch bei Sombart[8] finden wir die gleiche Identität von Betrieb = Organisation = finaler Verband, Zweckverband). Die Verwendung des Wortes „Betrieb" läßt dabei zunächst an eine wirtschaftliche Organisation denken, wie auch die Definition nahe legt, es handele sich um „ein kontinuierliches Zweckhandeln bestimmter Art"; aber Weber hebt in den Erklärungen sofort hervor, daß unter den Begriff „auch der Vollzug von politischen und hierurgischen Geschäften, Vereinsgeschäften usw. [fällt], soweit das Merkmal der zweckhaften Kontinuierlichkeit zutrifft". Später handelt er sogar Betrieb und „Behörde" im Sinne der Bürokratisierung auf einer Ebene ab. Dazu kommen bei ihm noch die „Vereine" und „Verbände" und schließlich die politischen Parteien. Damit wären die entscheidenden Stufen für eine allgemeine Organisationstheorie ausgeschlagen, wie sie etwa Johann Plenge[9] plante, aber nicht durchführte. Bei Weber

---

[7] Georges Friedmann, La crise du progrès. Paris 1936.

[8] Werner Sombart, Der moderne Kapitalismus, 3 Bd. München – Leipzig 1928. Vgl. auch Robert L. Kahn, Organizational Stress. Studies in Role Conflict and Ambiguity. New York 1964.

[9] Johann Plenge, Drei Vorlesungen über die allgemeine Organisationslehre. Essen 1919.

erscheint dagegen „Organisation" einzig als „Verteilung der Befehls-
gewalten", wobei ein Merkmal hervortritt, das schon vor ihm als Grundzug
politischer Organisationen erkannt worden war (Gaetano Mosca[10], Vilfredo
Pareto[11]); nämlich das „eiserne Gesetz der oligarchischen Tendenzen" der
politischen Organisationen selbst in demokratischen Massenstaaten, wie
es Robert Michels[12] in einem vieldiskutierten Buche darstellte. Dem entspricht die Konzeption von der „Unmöglichkeit einer direkten Herrschaft
der Massen" (Gesetz der Oligarchie). Die Theorie findet sich auch bei Weber
unter dem Titel des „Vorteils der kleinen Zahl" zusammen mit der „Geheim-
haltung" als der typischen Spezialwaffe der Bürokratie. Angesichts der engen
Verbindung der beiden Autoren zu jener Zeit kann man die Frage nach der
Priorität zurückstellen. Es ist auch falsch, wenn man die Theorie von Michels
wegen seiner späteren Beziehungen zum Faschismus selbst als faschistisch
bezeichnete, sie ist in ihren Anfängen zweifellos ein rein theoretischer Ansatz,
um die Funktionsgesetzlichkeiten politischer Organisationen in den Massen-
demokratien zu analysieren. Damit ist die Frage gestellt, ob sich die gleiche
Struktur auch in anderen als politischen Organisationen aufweisen läßt. In
einem wichtigen Werk der modernen soziologischen Forschung wurde die
Hypothese vom oligarchischen Charakter politischer Organisationen neuerdings in den Vereinigten Staaten einem empirischen Test unterworfen und
bestätigt (Seymour M. Lipset, Martin Trow, James S. Coleman[13]).

II. Organisationssoziologische Entwicklung

Eine Zeitlang beschränkte sich das Interesse der Organisationssoziologie
ziemlich ausschließlich auf die soziale Organisation des Industriebetriebs,
bei dem vor allem das Verhältnis von formeller und informeller Organisation
ins Auge fiel. Später traten andere Probleme hervor wie Zufriedenheit oder
Unzufriedenheit, Kohäsion der Gruppen, Normierung der Leistungs-
motivation, Leistungsanreize, Loyalität, Konflikte zwischen verschiedenen
Organisationszielen, Betriebsklima, Wandel in Formen und Funktionen der
Aufsicht, Organisation des Stab-Linien-Systems, Entfaltung von Befehlen
(down the line) und Berichten (up the line), betriebliches Kommunikationswesen, Autorität, Führungsstile usf. Als das bedeutsamste Ergebnis dieser

---

[10]Gaetano Mosca, Elementi di scienzia politica. Milano 1885 (deutsch: Die herrschende
Klasse. Bern 1950).

[11]Vilfredo Pareto, Trattato di sociologica generale, 2 Bd. Florenz 1916 (deutsch: Paretos
System der allgemeinen Soziologie. Hrsg. von Gottfried Eisermann. Stuttgart 1962).

[12]Robert Michels, La sociologia del partito politico nella democrazia moderna. Bologna 1912
(deutsch: Zur Soziologie des Parteiwesens in der modernen Demokratie, 2. Aufl. Stuttgart
1957).

[13]Seymour M. Lipset, Martin Trow und James S. Coleman, Union Democracy. Garden City
1956.

Untersuchungen darf die Bindung des Arbeiters an seinen Arbeitsplatz angesehen werden, die als Folge der Einbettung in die soziale Organisation des Betriebs eine entscheidende Bedeutung für das Selbstbewußtsein des Arbeiters hat, so daß er sich gegen jeglichen Wechsel des Arbeitsplatzes (innerbetrieblich, zwischenbetrieblich) wehrt: *resistance to change* (Fritz J. Roethlisberger, William J. Dickson, Lester Coch und John R. P. French[14]). Schon früh wurde man aufmerksam auf interessante Parallelen zwischen dem Verhalten von Arbeitern und Angestellten in betrieblichen und behördlichen Organisationen, worüber insbesondere einige bedeutende französische Untersuchungen von Michel Crozier[15] vorliegen, der später seine Untersuchungen auf das Phänomen der Bürokratisierung insgesamt ausdehnte. In der Analyse der Industriebürokratie als Organisation waren ihm schon Alvin W. Gouldner[16] und Hans P. Bahrdt[17] vorausgegangen. Letzterer untersuchte außer den Folgen der Mechanisierung und Automatisierung der Büroarbeit auf die Arbeitsorganisation noch die Verdrängung der „teamartigen" durch die „gefügeartige" Arbeitszerlegung; während in der ersten die Zusammenarbeit nach Gruppen in einzelnen Werkstätten oder Abteilungen erfolgt, bei der die Arbeiter einander buchstäblich sehen, erscheint in der zweiten, was Friedmann als „funktionale Interdependenz" bezeichnet hat, die sich nicht auf einzelne Werkstätten und Abteilungen beschränkt, sondern letztlich über den ganzen Betrieb (oder sogar über mehrere Betriebe) reicht und darum für den einzelnen unübersichtlich bleibt (vgl. Heinrich Popitz, Bahrdt, Ernst A. Jüres und Hanno Kesting[18]). Hier wird zwar noch immer „kooperiert", aber die Organisation ist eine andere geworden, indem das „Hand-in-Hand-Arbeiten" fortfällt. Es genügt nicht, hier einfach von „Entfremdung" zu sprechen, vielmehr geht es um eine immer stärkere Einmischung technologisch bedingter Zwänge in die soziale Organisation des Betriebs, wobei zu fragen ist, inwieweit das endgültige Erscheinungen oder vorübergehende Prozesse der Anpassung sind.

Andere Arbeiten der Organisationssoziologie beleuchten jeweils andere Organisationen, wobei je nach der Art auch immer andere Probleme hervortraten. So wurden politische Parteien, Gewerkschaften, Verbände, Schulen, Krankenhäuser, Kirchen, das Militär, Gefängnisse und Verwaltungen aller Art erforscht, ohne daß indessen eine ausgesprochen vergleichende Forschung nach gleichbleibenden (resp. variablen) Gesetzlichkeiten, Typologien und Morphologien angebahnt worden wäre. Man beschränkte sich auf die

---

[14]Fritz J. Roethlisberger, William J. Dickson, Lester Coch und John R. P. French, Management and the Worker. Cambridge, Mass., 1939.

[15]Michel Crozier, Le phénomène bureaucratique. Paris 1963.

[16]Alvin W. Gouldner, Patterns of Industrial Bureaucracy. Glencoe, Ill., 1954.

[17]Hans P. Bahrdt, Industriebürokratie. Stuttgart 1958.

[18]Heinrich Popitz, H. P. Bahrdt, Ernst A. Jüres und Hanno Kesting, Technik und Industriearbeit. Tübingen 1957.

Herausarbeitung von Einzelaspekten, ohne sie zu integrieren, indem man etwa die Paradoxie der militärischen Organisation hervorhob, bei der alles auf den Ernstfall ausgerichtet ist, von dem man gleichzeitig annimmt, daß er nicht eintritt, eine praktisch unlösbare Paradoxie; oder die der Kirchen, daß sie mit diesseitigen Mitteln jenseitige Ziele zu erschließen oder zu bestärken suchen, was ihre Glaubwürdigkeit in Frage stellt, so daß immer wieder die Organisationsform der Sekten gegen die Kirchen ausgespielt wird; oder die des Krankenhauses, indem mit rational-administrativen Mitteln pflegerische Aufgaben erfüllt werden sollen; oder die des Gefängnisses, wo unter dem Druck einer strengen Hierarchie Beziehungen zwischen den Insassen und dem Aufsichtspersonal entstehen usw. Eine Vereinheitlichung dieser verschiedenen Aspekte geschah eigentlich erst auf verschiedenen Umwegen, was angesichts der schon zu Beginn dieser ganzen Entwicklung hervorgetretenen Einsicht verwundern muß, daß die sozialen Organisationen ungeheuer vielfältig sind, was die Frage nach der Einheitlichkeit des Phänomens eigentlich schon längst hätte hervortreiben müssen. Ein erster Schritt auf diesem Wege war die Neuinterpretation eines älteren Werkes von Chester I. Barnard[19] über das industrielle Management und seine Funktionen, woran sich Untersuchungen über Führungsaufgaben in großen Organisationen anschlossen. Damit setzte eine neue industrielle und bald auch allgemeinere Organisationslehre an, die zunächst mehr betriebswirtschaftlicher Art war, sich aber bald veranlaßt sah, ihre Thesen empirisch nachzuprüfen. Gerade dabei tauchten neue Einsichten auf über Führung und Management, über das Verhältnis von Organisationsformen und Entscheidungsprozessen sowie Kommunikationsprozessen und zwischenmenschlichen Beziehungen in Organisationen, die es allmählich erlaubten, die verschiedenen Arten von Organisationen immer mehr auf einer einheitlichen Ebene zu behandeln. Dem war gleichzeitig vorgearbeitet worden durch die Kleingruppenforschung seit den vierziger Jahren, die teilweise in Laboratoriumsversuchen mit ad hoc künstlich gebildeten Gruppen einzelne Prozesse sehr eingehenden Untersuchungen unterwarf (bei denen das Verhältnis von Produktivität und sozialer Organisation naturgemäß eine große Rolle spielte). Der nahe liegende Einwand, daß die Künstlichkeit der Versuchsanordnungen die Aussagekraft solcher Experimente beeinträchtigen könne, wurde durch die Kombination von Laboratoriums- mit Feldexperimenten entkräftet, und der andere von der unzulässigen Isolierung einzelner Gruppen aus den realen Zusammenhängen durch die Integration kleinerer Arbeitsgruppen in die sie tragenden größeren Zusammenhänge von Unternehmungen und Betrieben *(small groups and large organizations)*. Die Beiträge zu einem

---

[19] Chester I. Barnard, The Functions of the Executive. Cambridge, Mass., 1938.

zusammenfassenden theoretischen Ansatz kamen sowohl von der Soziologie (George C. Homans[20]) als auch von der Organisationslehre (Herbert A. Simon, James G. March[21]) und der Soziologie der Organisationen (Amitai Etzioni[22]). Gewiß wird auch hier häufig wieder die pragmatisch orientierte Betriebswirtschaftslehre (als Kybernetik) die soziologische Organisationstheorie verdrängen, aber man kann sich wohl helfen durch eine klare Scheidung zwischen einem „rationalen Modell der Organisation" und einem „natürlichen Modell der Organisation", wie es Gouldner[23] schon früher gefordert hatte. Das letztere ist das soziologisch einzig interessierende, wobei nun alle die Fragen aufgerollt werden können, die sich bei der kontinuierlichen Existenz von Gruppen mit Zielen stellen mögen, und zwar sowohl ihrer inneren Strukturierung nach als auch nach ihren Formen des Überlebens in der Umwelt. Die für alle Arten von Organisationen wiederkehrenden Probleme stellen sich dann etwa als Klarheit resp. Unklarheit der Ziele, daraus evtl. resultierende Zielkonflikte mit den entsprechenden Konsequenzen für das Überdauern einer sozialen Organisation in der Zeit; ferner die Klarheit der Rollenverteilung unter Vermeidung einer Überlastung von Rollen usf. Andere Probleme stellen sich mit der Rekrutierung der Mitglieder; diese erfolgt einmal nach ausgeklügelten Verfahren, die sowohl aus sachlich bedingten Vorstellungen eines Berechtigungswesens mit Ausbildungsgängen, Karrierebildern, Prüfungen und langsamem Aufstieg als auch aus Selektion nach bestimmten Ideologien (z. B. bei Beamten) bestehen; ferner erfolgen auch Prozesse der Selbstselektion nach den Bildern (Images) von den betreffenden Organisationen, wie sie in der Öffentlichkeit obwalten. Neben der meist unter dem Titel „Bürokratisierung" abgehandelten Formalisierung vieler Prozesse in Organisationen setzen nicht nur allgemeine Ideologien dem eine Grenze (wie eben erwähnt), sondern auch noch die Notwendigkeiten der Anpassung an die Umwelt. Organisationen müssen im Dienste ihrer Selbsterhaltung bzw. Verwurzelung in der Umwelt mit dieser paktieren (Philip Selznick[24]), wobei unversehens die Ziele eine totale Verschiebung erfahren können.

[20] George C. Homans, The Human Group. London 1950 (deutsch: Theorie der sozialen Gruppe. Köln-Opladen 1960).

[21] James G. March und Herbert A. Simon, Organizations. New York 1958; vgl. auch H. A. Simon, Administrative Behavior. New York 1949.

[22] Amitai Etzioni, Comparative Analysis of Complex Organizations. Glencoe, Ill., 1961.

[23] Alvin W. Gouldner, Organizational Analysis. In: Robert K. Merton, Leonhard Broom und Leonhard S. Cottrell, Jr. (Hrsg.), Sociology Today. New York 1959, S. 400–428.

[24] Philip Selznick, TVA und the Grass Roots. Berkeley 1949; ders., Leadership in Administration. Evanston 1957.

Was die Zukunft der Organisationstheorie betrifft, möchten wir auf Mayntz[25] hinweisen, die betont, daß zweifellos viele Einzelaspekte noch weiterhin das Arbeitsgebiet von mehreren Spezialdisziplinen sein werden, statt daß eine allgemeine Mammuttheorie ausgebildet werden müßte, die wiederum nur Kompetenzstreitigkeiten zwischen der soziologischen und betriebswirtschaftlichen Konzeption herausfordern müßte.

[25] R. Mayntz und Rolf Ziegler: Organisationssoziologie. In: René König (Hrsg.), Handbuch der empirischen Sozialforschung. Hrsg. von R. König, Bd. 2. Stuttgart 1968. Vgl. auch R. Ziegler, Organisation. In: R. König (Hrsg.), Soziologie (Fischer-Lexikon). Frankfurt 1967; ders., Kommunikationsstruktur und Leistung sozialer Systeme. Meisenheim a. Glan 1968; Mason Haire (Hrsg.), Modern Organization Theory. New York 1959; Peter M. Blau und W. Richard Scott, Formal Organizations. London 1963; Georges Friedmann, Problèmes humains du machinisme industriel. Paris 1946. Weitere Literatur: Michel Crozier, Petits fonctionnaires au travail. Paris 1957; Niklas Luhmann, Funktionen und Folgen formaler Organisation. Berlin 1964; James G. March (Hrsg.), Handbook of Organizations. Chicago 1965.

TEIL II

Gemeinde

Grundformen der Gesellschaft: Die Gemeinde

EINLEITUNG

Die Notwendigkeit einer begrifflichen Klärung

Es besteht wohl kein Zweifel darüber, daß die Gemeinde neben der Familie eine der wichtigsten Grundformen der Gesellschaft darstellt; dennoch muß zugestanden werden, daß die soziologische Forschung auf diesem Gebiet – wenigstens in Kontinentaleuropa – noch ungemein unsicher ist, so daß die Verwendung dieses Begriffs höchst vielfältig und gelegentlich alles andere als klar ist[1].

---

[1]Dies wurde vor einiger Zeit auch in Amerika hervorgehoben, wo an sich die Technik der Gemeindeuntersuchungen außerordentliche Fortschritte gemacht hat. In diesem Zusammenhang sind folgende wichtige Abhandlungen zu nennen: August B. Hollingshead, Community Research: Development and Present Condition. In: American Sociological Review XIII (1948), S. 145; Pauline V. Young, Scientific Social Surveys and Research. New York 1949, S. 491 ff.; Julian H. Steward, Area Research: Theory and Practice. New York 1950; George H. Hillery Jr., Definitions of Community: Areas of Agreement. In: Rural Sociology XX (1950), 2; Jessie Bernard, Social-Psychological Aspects of Community Study: Some Areas Comparatively Neglected by American Sociologists. In: The British Journal of Sociology II (1951); ähnliche Gedanken äußerte die gleiche Verfasserin schon in einem anderen Buche: American Community Behavior. New York 1949. Ältere Stimmen im gleichen Sinne: Eduard C. Lindeman, Community. In: American Encyclopaedia of the Social Sciences, Bd. 3, New York 1930; Warner E. Gettys, The Field and Problems of Community Study. In: Luther L. Bernard (Hrsg.), Fields and Methods of Sociology. New York 1934; Logan Wilson, Sociography of Groups. In: Georges Gurvitch und Wilbert E. Moore (Hrsg.), Twentieth Century Sociology. New York 1945. Eine gute Zusammenfassung gab auch Carl T. Taylor, Techniques of Community Study and Analysis as Applied to Modern Civilized Societies. In: Ralph Linton (Hrsg.), The Science of Man in the World Crisis. New York 1945, wo vor allem auf die Probleme der ländlichen Gemeinde eingegangen wird. Jüngstens noch an grundsätzlicher Diskussion dieses Problems Albert J. Reiss Jr., A Review and Evaluation of Research on Community. A Working Memorandum Prepared for the Committee on Social

© Der/die Autor(en), exklusiv lizenziert durch Springer Fachmedien Wiesbaden GmbH , ein Teil von Springer Nature 2021
R. König, *Soziologische Studien zu Gruppe, Gemeinde und Stadt,* René König Schriften. Ausgabe letzter Hand 15, https://doi.org/10.1007/978-3-658-28251-6_7

Zumeist wird einfach so verfahren, als sei es ganz selbstverständlich, was unter Gemeinde zu verstehen ist, oder man wirft den Begriff mehr oder

Behavior of the Social Science Research Council. Nashville, Tennessee, 1954 (als Manuskript vervielfältigt). Ferner Conrad M. Arensberg, The Community Study Method. In: American Journal of Sociology LX (1954); ders., Ergebnisse der deutschen Gemeindestudie im internationalen Vergleich. In: Gerhard Wurzbacher (Hrsg.), Das Dorf im Spannungsfeld industrieller Entwicklung. Stuttgart 1954; ders., American Communities. In: American Anthropologist LVII (1955). Neuerdings Irwin T. Sanders, The Community. New York 1958.

Die wenigen in Deutschland nach dem Kriege unternommenen Gemeindeuntersuchungen waren überwiegend an der Forschung als solcher interessiert und stellten daher meist die begriffliche Problematik in den Hintergrund. So hebt der verdienstvolle Leiter der großen Darmstadt-Studie, Nels Anderson (Die Darmstadt-Studie, ein informeller Rückblick. In: René König (Hrsg.), Soziologie der Gemeinde (Sonderheft 1 der Kölner Zeitschrift für Soziologie und Sozialpsychologie). Opladen 1956, S. 149) selber hervor, daß der zusammenfassende Band fehlt; in ihm hätten wohl auch die begrifflichen Fragen geklärt werden müssen. Diesen Mangel betont auch Christian von Ferber, Die Gemeindestudie des Instituts für sozialwissenschaftliche Forschung, Darmstadt. In: Ders. (Hrsg.), Soziologie der Gemeinde, a.a.O., S. 152, wie auch R. König, Die Gemeindestudie des deutschen Unesco-Instituts. In: R. König (Hrsg.), Soziologie der Gemeinde, a.a.O., S. 174, den Mangel einer Definition in der erwähnten Untersuchung unterstreicht. Die anderen Erörterungen mehr grundsätzlicher Natur sind daher meist recht unsicher. Positiv erwähnen wir vor allem Kurt Utermann, Aufgaben und Methoden der gemeindlichen Sozialforschung. In: Walter G. Hoffmann (Hrsg.), Beiträge zur Soziologie der industriellen Gesellschaft. Dortmund 1952; siehe auch ders., Forschungsprobleme einer Gemeindeuntersuchung im nördlichen Ruhrgebiet. In: R. König (Hrsg.), Soziologie der Gemeinde, a.a.O. Im oben erwähnten Sammelwerk von W. G. Hoffmann befinden sich auch zwei interessante Arbeiten von Dietrich von Oppen und Helmut Croon. Siehe ferner H. Croon, Sozialgeschichtsforschung und Archive. In: Der Archivar VII (1954); ders., Methoden zur Erforschung der gemeindlichen Sozialgeschichte des 19. und 20. Jahrhunderts. In: Westfälische Forschungen VIII (1955); ders.: Die Einwirkung der Industrialisierung auf die gesellschaftliche Schichtung der Bevölkerung im rheinisch-westfälischen Industriegebiet. In: Rheinische Vierteljahrsblätter XX (1955). Neuerdings H. Croon und Kurt Utermann, Zeche und Gemeinde, Untersuchungen über den Strukturwandel einer Zechengemeinde im nördlichen Ruhrgebiet. Tübingen 1958. Ganz ungewöhnlich unklar und unbrauchbar die Arbeit von Karl Günther Specht, Mensch und räumliche Umwelt. Bemerkung zur Geschichte, Abgrenzung und Fragestellung der Sozialökologie. In: Soziale Welt IV (1953). Über die unter dem Einfluß von Leopold von Wiese zustande gekommenen, meist sehr verspielten Arbeiten dieser Art orientiert Harriet Hoffmann, Die Beziehungslehre als sozialwissenschaftliche Forschungsmethode. In: Karl Günther Specht (Hrsg.), Soziologische Forschung in unserer Zeit. Köln 1951. Da aber auch hier sowohl die begrifflichen Voraussetzungen als auch die Methodik der Forschung äußerst ungenügend und dilettantisch sind, führt das Erreichte nicht viel weiter. Um so erforderlicher wäre eine systematische Besinnung gewesen, wenn man schon der Frage ein Sonderheft widmen wollte, wie das jüngstens in der Sozialen Welt V (1954), 2, geschehen ist. Stattdessen werden nur einige, überdies sehr unvollständige bibliographische Notizen gegeben bei H. Hoffmann, Amerikanische Community Forschung. In: Soziale Welt V (1954). Immerhin wird hier wenigstens gezeigt, daß die Gemeinde ein ungemein komplexes Gebilde darstellt. Unvollständig und ohne alle Gesichtspunkte Ernst Stauffer, Gemeindeforschung in Deutschland. In: Soziale Welt V (1954). Viel zu kurz der Artikel Community. In: Friedrich Bülow und Wilhelm Bernsdorf, (Hrsg.), Wörterbuch der Soziologie. Stuttgart 1955; zu einseitig religionssoziologisch der Artikel Gemeinde, ebenda; sehr verworren der Artikel Sozialökologie, ebenda. Vgl. aber auch R. König, Die Gemeinde im Blickfeld der Soziologie. In: Hans Peters (Hrsg.), Handbuch der kommunalen Wissenschaft und Praxis. Berlin 1956; ders., Einige Bemerkungen zur Soziologie der Gemeinde. In: Ders. (Hrsg.), Soziologie der Gemeinde, a.a.O. Das vorliegende Buch ist im wesentlichen aus diesen beiden Arbeiten und einer Reihe anderer herausgewachsen. Im übrigen vergleiche man das Literaturverzeichnis und zahlreiche andere Werke, die im Verlauf dieser Abhandlung zitiert werden.

weniger willkürlich mit anderen zusammen, wobei dann teils historisch, teils systematisch bedingte Vermengungen unterlaufen. In diesem Zusammenhang muß auch, speziell im Deutschen, an eine auffällige sprachliche Vieldeutigkeit des Wortes Gemeinde (Gemeinschaft, Gemeine, Gemeinderschaft) und an eine Reihe damit auftretender Verwechslungsmöglichkeiten gedacht werden, die – wie schon eine kurze Betrachtung der Literatur zeigen kann – gelegentlich sehr unangenehme sachliche Konsequenzen haben mögen. Dazu kommt noch die grundsätzliche Verwechslung zwischen der Gemeinde als Verwaltungseinheit und der Gemeinde als sozialer Wirklichkeit, wobei etwa in Deutschland der erste Gesichtspunkt bis heute fast aus schließlich behandelt wurde, was den zweiten in einer ganz ungewöhnlichen Unklarheit beließ. Schließlich wird diese Situation durch eine Reihe verwandter (teils weiterer, teils engerer), sachlich damit verbundener, aber nicht unbedingt identischer Begriffe und auch durch eine Reihe von Vorbegriffen verunklart, die zwar bestimmte Elemente mit dem soziologischen Begriff der Gemeinde teilen, aber eben nicht alle.

Die genaue Klärung des Begriffs der Gemeinde scheint uns nicht nur für die Soziologie von großer Bedeutung zu sein, sondern noch für eine ganze Reihe von anderen Sozialwissenschaften (etwa Ökonomie, Wirtschafts- und Rechtsgeschichte, Ethnologie, Volkskunde usw.), zu denen vor allem auch die Kommunalwissenschaften gehören, da deren eigentlicher Gegenstand die Gemeinde ist. Während nun die Kommunalpolitik, die Verwaltungslehre und die Rechtswissenschaft wie auch die verschiedenen Zweige der Wirtschaftswissenschaften gewisse bewußt einseitige (und damit sachlich begrenzte) Gesichtspunkte an die Gemeinde herantragen, wie sie durch das zentrale Erkenntnisinteresse dieser Disziplinen definiert werden, betrachtet die Soziologie diese Momente und eine Reihe anderer nur in der Projektion auf die soziale Wirklichkeit der Gemeinde in ihrer empirischen Tatsächlichkeit als eine der Grundformen gesellschaftlichen Daseins in Vergangenheit und Gegenwart.

Diese Feststellung kann in ihrer Tragweite nur dann ermessen werden, wenn man sich gegenwärtig hält, daß sie eine ganz bestimmte Entscheidung in Bezug auf die Stellung der Gemeinde im Gesamtrahmen sozialer Erscheinungen überhaupt einschließt. Diese läßt sich leicht auf eine kurze Formel bringen. Während sehr häufig die Meinung vertreten wird, daß die Gemeinde als Determinationssystem sozialen Verhaltens im wesentlichen und mit nur geringen Ausnahmen abgelöst worden sei durch gesamtgesellschaftliche Erscheinungen höherer Ordnung (z. B. vom Typus: nationale Großgesellschaften), wird hier behauptet, daß sie trotz allem noch immer eine Wirklichkeit eigener Natur darstellt, die nicht nur in den sogenannten „wirtschaftlich unterentwickelten Gesellschaften" und in den ländlichen Bezirken der fortgeschrittenen Industriegesellschaften lebendig ist, sondern in beinahe universaler Verbreitung aufgewiesen werden kann.

Die kleine Einschränkung, die aus der Verwendung des Wortes „beinahe" zu sprechen scheint, ist leicht zu erklären, wenn man etwa auf die Differenz zwischen der menschlichen Familie und der Gemeinde hinweist. Während es

ganz eindeutig ist, daß die Familie ihrem Ursprung nach nicht nur anthropo-
gen, sondern zoogen ist und darum von wirklich universaler Bedeutung,
könnte man die Meinung vertreten, daß die Wurzeln der Gemeinde vielleicht
nicht ganz so tief reichen. Auch scheint die räumliche Nähe, die wir als einen
wichtigen (wenn auch oft in seiner Tragweite überschätzten) Faktor für die
Verbindung der Menschen in einer Gemeinde kennen lernen werden, den
Menschen weniger entscheidend zu erfassen als Verwandtschaft einerseits und
Kultur andererseits. Häufig wirkt die Nachbarschaft überhaupt nur mit und
durch diese anderen Medien hindurch. Das wurde auf eine geringere Universalität der Gemeinde als lokaler Vereinigung schließen lassen, wenn man
speziell mit der Familie und weiteren Verwandtschaftsformen vom Clan über
die Sippe zum Stamm vergleicht. Andererseits zeigt sich aber, daß viele Versuche unternommen worden sind, die Vereinigung der Menschen in einer
Gemeinde auf einer Linie zu sehen mit den Vereinigungen von Pflanzen und
Tieren zu räumlich greifbaren sozialen Gebilden. Ohne diese Betrachtungsweise zu überschätzen, darf doch gesagt werden, daß dies zweifellos einen
gewissen Schluß auf die universale Reichweite der menschlichen Gemeinde als
Grunderscheinungsform des Sozialen erlaubt.

Die Gemeinde als Grundform der Gesellschaft

Wenn nun von der Familie gesagt werden kann, daß sie aufgrund ihrer bio-
logisch-sozialen Doppelnatur eine außerordentliche Kraft des Überdau erns
im Laufe der gewaltigen Veränderungen bewiesen hat, die unser soziales
Leben insgesamt im Laufe der Geschichte, speziell aber unter dem Einfluß
der modernen Wirtschaftsgesellschaft erfahren hat, so darf man diese Einsicht
mindestens partiell auf die Gemeinde übertragen. Wir beziehen damit ausdrücklich Stellung gegen eine häufig zu beobachtende Meinung, als sei die
Gemeinde angesichts dieser Entwicklungen zum Verschwinden bestimmt.
Dies wird meist mit besonderem Bezug auf die „kleine Gemeinde" gesagt,
die auf eine mehr oder weniger undeutliche Weise als eine der menschlichen
Selbstentfaltung besonders entgegenkommende Lebensform angesprochen
wird. Wir werden sehr bald die höchst fragwürdigen Hintergründe dieser
Auffassung kennen lernen. Vorläufig soll nur bemerkt werden, daß wir es aus-
drücklich zurückweisen, primär einen wesentlichen Unterschied zwischen
großen und kleinen Gemeinden zu setzen. Gewiß kann man deutlich einen
Lebensstil des Dorfes von dem einer Großstadt unterscheiden. Aber nicht das
steht zunächst zur Diskussion, sondern vielmehr *die wesentlich entscheidendere
Frage, ob es in der Soziologie ein eigenes Strukturgebilde „Gemeinde" wirklich gibt.* Das würde voraussetzen, daß wir zunächst über die Struktur der
Gemeinde Auskunft gewinnen müssen; danach erst könnten sich die weiteren
Fragen aufrollen lassen, wie auf diesem Hintergrunde die spezifischen Unter-
schiede von großen und kleinen Gemeinden zum Ausdruck kommen.

Damit ist auch der Gegenstand dieses Buches eindeutig umschrieben. Wir bemühen uns, die Struktur der Gemeinde als Grunderscheinungsform des sozialen Lebens herauszuarbeiten und gleichzeitig die Lokalisierung dieses Totalphänomens im Rahmen der gesamtgesellschaftlichen Entwicklung in Vergangenheit und Gegenwart vorzunehmen. Dies wird unter anderem die beinahe universale Reichweite der Gemeinde erweisen, wenn auch ständig darauf hingewiesen werden muß, daß jenseits der Gemeinde schon seit langem gesamtgesellschaftliche Gebilde höherer Ordnung entstanden sind. Wir werden sogar sehen, daß dies einen wesentlichen Zug der fortgeschrittenen Industriegesellschaften des Westens darstellt, während sich dieses Verhältnis weder in den sogenannten wirtschaftlich unterentwickelten Gesellschaften noch in den eigentlich „primitiven" Gesellschaften mit gleicher Eindeutigkeit nachweisen läßt. Trotzdem ist nicht von der Hand zu weisen, daß sich für die meisten Menschen noch immer das Leben weitgehend in der Gemeinde beschließt. Vor allem aber kann gesagt werden, daß dem Menschen in seiner Entwicklung von der Kindheit über die Jugend zum Erwachsenenalter alle sozialen Zusammenhänge, die über den engsten Kreis der Familie hinausgehen, zuerst in der Gemeinde begegnen. Wenn auch die Gemeinde (selbst eine kleine) nicht unbedingt völlig überschaubar ist, wie ältere romantische Lehren meinten, so gewinnt doch in ihr soziales Leben den höchsten Grad an Anschaulichkeit, genau wie etwa in der Familie das soziale Leben einen einzigartigen Grad an Wärme erreicht, den schlechterdings kein anderes soziales Gebilde im späteren Leben des Menschen aufweist. Man könnte sogar sagen, daß die Gemeinde jener Ort ist, an dem die Gesellschaft im ganzen als höchst komplexes Phänomen unmittelbar anschaulich wird, während ausnahmslos alle weiteren Erscheinungsformen der Gesellschaft sehr schnell abstrakt werden und niemals mehr so unmittelbar erlebt werden können wie die Gemeinde. Ein paar Beispiele mögen dies illustrieren. Auf den lokalen Markt kann ich mit meinen Füßen gehe. Dort wird die wesentliche Funktion der Wirtschaft, nämlich der Bedarfsdeckung zu dienen, was durch Angebot, Nachfrage und Preisbildung vermittelt wird, höchst anschaulich erlebt. Dagegen ist der weitere „Markt" eine völlig abstrakte Angelegenheit, die „überall und nirgendwo" ist: Man kann sie jedenfalls nicht sehen. Morgens, mittags und abends, zu den Stoßzeiten des Verkehrs, werden die Träger des lokalen Wirtschaftssystems auf der Straße sichtbar, wie sie zur Arbeit eilen oder ihren Heimen wieder zustreben. Auf den großen „Markt" projiziert verschwindet dieses rhythmische Ein- und Ausatmen der Wirtschaft vollkommen und wird durch die abstrakte Vorstellung einer kontinuierlichen Produktion ersetzt. Dies alles gewinnt auf Gemeindeebene ein völlig eigenes Gesicht.

Wenn wir also bedenken, daß trotz aller inneren und äußeren Beweglichkeit der fortgeschrittenen Industriegesellschaften die Majorität der Menschen noch immer den größten Teil ihres Lebens (wenn nicht gar das ganze) in einer einzigen (großen oder kleinen) Gemeinde erlebt, dann verstehen wir ohne weitere Erklärung, daß die Gemeinde *nicht nur ihrer inneren Aus-dehnung nach einer Totalität des Lebens bedeutet, sondern daß sie für die vielen mit der Totalität des Lebens schlechterdings identisch wird.* In diesem Sinne wird auch die Gemeinde zur „Heimat" im strengen Sinne, indem sich in ihr nicht nur die Grund- und Durchschnittsformen aller sozialen Aktivi-täten und Werte beschließen, sondern darüber hinaus noch ein Stück Natur mit in sie eingeht, so wie jede Gemeinde immer auch ein Stück sozial und kulturell gestalteter Landschaft ist. Dies wird sich selbst für unser Zeitalter nicht ändern, so groß auch sonst die sozialen, wirtschaftlichen, politischen und kulturellen Umwälzungen sein mögen, denen wir unterworfen waren und noch immer unterworfen sind.

Der Vorrang der Strukturfrage

Die notwendige Konsequenz einer solchen Auffassung ist aber eine aus-geführte Strukturanalyse der Gemeinde, bevor noch die Vielfalt ihrer Er scheinungsformen ins Auge gefaßt wird. Dies setzt natürlich auch eine Definition der Gemeinde voraus. Damit ist aber zugleich gesagt, was der Leser in der vorliegenden Abhandlung *nicht* erwarten darf. Wir haben bereits hervorgehoben, daß die Frage nach Größe oder Kleinheit einer Gemeinde angesichts der Strukturproblematik zweifellos von nur sekundärer Bedeutung ist. Es ist völlig unmöglich, irgendeine Entscheidung über die Tragweite dieses Faktors zu fällen, bevor nicht der strukturelle Rahmen ausgezeichnet ist, in dem sich das Phänomen der Gemeinde ansiedelt. Wenn also dieser Faktor überhaupt berührt wird, so nur, um ungerechtfertigte und zu weit-reichende Folgerungen zurückzudämmen. Dazu gehört etwa einerseits die Behauptung, daß die kleine oder Landgemeinde in ihren sozialen Verhält-nissen besonders einfach und dementsprechend leicht überschaubar sei, andererseits die ebenso fragwürdige Behauptung, daß größere Gemeinden, wie Städte und insbesondere Großstädte, sozial völlig desorganisiert seien, weil eben eine tragfähige soziale Ordnung einzig in „kleinen Gruppen" bestehen könne. Im ersten Fall wird die innere Differenzierung der kleinen Gemeinde unterschätzt, im zweiten die Möglichkeit für die Entwicklung kleiner Gruppen in Stadt und Großstadt. Alle diese Probleme können aber einzig nach Aufrollung des strukturellen Aufbaus der Gemeinde entschieden werden. Dies hat dementsprechend sowohl der Behandlung der kleinen Gemeinde, die meist in der Agrarsoziologie erfolgt, als auch der Behandlung der großen Gemeinde, mit der sich Stadt- und Großstadtsoziologie befassen, *durchaus vorauszugehen.* Dies geht auch voraus der regelmäßig damit ver-bundenen Soziologie der Stadt Land-Verhältnisse. Denn es erscheint zunehmend unmöglich, einen systematisch einwandfreien Einstieg in diese zentral wichtigen Teildisziplinen der Soziologie zu finden, wenn nicht vorab entschieden ist, wie die Struktur der Gemeinde überhaupt beschaffen ist. Wenn sich z. B. zeigt, daß auch die kleine Gemeinde nicht jene vollkommene

Form der Integration aufweist, die man so oft unkritisch von ihr annimmt, dann muß sich selbstverständlich unsere Einstellung gegenüber dem städtischen Phänomen entsprechend wandeln. Umgekehrt mag sich erweisen, daß die großen Gemeinden im Rahmen des Möglichen einen höchst erstaunlichen Grad an Integration erreichen können, der den kleinen Gemeinden darum unter Umständen so schwer gemacht wird, weil hier die Gegensätze ohne alle Pufferung direkt aufeinanderprallen und im engsten Raume ohne Ausweichmöglichkeiten eine verhängnisvolle Zerreißung des gesamten Lebens bewirken mögen. Die Klärung all dieser und zahlreicher damit zusammenhängender Fragen kann aber erst dann mit Aussicht auf Erfolg unternommen werden, wenn sowohl eine unbefangene Definition als auch eine eingehende Strukturanalyse der Gemeinde durchgeführt worden ist. Dies ist dementsprechend der zentrale Gegenstand dieser Abhandlung.

I. NATUR UND GEMEINDE

Die Gemeinde als Biotische Gemeinschaft

Wenn wir aus interplanetarischen Räumen auf unsere Erde hernieder blicken könnten, würden wir überall auf ihrer Oberfläche pflanzliches, tierisches und menschliches Leben zu zahlreichen „Gemeinschaften" verbunden finden, die – aus der Entfernung besehen alle miteinander einen „wachstümlichen" Charakter aufweisen. Ansammlungen von Artgenossen mit mehr oder weniger ausgeprägter Struktur sowie Symbiosen, Kommensal- und parasitäre Verhältnisse verschiedener Arten finden sich bereits auf den niedersten Stufen des Lebens, etwa im Reiche der Bakterien. Pflanzen zeigen höchst vielfältige Formen von geselligen Assoziationen, die von einfachsten „Beständen" bis zu den ungemein komplexen Erscheinungen des Waldes reichen; zwischen seinen Extremen von Humusschicht mit Bodenbakterien, Würmern, Insekten, Moosen und Wurzeln einerseits und seiner Kronenschicht andererseits ordnet sich zudem eine ganze Reihe von Untersystemen ein. Tiere leben in lockeren Schwärmen, Schlafgesellschaften, Brutgemeinschaften, Kolonien, Stöcken und Rudeln oder auch in festeren Verbänden wie Ehe, Familie, Großfamilie, Harem und Staat genau wie die Menschen in ihren Gemeinden. Schließlich umfaßt ein geschlossener „natürlicher" Zusammenhang die Bodenbakterien, Pflanzen, Tiere und Menschen, so daß man oft geneigt gewesen ist, Elementarformen menschlicher Gesellung wie etwa die Gemeinde als eine einfache Verlängerung des Zusammenlebens der Lebewesen aus dem Rahmen natürlicher Gegebenheiten und Prozesse bis in das Reich der menschlichen Sozietät anzusehen. Gelegentlich hat man diesen Zusammenhang noch viel weiter gespannt und sogar das Reich des Anorganischen mit eingeschlossen, indem etwa eine Kristalldruse als Vergesellungsform der Materie angesehen werden könnte.

Wenn wir bedenken, daß die Gemeinden der Menschen fast die gesamte bewohnbare Erdoberfläche bedecken und in manchen Fällen sogar die unbewohnbare, daß auch der vorgeschichtliche Mensch – soweit wir sehen können, sicher aber seit dem Neolithikum – weitestgehend in solchen Gemeinden gelebt hat, wird uns der Versuch, die menschliche Gemeinde zunächst in den allgemeinen Naturhaushalt einzuordnen, nicht weiter wundernehmen. Auch die menschliche Familie, dient ja zunächst der Arterhaltung in einem rein naturalen Sinne. Es gibt also zweifellos eine umfassende *biotische Gemeinschaft,* die uns veranlassen muß, Grund- und Elementarerscheinungen menschlicher Vergesellschaftung wie Lebewesen zu betrachten[2]. Genau wie wir von der menschlichen Fortpflanzung durch Vereinigung der Geschlechter sprechen, dürfen wir auf dieser Ebene auch von einem „gesellschaftlichen Körper" sprechen oder vom „sozialen Organismus" der Gemeinde und von ihrem „Wachsen" und „Vergehen" (Seneszenz). Wir müssen uns dabei nur Rechenschaft darüber geben, daß wir mit solchen und ähnlichen Worten zunächst einzig das erfassen, was an der betrachteten Erscheinung *allgemein biotisch relevant* ist.

Diese Erkenntnis ist an und für sich von größtem Interesse für die Wissenschaften vom Menschen, für die es bereits einen wesentlichen Schritt vorwärts bedeutet, daß soziale Ordnungen nicht etwa kraft Gottesgesetz, sondern als Natur bestehen und daß menschliche Sozialordnungen einen breiten Unterbau im Reiche des vegetativen und animalischen Lebens haben. Aber diese Erkenntnis kommt auch sehr bald an ihre Grenze, da sie eben an den menschlichen Gemeinschaften nur das erfaßt, was sie mit allen anderen Lebensgemeinschaften teilen, also nichts spezifisch Menschlich-Sozietäres, wozu vor allem Geschichte und Kultur gehören. Darum ist es auch gefährlich, den Ausdruck „Gemeinschaft" gleichmäßig für pflanzliche, tierische oder menschliche Assoziationen zu verwenden, wenn auch noch so viele gemeinsame Züge vorhanden sein sollten. Es geht auch nicht an, einzelne Merkmale biotischer Gemeinschaften in die Vorstellungen des menschlichen Soziallebens hineinzuschmuggeln, wie etwa das Moment des Wachstümlichen, das so gern bei der Beschreibung insbesondere kleiner Gemeinden mißbräuchlich verwendet wird. Auch bei der Familie können wir die „zweite Geburt" des Menschen als sozial-kulturelle Persönlichkeit ganz eindeutig von seiner physischen Geburt unterscheiden, selbst wenn zweifellos das eine ohne das andere nicht möglich wäre[3].

Am Anfang der dreißiger Jahre wurden diese Fragen einmal auf einer französischen Tagung behandelt, auf der das Verhältnis von Tier- und Menschensoziologie erörtert wurde, und man hob sehr richtig hervor, daß

[2]Vgl. dazu die durchweg kritischen Werke von Amos H. Hawley, Human Ecology. A Theory of Community. New York 1950; James A. Quinn, Human Ecology. New York 1950; Marston Bates. In: Alfred L. Kroeber (Hrsg.), Anthropology Today. Chicago 1953 u. a.m.
[3]Vgl. zum Ausdruck „zweite Geburt" R. König, Materialien zur Soziologie der Familie. Bern 1946 (erweiterte Neuauflage: Köln 1974).

in beiden Fällen der Ausdruck „Gemeinschaft" in einem verschiedenen Sinne verwendet würde, in einem weiteren und einem engeren. Die gleiche Einsicht ergab sich bei der Diskussion des Verhältnisses von Pflanzen- und Menschensoziologie. So wurde vorgeschlagen, für den weiteren Sinn des Begriffes Gemeinschaft das griechische Wort *„koinonia"* (κοινωνια) zu verwenden; für den engeren Sinn blieb man dagegen bei den Ableitungsformen der lateinischen Sozietät oder beim deutschen Wort Gesellschaft. Entsprechend entwickelte man für die umfassendste Disziplin, die sich mit den Lebensgemeinschaften im allgemeinen befaßte, den Namen „Bio-coenologie" (abgeleitet von griech. κοινός), für die Sache selbst, die dabei untersucht wird, den analogen Terminus „Biocoenosen" (der neuerdings wachsend durch den Begriff „Biom" verdrängt wird). In diesem Sinne stellen also die Vereinigungen von Pflanzen und niederen Tieren Bio-coenosen (oder Phytocoenosen) dar, *die menschlichen Gemeinden sind dagegen als Sozietäten anzusprechen,* genau wie die menschliche Familie ihre eigenste Funktion erst jenseits der Fortpflanzung findet.

Die lokale Bindung sozialen Lebens

Insofern aber nun der Mensch trotz allem auch ein Lebewesen ist, kann er selbstverständlich der gleichen Betrachtungsweise wie die anderen Lebewesen unterworfen werden, wie es etwa regelmäßig die Klimatologie und teilweise die physische Geographie tun, von der Biologie erst gar nicht zu reden. Von besonderer Wichtigkeit werden dabei jene Wissenschaften, die das Thema Mensch und räumliche Umwelt behandeln, aus denen sich heute die sogenannte *Ökologie* entwickelt hat. Sie gliedert sich im wesentlichen auf in Pflanzen-, Tier- und Sozial- (Menschen-) Ökologie. Diese Ökologie untersucht das räumliche Verhältnis der Lebewesen sowohl zur unbelebten Natur als auch zu ihren Artgenossen, womit allein die außerordentliche Bedeutung der ökologischen Betrachtungsweise sowohl für die allgemeine Biologie und speziell Zoologie als auch für die Soziologie angedeutet ist. Ökologie und Sozialforschung stehen in der Tat in engstem Zusammenhang miteinander. Dies gilt in höchstem Maße gegenüber der menschlichen Gemeinde, die im wesentlichen *eine räumlich vereint lebende und räumlich begrenzte Assoziation von Menschen* darstellt, wie wir vorläufig sagen wollen, so daß man also auch hier von einem *Prinzip der lokalen Gebundenheit* sprechen könnte, dessen Gültigkeit der Tier- und Menschensoziologie gemeinsam wäre. In zahlreichen Untersuchungen ist gezeigt worden, daß die „territoriale" Organisation der Tiere und ihre lokale Gebundenheit ein höchst verbreitetes Vergesellungsprinzip ist[4]. Wir ziehen es übrigens vor, von lokaler Bindung oder von *Revieren* zu sprechen, statt von „Territorien"; denn letzterer Begriff

---

[4]Dazu jüngstens Hans Peters, Gesellungsform der Tiere. In: Werner Ziegenfuß (Hrsg.), Handbuch der Soziologie. Stuttgart 1955, S. 618 f. Eine gute Zusammenfassung bei Hans Hediger, Wildtiere in Gefangenschaft. Basel 1942, mit reicher Bibliographie.

ist dadurch bestimmt, daß er viele Lokalitäten umfaßt, weshalb er auch konsequent in der Staatslehre als ein wesentliches Prinzip des Staatslebens angesehen wird. Damit ist aber deutlich gesagt, daß wir uns mit dem Begriff „Territorium" in einer Dimension befinden, die der Gemeinde *übergeordnet* ist. Wenn wir die räumliche Ausdehnung der Gemeinde meinen, werden wir dagegen von *Gemeindegebiet* sprechen (was etwa den Revieren bei den Tieren entspricht).

Im Augenblick bedarf jedoch noch ein anderes Problem der Klärung. Wenn wir die Bio-coenologie im weitesten Sinn betrachten, zu der die Öko-logie als wesentlicher Bestandteil gehört, so war das frühere Interesse zumeist konzentriert auf die *einseitige* Wirkung des Standorts auf die Ausgestaltung der einzelnen Pflanzen und Pflanzengesellschaften, Einzeltiere und Tier-gesellschaften, schließlich auch Menschen und Menschengesellschaften. Diese extrem deterministische Auffassung ist nun heute durchgehend aufgegeben worden, nach dem man erkannt hat, daß gewiß die Ausgestaltung der Pflanzengesellschaften vom Standort abhängig ist, diese aber umgekehrt mit der Zeit auch den Standort umgestalten, *wobei sich der Faktor der Assoziation als von entscheidender Bedeutung erweist.* Dies gilt im gleichen Sinne für die Tiere und den Menschen, so daß man heute zu folgender *Definition der Öko-logie* gekommen ist: „Die Wissenschaft von den Existenzbedingungen und den *Interaktionen* von Lebewesen und Umwelt[5]." Die Beziehungen zwischen Lebewesen und Umwelt sind also auch in allgemein bio-coenorischer Auf-fassung als gegenseitige aufzufassen. Dieser Zug wird zudem immer aus-geprägter, je höher wir in der Ordnung der Lebewesen aufsteigen, obwohl die Leistungsfähigkeit niederster Organismen schon außerordentlich sein kann, wie etwa bei den Schwefelbakterien.

Die Gemeinde als Kultur

Während früher die Neigung vorherrschte, bei Pflanzen und Tieren ein mehr passives Erleiden der Umweltbedingungen anzusetzen, haben also die neueren Entwicklungen sowohl der Pflanzen- als auch der Tiersozio-logie diese Auffassung wesentlich verschoben. Diese Verschiebung ist auch für die Frage der Gemeindesoziologie von Bedeutung, weshalb wir sie hier wenigstens kurz berühren wollen. Schon die Pflanzen sind fähig, ihre Umwelt, also das *„Habitat",* zu verändern und im Raum Bio-coenosen zu entwickeln, die eine neue Umwelt schaffen; das wurde bereits gestreift. Auch in der Tierwelt entwickeln sich Bio-coenosen höherer Form; ohne sie wäre in den meisten Fällen die Erhaltung der Art nicht gesichert. Diese Gesellungen zeigen insofern echt „sozialen Charakter", als sie auf seelischen Beziehungen der Gegenseitigkeit beruhen. Schließlich wird in sie auch der Raum miteinbezogen, genau wie bei den menschlichen Gemeinden. Man

---

[5]Maximilian Sorre, Rencontres de la géographie et de la sociologie. Paris 1957, S. 116.

kann also sagen, daß – wie die Dinge heute liegen – die Parallelen zwischen Tier- und Menschenleben viel weiter reichen, als man früher gelegentlich annahm, obwohl der französische Tierpsychologe Alfred Espinas schon früh selbst Polypenkolonien als beseelte Gebilde angesehen hatte[6]. Mit Hilfe entwickelterer Beobachtungsmethoden[7] sind heute erstaunliche Einsichten in den oft recht komplizierten Charakter tierischer Sozialerscheinungen gewonnen worden, die manchmal menschlichen Gemeinden kaum nachstehen. Und dennoch bleibt etwa eine „Stadt" von Präriehunden, die – wie heute noch in Arizona – unter Umständen zehn Meilen Durchmesser haben und dabei die Umwelt ganz außerordentlich umgestalten kann, noch immer grundsätzlich unterschieden von den entsprechen den Gebilden beim Menschen.

Adolf Portmann, der bedeutende Baseler Zoologe, drückt dies unter dem Einfluß von Max Acheler folgendermaßen aus: „Während die Sozialformen der Tiere nur durch erbliche Mutationen der Individuen umgebaut werden, so wird die menschliche Sozialform durch Entschlüsse, historische Wendungen, durch ‚Geschicke' und ‚Geschichte' dauernd verwandelt... Was in all diesem historischen Verhalten an Erbanlagen mitwirkt ist, stets weitoffene, formal unausgeprägte, affektive oder intellektuelle Eigenart; es sind Anlagen, welche den Umfang der Leistungen, die Richtung des Strebens, auch Willensmacht und Gefühlsstärke in gewissem Maße bestimmen, nie aber den Inhalt, die erwähnten Formen, die konkreten Gestaltungen des historischen Prozesses[8]." Mit anderen Worten: In seinen Sozialformen tritt der Mensch als *Kulturschöpfer* in Erscheinung, während die Umweltgestaltung der Tiere grundsätzlich artmäßig determiniert und dem gemäß auch in einem gewissen Rahmen voraussagbar bleibt. Gerade bei der räumlichen Ausgestaltung des Soziallebens ist demzufolge alles Menschliche von „Kontingenz" gezeichnet, wie schon vor einem halben Jahrhundert der große französische Geograph Paul Vidal de la Blache hervorhob, dessen Bedeutung für die Entwicklung der Sozialökologie gar nicht überschätzt werden kann. Dem Menschen bleibt kein anderer Ausweg, da er – im Gegensatz zu den höheren Tierarten, die bei der Geburt schon frei bewegungsfähig sind mit weit entwickelten Gliedmaßen in der artgemäßen Haltung der Erwachsenen – die artgemäße Haltung während des extra-uterinen Erstjahres erst lernen muß, wobei sozial vermittelte Kultur den Lern- und Reifeprozeß zu immer neuen Formen aufschließt[9].

Allerdings müssen wir schon hier betonen, daß wir Portmann nicht in allen seinen Ausführungen zu folgen vermögen, vor allem da nicht, wo sie

[6]Alfred Espinas, Des sociétés animales. Paris 1877.

[7]Adolf Portmann, Das Tier als soziales Wesen. Zürich 1953, Kap. II.

[8]Ebenda, S. 101 f.

[9]Ebenda, S. 103 f.

mit seinem eigenen Ansatz im Widerspruch stehen. Was die menschliche Familie betrifft, so ist er vollkommen konsequent, indem er etwa hervorhebt, daß die Bindung von Mutter und Kind zwar in höchstem Grade „natürlich" ist, wohl aber einzig durch soziale Regelung, Konvention und Kultur gesellschaftlich „eingeordnet", also sinnvoll wird und nicht durch natürliche Umstände. Sowie er jedoch von anderen Gruppen spricht, hebt er ganz einseitig bestimmte Eigenheiten hervor, die wir mit den höheren Säugern teilen sollen, ohne dem Dimensionswandel zwischen Tier- und Menschenwelt die gebührende Aufmerksamkeit zu zollen. So heißt es: „Alle unsere natürlichen Anlagen sind dem Leben in einer kleinen Gruppe gemäß; sie entsprechen einer Lebensart, in der überschaubare Verhältnisse, klare Beziehungen zu allen Mitgliedern einer Gruppe bestehen können. In dieser sozialen Umwelt arbeiten unsere Beziehungsstrukturen am richtigsten, vermögen wir unsere Eigenart im Vergleich einigermaßen einzuschätzen, zur Geltung zu bringen und in ein tragbares Gleichgewicht mit den genau bekannten Vorzügen und Nachteilen der anderen zu bringen[10]." Wenn so in der Tat „dem Menschen die Gestaltung seiner Sozialform, seiner Lebenssphäre, seiner Person als stete Aufgabe gestellt ist"[11], dann gilt dies natürlich sowohl für große als auch für kleine Gruppen. Die oben angeführte Wendung ist also als ein völlig willkürliches Werturteil aufzufassen, das zudem aus allen Gedankengängen des Verfassers her ausfällt. Ob groß oder klein, die Künstlichkeit der Kultur bleibt in beiden Fällen gleich, wie auch beim Fall der Familie richtig betont wurde. Da aber dieses Mißverständnis auch andernorts wiederkehrt und zudem eine z. T. verhängnisvolle Rolle in der Gemeindesoziologie gespielt hat, mußte es bereits hier gestreift werden. In der menschlichen Sozialkultur kann die artgemäße Natur immer nur ein Grenzwert sein, und zwar gilt dies in allen Verhältnissen. Eine kleine Gemeinde ist in dieser Hinsicht also keineswegs natürlicher als eine Weltmetropole, wenn auch die vorwiegenden Sozialformen, vor allem die befolgten Kulturmuster, in beiden Fällen verschieden sein mögen. In welchem Ausmaß es zutrifft, daß auch die kleinste und primitivste Gemeinde ein Stück Kultur darstellt, in dem niemals von einem unmittelbar integrierten Zusammensein der Menschen die Rede sein kann wie in den Bio-coenosen, beleuchtet ein Satz des englischen Ethnologen Daryll Forde: „So ist es, glaube ich, klar, daß wirtschaftliche und soziale Aktivitäten einer jeden Gemeinde die Ergebnisse langer und verwickelter Prozesse kultureller Akkumulation und Integration darstellen, die weit in die Zeit zurückweisen bis zum ersten Auftauchen des Menschen[12]." Ist dies schon richtig für die kleinen und kleinsten Gemeinden sogenannter

[10]Ebenda, S. 98 f.

[11]Adolf Portmann, Zoologie und das neue Bild des Menschen. Reinbek 1956 (rde Bd. 20), S. 135.

[12]Daryll Forde, Habitat, Economy and Society. A Geographical Introduction to Ethnology. London 1952 (zuerst 1934), S. 465.

„primitiver", d. h. schriftloser Kulturen mit geringer technischer Ausrüstung, so gilt das natürlich in weit erhöhten Maßen für die Gemeinden der entwickelten Agrar- und Industriegesellschaften der westlichen Kulturen. Damit werden übrigens zwei weitere Faktoren sichtbar, welche die menschliche Gemeinde von allen anderen Vereinigungen von Lebewesen unterscheiden, nämlich Technik und Wirtschaft, mit deren Hilfe der Mensch seine Umwelt immer weiter greifend umzugestalten vermag.

II. Einige sprachliche Unklarheiten

Im vorhergehenden mußten wir bereits einmal auf eine sehr lästige sprachliche Unklarheit aufmerksam machen, als wir die gleichmäßige Verwendung des Ausdrucks „Gemeinschaft" für pflanzliche, tierische und menschliche Gruppen zurückwiesen. Am Schluß des Kapitels zeigte sich übrigens schon eine Konsequenz dieser Verwechslung, als plötzlich die Art der Verbindung der Menschen in einer kleinen Gemeinde auf einer Ebene gesehen wurde mit Vereinigungen der höheren Säuger und gleichzeitig als die „richtigere" angesprochen wurde. Trotz aller Komplexheit ihrer Organisation kann es sich bei den Vereinigungen der Tiere immer nur um Bio-coenosen handeln; wenn man den Menschen auf die gleiche Ebene stellen wollte, so könnte man ihn einzig als Räuber und Beute zugleich wie die meisten anderen Tiere ansehen[13]. Mit der Entwicklung von Technik und Wirtschaft erhebt sich der Mensch jedoch zum kulturellen Herrn der Umwelt. Die Gefahr der rein sprachlich bedingten Vermengung nicht zusammengehöriger Dinge ist aber damit noch lange nicht gebannt.

Gemeinde und Gemeinschaft

Auch ohne in biologische Analogien vom sozialen Organismus der Gemeinde zurückzufallen, gibt es in spezifisch soziologischer Verwendungsweise eine Reihe anderer Unklarheiten, die mit den Begriffen Gemeinde und Gemeinschaft verbunden sind. Diese Schwierigkeiten werden übrigens noch dadurch kompliziert, daß das Wort Gemeinschaft eine ganze Reihe von Bedeutungen hat. Und zwar müssen wir zunächst zwischen einer ganz unverbindlichen Verwendung des Wortes Gemeinschaft für alle Arten menschlicher und nicht menschlicher Assoziationen und zwischen einer spezifischeren Verwendungsart als soziologischem Begriff unterscheiden. In der unverbindlichen Ansicht ist das Wort Gemeinschaft ein richtiges Allerweltswort geworden, das man vollkommen aus dem Sprachgebrauch verbannen sollte, wo es eigentlich nur Verwirrung geschaffen hat. Wir möchten vorschlagen, es durch das Wort „societäre Verhältnisse" zu ersetzen. In seiner mehr spezifischen Verwendungsart müssen wir sodann eine moderne Verwendungsweise von einer

---

[13]A. H. Hawley, Human Ecology, a.a.O., S. 65.

älteren unterscheiden. Die ältere zerfällt selber wieder in eine konkrete und eine abstrakte Bedeutung[14]. Wir betrachten zunächst die beiden älteren, danach die neuere Verwendung des Wortes Gemeinschaft, natürlich unter Beschränkung auf sein Verhältnis zum Begriff der Gemeinde.

Im konkreten Sinne bedeutet das Wort Gemeinschaft ursprünglich die „Gesamtheit derer, die etwas zu gesamter Hand gemeinsam haben". Damit ist es seiner Herkunft nach auch im älteren Sprachgebrauch tatsächlich identisch mit Gemeinde oder wenigstens mit den Bürgern und Genossen vollen Rechts, von denen die anderen tatsächlichen Mitglieder der Gemeinde unterschieden werden müssen, die keine vollen Rechte haben *(Ortsbürgergemeinde* im Gegensatz zur *Einwohnergemeinde)*. Dazu heißt es in Wilhelm Karl und Jakob Ludwig Karl Grimms Wörterbuch: „Seine eigentliche Entwicklung hatte [das Wort Gemeinschaft] im Gemeindeleben, es erscheint zugleich geradezu als Nebenform zu Gemeinde (wie auch Gemeinheit)." Daher rührt auch die Form „Gemeindschaft". In diesem Sinne wird das Wort Gemeinschaft zur Bezeichnung der Allmende (= Allgemeinheit, Gemeinheit, Gemeine) benutzt, die sich nur auf das ungeteilte Land der berechtigten Bürger bezieht; in gleicher Weise heißt es aber auch das Gemeinde*gebiet*[15]. Wir heben hervor, *daß ursprünglich also sowohl Gemeinschaft als auch Gemeinde eine unmittelbare Beziehung zum Gemeindegrund beinhalten und sich erst im „übertragenen" Sinne*[16] *auf alle anderen Formen „gemeinsamen Lebens und Wesens" festlegen;* die letztere Verwendung ist jünger. So sagt auch das Grimmsche Wörterbuch unter dem Artikel Gemeinde, daß von seinen Bedeutungen „uns jetzt die von Gemeindegrund am fernsten [liegt], dem Ursprung des ganzen Wortes aber am nächsten, wenn sie ihn nicht selber darstellt"[17]. Eine Zwischenform zur abstrakten Verwendung stellt der Begriff der durch das Schweizerische Zivilgesetzbuch von 1907 erneuerten „Gemeinderschaft" dar, ebenfalls eine Form der (familienweisen) Gesamthand im Sinne der ungeteilten Erbengemeinschaft (meist Geschwister). Das Wort „Gemeinder" bezieht sich dann sowohl auf Gemeinderschaft als auch auf Gemeinde, hat aber bereits einen unabhängigeren Sinn als „Teilhaber"[18].

[14]Theodor Geiger, Gemeinschaft. In: Alfred Vierkandt (Hrsg.), Handwörterbuch der Soziologie. Stuttgart 1931, S. 173.

[15]Jakob Grimm und Wilhelm Grimm, Deutsches Wörterbuch, IV. Bd., A. Abt., 2. Hälfte. Leipzig 1891, S. 3264 f.

[16]Ebenda, S. 3266.

[17]Ebenda, S. 3223.

[18]Zu diesem Begriff Max Huber, Die Gemeinderschaften der Schweiz. Breslau 1897; Eugen Huber, Geschichte des Schweizerischen Privatrechts, Bd. IV. Basel 1893; Georg Cohn, Gemeinderschaft und Hausgenossenschaft. Stuttgart 1898; Arnold Altheer, Das Gemeinderschaftsrecht des Schweizerischen Zivilgesetzbuches. Chur 1916 (Berner Diss.); Stéfane Poffet, La communauté des frères et soeurs de l'ancien droit fribourgois. Paris 1935; August Egger, Das Familienrecht, Kommentar zum Schweizerischen Zivilgesetzbuch, 2 Bde., 2. Aufl. Zürich 1936.

Im abstrakten Sinne entwickelt sich dann von hier aus Gemeinschaft als Rechtsbegriff, der ganz allgemein auf das Verhältnis zwischen Menschen abzielt, die etwas zur gesamten Hand haben (Gütergemeinschaft, Erbengemeinschaft, Hausgemeinschaft u.ä.).

Das Wort Gemeinschaft hat also im Deutschen ursprünglich eine sehr sachliche Bedeutung, die in jedem Falle genaue Hinweise auf dinglich-objektive, soziale und rechtliche Ordnungen enthält. Wir heben besonders hervor, daß damit vor allem *eine soziale Einheit auf einem bestimmten Boden, also eine eigentliche Lokalgruppe gemeint ist,* was diesen Begriff von vornherein als den Schlüsselbegriff der Sozialökologie erscheinen läßt. Umgekehrt ist aber damit auch der tiefgehende Unterschied zur modernen Form des Wortes „Gemeinschaft" angedeutet. Hier liegt der Ton ganz eindeutig auf rein persönlich-geistig-seelischer Verbundenheit im Sinne einer „engsten Form der sozialen Verbundenheit überhaupt"[19]. Im Deutschen hat zudem diese Art der Verbundenheit oft den Charakter einer emphatisch-exklusiven und besonders innigen Beziehung (Liebesgemeinschaft), die im extremsten Falle aller äußerlichen (institutionellen) Regelungen entraten kann. Gleichzeitig wird der Gemeinschaft in diesem Sinne ein besonders hoher, ja höchster Grad an Integration unterstellt; dieses Problem wird uns in der Gemeindesoziologie sehr eingehend zu beschäftigen haben, und zwar sowohl bei der systematischen Analyse des Begriffs Gemeinde als auch bei der Bewertung der Ergebnisse bestimmter Gemeindeuntersuchungen. Wenn es nun durchaus statthaft ist, weil der Tradition entsprechend, den Begriff Gemeinschaft im älteren Sinne synonym mit Gemeinde zu gebrauchen, so ist ein gleiches Verfahren mit dem modernen Wort Gemeinschaft durchaus abzulehnen. Da aber heute dieser Sinn, bewußt oder unbewußt, aufgrund der allgemeinen Verpersönlichungstendenz gruppenhafter Zusammenhänge der einzig lebendige ist, sollte der Begriff Gemeinschaft grundsätzlich nicht ohne ausdrückliche Spezifizierung auf die Gemeinde angewendet werden. Sie *kann* in diesem Sinne eine Gemeinschaft sein, sie *muß* es aber *keineswegs.* Das gilt auch für kleine Gemeinden. Wie die Forschung gezeigt hat, ist die Kleinheit einer Gemeinde keineswegs ein Grund dafür, daß sie auch im modernen Sinne gemeinschaftsartig integriert sei. Nur allzu oft wird die äußere Tatsache einer relativen Geschlossenheit der räumlichen Existenz einer kleinen Gemeinde ohne weiteres als ein Indiz für ihre innere Gemeinschaft genommen. Beides muß aber keineswegs zusammenfallen, wie die Erfahrung

---

[19]Vgl. dazu A. Vierkandt, Gesellschaftslehre, 2. Aufl. Stuttgart 1928, S. 108 ff. Es ist nur konsequent, wenn etwa Th. Geiger in Gemeinschaft, a.a.O., S. 170, bemerkt, im hier gebrauchten (modernen) Sinne könne es Gemeinschaft nur zwischen Personen und nicht zwischen Personen und Sachen geben, was doch umgekehrt der Hauptsinn des Wortes Gemeinschaft im alten Wortgebrauch gewesen war. Unangesehen des Problems, das sich dahinter verbirgt, bemerken wir nur, daß die Frage äußerst erleuchtend ist für die verschiedene Bedeutung des Wortes früher und heute.

zeigt. Man muß sich hüten vor sentimentalen Verklärungen der kleinen Gemeinde, wie auch im alten Wortgebrauch der Begriff Gemeinde „auf Gemeinschaften aller Art, größte und kleinste" anwendbar ist[20].

Das Wort Gemeinschaft sollte also nur in solchen Fällen auf die Gemeinde angewandt werden, wo bestimmte Formen des Gemeineigentums über-leben (wie es häufig bei den sogenannten „Primitiven" der Fall ist, also bei schriftlosen Kulturen). Dort aber erhält die Sache meist einen sehr zwei-deutigen Aspekt, wie man leicht erfahren kann, wenn man etwa einen Blick auf die Besitzordnung der Allmende wirft. Gewiß war die Allmende Gemeinschaft in dem Sinne, daß eine Gruppe von Alteingesessenen in einer Gemeinde Weiden, Wälder und Gewässer zu gesamter Hand besaß. Aber sie war gerade darum keineswegs notwendigerweise Gemeinschaft im neueren Sinne, daß alle Mitglieder der Gemeinde Genossen gewesen wären, die ein-trächtig zusammenwirkten; denn die Zugewanderten waren nicht nur an der Allmende nicht beteiligt, sondern auch sonst minderen politischen Rechts (und das gerade dort und zu der Zeit, wo die Gemeinde ihren Herr-schaftscharakter am reinsten zeigte). Zwischen Menschen verschiedenen Rechts besteht aber keine Gemeinschaft im modernen Sinne. Dabei ent-faltet sich das Rechtsgefälle sehr früh in einem ganzen System verschiedener Rechte, bei denen man vor allem die drei Grundgruppen von Vollgenossen, Genossen zu minderem Recht und Schutzgenossen unterscheidet. Die Voll-genossen sind die eigentlichen Bauern, die Genossen minderen Rechts die sogenannten „Halbspänner". Dazu kommen noch verschiedene Formen von Schutzgenossen mit deutlich differenzierten Rechten. Hierher gehören zunächst die unselbständigen Mitglieder des Hauses, dann die Beisassen, Hintersassen, Tagelöhner, Kötter, Häusler, Handwerker, Lehner und Aus-märker. In Gebieten mit Grundherrschaft finden wir noch die verschiedenen Formen der Meier und Halbmeier, die schnell mit den Klassenordnungen der Dorfgemeinschaft verschwimmen[21]. All diese Erscheinungen, wie sie das mittelalterliche europäische Dorf weitgehend bestimmen, leben z. T. bis heute noch, sind außerdem noch durch andere und kompliziertere (meist nur noch sozial und nicht rechtlich bedingte) Verschiedenheiten des „Ranges" erweitert worden. Das mag deutlich machen, warum man mit der Verwendung des Begriffes Gemeinschaft sowohl im allgemeinen als auch im besonderen Falle der Gemeinde sehr vorsichtig sein muß. Da auch die moderne Gemeinde ihre scharfen Schichten- und Klassenscheidungen hat, die unter Umständen mehr trennen als verbinden, und zwar sowohl in großen als auch in kleinen Gemeinden, kann die kritiklose Verwendung des Begriffs Gemeinschaft im modernen Sinne durchaus präjudizierend wirken und etwas

---

[20]J. L. K. Grimm und W. K. Grimm, Deutsches Wörterbuch, a.a.O., S. 3239.

[21]Erich Becker, Entwicklung der deutschen Gemeinden und Gemeindeverbände im Hinblick auf die Gegenwart. In: H. Peters (Hrsg.), Handbuch der kommunalen Wissenschaft und Praxis, a.a.O., S. 63.

beanspruchen oder auch vorspiegeln, was gar nicht vorhanden ist, während der Terminus im alten Sinne in den entwickelten Industriegesellschaften des Westens mit ihrem Überwiegen des Individualeigentums sowieso nicht mehr anwendbar ist. Man wird somit bei der gegebenen Lage unter allen Umständen besser tun, den Terminus Gemeinschaft auf die Gemeinde nicht anzuwenden.

Sprachliche Probleme

In *anderen Sprachen* liegt die Sache teils ähnlich, teils verschieden. Im *Englischen* ist zwar der Begriff *„community"* ebenfalls zweideutig, indem er einmal die Gemeinde im spezifischen Sinne, dann aber auch Gemeinschaft im allgemeinsten Sinne sozialer Verbundenheit (oder sozietärer Verhältnisse) überhaupt meint. Ein Unterschied zum Deutschen besteht aber darin, daß die „community" nicht ausschließlich als Gemeinschaft besonders enger Natur aufgefaßt wird, sondern alle Verbundenheitsgrade bezeichnet. Dazu kommt noch, daß sich der Begriff auf Gesellschaften jeglichen Umfangs anwenden läßt, vom Paar bis zur menschlichen Gemeinschaft überhaupt. Dies wirkt sich in der Gemeindesoziologie gelegentlich so aus, daß die unkritische Wortverwendung den genauen räumlichen Umfang der Gemeinde verwischt, während soziologisch gesehen die Grenzen der Gemeinde fast immer sehr deutlich sichtbar sind. Andererseits werden dann unter *„community"* alle Formen der Verbundenheit verstanden, von der Intimgruppe bis zur institutionellen Organisation[22]. Wir heben auch hervor, daß der im Deutschen sehr wesentliche räumliche Aspekt im Englischen eine geringere Rolle spielt. Wenn der Gemeindegrund in Frage steht, spricht man ursprünglich von *„the common"*, für den räumlichen Aspekt der Gemeinde verwendet man noch heute vorwiegend den Ausdruck *„neighbourhood"*, also Nachbarschaft, der auch insofern im Deutschen auftaucht, als man im alten Dorfe oft die Vollbauern einfach als „Nachbarn" bezeichnet.

Im Italienischen und im Französischen rücken die Gemeinschaft *(la comunitá, la communauté)* eher eng an den Begriff der Gemeinde *(comune, commune)*, behalten also weitgehend den alten Sinn, wie auch die Verwendung des Begriffs *„commune"* für die Kommune von 1871 beweist. Für die Bezeichnung einer besonders engen Form der Gemeinschaft im emphatischen Sinne hat dagegen das Französische ein eigenes Wort *(communion)*, ebenso das Italienische, wobei der *religiöse Doppelsinn* des Wortes hervorzuheben ist, der uns bisher noch nicht begegnete. Dieser tritt schon recht früh auch beim *deutschen Wort* Gemeinde oft besonders stark hervor (Gemeinde der Heiligen, Gemeinde der Christenheit, Kirchengemeinde, Pfarrgemeinde, Kultgemeinde), ebenso beim

---

[22]Bezeichnend für diese Denkart etwa Robert M. MacIver, Community. New York 1930; ders., Society. New York 1937, wie G. Gurvitch schon hervorgehoben hat.

Wort Gemeinschaft[23]. Dabei kommt es zu neuen Möglichkeiten von Mißverständnissen, indem etwa die Gemeinde als christliche Liebesgemeinschaft ohne Herrschaftsordnung in eindeutiger Verwechslung von Sollnorm und Realität in die wirkliche Gemeinde mit ihrer vertikalen Macht- und Herrschaftsstruktur hineinprojiziert wird. Dies hat viel zur Ideologisierung des Begriffs der Gemeinde beigetragen, wie dies etwa in der Schweiz besonders augenfällig wird. Ein weiterer Gegensatz, der hiermit angedeutet wird, ist der von Gemeinde als unmittelbarer menschlicher Vereinigung und als institutionalisierter Organisation, wie er auch in der Polarität von Urgemeinde als gestifteter Gemeinschaft und der Kirche hervortritt[24]. Soziologisch besehen umfaßt in Wahrheit jede konkrete Gemeinde institutionalisierte Organisationen meist höchst vielfältiger Natur, wenn sie in der Zeit überdauern soll.

In gewisser Weise mögen übrigens solche (religiösen) Gedankengänge, wenn auch in modifizierter Form, noch in manchen Zweigen des Gemeindesozialismus mitschwingen, vor allem in seinen an archistischen Formen (William Godwin, Pierre Joseph Proudhon, Michail Bakunin, Peter Krapotkin u. a.), der die alten Regelungen der „Gemeine" unter neuen wirtschaftlichen Umweltbedingungen zu wiederholen sucht in starker Opposition zu aller hierarchisch-autoritärer, bürokratisch-organisatorischer und zentralistischer Staatsordnung[25]. Im Gegensatz dazu soll der Gemeindeanarchismus die wahre Freiheit der urchristlichen Brüdergemeinde verwirklichen. Wenn der rein religiöse Ursprung dieser Bewegungen erhalten bleibt, so haftet ihnen leicht etwas Utopisches an, wie Emerich K. Francis in seiner interessanten Untersuchung kanadischer Mennoniten zeigte[26]. Hier könnte man sogar mit Fug und Recht die Frage erheben, ob die mennonitischen Gruppen als Gemeinden (wie früher in Rußland, heute in Kanada und andernorts in

---

[23]J. L. K. Grimm und W. K. Grimm, a.a.O., S. 3227, 3241, 3266.

[24]Gustav Mensching, Soziologie der Religion. Bonn 1947, S. 180 ff. Der emphatische Sinn, in dem hier das Wort Gemeinschaft gebraucht wird, tritt etwa in folgenden Worten zutage: „Wir verwenden zur Bezeichnung der soziologischen Gebilde auf dem Boden der Religion die Bezeichnung ‚Gemeinschaft', weil es sich auch hier um ein Begründetsein der Gemeinschaftsformen im innersten Wesensverlangen des religiösen Menschen handelt und nicht um rationalistisch motivierte Zweckinstitutionen im Sinne der Gesellschaft. (S. 23 u.ö.)" Wie schon aus der angeführten Bestimmung hervorgeht, hat dieser Begriff der Gemeinschaft in der Soziologie überhaupt nichts zu suchen. Dies drückt sich auch darin aus, daß selbstverständlich jede konkrete Gemeinde, ungeachtet des Grades der inneren Verbundenheit, auch ihre äußere Organisationsform hat, insofern sie eine Körperschaft und eine Verwaltungseinheit ist, aber darüber hinaus noch in mannigfachen anderen Hinsichten.

[25]Ein ähnlicher Ton klingt heute noch nach bei Erwin A. Gutkind, Community and Environment. London 1953, wie überhaupt (unter dem Einfluß von Lewis Mumford) bei manchen englischen Stadtplanern.

[26]Emerich K. Francis, In Search of Utopia. The Mennonites in Manitoba. Altona (Manitoba) 1955, S. 278 u.ö.

der Welt) überhaupt noch bestehen würden, wenn sie nicht außer durch ihr religiöses Erweckungsideal noch durch die Tatsache verbunden wären, daß sie eine nationale oder ethnische Minorität darstellen. Ohne zu leugnen, daß die Religionsausübung eine wichtige Rolle in der Integration einer Gemeinde spielt, möchten wir aus den angedeuteten Gründen auch den religiösen Nebensinn des Wortes Gemeinde von unserem spezifisch soziologischen Anliegen sorgfältigst trennen.

Im *Spanischen* liegen die Verhältnisse wieder ähnlich wie im Englischen, indem *„comunidad"* genau wie *„community"* gleichsinnig mit Gemeinde und allgemein-menschlichem Verbundensein gebraucht wird. Im übrigen wird das Wort auf große und kleine Gemeinden gleichmäßig angewendet, genau wie das Wort *„pueblo"* einerseits Agglomerationen von einem kleinen Dorf bis zu einer Stadt von 30.000 und mehr Einwohnern umfaßt, andererseits auch Volk bedeutet, also einen sehr weitreichenden Sozialzusammenhang. Besonders wichtig ist übrigens im Spanischen der Gegensatz von *„comunidad"* und *„municipio"*, wobei einmal die Gemeinde als soziales Gebilde und als politisches Selbstverwaltungssystem, zum anderen als staatliches Verwaltungsgebilde behandelt wird. In seiner liebevollen Analyse einer andalusischen Gemeinde von ca. 2.000 Einwohnern hat der englische Sozialanthropologe Julian Alfred Pitt-Rivers diese Entgegensetzung von Gemeindevolk und zentralistischer Regierung sehr anschaulich gezeichnet, wobei er mit Recht die Verwandtschaft dieser Spannung mit der anarchistischen Bewegung in Spanien hervorgehoben hat[27]. Zu welchen Schwierigkeiten andererseits die Doppelbedeutung von *„comunidad"* zu führen vermag, beweist eine neuere Abhandlung des mexikanischen Soziologen Lucio Mendita y Nunez, in der wiederum der Begriff der Gemeinde einfach mit dem der Gemeinschaft im modernen Sinne zusammen geworfen wird. Das hat unter anderem zur Folge, daß die räumlichen Vorstellungen aus dem Begriff Gemeinde wieder eliminiert werden, da ja Gemeinschaft nur eine rein personale Verbindung bedeutet; er kommt damit auch notwendigerweise zu dem Schluß, daß die Gemeinde eine soziale Gruppe „ohne bestimmte Form und Organisation" darstellt[28]. Entsprechend betrachtet er auch die Gemeinde nur als eine „strukturelle Quasi-Gruppe".

Der Vergleich der verschiedenen sprachlichen Formen des Begriffs Gemeinde zeigt übrigens nicht nur terminologische Schwierigkeiten an, sondern auch noch den Einfluß historisch-kultureller Faktoren auf die Ausgestaltung von Wort und Begriff. Diesem Umstand wird bald weiter nachzugehen sein. Vorerst müssen wir jedoch versuchen, eine Definition der Gemeinde zu gewinnen, welche die angedeuteten Schwierigkeiten vermeidet.

---

[27]Julien A. Pitt-Rivers, The People of the Sierra. London 1954.

[28]Lucio Mendita Y Nunez, Théorie des groupements sociaux (übersetzt von A. Cuvillier). Paris 1957, S. 110, 104–110.

III. Vorläufige Definition der Gemeinde

Von der Mannigfaltigkeit der Definitionen

In einer Abhandlung aus jüngster Zeit führte George H. Hillery Jr. nicht weniger als 94 Definitionen des Begriffes Gemeinde auf, was den Eindruck, der vielleicht durch die beiden vorhergehenden Kapitel geweckt wurde, zu bestätigen scheint, daß es sich dabei um eine höchst kontroverse Angelegenheit handelt[29]. In der Tat pflegen sich viele Autoren, die mit diesem Begriff nichts Rechtes anzufangen vermögen, auf diese Abhandlung zu berufen. Abgesehen davon, daß sehr viel über die Zuverlässigkeit der Auswahl von Hillery gesagt werden könnte, indem man seiner Bibliographie mit Leichtigkeit noch mindestens genauso viele weitere wichtige Quellen anhängen könnte, möchten wir betonen, daß seine Aufstellung, wie sie nun einmal dasteht, im Grunde *viel mehr Übereinstimmungen verrät als das Gegenteil.* Das soll wohl auch durch den Untertitel *„Areas of Agreement"* (Gebiete der Übereinstimmung) ausgedrückt werden.

Im gleichen Sinne möchten wir hervorheben, daß die meisten Kontroversen eine Tendenz zum Ausgleich haben, sowie man sich an die Sachen selbst hält. Wirkliche Schwierigkeiten bestehen heute unseres Erachtens nur noch in der systematischen Einordnung des spezifischen Phänomens der Gemeinde in das allgemeine Kategoriensystem der Soziologie, insbesondere in die Lehre von den „sozialen Gebilden". Hier stehen eine abstrakte und eine konkrete Auffassung einander diametral gegenüber. Die erstere wird etwa durch Leopold von Wiese vertreten, der die Gemeinde als „Körperschaft" ansieht, also als „abstraktes Kollektivum"[30]. Von hier aus führt natürlich kein Weg weiter; denn das Gebilde Gemeinde wird damit einzig in seiner engsten Form als Verwaltungseinheit erfaßt. Dagegen sieht die Soziologie dieses Element und noch eine Reihe anderer *projiziert auf die soziale Wirklichkeit der Gemeinde in ihrer empirischen Tatsächlichkeit als eine der Grundformen gesellschaftlichen Daseins in Vergangenheit und Gegenwart.* Der Jurist spricht in diesem Zusammenhang von der *„Universalität (Allzuständigkeit, Allseitigkeit) des Wirkungskreises"* der Gemeinde[31]. Da aber unter diesem Begriff, wie wohl ohne weitere Diskussion augenfällig ist, *nur an eine Universalität der Verwaltung und nicht an eine solche des Lebens*

[29]G. H. Hillery, Jr., Definitions of Community: Areas of Agreement, a.a.O.

[30]Leopold von Wiese, System der allgemeinen Soziologie, 3. Aufl. München 1955, S. 400.

[31]E. Becker, Entwicklung der deutschen Gemeinden und Gemeindeverbände im Hinblick auf die Gegenwart, a.a.O., S. 92 f.; ders., Die Selbstverwaltung als verfassungsrechtliche Grundlage der kommunalen Ordnung in Bund und Ländern. In: H. Peters (Hrsg.), Handbuch der kommunalen Wissenschaft und Praxis, a.a.O., Bd. I, S. 125 ff. u.ö.

gedacht ist, kann uns dieser Ausdruck nicht weiterführen, wenn er auch
nicht – wie die Definition von Wieses einer eigentlich soziologischen Analyse
im Wege steht. Im soziologischen Sinne ist also die Gemeinde unter allen
Umständen mehr als eine Verwaltungseinheit, selbst wenn diese zu Recht als
allseitig gesehen wird, sie ruht vielmehr zunächst einmal auf sozialen Aktivitäten und Verbindungen, ohne die alle Verwaltung in der Luft schweben
würde. Bevor noch die Gemeinde irgendwelchen Zusammenhängen weiterer
Natur eingeordnet wird, womit etwa die Frage nach ihrem angestammten
(Selbstverwaltung) oder von Seiten einer staatlichen Ordnung delegierten
Wirkungskreis aufgerollt würde, muß sie erst einmal in sich selber gesehen
werden. Vor der Entscheidung, ob man (oder ob man nicht) von einer
gemeindlichen Selbstverwaltung sprechen dürfe und inwieweit, steht *die Einsicht vom sozialen Eigenleben der Gemeinde*.

Die Gemeinde als soziale Totalerscheinung

Es gibt in der Soziologie verschiedene Termini, um einen solchen höchst
komplexen Tatbestand zu bezeichnen. Marcel Mauss sprach von „sozialen
Totalerscheinungen" *(„phénomène social total")* im Gegensatz zu Teil-
erscheinungen, in denen etwa die Menschen nur im Hinblick auf einen
bestimmten Zweck (oder auch eine begrenzte Reihe von Zwecken) vereint
sind. Man hat auch von „Vollgruppen"[32] gesprochen, in deren Rahmen
sich eine Fülle verschiedener Funktionskreise, sozialer Einzelerscheinungen
und -prozesse einordnet. Aber dieser letztere Ausdruck müßte zuvor von
nicht mit ihm unmittelbar zusammenhängenden anderen Begriffen sorgsam getrennt werden, die sich auf eine vermeintliche „Autonomie",
„Autarkie" oder „Selbstgenügsamkeit" der Gemeinde beziehen, weil diese
Vorstellungen primär gar nicht den Aufbau der Gemeinde als vielseitiger
Lebenserscheinung, sondern nur die Isolierung der Gemeinde aus anderen
Zusammenhängen beinhalten, was hier gar nicht zur Diskussion steht. Denn
selbst wenn die Gemeindesoziologie der Meinung ist, daß eine gegebene
Gemeinde zumeist deutliche Grenzen hat, so bedeutet das keineswegs, daß
sie darum isoliert sei oder „selbstgenügsam" oder wie man sonst sagen will.
Eine selbstgenügsame Gemeinde hat es wohl nicht einmal in sehr primitiven
Gesellschaften gegeben; immer findet man wenigstens ein Minimum an

[32]Der Ausdruck „Vollgruppe" bei Karl Dunkmann, Lehrbuch der Soziologie und Sozialphilosophie. Berlin 1931, S. 189 f. (dort auch Hinweise auf andere, die den Begriff gebrauchen), aber
bezeichnenderweise mit der Vorstellung der „Autarkie" gekoppelt. Letzteres wird auch dadurch
nicht ausgeglichen, daß Dunkmann vor allem das „Volk" als Vollgruppe im Auge hat, während
der Begriff der Gemeinde bei ihm überhaupt nicht vorkommt. Aber auch das Volk ist weder
autark noch selbstgenügsam.

Fernhandel, und sei es nur für Salz und Metalle[33]. Im Grunde ist der Begriff der selbstgenügsamen Gemeinde weiter nichts als ein Rest naturrechtlichen Denkens in der älteren Wirtschaftsgeschichte und ist dementsprechend heute völlig aufgegeben worden. Wenn es aber immer noch gelegentlich vorkommt, daß in der wissenschaftlichen Betrachtung die untersuchte Gemeinde übermäßig isoliert wird, so liegt das unter anderem auch daran, daß meist Ethnologen, Kultur- oder Sozialanthropologen aus ganz anderen Rücksichten eine Gemeinde isoliert zu behandeln pflegen, weil sie nämlich an der in ihr enthaltenen Mikrokultur interessiert sind[34]. Selbst wenn gelegentlich die Sprache zu solchen Vorstellungen Anlaß gibt, wie etwa öfters bei Robert Redfield[35], so muß doch darauf hingewiesen werden, daß selbstverständlich immer der Weg zu weiteren sozialen Zusammenhängen offen gehalten werden muß, wenn man die Dinge realistisch betrachtet. Dies gilt schon im primitiven Kulturbereich; dies gilt aber in erhöhtem Maße für wirtschaftlich entwickelte Gesellschaften, in denen die Vorstellung einer isolierten und selbstgenügsamen Gemeinde überhaupt ein Unding ist, bestenfalls der illusionäre und sentimentale Traum eines verstiegenen Volkskundlers.

Da aber der Terminus „Vollgruppe" leicht zu solchen Vorstellungen verführen kann, möchten wir neben der Bezeichnung als soziales Totalphänomen lieber den Begriff der *„globalen Gesellschaft"* verwenden, der uns weiter zu sein scheint und auch seiner sprachlichen Form nach nicht ausschließt, daß eine solche Gemeinde aus einer ganzen Hierarchie von Funktionskreisen, aus einer Fülle von Einzelgruppen und *anderen* sozialen Beziehungen und Gebilden (auch kulturellen Ordnungen) aufgebaut sei, ohne darum eine Isolierung oder Selbstgenügsamkeit einer solchen Gemeinde zu unterstellen[36]. Dementsprechend verliert auch die alte spekulative Vorstellung an Boden, als ob umfassendere gesellschaftliche oder staatliche Gebilde aus dem Zusammenschluß einzelner Gemeinden entstanden seien (genauso wenig wie eine solche Denkweise bei der Darstellung des Verhältnisses von Familie und Staat oder Gesellschaft geübt werden darf,

---

[33]Zu diesem Punkt vgl. auch D. Forde, Habitat, Economy and Society, a.a.O., S. 466: „No human community has lived in prolonged and absolute isolation. Man has both a greater effective mobility, and a wider distribution on the earth's surface than any other species of animal. In his ability to acquire and to impart knowledge and belief, he is able not only to develop a particular cultural pattern and to transmit it from generation to generation within a particular society, but also, despite the confusion of tongues, to transfer such knowledge to other societies."

[34]Dies auch hervorgehoben von J. H. Steward, Area Research, a.a.O., worauf später noch im Text zurückzukommen sein wird.

[35]Robert Redfield, The Little Community. Viewpoints for the Study of a Human Whole. Uppsala-Stockholm 1955, S. 4 u.ö.

[36]Dieser Begriff ist im wesentlichen von G. Gurvitch, Déterminismes sociaux et liberté humaine. Paris 1955, S. 192–195, übernommen, wenn er ihn auch selber nicht auf die Gemeinde angewendet wissen will. Wenn wir also in dieser Hinsicht bewußt von seinem

wie das früher bei Historikern sehr verbreitet war)[37]. Sie wird völlig beiseite gedrängt von der Einsicht, daß die Menschheit während des weitaus größten Teils ihrer Geschichte in großen und kleinen Gemeinden gelebt hat und auch heute noch lebt, welche die vorherrschende und sozusagen augenfälligste, konkreteste, übersehbarste Form globaler Gesellschaften (auch im herrschaftlichen Sinne) darstellen, denen gegenüber schon die Stammesordnungen viel schwächer konturiert erscheinen.

Von diesem Grundtatbestand muß auch bei der Gegenwartsanalyse ausgegangen werden, selbst wenn in den entwickelten Industriegesellschaften andere Typen globaler Gesellschaften von viel größerem Umfang aufgetreten sein sollten (regionale Zusammenschlüsse, Föderationen, Nationalstaaten, übernationale Imperien, überstaatliche kontinentale Zusammenschlüsse u. a.m.). In der Tat sind die Gemeinden als lebendige soziale Einheiten keineswegs aus dem modernen Gesellschaftssystem verschwunden, solange man nur einsieht, daß die Tatsache, eine globale Gesellschaft zu sein, keine Entscheidung über eventuelle Isolierung, Autonomie, Autarkie oder Selbstgenügsamkeit der Gemeinde impliziert. Die Gemeinde bleibt auch in diesem Falle *eine mehr oder weniger große lokale und gesellschaftliche Einheit, in der Menschen zusammenwirken, um ihr wirtschaftliches, soziales und kulturelles Leben gemeinsam zu fristen.* Daher ist es in diesem Zusammenhang auch verhältnismäßig gleichgültig, ob es sich um einen Weiler, einen Flecken, ein Dorf, eine kleine Stadt, eine Polis oder einen Stadtstaat, eine Großstadt oder eine Metropole handelt. Die obigen Bedingungen können in allen Fällen erfüllt sein. Da aber die Gemeinde als globale Gesellschaft eine „Totalität" sozialer Beziehungen in sich einbegreift, bleibt sie auch (trotz der Ausbildung von globalen Gesellschaften höherer Ordnung, die gleichzeitig meist als Staat das Monopol der Herrschaft für sich beanspruchen) ein entscheidender Kreis der politischen Willensbildung, die ihre Entscheidungen höchst unmittelbar

Wortgebrauch abweichen, so lassen wir uns doch weitgehend von seiner Definition leiten, in der er folgende Momente hervorhebt: eine globale Gesellschaft umfaßt eine ganze Hierarchie von funktionellen Gruppierungen und sozialen Klassen; sie stellt also einen Makrokosmos von Gruppen dar. Sie besitzt zudem soziale (nicht politische) Souveränität über alle Elemente, die sie aufbauen; manchmal, aber nicht immer, wirtschaftliche Souveränität. Die globale Gesellschaft besitzt Struktur; sie ist überfunktionell, d. h. sie erschöpft sich nicht in den Funktionen, die sie ausübt, kann sich also nicht adäquat in irgendeiner ihrer Teilorganisationen für sich allein genommen ausdrücken. Schließlich empfängt sie ihr Leben aus einer unorganisierten Infrastruktur, die reinste Spontaneität ist. Wir weisen übrigens daraufhin, daß Gurvitch diese Kategorie wenigstens auf die antike Polis anwendet, so daß unser Gebrauch des Begriffs nicht völlig aus dem Rahmen herausfällt.

[37]Vgl. R. König, Familie, In: W. Bernsdorf und F. Bülow (Hrsg.), Handwörterbuch der Soziologie, a.a.O. Dies schließt natürlich keineswegs die Bildung von „Bünden" (etwa: Irokesen-Bund) oder „Amphiktyonien" aus, sofern darin nur ein historischer Prozeß und keine grundsätzliche Entscheidung über die „Zusammensetzung" der Gesellschaft aus einzelnen „Teilen" gemeint ist.

aus dem Reichtum des konkret gelebten Lebens der Gemeinde schöpft, während in der Staatsordnung alles notwendigerweise abstrakt wird, wie oben schon hervorgehoben wurde.

Einfache und komplexe Definitionen

Wenn wir an die 94 Definitionen von Hillery zurückdenken, müssen wir uns von vornherein darauf gefaßt machen, daß wir trotz der relativen Einigkeit, die wir hervorgehoben haben, nicht erwarten dürfen, zu einer *einfachen* Definition des Begriffs Gemeinde zu gelangen. Wenn wir uns damit abfinden, die Gemeinde als eine „globale Gesellschaft" im oben umschriebenen Sinne anzusehen, wird es uns aber auch nicht schwer fallen, *einen komplexen Typ von Definition* für sie anzuwenden, von dem etwa Hillery drei wichtige Elemente erwähnt: Lokale Einheit, soziale Interaktionen und gemeinsame Bindungen[38]. Wir werden selber sehr bald in unserer eigenen Definition diese Elemente wieder aufzunehmen haben. Wenn wir nun die spezielle Aufgabe absondern, den Begriff der „globalen Gesellschaft" zu definieren, wobei wir uns etwa Georges Gurvitch anschließen oder auch eigene Wege wählen können (siehe oben Anm. 36), so müssen wir doch ins Auge fassen, daß *die drei erwähnten Elemente nicht in jedem Falle als hinreichend angesehen werden können.* Dieser Gesichtspunkt wird übrigens ebenfalls von Hillery im Anschluß an Pitirim A. Sorokin, Carle C. Zimmerman und Charles J. Galpin hervorgehoben.

Damit wird unmittelbar eine alte Streitfrage der Logik aufgerollt, die in dieser mehr oder weniger langen Reihe, von Merkmalen „primäre" und „sekundäre" Merkmale unterscheidet, von denen die einen vorhanden sein *müssen,* die anderen nur vorhanden sein *können.* Wir wollen diese Frage im übrigen gar nicht berühren, um nicht unnötige neue Kontroversen zu erwecken. Wir wollen einzig daran festhalten, daß wir von einer *komplexen Definition* ausgehen, wobei das Vorhandensein einer bestimmten (begrenzten) Reihe von Merkmalen als Minimaldefinition angesehen wird. Auf wie viele Merkmale man sich beschränken will, dürfte mehr oder weniger eine Ermessensfrage sein; aber man wird dabei wohl eher nach oben tendieren, da eine sogenannte „abundante Definition" an und für sich kein Schade ist. Natürlich muß darauf geachtet werden, daß in dieser Reihe nicht plötzlich Merkmale auftauchen, die den zuerst gegebenen widersprechen. Im übrigen können solche komplexen Definitionen stark ausgedehnt werden, wie das Buch von Redfield über die kleine Gemeinde (*„The Little Community"*) lehrt, *das im Grunde eine einzige, weit ausgesponnene Definition* darstellt. Die einzelnen Kapitel bringen jeweils die Hauptelemente der Definition, während innerhalb eines jeden Kapitels die Nebenaspekte der Grundelemente entwickelt werden. So entsteht ein ungemein dichtes Netz von Begriffen,

---

[38]G. H. Hillery Jr., Definitions of Community: Areas of Agreement, a.a.O., S. 117 f.

deren Funktion als Definition erst dann sichtbar wird, wenn wir sie in ihrer komplexen Gesamtheit synoptisch sehen. Ohne sagen zu wollen, daß wir in jeder Hinsicht einer Meinung mit Redfield wären, möchten wir doch unterstreichen, daß wir in diesem Werk zweifellos den bisher umfassendsten Versuch einer solchen komplexen Definition der Gemeinde zu sehen haben.

Vorläufige Definition der Gemeinde.

Wir wollen nun versuchen, im Anschluß an die obigen Ausführungen eine *vorläufige Definition des Begriffes der Gemeinde* zu geben, die im folgenden nach mehreren Richtungen hin erweitert werden soll. *Gemeinde ist zunächst eine globale Gesellschaft vom Typus einer lokalen Einheit, die eine unbestimmte Mannigfaltigkeit von Funktionskreisen, sozialen Gruppen und anderen sozialen Erscheinungen in sich einbegreift, welche zahllose Formen sozialer Interaktionen und gemeinsamer Bindungen sowie Wertvorstellungen bedingen; außerdem hat sie neben zahlreichen Formen innerer Verbundenheiten, die sich in den erwähnten Teilen abspielen mögen, selbstverständlich auch ihre sehr handgreifliche institutionellorganisatorische Außenseite.* Damit allein ist dann schon gesagt, daß Aufzählungen vom Typus „Familie, Nachbarschaft, Gemeinde, Beruf" (wie man sie immer wieder lesen kann) völlig untragbar sind, da sie Unvergleichbares auf einer Linie abhandeln. Die Gemeinde ist nämlich unter allen Umständen zunächst eine globale Gesellschaft und damit ein Oberbegriff zu Familie, Nachbarschaft, Beruf u. a., indem sie diese Erscheinungen und Gruppen in sich einschließt (neben vielen anderen, z. B. sozialen Klassen). Gerade darum kann sie mit ihnen nicht in einem Atem genannt werden, vielmehr ist sie ihnen ihrem eigentümlichen Gebildecharakter nachkategorial übergeordnet.

Aus einer solchen komplexen Definition, welche die lokale Einheit, soziale Interaktionen und gemeinsame Werte und Bindungen an die Spitze stellt, läßt sich unmittelbar erkennen, daß der Verwaltungsbegriff der Gemeinde *zwar nicht völlig ausgeschaltet, aber doch derart in den Hintergrund geschoben wird, daß er für die Kerndefinition relativ unwichtig ist.* Im Vordergrund steht die *Gemeinde als soziale Wirklichkeit;* das ist zweifellos etwas völlig anderes als die Verwaltungseinheit Gemeinde. Und zwar gilt dieser Satz durchaus allgemein, also unabhängig von den speziellen Traditionen etwa auf dem europäischen Kontinent oder in England und Amerika. Wo eine Verwaltungseinheit Gemeinde gegeben ist, muß noch lange keine soziale Einheit der Gemeinde im Sinne der Soziologie vorhanden sein. Dies kann der Fall sein, aber es muß nicht so sein. So würde also jede Gemeindeuntersuchung mit dem Nachweis beginnen müssen, daß eine soziale Wirklichkeit dieser Art tatsächlich vorhanden ist. Dies ist z. B. in der Gemeindeuntersuchung von Gerhard Wurzbacher vernachlässigt worden[39]. Während etwa die

---

[39]G. Wurzbacher (Hrsg.), Das Dorf im Spannungsfeld industrieller Entwicklung, a.a.O.

deutsche „Forschungsgesellschaft für Agrarpolitik und Agrarsoziologie" die bestehenden Schwierigkeiten dadurch umging, daß sie von „Dörfern" sprach und damit den *Ortscharakter* des Untersuchungsobjekts gebührend unterstrich[40], verlor sich Wurzbacher völlig kritiklos an den Verwaltungsbegriff der Gemeinde. Dabei setzte er ohne weiteres voraus, daß die politische Integration der Gemeinde im soziologischen Sinne den durch die Verwaltung festgelegten Umrissen des betreffenden sozialen Gebildes folgen müsse, die selbst von den Kommunalwissenschaften als „künstlich" angesehen werden. Im übrigen weisen zahlreiche Indizien darauf hin, daß die verschiedenen Weiler dieser Gemeinde keineswegs eine soziale Einheit darstellen, sondern ausschließlich verwaltungsmäßig zu einer Einheit rein äußerlicher Natur zusammen gezwungen wurden, ohne daß darum Interaktionen zwischen den auch räumlich völlig voneinander getrennten Teilen des Gemeinde verbands entstanden wären. Da außerdem die verschiedenen Teile zusätzlich noch kulturell denkbar verschieden ausgerichtet sind (fast rein katholische Weiler einerseits, protestantische Mehrheiten andererseits), darf man sagen, daß in dieser Gemeindeuntersuchung die drei wesentlichen Merkmale, die sowohl in unserer eigenen Definition als auch in der von Hillery (von anderen gar nicht zu reden) an der Spitze stehen, nicht berücksichtigt worden sind. Damit ist aber auch über die Fragwürdigkeit des ganzen Unternehmens schon entschieden, bevor es eigentlich begonnen hat[41]. Deutlich zeigt sich hier die Dringlichkeit einer begrifflichen Klärung, bevor man an konkrete Untersuchungen herangeht. Gleichzeitig soll dies eine Aufforderung sein, in unserem Definitionsversuch fortzufahren und die einzelnen Merkmale so klar wie nur möglich voneinander abzuheben.

Die Gemeinde als soziales System

Für uns erscheint also die Gemeinde als ein „soziales System" d. h. als ein Zusammenhang, der sich unter anderem dadurch auszeichnet, daß alle Menschen, die in ihm eingeschlossen sind, ein Bewußtsein dieses Zusammenhangs sowie seiner Grenzen und seiner Verschiedenheit von anderen ähnlichen Zusammenhängen haben. Dieser Strukturzusammenhang, der über das Überleben der betreffenden Gemeinde und ihre sozialkulturelle Identität entscheidet, ist also unabhängig von den zahllosen Einzelerscheinungen, die ihm einen spezifischen Inhalt geben, was darin zum Ausdruck kommt, das niemals bei den Beteiligten ein Zweifel über die Individualität ihrer Gemeinde aufzutauchen pflegt. Davon unabhängig sind dann alle die vielen Einzelzüge, die in ihrem Zusammenspiel das soziale System ausmachen mögen, also etwa

---

[40]Constantin von Dietze, Max Rolfes und Georg Weippert, Lebensverhältnisse in kleinbürgerlichen Dörfern. Hamburg-Berlin 1953.

[41]Vgl. zur eingehenden Begründung dieses Urteils R. König, Die Gemeindestudie des deutschen UNESCO-Instituts, a.a.O.

Siedlungsform, Lage, Größe, Verkehrssystem, Schichtung der Bodennutzung und Wohnlage innerhalb der Gemeinde, Bevölkerungszusammensetzung, ihre Zu- oder Abnahme, Wanderungen, Alter, Geschlecht, Rasse, Familienstand, nationale Herkunft und Sprache, Religionszugehörigkeit, Bildungsniveau, städtischer oder ländlicher Charakter, dann das wirtschaftliche System mit seinen Diensten und Arbeitsplätzen. Viel wichtiger für die Erkenntnis des sozialen Systems der Gemeinde sind dagegen die Kommunikationssysteme und Gruppenbildungen in der Gemeinde, die soziale Kontrolle und die internen Spannungen, die Macht- und Klassenschichtungen, schließlich die kulturellen Traditionen. Das soziale System einer Gemeinde ist also das strukturelle Zusammenwirken spezifisch sozialer Momente, die unabhängig von den vielen demographischen, wirtschaftlichen und ökologischen Einzelzügen, unabhängig auch von der institutionellen Verwaltungsorganisation das Überleben der sozialen Wirklichkeit der Gemeinde in der Zeit garantieren.

Ein letzter Punkt soll hier noch aufgegriffen werden, der mit der eigenartigen Bewertung der Gemeinde als Verwaltungseinheit durch die Soziologie zusammenhängt. Angesichts der oben bezogenen Stellung wird es nämlich auch mehr oder weniger gleichgültig, ob eine Gemeinde „organisch gewachsen" oder „künstlich organisiert" ist. Beide Gesichtspunkte schließen einander nicht aus; sie sind, wie sich leicht zeigen läßt, überhaupt keine Gegensätze, sondern inhomogen widereinander. Dagegen ist ein wesentliches Merkmal aller globalen Gesellschaften, daß sie eine gewisse Dauer in der Zeit haben (ohne darum unbedingt durch unermeßliche Zeiträume zu reichen). Ephemere Globalgesellschaften gibt es nicht; im Gegenteil: Man kann geradezu sagen, daß sie ihre „Eigenzeiten" entwickeln. Vor dieser relativen Konstanz fällt aber die Scheidung von „organisch gewachsen" oder „künstlich organisiert" dahin. Ein soziales Gebilde, das heute künstlich geschaffen wird, etwa eine neue Niederlassung in einem Kolonisationsgebiet, wird über kurz oder lang seine eigene Tradition ausbilden und bald als „organisch gewachsen" erscheinen. Umgekehrt unterliegen alle globalen Gesellschaften auch notwendigerweise der Institutionalisierung in vielen Hinsichten, ob sie nun „gewachsen" sind oder nicht. Hierin, neben vielen Einsichten ähnlicher Art, drückt sich auch die Tatsache aus, daß „Gemeinschaft" und „Gesellschaft" keine Gegensätze, sondern vielmehr „korrelative Strukturelemente" gesellschaftlicher Zusammenhänge sind[42]. So ist die Tatsache, daß Gemeinderecht etwa „verliehen" wird, für die Gemeindestruktur als soziologisches Phänomen völlig unerheblich. Auch künstliche Gebilde wie Landgemeinden oder Gemeindeverbände können traditionellen Charakter erhalten, sofern sie nur die Zeit haben, einen solchen auszubilden. Was heute „gewachsen" erscheint, war vielleicht gestern erst organisatorisch-künstlich geschaffen; und was heute „organisatorisch-künstlich" geschaffen wird, wird morgen vielleicht

---

[42]Vgl. Th. Geiger, Gemeinschaft, a.a.O., S. 175; ähnlich entscheiden auch G. Gurvitch und überhaupt die moderne Soziologie.

schon gewachsen erscheinen, wie etwa zahlreiche israelische Kibbutzim. Es kommt eben nur darauf an, zu welchem Zeitpunkt ihrer Existenz wir eine Gemeinde betrachten. Gleichzeitig erhebt sich damit eine andere Frage, auf die wir später zurückkommen werden, nämlich: Wie lange dauert es, bis eine Tradition entsteht? Oder: Wie alt ist alt? Diese Fragen hängen wesentlich mit dem kulturellen Charakter der Gemeinde und den in ihr obwaltenden gemeinsamen Bindungen zusammen.

IV. Die Stellung der Gemeinde in der Entwicklung der menschlichen Gesellschaft

Das Prinzip der Verwandtschaft in der menschlichen Kultur

Die Gemeinde ist eines der wichtigsten sozialen Grundgebilde im Sinne einer globalen Gesellschaft, aber weder das einzige noch das früheste. Entwicklungsmäßig steht vor ihr eine Reihe anderer Gebilde von *vorwiegend verwandtschaftlichem Charakter* (ohne jedoch darum Familien im Sinne der sogenannten „Kernfamilie" darzustellen). Man spricht hier gern und ohne weitere Spezifizierung von „Sippen", was jedoch nicht immer ratsam ist, da die Sippen zunächst recht selten sind und dann oft mit anderen verwandtschaftlichen Ordnungen (wie der erweiterten Familie, dem Clan, der Großfamilie u.ä.) verschwimmen. Darum sprechen wir lieber von verwandtschaftlichen Ordnungen, die verschiedene Varianten zulassen. Diese sind zweifellos dominant gewesen bei den Jäger-Sammlerinnen-Horden des Altpaläolithikums. Die bei ihnen übliche Art der unmittelbaren Nahrungsbeschaffung ließ den Faktor Boden typischerweise überhaupt nicht in Erscheinung treten. Wir sehen heute diese Wirtschaftsform nur noch bei einigen wenigen Nomaden in den Rückzugsgebieten der Erde. Bei ihnen können wir übrigens auch erkennen, daß es sich dabei nicht um einen völlig frei über die Erdoberfläche schweifenden Nomadismus handelt; sondern gleich wie sich die Wildtiere in genau abgegrenzten Revieren bewegen, haben auch die Jäger-Sammlerinnen-Nomaden feste Jagdgründe und Wasserstellen, zu denen sie regelmäßig immer wieder zurückkehren, wie etwa heute noch die Eingeborenen Zentralaustraliens. Darin mag sich ein allgemeines biotisches Gesetz aussprechen, das den Menschen mit den höheren Säugern und überhaupt mit dem Tierreich rückverbindet.

Trotz der Begrenztheit dieses Lebens muß übrigens gesagt werden, daß auch hier von keinerlei Isolierung dieser Banden von Nomaden die Rede sein kann. Zahlreiche Funde aus dem Alt- und dem Jungpaläolithikum zeugen für einen weitreichenden Fernhandel auf Tauschbasis, der sich vor allem auf Materialien zur Herstellung von Schmuck bezog (Bernstein, Feuerstein, Muscheln u.ä.). So fand man etwa in der Schweiz in vorhistorischen Lagerstätten sogar Muscheln aus dem Roten Meer. Bei den heute noch lebenden Primitiven können wir übrigens ähnliches beobachten, so daß man keineswegs annehmen muß, wie früher manchmal phantasievolle Forscher meinten, daß eine Bande bei ihren Wanderungen diese Gegenstände von ihrem ursprünglichen Fundort über den halben eurasischen Kontinent transportiert hätte. Vielmehr standen die vielen einzelnen, meist kleinen Banden sicher miteinander in Kontakt, wenn auch nicht regelmäßig. Übrigens ist es gelegentlich fraglich, ob das wesentliche Verbindungsprinzip dieser Gruppen wirklich ausschließlich die Verwandtschaft ist. Gewiß bestehen solche Banden oft aus zwei bis zehn Familien, aber andererseits werden doch dauernd Fremde sowohl als Individuen als auch als Gruppen in die Bande „adoptiert"[43]. Immerhin läßt sich sagen, daß sehr bald das Gefühl der verwandtschaftlichen Bindung ganz eindeutig überwiegt.

Ein anderer Restbestand älterer wirtschaftshistorischer Theorien (z.B. Karl Bücher), die heute im wesentlichen als aufgegeben zu gelten haben, setzte als urtümliche Wirtschaftsform gern die sogenannte geschlossene Hauswirtschaft an, bei der eine Familie in einem isolierten Hause für sich autark wirtschaften soll. Diese Form würde also irgendwo zwischen der nomadischen Bandenbildung auf wirtschaftlicher Grundlage und der lokalen Bindung der Familiengruppen, also der Gemeinde liegen. Es ist indessen schon seit langem erkannt worden, daß aus solchen Vorstellungen keineswegs historischer Realismus spricht, sondern daß sie einen höchst konstruktiven Charakter im naturrechtlichen Sinne aufweisen, nur daß die noch ältere Idee der „individuellen Nahrungssuche" durch die der ebenso isolierten Familiengruppe ersetzt wird. Darum wird natürlich keineswegs geleugnet, daß es dichtere und lockerere Siedlungsverbände gibt, manchmal selbst isolierte Häuser; aber letztere stellen in der Entwicklung eher die Ausnahme als die Regel dar. Daneben spielen vor der Entstehung von lokalen Gemeinden eine ganze Reihe vermittelnder Erscheinungen wie ethnische Gruppen kleinsten Ausmaßes oder größere Familien, die auf dem Gefühl der gemeinsamen Abstammung begründet sind, eine wichtige Rolle. Dabei geschieht es dann häufig, daß diese Verbände auch gemeinsam siedeln; aber nicht Siedlungsgemeinschaft, sondern die gemeinsame Abstammung ist entscheidend für ihren Zusammenhang.

Dies ist vielleicht der wichtigste Hinweis darauf, daß die Lokalgemeinde weder die einzige noch die erste Erscheinungsform der globalen Gesellschaft darstellt. So hat auch Richard Thurnwald sagen können, daß „die Nachbarschaft des Siedelns nicht eindeutig vergesellend" wirkt[44]. Wir werden diesem Problem sehr bald wieder begegnen, wenn wir jenen Typ von Siedlung besprechen werden, den Thurnwald als „Würfelung"

---

[43]Vgl. dazu D. Forde, Habitat, Economy and Society, a.a.O., S. 50f; George P. Murdock, Our Primitive Contemporaries. New York 1956 (zuerst 1934), S. 93 f; Fritz M. Heichelheim, Wirtschaftsgeschichte des Altertums vom Paläolithikum bis zur Völkerwanderung der Germanen, Sklaven und Araber, 2 Bde. Leiden 1938, I, S. 31; Richard Thurnwald, Werden, Wandel und Gestaltung von Staat und Kultur. Berlin 1935, S. 65 f.

[44]Ebenda, S. 44.

bezeichnet, wo verschiedene Gruppen durcheinander siedeln, ohne daß es zu sozialen Interaktionen zwischen ihnen kommt. Im übrigen wirken diese Vergesellungsformen auf verwandtschaftlicher Basis häufig noch lange nach, nachdem die Gesellschaften seßhaft geworden sind, indem etwa verwandtschaftliche Beziehungen völlig unabhängig vom Zusammensiedeln mit der lokalen Verbundenheit der Menschen konkurrieren. Schließlich aber gilt, „daß unabhängig von dem Gefühl gemeinsamer Herkunft das Zusammensiedeln als solches vergesellend [wirken kann]. Wenngleich die Bewohner der Siedlungen gewöhnlich mehr oder minder untereinander verwandt sind, ist doch diese Verwandtschaft nicht immer in erster Linie ausschlaggebend für die Solidaritätsgefühle unter den Siedlungsgenossen, sondern die Lebens- und Schicksalsgemeinschaft, die den Charakter eines politischen Verbandes annimmt[45]." Dies wird als „Lokalgruppe" oder „Siedlungsgemeinde" bezeichnet, bei der sofort der herrschaftliche Charakter sehr stark hervortritt.

Das Prinzip der Siedlungseinheit in der menschlichen Kultur

Diese Gemeinde ist in der Entwicklung der menschlichen Gesellschaft bis heute von überragender Bedeutung gewesen, weil in ihr nicht nur eine Entwicklungsetappe, sondern (genau wie bei den Vereinigungen auf überwiegend verwandtschaftlicher Basis) *ein Grundprinzip der Vergesellung überhaupt in Erscheinung tritt und eine globale Gesellschaft schafft, nämlich die „Nachbarschaft"*. Diese Nachbarschaft muß übrigens keineswegs immer nur im Sinne der „Vergemeinschaftung" wirken; sie kann genauso starke Rivalitäten und Reibungen, auch geradezu Machtkämpfe auslösen. Aber abgesehen von der Frage, ob gemeinsames oder entgegengesetztes Handeln zustande kommt, kann die Nachbarschaft des Zusammensiedelns, genau wie die Verwandtschaft, spontan eine Unmenge sozialer Interaktionen auslösen, die ohne räumliche Nähe nicht denkbar wären und aus denen dann auch gemeinsame Bindungen, Werte, Mythen und Kulte erwachsen, die wesentlich lokal gebunden sind. (Daß übrigens auch der Begriff der Nachbarschaft in einem konkreten Sinne als eine bestimmte Gruppe oder Teilgruppe zusammen wohnender Menschen und im abstrakten Sinne eines Prinzips der Vergesellung verstanden werden kann, sei hier nur warnend erwähnt.) Andererseits kann in unterentwickelten Gesellschaften, auch in ausgeprägten Agrargesellschaften, meist damit gerechnet werden, daß solche Gemeinden als lokale Siedlungsverbände relativ isoliert voneinander sind. Das schließt aber, genau wie bei den nomadisierenden Banden, Beziehungen zu anderen Gemeinden keineswegs aus. Eventuell kommt es sogar zu Arbeitsteilung

---

[45]Ebenda, S. 41 ff.

nach Gemeinden und regelmäßigem Tausch von Frauen oder von wirtschaftlichen Produkten. So entwickelt sich ein gewisser Verkehr zwischen den verschiedenen Gemeinden selbst bei vorwiegender Subsistenzwirtschaft (Unter Subsistenzwirtschaft versteht man eine Wirtschaftsform, die vorwiegend der Unterhaltsfürsorge dient und vom Überschuß nur relativ selten etwas tauschweise oder gegen Geld abgibt, um begehrte Güter zu erwerben, die nicht selber hergestellt werden. Diese Wirtschaftsform ist bezeichnend für die meisten primitiven Wirtschaften, findet sich aber auch im Inneren oder am Rande entwickelter Wirtschaftssysteme, wie etwa in Brasilien, wo noch immer Dreiviertel der Bevölkerung von mehr oder weniger reiner Subsistenzwirtschaft lebt).

Ein gutes Beispiel dafür bietet etwa das heutige Brasilien in seinen isolierten und unentwickelten Landesteilen. In einer neueren Gemeindeuntersuchung über Minas Velhas im Staate Bahia sind zum Beispiel ziemlich exakte Angaben gewonnen worden über das Ausmaß des Handels, den die wandernden Hausierer betreiben. Sie bleiben von zwei Wochen bis zu mehreren Monaten abwesend und grasen die Nähe wie die Ferne zu Fuß oder auf dem Maultier ab. Dies kann uns eine ungefähre Vorstellung davon geben, wie die Verhältnisse früher ausgesehen haben mögen[46]. Man denke als weiteres Beispiel an die präkolumbischen Pueblos im Mesa Verde-Gebiet im heutigen Süd-Colorado, welche die Grundstoffe für die Anfertigung von Schmuck von weither bezogen, sogar von der Küste des Pazifischen Ozeans.

Wohl aber steht es in diesen Fällen meist so, daß außer der Gemeinde kaum andere globale Ordnungen höherer Ordnung vorhanden sind, in denen Clans, Sippen, Stämme, aber auch regionale oder territoriale Gruppen größerer Reichweite, etwa vom Typus der Amphiktyonien und Föderationen von Gemeinden (Irokesen z. B.), aber auch der Markgenossenschaften für lange Zeit nicht annähernd die gleiche feste Konturierung des sozialen Lebens erreichten wie die lokale Gemeinde, die auch die handgreiflichste Form der Herrschaft darstellt. Es muß übrigens noch darauf hingewiesen werden, daß sich die Nachbarschaft auch bei getrenntem Siedeln auswirken kann, wie etwa in der für die USA und Kanada so bezeichnenden *„opencountry neighbourhood"*, die Nachbarschaft auf dem offenen Lande[47]. Dies setzt allerdings eine gewisse Verkehrserschlossenheit und Verkehrsdisposition voraus; andererseits relativiert es den Begriff der Nachbarschaft, die in solchen Fällen nicht unbedingt an enge Räume gebunden ist. Im übrigen hat sie sich in den letzten fünfzig Jahren wesentlich gewandelt, indem sie sich ursprünglich ungefähr auf eine Tagesreise zu Pferde ausdehnte, während der Umkreis dieser Nachbarschaftsform im Zeitalter des Automobils wesentlich weiter geworden ist.

---

[46]Marvin Harris, Town and Country in Brazil. New York 1956, S. 59 ff.

[47]Vgl. Walter H. Terpenning, Village and Open Country Neighbourhood. New York 1931.

Der Zeitraum, in dem lokale Gemeinden mehr und mehr in Erscheinung getreten sein müssen, läßt sich mit überraschend großer Genauigkeit angeben, obwohl wir weit in die Vorgeschichte zurückzublicken haben. Die ursprünglichen Jäger-Sammlerinnen-Kulturen werden nach langer Zeit durch die Jäger-Gärtnerinnen-Kulturen abgelöst; die intensivere Bearbeitung des Bodens wirkt sich natürlich aus in Richtung einer engeren Bindung der Gruppe an den Boden, obwohl diese beim Grabstockbau, wie er zunächst üblich war, für lange Zeiten noch recht prekär sein mußte. Dies ändert sich entscheidend erst mit der weiteren Entwicklung des Ackerbaus, am Beginn noch ohne die Anwendung von Zugtieren, bis schließlich die kombinierten Pflanzer- und Viehzüchter-Kulturen entstehen, die wohl den folgenreichsten Wandel in der menschlichen Kulturentwicklung überhaupt anzeigen. Seit dem Ende der letzten Eiszeit und seit dem jüngeren Paläolithikum muß das System der Jäger-Sammlerinnen-Kulturen zunehmend erweitert worden sein sowohl durch das Auftreten nomadisierender Großviehhirten als auch durch die Entwicklung des Ackerbaus. In die gleiche Zeit fällt auch die Entwicklung der Dorfgemeinden, in unseren Breiten vor allem im mittleren Osten (Mesopotamien) und in Ägypten, wobei die Tatsache, daß die weiter nomadisierenden räuberischen Großviehhirten und Jäger die friedlichen Bauern ständig bedrängten, was diese in befestigte Dörfer trieb. Dies allein zeigt übrigens, daß die geschlossene Hauswirtschaft als isolierte Familienwirtschaft in diesen Zeiten völlig illusorisch ist; in Ägypten jedenfalls sehen wir deutlich, wie sich die Bauern hinter festen Mauern schützen[48]. Das isolierte Haus kann überhaupt erst nach Sicherung des Landfriedens auftauchen und ist insofern überall eine verhältnismäßig junge Erscheinung. Schon in dieser frühen Zeit finden wir eine Reihe verschiedener Gemeindeformen, wobei als wesentlicher Zug hervortritt, daß man Dorf und Stadt zunächst gar nicht unterscheiden kann; denn die befestigte Stadt vereinigt gleichzeitig Bauern, Hirten, Jäger sowie Handwerker und Händler. Dagegen kommt es früh zur Bildung von Kolonie- oder Schwesterstädten, sowie sich die Bevölkerung vermehrt, genau wie später im phönizischen oder vor allem im griechischen Kulturbereich. Daneben gibt es auch Burgen, in deren Schutz die Menschen siedeln; diese Form kam im europäischen Mittelalter zu überragender Bedeutung.

---

[48]Alexandre Moret, Le Nil et la civilisation égyptienne. Paris 1926, S. 48 ff.; ders. und Georges Davy, Des clans aux Empires. L'organisation sociale chez les primitifs et dans l'Orient Ancien. Paris 1923, S. 143.

Ägyptisches Zeichen für Stadt. Es zeigt eine Straßenkreuzung mit Häusern, die von einer Ring-mauer umgeben ist.

(Quelle: Alexandre Moret, Le Nil et la civilisation égyptienne. Paris 1926, S. 48)

Die antike Polis

Uns am nächsten steht aber zweifellos die Entwicklung in Griechenland, wo sich *in der Polis die erste Hochform der Gemeinde entwickelte.* Ursprünglich haben wir auch hier mit Dorfsiedlungen zu rechnen (χωμα), die sich wahr-scheinlich bei Überfällen durch räuberische Nomaden in befestigte Plätze zurückzogen. Mit der Entwicklung der Königsherrschaft (βασίλεια) mögen sich diese Plätze in eigentliche Burgen verwandelt haben. Dies klingt noch nach in einem älteren Ausdruck für Stadt, πτολίεθρον, was soviel wie „Hoch-stadt" oder Bergstadt bedeutet; in diesem Sinne finden wir in den älteren Homerischen Epen noch die Unterscheidung zwischen πολις und άστυ, was entsprechend soviel wie Niederstadt oder Niederburg, also meistens in der Ebene bedeutet. In den jüngeren Homerischen Epen, insbesondere in der *Odyssee,* ist dieser Unterschied verschwunden, und nun wird der Aus-druck *Polis* immer allgemeiner angewandt, sowohl auf ländliche Marktflecken als auch auf die eigentliche Stadt oder besser den griechischen Stadtstaat. Es ist übrigens zu vermerken, daß neben dieser außerordentlichen und einzig-artigen Entwicklung der Lokalgemeinde, die schon Aristoteles dazu brachte, in ihr die höchste Form „politischen" Daseins zu erblicken, die anderen sozialen Grundformen auf verwandtschaftlicher Basis für Jahrhunderte noch lebendig blieben, so der patriarchalische Clan (πατρία oder γένος), die Ver-einigungen von Clans, zumeist als Phratrien (φρατρίαι) bezeichnet, und schließlich die Stämme (φυλαί)[49].

Man kann in der Tat sagen, daß die Lokalgemeinde mit der griechischen Polis ihren einmaligen Höhepunkt in der alten Welt erreicht; denn gerade hier war es, wo der globale Charakter der Gemeinde zuerst anerkannt wurde. Zugleich wurde sie nicht nur in Gegensatz gebracht zu den älteren sozialen

---

[49]Gustave Glotz, La cité grecque. Paris 1928, S. 6 ff.

Grundformen auf verwandtschaftlicher Basis, sondern vor allem zu den großen Reichen, Staatsgebilden und Imperien sowohl des Orients als auch später Roms, in denen die Gemeinde als globale Gesellschaft durch globale Gesellschaften höherer Ordnung verdrängt wurde, ohne natürlich in ihrer sozialen Wirklichkeit zu verschwinden. Nur in Griechenland waren die soziale Gemeindeordnung und die Herrschaftsordnung des Staates identisch. Hier wurde übrigens der Begriff der „Autonomie" oder „Autarkie" mit dem der Gemeinde verbunden. Aber dieser bezieht sich ausschließlich auf *die politische Souveränität der Polis* und hat mit selbstgenügsamer Wirtschaft, so wie sie heute verstanden wird, nicht das Geringste zu tun. Die griechischen *Poleis* lagen nicht nur in einem ständigen Krieg miteinander, sondern sie standen auch in einem regen Handelsverkehr. Die *Polis* war also keineswegs selbstgenügsam; umgekehrt könnte man sagen, daß die Griechen früh zu einem typischen Handelsvolk (seit ca. 8. Jh. v. Chr.) wurden. So wurde denn schon im Jahre 650 v. Chr. in Aegina das erste Münzgeld der westlichen Welt in Umlauf gesetzt, was die Handelsverbindungen beträchtlich erleichtern mußte.

Der französische Historiker der griechischen Sozialgeschichte, Gustave Glotz, faßt seine Analyse in folgender Beschreibung zusammen: „Überall, mit nur einigenₚ Kilometern Abstand, dient ein Hügel als Grenzstein. Ein winziges Gebiet, das sich gegen einen Berg lehnt und von einem Bach in einigen Windungen durchflossen wird, bildet einen Staat. Man muß nur auf die Akropolis steigen, die seine Festung darstellt, um diesen Staat mit einem Blick überschauen zu können. Diese Stadt, diese Felder, diese Weiden, diese Haine und diese Schluchten bilden das Vaterland, das von den Ahnen begründete Vaterland, das jede Generation der folgenden schöner und reicher hinterlassen muß[50]." Und dann noch: „Was ist denn das Vaterland in den Jahrhunderten griechischer Größe? Das Wort selber sagt alles. Es bezeichnet alles, was die Menschen aneinander bindet, die einen gemeinsamen Ahnen, einen gemeinsamen Vater haben... Heute erscheint uns der griechische Patriotismus vielleicht wie ein Kirchturmpatriotismus. Aber dieses Gefühl ist um so intensiver und tiefer, als es sich auf ein kleines Objekt konzentriert. Vom Tage ab, da der Ephebe bei der Volljährigkeit den Bürgereid leistet, schuldet er der *Polis* all sein Denken und sein Blut. Er verschreibt sich mit Leib und mit Seele nicht an eine Abstraktion, sondern an etwas Konkretes, das er alle Tage vor seinen Augen sieht. Die heilige Erde des Vaterlands, das sind der umhegte Platz des Familienbesitzes, die Gräber der Ahnen, die Felder, deren Besitzer er alle kennt, der Berg, wo man Holz schlägt, das Vieh auf die Weide treibt oder Honig sammelt, die Festzeiten, während derer man den Opfern beiwohnt, die Akropolis, die man in der Prozession besteigt. Kurz, die *Polis* ist alles, was man liebt und worauf man stolz ist, jede Generation will all das schöner hinterlassen, als es ihr überliefert worden ist[51]." Die griechische *Polis* beginnt dann übrigens auch bald, Schwesterstädte

[50]Ebenda, S. 33 f.
[51]Ebenda, S. 36.

und Kolonien zu gründen, also neue Gemeinden, die mehr oder weniger planmäßig angelegt wurden.

Aufbau neuer Gemeinden

Wir heben hervor, daß Gemeinden als globale Gesellschaften zwar ein längeres Leben haben als irgendwelche Assoziationen um eines oder weniger Zwecke willen. Prinzipiell können sie aber immer neu entstehen, wie etwa die griechische Antike deutlich zeigt. Dabei gibt es außer der eigentlichen Koloniegründung noch eine ganze Reihe anderer Wege, auf denen solche Neugründungen entstehen. In technisch unentwickelten (also „primitiven") Gesellschaften werden bestehende Gemeinden sehr oft nach einiger Zeit abgebrochen, um nach einer mehr oder weniger langen Wanderung an einem anderen Orte wiederaufgebaut zu werden, da etwa weder der Boden ergiebig noch die Art der Bodenbewirtschaftung rationell genug ist. Dabei können gelegentlich sämtliche Bewohner die ursprüngliche Gemeinde verlassen, wie etwa im präkolumbischen Amerika die Indianer der Großen Pueblokultur im Gebiet der Mesa Verde während der großen Dürre vom letzten Drittel des 13. Jahrhunderts nach Südwesten auswichen. Es kann aber auch eigentliche Koloniebildung eintreten, indem nur die Überschußbevölkerung auszieht und neue Gemeinden gründet. Im übrigen gibt es dieses Verschwinden und Neugründen von Gemeinden genauso im deutschen Mittelalter (und zwar, wie man heute weiß, schon seit dem 13. und 14. Jahrhundert, also längst vor dem Dreißigjährigen Kriege, den man gemeinhin allein für das Verschwinden vieler Gemeinden verantwortlich zu machen pflegt)[52]. Die Gründe dafür sind verschiedenster Art: Raubbau am Boden, Sinken des Grundwasserspiegels als Folge übermäßiger Rodung, Auswanderung, Zug in die Stadt, am wenigsten noch Krankheiten, Seuchen und Kriegsauswirkungen. Aber es bleibt, daß auch „Wüstungen" viel häufiger waren, als man gemeinhin annimmt. Dazu gibt es noch Gemeindeteilungen, aber auch „Auseinandersiedlung" alter Dörfer in Einödhöfe (besonders häufig etwa in Skandinavien). Andererseits bedeuten diese und ähnliche Vorgänge keineswegs immer eine Verminderung der Bevölkerung. Sowohl in Nord- als auch in Südeuropa scheint sich schon früh die Bevölkerung in einer Art Nachahmung von städtischen Lebensformen in sogenannten Großdörfern oder stadtähnlichen Dörfern angesiedelt zu haben, wobei bei den Gründungen des Spätmittelalters häufig die planmäßige Anlage solcher neuen Gemeinden unter landesfürstlichem Einfluß hervortritt. Gelegentlich kann man diesen Ursprung von Neugemeinden heute noch an den häufig geometrischen Grenzen des Gemeindegebiets erkennen. All dies kann auch als Bestätigung für das oben Gesagte

---

[52]Vgl. dazu Berthel Huppertz, Räume und Schichten bäuerlicher Kulturformen in Deutschland. Bonn 1939, S. 131 ff.

genommen werden, nach dem es keinen wesentlichen Gegensatz zwischen „organisch gewachsenen" und „künstlich geplanten" Gemeinden gibt.

Die Gemeinde und der nationale Staat

Von den Verhältnissen in der Welt der Primitiven und in den archaischen Hochkulturen ist die heutige Lage der Gemeindeordnungen in einer wesentlichen Hinsicht unterschieden. Wir müssen nämlich grundsätzlich immer damit rechnen, daß neben der Gemeinde als globaler Gesellschaft noch eine Reihe anderer, und zwar außerordentlich viel gewichtigerer globaler Gesellschaften vorhanden ist, in die sich die Gemeinden einordnen, wie sich vorher einzelne Gruppen (etwa von Familien) in die Gemeinde einordneten. Hierzu gehört vor allem der nationale Staat, gehören aber auch kontinentale Föderationen und Imperien. Dazu kommt noch, daß auf dem europäischen Kontinent in der Regel die politische Autonomie, wie sie für die griechische *Polis* so bezeichnend war, so gut wie restlos schon lange auf die weiteren globalen Gesellschaften (Provinzen, Länder, nationaler Staat) übergegangen ist. Die einzig wesentliche Ausnahme in Europa stellt hierin die Schweiz dar; in Holland und Skandinavien haben sich die Gemeinden auf dem Kontinent ebenfalls länger unabhängig gehalten und spielen auch im öffentlichen Leben eine große Rolle. Im übrigen Europa ist aber die Bedeutung der Kommunen sowohl durch zentralistisches Königtum als auch durch das Landesfürstentum frühzeitig gebrochen worden. In England übt das *„local government"* die lokale Staatsverwaltung aus; die zentralistische Kontrolle erfolgt nur indirekt durch besondere Bedingungen bei der Mittelbeschaffung und der Emission von Anleihen usw. Das heißt also, daß es in England, im Gegensatz zu den Großstaaten des europäischen Kontinents, „keine mittleren und unteren Behörden der staatlichen Verwaltung [gibt],... welche den Anweisungen einer zentralen Staatsbehörde unterstehen"[53]. Die Staatsverwaltung verwirklicht sich hier also durch Gemeindeverwaltung; das hat zur unmittelbaren Folge, daß die Gemeinden in England ein außerordentlich starkes Eigenleben führen, wie sonst nur in der Schweiz. Während aber bei der allgemeinen Unterentwicklung der Sozialwissenschaften in der Schweiz die Gemeinde nie recht zum Gegenstand der Untersuchung, höchstens zum Ausgangspunkt ideologischer Postulate gemacht wurde, entstand der spezielle Zweig der Soziologie, den man als Gemeindeforschung *(community survey)* bezeichnet, zuerst in England, von wo aus er sich vor allem nach den Vereinigten Staaten verbreitete.

Die oben angedeutete Umlagerung der Gewichte, indem neben den Lokalgemeinden höhere Formen der globalen Gesellschaften entstanden sind, hat insofern auf dem europäischen Kontinent bedeutsame Folgen, wie schon

---

[53]Harry Goetz, Die ausländischen Gemeinden im Vergleich zu den deutschen. In: H. Peters (Hrsg.), Handbuch der kommunalen Wissenschaft und Praxis, a.a.O., S. 598.

Max Weber hervorgehoben hat, als jetzt das Gebilde Gemeinde „in vollem Sinne erst durch die Beziehung zu einem, eine Vielheit von Nachbarschaften umgreifenden politischen Gemeinschaftshandeln gestiftet wird"[54]. Damit tritt natürlich der „Anstaltscharakter" der Gemeinde als öffentlich-rechtlicher Korporation stärker hervor und leitet die Trennung des kommunalwissenschaftlichen vom soziologischen Gemeindebegriff ein. So werden dann nach Verwaltungsgesichtspunkten Dinge als gleich behandelt, die soziologisch außerordentlich verschieden sind, z. B. die „Ortsgemeinde" einerseits und die „Gemeindeverbände" höherer Ordnung andererseits, die so gut wie ausschließlich Schöpfungen des modernen Staates sind. Bei ihnen verschwindet vor allem die Vorstellung einer begrenzten *lokalen* Einheit und wird durch weitere *Territorien* ersetzt, womit das Phänomen der räumlichen Nähe oder Nachbarschaft weitgehend ausgeschaltet wird, das von der Gemeinde im strengen (soziologischen) Sinne unablösbar ist. Da die Gemeindeverbände höherer Ordnung auch nicht darauf ausgerichtet sind, Untergemeinden von einigermaßen verwandtem Typ zusammenzufassen, kann man sie auch nicht mit dem wichtigen geographischen Begriff der „Soziallandschaft" vergleichen.

Die innere Differenzierung der Gemeinde

Andererseits aber erhält gerade mit dieser Entwicklung, was keineswegs unterschätzt werden darf, eine ganze Reihe gemeindlicher Tätigkeiten (Gemeindewirtschaft, Gemeindefinanzen, Gemeindeverwaltung, kommunale Sozialpolitik usw.) eine schärfere Profilierung, und zwar interessanterweise völlig unangesehen der Frage, ob eine weitgehende Selbstverwaltung oder nur eine staatlich delegierte Verwaltung gegeben ist. In beiden Fällen kommt es mit der Differenzierung des modernen sozialwirtschaftlichen Lebens zum Ausbau verschiedener institutioneller Funktionskreise in der Gemeinde, die deutlich voneinander geschieden sind. Damit wird der Charakter der Gemeinde als globaler Gesellschaft stärkstens unterstrichen, wenn man sich nur darüber klar bleibt, daß der körperschaftliche Charakter der Gemeinde soziologisch keineswegs alles und auch nicht das Wichtigste ist. Darum kann heute auch weder die Kommunalwissenschaft noch die kommunale Praxis der Hilfe der Soziologie entbehren. Das eigentliche Leben kommt der Gemeinde eben zu aus einer Fülle sozialer Beziehungen, Vorstellungen, Glaubensbestandteilen, Organisationen, Deputationen, Vereinen und Assoziationen verschiedenster Art, vor allem aus Klassen- und Prestigeschichtungen u.ä. mehr. Dem entspricht übrigens auch, daß der Ermessensgesichtspunkt, der sich aus dem überkörperschaftlichen, realen sozialen Leben der Gemeinde nährt, im Verwaltungsrecht der Gemeinden einen viel

---

[54]Max Weber, Wirtschaft und Gesellschaft, 4. Aufl. Tübingen 1956, S. 199.

größeren Raum einnimmt als sonst, wodurch auch der lokalen Sitte eine größere Bedeutung eingeräumt wird. Das heißt natürlich auch, daß die Organisationen (politischen Parteien) und Verbände im Verwaltungsrecht der Gemeinde soziologisch nicht unbedingt wichtiger sind als freie und spontane Assoziationen wie ein Klub oder ein Verein, ad usum gebildete Wohltätig-keitszirkel, Initiativkomitees oder Kränzchen, denen anzugehören für den Neubürger etwa von so großer Bedeutung sein kann, daß sich damit sein Einleben oder Nichteinleben entscheidet, oder auch informelle Gruppen, Cliquen, Klüngel, die hinter den Kulissen oft einen ungreifbaren, darum aber unter Umständen um so nachhaltigeren und wirksamen Druck auf die Gemeindegeschäfte ausüben, einzelne Prestigepersönlichkeiten oder lockere Freundschafts- und Interessenbeziehungen zwischen ihnen, in kleinen Gemeinden „Stammtische" usf. Die soziologische Untersuchung einer Gemeinde ist ganz besonders an solchen Schwerpunkten interessiert, die nicht nur für das soziale „Prestige", sondern vor allem für die „Meinungs-bildung" (und damit auch für die Wertgestaltung) in der Gemeinde von größter Bedeutung zu werden vermögen.

V. Die Gemeinde als globale Gesellschaft auf lokaler Basis (Das Prinzip der Nachbarschaft)

Von der zu engen oder der zu weiten Verwendung des Begriffs Gemeinde

Wenn wir die Gemeinde, wie oben bereits angebahnt, als eine globale Gesell-schaft auf lokaler Basis bezeichnen, so muß sie damit *sowohl von weiteren Zusammenhängen* etwa regionaler (Gebiet, Landschaft) oder nationaler Natur auf territorialer Basis (das „Gemeinwesen", *Commonwealth) als auch von kleineren Erscheinungen,* die nicht den Charakter globaler Gesellschaften haben, *unterschieden werden.* In beiden Richtungen sind Verwechslungen häufig und haben in der Literatur viel Verwirrung gestiftet.

Wir haben schon früher die übermäßige Ausdehnbarkeit des englischen Begriffs „*community"* hervorgehoben. Dieser reicht im Grunde von der Ver-bindung zweier Personen bis zum Totalzusammenhang der Menschheit *(community of mankind).* Während es nun relativ leicht fällt, diese allzu über-spannten Bedeutungen auszuschalten, liegt es schwieriger mit der Auflösung einer allzu engen Bedeutung, weil dieser im realen Gemeindeleben vieles ent-gegenzukommen scheint. Hierbei stehen mindestens *drei Möglichkeiten der Verwechslung* offen.

1. Der Begriff der „*community"* wird speziell im Englischen sehr oft auch auf *Teile* einer eigentlichen Gemeinde angewandt. Dazu gehören Dorf-teile, Stadtquartiere, Wohnsiedlungen, aber auch bloße Nachbarschaften. Selbst wenn nun diese Teile von Gemeinden in sich einen ziemlich komplexen Charakter aufweisen, so wird man sie doch niemals als globale

Gesellschaften bezeichnen können, als soziales Totalphänomen. Auch da, wo Stadtquartiere aus ursprünglich selbständigen Gemeinden erwachsen sind, ist doch mit ihrem Zusammenwachsen entschieden, daß sie keine selbständigen Gebilde mehr darstellen und in eine größere Einheit eingegangen sind. Diese Verwendung des Begriffs *community* widerspricht also der Definition der Gemeinde. Im Deutschen sollte man dafür nur den Ausdruck „Teilgemeinde" verwenden oder ähnliches (z. B. in der Großstadt-Soziologie).

2. Gelegentlich wird, ebenfalls im Englischen, der Begriff *community* auch auf kleinere, relativ *ephemere Gruppen* angewendet, die für sich bestehen können oder auch am Rande größerer Siedlungseinheiten auftreten. Dazu gehören provisorische Wohnkolonien (von Schrebergärten bis zu den afrikanischen *„Bidonvilles"), Trailer Camps* an einer Baustelle (häufig in den USA bei den großen Bauvorhaben der *Tennessee Valley Authority* oder beim Bau von Atomwerken), auch am Rande von großen und mittleren Städten, schließlich aber ganz vorübergehende Gebilde wie etwa die Passagiere eines großen Ozeandampfers oder die Mitglieder eines Dislokationslagers von Japano-Amerikanern während des Krieges, wie es Alexander Leighton[55] analysierte. In allen diesen Fällen darf der Begriff jedoch nur im übertragenen Sinne angewendet werden, genau wie man im Deutschen sagt, „sie waren wie eine einzige große Familie", ohne dabei an eine wirkliche Familie zu denken. Auch hier fehlt ein wesentliches Merkmal, das oben bereits erwähnt wurde, als wir sagten, daß alle globalen Gesellschaften eine gewisse Dauer in der Zeit haben, im Laufe derer sie geradezu „Eigenzeiten" zu entwickeln vermögen. Wir bemerken, daß die Grenzen bei unseren Beispielen natürlich insofern flüssig sind, als bei längerer Dauer eines Provisoriums aus ihm in der Tat eine Gemeinde im strengen Sinne entstehen kann.

3. Speziell im Deutschen wird der Begriff Gemeinde noch in anderer Weise auf zu enge Erscheinungen angewendet. Dies ist etwa durchgehend der Fall bei den Begriffen „Kirchgemeinde", „Schulgemeinde", Holz- oder Waldkorporation u.ä. Hiermit sind aber in Wahrheit entweder nur einzelne Funktionskreise der komplexen Gemeinde gemeint, z. B. Schule, Kirche, oder Assoziationen bzw. korporative Gebilde zur Verfolgung eines bestimmten Zweckes, wie Holzverwertung. Beides ist aber völlig verschieden vom Gemeindebegriff im strengen Sinne, da jede Gemeinde als globale Gesellschaft aus einer unbestimmten Vielheit sozialer Funktionskreise und Assoziationen zur Verfolgung eines bestimmten Zweckes besteht. So wird etwa im schweizerdeutschen Wortgebrauch statt Schulgemeinde gelegentlich der viel angemessenere Ausdruck der „Schulpflege" verwandt. Im deutschen Sprachgebrauch würde es sich dabei im strengen

---

[55]Alexander H. Leighton, Human Relations in a Changing World. New York 1949.

Sinne um eine Deputation handeln. Bei der Kirchgemeinde ist die Sache insofern schwieriger, als, wie wir bei der Besprechung der Wortgeschichte gesehen haben, die religiöse Doppelbedeutung des Wortes Gemeinde schon recht alt ist. Im übrigen dürfte sich hierbei wohl, dem besonderen Gegenstand angemessen, der Ausdruck Gemeinschaft eher anbieten als der der Gemeinde.

Gemeinde- und Gebietsuntersuchungen

Während aber die Entscheidung bei einer zu engen Verwendung des Begriffs Gemeinde relativ leicht fällt, liegt die Sache bei manchen Fällen einer zu weiten Bedeutung wesentlich schwieriger. Im übrigen wurde dieser Punkt in jüngster Zeit durch den amerikanischen Anthropologen Julian Haynes Steward aufgegriffen, auf den sogleich zurückgekommen werden soll, nachdem wir einige grundsätzliche Erörterungen vorausgeschickt haben.

Zunächst müssen wir das Mißverständnis abwehren, als sei das Merkmal der *Gemeindegröße* hier in irgendeiner Weise wichtig. Gewiß gibt es große und kleine Gemeinden mit entsprechenden Strukturunterschieden, aber sie passen doch alle in unsere zentrale Definition, nämlich globale Gesellschaften zu sein. Eine Gemeinde mit nur 250 Einwohnern vermag dieser Definition unter Umständen durchaus zu genügen, während ein Stadtquartier mit Tausenden, ja Zehntausenden von Einwohnern das nicht tut. Umgekehrt muß beachtet werden, daß sich auch eine sehr große Gemeinde auf eine Lokalität beschränkt, womit sie deutlich von allen *territorialen* sozialen Gebilden unterschieden ist; selbst wenn sie mit ihnen alle Funktionskreise gemeinsam hätte, so würde doch immer das Moment der relativen räumlichen Nähe und der Einheit im Raum fehlen, und das noch ganz abgesehen von dem Umstand, daß es den Gemeinden übergeordnete territoriale Globalgesellschaften gibt. Gemeinde ist also immer *Orts-Gemeinde* im strengen Sinne, wobei wir den Begriff hier sowohl in seiner kommunalwissenschaftlichen als auch in seiner (weiteren) soziologischen Bedeutung nehmen, die beide nicht ausschließen, daß zu einer Gemeinde immer auch ein „Gemeindegebiet" gehört. Dies ist aber von einem eigentlichen Territorium völlig verschieden, *auf dem sich grundsätzlich immer mehrere Gemeinden befinden,* selbst beim Typus der *Polis,* die in dieser Hinsicht auf dem Höhepunkt der antiken Gemeindeentwicklung den Rahmen bereits zu überschreiten beginnt wie die italienischen oder schweizerischen Stadtstaaten und die Freien und Hanse-Städte in Deutschland. Diese räumliche Begrenzung der Gemeinde bildet auch die Voraussetzung für die Auswirkung der „Nachbarschaft" als Vergesellungsprinzip, das einzig in den seltenen Fällen der *„open country neighbourhood"* über etwas größere Räume reicht.

In den meisten Fällen ist es mit einem Blick zu erfassen, ob eine gegebene Siedlung im Sinne der Soziologie als Gemeinde betrachtet werden kann. Wir meinen das im Falle der kleinen Gemeinde übrigens wörtlich, indem der Umkreis der unmittelbar Zusammengehörigen durch das räumlich enge Zusammensiedeln bestimmt ist. Man kann dann die Wirklichkeit der Gemeinde buchstäblich „sehen". Wahrscheinlich war dies schon so bei der griechischen *Polis;* deutlich können wir dies erfahren bei zahllosen spätmittelalterlichen Gemeinden in Sizilien und Italien, die sich auf Bergplateaus zurückgezogen haben. Ähnliche Erscheinungen finden wir in aller Welt. Neuerdings verwendete der französische Soziologe Paul Henry Chombart de Lauwe die Luftphotographie, um in höchst eindrücklicher Weise die Gemeindeeinheit optisch greifbar zu machen[56]. Dieses Hilfsmittel kann natürlich auch gegenüber umfassenderen Gebilden wie Groß und Weltstädten angewendet werden[57]. In anderen Fällen mag der Nachweis des unmittelbaren Gebiets einer Gemeinde schwieriger sein und umfangreichere Nachweise benötigen, wie es etwa erfolgreich bei der Darmstadt-Untersuchung geschehen ist, die sogar Stadt und Hinterland als Einheit betrachtet[58].

Die bedeutsamsten Überlegungen über die regionale Reichweite von Gemeindeuntersuchungen stellte aber der bereits erwähnte Steward an. Seine Analyse ist denn auch viel diskutiert worden. Er kennzeichnet – abgesehen von der eigentlichen Ethnologie und Kulturanthropologie – die Soziologie der Gemeinde noch immer als „defektiv"[59], da sie es vernachlässige, die Gemeinden in einem weiteren Zusammenhang zu untersuchen, eben im Rahmen einer Gebietsuntersuchung *(area research).* In der Tat darf man es wohl als einen Grundsatz ansehen, daß es für einen Nicht-Ethnologen eine Gemeinde als etwas für sich allein Existierendes nicht geben kann; das gleiche gilt für den Ethnologen wie für den Prähistoriker, insbesondere, wenn wir an das Phänomen des Fernhandels denken. Für die fortgeschrittenen Industriegesellschaften von heute kann und darf Gemeinde immer nur Teil eines größeren Zusammenhangs sein. Dabei wird es dann wichtig zu wissen, in welcher Weise sich die Gemeinde in diese weiteren Zusammenhänge einbettet; nicht immer ist es ja so einfach wie beim Verhältnis von Gemeinde und Hinterland oder Einzugsgebiet. Umgekehrt kommt es unter Umständen darauf an, den genauen Einfluß abzustecken, der von globalen Gesellschaften höherer Ordnung auf diese Gemeinden ausgeübt wird. Damit eröffnen sich grundsätzlich zwei Möglichkeiten: Einmal können wir die Struktur einer Gemeinde als repräsentativ ansehen für die Struktur vieler Gemeinden in der größeren globalen Gesellschaft (Region, Provinz, Nation); oder aber wir können sie als repräsentativ ansehen für die Kulturwerte der größeren

[56]Paul Henry Chombart de Lauwe, Découverte aérienne du monde. Paris 1949; ders., Photographies aériennes. L'etude de l'homme sur la terre. Paris 1951.

[57]Ders., Paris et l'agglomération parisienne, 2 Bde. Paris 1952.

[58]Vgl. zur Einführung Christian von Ferber, Die Gemeindestudie des Instituts für sozialwissenschaftliche Foschung, a.a.O.

[59]J. H. Steward, Area Research, a.a.O., S. 51.

Gruppe. Im ersten Falle erfassen wir bestimmte strukturelle Eigenheiten und Probleme, die auch an anderen Orten wiederkehren. So verfährt etwa Ivan Gadourek in seiner Analyse der holländischen Gemeinde Sassenheim, die als Repräsentant für viele andere Gemeinden genommen wird[60]. Er zeigt, wie diese Gemeinde aufgrund ihrer Zergliederung in drei religiöse Hauptgruppen (Katholiken, Holländische Reformkirche und Calvinisten) zu keiner inneren Einheit kommen kann, und spricht gleichzeitig die Vermutung aus, daß diese Gemeinde eine Art von Prototyp für das Gemeindeleben in Holland überhaupt darstellt. Es ist klar, daß damit die einzigartigen Züge von Sassenheim zu kurz kommen müssen, obwohl sie nicht völlig vernachlässigt werden. Im zweiten Falle erfassen wir bestimmte Züge *(traits)* und Kulturwerte in ihrer konkreten Auswirkung an einem klar übersehbaren Kreise von Menschen, die vielleicht eine Region im ganzen bestimmen, etwa eine Sub-Kultur wie das Liegeois in der Untersuchung von „Château Gérard" durch Harry-Holbert Turney-High, wobei auch die zeitliche Perspektive und die Geschichte sehr klar hervortreten[61]. In diesem Falle wird es klar, daß mit dem Absinken der ursprünglich eigenen (wallonischen) Sprache zum bloßen Dialekt der unteren Schichten und Ungebildeten die Mikrokultur von Château-Gérard allmählich in dem größeren Ganzen des Condroz oder des Liegeois aufgeht und damit auch alle Ferneinflüsse erfährt, denen diese Regionen unterworfen sind. Dieses kulturelle Interesse kann natürlich auch weiter reichen als über eine Sub-Kultur und am Beispiel einer Gemeinde eine Kultur im ganzen zu erfassen suchen, wie so viele anthropologische Gemeindeuntersuchungen oder auch Untersuchungen von Gemeinden in fortgeschrittenen Industriegesellschaften, die durch Anthropologen durchgeführt wurden, so etwa die ausgezeichnete irische Gemeindeuntersuchung von Conrad M. Arensberg und Solon T. Kimball[62].

Von der Gemeinde als Mikrokultur

Während nun die erste hier charakterisierte Betrachtungsweise die Tendenz hat, sich in eigentlichen „Problemstudien" und in den Analysen besonderer Formen von sozialen Beziehungen darzustellen, führt die zweite zur Analyse spezifischer Kulturen und Sub-Kulturen. Nachdem Arensberg in einer früheren Arbeit[63] den Problemcharakter von Gemeindeuntersuchungen

---

[60]Ivan Gadourek, A Dutch Community. Leiden 1956.

[61]Harry-Holbert Turney-High, Château Gérard. Time and Life of a Walloon Village. Columbia, South Carolina, 1953.

[62]C. M. Arensberg und Solon T. Kimball, Family and Community in Ireland. Cambridge, Mass., 1948 (zuerst 1940), S. XXVII.

[63]C. M. Arensberg, The Community Study Method. In: American Journal of Sociology LX (1954).

betont hatte, hebt er in einer jüngeren Abhandlung gerade die kulturellen Aspekte der Gemeindeforschung hervor und gibt selber eine ausgezeichnete und gedrängte Darstellung der Gemeindetypen in den Sub-Kulturen der Vereinigten Staaten[64]. Damit erscheint ihm die Gemeinde als „kultureller Mikrokosmos". Was hier intern für die USA gezeigt wird, hatte er in anderem Zusammenhang schon bei der vergleichenden Betrachtung verschiedener Gemeindetypen in verschiedenen nationalen Gesellschaften hervorgehoben[65].

Gewiß ist es richtig, die Gemeinde als kulturellen Mikrokosmos zu sehen, der ein Muster darstellt für einen weiteren Kreis, und im Sinne von Steward die Gemeindeuntersuchungen in Gebietsuntersuchungen einzubetten. Eine autonome Gemeinde, die irgendwie selbstgenügsam und autark wäre, gibt es in fortgeschrittenen Gesellschaften nicht. Auch in sogenannten unterentwickelten Gebieten sind die Gemeinden trotz ihrer Subsistenzwirtschaft durch zahlreiche Fäden mit weiteren Zusammenhängen verbunden. Einzig in wenigen primitiven Gruppen mag es noch relativ isolierte und teilweise autarke Gemeinden geben, doch auch da ist es fraglich. Aber selbst wenn wir damit rechnen müssen, so dürfen wir doch genauso annehmen, daß es wesentlich mit zum Begriff der Gemeinde gehört, *daß sie genaue Grenzen im Raume hat, innerhalb derer sich der Nachbarschaftszusammenhang aufbaut, und daß sich die Bürger einer Gemeinde deutlich als von denen anderer Gemeinden verschieden empfinden.* Trifft es schon zu, daß die Gemeinde das Muster einer umfassenderen Kultur ist (also Mikrokosmos zum zugeordneten Makrokosmos), so ist sie gleichzeitig *eine eigene Mikrokultur mit eigener Individualität und eigenen Traditionen.* Selbst wenn viele Funktionen von der Gemeinde weggenommen und auf weiterreichende bürokratische Großorganisationen des Staates übertragen worden sind, so hat doch andererseits auch der Bereich der kommunalen Angelegenheiten ungeheuer zugenommen. Deutlich kann man dies an der Verwaltung von Großstädten sehen, die unter Umständen komplizierter ist als die von ganzen Staaten.

Schließlich bleibt aber noch ein entscheidender Zug, der für den Soziologen von größter Bedeutung ist: Selbst wenn es wahr ist, daß über der Gemeinde globale Gesellschaften höherer Ordnung stehen, so ist es doch für den konkreten Menschen noch immer so, daß ihm gesellschaftliches Leben außerhalb der Familie zuerst an der näheren Nachbarschaft, dann in der Gemeinde zum anschaulichen Erlebnis wird. Man darf die Bedeutung dieses Erlebnisses nicht unterschätzen; denn niemals wird man ein analoges unmittelbares Erlebnis abstrakter bürokratischer Großorganisationen annehmen können. Damit ist zunächst eine einigermaßen klare Antwort auf die regionale und kulturelle Einordnung der Gemeinde gefunden. Die regionale Einordnung wird vor allem nach den gegebenen Verbindungen

---

[64]Ders., American Communities. In: American Anthropologist LVII (1955).

[65]Ders., Ergebnisse der deutschen Gemeindestudie im internationalen Vergleich. In: G. Wurzbacher (Hrsg.), Das Dorf im Spannungsfeld industrieller Entwicklung, a.a.O.

mit der näheren und ferneren Umgebung fragen müssen, ohne darum die Begrenzung des Eigenraumes der Gemeinde zu übersehen. Die kulturelle Einordnung wird vor allem die Überleitung kultureller Verhaltensmuster regionaler oder weiterer Natur im Aufbau der sozialkulturellen Person auf das einzelne Individuum verfolgen müssen, ohne darum zu vergessen, daß die Gemeinde nicht nur kultureller Mikrokosmos, also Widerschein eines größeren ist, *sondern schließlich geradezu selber eine Mikrokultur oder Sub-Kultur in einem verwandten kulturellen Raume darstellt.*

Das Prinzip der Nachbarschaft und die faktische Nachbarschaft

Der wesentliche Grund, der uns jedoch veranlaßt, Gemeindeuntersuchungen von weiteren Gebietsuntersuchungen abzuheben, liegt in der Tatsache begründet, daß Gemeinde vor allem Ortsgemeinde ist, in der das Vergesellungsprinzip der Nachbarschaft tragend ist, genau wie in anderen Gebilden die Verwandtschaft. Das *Prinzip der Nachbarschaft* muß aber, wie oben schon im vorher gehenden angedeutet, *von der konkreten oder faktischen Nachbarschaft unterschieden werden,* was – ihr zum Nachteil der begrifflichen Klarheit – so gut wie nie geschieht. Bei konkreter oder faktischer Nachbarschaft wird natürlich zumeist an die ländliche Gemeinde gedacht, wobei oft der Gedanke mitschwingt, daß dies die einzige und wesentliche Form der Nachbarschaft sei, die in städtischen Verhältnissen dagegen mehr und mehr verschwinden soll. Dies stellt aber eine völlig unbegründete Behauptung aus dem großen Reservoir romantischer Bilder dar, die jedesmal auftauchen, wenn von Gemeinde gesprochen wird. Was beim Dorf hervortritt, ist zunächst das Prinzip der Nachbarschaft als Grundlage des Zusammenlebens. Dies kann, wie immer im sozialen Leben, sowohl zu positiven als auch zu negativen sozialen Akten führen. Es ist äußerst bezeichnend, daß auf dem Dorfe die Erscheinungsweisen des Prinzips der Nachbarschaft, nämlich Bittarbeit, Bittleihe u.ä. einzig unter besonderen Umständen hervortreten (dringliche oder schwere Arbeiten, Not, Naturkatastrophen, Unfall), während sich unter durchschnittlichen Verhältnissen sogar eine ausgesprochene Distanzierung findet (vor allem in der ländlich-bäuerlichen Gemeinde; denn der Bauer scheut nichts so sehr wie die Einmischung in seine Angelegenheiten). Umgekehrt zeigt sich, wie bereits Weber hervorgehoben hat, daß dieses Prinzip, das ganz allgemein in jeder „durch räumliche Nähe und dadurch gegebene chronische oder ephemere Gemeinsamkeit einer Interessenlage" wirkt, *keineswegs ein Spezifikum der ländlichen Siedlung darstellt, sondern sich genauso in der Stadt und in der Großstadt findet,* wenn sich auch die Erscheinungsweisen der Nachbarschaft wandeln mögen. Vor allem aber ist das Gemeinschaftshandeln auf Basis der Nachbarschaft in der ländlichen Siedlung eine ausgesprochene Ausnahme, selbst wenn es, wie schon erwähnt, unter typischen Formen wiederkehrt; gerade das tut es aber in der Stadt auch.

Von der Mannigfaltigkeit der Nachbarschaften

Nicht hierin liegt jedoch die größte Schwierigkeit des Verständnisses, sondern noch in einem zweiten Umstand, der noch weniger als der erste in seiner grundsätzlichen Bedeutung erkannt zu werden pflegt. Bisher wurde ganz allgemein vom Prinzip der Nachbarschaft die konkrete Nachbarschaft unterschieden, als deren Prototyp so dann die ländliche Gemeinde aufgeführt wurde. In der Verwechslung des Prinzips mit der konkreten Nachbarschaft kommt es jedoch zu der völlig abwegigen Vorstellung, die mehr oder weniger ausgesprochen vielen Darstellungen zugrunde liegt, *das Dorf oder die kleine Ortsgemeinde bildeten in dem Sinne einen Nachbarschaftsverband, als stellten sie eine einzige Nachbarschaft dar.* Dazu kommt dann meist noch die Vorstellung von der leichten Überschaubarkeit der Verhältnisse und einer gegenseitigen Vertrautheit. Auch dies entspringt einer durchaus romantischen Auffassung vom Substanzcharakter der Gemeinde, die alle wirklichen Differenzierungen und Trennungen übersieht. Gerade wenn wir aber die Gemeinde als eine globale Gesellschaft ansehen, in der nicht nur verschiedene Funktionskreise, sondern auch viele verschiedene Teilgruppen, Prestigeordnungen und soziale Klassen gegeben sind, müssen wir annehmen, daß parallel zur Differenzierung der wirtschaftlichen Interessen (Bauern, Pächter, Landarbeiter, Arbeiter, Beamte, Angestellte, Handwerker, Händler usf.) auch eine nachbarschaftliche Differenzierung in dem Sinne hinzutritt, *daß selbst ein relativ kleines Dorf mehrere Nachbarschaften als Formen des in allernächster Nähe gemeinsamen Wohnens umfaßt,* wobei die Mitglieder durch persönliche und freundschaftliche Beziehungen miteinander verbunden sind. Im Gegensatz zum Prinzip der Nachbarschaft bezeichnen wir diese konkreten Nachbarschaften *als „integrierte Nachbarschaften".* Schon die Dorfgemeinde als wichtigste Form der Verwirklichung des Nachbarschaftsprinzips *zerfällt in der Tat regelmäßig in mehrere konkrete oder integrierte Nachbarschaften,* die entweder durch Verwandte oder durch Freundschaften, Cliquen, gleiche Klassenlage, gemeinsame kulturelle Züge und ähnliches getragen werden. Im übrigen sind diese konkreten Nachbarschaften in kleinen Gemeinden oft ungemein schwer auszumachen, weil sie keineswegs fein säuberlich nebeneinander liegen, so daß es ein leichtes wäre, ihre gegenseitigen Grenzen zu bestimmen, sondern einander auf die überraschendsten Weisen durchdringen. Der Charakter der relativ leichten Überschaubarkeit gilt vor allem – vielleicht ausschließlich – für diese kleinsten konkreten Nachbarschaftskreise, während es – selbst bei einem relativ kleinen Dorf – durchaus unbestimmt ist, ob er für die Dorfgemeinde im ganzen zutrifft.

Wir werden diesem Problem wieder begegnen, wenn wir die Frage nach der „Integration" der Gemeinde aufrollen werden. Allgemein kann jedoch jetzt schon gesagt werden, daß die Kleinheit der Verhältnisse keineswegs ohne weiteres eine Garantie dafür gibt, daß sich die Tatsache des räumlichen Zusammensiedelns auch in einer unmittelbaren nachbarschaftlichen Integration auswirken muß. In diesem Sinne hat man von der rein physischen

Nähe oder Ferne die „funktionale Distanz" unterschieden[66]. Es kann sein, daß Leute, die zwar räumlich nahe beieinander wohnen, aber aufgrund irgendwelcher Umstände (Anordnung der Verkehrswege und ähnliches) einander selten sehen oder treffen, keine Kontakte und Interaktionen haben. Man kann ferner vielleicht sagen, daß, wenn schon Interaktionen zu näherer Vertrautheit führen, die Betreffenden, die räumlich einander nahe sind, auch eine bessere Chance haben, freundliche Beziehungen zueinander auszubilden. Darüber hinaus ist aber die räumliche Nähe eine Art Schwelle, jenseits derer sich ganz andere Faktoren auszuwirken beginnen. Insgesamt scheint also die rein physische Nähe, wenn nichts anderes hinzukommt, nur recht lockere Beziehungen zu schaffen. So zeigt sich, daß häufig kulturelle Affinitäten oder Idiosynkrasien entweder räumliche Nähe wirkungslos machen oder früher bestehende Verhältnisse der Nachbarschaft mit der Zeit zu ersetzen vermögen.

Die Nachbarschaft als Interaktionssystem

Charles P. Loomis und J. Allan Beegle haben diese Frage in höchst interessanter Weise aufgegriffen und kommen zu folgendem Schluß: „... man sollte sich darüber klar sein, daß die frühere Agrarsoziologie äußerst unrealistisch war, als sie Nachbarschaften als synonym mit Cliquen und Gruppen mit gegenseitiger Hilfe ansah. Wenn man einzig Menschen, die nahe beieinander wohnen, als zur Nachbarschaft zugehörig ansehen wollte, und wenn jeder Nachbar mit allen anderen nachbarschaftlich umginge und somit ein einziges soziales System entstünde, dann würden Cliquen und Nachbarschaft in der Tat identisch sein. Jedermann, der in ländlichen Gebieten gelebt hat, weiß genau, daß geographische Nachbarschaften nur selten in diesem Sinne einheitliche soziale Systeme bilden. In der Tat sind die meisten ländlichen Nachbarschaften und Gemeinden mit starken Interaktionen zwischen den einzelnen Familien und Individuen aus mehreren Interaktionssystemen aufgebaut. In den meisten Dörfern und Nachbarschaften gibt es sehr häufig bittere Fehden und Spaltungen zwischen mehreren sozialen Systemen... Obwohl diese Systeme auf dem gleichen kleinen Gebiete leben, nehmen sie doch verschiedene Plätze in der Klassenordnung ein und haben nur wenige Beziehungen miteinander. Es ist lächerlich, soziale Systeme aus verschiedenen Klassen-Systemen, die innerlich solidarisch, aber äußerlich antagonistisch sind – in eine Einheit zu pressen, die man Nachbarschaft nennt, und diese Einheit in der gleichen Weise anzusehen wie eine Clique, einen Freundschaftsverband oder eine Gruppe mit gegenseitiger Hilfe[67]."

---

[66]Leon Festinger, Stanley Schachter und Kurt Back, Social Pressures in Informal Groups. New York 1950.

[67]Charles P. Loomis und J. Allan Beegle, Rural Social Systems. New York 1950, S. 135 f.

An einem Beispiel wissen die Verfasser diese sehr grundsätzlichen Ausführungen höchst einleuchtend zu illustrieren[68]. Es handelt sich hierbei um eine Neusiedlung im Staate Arkansas. Hier zeigte sich, daß unmittelbar nach der Niederlassung die Nachbarn einander bei der Arbeit und mit Werkzeugen aushalfen oder einander besuchten; die Nachbarn waren jene, die ihre Parzellen rein zufällig in der Nähe voneinander zugewiesen erhalten hatten. Daß diese Gruppen wirkliche Cliquen bildeten, erwies sich daran, daß sie etwa gemeinsame Entscheidungen fällten über das Verbleiben in der Siedlung oder das Ausscheiden aus ihr. Die Ausscheidenden wohnten in der Tat dicht beieinander und bewiesen auch eine Tendenz, sich gegenseitig häufig Besuche abzustatten. Zwei Jahre später wurde die gleiche Siedlung nochmals untersucht, und jetzt zeigte sich eine völlige innere Umschichtung, indem die verbliebenen Familien ihnen zusagendere Beziehungen in teilweise beträchtlicher Distanz pflegten. Diese Verhältnisse konnten erst erkannt werden, nachdem die *Soziometrie* der Forschung Mittel an die Hand gegeben hatte, die feinen Verästelungen gegenseitiger Beziehungen in einem gegebenen sozialen Gebilde von einiger Komplexität aufzuweisen. Damit erweist sich auch *die Unzulänglichkeit jener Versuche, Nachbarschaft etwa linear einzukreisen.* In Wahrheit durchdringen einander die Nachbarschaftsgruppen auf höchst komplizierte Weise, die sich nicht in einfachen Raumgestalten darstellen läßt. Es scheint allgemein so zu sein, daß sich räumliche Nähe *allein und unmittelbar* nur bei neu gebildeten und vielleicht sogar zeitlich befristeten Gebilden als wesentlicher Faktor bei der Ausgestaltung sozialer Interaktionen darstellt, vorausgesetzt, daß wir Nähe und Ferne nicht rein physisch, sondern im Sinne der „funktionalen Distanz", wie schon erwähnt, verstehen. Später werden aber ganz andere Faktoren wirksam, so daß wir uns an den Gedanken gewöhnen müssen, die etwas naive Auffassung von Nachbarschaft, wie sie in der älteren Soziologie überwog, allmählich durch eine kritischere Betrachtungsweise zu ersetzen. Dabei trifft es sich insofern günstig, als Albert Meister in seiner Untersuchung von vier französischen Siedlungsgenossenschaften (eine in Bordeaux, zwei in Valence, eine bei Paris) genau die gleichen Erfahrungen machen konnte wie Loomis in Amerika; dies läßt uns mit Recht vermuten, daß es sich also nicht um eine lokale Besonderheit, sondern wirklich um eine allgemeine Gesetzlichkeit handelt. Im Falle dieser Siedlungen zeigte sich, daß die anfänglichen Nachbarschaftsbeziehungen mit der Zeit durch klassenmäßig begründete Beziehungen ersetzt wurden[69].

[68]Ebenda, S. 137–144.
[69]Albert Meister, Coopération d'habitation et sociologie du voisinage. Paris 1957.

Von den Grenzen der Nachbarschaft

Die Bedeutung dieser Entscheidung zeigt sich unter anderem auch daran, daß in jüngster Zeit manche Soziologen allgemein in der Bewertung der Nachbarschaft als Vergesellungsprinzip recht zurückhaltend geworden sind[70]. Andere wieder möchten das Problem nur auf die Stadt und die Großstadt beschränken, da sie davon ausgehen, daß in sehr kleinen Siedlungen Gemeinde und Nachbarschaft identisch seien und sich dementsprechend keine Unternachbarschaften, wenn wir einmal so sagen dürfen, aufbauen könnten, was hingegen in der Stadt regelmäßig der Fall sei. Im allgemeinen könne man sagen, daß die Größe der Nachbarschaften im umgekehrten Verhältnis zur Größe der Gemeinde variiere, so daß in großen Städten eine Nachbarschaft etwa nur aus einem einzigen Block bestehen könne[71]. Abgesehen davon, daß selbst sehr kleine Dörfer sicher mehrere Nachbarschaften umfassen können, sowie man nicht nur den Raum, sondern die Interaktionen und Gruppenbildungen ins Auge faßt, scheint uns der wesentliche Zug der neueren Forschung vor allem darin zu liegen, daß man heute mehr und mehr die Existenz von Nachbarschaften in der Stadt erkannt hat, wo sie übrigens stärkstens von der Klassenordnung der städtischen Gesellschaft mitgeprägt werden – genau wie auf dem Dorfe. Bei zunehmender Ausbildung des städtischen Charakters einer Siedlung verschwinden zwar die alten Gemeinden, die in die Stadt eingemeindet wurden, und verflüchtigen sich zu sogenannten „Quartieren", die nicht mehr als eigentliche Nachbarschaftsgruppen angesehen werden dürfen; aber nachdem wir gesagt haben, daß selbst kleinere Dorfgemeinden nach mehreren Nachbarschaften unterteilt zu sein pflegen, wird es höchst problematisch, ob man ein aus einer solchen Gemeinde herausgewachsenes Quartier als einheitlichen Nachbarschaftszusammenhang ansehen darf. Hingegen ist es sehr wohl berechtigt, darin ein *kulturelles Eigensystem* zu erblicken, das von der Kulturatmosphäre der Gesamtstadt oder auch von anderen Stadtteilen sehr verschieden sein kann. Darüber hinaus zerfällt aber jedes Quartier, genau wie die Gesamtstadt, in eine Fülle von konkreten Nachbarschaften, die morphologisch die verschiedensten Formen annehmen können. So sind Nachbarschaften auf der gleichen Etage oder im ganzen eines Mietshauses, in einigen zusammenhängenden Häusern (auf der gleichen Straßenseite oder unter Einschluß eines Teils der Häuser auf der anderen Seite), in einer Straße oder in einem Block zu unterscheiden, wo etwa gemeinsame, nicht allzu große Höfe nachbarschaftsfördernd wirken. Weiter reichen die Nachbarschaftsverhältnisse wohl nicht, wobei gesagt werden kann, daß die Intensität der Integration einer Nachbarschaft außerordentlich verschieden sein kann.

[70]Henry W. Riecken und George C. Homans, Psychological Aspects of Social Structure. In: Gardner Lindzey (Hrsg.), Handbook of Social Psychology, Bd. 2. Cambridge, Mass., 1954.

[71]Egon Ernest Bergel, The Concept of Natural Area. New York 1955, S. 487 ff.

Man muß sich auch hier davor hüten, einer sentimentalen Illusion anheim zu fallen, als gebe es die völlig homogene Nachbarschaft. Diese ist umgekehrt eine höchst seltene Ausnahme. Im übrigen finden wir im räumlichen Umkreis einer jeden Nachbarschaft oft zahlenmäßig beträchtliche Elemente, die an ihr nicht teilnehmen und wie Fremdkörper wirken. Oft werden diese nicht einmal bemerkt, in Fällen extremer Verschiedenheit können diese Elemente auch ausgestoßen werden. So hat man betonen können, daß Nachbarschaft nicht nur sozialen Zusammenhang, sondern häufig auch schwere Spannungen schaffen kann, indem sie gewissermaßen „als ökologischer Widerschein institutionalisierter Gruppenvorlieben und Gruppenantipathien"[72] erscheint. Es gibt eine Reihe von Faktoren, welche die Intensität dieser nachbarlichen Zusammenhänge verstärken oder herabmindern, etwa die Tatsache, Ortsbürger oder Zuzüger zu sein, gleiche oder verschiedene Herkunft (in ethnisch gemischten Gruppen); Einheimische, Evakuierte oder Flüchtlinge stehen in dieser Hinsicht ebenfalls verschieden da, wie zahlreiche Erfahrungen in Deutschland beweisen, ebenso wirken gleiche oder verschiedene Konfession, gleiche oder verschiedene soziale und wirtschaftliche Stellung, kulturelles und bildungsmäßiges Niveau usw. Am intensivsten werden die nachbarlichen Zusammenhänge, wenn mehrere der angeführten Faktoren in der gleichen Richtung wirksam werden, am lockersten, je weniger das der Fall ist. Nachbarschaft ist aber nur die allgemeinste, wenn auch wichtigste und entscheidendste Voraussetzung für die Gemeinde als globale Gesellschaft auf lokaler Basis. Darüber hinaus bedürfen noch *die anderen Aufbauelemente* der Gemeinde der Beleuchtung, ohne die auch die Nachbarschaft nicht zur Auswirkung kommen kann.

Die Funktionskreise der Gemeinde

Es ist schwer, wenn nicht gar unmöglich, in wenigen Zeilen etwas über die *Funktionskreise der Gemeinde* auszusagen, da diese einmal außerordentlich mannigfaltig, dann aber auch von Gemeinde zu Gemeinde verschieden sind. Wenn wir aber die Gemeinde als eine globale Gesellschaft bezeichnen, dann kann uns dies nicht wundern; selbst eine wenig umfängliche Gemeinde wird dann mit einer Fülle von Tätigkeiten auch eine Fülle von sozialen Assoziationen und innerhalb ihrer von sozialen Beziehungen in sich vereinen, die man niemals wird erschöpfen können. Man kann sagen, daß der Inbegriff dieser Funktionskreise einen wesentlichen Teil des Gesamtlebens der Gemeinde darstellt (wenn auch nicht alles) und damit ihren eigentümlichen Charakter bestimmt. Allerdings bleibt es trotz dieser Komplexität durchaus möglich, eine Unterscheidung zu treffen, *die den Umkreis der Gemeindesoziologie genauestens festlegt*. Es liegt auf der Hand, daß die Soziologie den

---

[72]Ebenda, S. 488.

Kommunalwissenschaften in keiner Weise ins Handwerk pfuschen darf. So muß also aus dem Bereich der Gemeindesoziologie *alles ausgesondert werden, was sich auf institutionalisierte Funktionen bezieht,* also Verwaltung als solche. Schulverwaltung, Kulturpflege, Sozialpolitik, öffentliche Fürsorge, Jugendhilfe, Gesundheitswesen, Planung und Bauwesen, Verkehrswesen und was dergleichen Funktionen mehr sind, die in zahlreichen kommunalen Anstalten bewältigt werden (Beleuchtung, Kanalisation, Müllabfuhr, Straßenreinigung, Bestattungswesen usf.). Auszuschalten sind aber auch alle Aspekte der kommunalen Wirtschaft, die rein sachlich ausgerichtet sind. Dagegen stehen im Mittelpunkt der Gemeindesoziologie *Beziehungen und Verbindungen von Personen,* also genau das, was Loomis als „soziale Systeme" bezeichnet. Es liegt auf der Hand, das sich diese spezifisch verwandeln mögen, je nachdem in welchem Funktionskreis sie sich realisieren; aber es gibt hier dennoch eine klare Scheidung zwischen der Aufgabe des Soziologen und der des Kommunalwissenschaftlers. Das Zweckverbände eine besondere Struktur haben, die sich wandelt, wenn es sich etwa um Verwaltung im strengen Sinne oder um einen Wirtschaftsbetrieb handelt, dürfte auf der Hand liegen; dennoch kann es nicht unsere Aufgabe sein, den zahllosen Zwecken nachzuforschen, die im Rahmen der Gemeinde Gegenstand einer planmäßigen und fortgesetzten Tätigkeit sind. Hingegen sind für uns von größter Bedeutung die spezifischen sozialen Systeme, die bei Gelegenheit dieser Zweckveranstaltungen und mit ihnen direkt oder indirekt in Bewegung gesetzt werden.

In diesem Rahmen läßt sich sodann eine andere Grundunterscheidung einführen, die uns gelegentlich schon begegnete, nämlich *die nach mehr formellen und mehr informellen Funktionskreisen,* wenn wir uns auch darüber klar sein müssen, daß diese Scheidung die zweckorientierten zentralen Funktionskreise (etwa Wirtschaft, Finanzen, Verwaltung, Kirche, Schule, Gesundheitswesen usw.) schneiden wird, indem sie alle gleichzeitig einen mehr formellen und einen mehr informellen Aspekt bieten. Es liegt sogar auf der Hand, daß auch der erstere einer soziologischen Betrachtung unterworfen werden kann: So gibt es heute durchaus eine eigentliche Verwaltungssoziologie oder auch Soziologie des organisatorischen Verhaltens, eine Wirtschaftssoziologie, eine Sozialpsychologie von Steuerund Finanzwesen, eine Soziologie der Bildungsanstalten. Aber alle diese wichtigen Forschungszweige haben dennoch mit der Soziologie der Gemeinde nichts zu tun, die sich vielmehr darum bemüht, *die sozialen Beziehungen und tragenden Gebilde zu erhellen, durch die sich alle diese Tätigkeiten und manche andere mehr in der Gemeinde integrieren.*

In den genannten Fällen mag diese Aufgabe schwierig sein, da zunächst ihre zweckmäßige Funktionalität ins Auge fällt. In anderen Fällen, etwa Geselligkeitsvereinigungen, Gesangs- und Sportvereinen, Freizeitgruppen, karitativen Vereinen, überhaupt Bürgervereinen, Initiativkomitees und ähnlichen wird das informelle Gehaben überwiegen, ohne daß man darum ihre reine Leistungsfunktion unterschätzen dürfte, während umgekehrt die Institutionen zur Wahrung der Rechtsordnung von der Polizei bis zu den Gerichten ihrem Wesen nach äußerst formell sind, und zwar nicht nur in Bezug auf den Inhalt, sondern auch in Bezug auf das Verfahren. Dennoch zeigt sich selbst hier, daß etwa die Polizei auf jugendliche Streiche verschieden reagiert, je nach dem Charakter der Nachbarschaft, in der sie vorfallen, und der lauteste Richter wird Zurückhaltung üben, wenn etwa der Sohn eines Kollegen vor Gericht erscheint. Ähnliches gilt übrigens auch für das Verkehrswesen, wobei es erstaunlich zu sehen ist, wie hoch selbst im Zeitalter der Eisenbahn und des Automobils der Anteil des Verkehrs ist, der sich weder der Eisenbahn noch der Autostraßen bedient, sondern gewissermaßen auf Nebenwegen verkehrt. Trotz allem bleibt natürlich der auf die institutionellen Verkehrsnetze angewiesene Verkehr, insbesondere bei den täglich wiederkehrenden Wanderungen des Berufsverkehrs und der verschiedenen Pendelarten, von besonderer Wichtigkeit. In allen diesen Fällen wird jedoch die Scheidung der Vorgänge nach formell und informell nur die Augen schärfen für jene Geschehnisse, die sich nicht ausschließlich auf den üblichen und erwarteten Wegen vollziehen, was für die Erkenntnis der Gemeindestruktur besonders dienlich ist.

Im wesentlichen bedeutet die weitere Analyse der Funktionskreise einer Gemeinde ein ganz einfaches Inventar aller Vorgänge, die für den Soziologen von Interesse werden können und den Charakter einer Gemeinde bestimmen. Da es sich nicht im Voraus abmachen läßt, was für eine Gemeinde wichtig sein mag, so lassen sich darüber auch keine festen Voraussagen machen. Wir bemerken nur abschließend, daß alle morphologischen Erscheinungen von der Bevölkerungsstruktur mit ihren verschiedenen Merkmalen bis zur Kriminalität, von Wanderungsbewegungen bis zu chronischer oder temporärer Arbeitslosigkeit und den Maßnahmen zu ihrer Bekämpfung, von der Flüchtlingsbetreuung bis zum Wohnungs- und Siedlungswesen, alle in einem gegebenen Fall von Bedeutung zu werden vermögen. Die strukturelle Konstellation entscheidet jeweils darüber, was in den Mittelpunkt gerückt wird. Wir heben diesen letzten Punkt besonders hervor, um vor ziel- und gedankenlosen Inventaraufnahmen zu warnen, die einfach alles zu registrieren suchen, ohne sich zu fragen, ob die vorliegenden Probleme für die betreffende Gemeinde irgendwie bezeichnend sind.

Bevor wir jedoch alle diese Fragen im Zusammenhang mit der Struktur der Gemeinde behandeln, bleibt uns noch die eingehende Behandlung der in der Gemeinde auftretenden besonderen Raumprobleme, die sich an die allgemeine Frage der Nachbarschaft anschließen. Die zumeist zu übersteigerter Bedeutsamkeit aufgeblähte Frage der Nachbarschaft ist nämlich nur ein kleiner Teilanblick des Raumproblems in der Gemeinde, das üblicherweise in der Ökologie behandelt zu werden pflegt.

VI. ZUR SOZIALÖKOLOGIE DER GEMEINDE (NOCHMALS: DIE NACHBARSCHAFT)

Soziologie, Sozialökologie und Sozialgeographie

Die Probleme der räumlichen Verteilung der Bevölkerung im Wohngebiet sind von der Soziologie an sich schon früh ins Auge gefaßt worden[73]; mit dem zunehmenden Interesse für Gemeindeuntersuchungen hat sich jedoch heute ein eigener Forschungszweig von der allgemeinen sozialen Morphologie abgespalten, *die Sozialökologie*. Sie untersucht sowohl größere als auch kleinere Gemeinden, wenn sie auch ihre bisher größte Fruchtbarkeit in der ausgesprochenen Großstadtsoziologie entfaltet hat, deren wichtigstes Anliegen vor jeder weiteren Forschung die Analyse der räumlichen Verteilung der verschiedenen Bevölkerungskategorien und anderer Erscheinungen auf dem Gebiet der *städtischen Gemeinde* ist.

Die Sozialökologie steht, wie man schon oft bemerkt hat, einerseits der Geographie, andererseits der Soziologie recht nahe, weshalb es von Bedeutung erscheinen mag, bevor wir in die weiteren Erörterungen eintreten, einiges über die Gemeinsamkeiten und Verschiedenheiten dieser drei Wissenschaften zu sagen. Maximilian Sorre hob jüngstens hervor, daß aufgrund bestimmter Entwicklungen in der Geographie die Unterschiede zwischen ihr und der Sozialökologie immer geringer geworden seien, nachdem die Geographie selbst zur Anthropo- oder Sozialgeographie geworden ist[74]. Dies ist sicher in gewissem Ausmaße richtig; dennoch möchten wir aber bei aller Anerkennung der unerläßlichen Hilfe der Geographie dennoch auch die Unterschiede nicht vernachlässigen. So zeigt sich, daß etwa *die Geographie* jene Gebilde zu analysieren sucht, die sich gleichzeitig in der geschichtlichen Gewordenheit und in der räumlichen Ordnung heranbilden. *Die Soziologie* ist natürlich zunächst auch daran interessiert; denn die Geographie liefert ihr gewissermaßen das morphologische Substrat. Dann aber geht die Soziologie bzw. die Gemeindesoziologie unmittelbar zur Behandlung der inneren Ordnung einer solchen Gruppe über, wie sie sich etwa in Heirats-, Kasten- oder Klassenordnungen, Herrschaftsstrukturen, aber auch in mehr horizontal gelagerten Vereinen und informellen Vereinigungen, Funktionskreisen wie Wirtschaft, Behörden, Schulen und Kirchen darstellt. *Die Sozialökologie* hingegen befaßt sich mit diesen Erscheinungen nicht so sehr mit der Absicht einer Analyse von Struktur und Funktion, *sondern ausschließlich im*

---

[73]So führte Emile Durkheim eine spezielle Rubrik über soziale Morphologie in der „Année Sociologique" schon seit 1897/8 ein (Bd. II, S. 520). Deutlich erscheint hier neben anderem auch das Problem der Gemeinde, vor allem der städtischen. Vgl. zu dieser Entwicklung Maurice Halbwachs, Morphologie sociale, 2. Aufl. Paris 1946 (zuerst 1938). Heute dazu noch M. Sorre, Rencontres de la géographie et de la sociologie, a.a.O.

[74]M. Sorre, Rencontres de la géographie et de la sociologie, a.a.O., S. 135 f.

Hinblick auf ihre räumlichen Ordnungen respektive Verteilungen. Der Begriff des Raumes ist ihr dabei in erster Linie sozialer Raum, dessen wesentlichste Form die Nachbarschaft ist, während etwa die Geographie den Raum noch nach einer ganzen Reihe anderer Gesichtspunkte betrachtet. Andererseits ist aber auch die Sozialökologie nicht imstande, das Phänomen zu erschöpfen; denn hinter seiner Erscheinung im Raum verbergen sich zahlreiche soziale Strukturen und sozialpsychische Prozesse, die sich gleichzeitig in den Raumformen niederschlagen, wie sie zu ihrer Erklärung beitragen.

Sozialstruktur und Raumordnung

Schon in der primitiven Welt läßt sich erkennen, daß verschiedene soziale Strukturen Veränderungen der räumlichen Verteilung der Bevölkerung provozieren. So bewies Marcel Mauss schon vor Jahrzehnten, daß die zwei Saisonformen der Eskimogesellschaften zu zwei verschiedenen räumlichen Anordnungen führen[75]. Im Winter leben sie in Großhäusern in großfamilialen Zusammenhängen, im Sommer in einzelnen wandernden Familien im kleinen Rundzelt. Solche räumlichen Umgestaltungen zwischen Sommer und Winter gibt es im übrigen sehr häufig. Thurnwald zeigte[76], daß bereits die räumliche Ausgestaltung des Inneren bestimmter Häuser sozial bedingt sein und eine bestimmte Strukturverfassung der Gesellschaft widerspiegeln kann. Dörfer werden oft in ihrer Raumform zu einem genauen Abbild der in ihnen hausenden Gesellschaft. Der Pueblo de Taos im nördlichen New Mexico zeigt in seiner Zweiteilung die Grundstruktur des Heiratssystems. Andere Dorfformen zeigen kompliziertere Formen dieser Art. An der Raumform des Dorfes läßt sich auch manches über seine Entstehung ablesen, z. B. ob es ungeplant (Haufendorf) oder geplant entstanden ist (als Runddorf, Reihendorf, zweiseitiges Straßendorf). Die sozialökologische Betrachtungsweise beginnt aber doch erst mit spezifischeren Fragestellungen von soziologischem Charakter.

Die spezielleren Raumanalysen der Sozialökologie interessieren sich vor allem für die räumliche Ausgestaltung des sozialen Neben- oder Übereinander. Zum ersteren Problemkreis gehört z. B. die räumliche Sonderung antagonistischer Gruppen im Dorfe. Dies ist übrigens keineswegs immer die Regel, wie man gelegentlich etwas naiv anzunehmen pflegt; denn häufig sind antagonistische Gruppen auch nebeneinander oder sogar durcheinander (in „Würfelung") angesiedelt, wie oben bereits gezeigt wurde. Andererseits gibt es auch wirkliches Auseinandersiedeln, wie etwa häufig zwischen alteingesessenen Bauern und Pächtern einerseits und einer später zugezogenen Arbeiterbevölkerung andererseits wie in der französischen Gemeinde

---

[75]Marcel Mauss, Les variations saisonnières des sociétés Esquimaux. In: Année Sociologique IX (1904–1905).

[76]R. Thurnwald, Die Gemeinde der Banaro. Berlin 1912.

„Nouville"[77]. Dann gibt es zwar eine lokale Einheit, Interaktionen und gemeinsame Bindungen; innerhalb dieses Gesamtrahmens zerfällt jedoch die Gemeinde in zwei oder unter Umständen sogar mehr ökologische Untereinheiten; diese können natürlich gelegentlich geradezu abgelegene Weiler bilden.

Wesentlich reicher stellen sich indessen diese Erscheinungen in größeren Gemeinden dar. Hierbei bewährt sich dann in entscheidender Weise, daß sich jede Gemeinde aus einer Vielheit von Nachbarschaften aufbaut, *wenn auch der Begriff der Nachbarschaft dabei insofern eine entscheidende Modifikation und vielleicht auch Klärung erfuhr, als man ihn auf die kleinsten nachbarlichen Gebilde einschränkte.* Die größeren räumlich auseinandergesonderten Teilgebiete einer Gemeinde werden dagegen als *„natural areas"* bezeichnet.

Früher, z. B. bei dem amerikanischen Vorkämpfer der Großstadtsoziologie Robert E. Park, traten übrigens die Begriffe *„neighbourhood"* und *„natural area"* noch ungeschieden auf, was für eine Reihe von Schwierigkeiten verantwortlich ist, die sich später zeigten und über die noch berichtet werden soll[78]. Der Begriff des *„natural area"* bezieht sich sowohl auf die einzelnen Verteilungsgebiete bestimmter Bevölkerungsgruppen (Arbeiter, Mittelklassen, Oberklassen) als auch auf Teilgebiete einer Gemeinde von quartiermäßigem Charakter, oft aus eingemeindeten Dörfern oder Städten entstanden, in denen sich manchmal eine Bevölkerung von einigermaßen homogenem Charakter niedergelassen hat, wie schließlich auch auf einige ökologisch gesonderte Funktionskreise wie Geschäftszentrum, Bankenviertel, Zeitungsviertel, Regierungsviertel, Vergnügungsviertel u.ä.[79]. Diese *„natural areas"* sind von unterschiedlicher Größe: Sie beginnen *jenseits* der eigentlichen Nachbarschaft, in der Verhältnisse persönlicher Vertrautheit überwiegen, etwa in einem größeren Block oder einem Komplex von Blöcken, gehen über Quartiere im eigentlichen Sinne bis zur Stadt ohne Hinterland oder gar der Stadt mit Hinterland (das *„metropolitan area"),* von wo der nächste Schritt bereits zu regionalen Gebilden führt, die von der Gemeinde völlig unabhängig sind und einen Forschungsgegenstand für sich darstellen[80]. Dabei ist es dann sehr schnell fraglich geworden, ob die Nachbarschaft ein solches *natural area* darstellt, ob dies nicht erst bei größeren Erscheinungen, z. B. den Quartieren beginnt, die sich ihrerseits aus einer Mannigfaltigkeit von Nachbarschaften aufbauen.

[77]Lucien Bernot und René Blancard, Nouville. Paris 1953. Vgl. Dazu unsere Besprechung in: R. König (Hrsg.), Soziologie der Gemeinde, a.a.O.

[78]Robert E. Park, Human Communities. Glencoe, Ill., 1952, S. 17 f., 78 u.ö.

[79]Heute führt übersichtlich ein P. V. Young, Scientific Social Surveys and Research, a.a.O., S. 430 ff., 491 ff.

[80]Mit der Erforschung der Regionen beschäftigt sich in den Vereinigten Staaten heute vor allem die Gruppe um Howard W. Odum. Von diesem orientiert heute am besten: American Sociology. New York 1951, vor allem S. 353–360.

Umgekehrt muß auch der Begriff des *natural area* sorgsam von der Gemeinde geschieden werden, mit dem er manchmal verschwimmt, wie wir ebenfalls bei Park finden, der die Stadtquartiere mit „*local community*" bezeichnet[81]. Beide Verwechslungsmöglichkeiten wirken äußerst verwirrend. Sie lassen nämlich manchmal den Anschein aufkommen, als seien die *natural areas* im gleichen Maße durch soziale Verhältnisse persönlicher Verbundenheit gekennzeichnet wie die Nachbarschaft; andererseits geben sie der Vermutung Raum, als seien diese Gebilde im gleichen Sinne globale Gesellschaften wie die Gemeinde, was ebenfalls nicht zutrifft. Im übrigen sei auch noch darauf hingewiesen, daß das, was wir als „Quartiere" bezeichnen, sowohl dem Ursprung des Wortes nach als auch aufgrund seiner tatsächlichen Bedeutung *nur in den seltensten Fällen* eine wirkliche Eigenindividualität aufweist, meist aber aus rein administrativen Rücksichten entstanden ist. Chombart de Lauwe hat auch noch hervorgehoben, daß man vom Quartierbegriff im eigentlichen Sinne den des „kleinen Quartiers"[82] abheben muß. Damit ist gemeint, was der Durchschnittsmensch als „mein Quartier" bezeichnet. Dies ist im wesentlichen größer als die unmittelbare Nachbarschaft und zeichnet sich ebenfalls aus durch eine Fülle von Beziehungen höchst persönlicher Natur. Andererseits ist es in den meisten Fällen kleiner als ein Quartier im historischkulturellen Sinne einer eingemeindeten Dorf- oder Stadtgemeinde oder einer administrativen Einheit.

Ähnliches zeigte die Untersuchung eines Armutsquartiers in der französischen Stadt Rouen durch Michel Quoist. Hier erwies sich, daß der betreffende Stadtteil – weit davon entfernt, eine „natürliche" Einheit zu bilden – vielmehr in eine ganze Reihe einzelner Unterquartiere im gleichen Sinne wie bei Chombart de Lauwe zerfiel, daß die Bevölkerungszusammensetzung äußerst gemischt war und daß sich schließlich „Ballungen" von Beziehungen einerseits und höchst sorgsame Isolierungstendenzen zwischen den Gruppen etwa von Dockern und kleinen Angestellten andererseits fanden[83]. Solche und ähnliche Erfahrungen scheinen anzudeuten, das sich die Dinge vielleicht doch komplizierter verhalten möchten, als es bisher erschienen ist.

Die Fragwürdigkeit des Begriffs „natural area"

In diesem Sinne ist der Begriff des *natural area* seit einiger Zeit immer mehr angegriffen worden[84], und zwar deshalb, weil mit einiger Übertreibung

---

[81]R. E. Park, Human Communities, a.a.O., S. 88 u.ö.

[82]P. H. Chombart de Lauwe, Paris et l'agglomération parisienne, Bd. 1, a.a.O., S. 34.

[83]Michel Quoist, La ville et l'homme: Rouen. Paris 1952.

[84]Beginnend etwa mit Milla A. Allihan, Social Ecology: A Critical Analysis. New York 1938. Die erste systematisch ausgebaute Analyse dieses Begriffs hatte früher gegeben Harvey W. Zorbaugh, The Natural Areas of the City. In: Ernest W. Burgess (Hrsg.), The Urban Community. Chicago 1926.

gesagt worden war, diese Quartiere und Teilgebiete der Gemeinde stellten reale Eigenkörper dar[85]. Dies kann in verschiedenem Sinne verstanden werden. Am leichtesten läßt sich noch die Meinung widerlegen, als stellten sie soziale Zusammenhänge im Sinne einer Nachbarschaft dar, wenn wir Nachbarschaft als einen Komplex von persönlichen sozialen Beziehungen auffassen; denn dann ist ein Quartier zweifellos zu groß, um solche Beziehungen zu erlauben. Schwieriger war jedoch die Auseinandersetzung mit dem statistischen Begriff des *natural area,* der sich bald aus der ursprünglichen Verwendungsart dieses Begriffs bei Park herausentwickelte, bei dem er ursprünglich bedeutet „areas of population segregation"[86] also ein Gebiet, dessen Charakter dadurch ausgemacht wird, daß in ihm eine abgesonderte Bevölkerungsgruppe lebt. Dies bezieht sich in den Vereinigten Staaten meist auf die ethnische Herkunft oder die Hautfarbe (schwarz, gelb). Bei der ethnischen Herkunft wiederum bezieht er sich nur auf einige Gruppen, gegen die diskriminiert wird, also etwa Juden, Italiener (Sizilianer), Griechen, Polen, Iren u. a. In minderem Maße gibt es das in Europa natürlich auch. Gelegentlich ergab sich die Notwendigkeit, die Zusammensetzung der Bevölkerung in solchen Gebieten genauer zu *messen,* speziell in Randgebieten, wo die Dominanz nicht unmittelbar augenfällig war. So ergab sich die statistische Betrachtungsweise von selber, die man dann bald auch auf andere Merkmale anwandte, z. B. Bevölkerungsdichte, Miet- und Bodenpreise, usw. Aus der Kombination[87] solcher Merkmale glaubte man dann, eigentliche Charakteristika für die Quartiere entwickeln zu können. Dies ist nun zweifellos abwegig, da es einer völlig illegitimen Hypostasierungstendenz statistischer Indices entspricht.

Neben vielen anderen Argumenten möchten wir vor allem folgendes hervorheben, das sehr deutlich in einer von uns selber veranlaßten Untersuchung zum Ausdruck kam: Die statistisch erfaßten Homogenitäten bestimmter Züge der Bevölkerung fallen nämlich regelmäßig dahin, sobald man an eine Mikroanalyse der Quartiere etwa Haus für Haus, Block für Block oder nach Straßenzügen herangeht. Bei einer Untersuchung der Stadt Zürich wurde der erste Stadtkreis neben der (unbrauchbaren) statistischen Einteilung in Bezirke zunächst in 132 Teilgebiete von durchschnittlich 13 Gebäuden unterteilt. Da diese Gebiete zu klein waren, um für eine Gliederung der Wohnbevölkerung sinnvolle Resultate zu ergeben, wurden sie in einem zweiten Arbeitsgang zu „Zonen" mit möglichst einheitlicher Struktur

[85]Sehr wichtig dazu neuerdings Paul K. Hatt, The Concept of Natural Area. In: American Sociological Review XI (1946).

[86]R. E. Park, Human Communities, a.a.O., S. 18.

[87]So etwas entwickelt in einem etwas anderem, aber doch verwandten Zusammenhang Margaret J. Hagood, Statistical Methods for Delineation of Regions Applied to Data on Agriculture and Population. In: Social Forces XXI (1943).

zusammengefaßt. Natürlich wiesen diese Zonen nicht mehr so homogene Züge auf wie die Gebäudegruppen, dennoch war ihre Struktur überraschend einheitlich. Gerade dabei aber traten besonders deutlich derart große Abweichungen bestimmter statistischer Maßzahlen nach oben und unten auf, daß man sie nicht mehr mit den üblichen statistischen Streuungswerten erklären konnte. So schwankte etwa die Überbauung dieser Zonen von 2 Gebäuden pro ha bis 33 (Durchschnitt 12), die Bevölkerungsdichte von 8 Personen pro ha bis 353 pro ha bei einem Durchschnitt des ganzen Kreises von 117, der Frauenüberschuß von 64 auf 100 bis 49 auf 100 bei einem Durchschnitt von 57 auf den ganzen Kreis. Ähnliche Verhältnisse zeigten sich bei zahlreichen anderen Merkmalen. Daraus folgt wohl eindeutig, daß die Charakteristika, die für die meisten Quartiere aufgestellt werden können, *ausschließlich statistische Begriffe sind, die man deutlich von sozialen Sachzusammenhängen unterscheiden muß.* Unangesehen der Frage, ob die Aufteilung nach Teilgebieten und Zonen, wie sie Max Leutenegger[88] für die Stadt Zürich durchführte, richtig ist, läßt sich aus seiner Erhebung eines mit Sicherheit folgern, daß die soziologisch relevanten Einheiten notwendigerweise *viel kleiner* sein müssen als „Quartiere", wenn wir wirklich soziale Sachzusammenhänge erfassen wollen. Einzig auf diese Weise können wir hoffen, das realisieren zu können, was Paul K. Hatt als Postulat ausgesprochen hat, nämlich im Gegensatz zur logischen und statistischen Konstruktion, die sehr wohl eine Funktion etwa für administrative Zwecke haben kann, einen Begriff zu formen, der „eine Reihe von räumlichen und sozialen Faktoren umfaßt, die sich als zwingende Einflüsse auf alle Einwohner eines kulturell und geographisch genau umschriebenen Gebiets auswirken"[89].

Die Situation ist im übrigen hier völlig analog der in einem anderen Forschungszweig der Soziologie, nämlich der Analyse der sozialen Klassen. Auch in diesem Falle besagen etwa Durchschnittswerte an Einkommen nur sehr wenig, da gleiche Einstellungen bei verschiedenen Einkommenswerten und verschiedene Einstellungen bei gleichen Einkommenswerten auftreten. Aber immer wieder tauchen Auffassungen auf, nach denen bestimmten Merkmalsserien eine deutliche Abschließung einer sozialen Klasse in sich selbst entsprechen müsse, als sei sie eine Kaste. Dazu kommt noch die Möglichkeit eines ausgesprochenen Zirkelschlusses, indem wir zunächst eine Reihe statistischer Merkmale aufstellen, die einen bestimmten soziologischen

---

[88]Max Leutenegger, Großstadtsoziologie. Probleme der Stadt Zürich. Zürich 1953 (Diss.); ders., Die Sozialstruktur der Züricher Innenstadt. In: Züricher Statistische Nachrichten 1954, Heft 4. Jüngstens ist ein deutsches Werk erschienen von Hermann Peters, Biologie einer Großstadt. Heidelberg 1954, das in naivster Weise alle diese Warnungen in den Wind schlägt und in der Tat auf die Vorstellung der Quartiere als „Biocoenosen" im Sinne der Biologie zurückfällt, was nicht einmal R. E. Park im Auge gehabt hatte, als er von der Symbiose in den einzelnen Stadtteilen sprach.

[89]P. K. Hatt, The Concept of Natural Area, a.a.O., S. 489 ff.

Bedeutungsgehalt umschreiben sollen, dann eine Erhebung mit Hilfe dieser Merkmale durchführen und schließlich aus den Ergebnissen genau das herauslesen, was wir ursprünglich in die Merkmalsserie hineingelegt hatten. Diese Gefahr ist heute in der Soziologie der sozialen Klassen weitgehend gebannt worden, sie spukt aber im Grunde noch immer herum in der Lehre von den *natural areas*.

Die räumlichen Sozialordnungen

Andererseits müssen wir aber zugestehen, daß unangesehen dieser Einschränkungen wenigstens gewisse Extremfälle meist sehr deutlich abhebbare Gebiete darstellen, in der sozialen Klassentheorie wie in der Sozialökologie, da ausgesprochene Elendsquartiere *(slums)* und Wohlstandsquartiere *(the gold coast)* wirklich relative Einheiten räumlicher Sozialordnungen bilden[90], die auch im oben gekennzeichneten Sinne „zwingende Einflüsse" auf ihre Einwohner ausüben. Wir weisen hier nur auf die völlig verschiedene Erscheinungsweise der Nachbarschaft in den beiden erwähnten Extremgebieten hin. In exklusiven Wohlstandsquartieren kommt es schon darum sehr selten zu ausgesprochenen Nachbarschaftsbeziehungen, weil eigentlich niemals etwas fehlen wird, das man vom Nachbarn erbitten könnte. Leute, die nicht sowieso „dazugehören", sieht man nicht, auch wenn sie in der gleichen Nachbarschaft wohnen. Sie sind einfach nicht integriert, sondern man hält deutliche Distanz zu ihnen. Umgekehrt sieht man seinesgleichen ganz unangesehen davon, ob sie in der Nachbarschaft wohnen oder nicht. So ist, wie man betont hat[91], der Kontakt hier meist negativ; die Privatsphäre überspielt ohne weiteres Nachbarschaftsbeziehungen, und dies als notwendige Konsequenz der besonderen Artung eines solchen Gebiets als Wohlstandsquartier. Ganz anders liegt dies dagegen in Elendsquartieren, wo sich Nachbarschaftsbeziehungen, gute und schlechte, buchstäblich aus der Situation heraus erzwingen. Hier brauchen die Menschen andauernd die Hilfe ihrer Nachbarn, weil sie sich in vielen Fällen nicht selber helfen können und auch nicht, wie in Wohlstandsschichten, auf bezahlte Hilfskräfte zurückgreifen können.

Allerdings muß man mit solchen Feststellungen sehr vorsichtig sein, wie eine äußerst aufschlußreiche Diskussion in der amerikanischen Kriminologie zeigt. Unter dem Einfluß der ersten Sozialökologen wie Park wurde von Clifford R. Shaw und Henry D. McKay eine Art ökologische Theorie der Jugendkriminalität entwickelt[92], in der mit vorwiegend statistischen

---

[90]Dies tritt auch bei P. K. Hatt, The Concept of Natural Area, a.a.O., S. 425 f. ganz eindeutig hervor.

[91]E. E. Bergel, The Concept of Natural Area, a.a.O., S. 489 ff.

[92]Clifford R. Shaw und Henry D. McKay, Juvenile Delinquency and Urban Areas. Chicago 1942; dies., Social Factors in Juvenile Delinquency. Washington 1931.

Mitteln gezeigt wurde, daß in den Slums, die an die großen Geschäftsviertel der Städte anzustoßen pflegen, die Kriminalitätszahlen für Jugendliche auch besonders hoch seien. Dies schien auf eine Art von ökologischer Determination der Kriminalität hinzuweisen. Dagegen wurde aber in der Folge eine ganze Reihe von Argumenten geltend gemacht[93], die zeigen mögen, wie differenziert die Probleme angegangen werden müssen. Zunächst ist hervorzuheben, daß die Polizei in den Elendsquartieren schärfer durchzugreifen pflegt als in Wohlstandsquartieren, so daß die erhaltenen Zahlenwerte alles eher als zuverlässig sind. Dann muß gesagt werden, daß selbst in den schlimmsten Slums die überwältigende Majorität von Jugendlichen, die doch alle den gleichen Einflüssen ausgesetzt sind, nicht kriminell wird. Dies allein zeigt deutlich an, daß andere Einflüsse hinzukommen müssen, damit es zu wirklicher Delinquenz kommt, etwa gestörte Familienverhältnisse, unglückliche Jugend, Teilnahme an Banden mit leicht kriminellem Einschlag. Zudem besteht aber auch eine Beziehung zur Gesamtstruktur der Gesellschaft, wie im Anschluß an Emile Durkheim im Rahmen dieser Diskussion von Robert K. Merton in einer sehr bedeutsamen Abhandlung hervorgehoben worden ist[94]. Damit ist ebenfalls ein Hinweis gegeben, daß es im wesentlichen um strukturelle und spezifisch soziologische Probleme geht und nicht um statistische Durchschnitte, die höchstens Vermutungen erlauben über die Chance, daß bestimmte Erscheinungen in größerer Menge auftauchen mögen, niemals aber eine Gewißheit geben. Diese kann vielmehr erst aus spezifischen Sachzusammenhängen erfahren werden, wobei die Gestaltung der sozialen Teil- und Gesamtstrukturen eine entscheidende Rolle spielt.

Was hier von einzelnen Extremfällen gesagt wurde, trifft in ähnlicher Weise zu für jene Quartiere, die eigentlich Funktionskreise darstellen, also etwa ein Einkaufs- und Geschäftszentrum, die City mit ihrer bezeichnenden Differenz zwischen Wohnbevölkerung und tagsüber anwesender Bevölkerung, Amüsier- und Theaterquartier, Regierungsviertel usw. Dazu kommen noch die Fälle von ethnischer und rassischer Mischung, etwa die noch immer recht radikale Scheidung von Schwarz und Weiß in den Vereinigten Staaten; dagegen gibt es in anderen Fällen in der Tat ausgesprochene gemischte Gebiete (etwa bei chinesischer Bevölkerung). Schließlich muß gesagt werden, daß bei allen „mittleren" Fällen zwischen den Extremen die Zurechnung ausgesprochen schwer fällt, genau übrigens wie bei der sozialen Klassenordnung. Darüber können selbst statistisch noch so raffiniert aufgestellte Indizes nicht weghelfen.

---

[93]Vgl. zum Ganzen David J. Bordua, Theorie und Erforschung der Jugendkriminalität in den USA. In: Peter Heintz und R. König (Hrsg.), Soziologie der Jugendkriminalität (Sonderheft 2 der Kölner Zeitschrift für Soziologie und Sozialpsychologie). Opladen 1957.

[94]Robert K. Merton, Social Structure and Anomy. In: Ders., Social Theory and Social Structure, 2. Aufl. Glencoe, Ill., 1957 (zuerst 1949); ebenso R. König, Einige Bemerkungen zur Stellung des Problems der Jugendkriminalität in der allgemeinen Soziologie. In: P. Heintz und R. König (Hrsg.), Soziologie der Jugendkriminalität, a.a.O.

Schwierigkeiten der Grenzziehung

Ohne nach der einen oder der anderen Richtung zu übertreiben, möchten wir also doch sagen, daß neben den eigentlichen Nachbarschaften in Stadtgemeinden solche *natural areas* verschiedener Art schon vorkommen, ohne daß indessen behauptet werden dürfte, daß sie nach einem oder mehreren Merkmalen immer in genau gleicher Weise auseinander gehalten werden könnten, sowie wir in die Einzelheiten gehen. Vor allem aber muß gesagt werden, daß sich niemals eine Stadt auf erschöpfende Weise vollkommen in solche *natural areas* wird auseinanderlegen lassen. Im übrigen handelt es sich aber abgesehen von den Extremen von reich und arm und von den relativ wenigen Funktionskreisen, die sich auch räumlich auseinander zu sondern pflegen, so *gut wie nie um genau umschreibbare Teilkörper der Gemeinde, die an einem bestimmten Straßenzug beginnen und an einem anderen enden. Höchstens spüren wir gewisse mehr oder weniger vage kulturelle Atmosphären, etwas deutlicher nur – wie so häufig in Europa – etwa in der Spannung zwischen Altstadt und Neustadt, die vielfach durch alte Wallanlagen voneinander getrennt sind, oder auch bei relativ selbständigen Stadtteilen, in denen eine eingemeindete Gemeinde in einer größeren Stadt wenigstens kulturell noch fortlebt, selbst wenn ihr politisches, soziales, wirtschaftliches und geographisches Eigenleben schon längst verschwunden ist.* So zeigt es etwa deutlich die Untersuchung einer Vorortgemeinde der Stadt Zürich durch Hansjürg Beck, daß sich in ihr selbst die Neuzuzüger als in einem kulturellen Milieu eigener Art lebend empfinden[95]. Wir möchten dies den radikalen Kritikern des Begriffs des *natural area* entgegenhalten, wobei wir zum Abschluß noch einen wesentlichen Punkt hervorheben, an dem die Bedeutung des *natural area* aller Kritik zum Trotz noch immer sehr deutlich in Erscheinung tritt.

Wir müssen uns nämlich darüber Rechenschaft geben, daß die politischen Grenzen einer Gemeinde unter Umständen keineswegs identisch sind mit den soziologischen. Hier greifen eben die *natural areas* etwa wirtschaftlicher oder sozialer Verflechtung deutlich über die politischen Grenzen hinweg, wie besonders deutlich an der Darmstadt-Untersuchung sichtbar ist. Dies wirft übrigens sehr häufig kommunalpolitische Probleme besonderer Art auf, vor allem wenn eine Stadt ausgreift in ein mehr ländliches Hinterland, das sich zu Arbeiterwohngemeinden umgebildet hat und damit jene Umformung erfährt, die man im Amerikanischen als „*rurbanization*" bezeichnet, also die Umformung früher ländlicher Gebiete durch eine neuartige Wohnbevölkerung, die in der Stadt arbeitet, dort aber nicht wohnen kann. Im Französischen spricht man hier von „*Banlieue*". So können wir heute bei vielen Stadtgemeinden feststellen, daß sich Prozesse der Verstädterung jenseits der Gemeindegrenze abspielen, während die Bewohner der Stadt den

[95]Hansjürg Beck, Der Kulturzusammenstoß zwischen Stadt und Land in einer Vorortgemeinde. Zürich 1952.

Umformungsprozeß längst abgeschlossen haben. Insofern nun die Stadt etwa Dienste anbietet, die das Hinterland nicht besitzt, die aber wohl von ihm benutzt werden (von Schwimmanstalten und Sportplätzen bis zu Spitälern, Schulen und Universitäten), wird dies zu einem unmittelbaren Finanzproblem, das eine Art von Finanzausgleich zwischen städtischer Gemeinde und umliegenden kleineren Gemeinden herausfordert, deren Bewohner sowohl in der Stadt verdienen als auch von ihren Möglichkeiten Gebrauch machen, während sie in ihrer Wohngemeinde Steuern zahlen. Auch rein soziologisch gesehen, ergibt sich eine Fülle von Problemen daraus, daß sehr häufig die politische Gemeinde nicht mit ihrem wirklichen (sozialen) Umfang identisch ist. Es gibt also in der Tat die besprochenen *natural areas* in einem gewissen Ausmaß, wenn auch dieser Begriff mit größter Vorsicht benutzt werden sollte, vor allem mit Bezug auf die erwähnten „zwingenden Einflüsse"[96].

Der starke und der schwache Sinn des Begriffs Nachbarschaft

Vor kurzem wurde eine wichtige Unterscheidung im Begriff der Nachbarschaft vorgenommen, die für die hier zur Diskussion stehenden Fragen von größter Bedeutung ist. Sie geht zurück auf Ruth Glass und ihre in mehreren Hinsichten aufschlußreiche Untersuchung der Gemeinde Middlesborough. Auf der einen Seite steht ein blasser Sinn von Nachbarschaft als einer Gruppe, die lokal fixiert ist und sich durch gewisse Charaktere des Gebiets und der Bewohner von anderen Gruppen ähnlicher Art unterscheidet. Genauso blaß ist das Wort in der Anwendung auf Leute, die einfach nahe zueinander wohnen. Davon ist Nachbarschaft im *starken* Sinne zu unterscheiden, bei dem gemeint ist, daß eine solche Gruppe auch „nachbarschaftliches Verhalten" zeigt, das heißt in einer Fülle verschiedener sozialer Kontakte auch tatsächlich sozial interagiert[97]. Die Tatsache der persönlichen Vertrautheit wird damit auf die Nachbarschaft in letzterem Sinne reduziert, wogegen die Interaktionen und Be ziehungen sowohl in größeren Stadtteilen als auch in der Gemeinde im ganzen schon wesentlich allgemeinerer Natur sind. Wenn die Gemeinden sehr klein sind, dann relativiert sich diese Unterscheidung zweifellos. Wir möchten aber doch aufgrund unserer persönlichen Erfahrungen bei einer ganzen Reihe von Gemeindeuntersuchungen hervorheben, daß mangelnde persönliche Vertrautheit schon bei unverhältnismäßig kleinen Gemeinden hervortritt. Darum dürfte es in der Tat ratsam sein, *den*

[96]Jüngstens berichtete der Amerikaner Walter Firey, Grenzen als Faktoren in der Gemeindeplanung. In: Soziale Welt V (1954), 2, auch in Deutschland über die Bedeutsamkeit dieser sozialen Grenzen der Gemeinde, womit „eine Auffassung der Gemeinde bekundet [wird], die mehr umgreift als die Einheit im rechtlichen Sinne" (S. 114).

[97]Vgl. dazu Ruth Glass, The Social Background of a Plan: A Study of Middlesborough. London 1948, S. 18 ff.

Zug der persönlichen Vertrautheit ausschließlich mit der kleinen Nachbarschaft im starken Sinne zu verbinden, Dies ist in der Literatur bis heute meist nicht gesehen worden, woher dann endlos sich wiederholende Redensarten über den sogenannten engen Nachbarschaftsverband auf dem Dorfe im Gegensatz zur Stadt folgen, während sich etwa noch niemand die Frage gestellt hat, ob die Leute selbst in einem kleinen Dorfe einander wirklich alle kennen, ob nicht geradezu ganze Kategorien von Menschen unter Umständen da sein können, die man notorisch nicht kennt, wie etwa früher die Ausmärker heute die Auspendler und die Einpendler, und ob es nicht auch eine Rolle spielt, daß man manche Leute „nur vom Wegsehen" kennt, da sich ja die Feindschaften in den kleinen Verhältnissen des Dorfes mit unerhörter Intensität und grausamster Konsequenz verwirklichen. Diese Fragen werden uns nochmals zu beschäftigen haben, wenn wir das Problem der Integration der Gemeinde aufgreifen werden.

Wenn wir aber das bisher Gesagte im Auge behalten, so zeigt sich sehr klar, *daß es viel weniger integrierte Nachbarschaften gibt, als man eigentlich gemeint hat,* während unter rein ökologischen Gesichtspunkten, etwa ähnliche Lebensbedingungen, Mietpreise/Wohnungsgrößen usf., bei einer gegebenen Teilgruppe der Bevölkerung auf einem auch nur ungefähr zusammenhängenden Gebiet viel mehr lokale Untergruppen in der Gemeinde zu existieren scheinen. Sie sind aber gerade eben keine Gruppen. Auch in der oben angeführten Untersuchung von Glass stellte sich dann heraus, daß vor allem die ärmeren und ärmsten Quartiere wirkliche Nachbarschaften ausbildeten, wobei übrigens die Bevölkerungsgröße dieser Quartiere keine Rolle spielte[98]. Das heißt zumeist: Kleine Wohlstandsquartiere zeigen höchst geringe Tendenzen zur Ausbildung integrierter Nachbarschaften, während umgekehrt die meist übervölkerten und auch räumlich großen Elendsquartiere der Großstädte ausgesprochen intensives Nachbarschaftsverhalten beweisen. Also auch hier das genaue Gegenteil von häufig wiederholten Stereotypen über die mangelnde Nachbarschaft in großen Städten.

Dieser ersten Unterscheidung zwischen einem schwachen und einem starken Sinn von Nachbarschaft wurde noch eine zweite angehängt, indem man Nachbarschaft im Sinne nachbarschaftlicher Interaktionen noch nach *manifester* und *latenter Interaktion* aufteilte (wobei also in beiden Fällen nur an engste Kreise gedacht war). Es hatte sich nämlich in einzelnen Fällen herausgestellt, daß etwa eine latente Bereitschaft zur Nachbarschaftshilfe durchaus vorhanden sein kann, während eine aktuelle Integration der Nachbarschaft aus irgendwelchen persönlichen Gründen vermieden wird[99].

---

[98]Ebenda, S. 39 ff.

[99]Peter H. Mann, The Concept of Neighbourliness. In: American Journal of Sociology LX (1954), S. 163. Ähnliche Probleme tauchten schon früh auf bei Bessie Averne McClenahan, The Changing Urban Neighbourhood. Los Angeles 1929, wo das räumliche Zusammensiedeln („nigh dwelling") von Nachbarschaft im Sinne integrierter Nachbarschaft unterschieden wird. Neuerdings auch die Forschungsgruppe von Thomas S. Simey (Hrsg.), Neighbourhood and Community. Liverpool 1954, S. 106.

Wir bemerken noch, daß im Englischen die Begriffsverwendung insofern schwankt, als noch immer der Ausdruck Nachbarschaft auf größere
Quartiere angewandt wird, dagegen für die kleinste räumliche Einheit
der Begriff der *„residential areas"* oder. (besser) *„residential cells"*[100]. Wir
möchten jedoch den Begriff der Nachbarschaft auf kleine und kleinste Einheiten beschränken, die in der Tat durch einen engeren sozialen Verkehr ausgezeichnet sind. Jede Erweiterung darüber hinaus führt zu sentimentalen
Illusionen oder verwechselt ökologisch-statistische Merkmale und Merkmals-
kombinationen mit Zusammenhängen von faktischen sozialen Interaktionen
(latent oder manifest). Im übrigen darf man annehmen, daß eine Gemeinde
ein gemeinsam wirkender Zusammenhang ist, auch wenn nicht alle Menschen
einander kennen, genau wie man, um ein Bild von Arensberg aufzunehmen,
von einem Bienenvolk spricht, ohne nachgewiesen zu haben, daß jede Biene
die Flügel mit jeder anderen Biene gerieben haben muß[101]. Umgekehrt
darf man annehmen, daß die eigentlichen Nachbarschaften mindestens
eine beträchtlich erhöhte Chance für die Bildung lebendiger Interaktions-
einheiten bieten; das hat dann oft zu dem Versuch geführt, irgendwelche
Verwaltungsordnungen mit solchen integrierten Nachbarschaften zu verbinden. Dies im Guten wie im Bösen. So diente im napoleonischen Frankreich das *Concierge-System* genauso der Überwachung und Bespitzelung der
Nachbarschaften wie das „Blockwart-System" im Nationalsozialismus. Ein
typisches Beispiel für letzteres ist in den folgenden Sätzen zusammengefaßt,
wobei die fadgeschwollene Sprache mindestens genauso aufschlußreich
ist wie der Inhalt: „Der Aufbau der Partei und vieler ihrer Gliederungen
nach dem Grundsatz der Nachbarschaft greift als ein magnetisches Feld
politischer Erziehung in das Neben- und Mit- und Gegeneinander unseres
örtlich gebundenen Daseins hinein und schöpft aus diesem schlichten Sach-
verhalt eine Bestimmungsgewalt, die hinreißend ist. Ihre Wirkung beginnt
mit der äußeren Gleichrichtung des Handelns und Verhaltens; dann greift
sie tiefer, rüttelt auf und setzt in Marsch, bis sie zuletzt Gesinnungen ein-
schmilzt und umschmilzt. Hat ihre Wirkung aber erst einen solchen Tiefgang
erreicht, dann verdichtet sich der öffentliche Anspruch zur Unentrinnbar-
keit: Ein öffentlicher Lebensverhalt der Nachbarschaft ist im Entstehen, der
nicht nur einsatzbereite Kräfte freimacht und das kleine und große Übel
der Trägheit und Gemeinheit niederhält, sondern nun auch tragfähig wird
für neue Ordnungen... Mit diesem Vorgang, der ans Wunderbare grenzt,
wird noch ein anderes bewiesen. Die Mobilmachung der im nachbarschaftlichen Verhältnis schlummernden Kräfte zur Einung ist auch dort noch möglich, wo der Blutzusammenhang der Sippschaft nicht mehr besteht – in der

---

[100]Beispielsweise bei Harold Orlans, Stevenage. A. Sociological Study of a New Town. London
1952, S. 97 ff.
[101]C. M. Arensberg, The Community Study Method, a.a.O., S. 124.

Bevölkerungsflut der industriellen Ballung. Und zwar ist es nun gerade die Unmittelbarkeit des Vollzugs im Beisammen des Alltags, die das nachbarliche Verhältnis politisch griffig macht[102]." Diese Sätze geben eine ausgezeichnete Beschreibung des Blockwarts und seines Mißbrauchs der Nachbarschaft, die leider nicht polemisch, sondern ernst gemeint ist, unter dem Eindruck eines „wunderbaren" Geschehens, das beim Verfasser die Gesinnung recht schnell „eingeschmolzen" hat. Um die ganze Tragweite solcher Äußerungen zu begreifen, muß man sich darüber klar werden, daß die „politische Griffigkeit" der Nachbarschaft nur einen literarisch „verblasenen" Ausdruck für Spitzelwesen und den Zugriff der Gestapo bedeutet.

Die Reichweite der Nachbarschaft

Als wichtigstes Anliegen ergibt sich aus solchen Fragen das Problem, *wie weit nun eigentlich die Nachbarschaft wirklich reicht*. Da sie im wesentlichen auf unorganisierten, d. h. informellen persönlichen Beziehungen beruht, ist damit allein schon gesagt, daß sie mit ihrer Reichweite äußerst begrenzt sein muß. Aufgrund vieler Erfahrungen an verschiedenen Orten und in verschiedenen Kulturen mochten wir der Meinung zuneigen, daß die Nachbarschaft irgendwie parallel gelagert ist *mit der unmittelbar mit einem Blick umfaßbaren Umwelt*. In diesem Sinne achtete auch eine neuere Untersuchung in Liverpool darauf, daß nur *„visual wholes"*, also sichtbare Gesamtheiten als Nachbarschaften, untersucht wurden[103]. Die Tatsache, daß in den untersuchten Blöcken einer großen Arbeitersiedlung die ärmeren mehr und die besser Gestellten weniger nachbarschaftliche Beziehungen hatten und statt dessen ihr Bedürfnis nach Privatheit hervorhoben, obwohl letztlich die ganze Bevölkerung insgesamt der unteren und oberen Unterklasse angehörte[104], läßt uns vermuten, daß vielleicht noch ein anderer Faktor als der der bloßen Klassenzugehörigkeit hier angesetzt werden muß. Uns möchte scheinen, daß dem Bedürfnis nach räumlicher Nähe das entgegengesetzte Bedürfnis nach einer „Fluchtdistanz" gegenübersteht, so daß etwa bei allzu nahem Beieinandersiedeln Hecken und Zäune errichtet werden, um vor neugierigen Blicken geschützt zu sein. Es könnte ferner sein, daß Menschen mit wachsendem Bildungsniveau immer empfindlicher auf Verletzungen dieser Fluchtdistanz reagieren und somit physisch allzu nahe Nachbarschaft nur noch als Verleitung zu plumpvertraulichen Beziehungen empfinden, die gleichzeitig abgelehnt werden. Da aber andererseits räumliche Nähe genauso oft als positiv empfunden und von den damit ermöglichten sozialen Beziehungen entschieden Gebrauch gemacht wird, fragt es sich, *ob es vielleicht eine Art optimaler Distanz zwischen zu weit und zu nahe gibt,*

---

[102]Gunther Ipsen, Die Gemeinde als Gemeinschaft. In: Jahrbuch für Kommunalwissenschaft II (1936), S. 7.

[103]T. S. Simey, The Concept of Natural Area, a.a.O., S. 54.

[104]Ebenda.

innerhalb deren Nachbarschaftsbeziehungen anstandslos und in einer von allen Beteiligten als positiv empfundenen Weise funktionieren. Da außerhalb des unmittelbaren Blickwinkels offensichtlich keine nachbarschaftlichen Verhältnisse zustande kommen, scheint die Grenze für eine zu weite Distanz recht eindeutig feststellbar zu sein. Was aber bedeutet Distanzlosigkeit oder allzu große Nähe? Die Untersuchung in Liverpool scheint anzudeuten, daß die Herkunft hierbei eine Rolle spielt, indem die Leute, die aus eigentlichen Vororten in die untersuchte Siedlung gezogen waren, empfindlicher reagierten als jene, die aus übervölkerten Slums stammten. Auch sonst mögen andere Faktoren noch eine Rolle spielen. Wir heben nur einen Punkt hervor, der für die Bewertung von Nachbarschaftsverhältnissen insgesamt wichtig zu sein scheint: So sehr die meisten persönliche Beziehungen in der Nachbarschaft zu schätzen wissen, so skeptisch scheinen sie zu sein gegen allzu persönliche Beziehungen mehr freundschaftlicher Natur. Wenn man also sicher Nachbarschaft als eine „Primärgruppe" im Sinne von Charles H. Cooley bezeichnen darf, so muß doch gleichzeitig angedeutet werden, *daß eine mehr oder weniger ausgesprochene Abneigung gegen allzu persönliche Beziehungen in allzu großer Nähe zu existieren scheint.* Desgleichen besteht wohl auch ein starkes Bedürfnis, *wählen zu können,* mit wem man in solche Beziehungen eintritt, ohne gewissermaßen durch die bauliche Anordnung der Siedlung einfach gezwungen zu sein, den Nachbarn dauernd über den Weg zu laufen. Dies ein Grundsatz, den sich jene Architekten und Planer angelegen lassen sein sollten, die da völlig naiv annehmen, daß allein die bauliche Anordnung die Menschen zur Aufnahme nachbarschaftlicher Beziehungen bringen könnte. Die anderen Einflüsse, die sich sonst noch wirksam machen könnten, sind z. B. familiärer Natur. So zeigte eine Untersuchung in Sheffield, daß man etwa Brot vom Nachbarn ausleihen würde; bei ernster Krankheit sank diese Zahl, während die Zahl der Verwandten, die man hinzuholen würde, ganz außerordentlich (rund um das Sechsfache) stieg.

Personen, die zu Hilfe gerufen werden	Prozente	
	Mangel an Brot	Ernste Krankheit
Nachbarn	63,4 %	48,3 %
Verwandte		41,1 %
Andere	6,5 %	5,3 %
Niemand	30,1 %	5,3 %
Total	100,0%	100,0 %

Personen, die man bei kleinen und großen Krisen im Haushalt zu Hilfe holen würde (153 Hausfrauen)[105]

Zahlreiche Untersuchungen von Loomis und Beegle zeigen übrigens ähnliche Verhältnisse. Das könnte vielleicht heißen, daß persönliche Beziehungen bei Nachbarschaft am leichtesten aufgenommen werden, wenn die

---

[105]Ebenda.

Betreffenden außerdem durch verwandtschaftliche Beziehungen gebunden sind. Gegenkräfte gegen Aufnahme nachbarschaftlicher Beziehungen können unter Umständen Altersdifferenzen werden, vor allem bei einigermaßen homogenem Milieu, dann auch die Unterscheidung zwischen „ordentlichen" und anderen Leuten und überhaupt zwischen den verschiedenen Untergruppen der Unterklassen. So führten die Untersuchungen von Liverpool und Sheffield zur Annahme, daß viele Ursachen für das bessere oder schlechtere Funktionieren der Nachbarschaften auf dem Gebiet der umgebenden Gesamtgesellschaft gesucht werden müssen und nicht im Nachbarschaftsverhältnis als solchem[106].

Trotz allem bleibt natürlich die Mikroanalyse solcher Nachbarschaftszusammenhänge von größter Bedeutung, da sie uns das Gewicht verschiedener Faktoren und überhaupt das Vorhandensein einer relativen Varietät verstehen läßt. In dieser Hinsicht scheint uns besonders wichtig die Unterscheidung von *physischer* und *funktionaler Distanz* durch Leon Festinger und seine Mitarbeiter. Die physische Distanz schafft höchstens „passive Kontakte". Wenn Leute sehr weit auseinander wohnen, sinkt die Chance solcher passiver Kontakte außerordentlich, umgekehrt steigt sie rasch. Die funktionale Distanz bestimmt sich durch die bauliche Gestaltung der Nachbarschaft bzw. durch die Stellung, die einer im Rahmen eines baulichen Komplexes innehat. Diese beiden Formen können nun sowohl parallel zueinander als auch entgegengesetzt variieren, indem etwa bei gleichbleibender physischer Distanz die funktionale Distanz einmal näher und einmal ferner ist[107]. Allerdings heben die Autoren selber hervor, daß die Untersuchungsbedingungen bei ihnen insofern extrem waren, als es sich um unverhältnismäßig homogene Wohnsiedlungen handelte. Später geben sie dementsprechend zu, daß kulturelle Affinitäten neben den rein räumlichen eine Rolle spielen mögen[108], so daß auch in diesem Fall der rein räumliche Faktor eine Einschränkung erfährt. Man kann von hier aus schließen, daß der Begriff der „funktionalen Distanz" neben räumlichen Elementen eine ganze Reihe anderer Faktoren beinhalten muß, z. B. auch struktureller Natur, die in letzter Sicht über die Gestaltung der Nachbarschaft entscheiden. Es ist eigenartig zu sehen, daß jedesmal, wenn man den Dingen näher auf den Leib zu rücken sucht, der Faktor der räumlichen Nähe, der zu Beginn allbeherrschend erschien, in seiner Wirksamkeit immer unbestimmter wird. Die weitreichenden Bedeutungen, die der funktional verstandene Raum in der Gemeinde annehmen kann, sind im Grunde schon von William Lloyd Warner in seiner großangelegten Untersuchung von Yankee City hervorgehoben worden. So wurden häufig bestimmte Klassen mit Lokalnamen

---

[106]Ebenda.

[107]L. Festinger, St. Schachter und K. Back, Social Pressures in Informal Groups, a.a.O., S. 34 ff.

[108]Ebenda, S. 151.

belegt („die von der Hillstreet"), wie man auch etwa den Zürichberg als den „Dividendenhügel" bezeichnet, womit ebenfalls einer Vereinigung lokaler Gegebenheiten angedeutet ist. Umgekehrt wurden in Yankee City auch die untersten Gruppen mit einem solchen Namen belegt („Riverbrooker")[109]. Im wesentlichen bleibt aber Warner immer nur an größeren Zonen interessiert, ohne auf das eigentliche Problem der Nachbarschaft einzugehen[110], wobei er getreulich der Art folgt, die das Ehepaar Robert S. Lynd und Helen M. Lynd in „Middletown" und „Middletown in Transition" befolgt hatte[111]; der wesentliche Unterschied liegt hier in der Differenz, wie die sozialen Klassen ausgemacht werden; bei den Lynds mehr deskriptiv, bei Warner auf eine mehr systematische Weise unter Mitwirkung statistischer Meßmethoden.

VII. Versuch einer Typologie der Gemeinden

Mit der Frage nach der räumlichen Gestaltung des Gemeindelebens ist aber nur die eine Seite des Gemeindelebens erfaßt, wenn auch eine sehr bedeutsame. Darüber hinaus geht die Aufmerksamkeit auf *die Totalität des gegenwärtigen Lebens einer Gemeinde,* wobei es darauf ankommt, neben dem Ineinanderwirken der verschiedenen Lebens- und Funktionskreise die *Konstellation* sichtbar zu machen, die für eine bestimmte Gemeinde bezeichnend ist. Dies würde einer *eigentlichen strukturellen Betrachtung* entsprechen, wobei aber gleichzeitig als Ergänzung *die Notwendigkeit einer typologischen Betrachtung* sichtbar wird, die eine Klassifikation der Gemeinden erlauben könnte. Damit gelangen wir letztlich zu einer *Dreiteilung* der Betrachtungsweisen in der Gemeindesoziologie in eine ökologische, eine *strukturelle* und eine *typologische*[112]. Der Blickpunkt bleibt immer auf die Gegenwart ausgerichtet, wie es auch der Soziologie als Gegenwartswissenschaft entspricht. Die Gegenwart ist zudem die einzige Dimension der Zeit, die empirischer Untersuchung *unmittelbar* offen steht.

Die historischen Voraussetzungen einer Typologie der Gemeinden

Es liegt auf der Hand, daß Gegenwartsanalyse häufig nicht ohne weitreichende historische Untersuchungen möglich ist, da sich die Probleme, welche die Gegenwart bestimmen, oft weit zurückverfolgen lassen und auch

---

[109]William L. Warner und Paul S. Lunt, The Social Life of a Modern Community. New Haven 1950 (zuerst 1941), S. 81 ff.

[110]W. L. Warner und Leo Srole, The Social Systems of American Ethnic Groups. New Haven 1949 (zuerst 1945).

[111]Robert S. Lynd und Helen M. Lynd, Middletown. New York 1929; dies., Middletown in Transition. New York 1937.

[112]Diese Dreiteilung in ökologische, strukturelle und typologische Betrachtung geht zurück auf A. B. Hollingshead, Community Research, a.a.O., S. 139 ff.

zurückverfolgt werden müssen[113]. Diese *Frage nach der Reichweite unseres Gegenstands Gemeinde in der Zeit* ist übrigens genau analog der früher aufgerollten Frage nach seiner Reichweite im Raum und in der allgemeinen Kultur globaler Gesellschaften vom Typus der Nation etwa. Wir sehen uns also ganz unmittelbar veranlaßt, die *historische Dimension des Geschehens* mit in unsere Betrachtung einzubeziehen. Auch in der Kultur sind Raum und Zeit nicht voneinander zu trennen. Sowohl Steward als auch Arensberg hoben jüngstens diesen Gesichtspunkt wieder hervor, der auch methodologisch nicht ohne Folgen ist, wie später noch gezeigt werden soll[114]. Wir möchten übrigens darauf hinweisen, daß dem schon seit langem von den verschiedensten Seiten her entgegengearbeitet worden ist. So kann etwa die Siedlungsgeschichte einer Gemeinde besonders aufschlußreich werden, was uns nach allem, was über die räumliche Gestaltung der Gemeinde gesagt worden ist, nicht mehr verwundern kann. Von ähnlicher Bedeutung ist auch die Bevölkerungsgeschichte, wobei wir betonen, daß die Grundbegriffe der Ökologie wie „Invasionen", „Sukzessionen", auch „Konzentrationen" bestimmter Bevölkerungsgruppen, ihre eventuelle „Segregation" u.ä. sowie die Entstehung von „Sedimentationsschichten" allesamt zeitlich ausgerichtet sind[115]. Wenn wir also in einer Gemeindeuntersuchung ein Augenblicksbild der gegenwärtigen Existenz dieser Gemeinde gewinnen, so ist das gewiß wichtig für die Erkenntnis der sozialen Struktur in einer solchen Gemeinde und für ihre typologische Einordnung. Aber dennoch mag bei diesem Verfahren dem Betrachter gerade das Wesentliche dieser Struktur entgehen, da wir nichts über den Verlauf wissen, innerhalb dessen sie sich entwickelt hat. Dieser bleibt wie eine verdeckte Handlung im Drama. Genauso wenig, wie die Zuschauer aber das Ganze des dramatischen Ablaufs verstehen können, ohne um diese verdeckte Handlung zu wissen, so müssen auch wir die Wände der Gegenwärtigkeit des Geschehens nach rückwärts in die Vergangenheit

---

[113]Von amerikanischer Seite vor allem hervorgehoben von P. V. Young, Scientific Social Surveys and Research, a.a.O., S. 496.

[114]J. H. Steward, Area Research, a.a.O., S. 51, drückt dies folgendermaßen aus: „...the community approach is not yet sufficiently related to that of the various disciplines which study culture in these larger dimensions. It is also strikingly unhistorical in its modern applications. Many problems do not require historical study, but most of those pertaining to culture change and social relations, which are the concern of many community studies, would be illuminated by a historical‚approach'." Im gleichen Sinne C. M. Arensberg, American Communities, a.a.O. Siehe auch Oscar Lewis, Life in a Mexican Village: Tepoztlán Restudied. Urbana, Ill., 1951, S. XIIIff. Ebenso Horace Miner, The Primitive City of Timbuctoo. Princeton 1953.

[115]Ein gutes Beispiel in Europa gibt in jüngster Zeit Louis Chevalier, La formation de la population parisienne au XIXe siècle. Paris 1950. Über die im Text verwendeten Begriffe der Sozialökologie vgl. Emma Llewellyn und Audrey Hawthorn, Human Ecology. In: G. Gurvitch und W. E. Moore (Hrsg.), Twentieth Century Sociology, a.a.O. Mittlerweile ist auch eine hervorragende ökologische Untersuchung von Paris erschienen, vgl. P. H. Chombart de Lauwe, Paris et l'agglomération parisienne, a.a.O.

durchstoßen. Neben der beschreibenden und statistischen Gegenwartsana-
lyse und der Kombination verschiedener solcher statistischer Querschnitte in
verschiedenen Zeitmomenten, wie sie etwa die regelmäßig wiederkehrenden
Volkszählungen geben, *benötigen wir noch eine Einsicht in das eigentlich
Prozeßartige des Geschehens,* in dem sich die eigentümlichen Züge unserer
Gemeinde herausgebildet haben.

In der Untersuchung „Zeche und Gemeinde", über die Kurt Utermann
berichtet, ist etwa jüngstens in Deutschland durchaus Neuland betreten
worden[116]. Helmut Croon befaßt sich eingehendst und in höchst
interessanter Weise mit den daraus resultierenden Problemen methodologischer Natur[117]. Dabei fällt übrigens auch ein interessantes Licht auf
das Problem der Integration der Gemeinde. Gerade die Entwicklung der
Zechenstädte im Ruhrgebiet zeigt im Zusammenstoß von Einheimischen mit
den stürmisch Zuwandernden zunächst das Bild einer Gemeinde, die sehr
verschiedene Bevölkerungen (auch ethnisch: Polnische Grubenarbeiter!) in
einer Weise durcheinander siedeln läßt, daß zwar eine lokale Einheit, Interaktionen und auch einige gemeinsame Ziele entstehen; trotzdem sind aber
diese Gemeinden weit davon entfernt, ein „Ganzes" zu bilden. Sie zeigen
zunächst das typische Bild ethnischer und beruflicher Würfelung. Dabei darf
man sagen, daß im Beginn eines solchen Prozesses die alten Gemeinden
buchstäblich von den zuziehenden Bergarbeitern erdrückt zu werden pflegen.
Immerhin beweisen die anfänglichen Spannungen, die heute teilweise noch
in der älteren Generation weiterleben, eine zunehmende Tendenz zu verschwinden oder sich wenigstens zu mildern. So darf man sagen, daß in diesen
Fällen eine Gemeindeintegration vielleicht eines Tages *entstehen wird,* aber sie
kann *nicht vorausgesetzt* werden. Auch kann diese Integration verschiedene
Grade erreichen und sich durch verschiedene Etappen hindurchentwickeln,
vorausgesetzt, daß sich keine neuen Störungen von außen bemerkbar
machen. So spricht etwa Utermann mit einem sehr glücklichen Ausdruck
von der jeweils unter gegebenen Umständen „erreichbaren" Vereinigung der
Kräfte.

Eine interessante Parallele zu der deutschen Untersuchung stellt die Studie
von Herman R. Lantz über Coal Town dar, eine Zechengemeinde aus dem
Kohlengebiet des amerikanischen Mittelwestens. Auch hier wird versucht,
die stürmische Entwicklung der letzten 50 Jahre durch die Erinnerung
heute noch lebender Menschen zu erfassen. Diese Gemeinde wurde 1804

---

[116]Kurt Utermann, Forschungsprobleme einer Gemeindeuntersuchung im nördlichen Ruhrgebiet, a.a.O. Soeben erscheint der Gesamtbericht: H. Croon und K. Utermann, Zeche und
Gemeinde, a.a.O.

[117]H. Croon, Sozialgeschichtsforschung und Archive, a.a.O.; ders., Methoden zur
Erforschung der gemeindlichen Sozialgeschichte des 19. und 20. Jahrhunderts, a.a.O.; ders.,
Die Einwirkung der Industrialisierung auf die gesellschaftliche Schichtung der Bevölkerung im
rheinisch-westfälischen Industriegebiet, a.a.O.

von weißen Bergbewohnern aus den Südstaaten begründet, also von alteingesessenen Amerikanern schottischer, irischer und englischer Abstammung. Diese ergaben sich fast ein Jahrhundert lang einer reinen Subsistenzwirtschaft, die sich vom übrigen amerikanischen Leben ziemlich absonderte und sich an die alten Vorstellungen und Gewohnheiten hielt. Im Jahre 1900 fand diese beschauliche Existenz ein jähes Ende, als eine Gruppe von sechs Brüdern die an und für sich schon lange bekannten Kohlevorkommen industriell abzubauen begann. Hier entstand die genau gleiche Situation wie im Ruhrgebiet, indem plötzlich Arbeitskräfte benötigt wurden, die man am Ort nicht finden konnte. So strömten zahlreiche Bergarbeiter ein, die überwiegend kontinentaleuropäische Neueinwanderer waren: Polen, Litauer, Kroaten, Serben, sogar einzelne Montenegriner, schließlich auch Italiener. Es entstand eine Gemeinde, die durch stärkste soziale Distanzen gekennzeichnet war. Vor allem standen natürlich die Eingeborenen und die Einwanderer gegeneinander, während es innerhalb der beiden Grundgruppen zu weiteren Unterteilungen nach sozialen Klassen kam. All das muß man sich gegenwärtig halten, wenn man die heutige Situation verstehen will. In der Tat ist aus dem Zusammenstoß zwischen einer eingeborenen Subsistenzwirtschaft und der Einwanderung von Industriearbeitern keine „dritte Kraft" entstanden, die an der Gemeinde als solcher und an der Verlängerung ihrer „kulturellen Identität" interessiert gewesen wäre. Das besiegelte dann das Schicksal der Gemeinde, nachdem 1948 zunächst die erste, 1956 die zweite Kohlengrube geschlossen wurde[118].

Für die Erkenntnis solcher Entwicklungen ist jedoch die Erhellung der historischen Dimension von allergrößter Bedeutung, in der sich dann auch die Struktur der Gemeinde wie ihre individuelle Einzigartigkeit, vor allem aber ihr Typus herausbilden. Darum ist ja gerade die Aufschließung der historischen Dimension des gegenwärtig Vorgefundenen die wesentliche Voraussetzung für den Entwurf einer Typologie der Gemeinden. Die historische Erweiterung von Gemeindestudien schafft also im Grunde keinerlei Gefährdung der Soziologie der Gemeinde, sondern bietet im Gegenteil eine höchst willkommene Erweiterung, die auch methodologisch ganz neue Quellen der Gemeindeforschung erschlossen hat. So hätte auch Turney-High niemals die wesentlichen gegenwärtigen Entwicklungsprozesse der belgischen Gemeinde von „Château-Gerard" erfassen können, wenn er nicht davon ausgegangen wäre, daß sich diese Gemeinde aus einer sehr eigenartigen Sub-Kultur von romanisierten Kelten entwickelt hat, die sich mit ungewöhnlicher Hartnäckigkeit durch die Jahrhunderte behauptete. Der Seneszenzprozeß, der sich heute in dieser Gemeinde abspielt, liegt nun nicht etwa nur in der Überalterung der Bevölkerung, sondern in dem Absinken der eigenen

---

[118]Herman R. Lantz, People of Coal Town. New York 1958. Früher schon die interessante englische Untersuchung von Norman Dennis, Fernando Henri Ques und Clifford Slaughter, Coal is our Life. An Analysis of a Yorkshire Mining Community. London 1956.

Sprache von den oberen Klassen, die sich nach Brüssel und Paris ausrichten, auf die unteren Klassen, wo sie von einer Sprache zu einem Dialekt wird. Die eigenartige Struktur der Gemeinde in ihrer heutigen Gestalt beginnt erst dann sichtbar zu werden, wenn man sie auf die gesamte Vergangenheit projiziert.

Bei einem solchen Vorgehen müssen natürlich auch die Beziehungen einer gegebenen Gemeinde zur Umwelt für sich untersucht werden; denn von ihnen aus erfährt häufig die gegenwärtige soziale Struktur einer Gemeinde eine ganz besondere Erhellung (Einwanderung, Auswanderung). Hier stößt übrigens die Betrachtung der Gemeinde als lokale Einheit unter dem Einfluß der geschichtlichen Betrachtungsweise unmittelbar an Gebietsunter- suchungen oder regionale Untersuchungen, und zwar sowohl beim Ver- hältnis Gemeinde und Hinterland als auch bei weiterreichenden regionalen Verflechtungen, die allerdings fast ausschließlich bei städtisch-großstädtisch- metropolitanen Gemeinden aktuell werden. Diese Verhältnisse sind oft außerordentlich komplex[119]. Immerhin ist es erstaunlich zu sehen, daß selbst eine unverhältnismäßig kleine Stadt eine starke Umformung ihres Einzugs- bereichs bewirken kann, wie die französische Untersuchung der kleinen elsässischen Gemeinde Pfaffenhoffen beweist[120].

Wir heben hervor, daß diese Beziehungen der Gemeinde zur Umwelt bisher höchst einseitig entweder rein ökonomisch oder unter dem Aspekt *der Wanderungen vom Lande in die Stadt* untersucht worden sind. Neben diesen gewiß sehr bedeutsamen Migrationen stehen jedoch jene anderen, *die sich zwischen den ländlichen Gemeinden abspielen.* Auch diese können für die Struktur der Gemeinde von größter Bedeutung werden, indem sie die Gestaltung des Verhältnisses zwischen alteingesessenen Ortsbürgern, Zuzügern und Einpendlern außerordentlich beeinflussen. Unter dem Ein- druck der dramatischen Aspekte der Wanderungen in die Stadt wurden so die Wanderungen auf dem Lande völlig vernachlässigt, wobei zu betonen ist, das diese vielleicht ein relativ neues Phänomen darstellen, nachdem sich die Industrie aufs Land zu begeben und zu dezentralisieren begann, wie z. B. am augenfälligsten in der Schweiz[121]. Wir möchten vermuten, daß sich ähnliche Prozesse in Schweden nachweisen lassen, wo die Industrie sich von Anfang an

---

[119]Roderick D. MacKenzie, The Metropolitan Community. New York 1933; neuerdings Donald J. Bogue, The Structure of the Metropolitan Community. Ann Arbor, Mich., 1949; Wilbur C. Hallenbeck, American Urban Communities. New York 1951; Svend Riemer, The Modern City. New York 1952; E. E. Bergel, The Concept of Natural Area, a.a.O.; A. H. Hawley, The Changing Shape of Metropolitan America. Glencoe, Ill., 1956.

[120]Pierre Michel, Pfaffenhoffen. L'évolution des rapports fonctionnels entre un petit centre urbain et la campagne voisine (Centre de Documentation Universitaire). Paris 1954.

[121]Vgl. dazu R. König, Banlieues, déplacements journaliers, migrations de travail. In: G. Fried- mann (Hrsg.), Villes et campagnes. Paris 1953.

auf dem Lande ansiedelte. Wir unterstreichen, daß die letzterwähnten Züge sehr wesentlich jene Gemeindeuntersuchungen, wie sie die Sozialanthropologie bei Völkern geringer technischer Ausrüstung vornimmt, von jenen unterscheiden, welche die Soziologen in relativ entwickelten Industriegesellschaften durchführen. Die ersten Gemeinden werden häufig relativ isoliert sein (wenn auch nicht selbstgenügsam), während die letzteren – trotz aller oft auch vorhandenen Isolierung – immer dadurch ausgezeichnet bleiben, daß sie sich in globale Gesellschaften höherer Ordnung einbauen, mindestens vom Typus einer regionalen Wirtschaft oder einer nationalen Gesellschaft. Selbst wenn in diesem Falle die Gemeinde als globale Gesellschaft erhalten bleibt, so müssen doch notwendigerweise die Beziehungen zur Umwelt *(natural area,* Region) und zu anderen Gemeinden verschiedenster Art beherrschend hervortreten, während dies bei den „primitiven" Gemeinden nicht annähernd, wenn überhaupt, der Fall ist. Dies soll und kann allerdings nicht heißen, daß darum die sozialanthropologischen und soziologischen Gemeindeuntersuchungen nichts zur gegenseitigen Erhellung tun könnten. Im Gegenteil: Bei der überragenden Bedeutung, welche die vergleichende Methode heute erlangt hat, sind beide Betrachtungsweisen engstens aufeinander angewiesen, wie auch die Forscher immer häufiger werden, die beide Betrachtungsweisen miteinander vereinen. Hierbei begegnet die soziologische Gemeindeforschung als Gegenwartswissenschaft dem gleichen Erkenntnisproblem wie die Soziologie insgesamt: Die fortgeschrittenen Industriegesellschaften, denen der Betrachter selber angehört, sind gerade darum so schwer zu erkennen, weil sie uns so nahe stehen. Unsere Optik ist ja ein Teil jenes Lebens, so daß wir das Eigentümliche seiner Gegenwart oft übersehen. Umgekehrt fällt uns bei Kulturen geringer technischer Ausrüstung, wozu auch alle technisch-wirtschaftlich unterentwickelten Länder gehören, gerade wegen ihrer Verschiedenheit von unserer eigenen Kultur meist das Eigentümliche viel leichter in die Augen. Die unabweisbare Konsequenz dieses Verhältnisses ist die Ausbildung der vergleichenden Methode, die erst auf dem Umweg über Gemeindeuntersuchungen primitiver Völker und bei Halbkulturvölkern die Eigenart unserer fortgeschrittenen Industriegesellschaften sichtbar zu machen vermag. Der Erkenntniswert dieser Gegenüberstellung „primitiver" Gemeinden und von Gemeinden in mehr entwickelten Gesellschaften, die durch das Vorhandensein von globalen Gesellschaften höherer Ordnung charakterisiert werden, darf keineswegs unterschätzt werden.

Die wirtschaftlichen Voraussetzungen einer Typologie der Gemeinden

Damit tritt aber der wirtschaftliche Faktor immer beherrschender hervor. Wenn auch seine zentrale Behandlung den eigentlichen Wirtschaftswissenschaften zukommt, so beeinflußt doch die vorwaltende Form der wirtschaftlichen Betätigung die sozialen Beziehungen in der Gemeinde ganz außerordentlich. Außerdem ist es ein wesentlicher Bestandteil des Begriffs

Gemeinde, daß sie unter anderem eine gemeinsam wirtschaftende Gruppe ist; als solche schafft sie sich mit der Zeit ihre eigene Umwelt, vor allem seit dem Übergang von der Jäger-Sammlerinnen-Kultur zu den frühesten Formen des Ackerbaus, mit denen sich nicht nur die Wirtschaft ausweitet, sondern vor allem auch die lokale Gemeinde befestigt. Dieser Vorgang ist vielleicht identisch mit jenem schon besprochenen Übergang vom Paläolithikum zum Neolithikum. Wesentlich ist dafür nicht nur die Seßbarwerdung der Gesellschaften und die reichere Profilierung ihrer Struktur, sondern gleichzeitig eine Vermehrung der materiellen Güter und der Techniken zur Umformung der Außenwelt. Damit ist dann auch entschieden, daß die Wirtschaft und die zugeordnete Kultur die Gemeinde wachsend bestimmen müssen, so daß auch *bei typologischen Erwägungen* die Strukturen der Gemeinden *sehr wesentlich mit der vorherrschenden Wirtschaftsform zusammen gesehen werden müssen.* Das heißt gleichzeitig, daß die physischen Lebensbedingungen jede Kulturentwicklung und Kulturform bestimmen, selbst auf ihren höchsten Höhen der Abstraktion und Sublimierung. Sie tun dies jedoch, wie Forde hervorhebt, nicht als „Determinanten", sondern nur als eine *Kategorie von Rohmaterial für die kulturelle Ausarbeitung*[122]. Dies gilt in gleicher Weise für einen mehr geographisch wie für einen mehr ökonomisch ausgerichteten Determinismus. Wenn wir also die Gemeinden als lokale Globalgesellschaften nach vorherrschendem Wirtschaftstypus klassifizieren wollen, dann müssen wir dabei immer so vorgehen, daß gleichzeitig die kulturellen Determinanten sichtbar werden. Dies ist nun sicher häufig geschehen, wenn wir die existierenden Typologien allgemein betrachten; leider stellt sich aber nur allzu schnell heraus, daß bei größerer Konkretisierung der Wirtschaftsfaktor meist derart vordringlich wird, daß die bestehenden Typologien für unsere Zwecke viel zu einseitig werden.

Der wichtigste Gegensatz, der hier sichtbar wird und in der soeben geforderten Weise die geographische, wirtschaftliche, soziale und kulturelle Betrachtungsweise vereint, ist der Gegensatz von mehrheitlich *agrarisch-gewerblichen* Gemeinden einerseits und *industriellen* Gemeinden andererseits. Daran schließt sich der andere Gegensatz von *ländlichen* und *städtischen* Gemeinden an, wobei wir vor dem häufig begangenen Fehler warnen müssen, die beiden Gegensatzpaare ohne weiteres parallel zusetzen. Sie kreuzen sich vielmehr; denn das Problem der städtischen Gemeinde ist nur teilweise mit der industriellen Wirtschaftsform verknüpft, ganz abgesehen davon, daß neben der industriellen Wirtschaftsform noch weitere mit dem modernen Wirtschaftssystem verbundene wirtschaftliche und andere Funktionen in den Städten konzentriert sein können und für diese sogar bezeichnender sind als die Industrie (Handel, Transportwesen, Banken, Versicherungen, Verwaltung, kommunale und zentrale Verwaltung und Regierung, kulturelle

---

[122]D. Forde, Habitat, Economy and Society, a.a.O., S. 464.

Institutionen usw.). Je nach den verschiedenen Kulturräumen finden wir etwa typische Industriedörfer (Schweden, Rußland) und Städte mit weitgehend agrarischgewerblicher Bevölkerung (Italien, Sizilien, Spanien).

Die außerordentliche Komplexheit dieser Verhältnisse hat auch dazu geführt, daß sich heute nicht weniger als drei Forschungszweige der Soziologie mit diesen spezifischen Problemen befassen, nämlich die Agrarsoziologie, die Stadtsoziologie und – falls man darin einen eigenen Forschungszweig erblicken will – die Soziologie der Stadt-Land-Beziehungen (rural–urban sociology), die besonders in den Vereinigten Staaten ausgebildet worden ist. In allen Fällen steht aber gleichmäßig die Gemeinde im Zentrum der Aufmerksamkeit, wobei sich das Interesse der eigentlichen Gemeindeuntersuchungen nicht so sehr auf die Wirtschaftsfragen für sich allein konzentriert, sondern mehr auf die kulturelle Prägung, welche die sozialen Beziehungen zwischen den einzelnen und Teilgruppen innerhalb einer Gemeinde von einem bestimmten Typus annehmen[123]. Dies findet seinen Ausdruck unter anderem darin, daß die allgemeinen Kategorienbildungen und Klassifikationssysteme der Gemeindeuntersuchungen eher mit meist sehr augenfälligen kulturellen Differenzen arbeiten vom Typus der Scheidung „Gemeinschaft und Gesellschaft" (Ferdinand Tönnies), ländlicher und städtischer Kulturstil, Volkskultur und bürgerlich-städtischer Gesellschaft, traditioneller und progressistischer Gesellschaft u.ä., während dagegen die mehr am konkreten Detail interessierte Agrarsoziologie und die Stadt- und Großstadt-Soziologie wie auch die beide Gesichtspunkte vereinende Soziologie der Stadt-Land-Beziehungen nach immer feineren Klassifikationssystemen rufen. Wenn auch die Gemeindeuntersuchungen viel durch eine solche verfeinerte Begriffsskala gewinnen, die sich – wie wir sogleich sehen werden – zumeist wirtschaftlicher Vorstellungen bedient, so bleibt doch bei ihnen das Hauptinteresse die kulturelle Charakteristik des Lebens in der Gemeinde nebst ihrer inneren Struktur, und es ist noch immer eine offene Frage, ob diese in der gleichen Weise variieren wie die rein wirtschaftlichen Klassifikationsmerkmale, ob nicht vielleicht gerade hierbei ganz andere Faktoren als die rein wirtschaftlichen in Funktion treten (Berufsstruktur, Schichtung nach sozialen Klassen, Macht- und Einflußstruktur u.ä.) bzw. diese nur in Kombination mit den wirtschaftlichen Merkmalen. Wir heben auch hervor, daß sich die kulturelle Charakteristik einer Gemeinde keineswegs gleichzeitig mit etwaigen Änderungen in der Zusammensetzung nach sozialwirtschaftlichen Gruppen ändern muß. So kann etwa eine kleine Landgemeinde noch lange bäuerliche Kultur repräsentieren, selbst wenn sie schon seit geraumer Zeit Industriegemeinde geworden ist. Dies stellt in einem Lande wie der Schweiz sogar eine sehr häufige Erscheinung dar, die zu einer Art Ideologisierung der bäuerlichen Kulturund Gemeindevorstellungen

---

[123]So z. B. schon recht früh Carle C. Zimmerman, The Changing Community. New York 1938.

geführt hat, indem auch bei hoher Industrialisierung kleine Gemeinden sich noch immer bäuerlich verhalten und denken und unter Umständen auch politisch bäuerlich wählen.

Von der kulturellen Bedingtheit der Typologien

Es liegt auf der Hand, daß sich die Klassifikationsmerkmale der Gemeinden sehr wesentlich mit den besonderen Verhältnissen eines Landes oder Landesteils (Region) wandeln müssen. So dürfte es vorderhand unmöglich sein, ein System zu finden, das allen Landschaften gleichzeitig gerecht werden könnte. Und diese Schwierigkeit erhöht sich zudem noch durch den Umstand, daß eine ganze Reihe verschiedener Wissenschaften an einer solchen Typologie interessiert ist (neben der Soziologie die Geographie, die Kommunalwissenschaften, die Wirtschafts- und Bevölkerungswissenschaften, die Landeskunde und Landesplanung), die alle ihre eigenen, meist sehr abstrakten Leitgesichtspunkte besitzen. Dazu kommt noch eine mehr morphologische Gliederung nach physiognomischkulturellen Merkmalen, die manche der obigen Gesichtspunkte mit historisch-politischen, regionalen oder kulturlandschaftlichen Anschauungen kombinieren. Diese letztere Betrachtungsweise scheint uns sogar im vorwissenschaftlichen Alltag vorzuherrschen; wie aber die Erfahrung zeigt, sind selbst wissenschaftliche Klassifikationsversuche von solchen Anschauungen abhängig, woraus eben die erwähnten Schwierigkeiten resultieren. So sind etwa die amerikanischen Versuche dieser Art ganz eindeutig von den speziellen Verhältnissen des Mittelwestens geprägt; die deutschen von den speziellen Verhältnissen des deutschen Dorfes, das – noch ganz abgesehen von innerdeutschen regionalen Differenzierungen – etwa vom italienischen, speziell süditalienischen oder andalusischen Dorf völlig verschieden ist.

In diesem Zusammenhang bezweifelte jüngstens der Österreicher Hans Bobek, ob eine „strenge Vergleichbarkeit", die über alle diese „physiognomischen Merkmale" hinausgeht, so wünschenswert sie an sich sei, wirklich unbedingt erforderlich ist[124]. Diese Entscheidung scheint uns sehr realistisch zu sein. Allerdings erhebt sich danach noch immer die Frage, „innerhalb welchen Rahmens Vergleichbarkeit zu fordern wäre". Er selber meint nun, man werde sich mit Vergleichbarkeit innerhalb des gegebenen staatlichen Rahmens begnügen und auf internationale Vergleiche verzichten müssen. Angesichts der bestehenden Schwierigkeiten halten wir schon das für recht optimistisch und möchten im Grunde einer mehr regional ausgerichteten Systematik den Vorzug geben, also dem, was man auch neutraler als Gebietsuntersuchung *(area research)* bezeichnen könnte. Dies führt natürlich letztlich in Richtung einer mehr sozial-kulturell ausgerichteten

---

[124]Hans Bobek, Albert Hammer und Robert Ofner, Beiträge zur Ermittlung von Gemeindetypen. Klagenfurt 1955, S. 37.

Gliederung, wie sie heute etwa am entschiedensten von Arensberg vertreten wird. Aber das Dilemma bleibt natürlich insofern doch bestehen, und zwar genau wie bei der Sozialökologie, als die Notwendigkeit quantifizierender Vergleichungen und der Bildung von „Schwellenwerten" nicht von der Hand zu weisen ist. Dabei würde der innerstaatliche Vergleich wieder hervorgehoben werden müssen, weil er wenigstens auf ungefähr analoge Erhebungsmethoden für das ganze Land zurückgreifen kann, was beim internationalen Vergleich in der Tat, wenigstens vorläufig, nicht der Fall ist – ganz abgesehen von der kulturell bedingten verschiedenen Bewertung verschiedener Grundgegebenheiten. Wir möchten zum Abschluß noch hervorheben, daß auch die strukturelle Betrachtungsweise eine solche Typologie fordert.

Aus all den angegebenen Gründen können uns auch die von der Gemeindesoziologie in Amerika entwickelten Typologien nichts nützen, höchstens wenn sie sich im Allgemeinen halten wie etwa bei Sorokin und Zimmerman[125]. Sie unterscheiden die primitive Urgemeinde, die Dorfgemeinde im europäischen Sinne, das amerikanische Dorf (darunter den reinen Agrartyp und das nichtagrarische Dorf verschiedener Größenordnung, das je nachdem begrenzte, halbvollständige und vollständige Dienstleistungen anbietet), das Industriedorf, das Vorstadtdorf und schließlich noch als Sonderfall die schon früher erwähnte Nachbarschaft auf dem offenen Lande. Jenseits dieser Reihe beginnt eine neue Klassifikationsserie der städtischen Gemeinden, von denen etwa Louis Wirth folgende anführt: Industrie-, Handels-, Bergbau-, Erholungs-, Universitäts- und Regierungsstadt. Eine Industriestadt ändert sich wiederum, je nachdem ob sie von nur einer Industrie oder von mehreren lebt. Vororte unterscheiden sich von Satellitenstädten, Wohnvororte von Industrievororten, eine große Stadt mit einem städtischen Hinterland (ein sogenanntes *metropolitan area)* von einer solchen ohne Hinterland, eine alte Stadt von einer neuen usw[126].

Ältere Versuche der Typologie

Zweifellos wird sich eine Klassifikation von Gemeinden in Europa nach anderen Merkmalen richten müssen, die übrigens auch von Land zu Land verschieden sind. Vom deutschen Standpunkt gab wohl zuerst Weber einen solchen Versuch, der sich interessanterweise dadurch auszeichnet, daß er *multidimensional* ist, sich allerdings auch nur auf die städtische Gemeinde beschränkt. Weber unterscheidet dabei drei *Dimensionen:* die ökonomische,

---

[125]Pitirim A. Sorokin und C. C. Zimmerman, Principles of Rural–Urban Sociology. New York 1929.

[126]Louis Wirth, Urbanism as a Way of Life. In: Ders., Community Life and Social Policy. Chicago 1956 (zuerst in: American Journal of Sociology XLIV (1938).

die *politische* und die *historisch-ständische,* indem – seiner Meinung nach – die Stadt als Gemeinde im Okzident gebunden ist an die Voraussetzung ständischer Privilegien, in diesem Falle des Bürgerstands. Diese Momente sind nun zweifellos von großer Bedeutung, es möge jedoch hervorgehoben werden, daß die *eigentlich soziologische Dimension* in der damit eingeleiteten Typologie *fehlt.* Das macht nicht nur die große Schwäche seiner Klassifikation der Städtetypen aus, sondern gibt auch den vielen soziologischen Merkmalen, die in der tatsächlichen Ausführung auftauchen, etwas augenfällig Zusammenhangloses[127]. Eine davon ausgehende Klassifikation von Werner Sombart läßt den soziologischen Gesichtspunkt ganz bewußt außer acht, so daß uns sein „komplexer Begriff der Stadt" auch nicht weiterführen kann; für ihn hat die Beschäftigung mit der städtischen Gemeinde an sich überhaupt keine Bedeutung, sondern nur „im Rahmen eines sachlich bestimmten Zusammenhangs,... z. B. des wirtschaftlichen oder staatlichen Kulturbereichs"[128]; damit ist aber, wie dargelegt wurde, das Entscheidende gerade wieder verfehlt. Ähnlich liegt es in einem Versuch zur Soziologie der ländlichen Siedlung bei von Wiese. Zwar ist ihm, wenigstens der Forderung nach, eine „eigentlich soziologische Erforschung" der Siedlungsgebilde ein Hauptanliegen, aber er verfehlt das Eigentümliche des Gegenstands Gemeinde von vornherein dadurch, daß er sich auf die „für die vorliegende Kategorie von Siedlungen bezeichnenden sozialen Prozesse" beschränkt. Auf diese Weise werden sowohl der gebildehafte Charakter des Dorfes wie das Strukturproblem aus den Augen verloren, so daß sich die erfolgende Typologie an die höchst äußerliche Aufzählung von (1) isoliertem Hof, (2) isolierter Höfegruppe, (3) Herrengut mit Herrenhaus und Herrenhof, (4) das Dorf verliert. Hier wird vollkommen vergessen, daß völlig unvergleichbare Dinge auf einer Ebene abgehandelt werden, wohl bedingt durch das recht primitive Beginnen, vom Einfacheren zum Komplexeren fortzuschreiten. Außerdem wird nicht klar, daß Einzelhöfe ursprünglich entweder äußerst selten sind (im wesentlichen nur in Norwegen) oder eine reine Konstruktion aus der älteren Wirtschaftsgeschichte darstellen[129].

Während bei den verschiedenen Klassifikationsversuchen der amerikanischen Agrarsoziologie meist agrarpolitische Gesichtspunkte in den Vordergrund treten[130], ist bei den deutschen Versuchen der rein ökonomische Gesichtspunkt übermächtig geblieben. Das gilt für die älteren wie für die neueren

---

[127]M. Weber, Wirtschaft und Gesellschaft, a.a.O., Kapitel VIII: Die Stadt.

[128]Werner Sombart, Städtische Siedlung. In: A. Vierkandt (Hrsg.), Handwörterbuch der Soziologie, a.a.O., S. 530 f.

[129]L. von Wiese, Ländliche Siedlungen. In: Ders., System der allgemeinen Soziologie, a.a.O., S. 522 ff.

[130]Über den neuesten Stand orientieren noch immer am besten Ch. P. Loomis und J. A. Beegle, Rural Social Systems. New York 1950; John H. Kolb und Edmund G. Brunner, A Study of Rural Society. New York 1950.

Betrachter, von denen wir uns im folgenden mit einigen befassen wollen, die uns besonders markant erscheinen.

Neuere Versuche der Typologie

Deutlich wird dies bei Paul Hesse[131]. Er unterscheidet: gewerbliche Gemeinden und Verwaltungszentren, Arbeiterwohngemeinden und Wohnsiedlungen, Arbeiterbauerngemeinden, kleinbäuerliche Gemeinden, bäuerliche Gemeinden. Diese Reihe wird erreicht durch Kombination von insgesamt 6 Merkmalsgruppen, z. B. Bodenverbundenheit der Haushaltungen, ausgedrückt durch die Haushaltungen ohne Boden oder höchstens bis zu einer Gesamtfläche von 0,5 ha in v. H. der Gesamthaushaltungen; hauptberufliche Erwerbspersonen in der Land- und Forstwirtschaft in v. H. der Erwerbspersonen überhaupt; die nicht-landwirtschaftliche Durchsetzung, vornehmlich der Grad der Industrialisierung, ausgedrückt durch die Zahl aller in den nichtlandwirtschaftlichen Arbeitsstätten beschäftigten Erwerbspersonen in v. H. der örtlichen nichtlandwirtschaftlichen Erwerbspersonen; Umfang der Pendelwanderung, ausgedrückt durch Hinauspendler, gemessen an den Gesamtzahlen der örtlichen Erwerbspersonen, und durch Einpendler, gemessen an den Erwerbspersonen in den örtlichen und nicht-landwirtschaftlichen Arbeitsstätten; Gewicht der Wirtschaftsheimstätten und Kleinstellen in v. H. der land- und forstwirtschaftlichen Betriebe ab 0,5 ha; Anteil der Hufen und größeren Betriebe aller Grade an der Gesamtzahl der land- und forstwirtschaftlichen Betriebe. Die noch weiteren Unterteilungen sind dann nur noch wirtschaftlich und überhaupt nicht mehr sozial bestimmt, so wenn etwa die gewerblichen Gemeinden und Verwaltungszentren unterteilt werden nach: gewerbliche Gemeinden des Bergbaus, der Industrien der Steine und Erden; gewerbliche Gemeinden der Eisen- und Metallgewinnung, der Eisen-, Stahl-, Metallverarbeitung, des Maschinen-, Apparate- und Fahrzeugbaus, der Elektrotechnik, Feinmechanik, Optik; gewerbliche Gemeinden des Nahrungs- und Genußmittelgewerbes; gewerbliche Gemeinden des Bau- und Baunebengewerbes, des Holz- und Schnitzstoffgewerbes usw. usw. Als restlos positiv zu werten ist in diesem Versuch insbesondere die Ambition, „Schwellenwerte" zu gewinnen. Es steht auch fest, daß diese Klassifikation agrarpolitisch von größtem Nutzen sein kann. Zweifellos sind schließlich in ihr auch einige soziologische Gesichtspunkte verborgen; aber sie werden doch von den ökonomischen völlig überspielt.

Ähnlich liegt es bei einem anderen Klassifikationsversuch der Gemeindetypen von Heinz A. Finke[132], obwohl er schon etwas weiter geht als der

---

[131]Paul Hesse, Grundprobleme der Agrarverfassung. Stuttgart 1949.

[132]Heinz A. Finke, Soziale Gemeindetypen. In: Geographisches Taschenbuch. Stuttgart 1953, S. 509–512.

eben betrachtete. Im übrigen erhebt er ausdrücklich den Anspruch, „soziale Gemeindetypen" geben zu wollen. Auch hier steht aber die wirtschaftliche Produktion im Vordergrund. Die Hauptscheidungen erfolgen dann einmal horizontal nach der sozialen Charakteristik der Bevölkerung als Selbständige, mithelfende Familienangehörige bei Arbeit im eigenen Auftrag, Arbeiter, Beamte, Angestellte; sodann vertikal nach der wirtschaftlichen Stellung der Bevölkerung nach Wirtschaftsabteilungen, wobei vor allem der Anteil der landwirtschaftlichen Bevölkerung herangezogen wird. Rein soziologisch gesehen ist dagegen eine nebenher laufende Scheidung nach den Merkmalen: Stabil – Strukturstörung – Strukturwandel[133], auf die wir bei der Besprechung des sozialen Wandels in der Gemeinde zurückkommen werden. Trotz allem überwiegt leider auch hier der ökonomische Gesichtspunkt.

Eine weitere interessante Typisierung gibt Martin Schwind[134]. Zunächst geht auch er von der sozialen Stellung der Erwerbspersonen aus, wobei er sehr richtig auf die äußerst unklare Kategorie der „Selbstständigen" hinweist, in die der Großkaufmann und der Hausierer, der Musiker in der Dachstube und der Großgrundbesitzer hineingehören. Diese Kategorie ist sicher soziologisch sinnlos. Darum muß gerade diese Gruppe weiter aufgegliedert werden, und zwar mit Hilfe der Berufsstatistik und der Erfassung der Bevölkerung nach Wirtschaftsabteilungen. Dies läßt dann insbesondere bei bäuerlichen Gemeinden klar erkennen, ob in ihnen der Bauer, der Handwerker oder der einen freien Beruf Ausübende stärker vertreten ist. Die zur Landwirtschaft rechnenden Selbstständigen werden wieder unterteilt in eine Skala vom Großgrundbesitzer bis zum Kleinstelleninhaber. Wenn man nun typisieren will, ohne die Problematik der Selbständigen zu beachten, so erhält man einerseits Gemeinden, die durch Arbeiter oder Beamte und Angestellte oder durch beides bestimmt sind, andererseits Gemeinden, in denen die Selbständigen beherrschend hervortreten. Im ersten Falle ist die Typisierung leicht vorzunehmen, nicht dagegen im zweiten Falle; hier müssen die Selbständigen erst einer weiteren Analyse unterworfen werden. Auf diese Weise werden unterschieden: *Reine Bauerngemeinden* (die Selbständigen treten fast nur als Bauern auf und stellen 30 bis 50 % aller Erwerbspersonen); *Bauernarbeitergemeinden* (Bauern nur noch 20 bis 30 % aller Erwerbspersonen, 30 bis 50 % landwirtschaftliche Arbeiter); *Arbeiterbauerngemeinden,* in denen der ursprüngliche soziale Kern durch die Arbeiter überspielt ist (45 bis 60 % aller Erwerbspersonen Arbeiter, nicht nur in der Landwirtschaft, sondern

---

[133]Ein ähnlicher Gesichtspunkt Stabilität – Instabilität stand im Zentrum einer Reihe von Gemeindeuntersuchungen, die vom Landwirtschaftsministerium der Vereinigten Staaten durchgeführt wurden; davon wurden sechs veröffentlicht. Culture of Contemporary Rural Community. Rural Life Studies, Nr. 1–6 (United States Department of Agriculture). Washington, D. C., 1941–1943.

[134]Martin Schwind, Typisierung der Gemeinden nach ihrer sozialen Struktur als geographische Aufgabe. In: Berichte zur deutschen Landeskunde, Bd. 8. Stuttgart 1950.

auch in der heimischen Industrie tätig); *Großbauerngemeinden,* weil neben einem Gutsherrn und einigen Großbauern die überwiegende Zahl der Erwerbspersonen (bis 95 %) landwirtschaftliche Arbeiter sind; *Industrie-gemeinden,* in denen den Großbauern die Fabrikanten entsprechen. Das Heer der Arbeiter ist ebenfalls sehr groß, wenn auch Reste von Bauern sichtbar sind, Handwerker und Kleinhändler sowie Angestellte; *Handwerker-Arbeiter-gemeinden,* wenn die Selbständigen nicht so sehr von Bauern als vielmehr von Handwerkern und Kleinhändlern gestellt werden; *Arbeiter-Beamten-gemeinden* (unter Beamten sind hier auch Angestellte verstanden), wenn die besser gestellten sozialen Gruppen zunehmen; *Beamtengemeinden,* wo diese Gruppe 30 % übersteigt. Auch diese Klassifikation kennt ihre Ausnahmen, wie der Verfasser hervorhebt. Diese betreffen vor allem Übergangszustände unklarer Zuordnung. Dann erwähnt er auch den sicher nicht unwesent-lichen Typus der „karitativen Gemeinde" mit Krankenhäusern, Alters- und Erholungsheimen, bei der etwa der Typus der selbständigen Berufslosen den sozialen Aufbau wesentlich mitbestimmt und übrigens auch kommunale Probleme sehr eigener Art schafft. Dazu könnte man noch Gemeinden mit Schulen und Internaten zählen, bei denen die gleiche Gruppe hervortreten dürfte, wenn auch mit einer beträchtlich nach unten verschobenen Alters-grenze.

Eine soziologisch bereits beachtlich entwickelte Typologie findet sich auch bei Hans Linde[135], obwohl sein Interesse nicht primär soziologisch ist, sondern eindeutig ökonomisch mit speziellem Bezug auf „die Bedürf-nisse fast aller Zweige der Verwaltung, des öffentlichen, wirtschaftlichen und politischen Lebens gerichtet, vor allem in den höheren Ebenen, denen eine unmittelbare Anschauung aller ihrer zugehörigen kleinsten Einheiten notwendig versagt ist, die aber zur gewissenhaften Beurteilung zahlreicher Vorgänge diese Auskunft täglich gebrauchen". Darüber hinaus bleibt auch Lindes Begriff der „sozialen Struktur" der Gemeinde merkwürdig leer an eigentlich soziologischem Inhalt. Dazu trägt einerseits bei sein offensicht-lich von von Wiese beeinflußtes Ausgehen von den „zwischenmenschlichen Beziehungen" allein, was von vornherein den Zugang zum eigentlichen Gebildecharakter der Gemeinde verschließt, wie wiederum die rein öko-nomische Ausdeutung des Begriffs „Struktur", den er versteht „als den praktischen Nachweis der Erwerbspersonen nach ihrer Rechtsstellung im Beruf". Wenn er dies auch bedauert und dazu bemerkt: „Von eigenen sozialen Lebensgesetzen einer Gemeinde in diesem engen aber verbreitet gebrauchten Wortsinn kann überhaupt nicht die Rede sein"[136], so gibt er

[135]Hans Linde, Grundfragen der Gemeindetypisierung. In: Forschungs- und Sitzungsberichte der Akademie für Raumforschung und Landesplanung. Hrsg. von Kurt Brüning, Bd. 3: Raum und Wirtschaft. Bremen-Horn 1952.

[136]Ebenda, S. 75.

selber doch auch nicht mehr oder nicht wesentlich mehr. Bestenfalls fordert er eine Gliederung nach Besitz, Vermögensstand, Einkommen, Kinderzahl, Schulbildung, ist aber wegen Mangels der statistischen Unterlagen dann doch der Meinung, daß diese Probleme nur durch „monographische Bearbeitung" gelöst werden konnten, womit an sich jeder Versuch einer Typologie ja wieder illusorisch gemacht wird. All dies ist nun um so verwunderlicher, als Linde selbst in anderen Arbeiten wesentliche Schritte für die Erkenntnis der sozialen Struktur des Dorfes getan hat und auch deutlich sieht, daß Gemeinde kein „organischer" Zusammenhang ist, „sondern nur ein topographischer" also „eine agglomerative Vergesellschaftung heterogener Teilmassen oder Gruppen"[137].

In einem österreichischen Versuch zur Gemeindetypisierung erweisen sich sowohl Bobek als auch Robert Ofner ebenfalls fest überzeugt von der Bedeutung des soziologischen Faktors. Bobek wendet sich sogar gelegentlich gegen Ofner mit der Bemerkung, seine Merkmale bewiesen „eine geringe innere Beziehung" so daß man mit ihrer Hilfe den Gemeindekomplex wohl jeweils von einer anderen Seite her „anleuchten", aber nicht eigentlich im Sinne der Strukturerkenntnis „durchleuchten" könne[138]. Dies ist zweifellos zum ersten Male ein rein soziologisches Argument und entspricht genau dem zentralen Anliegen der Gemeindesoziologie. Ofner seinerseits geht von einer völlig soziologisch anmutenden Definition der Gemeinde aus, die er folgendermaßen sieht: „Eine Bevölkerungsgruppe, die innerhalb der kleinsten Gebietseinheit des Staates wohnt, arbeitet, an der Verwaltung teilnimmt und mit allem ihrem Leben diesem Stück Land ihren Stempel aufdrückt.[139] „Ferner kommt seine soziologische Ausrichtung auch darin zum Ausdruck, daß er als erstes Merkmal die Berufstätigen- als typenbildendes Element nimmt, danach erst die Wirtschaftsgruppierung. Ebenfalls stark soziologisch wirkt auch die Berücksichtigung des beruflichen Pendelverkehrs als drittes typenbildendes Element (wenn sich dies auch schon bei anderen findet). Dazu kommen dann noch (viertens) die „soziale Gliederung" und (fünftens) die Pensionisten wie die Einwohnerzahl. Angesichts dieser Reihe und seiner tatsächlichen Ausführungen muß in der Tat zugestanden werden, daß Ofner einer soziologischen Typenlehre der Gemeinden recht nahe kommt. Trotzdem bleibt er aber in der Ausführung hinter seinen Forderungen zurück, selbst wenn etwa Bobek bemerkt (gegen Linde), daß man nicht auf „außerstatistische Merkmale verzichten kann", während Linde seinerseits betont, daß man „die Aussagekraft ausschließlich aus statistischem Material

---

[137]Ebenda, S. 68.

[138]H. Bobek, A. Hammer und R. Ofner, Beiträge zur Ermittlung von Gemeindetypen, a.a.O., S. 36.

[139]Ebenda, S. 40.

erstellter Typen" nicht „überfordern" könne[140], was auch unserer Meinung entspricht.

Um so mehr sollte dies aber dazu führen, den längst schon in seiner Notwendigkeit erkannten Schritt in die Soziologie endlich wirklich zu tun. Wie wenig dies geschieht, kann auch in diesem letzten Falle deutlich gesehen werden. Statt in die Fragen der sozialen Schichtung der Gemeinde vorzustoßen und damit die soziale Struktur in den Blick zu bekommen, begnügt sich auch Ofner bei den „außerstatistischen" Merkmalen mit der Erwähnung von Lagetypen (etwa Bergbauernlage) oder Siedlungsweise (Streusiedlung, geschlossene Siedlung). Mit Ausnahme der sehr aufschlußreich behandelten Pendlerproblematik verfällt er, trotz seiner Trennung des Elementes Berufstätigkeit von der wirtschaftlichen Gruppierung, schließlich der recht naiven Scheidung in Land- und Forstwirtschaft, Gewerbe, Industrie und Dienstleistungsberufe (Handel, Verkehr, öffentliche Dienste und freie Berufe), was die beabsichtigte Differenzierung wieder verwischt. Ähnlich verfängt er sich bei der Besprechung des Elementes „soziale Gliederung" in die höchst fragwürdige Unterscheidung von Selbständigen, mithelfenden Familienangehörigen und Unselbständigen[141], was auch Bobek moniert, wenn er auch die Hauptschuld dafür der österreichischen amtlichen Statistik zuschiebt, die diesen äußerst komplexen Begriff nicht weiter differenziert[142]. Wenn Ofner jedoch am Schluß meint, er könne mit diesem Merkmal neben der horizontalen auch die vertikale Gliederung der berufstätigen Einwohner darstellen[143], so muß ihm der Soziologe darin entschieden widersprechen. Angesichts der Komplexheit des Problems der sozialen Schichtung in der Gemeinde gibt die angeführte Scheidung nicht einmal einen vorläufigen Zugang zur tatsächlichen Situation.

Die soziokulturelle Problematik einer Typologie der Gemeinden

So interessant alle diese Versuche auch durchgeführt sein mögen, und soviel Richtiges sie zweifellos treffen, so bleiben sie doch – ganz abgesehen von der Überbetonung des wirtschaftlichen Gesichtspunktes – in gewisser Weise alle in der Luft hängen, solange ihnen nicht viel mehr konkrete *soziologische* Gemeindeuntersuchungen als Grundlage dienen. Gerade dies fehlt aber im deutschen Sprachbereich noch immer, trotz einiger weniger,

---

[140]H. Linde, Grundfragen der Gemeindetypisierung, a.a.O., S. 66.

[141]H. Bobek, A. Hammer und R. Ofner, Beiträge zur Ermittlung von Gemeindetypen, a.a.O., S. 53 f.

[142]Ebenda, S. 35.

[143]Ebenda, S. 82.

recht beachtlicher Ansätze[144]. Vor allem fällt auf, daß neben dem eigentlichen Strukturproblem die *Wertfrage und die Frage nach den gemeinsamen Bindungen eigentlich nirgendwo aufgegriffen werden,* worin ja die Strukturproblematik erst ihre eigentliche Konkretisierung erfährt. Wir bemerken ausdrücklich, daß wir die sowohl methodologisch als auch der Sache nach meist völlig verfehlten und durch die Ideologie einer sentimentalen Dorfgemeinschaft noch völlig verzerrten Ergebnisse der Volkskunde nicht als Ersatz dafür anerkennen können. Ebenso aufdringlich scheint uns der *Mangel* einer eigentlich *historischen Ansicht,* von der her die Gegenwartskonstellationen erst verstanden werden könnten; denn gleiche Strukturen können unter Umständen unter völlig verschiedenen Voraussetzungen entstanden sein, was dementsprechend mit der Gegenwartskonstellation auch ganz verschiedene Zukunftsperspektiven eröffnen kann. Ein solcher Gesichtspunkt sollte vor allem für die Landesplanung von Wichtigkeit sein.

Fassen wir zusammen, so können typologische Versuche wie die obigen eigentlich nur als provisorischer Ausweg dienen, solange wir über kein weiterreichendes Material verfügen. Im übrigen ist die Situation in dieser Hinsicht in den Vereinigten Staaten keineswegs besser, wie August B. Hollingshead hervorgehoben hat[145], wenn auch dort dafür die Erfahrung, in eigentlichen Strukturanalysen viel größer ist als in Europa.

Immerhin gelingt es etwa Herbert Kötter recht gut, mit solchen Kategorien einige Gemeinden aus dem Hinterland von Darmstadt zu charakterisieren, wobei daneben auch eine interessante Ordnung der Gewerbe gegeben wird, die gerade wegen der Berücksichtigung des

---

[144]Auf P. Hesse stützt sich vor allem G. Wurzbacher (Hrsg.), Das Dorf im Spannungsfeld industrieller Entwicklung, a.a.O. Die bedeutendste Gemeindeuntersuchung dieser Art wird jedoch durch die 9 Monographien der sog. Darmstadt-Studie dargestellt, die sich ebenfalls an Hesse orientiert. Vgl. Herbert Kötter, Struktur und Funktion von Landgemeinden im Einflußbereich einer deutschen Mittelstadt. Darmstadt 1952; Karl-Günther Grüneisen, Landbevölkerung im Kraftfeld der Stadt. Darmstadt 1952; Gerhard Teiwes, Der Nebenerwerbslandwirt und seine Familie im Schnittpunkt ländlicher und städtischer Lebensform. Darmstadt 1952; Gerhard Baumert, Jugend der Nachkriegszeit. Darmstadt 1952; G. Baumert und Edith Hünninger, Deutsche Familien nach dem Kriege. Darmstadt 1954; Irma Kuhr und Giselheid Koepnik, Schule und Jugend in einer ausgebombten Stadt. Mädchen einer Oberprima. Darmstadt 1952; Klaus A. Lindemann, Behörde und Bürger. Darmstadt 1952; Anneliese Mausolff, Gewerkschaft und Betriebsrat im Urteil der Arbeitnehmer. Darmstadt 1952. Früher die von uns geleitete Gemeindeuntersuchung von H. Beck, Der Kulturzusammenstoß zwischen Stadt und Land in einer Vorortgemeinde, a.a.O.; ebenfalls unter unserer Leitung entstanden Hans Weiss, Ein schweizerisches Industriedorf. Köln 1958; ebenso Manfred Sieben, Die Prüfung der Validität von Untersuchungsmethoden zur Analyse von Genossenschaften. Eine Befragung in zwei ländlichen Gemeinden. Köln 1955 (Diss.); ders., Welche Faktoren bewirken das Wachstum von Genossenschaften? In: Archiv für öffentliche und freigemeinwirtschaftliche Unternehmen III (1958), 4. Ferner erschien: Renate Mayntz, Soziale Schichtung und sozialer Wandel in einer Industriegemeinde. Stuttgart 1958.

[145]A. B. Hollingshead, Community Research, a.a.O.

historischen Gesichtspunkts auch soziologisch sicher von Bedeutung ist, und zwar nach Maßgabe ihrer früheren oder späteren Herauslösung aus der alten Hauswirtschaft, nach Maßgabe der fortschreitenden Arbeitsteilung und schließlich nach Verflechtung in einen Markt, der die Gemeinde ganz eindeutig übersteigt[146]. Dennoch aber vermögen wir ihm nicht beizupflichten, wenn er meint, eine Typologie nach soziologischen Gesichtspunkten könne immer nur ein „zweiter Schritt" sein, *nachdem* die ökonomische Typisierung erfolgt sei. Dies trägt 1. nicht dem Umstand Geltung, daß durchaus verschiedene Strukturtypen bei gleicher Wirtschaftsverfassung vorhanden sein können, also etwa die Landwirtschaft in einer rein bäuerlichen Gemeinde oder einer von einem Herrenhof abhängigen Gemeinde; entsprechend den verschiedenen Herrschaftsordnungen sind die Kulturen in beiden Gebilden von Grund aus verschieden. 2. Wir haben aber auch damit zu rechnen, daß sich die kulturelle Charakteristik „bei etwaigen Verschiebungen der sozialwirtschaftlichen Zusammensetzung"[147] *gerade nicht verändert,* woraus das von uns so bezeichnete „ideologische Bauerntum" entstanden ist, das weder ein soziologisches noch ein ökonomisches, sondern *ein rein politisches Phänomen* darstellt.

Gerade in den Untersuchungen von Kötter läßt sich aber sehr gut zeigen, daß jenseits einer unabhängigen Agrarsoziologie auf der einen und der Stadtsoziologie auf der anderen Seite die Soziologie der Stadt-Land-Beziehungen steht, die bei einer Typologie der Gemeinden sicher mit zu Rate gezogen werden sollte. Es ist heute nicht mehr so, wie noch Oswald Spengler meinte, daß das Dorf gewissermaßen am Rande des Entwicklungsfeldes steht; vielmehr haben sich auch hier mit der Entfaltung der modernen Industrie neue Impulse gezeigt, die uns zwingen, eine ganze Reihe früherer Vorstellungen aufzugeben. Diese gehen im Grunde schon zurück auf die Reformen der Landbautechnik seit dem 18. Jahrhundert. Während etwa am Ende des 19. Jahrhunderts Verstädterung und Industrialisierung weitgehend Hand in Hand gingen, hat sich dies seit den letzten 50 Jahren grundlegend geändert. Die Industrie ist vielfach aufs Land gezogen, so daß sich die Probleme der Industrialisierung in einem ganz neuen Milieu abspielen *und auch weitgehend die Verstädterung,* wie sie oft (nicht immer) im Gefolge der Industrialisierung auftrat, *in gewissem Ausmaß unabhängig geworden ist von der Stadt,* wie man diese Entwicklung in einer paradoxen Wendung charakterisieren könnte[148]. Dieser Umstand hat übrigens wahrscheinlich mehr als irgendein anderer dazu beigetragen, die Eigenart der *soziologischen Stadtproblematik als eines eigenen Kulturstils* gegenüber der ökonomischen, verkehrsmäßigen,

---

[146]H. Kötter, Struktur und Funktion von Landgemeinden im Einflußbereich einer deutschen Mittelstadt, a.a.O., S. 70.

[147]Ebenda, S. 21.

[148]R. König, Banlieues, déplacements journaliers, migrations de travail, a.a.O., S. 194.

industriellen u.ä.m. Problematik der Stadt sehr intensiv in den Vordergrund zu rücken. Städtischer Lebensstil findet sich heute überall, auch auf dem Lande, und es scheint also bei der Auseinandersetzung von Stadt und Land doch etwas anderes und auch wesentlich mehr im Spiel zu sein als etwa nur zwei Siedlungstypen oder zwei Wirtschaftssysteme. Darum auch verwendeten wir in einer von uns angeregten und geleiteten Gemeindeuntersuchung den Ausdruck „Kulturzusammenstoß"[149]. Im übrigen berührt es seltsam, daß die Agrarsoziologen, die doch so stark an den wirtschaftlichen Prozessen interessiert sind, immer nur den Verkehr zwischen Stadt und Land im Auge haben, wenn sie von Pendlern sprechen. Dagegen hat *die Pendelbewegung auf dem Lande zwischen den einzelnen Dörfern* einen ganz außerordentlichen Einfluß auf die Gemeindestruktur, der nur dadurch verdeckt bleiben kann, daß man den Blick ausschließlich auf die vorwaltende Art der wirtschaftlichen Betätigung richtet. Denn wir müssen grundsätzlich damit rechnen, daß bei gleich bleibender landwirtschaftlicher Beschäftigung heute in jedem Dorfe Leute arbeiten, die in der Gemeinde nicht weiter bekannt und die auch weder integriert noch an Gemeindeangelegenheiten interessiert sind. Dies hat im Gefolge eigenartige politische Probleme, indem es über die dauernde Unterrepräsentation dieser Gruppen bei der Regelung der Gemeindeangelegenheiten entscheidet, was die politische Beteiligungslosigkeit der „unterbäuerlichen" Schichten auch in der Gegenwart besiegelt.

Die soziokulturelle Problematik in der Typologie städtischer Gemeinden

Der kulturelle Aspekt der ganzen Fragen ist interessanterweise seit jeher in der Stadt- und Großstadtsoziologie viel deutlicher hervorgetreten, wie aus der umfangreichen und eindringlichen Darstellung von Elisabeth Pfeil sichtbar wird. Denkbar zugespitzt bringt Alexander Rüstow dies zum Ausdruck: „Alle Hochkultur ist Stadtkultur[150]." In die gleiche Richtung scheint uns auch die Typologie der städtischen Gemeinden zu weisen, die „immer mehr als funktionale Typen" erkannt werden, wie schon seit Lewis Mumford klar würde, wenn auch seine Analyse mit ihren starken kulturkritischen Akzenten und vielfach utopisch-planerischen Gesichtspunkten häufig sehr unsachlich ist[151]. Aus ähnlichen Gedankengängen kam man etwa zu einer *Typologie der städtischen Gemeinden* nach ihrer Leistung für eine höhere Lebenseinheit vom Typus einer Region, einer nationalen Gesellschaft oder eines Kontinents[152].

---

[149]H. Beck, Der Kulturzusammenstoß zwischen Stadt und Land in einer Vorortgemeinde, a.a.O.

[150]Alexander Rüstow, Ortsbestimmung der Gegenwart. Bd. 1, Zürich 1950, S. 262.

[151]L. Mumford, The Culture of Cities. New York 1938, der kulturelle Gesichtspunkt weniger wertend hervorgehoben bei dem schon genannten C. C. Zimmerman, The Changing Community, a.a.O.

[152]Elisabeth Pfeil, Großstadtforschung. Bremen 1950, S. 105.

Gleichzeitig wird dies in Zusammenhang gesehen mit dem Berufsaufbau und der Sozialstruktur, die sowohl Voraussetzung als auch Folge der Funktionsausübung sind. Damit wurde endlich der Begriff der städtischen Gemeinde von der primitiven Vorstellung der rein zahlenmäßigen Größe getrennt, der früher vorherrschend war. So kam man auf 6 Typen: A. Zentrale Städte, Typ 1: Schwerpunkt zentrale Funktion für das Hinterland, reichswichtige Funktionen treten hinzu; Typ 2: hat außerdem noch fernbedarfstätige Industrien; B. Unvollkommene zentrale Städte, Typ 3: mit Industrie; Typ 4: mit Industrie und Fernhandel (Geschäftsstädte); C. Industriestädte, Typ 5: mit verarbeitender; Typ 6: mit Rohstoffindustrie. Wir heben hervor, daß auch diese Typologie noch stark ökonomisch ausgerichtet ist, wenn sie sich auch der Forderung bewußt ist, daß von hier aus zu eigentlich soziologischen Gesichtspunkten vorgestoßen werden müßte. Überdies ist sie auch ökonomisch unvollständig, indem sie wichtige Zweige sehr zu Unrecht vernachlässigt, die gerade für Großstädte sehr bezeichnend sind: Banken, Börsen und Versicherungen. Alle nichtökonomischen Funktionen werden aber völlig übergangen, so etwa Garten- und Rentnerstädte, Touristen- und Erholungszentren, reine Kulturzentren, Universitätsstädte u. ähnl. mehr. Vielleicht wäre es nicht ohne Vorteil, wenn man sich schon bei der Typologie städtischer Gemeinden ökonomischer Einteilungsgesichtspunkte bedienen will, solche zu wählen, die auch soziologisch relevant sind, wie etwa die Scheidung der Produktionswirtschaft durch den Australier Colin Clark in die primäre (Land- und Forstwirtschaft, Fischerei, Jagd), die sekundäre (Bergbau, Industrie, Baugewerbe, öffentliche Gas- und Elektrizitätsversorgung) und die tertiäre Produktion (alles übrige, vor allem Handel, Finanz, Transport- und Verkehrswesen, Verwaltung, „immaterielle" Produktion der freien Berufe, persönliche Dienstgewerbe)[153]. Da in dieser Scheidung auch strukturelle Einsichten über den Wandel der modernen Klassengesellschaft enthalten sind, würde man leicht die ökonomische mit der sozialstrukturellen und diese mit der kulturellen zur Verschmelzung bringen können.

Der Integrationstyp als Klassifikationsmerkmal

Es bleibt aber auch hier, daß die Gesichtspunkte für eine tragbare Typologie der städtischen Gemeinden erst nach einem konkreten Ausbau der Stadtsoziologie gegeben werden könnten. Dann erst dürften sich vielleicht Aussagen wagen lassen, welche *den Vorgang der städtischen Integration und seine Varianten als Leitmerkmal für die Klassifikation der städtischen Gemeinden benutzen.* Damit würden dann jenseits der zweifellos sehr wesentlichen, wenn auch nicht ausreichenden ökonomischen Klassifikationsmerkmale soziologische Merkmale für die Typologie der städtischen Gemeinde sichtbar

---

[153]Colin Clark, The Conditions of Economic Progress. London 1940. Siehe zur Auswertung R. König, Soziologie heute. Zürich 1949.

werden. Diese aber haben zugleich auch einen sehr greifbaren kulturellen Gehalt; *denn nur dort kann sich eine Gemeinde in befriedigender Weise, entwickeln, wo gemeinsame Werte da sind, die das Leben bestimmen.*

Anhand des Begriffs der „moralischen Integration" der städtischen Gemeinde hat Robert C. Angell[154] diese Problematik zum Gegenstand einer ungemein eindringlichen Untersuchung gemacht, die sicher einen der entscheidendsten Fortschritte in der Soziologie der Gemeinde nach den ersten Begründern darstellt. Die Begriffe, die hier im Zentrum stehen, sind in der Tat völlig verschieden von allen bisherigen, obwohl sie in der Tradition der amerikanischen Gemeindeerhebungen wohl vorbereitet und begründet sind. Die moralische Integration der städtischen Gemeinden, wie sie etwa in der mehr oder weniger hohen Kriminalität und anderen negativen sozialen Akten zum Vorschein kommt, und die Ursachen, die sie positiv oder negativ beeinflussen, werden gemessen: l. an der Vereinbarkeit der vorherrschenden sozialen Normen; 2. an der Adäquatheit der vorherrschenden sozialen Normen und 3. an der Wirksamkeit der Maßnahmen und Prozesse, die in Richtung einer Vereinbarkeit und Adäquatheit dieser Normen arbeiten. Beim letzteren Punkt erwies sich von entscheidender Bedeutung die Mobilitätsrate der Bevölkerung; denn wo die Bevölkerung zuhöchst mobil ist, können sich keine gemeinsamen Wertvorstellungen ausbilden. Demnach ist wichtig, ob die Institutionen, die – wie Schulen und Kirchen – einen wichtigen Beitrag zum Aufbau des Charakters leisten, gemeindeorientiert sind oder nicht.

Von größter Bedeutung ist sodann die Funktion der *Lokalzeitung* in der Gemeinde, auf die schon Morris Janowitz[155] hingewiesen hat, für die Integration der Gemeinde. Schließlich spielt auch die Wirksamkeit der Leiter der Gemeinde eine entscheidende Rolle, wobei das Postulat ausgesprochen wird, daß diese Funktionen nicht auf eine kleine Gruppe notorisch überlasteter Spezialisten übertragen werden, sondern auf einen möglichst großen Kreis zusammenarbeitender Personen, die einen bestimmten Wertstandard in den verschiedensten Berufen und Schichten der Bevölkerung repräsentieren[156].

Eine interessante Entwicklung dieser Probleme brachte jüngstens eine Forschergruppe in Wien, die sich vor allem für Wohnverhältnisse und Wohnwünsche interessiert. Unter der Hand wächst sich aber diese Untersuchung zu einer eigentlichen Gemeindeuntersuchung aus, bei der Leopold Rosenmayr im Zusammenhang mit den Wohnwünschen eine äußerst interessante sozialkulturelle Strukturanalyse der Gemeinde Wien entwickelt. Es zeigt sich z. B., daß die Wiener nicht gern am Stadtrand wohnen, wie sonst die Bevölkerung in Großstädten. Dies hat verschiedene Ursachen,

---

[154]Robert C. Angell, The Moral Integration of American Cities. Beiheft zum American Journal of Sociology, July 1951.

[155]Morris Janowitz, The Community Press in an Urban Setting. Glencoe, Ill., 1952.

[156]R. C. Angell, The Moral Integration of American Cities, a.a.O., S. 119–122.

zum Teil auch rein ökologische, indem der Wienerwald praktisch bis in die Stadt hineinragt. Wichtiger aber sind die sozialkulturellen Bedingungen. So wird das Wohnen in den Innenbezirken weitgehend als das einzig „standesgemäße" angesehen, wie auch die „kulturelle Rezeption" – ähnlich wie in Paris – noch immer im Mittelpunkt des Denkens zu stehen scheint[157].

VIII. Strukturelle Betrachtung der Gemeinde

Wenn die Frage einmal geklärt ist, wie sich die Menschen verschiedener Art in einer Gemeinde räumlich verteilen, wie sie sich zu Nachbarschaften verbinden und wovon sie leben, erhebt sich mit vermehrter Dringlichkeit das *Problem der Gestaltung der sozialen Struktur* in der Gemeinde.

Die Struktur der Gemeinde und die Spontaneität der informellen Gruppen

Dies rollt natürlich nochmals das Problem auf, ob das soziale Gebilde Gemeinde überhaupt so etwas wie „Struktur" besitzt. Wenn wir die Gemeinde, wie es geschehen ist, als eine „globale Gesellschaft" ansehen, dann ist diese Frage natürlich auch im positiven Sinne beantwortet. Aber die eigentliche Schwierigkeit der Problemstellung scheint uns gar nicht in dieser höchst einfachen Entscheidung zu liegen, sondern vielmehr in der weiteren, daß alle globalen Gesellschaften, wie Gurvitch sehr klar hervorhebt, sich keineswegs darin erschöpfen, Strukturgebilde zu sein, sondern daß sie mit ihrer Lebenstotalität die Strukturen völlig überfluten und sich demgemäß auch in Handlungen verwickeln, die keinerlei Einschuß einer Struktur besitzen. Mit anderen Worten: Wenn wir an die strukturelle Betrachtung der Gemeinde herangehen, dann kann diese Aufgabe allein im *Rahmen der alltäglichen Gegenwärtigkeit des Gemeindelebens* angepackt werden. Alltäglichkeit hat dabei nicht nur den Sinn, daß das Durchschnittsleben des Durchschnittsbürgers in aller Nüchternheit erfaßt werden muß, sondern dazu noch, *daß sich das Leben der Gemeinde nicht nur in der institutionellen Rahmenordnung, auch nicht der spezifisch strukturellen, etwa in der Klassenordnung, sondern häufig gerade jenseits dieser in einer Totalität von Lebensäußerungen abspielt.* So sprach auch das Ehepaar Lynd in der Untersuchung von Middletown davon, daß zwar das gesamte Leben in Middletown durch die Scheidung zwischen *„business class"* und *„working class"* bestimmt werde, bis in seine intimsten Äußerungen hinein, wer z. B. wen heiraten dürfe, was einer den Tag über tue, wann er morgens aufstehe, welcher Kirche er angehöre, welches Auto er fahre, ob seine Frau oder seine Kinder am Leben bestimmter Klubs teilnehmen. Andererseits könne aber eine solche strukturelle Scheidung

---

[157]Gustav Krall, Leopold Rosenmayr, Anton Schimka und Hans Strotzka, ...wohnen in Wien. Ergebnisse und Folgerungen aus einer Untersuchung von Wiener Wohnverhältnissen (Der Aufbau, Monographie 8). Wien 1956.

im Einzelfalle immer nur Approximativwerte schaffen, da ja letztlich das Leben vom Individuum gelebt werde und nicht von abstrakten Gruppen[158]. In diesem Zusammenhang zeigt sich dann auch, daß neben den mehr formalen Gruppierungen, welche die Struktur einer Gemeinde ausmachen, *sich höchst informelle Gruppen spontan bei den verschiedensten Anlässen bilden* und sich trotz ihrer institutionellen und organisatorischen Ungeformtheit gelegentlich über Jahrzehnte zu halten und eigene Traditionen auszubilden vermögen. Diese sind für die Gemeindesoziologie von genauso großer, wenn nicht gelegentlich sogar größerer Bedeutung als die formellen Gruppen oder Assoziationen zusammenarbeitender Menschen im Rahmenwerk festgefügter Institutionen (der Betriebe, der Behörden und Verwaltungsämter, des Justizwesens, der Kirche, der Vereine usf.)[159].

Wir haben also die Betrachtung der Gemeindestruktur *auf zwei Linien* zu entwickeln, indem wir *zunächst* die *mehr informelle Seite* dieses Phänomens untersuchen, das sich in zahllosen Lebensäußerungen entfaltet, die auch den Tiefenreichtum des Gemeindelebens ausmachen. Danach werden wir uns den Erscheinungen *von höher strukturiertem Charakter* wie den sozialen Schichten und Klassen nebst den mehr formalen Assoziationen und Institutionen zuwenden. Damit ist der berechtigten Forderung von Gurvitch Genüge getan, daß die soziale Globalgesellschaft der Gemeinde eingebettet werde in ihre angestammte Totalität von Lebensäußerungen. Uns scheint im übrigen diese Entscheidung für die Sache wesentlicher zu sein als die Frage von Hollingshead, ob man in den Strukturelementen der sozialen Klassen oder Kasten entweder Realitäten oder bloße statistische Konstruktionen zu erblicken habe[160]. Mit vollem Recht weist er auf die Verwandtschaft dieses Problems mit den Problemen vom Erkenntniswert ökologischer Indizes hin; genau aber wie sich dies relativ einfach lösen ließ durch Rückgriff auf kleinere Einheiten, die dem unmittelbaren Leben gewissermaßen „näher" stehen, so überwinden wir die Schwierigkeit der Klassenzuordnung von Menschen in einer gegebenen Gesellschaft, indem wir ihr Verhalten nicht in großen statistischen Durchschnitten, sondern bei den Aktionen kleiner und kleinster Grüppchen studieren, die miteinander oder gegeneinander handeln, interagieren oder auch für kürzere oder längere Zeit die Führung an sich reißen, während andere in lethargischer Apathie verharren.

Es ist interessant zu vermerken, daß die moderne Soziologie der Gemeinde in dieser Hinsicht auf genau den gleichen Wegen wandelt wie die moderne Betriebssoziologie, wie sich übrigens auch beide Forschungszweige vielfach

---

[158]R. S. Lynd und H. M. Lynd, Middletown,a.a.O., S. 23 f.

[159]Über „informelle Gruppen" in der Gemeinde siehe W. L. Warner und P. S. Lunt, The Social Life of a Modern Community, a.a.O., S. 301 ff., 350 ff. Fast gleichzeitig Ch. P. Loomis, Social Relationships and Institutions in Seven Rural Communities. Washington, D. C., 1940.

[160]A. B. Hollingshead, Community Research, a.a.O., S. 143.

in Personalunion entwickelt haben[161]. Die Beachtung dieses Umstandes scheint uns gerade auch für die Kommunalwissenschaften von großer Bedeutung zu sein, wenn sie *die innerhalb einer Gemeinde spontan entstehenden Entwicklungsimpulse* adäquat verstehen wollen. So ist in anderem Zusammenhang hervorgehoben worden, daß Entwicklungsimpulse in sogenannten unterentwickelten Gebieten nicht nur von außen ausgelöst werden (oder mindestens nicht zureichend, wenn den äußeren Reizen keine Bereitschaft von innen entspricht), sondern genauso spontan wie in einer Art von „schöpferischer Anpassung *(creative adjustment)*" im Schoße der betreffenden Gesellschaft selber entstehen[162]. Ähnlich meinen wir in unserem Falle, daß z. B. zum adäquaten Verständnis der politischen Willensbildung in einer Gemeinde sehr sorgsam zwischen der formellen Organisation und den informellen Aktivitätszentren unterschieden werden muß.

Führungsgruppen und Cliquen in der Gemeinde

Es ist bekannt, welcher Einfluß informellen Führungsgruppen in unentwickelten Ländern für die Aufnahme neuer Techniken und Wirtschaftsweisen zukommt. Daher zeigt sich, daß die betreffenden Personen einen hohen Status in der Gemeinde haben müssen, allerdings – typischerweise – nicht den höchsten. Ähnlich zeigte auch eine Untersuchung in einer Gemeinde des deutschen Weserlandes, daß die Initiativpersonen nicht notwendigerweise die durch das „Amt" designierten Personen waren, wohl aber Leute, die sowohl ein hohes Ansehen in der Gemeinde genossen als auch gleichzeitig eine Orientierung nach außen besaßen[163]. In einer anderen von uns angeregten Untersuchung in einem Genossenschaftsdorf in der Saarpfalz zeigte sich, das die in zahlreiche Genossenschaften gegliederte Aktivität der Gemeinde in keiner Weise einem institutionalisierten Willen zur Zusammenarbeit auch nur einer Minorität im Dorf entsprungen war, sondern einzig der Initiative des Bürgermeisters, eines Mittelbauern und des Rechners der Genossenschaften. Diese drei wirkten nun keineswegs Hand in Hand als Amtspersonen, als Vollzieher der formellen verwaltungsmäßigen Organisation der Gemeinde, sondern als kleinste Clique, die ihre sehr genauen und sehr eigenen Vorstellungen über die Entwicklungsmöglichkeiten dieser Gemeinde hatte. Der durchaus informelle Charakter dieser Verbindung wurde noch dadurch unterstrichen, daß der heute amtierende Bürgermeister zwar im Jahre 1933

[161]Wie W. L. Warner, William F. Whyte, C. M. Arensberg, Eliot D. Chapple u. a. Vgl. dazu als Einführung P. Heintz, Neue Forschungsergebnisse der Soziologie der Gruppenführung. In: Schweizerische Zeitschrift für Volkswirtschaft und Statistik XC (1954).

[162]Vgl. R. König, Einleitung zu einer Soziologie der sog. rückständigen Gebiete. In: Kölner Zeitschrift für Soziologie und Sozialpsychologie VII (1955), 1.

[163]Wolfgang Teuscher, Klassenstruktur und Initiative in einer sich wandelnden ländlichen Gemeinde. In: R. König (Hrsg.), Soziologie der Gemeinde, a.a.O.

durch die Nationalsozialisten abgesetzt wurde, ohne daß jedoch darum sein Nachfolger gewagt hätte, irgend etwas ohne Beratung mit dem alten Bürgermeister zu unternehmen. Nach 1945 wurde dann der alte Bürgermeister wieder in sein Amt eingesetzt, wo er alle Pläne verwirklichte, die er in der aufgezwungenen Zeit der Muße vorbereitet hatte[164].

Ähnlich zeigte Renate Pflaum bei einer Gemeinde aus dem Randbezirk des Westerwaldes, daß bei Gemeinderatswahlen nicht etwa die parteimäßig Organisierten den Vorzug erhielten, sondern daß sich umgekehrt die Parteien angesehene Männer gewinnen mußten, um sie dann den Wählern vorzustellen[165]. Mit einem sehr glücklichen Ausdruck bezeichnet sie diese Männer als „Sozialaktive". Im übrigen fährt die Verfasserin folgendermaßen fort: „Die soziale Kontrolle in Form der öffentlichen Meinung zwingt die Parteigruppe, um des Erfolges willen sich anzupassen und die Normen des dörflichen Ethos zu den ihren zu machen[166]." Oder noch: „Man will daher nicht den verdienten Parteifunktionär im Gemeinderat sehen, sondern den Menschen, der sich im jahrelangen täglichen Zusammenleben des Ortes als fähiger und hilfreicher Nachbar, als interessierter Mitbürger und Verfechter des Ortsinteresses erwiesen hat[167]." Dem entspricht auch, daß folgende Meinungen ermittelt wurden, die sich auf Möglichkeit des Einflusses auf Gemeindeangelegenheiten bezogen. Der Einfluß ist[168]:

	Gemeindeangelegenheit	*Regierungsangelegenheit*
Möglich	53,3 %	27,5 %
Unmöglich	42,0 %	63,0 %
Keine Meinung	4,7 %	9,5 %

[164]M. Sieben, Die Prüfung der Validität von Untersuchungsmethoden zur Analyse von Genossenschaften, a.a.O.

[165]Renate Pflaum, Politische Führung und politische Beteiligung als Ausdruck gemeindlicher Selbstge-staltung. In: G. Wurzbacher (Hrsg.), Das Dorf im Spannungsfeld industrieller Entwicklung, a.a.O., S. 271: „Nach allem Gesagten verlangt die Bevölkerung besonders aktive Gemeindeinteressierte und für die Gemeindeinteressen oder Ortsinteressen arbeitende Persönlichkeiten als Leiter der Selbstverwaltung, und die Parteien entsprechen diesem Verlangen, indem sie die entsprechenden Kandidaten zu gewinnen trachten. Heute wie früher gibt es in der Gemeinde eine Anzahl von Persönlichkeiten, die man als natürliche Führer oder auch, will man einen neuen unbelasteten Begriff verwenden, als,Sozialaktive' bezeichnen kann. Es sind dies Männer, die in ihrem Heimatort durch ihren Lebenswandel und ihren Charakter angesehen sind, die dazu aber als Ratgeber und Helfer von den Dorfeinwohnern in Anspruch genommen werden, ob es sich nun um die Schlichtung von Streit, um die Abfassung eines Gesuches, die Vertretung eines Interesses oder den Kauf eines Schweines handelt. Die Einwohnerschaft der Orte, in einzelnen Fällen auch größerer Bezirke, erkennt einmütig diese Persönlichkeiten und ihre inoffizielle Sonderstellung an."

[166]Ebenda, S. 267.

[167]R. Mayntz, Lokale Parteigruppen in der kleinen Gemeinde. In: Zeitschrift für Politik II (1955), 1, S. 67.

[168]Ebenda, S. 64.

Dies zeigt deutlich die viel höhere Bewertung der möglichen Einflußnahme auf Gemeindeangelegenheiten. Als man nach dem Grund fragte, wies die Majorität auf die *persönliche* Einflußnahme hin[169]:

Persönliche Beziehungen zu gewählten Personen	46,1 %
Über Gemeindedirektor persönlich	6,7 %
Über die Partei	5,6 %
Schriftliche Eingabe	24,8 %
Durch die Wahl	6,7 %
Sonstiges, keine Meinung	10,1 %
Total	100,0 %

Damit wird nochmals die Bedeutung informeller Lebensvorgänge in der Gemeinde unterstrichen.

Es mag als besonders bemerkenswert hervorgehoben werden, daß diese informellen Vereinigungen und Cliquen gar nicht einmal zunächst in kleinen Gemeinden untersucht wurden, wo man es noch am ehesten erwarten würde, sondern ausgerechnet in einer kleinen Stadt New Englands von 17.000 Einwohnern, der schon erwähnten Yankee City. Hier entwickelte Warner mit seinen Mitarbeitern zunächst den Begriff als solchen, dann aber auch verschiedene Wege, um dieser Wirklichkeit habhaft zu werden[170]. Es mag mit Rücksicht auf die Klassenstruktur der untersuchten Gemeinde hervorgehoben werden, daß nach der Zugehörigkeit zu einer Familie ein Individuum durch nichts so entschieden in der Gesamtgemeinde lokalisiert wird als durch seine Zugehörigkeit zu einer oder zu mehreren solcher Cliquen. Im Gegensatz zur mehr strukturellen Ordnung der sozialen Klassen zeigt sich hier dagegen, wie das tatsächliche Leben die starren Klassengrenzen in gewissem Maße durchbricht, indem die Cliquen den aufsteigenden Leuten Verbindungen mit höher stehenden erlauben und damit ihre Aufstiegschancen verbessern. Auch hier verwirklichen sich lebendige Prozesse in diesen kleinen Assoziationen, die weit über die Ordnung der Klassenstruktur hinausgreifen. Für kleinere Gemeinden führte vor allem Loomis die gleiche Betrachtungsweise durch, die er durch reiches Anschauungsmaterial zu unterbauen wußte. Er behandelt dabei auf gleicher Ebene kleine Cliquen, informelle Freundschaftsgruppen, auch Gruppen von Verwandten oder von Leuten, die einander unter bestimmten Umständen gegenseitige Hilfe leisten. Er war es übrigens auch, der die Frage erhob, was eigentlich bei räumlicher Nähe letzten Endes den Ausschlag gebe für die Assoziation: die Nachbarschaft oder die er wähnten kleinen Gruppen[171]. Im übrigen weist er ein äußerst brauchbares Mittel für

---

[169]Ebenda.

[170]W. L. Warner und P. S. Lunt, The Social Life of a Modern Community, a.a.O., S. 349 ff., 110 ff. u.ö.

[171]Ch. P. Loomis und J. A. Beegle, Rural Social Systems, a.a.O., S. 134 ff.

die Entdeckung und Aufrollung dieser Gruppen auf, nämlich die gegenseitigen Besuche, die sich die in einer Clique Verbundenen regelmäßig
abstatten. Außerdem ist gerade hier die Verbindung zwischen Cliquenbildung
und Führungsfunktionen in Gemeindeangelegenheiten besonders auffällig.
Schließlich betont er in aller Klarheit, daß diese Gruppen keineswegs spezifisch sind für kleine Gemeinden, sondern sich genauso auch in Städten und
Großstädten finden.

Wir möchten in diesem Zusammenhang hervorheben, daß man vor nicht
zu langer Zeit herausgefunden hat, welche Krisenerscheinungen in einer
Gemeinde daraus resultieren können, daß diese informelle Führung aus
irgendwelchen Gründen versagt. So zeigten sich in Yankee City schwere
Spannungen in einer lokalen Schuhfabrik, nachdem die Besitzer und Leiter
des Werkes nicht mehr in der Gemeinde selber wohnten und sich damit der
Kontrolle durch die Gemeinde entziehen konnten. Früher hatten sie sich
nicht nur den Gesetzen, „sondern den viel überzeugenderen informellen
Kontrollen durch die Traditionen der Gemeinde" unterwerfen müssen, so
daß die gegenseitige Verantwortung zwischen Fabrikherren und Gemeinde
scharfe Spannungen überhaupt nicht aufkommen ließ. In dem Moment
aber, wo sich die soziale Struktur der Fabrik über die Gemeinde hinaus ausdehnte, mußte sich dieses Verhältnis grundsätzlich ändern. Deutlich zeigt
sich hier übrigens die Trennung zwischen wirtschaftlichen und sozialen
Ordnungen. Marktorientiert war die betreffende Fabrik immer gewesen;
soweit für das wirtschaftliche Moment. Jetzt ändert sich aber die soziale
Organisation des Ganzen. Die höhere Betriebshierarchie geht in die großen
Verwaltungszentren der Industrie, von wo aus die entstandenen regionalen
oder nationalen Konzerne zentral dirigiert werden. Außerdem werden die
Arbeitsbeziehungen plötzlich nicht mehr durch persönliches Aushandeln,
sondern durch Arbeitgeberverbände und Gewerkschaften bestimmt, die
ebenfalls außerhalb der Gemeinde und häufig zentral lokalisiert sind. So kann
denn sehr leicht das Gefühl für die Arbeiter aufkommen, hilflos „anonymen"
Mächten ausgesetzt zu sein[172]. Darin steckt übrigens neben anderem die
Anerkennung, daß bei allem institutionellen und faktischen Machtgewinn
der „Manager" in den Großunternehmungen das *persönliche informelle
Prestige dieser Personen verloren gegangen ist, so daß die Ordnung der Arbeitsverhältnisse der Gemeinde ebenfalls unsicher wird.* Umgekehrt zeigte sich
die Gewichtigkeit der alten Fabrikherren, die noch in der Gemeinde gelebt
hatten, in der sie unter Umständen aufgewachsen waren, indem sie noch nach
ihrem Tode als Muster von Großmut und Geschicklichkeit gepriesen und den
heutigen Managern gegenübergestellt wurden, obwohl sie zu ihren Lebzeiten

---

[172]So P. Heintz, Neue Forschungsergebnisse der Soziologie der Gruppenführung, a.a.O.,
S. 87. Zum Ganzen vgl. W. L. Warner und Josiah O. Low, The Social System of the Modern
Factory. New Haven 1947, S. 180 ff. u. passim.

alles andere als Engel gewesen waren[173]. Wir heben hervor, daß sich diese Erscheinung des Prestigeverlustes nicht nur im Falle der Industrie, sondern in gleichem Maße bei den leitenden Eliten der staatlichen Bürokratie findet.

Wenn Pflaum in der bereits erwähnten deutschen Gemeindeuntersuchung meint, daß sich politisches Geschehen nicht nur auf staatlicher Ebene, sondern genauso auf der Ebene der gemeinlichen Selbstverwaltung (etwa Fragen des Wegebaus und ähnliches) vollziehe, so ist das gewiß richtig[174]. Damit ist aber das eigentliche Problem noch gar nicht erfaßt. Die Frage ist vielmehr die, *woher auf der Gemeindeebene die entscheidenden Impulse kommen,* von der formellen Verwaltung, von der „Menge der Bürger" oder nicht doch anderswoher. Selbstverständlich entscheiden darüber zunächst verwaltungsrechtliche und öffentlich-rechtliche Regelungen. Aber es mag doch sehr wohl sein und entspricht auch unserem ganzen Vorgehen, daß diese – unter Umständen genau wie die traditionale Klassenstruktur – im Entscheidenden relativ bedeutungslos bleiben oder doch mindestens den tatsächlichen Entwicklungen hinterherhinken und auch von anderen Kräften in ihren Dienst genommen werden.

Bei der von Beck in einem Vorort von Zürich durchgeführten Gemeindeuntersuchung stellte sich z. B. heraus, daß die Bodenkäufe, die in der bisher rein ländlich gebliebenen Gemeinde einen rapiden Verstädterungsprozeß eingeleitet hatten, von zwei Gemeindefremden getätigt wurden, die nicht aus der Stadt, sondern aus dem ländlichen Hinterland kamen. „Durch ihr ländliches Herkommen irregeleitet, trat man ihnen unvoreingenommen entgegen, nahm sie gewissermaßen in die Dorfgemeinschaft auf und öffnete ihnen somit die Tore für ihre Tätigkeit." Demgegenüber erwies sich die einheimische (bäuerliche) Gemeindeverwaltung (die damals keine fest besoldeten Ämter, sondern nur nebenberufliche Kräfte kannte, die einzig Entschädigungsgelder bezogen) als zu schwach; eine gewisse Amtsmüdigkeit stellte sich ein, welche die Dinge laufen ließ, so daß am Schluß die Eingemeindung in die Stadt Zürich unvermeidlich wurde[175]. Diese ungemein bezeichnende Entwicklung zeigt deutlich, wie die eigentlichen Anstöße für weittragende Handlungen aus informellen Gruppen kommen mögen.

In der Untersuchung von Pflaum kommen ähnliche Probleme wenigstens andeutungsweise zum Vorschein, ohne daß sie jedoch als solche ins

---

[173]Dies., The Social System of the Modern Factory, a.a.O., S. 134 ff.

[174]R. Pflaum, Politische Führung und politische Beteiligung als Ausdruck gemeindlicher Selbstgestaltung, a.a.O., S. 232.

[175]H. Beck, Der Kulturzusammenstoß zwischen Stadt und Land in einer Vorortgemeinde, a.a.O., S. 33 f., 22 f. u.ö.

Bewußtsein gehoben würden[176]. So heißt es einmal geradezu, daß es keine Cliquen in der untersuchten Gemeinde geben soll[177], während schon einige Zeilen weiter gesagt wird, daß sich „die Führungsgruppen der einzelnen Bezirke stark überschneiden", so daß das Ausmaß der tatsächlichen Überschneidung „eine in sich zusammenhängende, in sich verzahnte Gruppe" ergibt. In Wahrheit erhält man indirekt das Bild der völlig unbeschränkten Herrschaft einer kleinen Clique, wobei nur die Verfasser der Untersuchung eigentlich blind sind für diese Erscheinungen. Im gleichen Sinne hatte schon Loomis den „blinden Fleck" im Auge der Agrarsoziologen kritisiert[178], die so lange an diesen Erscheinungen vorübergegangen seien. Wir möchten hervorheben, daß eine der Ursachen für diese Blindheit, in Amerika wie in Europa, sicher die Ideologie der Dorfgemeinde als eines „schicksalhaft verbundenen Kreises von Genossen" darstellt. Eine schrankenlose Cliquenwirtschaft scheint damit unverträglich, also wird das Vorhandensein von Cliquen geleugnet, „weil nicht sein kann, was nicht sein darf". Eine realistischere Betrachtungsweise gibt indessen ein völlig anderes Bild, worauf bei Besprechung der Klassenverhältnisse sogleich zurückgekommen werden soll. Dabei sind diese Cliquen gerade für das Verständnis des Verhältnisses von ländlichen zu städtischen Gemeinden, dann auch für die Desorganisation städtischer Gemeinden (vor allem mittelgroßer) von entscheidender Bedeutung, wie die verhängnisvollen Folgen des noch später zu besprechenden Auszugs der „Eliten" aus einer Gemeinde beweisen.

Im Gegensatz zur europäischen Einstellung ist diese Problematik in den zwei letzten Jahrzehnten in Amerika immer mehr zum Gegenstand heftiger Diskussionen geworden, nachdem man bereits in der Industriesoziologie auf die Bedeutung der informellen Gruppen aufmerksam geworden war. Auch hier stand übrigens eine eigene Ideologie dieser Konzeption im Wege, nämlich der „amerikanische Glaube" von der klassenund cliquenlosen Gesellschaft, der allerdings durch den Realismus der Soziologen schnell gebrochen wurde. Im übrigen hat gerade die Gemeindeforschung sehr wesentlich zur Erkenntnis dieser Verhältnisse beigetragen, da ihr ja dieser Gegenstand in Erfüllung des Postulats, die Totalität der alltäglichen Gegenwärtigkeit einer

---

[176]R. Pflaum, Politische Führung und politische Beteiligung als Ausdruck gemeindlicher Selbstgestaltung, a.a.O., z. B. mehrfach S. 274–279, wo auch die soziologische Bedeutung der verwaltungsmäßigen Zweiteilung der Kompetenzen zwischen Verwaltungsdirektor und Bürgermeister noch hervorgehoben wird. Völlig unergiebig bleibt für diese Problematik K. A. Lindemann, Behörde und Bürger, a.a.O., wo nur einige wenige Bemerkungen über die Verpersönlichungstendenzen in der Verwaltung fallen (S. 61). Es wird aber richtig dazu bemerkt: „Der Charakter der Behörde wird dadurch kaum verändert." Neue Einsichten wurden in dieser Hinsicht in Deutschland erst durch den Amerikaner Roland L. Warren gewonnen; siehe dazu später im Text.

[177]R. Pflaum, Politische Führung und politische Beteiligung als Ausdruck gemeindlicher Selbstgestaltung, a.a.O., S. 272.

[178]Ch. P. Loomis und J. A. Beegle, Rural Social System, a.a.O., S. 135.

Gemeinde in den Blick zu bringen, von selbst in die Hand fallen mußte, wenn sie nur unbefangen arbeitete. So hoben schon die Klassiker der neueren Gemeindeerhebungen, das Ehepaar Lynd, in ihrer Untersuchung von „Middletown" hervor, *wie sehr das Funktionieren der Verwaltung umhüllt ist von allerlei hintergründigen Aktivitäten*[179], wenn sie auch das Ganze im Stile der Zeit als *„political machinery"* vielleicht etwas zu sehr dramatisierten. Sie hatten damit wohl mehr die „Berufspolitiker" im Auge als die eigentlichen informellen Führer und Einflußgruppen, wie auch aus ihrer Bemerkung hervorgeht, die Berufspolitiker gehörten nicht in den „inneren Kreis" der Geschäftsleute hinein. Unabhängig davon werden aber – jenseits der politisch anscheinend nicht sehr interessierten Geschäftsleute – eine Reihe informeller Assoziationen in Middletown beschrieben. Interessant ist es auch zu sehen, wie verschieden sich andere informelle Gruppen z. B. für karitative Tätigkeiten bei der Klasse von Arbeitern und der der Geschäftsleute auswirken. Bei den Arbeitern begrenzt sich diese Tätigkeit mehr oder weniger auf unmittelbare Nachbarschaftshilfe, während die Klasse der Geschäftsleute eher halb unpersönliche Sammlungen zu bestimmten Gelegenheiten (Weihnachten, Erntedank) vorzieht: Im übrigen zeigt aber das Kreuz und Quer der zahllosen kleinen Gruppen in Middletown, wie sich die Fundamentalstruktur der Klassenordnung in einem reichen Gespinst gegenseitiger Beziehungen verwirklicht, das manchmal gleichsinnig wie diese verläuft, ebenso oft auch gegensinnig. Jedenfalls aber das starre Schema auflockert, es frei umrankt, manchmal auch völlig eigene Wege geht.

Ohne auf alle weiteren Untersuchungen dieser Art einzugehen, heben wir lediglich zwei jüngste Untersuchungen von Floyd Hunter hervor, der einen deutlichen Unterschied macht zwischen *Ausführung einer bestimmten Politik* und ihrer *Formulierung*. Während das erstere weitestgehend in den Händen der formellen Bürokratie, also der Verwaltungs-, Polizei-, Erziehungs- und wirtschaftlichen Institutionen liegt, findet letzteres zumeist in den verschiedenen informellen Gruppen einer Gemeinde statt[180]. Die Frage ist dann nur die, wie und durch welche „Kanäle" die gewählte Formel unter die Leute gebracht wird. Die Familie eignet sich nicht besonders dafür, eher noch die Kirche, am besten aber Vereine aller möglichen Arten, in denen der Verkehr häufig ebenfalls recht informell zu sein pflegt.

Dies gilt nicht nur für angelsächsische Länder mit ihrem stark entwickelten Klubwesen, sondern genauso für Deutschland und andere Länder. Deutlich zeigt dies die oben bereits herangezogene Schweizer Gemeindeerhebung über einen Züricher Vorort, wo ausgerechnet auf Betreiben der schon erwähnten gemeindefremden Bodenspekulanten ein Gemeinde- oder

---

[179]R. S. Lynd und H. M. Lynd, Middletown, a.a.O., S. 329.

[180]Floyd Hunter, Community Power Structure. Chapel Hill, N. C., 1953; F. Hunter, Ruth C. Schaffer und Cecil G. Sheps, Community Organization: Action and Inaction. Chapel Hill, N. C., 1956.

Quartiersverein gegründet wird, der bestimmte Absichten der Gründer politisch unterstützen und ihnen das nötige Gewicht geben soll[181]. Dagegen erweist sich in der gleichen Gemeinde etwa die freiwillige Feuerwehr als eine Hochburg des alten bäuerlichen Denkens. Selbst wenn einige Landarbeiter und Städter aufgenommen wurden, so ist doch das Kommando rein bäuerlich, wobei ein starkes Cliquenwesen der alteingesessenen Bauern in Erscheinung tritt[182]. Diese Gruppe bleibt also ein gewichtiges Zentrum für Meinungsbildung konservativer Art, selbst wenn ihre Mitglieder nur durch die praktischen Gründe, daß sämtliche Bauernhäuser mehr feuergefährdet als Häuser von Städtern zu sein pflegen, zusammengeführt wurden. Nach Einrichtung des elektrischen Lichts und einer allgemeinen Verbesserung der Bauernhäuser in architektonischer Hinsicht hat dann die freiwillige Feuerwehr immer mehr an Zusammenhalt verloren, so daß heute ihre meinungsbildende Kraft im Zurückgehen ist und eher Funktionen rein geselliger Art im Vordergrund stehen.

Für die erwähnte deutsche Westerwaldgemeinde wird ebenfalls unterstrichen, daß die „sozialen Nebenfunktionen" meist geselliger und „ortsgestaltender" Art in der freiwilligen Feuerwehr stark hervortreten[183]. Dies gilt auch für andere Vereine, selbst für die Karnevalsgesellschaft, die in einem Dorffest alljährlich die Majorität der Bürger vereint. Auch fällt die spezifisch politische Funktion dieser Vereine als Kanäle für die Beeinflussung der Gemeindemeinung deutlich ins Auge, indem sie als „Übungsfeld für sozialaktive Persönlichkeiten"[184] bezeichnet werden. Allerdings wirkt es befremdend, wenn die Verfasserin schreibt, daß „weder die wirtschaftliche Stellung, die Konfession, der Geburtsort noch die Zugehörigkeit zu einer bestimmten sozial privilegierten Gruppe eine so wichtige Rolle [spielt] wie das persönliche Interesse, die charakterlichen Eigenschaften und die persönliche Bereitschaft zur aktiven Teilnahme"[185], während – wie ein Blick in die Statistik zeigt – die Gruppe der Arbeiter als Vereinsleiter gegenüber den „Selbständigen" (Landwirte plus Handwerker) geradezu grotesk unterrepräsentiert ist. Wenn wir dann noch hören: „Die Vereinsleiter sind oftmals auch zugleich führend auf anderen Gebieten des sozialen Lebens, sei es im Gemeinderat, in einer Genossenschaft, in einer Parteigruppe oder, wenn auch seltener, in einer kirchlichen Führungsgruppe. Das Prestige, das ein

---

[181]H. Beck, Der Kulturzusammenstoß zwischen Stadt und Land in einer Vorortgemeinde, a.a.O., S. 115 ff.

[182]Ebenda, S. 120 ff.

[183]R. Pflaum, Die Vereine als Produkt und Gegengewicht sozialer Differenzierung. In: G. Wurzbacher (Hrsg.), Das Dorf im Spannungsfeld industrieller Entwicklung, a.a.O., S. 158 f.

[184]Ebenda, S. 174 ff. Genau der gleiche Ausdruck findet sich übrigens bei F. Hunter, Community Power Structure, a.a.O., S. 86: „training grounds for many of the men who have become power leader".

[185]R. Pflaum, Die Vereine als Produkt und Gegengewicht sozialer Differenzierung, a.a.O., S. 178.

Vereinsleiter durch seine Tätigkeit im Verein gewinnt, die größere Bedeutsamkeit und der Ruf seiner Fähigkeiten als Leiter können ihm den Weg zu anderen Führungspositionen ebnen"[186], dann zeigt sich deutlich die politische Funktion dieser Gruppen, die sicher einen viel weniger formellen Charakter haben als die Verwaltung und die politischen Parteien. Gleichzeitig wird sichtbar, daß auf diesem Wege zweifellos nicht „die Menge der Bürger" repräsentiert wird; denn das wären die Arbeiter, die bei rund 40 % aller Erwerbstätigen die bei weitem größte Gruppe der betreffenden Gemeinde darstellen.

Die letzte Frage ginge dann in diesem Falle nach denjenigen, die noch hinter den eigentlichen „Vereinsmeiern" stehen und sich bei Angebot eines Vereinsamtes meist mit Überarbeitung auszureden pflegen, die aber in einer gegebenen Gemeinde die einzig wahren Machthaber sind, indem sie ihnen nahe stehende Personen für diese Ämter vorschlagen. Die verschiedenen Vereinsleiter wären dann als ihre Sprachrohre anzusehen. Der Weg zur Erkenntnis dieser Verhältnisse führt über eine sorgsame Analyse verschiedener sehr informeller „Ausschüsse", „Studienkommissionen", vorbereitender Komitees", „Initiativkomitees" u. ähnl., durch welche die eigentlichen Machthaber zu wirken pflegen[187].

Eine Untersuchung von Roland L. Warren über „bürgerschaftliche Tätigkeiten" in der Stadt Stuttgart brachte einen ersten Einblick in die Funktion und das Verhalten solcher Gruppen in Südwestdeutschland. Dabei wird unter bürgerschaftlicher Tätigkeit in der Gemeinde „ehrenamtliche, überparteiliche und gemeinnützige Tätigkeit [verstanden], die auf das Gesamtwohl der Gemeinde gerichtet ist"[188]. Deutlich tritt in dieser Untersuchung zutage, daß es einerseits in Deutschland wesentlich mehr solcher Gruppen gibt, als man angenommen hatte; andererseits stellte sich aber auch eine stark obrigkeitliche Einstellung der Behörden heraus, die sich außerhalb der unmittelbaren Wahlperioden „durch die Kritik des Publikums nicht stören" lassen[189]. Am intensivsten arbeiten noch die ausgesprochenen Interessenvereinigungen und irgendwie spezialisierten Fachausschüsse. Es ist aber bezeichnend zu sehen, worauf bei Besprechung der Integration der Gemeinde zurückgekommen werden soll, daß die integrierende Tätigkeit dieser Gruppen keineswegs lokalgemeindlich ausgerichtet ist, sondern „vertikal", genau wie die Arbeitsteilung zwischen den Hauptinstitutionen des gemeindlichen Lebens, so daß die entstehenden „stark betonten Demarkationslinien" zwischen den einzelnen Aktionsbereichen eine bürgerschaftliche Tätigkeit ausgesprochen verhindern. So kommt es zum Monopol der Experten und Behörden, „wogegen

---

[186]Ebenda, S. 179.

[187]F. Hunter, Community Power Structure, a.a.O., S. 84, eine sehr eindringliche Analyse.

[188]R. L. Warren, Bürgerschaftliche Tätigkeiten in einer deutschen Großstadt. In: Kölner Zeitschrift für Soziologie und Sozialpsychologie IX (1957), 3, S. 426.

[189]Ebenda, S. 444.

Laien für solche Funktionen angeblich nicht zuständig sind"[190]. Hier zeigt sich übrigens von neuem, wie wichtig für das Verständnis all dieser Vorgänge die Kenntnis der besonderen historischen Bedingungen ist, unter denen sich eine Gemeinde entwickelt hat. In dem Falle Stuttgart handelt es sich um eine Mischung zwischen einem absolutistisch-autoritären (obrigkeitlichen) und einem demokratisch-bürgerschaftlichen System; letzteres ist für die große Zahl dieser Gruppen verantwortlich, ersteres für ihre geringe Wirksamkeit, wenn es sich nicht gerade um ausgesprochene Interessenverbände handelt.

Autoritätsstruktur und Machtordnung in der Gemeinde

Das entscheidende Ergebnis scheint uns folgendes zu sein: Unangesehen der Frage, ob die Gemeinde als globale Gesellschaft die einzige Form der Herrschaft (als irgendwie institutionalisierte Macht) ist oder andere Formen globaler Gesellschaften über sich hat (regionalprovinzieller, ländermäßiger, bundartiger oder nationaler Natur), unangesehen dementsprechend auch der Frage, ob die Verfügungsgewalt der Gemeinde im reinsten Sinne Selbstverwaltung oder bloß vom Staate „delegiert" ist, bleibt die Tatsache bestehen, daß die Gemeinde selbst ein höchst bedeutsames Machtgebilde darstellt, in dem bestimmte Personen bei bestimmten anderen Gehorsam finden, und daß ihnen auch die Verfügungschance über wirtschaftliche Güter offen steht, ohne daß jedoch dies Verhältnis in jedem Falle formell institutionalisiert wäre. Abgesehen von den interessengebundenen Vereinigungen und Verbänden, die einen Druck auf die Geschäfte ausüben (pressure groups), gibt es zahllose andere Machtkonstellationen, die in dem offiziellen Ordnungsplan nicht vorgesehen sind. Wir betonen, daß sich zahlreiche Machtverhältnisse dieser Art auch andernorts, z. B. in der Wirtschaft finden, wo etwa einer „formellen" Freiheit der Arbeiter sehr häufig eine „materielle" Abhängigkeit entspricht. Aber die Gemeinde bleibt noch immer der Ort, an dem diese Machtverhältnisse informeller Natur am reinsten zum Ausdruck kommen.

Dementsprechend kann man auch George C. Homans vollkommen zustimmen, wenn er die soziale Desorganisation in der New England Gemeinde Hilltown mit dem Auszug der „alten Familie" begründet, welche die tatsächlichen Machthaber gewesen waren. Im einzelnen bedeutet das, daß die sozialen Interessen rückläufig werden und damit die sozialen Interaktionen des inneren Systems (Gefühle), die Klarheit und Allgemeinheit der sozialen Normen und schließlich auch die Führung, die auf Verwirklichung dieser Normen beruht. Insofern die Wirksamkeit der sozialen Kontrolle von der Unversehrtheit der obigen Reihe abhängt, muß am Ende auch diese sowohl die Orientierung als auch die Intensität verlieren[191]. So

---

[190]Ebenda, S. 445.

[191]George C. Homans, The Human Group. New York 1950, Kap. 15, S. 334–368, speziell S. 353 ff.

kann man sagen, daß die Gemeindepolitik die Interessen der Gemeindebürger vertritt; die Frage liegt aber darin, welcher Kreis von Personen
jeweils als die Gemeindebürger angesehen wird[192]. Diese Frage kann auch
auf der Gemeindeebene mit der bekannten Theorie von Robert Michels[193]
beantwortet werden, daß selbst bei „demokratischer Verfassung" (im Sinne
der formell-institutionellen Herrschaft) die eigentliche Machtausübung
oligarchisch bleibt und – wie wir hinzufügen müssen – zumeist äußerst
„informell", so daß die eigentlichen Machtträger keineswegs immer leicht
auszumachen sind.

Rein theoretisch ergibt sich daraus die Konsequenz, daß alle, die eine
aktive Politik treiben, „Männer der Macht" sind; aber nicht alle „Männer der
Macht" im Sinne der institutionell-formellen Herrschaft sind darum aktive
Politiker und entsprechend die wirklichen Machthaber. Dazu muß hervorgehoben werden, daß dieses flüssige System der Macht einzig in einer sozial
anerkannten Autoritätsordnung funktioniert, in der die Zahl jener, welche
die zu befolgende Politik formulieren, unverhältnismäßig viel kleiner ist als
die der Exekutive[194]. Die Exekutive wäre in unserem Falle das formelle Ver-
waltungssystem. Wir übergehen die praktischen Konsequenzen planerischer,
erzieherischer und gemeindepolitischer Natur, die sich daraus ergeben, und
betonen einzig, daß die Erkenntnis dieses faktischen Verhältnisses in keiner
Weise Resignation bedeutet, sondern ganz im Gegenteil: die Notwendigkeit,
nach adäquater Erkenntnis die entsprechenden Kontrollinstitutionen aufzubauen, etwa durch vermehrte Entwicklung allgemein-bürgerschaftlicher
Tätigkeit. Für das volle soziologische Verständnis der Gemeindestruktur
müssen jedoch noch die Hintergründe dieser Machtordnungen aufgewiesen
werden, eine Forschungsaufgabe, welche die Aufmerksamkeit der Gemeindesoziologie in den letzten Jahrzehnten stark in Anspruch genommen hat.

Wir hatten uns vorgenommen, erst den realen Prozessen der Machtausübung in der Gemeinde nachzugehen und danach den strukturellen Voraussetzungen dieser in steter Bewegung befindlichen Prozesse. Wir stehen jetzt
unmittelbar vor dem Übergang in die Betrachtung des rein strukturellen
Faktors. Cliquen und Klassen sind völlig voneinander unterschieden, trotzdem aber können aus Cliquen klassenähnliche Gebilde werden, wenn diese
es etwa erreichen, ihren Superioritätsanspruch von den anderen in der
Gemeinde anerkennen zu lassen. Immerhin sind solche Fälle selten, wie
Turney-High in seiner belgischen Gemeindeuntersuchung bemerkt[195].
Dagegen offenbaren Cliquen häufig Klassenstrukturen, die sich hinter ihnen
verbergen, obwohl die Cliquen lebendiger und beweglicher sein können

---

[192]F. Hunter, Community Power Structure, a.a.O., S. 104.

[193]Robert Michels, Soziologie des Parteiwesens in der modernen Demokratie, 2. Aufl.
Stuttgart 1957 (zuerst 1911).

[194]Ebenda, S. 112 f.

[195]H.-H. Turney-High, Château Gérard. Time and Life of a Walloon Village, a.a.O., S. 107 ff.

(und meistens auch sind) als die Klassenstruktur. Von besonderem Interesse werden gerade hier die Vereine, weil sie als Assoziationen bereits fester sind als die flüssigen Cliquen. Es ist nun höchst aufschlußreich zu sehen, in welcher Weise die Verteilung der Ämter in den Vereinen die Klassenstruktur widerspiegelt.

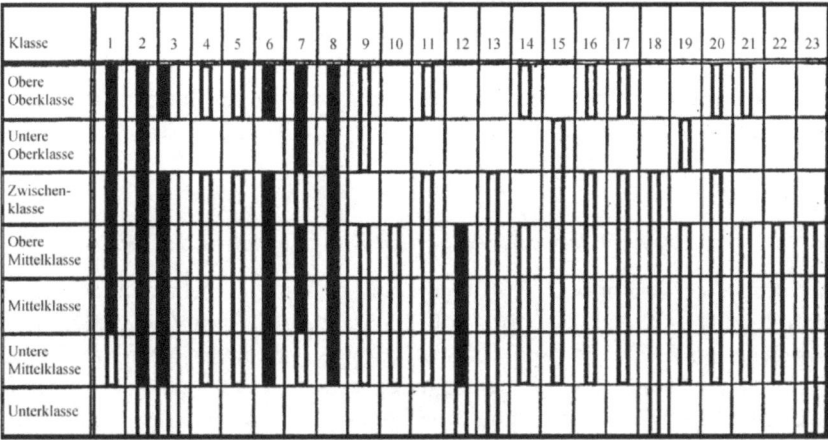

| Klasse | 1 | 2 | 3 | 4 | 5 | 6 | 7 | 8 | 9 | 10 | 11 | 12 | 13 | 14 | 15 | 16 | 17 | 18 | 19 | 20 | 21 | 22 | 23 |

1 Festspiel-Komitee
2 Ringverein
3 Angelclub
4 Kirchenrat
5 Pfarrat
6 Britische Legion
7 Frauenverein
8 Konservativer Klub
9 Theaterverein

10 Komitee für das Gemeindehaus
11 Komitee für Fortbildung
12 Komitee für die öffentliche
   Leihbibliothek
13 Abendschule
14 Zweites Komitee für die öffentliche
   Leihbibliothek
15 Kricketverein für Männer
16 Kricketverein für Frauen

17 Tennisclub
18 Fußballverein
19 Jagdclub
20 Mütterverein
21 G. F. S.
22 Sportkomitee
23 Komitee für Schul-
   ausflüge leitende
   Mitglieder

Die Verteilung der Vereinsmitglieder auf die verschiedenen sozialen Klassen in Gosforth

In seiner Studie über die englische Gemeinde Gosforth gibt William Morgan Williams eine erschöpfende Übersicht über die Vereine. Diese zeigt ganz eindeutig, daß die Stellung im Klassensystem zu bestimmten Ämtern in den Vereinen prädisponiert, während umgekehrt natürlich auch die Stellung im Verein entsprechend Prestige fördernd ist. In einer Tabelle wird nun die Streuung der Mitglieder von insgesamt 23 Vereinen über die verschiedenen Klassen dargestellt[196] und in einer anderen die Klassenzugehörigkeit der einzelnen Funktionäre (Präsident, Vizepräsident, Sekretäre, Schatzmeister) und Mitglieder[197]. Bei der ersten zeigt sich, daß es wenige Vereine gibt,

[196]William M. Williams, The Sociology of an English Village: Gosforth. London 1956, S. 123.
[197]Ebenda, S. 125.

deren Mitglieder aus einer einzigen oder nur aus einigen wenigen Klassen stammen. Umgekehrt gibt es aber auch nur zwei Vereine, die Mitglieder in allen sieben Klassen haben. Ganz anders erscheint jedoch das Bild, wenn wir die Führungsstruktur der Vereine betrachten. Dann zeigt sich, daß mit einer einzigen Ausnahme alle Präsidenten der oberen Oberklasse angehören. Die einzige Ausnahme typischerweise der Präsident des Theatervereins, der der zentralen Mittelklasse angehört. Die Unterklassen erscheinen also hier restlos ausgeschaltet; wir finden überhaupt nur zwei Personen aus dieser Gruppe insgesamt, die Mitglieder irgendwelcher Komitees sind, darüber hinaus haben sie keinerlei weiterreichende Funktion. Angesichts dieses Bildes mögen einem die frommen Hoffnungen von der integrativen Wirkung des Vereinslebens recht fragwürdig erscheinen.

Das Problem der sozialen Schichtung (Kasten und Klassen)

Die für die Erkenntnis der Gemeindestruktur entscheidenden Untersuchungen beziehen sich also vor allem *auf die soziale Schichtung der Gemeinde nach Kasten und Klassen.* Gewiß ist dieses Problem wesentlich weiterreichend als die Gemeinde, indem es für alle Formen der globalen Gesellschaft dient; aber wir können es doch an der Gemeinde in verhältnismäßiger Reinheit studieren, vor allem wenn die Gemeinde nicht zu groß ist. Denn hier sind wir nicht so sehr darauf angewiesen, die Existenz der sozialen Klassen erste durch umwegreiche Verfahren zu erweisen, sondern wir erkennen sie unmittelbar im gegenseitigen Verkehr der Menschen, in den Gleichförmigkeiten und Verschiedenheiten ihres Verhaltens, in der Art, wie sie einander begrüßen, anreden, beurteilen, einander suchen oder auch meiden. So liegt denn auch, insbesondere aus Amerika, eine ganze Reihe solcher Gemeindeuntersuchungen vor, die vor allem an der Klassenstruktur der Gemeinde interessiert sind.

Nun könnte man sagen, daß der eine Aspekt der Stratifikation (Schichtenbildung) nach Kasten für europäische Verhältnisse unergiebig sei, wo die geburtsmäßigen Verschiedenheiten etwa nach Weiß und Schwarz keine Rolle spielen. Aber wir möchten doch hervorheben, daß mindestens in den europäischen *Klassenideen* eine Menge kastenartiger Vorstellungen nachwirken, wie etwa das früher viel verwendete Wort vom „proletarischen Schicksal" beweist[198]. Außerdem ist nicht von der Hand zu weisen, daß die europäischen Klassensysteme viel starrer und weniger flüssig als die amerikanischen sind, so daß sie eher ein Mittelding zwischen Klassen und Kasten darstellen.

---

[198]Vgl. dazu R. König, Soziologie heute, a.a.O., S. 73.

Klasse	Präsident	Vor-sitzender	Vize-präsident und zweiter Vor-sitzender	Sekretär	Schatz-meister	Komiteemitglieder
Oberer Oberklasse	OOOOOOO OO	OOOOOOO OOOOO	OOOOOO	O		OOOOOOOOO
Untere Oberklasse		OOO	O			OOOOOO
Zwischen-klasse		OOO	OO	OOO	O	OOOOOO
Obere Mittel-klasse		OO	O	OOOO	OOOOOO	OOOOOOOOOOOOOO OOOOOOO
Mittel-klasse	O	OOO	OO	OOOOOOO O	OOOOOOO OOOO	OOOOOOOOOOOOOO OOOOOOOOOOOOOO OOOOOOOOOOOOOO OOOOOOOOOOOOOO OOOOOOO
Untere Mittel-klasse			OOOOO	OOOOOOO	O	OOOOOOOOOOOOOO OOOOOOOOOOOOOO OOOOOOOOOOOOOO OOOOOOOOOOOOOO O
Unterklasse						OO

Die Klassenzugehörigkeit der leitenden Mitglieder in den formellen und informellen Vereinigungen in Gosforth.
O = 1 Person.

Das Kastenmäßige würde jeweils dann besonders stark hervortreten, wenn etwa eine bestimmte Obergruppe in einer Gemeinde aufgrund stillschweigender Übereinkunft ein nach außen hin völlig exklusives Konnubium untereinander pflegt, dessen kastenartiger Charakter durch das Wort „Versippung" eher beschönigt als definiert wird. Da jedoch damit meist sehr weitreichende Entscheidungen über Einkommensstücke (Land- und Industriebesitz) verbunden zu sein pflegen, sind solche Vorgänge für die Gemeindestruktur in der Tat von allergrößter Bedeutung. Im Durchschnitt wird aber natürlich die Problematik der sozialen Klassenbildung die der Kasten verdrängen, so daß wir unsere Aufmerksamkeit darauf beschränken können. Immerhin möchten wir bemerken, daß Edward Digby Baltzell in einer Untersuchung der Oberschicht der Stadt Philadelphia, die ihren Reichtum bereits vor dem Bürgerkrieg besaß, sehr genau zu zeigen wußte, in welcher Weise durch Zwischenheiraten mit der Zeit eine „provinzielle Aristokratie" entstehen kann, die ausgesprochen kastenähnliche Züge – insbesondere in ihrer

Exklusivität – aufweist und damit sehr verschieden ist von den späteren Wohl-standsschichten auf nationaler Basis[199].

Wir möchten jedoch darauf aufmerksam machen, daß in einer anderen Hinsicht die verschiedenen Bücher, die über die Schwarz-Weiß-Frage in den Vereinigten Staaten auf Gemeindeebene oder in Form von Gemeinde-untersuchungen verfaßt worden sind, wie die von John Dollard,[200] Hortense Powdermaker,[201], Allison Davis, Burleigh B. Gardner und Mary R. Gardner,[202] St. Clair Drake und Horace R. Cayton[203] u. a., sehr Wesentliches bei-getragen haben zur Klärung des Strukturproblems der Gemeinde. Denn ihr Hauptgegenstand ist ja die Untersuchung der Beeinflussung des Ver-haltens der Menschen unter Voraussetzung jener für die Gemeinden des amerikanischen Südens so charakteristischen Doppelstruktur von Kaste und Klasse. Das Verhalten von Schwarz und Weiß ist jedoch nur in der gegen-seitigen Bezogenheit der zwei Gruppen zu verstehen, während innerhalb jeder der beiden noch die Klassendifferenzierung zusätzliche Probleme schafft. Wenn sich auch auf Gemeindeboden die beiden Gruppen ökologisch strengstens auseinander sondern, so bleibt doch eine regelmäßige Interaktion zwischen beiden Gruppen unvermeidlich und auch der Ausbau gemeinsamer Bindungen, indem die Neger mehr und mehr die amerikanischen Wertvor-stellungen zu den ihren machen. Des weiteren haben insbesondere Unter-suchungen, die von Dollard durchgeführt und angeregt worden sind, die Auswirkungen dieser Strukturproblematik bis in die seelische Tiefen-dimension hinein verfolgt; natürlich ergab das Interagieren von Negern und Weißen einen überaus fruchtbaren Boden für die Auswirkung des Frustrations-Aggressions-Schemas (kurz umschrieben bedeutet dies, daß die ständige Versagung der Teilnahme an bestimmten sozialen Aktivitäten durch die Umwelt bei den Betroffenen eine zunehmend aggressive Reaktionsbereit-schaft erzeugen muß. Das gleiche Schema ist auch auf die Erklärung der Einstellung der Mittelklassen gegen die Unterklassen und deren Reaktion dagegen mit Erfolg angewendet worden. Beispiele dafür folgen später im Text), von dem man in diesem Falle sagen kann, daß es wesentlich durch die Struktur der Schwarz-Weiß gemischten Gemeinden des Südens aktiviert ist. Auch die soziologische Theorie des Lernens hat von hier aus interessante Impulse erfahren.

[199]Edward Digby Baltzell, Philadelphia Gentlemen. Glencoe, Ill., 1958.

[200]John Dollard, Caste and Class in a Southern Town, 2. Aufl. New York 1949 (zuerst 1937).

[201]Hortense Powdermaker, After Freedom. The Portrait of a Community in the Deep South. New York 1939.

[202]Allison Davis, Burleigh B. Gardner und Mary R. Gardner, Deep South. A Social Anthropo-logical Study of Caste and Class. Chicago 1941.

[203]St. Clair Drake und Horace R. Cayton, Black Metropolis. A Study of Negroe Life in a Northern City. New York 1945.

Die Klassenproblematik in der Gemeinde

Es bleibt aber, daß das eigentliche Klassenproblem im Durchschnitt viel relevanter ist für die Gestaltung der Gemeindestruktur. Die innere Paradoxie dieser Problematik wurde von Warner auf eine denkbar eindringliche Formel gebracht, die insbesondere erleuchtend ist für amerikanische Verhältnisse, als er sagte, auf der einen Seite stehe allgemein das demokratische Postulat, daß alle Menschen gleich seien, während demgegenüber ein Verhalten stehe, das man meist auch nur indirekt einzugestehen wage, nach dem die Menschen überhaupt verschieden, einige wenige den vielen überlegen seien, der Rest aber allen unterlegen sei[204]. In einem Band seiner Untersuchung von Yankee City zeigte er, wie das Leben dieser Stadt durch ein kompliziertes Rang- und Prestigesystem bestimmt wurde, das letztlich selber wieder strukturell bedingt war. Eine wesentliche Vermittlerrolle spielten dabei Vereine und Assoziationen aller Art. Das Erstaunlichste war bei allen diesen Untersuchungen zu sehen, in welchem Ausmaß die Einwohner der Gemeinde über die Verteilung der Gewichte in diesem ungemein komplizierten System informiert waren. In einer sehr eindringlichen Untersuchung der Gemeinde „Elmtown" zeigte Hollingshead, wie sogar die heranwachsende Jugend sehr genau darüber orientiert war, „daß es eigentlich keine sozialen Klassen geben sollte, daß es sie aber trotzdem gibt"[205]. Dabei erwies sich, daß sich die Cliquenbildung der Jugendlichen engstens im Rahmen der Prestigeklassen der Erwachsenen hielt, wobei der Einfluß der Klassenvorurteile stärker war als der Einfluß der Eltern[206]. Außerdem sind die Interessen der verschiedenen Klassen bei Jugendlichen wie bei Erwachsenen außerordentlich verschieden, selbst wenn es sich nur um eine Gemeinde von 6.200 Einwohnern handelt. Es ist also völlig unmöglich, von einer Gemeinsamkeit des Fühlens und Urteilens zu sprechen[207]. Wir werden dieses Thema bei Besprechung der Integration der Gemeinde wieder aufzugreifen haben.

Um Mißverständnissen vorzubeugen, sei bereits hier vermerkt, daß die inneren Scheidungen der Gemeinde mit ihrer Größe oder Kleinheit nichts zu tun haben. Man darf also nicht sagen, wie es oft geschehen ist, daß die kleine Dorfgemeinde eher einen Zug zur Gleichheit aufweise, während erst in den Städten, speziell den Großstädten, die großen Ungleichheiten zwischen den Menschen sich auftun. Die Tatsachen beweisen in jeder Hinsicht das Gegenteil, indem in den Großstädten der fortgeschrittenen Industriegesellschaften heute jenseits der Klassenproblematik ganz neuartige Differenzierungsgesichtspunkte aufgetreten sind, während gerade umgekehrt auf dem Dorfe

---

[204]W. L. Warner, The Social Life of a Modern Community (Yankee City Series 1). New Haven 1941.

[205]A. B. Hollingshead, Elmtown's Youth. New York 1949, S. 148.

[206]Ebenda, S. 204 ff.

[207]Ebenda, S. 441 ff.

noch das alte Klassenschema weiterlebt. Selbst bei einer so kleinen und wenig komplizierten Gemeinde wie Plainville (275 Einwohner), die uns James West so eindringlich beschrieben hat, schaffen die sozialen Klassen starke Scheidungen zwischen den verschiedenen Gruppen der Bevölkerung und beeinflussen zutiefst das Verhalten der Individuen[208]. In Holland wurde jüngstens eine ebenso kleine Gemeinde (280 Einwohner) in der Provinz Drenthe sehr eingehend untersucht, wobei eine besondere Aufmerksamkeit der Klassenstruktur zugewendet wurde. Obwohl einerseits jedermann in der Gemeinde betonte, daß „alle gleich sind", und obwohl hervorgehoben wurde, daß in anderen (größeren) Nachbargemeinden und auch in der Stadt Groningen die Klassenschichtungen viel stärker seien, muß doch zugestanden werden, daß diese Gemeinde trotz ihrer Kleinheit eine ausgesprochene Klassenschichtung aufweist, die sogar nach dem Urteil der Historiker und der Einwohner selber früher noch viel starrer und bindender gewesen ist[209]. Üblicherweise besteht in Europa eine tiefe Kluft zwischen selbständigen Bauern mit größerem Landbesitz, der schon seit einiger Zeit in der Familie ist, und zwischen Pächtern. Von diesen beiden Gruppen unterscheiden sich die Landarbeiter und die wenigen „Honoratioren". Selbst wenn immer wieder die Gleichheit aller beteuert wird, so trennen sich doch diese Gruppen bei jeder Gelegenheit, wie auch die Jugend beiderlei Geschlechts nur unter Klassengleichen einen Ehepartner sucht[210], während vor der Pubertät alle miteinander spielen. Auch wird von den verschiedenen Gruppen jeweils ein verschiedenes Verhalten erwartet, das bis in die Konsumgewohnheiten hinein geht.

Ganz ähnliche Ergebnisse bringen auch andere Untersuchungen, z. B. die über Château Gérard[211]. Dieses Klassenbild kann wegen seiner Durchdachtheit und Konsequenz der Durchführung (nur 4,84 % aller Einwohner blieben unklassifiziert oder unklassifizierbar) sehr wohl mit dem von Warner verglichen werden. Die Kriterien für diese Strukturscheidung wurden übrigens aufgrund von Diskussionen mit belgischen Gewährsleuten erhalten; dies zu wissen ist wichtig, da ja sonst der amerikanische Autor dieser Studie sachfremde Gesichtspunkte hätte hineintragen können. Übrigens erweist sich in diesem Falle auch die Kombination von Klassenmerkmalen mit ethnischen Merkmalen als sehr aufschlußreich, indem die Flamen im Herzen Walloniens vorwiegend in den verschiedenen Unterklassen in Erscheinung treten. Auch hier wird erwartet, daß der Zugehörigkeit zu den verschiedenen Gruppen ein verschiedenes Verhalten entspricht, das sich teilweise sogar sprachlich

---

[208]James West, Plainville USA. New York 1945, S. 115 ff., siehe auch das Schema auf S. 117.

[209]John Y. Keur und Dorothy L. Keur, The Deeply Rooted. A Study of a Drenthe Community in the Netherlands. Assen 1955, S. 148 ff.

[210]Ebenda, S. 102.

[211]H.-H. Turney-High, Château Gérard. Time and Life of a Walloon Village, a.a.O., Kap. 6.

ausdrückt. Die alte Oberschicht sprach ursprünglich wallonisch; dann aber richtete sie sich mehr nach Paris aus und wanderte auch aus in andere belgische Städte. So bleiben nur noch die Mittel- und Unterklassen an der alten Sprache hängen, mit denen sie wachsend von einer Sprache zu einem Dialekt wird, der nun von den „Ungebildeten" gesprochen wird. Davon unabhängig ist dann die flämische Unterschicht.

Ein ähnliches Problem kultureller Scheidung, die der Klassenstruktur teilweise parallel läuft, zeigt sich auch in dem englischen Dorfe Gosforth, das darum für uns besonders interessant ist, weil es durchaus zu den „kleinen" Gemeinden zu rechnen ist (723 Einwohner). Übrigens gelingt es auch hier, eine eindeutige Zuordnung fast aller Einwohner vorzunehmen[212]. Sehr typisch englisch kennzeichnet sich die obere Oberklasse durch Abstammung, Reichtum und Erziehung. Letzteres drückt sich unter anderem darin aus, daß sie eine andere Sprache spricht (Hochenglisch), die sich sehr deutlich vom Lokaldialekt unterscheidet. Damit werden gleichzeitig die innere Einheit dieser Klasse wie ihre Distanz zu den anderen dokumentiert. Die Art der Beschäftigung tritt dagegen zurück, wie es etwa das Beispiel der beiden Ärzte in diesem Dorfe zeigt; ihrem Beruf nach müßten beide zur Oberklasse gehören, aber besondere Umstände beschränken den einen auf die untere Oberklasse. Während die obere Oberklasse außerordentlich homogen ist, trifft das auf die untere Oberklasse nicht zu. Sie besteht aus einer Reihe von Familien, die hoch angesehen sind aufgrund verschiedener Umstände, aber eben nicht hoch genug, um zur obersten Klasse gerechnet zu werden. Interessanterweise unterscheidet der Verfasser noch zwischen den beiden Oberklassen und den drei Mittelklassen eine „Zwischenklasse", die weder Fisch noch Fleisch ist; eine der Familien, die hierher gehört, stammt von auswärts. Bezeichnend ist dann auch die allgemeine Einstellung zur Unterklasse, deren Mitglieder meist in sehr diffamierender Weise apostrophiert werden. Da diese Klasse nichts besitzt, kann sie nur durch ihr Benehmen charakterisiert werden. Im übrigen sind sich die Mitglieder dieser Klasse völlig klar über ihren Ruf in der Gemeinde, was sie zu entsprechend aggressiven Reaktionen oder gelegentlich geradezu obszönen Redeweisen führt. Hier erweist das Frustrations-Aggressions-Schema seine Gültigkeit auch in einer ganz anderen Situation als der des amerikanischen Südens. Außerdem kommt es zu dem berühmten Zirkelschluß der sich selbst erfüllenden Prophezeiung, der „self-fulfilling prophecy", wie sie Merton analysiert hat, indem die unteren Klassen unter dem Druck der Minderbewertung von oben grob und aggressiv reagieren und dies nun erst recht von den anderen als Beweis für die Wahrheit ihrer Unterstellungen benutzt wird.

---

[212] W. M. Williams, The Sociology of an English Village a.a.O., man vergleiche dazu Appendix V, Tab. 1–5, und das ganze Kap. 5.

Die Schwierigkeiten bei der Erfassung der sozialen Klassen

Man hat gelegentlich kritisch hervorgehoben, daß diese sogenannten sozialen Klassen, welche die Struktur der Gemeinde entscheidend (wenn auch nicht ausschließlich) bestimmen, gelegentlich genauso als greifbare Realitäten angesehen werden wie die ökologischen Einheiten oder Untereinheiten bei den ersten Ökologen[213]. Das wäre natürlich völlig abwegig und ist auch – mit ganz wenigen Ausnahmen – im wesentlichen nicht so gemeint, selbst wenn die Sprache gelegentlich solche Anschauungen vortäuschen mag. Im Grunde würden Vorstellungen dieser Art in eine substanzartige Betrachtung sozialer Gruppen zurückführen; die sozialen Klassen sind aber keineswegs stabile, sondern höchst dynamische Einheiten mit sehr verschiedenen Graden an Strukturiertheit. Es darf jedoch hervorgehoben werden, wie jede Gemeindeuntersuchung ohne Schwierigkeiten beweisen kann, daß mehr oder weniger jedes Gemeindemitglied die Tendenz hat, die anderen und sich selber im Verhältnis zu den anderen zu klassifizieren. Die Merkmale mögen daher verschiedene und z. T. höchst komplexe sein, sie mögen mehr oder weniger formell sein wie die Unterscheidung von Ortsbürger- und Einwohnergemeinde einerseits, was für beide Gruppen unter Umständen eine ganz verschiedene Rechtslage bedeutet, oder die Unterscheidung von Alteingesessenen, Zuzügern, Einpendlern, speziell für Deutschland nach dem Kriege: Evakuierten und Flüchtlingen andererseits. Es mag überall eine Mittelschicht (oder mehrere) unklarer Zuordnung geben. Daß aber solche Wertvorstellungen im Bewußtsein der Gemeindebürger vorhanden sind, zeigt sich vor allem an der Unterscheidung einer absolut obersten Schicht von einer ebenso als absolut unterlegen angesehenen Schicht, die meist sogar bereits als leicht kriminell charakterisiert wird, selbst wenn dies gar nicht zutreffen sollte.

Solche Unterscheidungen überspielen ohne weiteres alle gegenteiligen ideologischen Systeme, die immer wieder beteuern, daß „eigentlich" alle Menschen gleich seien. Natürlich entsprechen nun dieser Differenzierung der Extreme nicht etwa zwei Menschen"arten", wenigstens sofern keine kastenartigen Verhältnisse oder ethnische Minderheiten vorhanden sind; in diesem Falle werden die an und für sich vorhandenen strukturellen Differenzen noch zusätzlich durch soziale Vorurteile verschärft, welche die Absonderungen der Klassen in eine eigentliche Diskriminierung auslauten lassen. Gerade hierbei wird aber besonders klar, wie es sich bei alledem nur um „Ansichtssachen" handelt und nur um perspektivische Anblicke eines komplexen Systems. Da jedoch unsere Meinungen unser Handeln bestimmen, resultieren aus diesen Ansichten sehr handgreifliche Verhaltensweisen, die dann auch der Machtstruktur in der Gemeinde ihr Gepräge geben. Die Schwierigkeiten, dieser Probleme habhaft zu werden und sie jedermann sichtbar zu machen, liegen

---

[213]Z.B. A. B. Hollingshead, Community Research, a.a.O., S. 143 f.

darin begründet, daß in den meisten Fällen weder die „soziale Lage" noch der „Beruf" noch das „Einkommen" noch sonst etwas gleichermaßen Handgreifliches darüber entscheidet, sondern vielmehr ein außerordentlich schwer aufzulösendes Geflecht von tatsächlicher Lage, Selbstbewertung und Fremdeinschätzung. Dabei spielen sicher eine Rolle die Abstammung, die Familie, die Frage der Alteingesessenheit, die Beschäftigung, Reichtum oder Dauer der Wohlhabenheit über eine oder zwei Generationen, die Schulung und Erziehung, der Wohnort in der Gemeinde. Jenseits dessen sind aber eine Unmenge von traditionalen Wertvorstellungen ebenso wichtig, was die Problematik natürlich ungemein kompliziert, wie auch diese Vorstellungen regional außerordentlich wandelbar sind[214].

Überhaupt müssen wir feststellen, daß meist zwei sehr verschiedene Dinge durcheinander zu gehen pflegen, wenn auf Gemeindeebene von sozialen Klassen gesprochen wird, und zwar 1. eine Schichtung, die aufgrund objektiver Faktoren zustande kommt und die sowohl über den gesamten Lebenszuschnitt entscheidet als auch die Trennung der verschiedenen Schichten voneinander bestimmt – diese Schichtung pflegt meist in den der Gemeinde übergeordneten Globalgesellschaften vom Typus der Nation relativ einheitlich zu sein (manchmal sogar darüber hinauszugreifen als Begleiterscheinung bestimmter Wirtschaftssysteme, die mehr als nur national sind); 2. eine Schichtung aufgrund subjektiver Faktoren, die vor allem den Rang und das Prestige der Gemeindebewohner über den sozioökonomischen Status hinaus bestimmen. Natürlich decken sich beide Systeme weitgehend, aber eben doch nicht ganz. Im vorliegenden Zusammenhang kommt es ausschließlich auf das letztere Schichtungssystem an; und wenn schon von objektiven Schichtungsmerkmalen die Rede ist, so werden diese immer nur durch die Vorstellungen gesehen, welche sich die Gemeindebürger von diesen Merkmalen machen. Das schließt natürlich eine ganz anders ausgerichtete Analyse der sozialen Klassen nicht aus. Wir müssen aber betonen, daß alle allgemeinen Klassenanalysen auf Gemeindeebene insofern prekär werden, als sich die Klassengrenzen häufig verschieben, als insbesondere je nach Art der Gemeinde durchaus verschiedene Gruppen als oberste Prestigeklassen aufzutreten vermögen und als schließlich der Klassenstatus erst mit der Bewertung von Rang und Prestige durch die Umwelt entschieden werden kann und keineswegs einfach von vornherein feststeht. Dabei spielt in allen Fällen das konkrete Verhalten eine ganz zentrale Rolle, das zum wesentlichen Ansatz für die Differenzierung der Klassen und Schichten in der Gemeinde genommen wird.

Bei einer solchen Problemlage werden selbstverständlich die historischen Voraussetzungen einer gegebenen sozialen Tradition ihre Wirksamkeit bemerkbar machen, so daß es nicht nur schwer fällt, verschiedene Gesellschaften miteinander zu vergleichen, sondern auch inhaltliche Kategorien, die

---

[214]Vgl. dazu Richard Centers, The Psychology of Social Classes. Princeton, N. J., 1949.

sich in der einen bewährten, auf die andere zu übertragen (oder auch nur von der einen Region auf die andere, wie sich bereits bei Besprechung der Typologie der Gemeinde erwies). Im Augenblick, wo es um Werteinstellungen und Wertideen geht, wird jeder Vergleich außerordentlich schwierig; andererseits entwickeln sich erst mit diesen Wertideen die Struktur und der Integrationstyp einer Gemeinde. Das ist vielleicht das größte Dilemma, in dem sich heute die Gemeindeforschung befindet. Mehr noch als durch die vorherrschenden Wirtschaftsformen entscheidet sich die Struktur der Gemeinde durch bestimmte Wertideen, die sich durch die soziale Kontrolle in die Wirklichkeit übersetzen und zu Formen des geregelten Verhaltens werden. Mit Theodor Geiger zu sprechen, der diese Probleme in einer dänischen Mittelstadt (Gemeinde von etwa 100.000 Einwohnern) untersuchte: „Es ist nicht mehr so, daß eine gedachte Person kraft ihrer Soziallage in der allgemeinen Einschätzung den oder jenen Rang einnimmt, sondern umgekehrt: Die einzelnen Gesellschaftsschichten sind u. a. charakterisiert durch verschiedene soziale Rangvorstellungen und Bewertungsskalen[215]."

In seiner Untersuchung von Gosforth hat Williams nicht nur die Selbstbezeichnungen der einzelnen Klassen in seiner Gemeinde festzuhalten verstanden[216], sondern auch die Art, wie alle Klassen von den jeweils anderen sprechen[217]. Diese Aufstellung ist darum von ganz besonderem Wert, weil es ihr wirklich gelingt, komplett zu sein. Es ist höchst erstaunlich und ergötzlich zugleich zu sehen, mit welcher sprachlichen Differenziertheit diese „sozialen Perspektiven" ausgedrückt werden. Es liegt auf der Hand, daß diese höchst subtilen Meinungsschattierungen im Alltagsleben eine außerordentliche Wirksamkeit entfalten müssen, da sich ja mit ihnen der Verkehr der Menschen untereinander entscheidet. In seiner Untersuchung über Plainville gibt West einen ganz ähnlichen Versuch, der darum für uns so wichtig ist, weil es sich um eine sehr kleine Gemeinde handelt. Aber selbst hier kommt es nicht nur zu einem komplizierten Klassensystem als solchem, sondern darüber hinaus noch zu einer zusätzlichen Differenzierung nach „sozialen Perspektiven". Die objektive Klassenordnung selbst baut sich auf nach der Art des Bodenbesitzes, in der „Prairie" mit dem guten, in den „Hügeln" mit schlechterem Boden), nach der Art der technischen Ausstattung der einzelnen Farmen, nach der Abstammung, nach dem Reichtum, nach der allgemeinen Moral (Ehrlichkeit, Mäßigkeit speziell gegenüber dem Alkohol). Dazu kommt als subjektives Merkmal die Frage nach dem „Benehmen", was ein äußerst komplexes Kriterium darstellt, indem darin alles bisher Erwähnte zusammen-

[215]Th. Geiger, Soziale Umschichtungen in einer dänischen Mittelstadt, 2 Bde. Kopenhagen 1951, Bd. 1, S. 12 f.
[216]W. M. Williams, The Sociology of an English Village, a.a.O., S. 88.
[217]Ebenda, S. 107–109.

läuft, andererseits sich aber damit erst der unendliche Reichtum verschiedenster Lebenssituationen auftut, in denen sich die Prestigeordnung realisiert. Nachdem dies gesagt ist, muß man sich aber sofort gegenwärtig halten, daß diese Betrachtungsweise nur für die oberste Gruppe bezeichnend ist, während die anderen sehr wohl eine völlig verschiedene Ansicht davon haben könnten, speziell wenn sie die von ihnen verschiedenen Klassen beurteilen.

Alle diese Fragen könnten noch immer als verhältnismäßig gleichgültig für das Verständnis der Struktur einer gegebenen Gemeinde sein, wenn nicht das Problem der sozialen Kontrolle, also der vorherrschenden Normen, deren Befolgung als „richtig" angesehen wird, engstens damit zusammenhinge. So heißt es etwa bei Homans: Je näher ein Individuum oder eine Untergruppe in allen ihren Aktivitäten der Verwirklichung der Gruppennormen im ganzen kommen, desto höher wird der soziale Rang dieses Individuums oder dieser Teilgruppe sein[218]. Die Befolgung der Anordnungen dieses Individuums oder dieser Teilgruppe bedeutet aber soziale Kontrolle[219], womit entschieden ist, daß Klassenordnung und Wertsystem – wenigstens auf Gemeindeebene – nicht voneinander getrennt werden können. Man muß sich nur darüber klar sein, daß die meist allein ins Auge gefaßte Form der sozialen Kontrolle, die Normen des Rechts, eine zwar wesentliche Form der Reglementierung des sozialen Verhaltens darstellt, die aber einmal in der Entwicklung ungemein spät auftritt, dann jedoch immer nur den bei weitem kleinsten Teil unseres Verhaltens erreicht. Der viel umfänglichere und für die Alltäglichkeit unseres Daseins wichtigere Teil der sozialen Kontrolle ist hingegen ebenfalls mehr informeller Natur und wirkt durch die verschiedenen Formen des Brauchs und der Sitte, aber auch des Klatsches, des Gerüchts und der verschiedenen Formen der öffentlichen Meinung, deren Bestimmung eine wesentliche Funktion der Gemeindestruktur ist. So ist im Durchschnitt die oberste Gruppe jene, welche die traditionellen Werte einer Gemeinde am reinsten repräsentiert, während von dort aus die Abweichungen von oben nach unten immer größer werden, entsprechend auch – um mit Angell zu sprechen – die „Unvereinbarkeit" der sozialen Normen, welche die Integration der Gemeinde empfindlich beeinträchtigen kann. Letzteres wird z. B. regelmäßig der Fall sein, wo in eine etablierte Gemeinde eine Bevölkerung eindringt, etwa Immigranten, Evakuierte oder Flüchtlinge, deren Wertsystem von dem in der Gemeinde üblichen abweicht. Dringen wenige ein, so werden sie entweder zum Konformismus gezwungen oder an den Rand gedrängt und zu „Marginalexistenzen" gemacht. Sind es mehr oder gar viele, dann wird unter Umständen das soziale Gesamtsystem der betreffenden Gemeinde empfindlich erschüttert.

---

[218]G. C. Homans, The Human Group, a.a.O., S. 180 f.
[219]Ebenda, S. 281 ff.

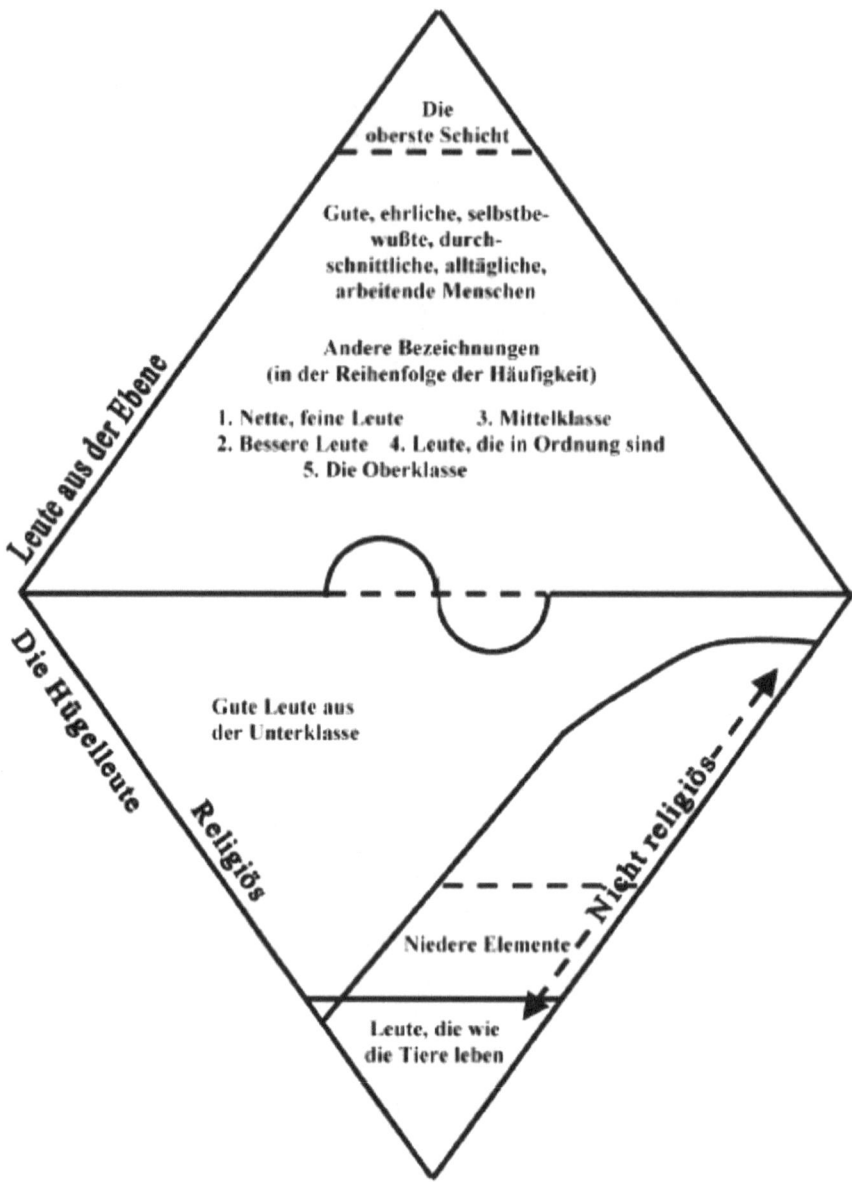

Das Klassenschema von Plainville

Die Klassenordnung und das Wertsystem

Von hier aus zeigt sich auch die Bedeutung des „sozialen Wandels" (social change) für die Gemeinde, bedeutet er doch im wesentlichen, daß die Wertordnung (die an und für sich nicht starr, sondern in beweglichem Gleichgewicht ist) in so entscheidender Weise durch irgendwelche Einflüsse von innen und außen gestört wird, daß keine Integration zustande kommt oder mindestens starke Loyalitätskonflikte zwischen verschieden gerichteten Wertsystemen entstehen. Moderne Gemeindeuntersuchungen haben diesem Prozeß eine besondere Aufmerksamkeit geschenkt, allen voran das Ehepaar Lynd in ihrem „Middletown in Transition" (1937), worin die Folgen der Depression von 1929 untersucht werden. Wir finden aber ähnliche Gedanken auch bei den erwähnten Untersuchungen von schwarz-weiß gemischten Gemeinden im Süden der Vereinigten Staaten oder bei Redfields doppelter Untersuchung der Gemeinde Chan Kom in Mexiko[220]. In Europa und Amerika stand hierbei häufig eine ganz spezielle Form des Wandels im Vordergrund, nämlich die Stadt-Land-Beziehung, wie etwa bei der Darmstadt-Studie in Deutschland, was ein zwar wichtiger, aber keineswegs einzig dastehender Aspekt dieser Frage ist. Das gleiche gilt für den Gegensatz agrarisch-industriell, den etwa Wurzbacher besonders im Auge hat. Denn die Entwicklung ist, wie schon früher mehrfach hervorgehoben, längst über diesen Zustand hinweg geschritten, der – wie Arensberg jüngstens wieder hervorhob[221] – mit dem zentralistischen System des Eisenbahnzeitalters zusammenhängt, sich aber im Zeitalter des Autoverkehrs, der an keine starren Linien gebunden ist, schnellstens ändern muß. Mit wachsender Mobilität der Bevölkerung brechen die starren Schranken zwischen Stadt und Land zusammen, und andere Probleme des sozialen Wandels melden sich zu Wort, so z. B. in der Zeit unmittelbar nach dem Kriege die Flüchtlingsfrage, die in manchen Ländern (Indien, Deutschland) schwere Probleme schaffte, mit denen wir uns im Abschnitt über die Integration der Gemeinde noch näher zu befassen haben werden. Sehr viel ist übrigens zu dieser Problematik in jenem Teil der soziologischen Forschung getan worden, der sich mit den sogenannten wirtschaftlich unterentwickelten Gebieten befaßt.

IX. Die Integration der Gemeinde

Das Problem der Integration der Gemeinde ist von den ersten Seiten dieses Buches an immer wieder aufgetaucht, ohne daß wir uns bei ihm aufgehalten hätten. Jetzt dagegen können wir seine Behandlung nicht weiter aufschieben, erscheint es doch nach Aufrollung der Strukturprobleme der Gemeinde als das eigentlich zentrale Problem unseres Gegenstandes. Andererseits kommen wir aber auch nicht zu spät; denn es mußte erst eine ganze Reihe von Vorfragen geklärt werden, bevor die Frage der Integration der Gemeinde zentral angepackt werden kann.

[220]Robert Redfield und Alfonso Villa Roja, Chan Kom, A Maya Village. Washington, D. C., 1934; Robert Redfield, A Village that Chose Progress. Chicago 1950.

[221]C. M. Arensberg, The Community Study Method, a.a.O., S. 123 f., wo auch das früher schon geprägte Wort „rurban" benutzt wird, von rural–urban, um diesen Wandel zu bezeichnen.

Das fundamentale Vorurteil der „ganzheitlichen" Betrachtungsweise

Der entscheidende Fehler, der in den meisten älteren Darstellungen begangen wurde, liegt unseres Erachtens darin, daß man umgekehrt verfahren ist, d. h. man setzte die Integration der Gemeinde als selbstverständlich voraus und betrachtete alle weiteren Probleme unter dieser wesentlichen Voraussetzung. Dabei konnten teils allgemein geschichtsphilosophische Konstruktionen dazu führen, wie etwa die von Tönnies, nach der sich die Gesamtentwicklung der vergesellschafteten Menschheit von „Gemeinschaft" zu „Gesellschaft" vollzieht. Dabei heißt Gemeinschaft unter anderem auch wohl integriertes Zusammensein, in dem die Menschen „verbunden bleiben trotz aller Trennungen", während in der Gesellschaft nie eine innere Einheit erreicht wird. Er illustriert das auch durch den Gegensatz von „organischer" und „mechanischer" Bildung. Teils aber treten ähnliche Gedankengänge weniger anspruchsvoll in der Weise auf, daß man der „kleinen" Gemeinde eine solche innere Geschlossenheit zuschreibt im Gegensatz zur Stadt oder Großstadt, die einen grundsätzlich anderen Charakter beweisen soll. In bedeutendster Weise wird dieser Gesichtspunkt heute von Redfield vertreten, dessen Verwandtschaft mit Tönnies derart auf der Hand liegt, daß man gar nicht erst darauf hinweisen muß. In seinem Werk über die „Kleine Gemeinde" sieht er diese unmittelbar im Sinne eines „integralen Ganzem" an und betont auch durch das ganze Buch hindurch seinen „holistischen", also „ganzheitlichen" Ausgangspunkt[222]. Wir nehmen übrigens nur Redfield als Vertreter dieser Auffassung, weil er wirklich von sachlicher Erfahrung mit seinem Gegenstand ausgeht und nicht – wie etwa die meisten deutschen Theoretiker – entweder von rein literarischen Dokumenten oder von stark ideologisch gefärbten vorgefaßten Meinungen[223]. Trotz dieses unleugbaren Realismus, der aus den Werken von Redfield und seinen Schülern gelegentlich spricht, müssen wir uns doch aufgrund aller vorhergehenden Ausführungen stärkstens von ihm absetzen.

Die strukturelle Bedingtheit der Integration

Nun ist es vor einigen Jahren zu einer höchst interessanten Auseinandersetzung zwischen Redfield und Oscar Lewis gekommen, der anhand der Gemeindestudie des ersteren die mexikanische Gemeinde Tepoztlán nach 17 Jahren nochmals untersuchte und zu völlig entgegen gesetzten Ergebnissen kam[224]. Da nun die Auffassung von Lewis wesentlich in Richtung unserer eigenen liegt, soll hier mit einigen Worten noch darauf

---

[222]R. Redfield, The Little Community, a.a.O., S. 3 u.ö.

[223]So etwa Max Rumpf, Deutsches Bauernleben. Stuttgart 1936; Hans F. K. Günther, Das Bauerntum als Lebens- und Gemeinschaftsform. Leipzig-Berlin 1939 u. a.

[224]O. Lewis, Life in a Mexican Village, a.a.O.

eingegangen werden, speziell auch auf die Erwiderung von Redfield. Das
Buch von Redfield gibt in der Tat das Bild einer wohl ausgeglichenen, und
harmonischen Integration der Gemeinde Tepoztlán, was auch das Aufsehen
erklärt, das es sofort bei Erscheinen machte[225]. Wir möchten übrigens nicht
annehmen, wie Lewis meint, daß Redfield mit seinem von Tönnies weiter-
entwickelten Begriffspaar „Volkskultur" gegen „Stadtkultur" an die Untersuchung herangegangen und es in das Material hineingedeutet habe[226]. Er
mag vielmehr wirklich von dieser Lebensform ganz unmittelbar überwältigt
worden sein und, wie er selber sagt[227], sein Begriffspaar erst später entwickelt
haben. Er wäre übrigens sicher nicht, der erste Flüchtling aus der Welt des
Industrialismus, der dem unendlichen Zauber der mexikanischen Landschaft und ihrer spanisch-indianischen Kultur erliegt. Das Problem scheint
uns aber tiefer zu liegen. Einer der entscheidenden Punkte ist wohl zunächst,
wie Lewis hervorhebt, daß Redfield die wirtschaftliche Situation insofern
völlig verkannte, als er – wie das auch bei den meisten europäischen Ana-
lytikern des Dorfes der Fall zu sein pflegt – die unterbäuerliche Bevölkerung,
die nichts besitzt, einfach übersah. Darum allein konnte das Problem der
Integration gar nicht richtig in den Blick kommen. Und das ist viel wichtiger
als die Frage, ob sich die Gemeinde in den inzwischen verflossenen 17 Jahren
grundsätzlich geändert haben sollte. Natürlich gibt es solche Änderungen,
Lewis weist dies selber auf. Aber damit ist das Wesentliche nicht getroffen,
das vielmehr struktureller Natur ist, wie oben schon angedeutet. Auch diese
Gemeinde weist so starke Spannungen auf, die tief in die Vergangenheit bis in
die früheste Kolonialperiode zurücklaufen, daß an eine Integration überhaupt
nicht zu denken ist. Vielleicht wird sich diese einmal in der Zukunft herstellen, wenn sich die aus der Revolution herausbrodelnde neue mexikanische
Kultur gesetzt und profiliert haben wird. In der Gegenwart ist jedenfalls keine
Spur einer solchen Integration zu finden.

Angesichts dieser Lage erhebt sich die Frage, wie nun Redfield seinerseits
auf Lewis reagiert hat. Gerade hier zeigt sich nämlich die Naivität seiner Einstellung mit erschütternder Klarheit. Seine Argumentation läuft ganz einfach darauf hinaus, daß der eine Betrachter „dieses", der andere „jenes" in
den Vordergrund stelle[228], daß es viele Parallelen gebe für sein Begriffspaar
Volks- und Stadtkultur, und daß man diese Begriffe, wie auch Tönnies, am
einzelnen Phänomen als „Komplementärbegriffe" und „in Mischung" sehen
müsse[229]. Diese Argumentation kommt in der Tat auch bei Tönnies vor und

---

[225]R. Redfield, Tepoztlán – a Mexican Village. Chicago 1930.

[226]O. Lewis, Life in a Mexican Village, a.a.O., S. 432.

[227]R. Redfield, The Little Community, a.a.O., S. 135.

[228]Ebenda, S. 135.

[229]Ebenda, 144.

stellt zweifellos nicht seine stärkste Seite dar[230]. Sie verkennt im übrigen, daß der ganze Ansatz einfach falsch ist, insofern als es sich hier nicht um eine kategoriale Zuordnung zum einen oder anderen Typus, sondern vielmehr um eine Strukturfrage handelt, die jeder Entscheidung über Integration oder Nicht-Integration vorauszugehen hat. Dann wird vor allem die Besitzfrage wichtig, die wesentlich mit dem Klassensystem zusammenhängt, danach der Bevölkerungsdruck, dem keine Ausweichmöglichkeiten gegenüberstehen, und schließlich die anderen Spannung schaffenden Momente, die Mißtrauen und Zurückhaltung zeugen, wenn sie sich nicht gar in offenen Gewalttaten äußern. Man darf in der Tat schließen, daß Redfields Antwort an Lewis gar keine Antwort ist, sondern nur das indirekte Eingeständnis, daß er das wirkliche Problem bis heute noch nicht gesehen hat.

Integration – kein Problem der Gemeindegröße

Wenn wir an unserer Definition festhalten, daß Gemeinde eine lokale Gruppe darstellt, in der Menschen interagieren und gemeinsam wirtschaften, wobei sie von gemeinsamen Bindungen getragen sind, so ist diese Definition durch die weitere Forderung, daß die Gemeinde darum auch ein integriertes „Ganzes" sein müsse, durchaus überlastet. Eine soziale Wirklichkeit des Interagierens unter Voraussetzung gemeinsamer Bindungen schließt starke innere Spannungen, ein betontes Machtgefälle, ja sogar innere Inhomogenitäten keineswegs aus, die sich unter Umständen in offenen Konflikten äußern können. Wir bemerken übrigens ausdrücklich, daß die Chancen für solche inneren Konflikte in einer kleinen Gemeinde unter Umständen viel größer sind als in einer großen, gerade weil die Menschen einander nahe sind. So bleibt bei Konflikten in der kleinen Gemeinde meist nur der Ausweg, die Gemeinde zu verlassen oder eine Marginalexistenz zu führen, während es in der Stadt viel leichter ist, die „Fluchtdistanz" so zu gestalten, daß akute Zusammenstöße vermieden oder wenigstens gemildert werden können. Umgekehrt behaupten wir aber natürlich nicht, daß die kleine Gemeinde im Sinne Redfields niemals ein integriertes Ganzes sein könne. Das wäre ein genau gleiches Vorurteil, nur mit umgekehrtem Vorzeichen.

Die einzig rationale Lösung dieses Problems scheint uns folgende zu sein: Eine Gemeinde kann im Sinne Redfields eine integrierte Ganzheit sein, sie muß es jedoch *keineswegs*, vor allem auch nicht aufgrund ihrer Kleinheit. Wenn überhaupt in unserem Definitionsversuch der Gemeinde der Unterschied von Primär- und Sekundärmerkmalen einmal aktuell wird,

---

[230]Vgl. R. König, Die Begriffe Gemeinschaft und Gesellschaft bei Ferdinand Tönnies. In: Kölner Zeitschrift für Soziologie und Sozialpsychologie VII (1955), S. 402 f. (Wiederabdruck in erweiterter Fassung in: Soziologie in Deutschland. Begründer, Verächter, Verfechter. München 1987, S. 122–197, 452–462.)

so ist das hier der Fall. Aus der Feststellung, daß die Gemeinde ein sozialer Wirkenszusammenhang auf lokaler Basis unter gemeinsamen Wertvorstellungen sein muß, wenn wir überhaupt im soziologischen Sinne von Gemeinde sprechen wollen, ist zunächst keinerlei Aussage über die Qualität und innere Gestaltung dieses Zusammenhangs als eines integralen Ganzen abzuleiten. Selbst in dem Moment, wo das Ingroup-Outgroup-Verhältnis zu spielen beginnt, indem die Zusammensiedelnden und Zusammenwirkenden in Kontrast zu anderen Gemeinden ähnlicher Art auch gemeinsame Ziele und Werte entwickeln, bleibt noch immer damit zu rechnen, daß intern ein so starkes soziales Gefälle herrscht, daß jeglicher Anspruch auf integrale Ganzheit illusorisch wird. Das zeigt sich etwa besonders deutlich an den Schwarz-Weiß gemischten Gemeinden Amerikas, wo eine unerbittliche Barriere, die Farbenschranke, die beiden Gruppen trennt, obwohl sie heute beide die gleichen Werte erstreben, die Neger wie die Weißen, nämlich die der weißen Mittelklassen. Umgekehrt muß aber auch, hier wie oben, sofort hinzugefügt werden, daß dies keineswegs das Entstehen einer solchen integralen Ganzheit in irgendeiner fernen Zukunft ausschließen muß. Wir kommen sehr bald darauf zurück. Hier sollte nur soviel gesagt werden, daß wir dies nicht in der Definition präsumieren dürfen, wie es sowohl bei Tönnies als auch bei Redfield wie bei allen, die auf den gleichen Wegen wandeln, regelmäßig der Fall ist. Und zwar gilt dies nicht nur von „großen" Gemeinden, wo es als relativ selbstverständlich angesehen zu werden pflegt, sondern auch und gerade bei kleinen Gemeinden, wie zahlreiche Beispiele zeigen.

Biotische Gemeinschaft und räumliche Integration

Die elementarste Erklärungsweise für eine solche unmittelbare innere Ganzheit des Lebens ist zweifellos, die menschliche Gemeinde so zu behandeln, als sei sie eine biotische Gemeinschaft. Wenn man nun ein gewisses Recht hätte, dies beim Phänomen der Familie als Reproduktionsgruppe zu vermuten, so wird dies schon durch das grundsätzlich komplexere Kulturniveau der lokalen Vereinigung gegenüber den reinen Verwandtschaftsgruppen ad absurdum geführt. Wenn wir aber bedenken, daß selbst Familie im Sinne der Soziologie ein eigentliches Kulturphänomen darstellt, indem die Aufzucht der Nachkommenschaft beim Menschen aufgrund seiner besonderen biologischen Verfassung eben nicht auf der rein naturalen Linie verläuft, sondern auf „Tradition" angewiesen ist, dann dürfte a fortiori das Ungerechtfertigte der biologischen Analogie bei der menschlichen Gemeinde einsichtig werden. Dies schließt übrigens gleichermaßen die Vorstellung aus, als seien die kleinen Gemeinden des Menschen irgendwie „richtiger" als die großen, wie schon im ersten Kapitel gezeigt wurde, nur weil die höheren Säuger in solchen kleinen Gruppen leben. Selbst wenn sicher ohne die Existenz einer allgemein biotischen Gemeinschaft auch keine menschlichen Gemeinden existieren würden, so bleibt doch darüber das Spezifikum der menschlichen Gemeinden

nicht zu vergessen, daß sie nämlich als lokale Form des sozialen Zusammen-
seins gleichzeitig wesentlich Kultur sind und bleiben.

Wenn aber schon zugestanden wird, daß die biotische Gemeinschaft
vielleicht nicht ausreicht, um die integrale Ganzheit der Gemeinde zu sichern,
so bliebe in zweiter Linie noch immer der räumliche Faktor, der oft so stark
unterstrichen worden ist. Hier konnte nun jedoch aufgrund zahlreicher
Untersuchungen gezeigt werden, daß der räumliche Faktor an sich keineswegs notwendigerweise eine solche integrale Ganzheit schafft. Im Gegenteil, die Forschung scheint durchweg zu beweisen, daß der räumliche Faktor
allein einzig unter außergewöhnlichen Verhältnissen integrierend wirkt, etwa
bei Neusiedlungen. Hier wirkt er sich vielleicht darum so stark aus, weil einfach noch keine Gelegenheit gegeben war, andere Medien der sozialen Verbindung zu entdecken. Es zeigt sich jedenfalls regelmäßig, daß der Faktor
Raum sehr bald durch andere wenigstens teilweise verdrängt zu werden
pflegt, z. B. kulturelle Affinitäten.

Natürlich bleiben aber gelegentlich die räumlichen Umstände so augenfällig, daß man unwillkürlich verleitet wird, von der Einheit der Raumgestalt
auf eine innere Einheit zu schließen. Man denke etwa an ein Dorf der fels-
bewohnenden Indianer im Canyon de Chelly in Arizona oder im Gebiet der
Mesa Verde, wo die ovalen Aushöhlungen im Felsen wie ein Rahmen wirken,
der nicht nur die architektonische Gestalt des Dorfes, sondern eben auch
seinen inneren Zusammenhang zu bestimmen scheint. Dagegen finden wir
aber in diesen Höhlenstädten regelmäßig mehrere „Kiwas" (unterirdische
Kulträume), was die Vermutung zuläßt, daß eine Mehrheit von Kulten hier
zweifellos eine innere Differenzierung geschaffen haben mag, die ebenfalls
mehr trennend als vereinend war. Oder man denke auch an eine der spätmittelalterlichen italienischen oder sizilianischen Gemeinden, die hoch oben
auf Felsenspitzen horsten, wo das Gedränge der Häuser genügend Garantie
für eine vollkommen integrierte Einheit zu bieten scheint. Andererseits
wissen wir aber, daß gerade diese Gemeinden durch ein wildes Parteien- und
Fraktionensystem innerlich derart zerrissen waren, daß der aktuelle Kriegs-
zustand gelegentlich selbst innerhalb der Gemeinde tobte, bis sich jedes Haus
in eine Festung verwandelte wie etwa in San Gimignano in der Toscana.
Genau wie die biotische Gemeinschaft ist auch die Raumgestalt oft nur eine
Analogie, die man sich hüten sollte, all zu sehr zu pressen. Dies gilt auch etwa
angesichts gewisser Strömungen in der modernen Architektur und Städte-
planung, welche glaubt, einzig durch Raumplanung und architektonische
Gestaltung der neuen Gemeinden eine Garantie für eine innerlich erfüllte
Gemeinschaft zu bieten. Angesichts der höchst unsicheren Rolle des Raumes
bei der sozialen Verbindung der Menschen ist dies zweifellos eine Illusion.

Das äußere und das innere System der Gemeinde

Wenn also sowohl die biotische Gemeinschaft als auch die räumliche Nähe für
sich allein genommen nicht hinreichen, um eine solche integrale Ganzheit zu

sichern, dann bleibt uns nur noch die Möglichkeit, diese Einheit im Rahmen eigentlich sozialer und seelischer Verbundenheit zu suchen. Da allerdings die Gemeinde nicht im leeren Raum schwebt, müssen wir natürlich zunächst ihre Beziehungen zum Raum und überhaupt zur Umgebung ins Auge fassen und erst danach ihre innere Einheit. Im Anschluß an Homans nennen wir das erstere das „äußere System" das zweite dagegen das „innere System". Das äußere System ist entsprechend unserer Definition der Gemeinde leicht zu erfassen: Es ist nichts weiter als der Inbegriff aller Tätigkeiten, Interaktionen und Verbindungen, mit deren Hilfe diese Gruppe in ihrer Umwelt überlebt. Gewiß ist dies nur eine Seite der Sache, die erst durch Hinzunahme des inneren sozialen Systems zu einem totalen System wird. Aber es ist doch wesentlich, beide Systeme zunächst voneinander zu trennen, da ihr gegenseitiges Verhältnis keineswegs so eindeutig ist, wie man manchmal geglaubt hat. Wenn wir die Problematik der räumlichen Nähe nochmals aufnehmen sollten, würden wir sagen, daß die Raumgestalt gewiß unter bestimmten Umständen soziale Verbindungen schafft (soviel für das äußere System), daß aber danach andere Faktoren, zur Auswirkung kommen, die die rein räumlichen Faktoren überspielen (soviel für das innere System). Der gleiche Tatbestand kann auch anders und allgemeiner ausgedrückt werden, wie Homans zeigt. Soll man sagen, daß eine Gemeinde, die in ihrer Umwelt aktiv überlebt, sich an diese einfach „anpaßt". In der Tat ist das Wort Anpassung zweideutig. Kann man es nur so verstehen, daß die Eigentümlichkeiten der Gruppe durch die Umgebung bedingt werden? Doch zweifellos nicht; denn wir sehen, daß diese Eigentümlichkeiten nicht nur von außen, sondern genauso auch von innen her bestimmt werden. Dabei kann sich dann herausstellen, daß die Gruppe mit diesen Eigentümlichkeiten einerseits in ihrer Umwelt überlebt, andererseits aber auch die Umwelt mit der Zeit umgestaltet, wobei sich die passive Anpassung in eine sozial-kulturelle, schöpferische Anpassung verwandelt[231].

Das Wertgefälle und die inneren Konflikte

In einem ersten Aspekt steht also die Gruppe unter Druck von außen, in einem zweiten reagiert sie darauf. Genau dabei aber werden innere Differenzierungen sichtbar, die sich keineswegs gleichsinnig wie der Druck von außen zu entwickeln brauchen. Mit den Worten von Homans können wir uns also „das äußere System als ein Gruppenverhalten denken, das der Gruppe in ihrer Umgebung zu überleben erlaubt, das innere System dagegen als ein Gruppenverhalten, das der Ausdruck der gegenseitigen Gefühle ist, welche die Gruppenmitglieder im Laufe ihres Zusammenlebens

---

[231]G. C. Homans, The Human Group, a.a.O., S. 90 f.

entwickeln"[232]. Damit entstehen aber gleichzeitig Normen und eine Gruppenkultur, die insofern ein inneres Gefälle in einer Gruppe schaffen, als das erwartete Verhalten der einen als den Gruppenzusammenhang repräsentierend angesehen wird, das der anderen dagegen nicht. So hieß es auch in „Plainville", daß die Oberklasse „gut", „ehrlich", „ordentlich" ist, während die untere Klasse aus Leuten besteht, „die wie die Tiere leben"[233]. Mit der Projizierung der Aktivitäten der Mitglieder einer Gemeinde auf ihren kulturellen Horizont an Normen wird sofort eine Rangordnung von Positionen sichtbar, innerhalb deren die einen diesen Erwartungsnormen besser nachleben, die anderen weniger gut. Diese Distanz und ihre Ausdehnung können aber unter Umständen insofern über Integration oder Nicht-Integration entscheiden, als mit ihnen Normenkonflikte sichtbar werden, die sich entweder in sozialen Konflikten fortsetzen können oder umgekehrt aus ihnen erwachsen sind. Das war letztlich auch der Gesichtspunkt, unter dem Angell seine Typologie der Gemeinden entwarf. Die wesentliche Differenz zwischen unserer Auffassung und sowohl der von Angell als auch – wenigstens teilweise – der von Homans liegt darin, daß wir diese ganze Problematik bereits bei der kleinen Gemeinde beginnen lassen, wie im folgenden an einer Reihe von Beispielen gezeigt werden soll.

Die nicht-integrierten Schichten im Dorfe

Vor kurzem griff in Deutschland Linde diese Problematik in einer Auseinandersetzung mit Heinrich Tenhumberg[234] auf, der die Gesamtlage des Dorfes in der Umwelt als „eine Siedlung [charakterisiert], in der sich das Zusammenleben der Bewohner auf der Grundlage einer wie immer gearteten landwirtschaftlichen Betätigung naturverbunden in Form einer Gemeinschaft vollzieht". Dabei ist „Gemeinschaft" im Sinne von Tönnies zu verstehen. Daraus entwickelte dann Tenhumberg seinen Begriff der „unbewußten Gemeinschaft des ganzen Dorfes", der die Temperatur des inneren Systems in unmittelbarer Reaktion zu den Bedingungen des äußeren Systems wiedergeben soll. Damit werden natürlich zwei Fragen aufgerollt: eine historische und eine systematische. Die historische würde den Nachweis unternehmen müssen, daß früher in der Tat die Integration der Gemeinde in Form einer „unbewußten Gemeinschaft" erfolgt ist. Die systematische dagegen müßte den Begriff einer quasi-naturalen Gemeinschaft entwickeln als unmittelbare Reaktion auf die besondere Umweltsituation der bäuerlichen Tätigkeit.

---

[232]Ebenda, S. 110.

[233]J. West, Plainville USA, a.a.O., S. 115 ff.

[234]Heinrich Tenhumberg, Grundzüge im soziologischen Bild des westdeutschen Dorfes. In: Veröffentlichungen der Agrarsoziologischen Gesellschaft Göttingen e. V. Schriftenreihe ländliche Sozialfragen, Bd. 2. Hannover 1954.

Ohne weit ausholen zu können, läßt sich sagen, daß dieser Begriff der unbewußten Gemeinschaft genauso untragbar ist wie der einer biotischen Gemeinschaft oder rein durch den Raum bedingten Vereinigung. Er stellt einzig auf einer neuen Stufe des Bewußtseins, nämlich der seelischen Verbundenheit, die Fortsetzung jener Vorstellung des organischen Gewachsenseins dar, von der wir schon sahen, daß sie den entscheidenden Faktor menschlicher Gemeinden, nämlich die Kultur und das eigene Wertsystem, entweder unterschätzt oder gar nicht in den Blick bekommt. Selbstverständlich soll damit nicht ausgeschlossen werden, daß gewiß einmal die kleine Gemeinde eine solche „unbewußte Gemeinschaft" bilden kann. Aber weit davon entfernt, die Regel zu sein, stellt dies recht eigentlich eine seltene Ausnahme dar, die vielleicht auch immer nur für kurze Momente lebendig bleibt. Warum dem so ist, ist leicht zu zeigen: Wo immer ein totales soziales System entsteht, finden wir innerlich so starke Differenzierungen und Wertgefälle, daß es geradezu sinnlos wird, von einer „unbewußten Gemeinschaft" zu sprechen.

Unabhängig von dieser systematischen Frage bleibt uns aber noch die historische zu beantworten, „ob dieses Leitbild der unbewußten Gemeinschaft des ganzen Dorfes zu irgendeinem historischen Zeitpunkt, der unserer Erkenntnis zugänglich ist, ... tatsächlich eine wirtschaftliche, soziale und politische Realität zum Hintergrund hatte"[235]. Damit hat Linde das Problem in aller Klarheit gesehen. Ohne die Geschichte der dörflichen Gemeinde in Urzeiten zurückverfolgen zu wollen, läßt sich doch sagen, daß ihre Struktur schon sehr früh deutliche Züge aufweist, die eine solche unbewußte Gemeinschaft unmöglich machen. Diese entspricht also entweder einem sentimentalen Wunschbild oder aber einer speziellen Anwendung der nationalsozialistischen Theorie von der „Herrenrasse", wie besonders deutlich bei Gunther Ipsen, der in den unteren Schichten des alten Dorfes, also den landlosen Bewohnern (Gesinde, Gutsarbeiter, gewerbliche Tagelöhner) als Gegenbild zu den Bauerngeschlechtern „die letzte soziale Schicht ausgesprochener Dorfarmut", „das sich selbst fortzeugende Elend rassischer Gegenauslese" erblickt, wie es „so schön" im Jargon der nationalsozialistischen Zeit heißt[236]. Diese Schichten wären dementsprechend für „echte Gemeinschaft", wie sie dem Verfasser vorschwebt, in der Tat unerheblich. Damit erweist sich aber diese Konzeption der Gemeinde als die Ideologie der bodenbesitzenden Klassen, womit ihre sachliche Beschränktheit entschieden ist. Denn erstens war die Dorfgemeinde niemals ausschließlich aus Bauern zusammengesetzt, sondern enthielt zumindest noch die ländlichen Handwerker und Gewerbetreibenden; zweitens aber baute sich neben

---

[235]H. Linde, Zur sozialökonomischen Struktur und soziologischen Situation des deutschen Dorfes. In: Das Dorf und die Aufgabe ländlichen Zusammenlebens. Schriftenreihe für ländliche Sozialfragen, hrsg. von Wilhelm Abel, Hannover 1954, S. 6.

[236]G. Ipsen, Die Gemeinde als Gemeinschaft, a.a.O., S. 5.

der Ortsbürgergemeinde die Einwohnergemeinde auf, die schon früh das Bild einer außerordentlich differenzierten Zusammensetzung aufweist. Dazu muß bemerkt werden, daß sich zwar sicher mit der Zeit viele Mitglieder der Einwohnergemeinde Ortsbürgerrechte erkämpften; andererseits aber brachten die Verhältnisse immer neue Einwohner minderen Rechts in die Dorfgemeinde, seit dem Mittelalter bis heute. Und dies entwickelt sich noch ganz unangesehen der internen Umformung der Landwirtschaft, etwa vom Ochsengespann auf das Pferdegespann, auf deren Bedeutung auch Linde hinweist; der stärkere Arbeitsanfall erfordert als Ergänzung Gesinde und „die zusätzliche Kleinstelle als den sozialen Ort der ständigen Gesindereproduktion und begründet damit die Existenz einer halb- bzw. unterbäuerlichen Schicht"[237]. Die gegebenen Strukturverhältnisse erreichen es, daß diese Gruppe keineswegs in die Dorfgemeinschaft integriert war, und sie war dies sogar so wenig, daß sie die Wirtschaftshistoriker bis vor kurzem fast völlig vergessen hatten und damit ein höchst einseitiges Bild der mittelalterlichen Gemeinde gaben. Zu alledem kamen dann noch die aus dem alten Ständesystem regelmäßig und in größeren Mengen institutionell Ausgestoßenen (die „Unehrlichen"), die nach konkreten Schätzungen auf dem Lande bereits rund 15 % der Bevölkerung ausmachten und eine ausgesprochene Marginalexistenz führten[238]. In den Städten erreichte diese Gruppe zusammen mit den Armen und Invaliden zeitweise bis zu 50 % der Gesamtbevölkerung[239].

Wir weisen darauf hin, daß solche Unterschichten unter den verschiedensten Umständen immer wieder neu entstehen können. Dabei können sie vorübergehender oder länger währender Natur sein. Dazu gehören die zahllosen Flüchtlinge und Vagantenschwärme des Dreißigjährigen Krieges, Kriegsinvalide und andere körperlich Behinderte, die auf dem Lande Zuflucht suchten, im 19. Jahrhundert dann Eisenbahnarbeiter, die häufig aus dem Osten oder aus Italien gebracht und in Dorfgemeinden angesiedelt wurden, in den Kohlengebieten die ebenfalls aus dem Ausland kommenden Bergarbeiter, schließlich in jüngster Zeit Evakuierte, Flüchtlinge, Vertriebene, Deportierte, in den von Deutschland besetzten Gebieten die Kollaborateure des Nationalsozialismus usf. So zeigen z. B. gleich zwei holländische Gemeindeuntersuchungen nach dem Kriege solche isolierten Untergruppen in der Gemeinde als „Kollaborateure" und Mitglieder der holländischen nationalsozialistischen Partei[240]. Das gleiche gilt bei der Einwanderung

---

[237]H. Linde, Zur sozialökonomischen Struktur und soziologischen Situation des deutschen Dorfes, a.a.O., S. 9 f.

[238]Alexandre Vexliard, Introduction à la sociologie du vagabondage. Paris 1956.

[239]Vgl. dazu: Eberhard Gothein, Verfassungs- und Wirtschaftsgeschichte der Stadt Cöln vom Untergange der Reichsfreiheit bis zur Errichtung des Deutschen Reiches. Cöln 1916.

[240]J. Y. Keur und D. L. Keur, The Deeply Rooted, a.a.O., S. 150 ff.; I. Gadourek, A Dutch Community, a.a.O., S. 79.

ethnischer Minoritäten, die von den übrigen Gemeindebewohnern diskriminiert werden, wie zahlreiche amerikanische Untersuchungen zeigen[241].

Eine in dieser Hinsicht äußerst aufschlußreiche Untersuchung stellt die französische Gemeinde-Studie von Lucien Bernot und René Blancard über die Gemeinde Nouville dar[242]. Hier erweist sich, wie das Nachdrängen neuer Unterschichten von unten die früher getrennten Gruppen von selbständigen Bauern und unselbständigen Pächtern näher zusammenbringt, so daß sie sich beide gegen die neue Unterschicht wenden. Auch in diesem Falle zeigt sich, daß sich trotz der Kleinheit der Gemeinde (594 Einwohner) und trotz der Übersichtlichkeit der Verhältnisse aufgrund besonderer Umstände keine Integration entwickeln kann. Gleichzeitig läßt übrigens die historische Untersuchung erkennen, daß diese Situation schon lange bestanden haben muß, und zwar seit nahezu zwei Jahrhunderten. Zwei zutiefst verschiedene Kulturen, Sozialformen und Wirtschaftstypen stoßen in diesem Falle aufeinander, nämlich Arbeiter und Bauern, die in keiner Weise zusammenkommen können. Dies äußert sich einmal ökologisch, indem die verschiedenen Gruppen auch getrennt voneinander siedeln. Dann äußert es sich vor allem in der gesamten Einstellung zur Welt, zu Raum und Zeit, die fundamental verschieden sind in beiden Gruppen. Dabei zeigt sich überraschenderweise eine sehr einheitliche Ausgestaltung der formellen Machtstruktur insofern, als lange Zeit hindurch (fast ein Jahrhundert) die Bürgermeister aus der gleichen Familie stammen. Dennoch ist die Bevölkerung außerordentlich fluide. Zunächst wird bereits 1776 eine erste Glasfabrik begründet, 1887 eine zweite. Dies bedingt in Konjunkturzeiten eine dauernde Einwanderung von Arbeitern, die nicht nur aus der Nähe kommen. Zweitens befindet sich aber in Nouville seit der Mitte des 18. bis zur Mitte des 19. Jahrhunderts ein Waisenhaus für uneheliche und ausgesetzte Kinder aus Paris und Rouen. Damit kommen dauernd völlig Fremde ohne jeden Familienanhang aus den verschiedensten Richtungen in die Gemeinde, was auch später noch anhält, indem man mit Vorliebe Kinder in den Glasfabriken beschäftigt. Dies bedingt übrigens bei vielen Arbeitern eine ausgesprochen unglückliche Jugend, was zum Verständnis ihrer eigenartig apathischen und sich selber von der Gemeinde isolierenden Mentalität in Rechnung gesetzt werden muß. Auf der anderen Seite stehen dann die Bauern, die typischerweise auch im Gemeinderat stark überrepräsentiert sind, während sich ihnen gegenüber die Arbeiter nicht zusammenzuschließen vermögen[243]. So kann es uns nicht verwundern, daß die „Gemeinschaft" in Nouville mehr durch Opposition als durch Kooperation

---

[241]Siehe dazu E. K. Francis, Minderheitsforschung in Amerika. In: Kölner Zeitschrift für Soziologie und Sozialpsychologie IX (1957), 4.

[242]Lucien Bernot und René Blancard, Nouville, a.a.O.

[243]Ebenda, S. 242–244.

gekennzeichnet ist[244]. Diese eigenartige Strukturverfassung macht ihre Wirkung überallhin bemerkbar, so daß selbst das alltägliche Verhalten von ihr geprägt ist. In Wahrheit leben hier zwei ganz verschiedene Systeme durcheinander, die niemals zu einer Integration gelangt sind.

Wir haben diesen Fall etwas ausführlicher dargestellt, weil er uns einen guten Einblick in die Varietät der Umstände gibt, die immer wieder spontan solche neuen unterbäuerlichen Schichten in der ländlichen Gemeinde entstehen lassen können. Es handelt sich dabei also keineswegs um einen einheitlichen Vorgang, dessen Ablauf wir einigermaßen zu überblicken vermöchten; vielmehr kann aus den überraschendsten Dimensionen eine solche unterprivilegierte Schicht in einer gegebenen Gemeinde neu entstehen, was also nicht generell, sondern nur durch zahlreiche Monographien sichtbar gemacht werden könnte. Allerdings muß festgehalten werden, daß es sich dabei keineswegs um einen bloßen Zufall oder gar einen vermeidbaren Unfall handelt. Vielmehr ist diese Entwicklung durchaus strukturell vorentschieden, so wie die Gemeinde neben anderem auch als ein Zusammenhang eigener Wertideen angesehen wird. Denn dann wird sich eben die Situation, daß Hinzukömmlinge (ganz gleich aus welchem Grunde, wenn sie nur „anders" sind) immer als minderen Rechts angesehen werden, auch mit Notwendigkeit immer wiederholen.

Die Grenzen der Integrationsmöglichkeiten

Wenn wir einzig die Literatur an Gemeindestudien überblicken, die uns zur Verfügung steht, so erkennen wir leicht, daß es eine Fülle von Faktoren gibt, die selbst eine kleine Gemeinde daran hindern können, eine „integrierte Ganzheit" zu sein, obgleich sie sehr wohl eine Einheit lokaler Natur mit sozialen Interaktionen und eigenen Werten und Zielen darstellt. Diese Hinderungsgründe können sich sogar ökologisch ausprägen. So hebt etwa Thurnwald einen Typ von Zusammensiedeln hervor, den er als „Würfelung" bezeichnet, bei dem verschiedene Gruppen „in getrennter Weise nebeneinander und vermengt [leben], ohne einander zu stören"[245]. Natürlich hat er dabei vor allem ethnisch verschiedene Gruppen im Auge. Wir bemerken übrigens ausdrücklich, daß diese Würfelung völlig verschieden ist von ökologischer Segregation, wie sie so häufig etwa bei den ethnischen Minoritäten und den Negern in den Vereinigten Staaten anzutreffen ist; hier siedeln vielmehr die Menschen wirklich durcheinander, sie interagieren miteinander, sie wirtschaften gemeinsam und haben daher notwendigerweise gemeinsame Interessen, aber sie bleiben kulturell zutiefst voneinander geschieden, es entsteht keine eigentliche Gemeindeintegration. Ähnliche Verhältnisse sind auch im amerikanischen Südwesten häufig anzutreffen, wo etwa Ladinos

---

[244]Ebenda, S. 46.

[245]R. Thurnwald, Werden, Wandel und Gestaltung von Staat und Kultur, a.a.O., S. 285 f.

(Amerikaner spanischer Zunge), Mormonen, Indianer, Texaner (die am
Ende der zwanziger Jahre herüberwanderten) und eigentliche Angelsachsen
zusammensiedeln. So können also in der Tat nach den mannigfaltigsten Hinsichten verschiedene Gruppen auf diese Weise in einer Lokalität neben- und
durcheinander siedeln, ohne zu einer integralen Einheit zu kommen, obwohl
sie eine Gemeinde bilden. Meistens werden die Gemeinden nach Klassen-
unterschieden nicht nur differenziert, sondern auch an der Ausbildung einer
ganz einheitlichen Integration gehindert. Dies zeigte sich deutlich bei einer
Zwerggemeinde wie Plainville oder wie anderen in der holländischen Provinz
Drenthe, wo die Gemeinde in eine Anzahl von Untergruppen zerfiel, die füreinander undurchdringlich sind[246]. Daneben treten noch andere kulturelle
Unterschiede hervor wie etwa in der englischen Gemeinde Gosforth, wo
die Klassen sogar durch verschiedene Sprachen getrennt sind, wie auch in
der belgischen Gemeinde Château Gérard[247]. Es kann eben überall Untergruppen in einer Gemeinde geben, die besser oder schlechter eingestuft
oder bewertet werden, je näher oder je ferner ihr Verhalten den allgemeinen
Gruppennormen steht. Wenn eine Gemeinde, wie es hier geschieht, unter
anderem durch das Vorhandensein gemeinsamer Wertideen definiert wird, so
heißt das, daß es grundsätzlich Gruppen geben kann, die als Untergruppen
in einem größeren Zusammenhang leben, ohne an dessen Wertgefühlen
Anteil zu haben. Dies kann übrigens auch der Fall sein, ohne daß darum die
Gemeinde desorganisiert ist, wie etwa die von Homans analysierte Gemeinde
Hilltown[248].

Schließlich möchten wir noch hervorheben, daß selbst biologische Gründe
eine solche Integration vorfinden können. So zeigt sich etwa häufig, daß
z. B. Kinder von den Erwachsenen zwar als zur Familie gehörig, aber den
Gemeinderegelungen nur sehr teilweise unterworfen angesehen werden.
Ihnen gegenüber gilt dementsprechend auch eine größere Nachsicht
(permissiveness) bei Abweichungen vom gebotenen Verhalten. Dies scheint
u. a. ein Grundzug des japanischen Gemeindelebens zu sein, wie es uns
John F. Embree gezeichnet hat[249]. Darin drückt sich sozusagen eine Art von
unvollkommener Geschäftsfähigkeit aus, was dementsprechend dazu führt,
daß allgemein die Kinder, häufig die Jugendlichen als wenigstens nicht ganz
in die Gemeinde integriert angesehen werden. Es folgt aus dieser Situation,
daß sich besondere Institutionen aufweisen lassen, deren Funktion darin liegt,
den vollständigen Übergang in die Erwachsenenwelt zu bewerkstelligen und
zu unterstreichen. Die Konsequenzen dieser halben Integration sind übrigens
meist deutlich sichtbar; so zeigt sich häufig eine relative Gleichgültigkeit

---

[246]J. West, Plainville USA, a.a.O.; J. Y. Keur und D. L. Keur, The Deeply Rooted, a.a.O.

[247]W. M. Williams, The Sociology of an English Village, a.a.O.; H.-H. Turney-High, Château
Gérard. Time and Life of a Walloon Village, a.a.O.

[248]G. C. Homans, The Human Group, a.a.O., S. 334 ff.

[249]John F. Embree, A Japanese Village: Suye Mura. London 1946.

gegenüber vorehelichem Geschlechtsverkehr von Jugendlichen, während mit dem Verlöbnis oder mit dem Eintritt der Pubertät plötzlich die Geschlechter streng getrennt werden oder strikteste sexuelle Zurückhaltung geboten wird, wie übrigens ebenfalls deutlich sichtbar in der japanischen Gemeinde. Aber das ist nur ein Beispiel, dem zahlreiche andere angefügt werden könnten. Der halben Integration der Kinder und Jugendlichen entspricht am anderen Ende der Altersklassenordnung eine weitgehende „Entlassung" der Alten aus dem Gemeindezusammenhang. Dieses Problem ist in den letzten Jahren von vielen Seiten untersucht worden. Für uns ist daran relevant, daß auch hier eine Gruppe als nur noch halb integriert angesehen wird, was übrigens ebenfalls den Betreffenden eine größere Freiheit gegenüber den Bindungen des Gemeindelebens zusichert. Dann gibt es schließlich noch die zeitweise oder dauernd Kranken und Isolierten in der Gemeinde, etwa in Spitälern, Irrenhäusern, Gefängnissen und Korrektionsanstalten aller Art. Auch sie sind nicht mehr im Gemeindezusammenhang integriert. Im übrigen können zahlreiche andere Formen mangelnder Integration aufgewiesen werden, die wir am Schluß wenigstens versuchsweise zu systematisieren versuchen wollen.

Angesichts dieser Umstände möchten wir einen Ausdruck von Kötter übernehmen und sagen, daß Gemeinde als Gemeinschaft oder als integrales Ganzes in der Sprache von Redfield niemals Voraussetzung, sondern bestenfalls Ergebnis der Forschung sein kann[250]. Ein gutes Beispiel dafür gab jüngstens Utermann in seiner Untersuchung einer Zechengemeinde im nördlichen Ruhrgebiet, die sich seit ca. 1900 von einer Landgemeinde von 4.000 Einwohnern in eine Stadt von rund 25.000 Einwohnern verwandelte. Die besonderen Verhältnisse des Ruhrbergbaus bringen es dabei mit sich, daß sehr schnell aus Schachtanlagen Großbetriebe entstehen (in diesem Falle nach 3 Jahren 2.000, nach 5 Jahren über 3.000 Mann Belegschaft). Außerdem benötigt der Bergbau einen relativ sehr hohen Anteil von unqualifizierten Kräften, die teils aus dem Ruhrgebiet, wo sie eventuell schon früher zugewandert waren, teils aus dem übrigen Deutschland oder auch aus nichtdeutschen Bergbaugebieten herangeführt wurden. Diese Arbeiter wurden zudem in großen Siedlungen untergebracht, die in diesem Falle etwas entfernt vom alten Ortskern gebaut wurden, der sich heute in eine eigentliche „Innenstadt" zu verwandeln beginnt. In welchem Ausmaß die alte Bauernbevölkerung „erdrückt" wurde, geht auch daraus hervor, daß sie heute nur noch 8,4 % der Gemeindebevölkerung ausmacht gegen früher rund 60 %! Das Hauptthema der Untersuchung waren dann die Folgen dieser Verhältnisse, „die daraus hervorgehen, daß es in einer solchen Gemeinde nebeneinander noch mehrere räumlich getrennte und als unterschiedlich voneinander empfundene Ortsteile gibt, die trotz der Tendenz

---

[250]H. Kötter, Die Gemeinde in der ländlichen Soziologie, a.a.O., S. 15.

zum Zusammenwachsen noch keine Einheit bilden"[251]. Dabei zeigt sich
ganz im Sinne des oben Gesagten, daß nicht etwa nur die Klassenordnung
die Gemeindestruktur bestimmt. Vielmehr wird „das Bild... von einem viel-
fältigen Nebeneinander mehrerer, zumindest zunächst nicht eindeutig
abgrenzbarer Gruppen mit zahlreichen Übergängen, Annäherungen,
Anpassungs- und auch Einschmelzungsvorgängen" beherrscht[252]. Utermann
gibt ein höchst eindringliches Bild dieser Vielfältigkeit bis in die jüngste
Gegenwart mit ihren verschiedenen Gruppen von Neuzuzügern, wobei
neben Vergangenheit und Gegenwart immer auch der Blick gerichtet wird
auf die in Zukunft sich herausbildende Sozialstruktur dieser Gemeinde. Statt
diese außerordentlich verwickelte Problematik entweder durch eine kritiklos supponierte Integration oder eine ebenso kritiklose, weil am Maßstab
der „vollkommen integrierten Gemeinde" messende Behauptung von einer
totalen Desintegration der Gemeinde durch die Industrialisierung zu ver-
schütten, spricht der Verfasser nur noch von einer „auf dem Boden einer
solchen Gemeinde erreichbaren Vereinigung der Kräfte"[253]. Dies schließt
also trotz der extremen Verhältnisse eine zukünftige Integration keineswegs
aus. Die zentrale Einsicht bleibt, daß „erst allmählich die Gemeinde zur Einheit zusammenwächst", wobei ein genauer Zeitpunkt dafür nicht angegeben
werden kann. Ähnliches zeigt die früher erwähnte amerikanische Untersuchung von Coal Town.

Die Entstehung neuer Gruppen von Unterprivilegierten

Zahlreiche Materialien über die Entstehung einer neuen Gruppe von Unterprivilegierten in verschiedenen deutschen Landgemeinden, in die außer
Evakuierten auch Flüchtlinge und Vertriebene nach 1945 einströmten,
wurden von Eugen Lemberg und Lothar Krecker zusammengestellt. Dabei
galt das Interesse naturgemäß einerseits den Flüchtlingen und Vertriebenen
selbst, dann aber – und hier gewinnt das Problem für uns Interesse – vor
allem dem Strukturwandel der Gemeinden, in die sie einströmten. Es wird
uns nach der Lage der Dinge damals auch nicht weiter wundern, wenn die
Aufmerksamkeit mehr wirtschaftlichen Problemen und nicht so sehr dem
Problem der Gemeinde-Integration galt. Andererseits kommt trotzdem eine
ganze Reihe aufschlußreicher Informationen zutage, welche beweisen, wie
zahlreich die Faktoren sind, die eine unmittelbare Integration dieser neuen
Schicht von Unterprivilegierten verhindern.
     Im Vorwort zu der besagten Materialsammlung spricht Lemberg geradezu
von einem „Klassenkampf", der daraus resultiert, daß selbst dort, „wo

---

[251]K. Utermann, Forschungsprobleme einer Gemeindeuntersuchung im nördlichen Ruhrgebiet, a.a.O., S. 119 f.
[252]Ebenda, S. 122.
[253]Ebenda, S. 128.

[die Vertriebenen] einen Arbeitsplatz gefunden haben, [sie] in den aller-
meisten Fällen im Sozialkörper der neuen Heimat tiefer eingestuft [sind] als
in dem ihres Herkunftlandes"[254]. Wir möchten dieses Wort jedoch nur zur
Illustration der Ernsthaftigkeit der Auseinandersetzung benutzen, die sich
im übrigen auf vielen anderen Gebieten wiederholt (z. B. kulturell, sprachlich, mundartlich, konfessionell, bildungsmäßig, brauchmäßig usf.). So
werden die Flüchtlinge und Vertriebenen, die an dem gegebenen Wertsystem einer Gemeinde naturgemäß nicht teilnehmen können, von Anfang
an und fast ohne ihr Zutun ganz gering angesehen. Es zeigt sich also in der
Tat, daß sich die Entstehung von unterprivilegierten Schichten in kleinen
Gemeinden immer neu im großen Maßstab zu vollziehen vermag. Andererseits wird aber gerade hier sehr deutlich, daß sich im Laufe der Zeit diese
Verhältnisse wesentlich verändert haben, indem heute ein Großteil dieser
Menschen integriert worden ist, nachdem sie wenigstens eine Existenzgrund-
lage gefunden haben. Man kann ohne weiteres die Voraussage wagen, daß die
junge Generation sich weitgehend in die Gemeinde integrieren können wird,
während für die Alten die Prognose nicht so günstig ist.

Ein wichtiger Punkt, der den Schock wesentlich vergrößerte, war in diesem
Falle zweifellos das Auftreten der Flüchtlinge in Gruppen. So wird von einer
kleinen Odenwaldgemeinde berichtet, daß sie „auf die schroffste Weise in
einer Art sozialer Notwehr auf die Einweisung von Flüchtlingen reagierte,
die auch noch durch das Religionsbekenntnis von der übrigen Bevölkerung
verschieden waren"[255]. Bei einer WeserlandGemeinde stellte sich heraus, daß
die Flüchtlinge eine ausgesprochene soziale „Klasse" bildeten, die „in ihrer
Loyalität [aber] von vornherein nach außen gerichtet war"[256]. Hier war
der Einfluß so groß, daß er mit der Zeit die Gemeinde umzuformen ver-
mochte. Aber auch hier kam es zu schweren Spannungen, die erst mit der
Abwanderung der meisten Flüchtlinge abklangen. Andererseits kann man
vielleicht die Vermutung aussprechen, daß sich jetzt erst die neue Unterschicht „sedimentierte", indem nur noch diejenigen übrig blieben, die sich
nicht mehr hatten auffangen können, die also nicht nur vorübergehend,
sondern definitiv deklassiert waren (Apathische, Witwen, Rentner).

Es zeigt sich übrigens, daß auch andere Umstände die Gemeindeintegration aufgrund der spontanen Bildung neuer unterster Klassen oder
sonstiger Gruppen höchst fragwürdig machen können. Dies ist der Fall
etwa in Israel mit seinen immer neuen Immigranten- und Flüchtlingswellen
seit der Ersten Halijah (Bezeichnung für die Einwanderungswellen nach

---

[254]Eugen Lemberg und Lothar Krecker, Die Entstehung eines neuen Volkes aus Binnendeutschen und Ostvertriebenen. Marburg 1950, S. 9.

[255]Martin Egger, Die Integration eines Dorfes im sozialen Wandel. In: R. König (Hrsg.),
Soziologie der Gemeinde, a.a.O., S. 71 f.

[256]Wolfgang Teuscher, Klassenstruktur und Initiative in einer sich wandelnden ländlichen
Gemeinde. In: R. König (Hrsg.), Soziologie der Gemeinde, a.a.O., S. 111.

Israel), dann aber auch aufgrund anderer Umstände in Indien. Zwar hatte in den Hindu-Dörfern insofern eine Integration der Mohammedaner statt-gefunden, als man diese, dem eigenen Struktursystem folgend, wie eine Art von Kaste ansah. Als aber nach dem Kriege die Auseinandersetzungen zwischen beiden Gruppen anhoben, brach überall die Gemeindeintegration in wenigen Stunden nieder, obwohl man in diesem Falle sagen kann, daß es sich um Gemeinden handelt, deren Integration durch keinerlei (oder nur sehr geringfügige, wenn man mit europäischen Dörfern vergleicht) äußere Ein-flüsse wie Verstädterung oder Industrialisierung belastet war[257]. Dies zeigt ganz eindeutig, daß auch bei langem Eingelebtsein die räumliche Nähe allein keine Solidarität schaffen muß; wenn das innere System der Gemeinde von Scheidungen durchzogen ist wie die von Hindus und Mohammedanern, dann kann gerade wegen der Nähe ein blutiger Konflikt ausbrechen. Andererseits muß aber auch das nicht notwendig der Fall sein, wie zahl-reiche Beispiele beweisen, wo heute noch, nach der Teilung Indiens, in vielen Gemeinden Mohammedaner und Hindus gemeinsam leben, wie auch in Israel in vielen Gemeinden die jüdischen Siedler ausgezeichnet mit den Arabern auskommen. In einer interessanten Untersuchung zeigte Gardner Murphy übrigens, wie auch hier das Frustrations-Aggressions-Schema wirkt, woraus man die Tiefe der eigentlichen Spannungen ermessen kann, die eine Gemeinde-Integration unmöglich machen[258].

Wenn nun auch die zuletzt genannten Fälle spezielle Probleme aufrollen, die in den letzten Jahren allgemeine Aufmerksamkeit erregten, so darf doch gesagt werden, daß jenseits dieser einmaligen Entwicklungen die Struktur der Gemeinde ganz grundsätzlich derart ist, daß sie mit der Entfaltung des inneren Systems tief greifende Differenzierungen schafft, die eine Integration unter Umständen (nicht immer) zu verhindern vermögen. Das heißt also, daß selbst in einer kleinen Gemeinde aus strukturellen Gründen weder die Nach-barschaft noch das Interagieren noch das Vorhandensein gemeinsamer Wert-ideen und Bindungen die Menschen notwendigerweise integrieren muß. Dies zeigt sich besonders deutlich am letzten Faktor der gemeinsamen Wertideen, der, sowie er sich verwirklicht, sofort ein starkes Gefälle schafft zwischen jenen, die diesen Werten am nächsten nachleben, und jenen anderen, die das nicht tun, also „wie die Tiere leben", um das obige Beispiel von „Plainville" nochmals aufzugreifen. So muß regelmäßig soziale Diskriminierung gerade da auftreten, wo gemeinsame Wertideen vorhanden sind, wie paradox das auch scheinen mag.

Linde kommt aufgrund seiner Überlegungen zu der Ansicht, „daß der gemeindliche Zusammenhang des Wirtschaftslebens kein organischer, das hieße einheitlicher und notwendiger ist, sondern nur ein topographischer,

---

[257]Shyama C. Dube, Indian Village. London 1955, S. 34 ff.

[258]Gardner Murphy, In the Minds of Men. The Study of Human Behavior and Social Tensions in India. New York 1953, Kap. 7 und 8.

also ein Zusammenhang unter dem örtlichen Ordnungsgesichtspunkt des Standortes und daraus folgend, daß die Struktur des sozialen Bestandes, der sich nur im statistischen Material als eine Summe darstellt, nicht die einer Gemeinschaft ist, sondern prinzipiell als eine agglomerative Vergesellschaftung heterogener Teilmassen oder Gruppen aufgefaßt werden sollte"[259]. Wir können ihm darin voll beistimmen, wobei wir zugleich bemerken möchten, daß diese Situation keineswegs neuartig ist in der Dorfgemeinde, sondern sicher schon seit dem Mittelalter besteht, allen sentimentalen Verklärungen der kleinen Gemeinde zum Trotz. Andererseits möchten wir aber auch hervorheben, daß dies natürlich unter gewissen Umständen dennoch eine Integration der Gemeinde nicht verhindern muß. Es sollen abschließend noch ein paar Bemerkungen zu diesem Thema gemacht werden, die uns von Wichtigkeit erscheinen, ohne indessen den Gegenstand hier erschöpfen zu können.

Nachdem unter äußerem Druck eine gemeinsame Siedlung und ein gemeinsames Handeln entwickelt worden sind, treten mit der Entfaltung des inneren Systems und der gemeinsamen Wertideen derartige soziale Differenzen in Erscheinung, daß die Integration der Gemeinde ständig bedroht ist. Wenn wir die Art dieser Bedrohung näher charakterisieren wollten, so müßten wir sagen, daß sie sich in dauernden Diskriminations- akten der einen äußert, denen von den anderen mit entsprechender Heftig- keit geantwortet wird. Dementsprechend vollziehen sich diese Entwicklungen im Rahmen zahlreicher sozialer Konflikte. Da sich aber gleichzeitig darin eine gewisse strukturelle Notwendigkeit verbirgt, liegt die Auffassung nahe, daß rein im Bereich des Sozialen eine solche Integration vielleicht über- haupt nicht realisiert werden kann. Andererseits schließt, wie wir gesehen haben, die Struktur einer globalen Gesellschaft keineswegs aus, daß sich in ihr eine Fülle von Lebenserscheinungen abspielt, die durch die strukturellen Vorgänge gerade nicht erreicht werden. Und es könnte sogar sein, daß diese Erscheinungen und Prozesse für das voll gelebte Leben der Gemeinde von besonderer Wichtigkeit sind, vor allem für ihre Entwicklung in der Zeit. Wir haben nun gesehen, daß die strukturell bedingten Konflikte in der Gemeinde in der sozialen Dimension unter Umständen die Integration der Gemeinde vereiteln können. Die Frage ist also, ob wir nicht andere Dimensionen im Rahmen dieser unmittelbaren Lebenserscheinungen der Gemeinde, die nicht primär strukturell bedingt sind, ausmachen können, in denen sich eine andere Integrationsebene als die soziale eröffnet.

Die Rolle der Symbolidentifikation für die Integration der Gemeinde

Wir möchten also mit einem Wort der Vermutung Ausdruck geben, daß eine Integration trotzdem möglich sein könnte, selbst wenn sie im Bereich

---

[259]H. Linde, Grundfragen der Gemeindetypisierung, a.a.O., S. 68.

des Sozialen aufgrund seiner Vielschichtigkeit und Diversität der beteiligten Interessen nicht (oder nur selten) erreicht werden kann. Vielleicht ist es überhaupt so, daß sich Integration nicht von selbst vollzieht, sondern daß sie als mehr oder weniger bewußter Akt aus der sozialen Dimension in eine andere projiziert werden muß, z. B. in die kulturelle. Dann könnte etwa im Symbol eine Integration verwirklicht werden, die in der sozialen Wirklichkeit unerreichbar ist. Die Symbolik, die mit dem Begriff „Heimat" gegeben ist und die eine notwendige Konsequenz des Umstandes ist, daß die meisten Menschen noch immer den größten Teil ihres Lebens in einer Gemeinde verleben, stellt tatsächlich eine solche Integrationsmöglichkeit dar, welche die sozialen Konflikte zu überspielen vermag. Als Heimat ist aber die Gemeinde nicht mehr ein ausschließlich soziales Gebilde, sondern vor allem ein Bestandteil der Kultur, der vielleicht dem sozialen Leben und seinen Gewichten einigermaßen entrückt ist, vielleicht aber gerade darum zu vollziehen vermag, was im Bereich des Sozialen strukturnotwendig weitgehend unmöglich ist.

Solche sozial-kulturellen Symbolismen wie auch eigentliche Kollektivund Gruppenidentifikationen vermögen vielleicht wirklich eine gemeinsame Ebene zu schaffen, wo die sozial-wirtschaftliche Realität mit ihren Härten versagt. So zeigte jüngstens eine norwegische Studie von Peter A. Munch, wie solche Gruppenidentifikationen die Abhebungstendenzen einzelner Gemeinden voneinander (im out-group-Verhältnis) außerordentlich zu vertiefen vermögen und auch beitragen zur Selbstbehauptung der eigenen Kultur gegen Einflüsse von außen (in-group-Verhältnis). Allerdings zeigte er gleichzeitig, wie von hier aus eine Tendenz genährt wird, die „Marginalexistenzen" nicht nur nicht zu integrieren, sondern umgekehrt geradezu auszustoßen, so daß also auch hiermit das letzte Wort noch nicht gesprochen zu sein scheint[260].

Aus der Einsicht in diesen Zusammenhang ist nun jüngstens das Postulat erwachsen, nach weiteren kulturellen Medien der Integration der Gemeinde Ausschau zu halten. Hier möchten wir auf einen wesentlichen Unterschied zwischen großen und kleinen Gemeinden aufmerksam machen. Während sich im Heimatgefühl mit der ihm eigenen Symbolik die Integration einer kleinen Gemeinde durchaus adäquat zu erfüllen vermag, was grundsätzlich auch noch für eine kleine Stadt zutreffen kann, bringt es die Vielfalt des Lebens in der großen Stadt mit sich, daß dieses Medium zu undifferenziert, zu blaß und darum wohl auch zu unwirksam bleibt. So ist etwa der Kölner Dom gewiß ein Symbol, das nach außen als Zeichen für die Gemeinde Köln genommen werden kann und tatsächlich in zahllosen Fällen genommen wird. Aber für die interne Integration steht dieses Symbol denn doch den Wirklichkeiten zu fern. Es gibt aber in der Dimension der Kultur andere Medien, deren

---

[260]Peter A. Munch, A Study of Cultural Change. Rural–Urban Conflicts in Norway. Oslo 1956, S. 82 ff., 90 f., 93, 99.

Funktion es ist, Kommunikationen zu schaffen, wo die primitivste Form der Kommunikation, die mündliche Mitteilung und das Gerücht, nicht mehr ausreicht. Das ist die Zeitung, und zwar ein ganz besonderer Typ von Zeitung, den wir als Lokalzeitung bezeichnen. Natürlich heißt das keineswegs, daß dies alles sei. Es gibt auf höherer Stufe noch zahlreiche andere Integrationsmedien kultureller Art. Aber solche, die immer und zu jeder Zeit jedermann verfügbar wären, gibt es doch nur wenige, vielleicht überhaupt nur das eine, die Tageszeitung auf der Lokalebene. In ihr würde sich dann jener Prozeß der Integration vollziehen, der sich im Bereich des rein Sozialen nicht vollziehen kann. Die Entwicklung dieser Problematik ist jedoch eine Aufgabe für sich, die hier nur zum Abschluß Erwähnung finden sollte, ohne daß wir im übrigen diesen Faden noch aufnehmen könnten.

Die Lokalzeitung als Mittel der Gemeindeintegration

In letzter Zeit ist vor allem Janowitz diesem Problem in einem ungemein aufschlußreichen Werke nachgegangen, anhand dessen diese Fragen noch eine kurze Beleuchtung erfahren sollen[261]. Er zeigt übrigens nebenbei[262], daß eine wesentliche Ursache für die Überschätzung der Integrationskraft der kleinen und der Desorganisation der großen Gemeinde durch die älteren Soziologen darin lag, daß sie, ohne es selber zu wissen, selber Marginalexistenzen waren und in einer höchst unpersönlichen Beziehung zur Gesellschaft ihrer Zeit standen. Aus dieser Situation mußten sie sowohl die Wurzellosigkeit des Stadtlebens als auch die Unausweichlichkeit dieser Entwicklungen übertreiben. Im Gegensatz dazu zeigt nun Janowitz, genau wie von uns soeben angedeutet wurde, daß „die städtische Lokalpresse einen der sozialen Mechanismen darstellt, durch den sich das Individuum in die städtische Sozialstruktur integriert. Man muß nicht beständig sämtliche Massenkommunikationsmittel als desintegrierende Faktoren in der modernen Gesellschaft ansehen. Die eigentliche Frage ist in der Tat, ob nicht die Lokalpresse dazu beiträgt, die lokalen Gemeindeaktivitäten und Identifikationen aufrechtzuerhalten und sie in Verbindung zu bringen mit außerlokalen Aktivitäten und Identifikationen[263]." Janowitz beschränkt sich nun in seiner Untersuchung auf die Lokalpresse einzelner Stadtteile von Chicago. Aber das schwächt seine Argumente keineswegs. Wir möchten sogar im Gegenteil sagen, daß sie durch diesen Umstand nur noch verstärkt werden. Denn der eigentliche Hintergrund solcher Lokalzeitungen ist rein geschäftlicher Art; sie sind fast ausnahmslos aus Annoncenblättern der lokalen Einkaufszentren entstanden. Dann aber erweiterten sie sich und

---

[261]M. Janowitz, The Community Press in an Urban Setting, a.a.O.

[262]Ebenda, S. 18, Anm. 1, auch S. 17 u.ö.

[263]Ebenda, S. 21 f.

begannen, bestimmten Bedürfnissen sozialer, politischer und auch affektueller Art zu dienen, die man nicht vorausgesehen hatte. Damit wirkt die Lokalpresse als ein Mechanismus, der „den lokalen Konsens eher durch Betonung der gemeinsamen Werte als durch die Lösung miteinander in Konflikt stehender Werte zu erhalten sucht". Im Ganzen erscheint so die Lokalpresse weniger kommerzialisiert als die sonstigen Tageszeitungen. Die gleichen Faktoren, welche die Kontroversen zurückdämmen, scheinen hier auch der hemmungslosen Kommerzialisierung entgegenzuwirken. Das Ergebnis ist eine persönliche Einstellung zum Leser und eine gewisse Aufgeschlossenheit gegenüber den Gemeindetraditionen, was sich im Inhalt dieser Presse deutlich widerspiegelt. Es zeigt sich auch, daß eine Beziehung besteht zwischen einer stärkeren Gemeindeintegration und stärkerer Lektüre der Lokalpresse. Als Ergebnis ist die Lokalpresse unauflösbar verbunden mit persönlichen Beziehungen, welche das Personal der Lokalpresse, die führenden Persönlichkeiten der Gemeinde und die Leserschaft aneinander binden. So steht die Lokalpresse in der Mitte zwischen den eigentlichen Massenkommunikationsmitteln der Tagespresse einerseits und der informellen mündlichen Mitteilung oder dem Gerücht andererseits[264].

Diese ungemein interessante Hypothese wird nun mit größter methodischer Sorgfalt im einzelnen am Material geprüft, wobei sie nicht nur voll bestätigt, sondern überdies noch in eine ganze Reihe von Teilaspekten zerlegt wird, die für die Gemeindesoziologie insgesamt von Interesse sind. Dies gilt sowohl für die Inhaltsanalyse, bei der neben interessanten Ausweitungstendenzen über die letzten drei Jahrzehnte das Vermeiden kontroverser Gegenstände deutlichst in Erscheinung tritt, als auch für die soziologische Analyse der Leserschaft. So finden sich wesentlich weniger Nicht-Leser der Lokalpresse bei verheirateten als bei unverheirateten Personen, bei Familien mit Kindern als bei Ehepaaren ohne Kinder; es zeigt sich sogar, daß das Interesse steigt mit der Zahl der Kinder. Besonders aufschlußreich ist das ständig wachsende Interesse der Lokalpresse nach der Dauer des Wohnsitzes, was ja an und für sich die Integrationschancen erhöhen muß. Dies wird bestätigt durch die Tatsache, daß Leute mit viel Nachbarschaftskontakt auch intensiver an der Lokalpresse Anteil nehmen, wie auch jene, die ihre Freunde in der Gemeinde selbst haben, im Gegensatz zu jenen, die in ihren persönlichen Beziehungen nicht gemeindeorientiert sind. Das Interesse steigt ferner mit der gefühlsmäßigen Einstellung zur Gemeinde[265]. Es ist übrigens zu unterstreichen, daß alle diese Ergebnisse wichtige Korrekturen an vielen Vorurteilen der Großstadtsoziologie bringen; wir gehen dem nicht besonders nach, weil wir ja nicht an Stadt und Großstadt interessiert sind, sondern nur an Gemeindestruktur. Dagegen ist wichtig, daß offensichtlich das Anwachsen der Großorganisationen in der

---

[264]Ebenda, S. 22–25.
[265]Ebenda, siehe vor allem Kapitel IV.

modernen städtischen Kultur keineswegs eine Trennung in unpersönliche Individuen einerseits und soziale Großorganisationen andererseits zur Folge gehabt hat. Vielmehr steht zwischen beiden eine ganze Reihe vermittelnder Sozialsysteme und Kommunikationsmittel, die spontan entstanden sind. Dies tritt auch hervor bei den führenden Persönlichkeiten der Gemeinde, die um so einflußreicher sind, je länger sie dort wohnen; umgekehrt zeigt sich, daß der „soziale Absentismus" der führenden Personen unmittelbar eine Minderung der Gemeindeintegration bedeutet. Dies entspricht übrigens genau den bereits angeführten Folgen des Auszugs der Fabrikherren aus Yankee City, wie Warner es zeichnete oder auch Homans in seiner Studie über Hilltown[266].

Die systematischen Probleme der Integration

Abgesehen von diesem Spezialproblem der Lokalzeitung als Mittel der Gemeindeintegration in der kulturellen Dimension wird damit noch die allgemeinere Frage aufgeworfen, wie das Problem der Integration der Gemeinde weiter systematisiert und damit auch differenziert werden könnte. Unseres Wissens liegt bis heute dazu nur ein Versuch von Werner S. Landecker vor, der zwar primär aus systematischen Erwägungen erfolgt ist, aber wegen seiner engen Verbindung mit Angell gleichzeitig auf empirischer Erfahrung beruht, was ihn für unsere Zwecke besonders wertvoll macht[267]. Zunächst liegt ihm an einer Typologie der Integrationsmöglichkeiten, die er folgendermaßen aufteilt: Integration verschiedener kultureller Werte, Integration zwischen kulturellen Werten und dem Verhalten von Personen, dann Integration zwischen Personen, wobei letztere entweder durch Kommunikation oder durch Austausch von Diensten erfolgen kann. Die kulturelle Integration befaßt sich vor allem mit den Normenkonflikten und inneren Widersprüchen im Kulturgefüge; die normative Integration sucht herauszufinden, in welchem Maße die Gruppenstandards das tatsächliche Verhalten bestimmen; die kommunikative Integration sucht die Grenzen für den Austausch von Meinungen innerhalb einer Gruppe herauszufinden; die funktionelle Integration sucht zu ermessen, inwieweit Dienste in der Gruppe auf Gegenseitigkeit fundieren oder nicht. Damit sind vier Variablen gegeben, die jeweils ein Kontinuum darstellen, das von höchster Integration bis zum Gegenteil verläuft. Das ist jedoch erst der allgemeine Maßstab. Um ihn wirksam auszugestalten, muß nun noch eine strukturelle Analyse hinzukommen. Diese stellt sich im Falle der Gemeinde ganz formal gesehen so dar, daß Integration sich wesentlich im Verhältnis von Untergruppen zu

---

[266]Ebenda, siehe vor allem Kapitel VII.

[267]Werner Landecker, Types of Integration and their Measurement. In: American Journal of Sociology LVI (1950); ders., Integration und Group Structure. In: Social Forces XXX (1951–1952).

einer zusammengesetzten Gruppe (compound-group) höherer Ordnung ausspricht. Dies eröffnet folgende Möglichkeiten: Man untersucht die Integration der zusammengesetzten Gruppe als Ganzes, man untersucht die Integration der Untergruppen in sich selbst, oder man untersucht schließlich die Integration der Untergruppen in die zusammengesetzte Gruppe. Wenn jetzt diese drei strukturellen Möglichkeiten mit den vier Variablen kombiniert werden, die wir vorher besprachen, so ergibt sich bereits eine beachtliche Klassifikation von zwölf Möglichkeiten, die Landecker sehr eindringlich auszuführen weiß. Dabei wird einmal betont, daß damit zweifellos nicht alle Möglichkeiten erschöpft sind, sodann aber, daß sie vor allem Fragen an die Forschung darstellen, die herauszufinden hat, wie sich im einzelnen Fall das Verhältnis der Variablen zueinander gestaltet.

Horizontale und vertikale Integration

So fruchtbar dieser Ansatz auch sein mag, so sind wir doch mit Landecker der Meinung, daß das Problem der Integration damit noch lange nicht erschöpft ist. Speziell im Falle der Gemeinde scheinen uns noch einige grundsätzliche Probleme offen zu bleiben, die sich vor allem darauf beziehen, daß in jeder globalen Gesellschaft nicht nur Normen und Funktionen oder das Verhältnis von Untergruppen in sich selber, zueinander und zur umfassenden Obergruppe zur Diskussion steht, sondern diese ist selber auch eine ganze Hierarchie von funktionellen Gruppierungen und sozialen Klassen, also ein Makrokosmos von Gruppen, in dem die globale Gesellschaft eine soziale (nicht politische) Souveränität über alle Elemente besitzt, die sie aufbauen, wie früher im Anschluß an Gurvitch gesagt worden ist[268]. Dies eröffnet eine neue Dimension von horizontaler und vertikaler Integration. Die horizontale Integration bezieht sich vor allem auf das Zusammenwirken von Gruppen in der räumlichen Ordnung und danach auf der gleichen Statusebene; die vertikale Integration läuft dagegen von unten nach oben. In beiden Richtungen gibt es ein Mehr und ein Weniger; aber erst wenn die Integration in beiden Richtungen gleichsinnig verläuft, kann von wirklicher Integration gesprochen werden.

Ein gutes Beispiel, auf das vorher bereits kurz hingewiesen wurde, bringt Warren in seiner Untersuchung über die bürgerschaftlichen Tätigkeiten in der Stadt Stuttgart[269]. Deutlich zeigt er, wie etwa die Verfolgung besonderer Interessen die Bürger einer Gemeinde mit gleich interessierten Bürgern anderer Gemeinden verbindet; wie die Verfolgung besonderer Interessen die Bürger einer Gemeinde voneinander trennt, entsprechend ihren Interessen und den daraus sich ergebenden Tätigkeiten, und damit die horizontale

---

[268]Vgl. Kap. III, Anmerkung 36.

[269]R. L. Warren, Eine sozialpsychologische Analyse der bürgerschaftlichen Tätigkeiten in Stuttgart. In: Kölner Zeitschrift für Soziologie und Sozialpsychologie IX (1957), 4.

Integration vermindert; schließlich kann man von einer horizontalen oder vertikalen Orientierung sprechen, je nachdem wie das Verhalten der Bürger einer Gemeinde durch die besonderen Interessen, die sie voneinander trennen, oder durch die gemeinsamen örtlichen Interessen, die sie miteinander verbinden, bestimmt wird. Natürlich dreht es sich hierbei nur um die relative Vorbetonung einmal der einen, das andere Mal der anderen Ausrichtung. Das Ergebnis seiner Untersuchung in Stuttgart brachte Warren zur Feststellung einer Überbetonung der vertikalen vor der horizontalen Integration. Beteiligt sich irgendjemand an einer gemeinnützigen Sache, so wird seine Aufmerksamkeit zunächst auf eine Gruppe ausgewählter Gemeindebürger gelenkt, die diese Interessen mit ihm teilen, und horizontal von denjenigen Interessen abgelenkt, die ihn mit seinen Nachbarn oder den anderen Ortsbürgern verbinden. Bei den Gruppen führt dann die vertikale Ausrichtung dazu, andere Gruppen als Konkurrenten zu betrachten und den Zweck oder die Ideologie der eigenen Gruppe für die besten zu halten. Damit wird erreicht, daß ein eigentliches „Gespräch" zwischen den Einzelgruppen gar nicht zustande kommt. Jeder bringt nur den eigenen Standpunkt zum Ausdruck. Die Konsequenz ist natürlich, daß viele Funktionen doppelt, dreifach und mehrfach geführt werden, daß überhaupt keinerlei Institution auf der Gemeindeebene vorhanden ist, welche die verschiedenen kommunalen Verbände zusammenbringen würde, um etwa bei irgendeinem Projekt im Gemeindeinteresse gemeinsam vorzugehen. Das gleiche Prinzip wirkt sich auch aus in anderen Beziehungen, woran man seine Bedeutung für die Integration der Gemeinde ermessen kann.

Wenn man nun etwa meinen könnte, daß diese Schwierigkeiten der Integration einzig für größere Städte bezeichnend seien, so möchten wir doch dagegen auf einen Begriff hinweisen, der jüngstens in Holland geprägt wurde. Hier bezeichnete man die vertikale Integration im eben genannten Sinne als „Versäulung" des sozialen Lebens. Daß dies auch und vor allem auf Gemeindeebene zu finden ist, belegt das Buch von Gadourek über die Gemeinde Sassenheim. In diesem Fall sind es die drei Grundformen des religiösen Bekenntnisses, das katholische, das calvinistische und die holländische Reformkirche, innerhalb deren sich die Versäulung vollzieht. Andererseits mag es von hier aus vielleicht nicht mehr als Zufall erscheinen, daß der Verfasser die ökologische Seite der Probleme vernachlässigt[270], da offensichtlich die vertikale Integration alle horizontale Integration im Raume verdrängt hat. Da diese Situation im wesentlichen unabhängig ist von der Größe der Gemeinde, solange nur die Aufsplitterung in die genannten soziokulturellen Untergruppen gegeben ist, kann man auch nicht sagen, es sei dies eine Konsequenz städtischer Entwicklungen. Vielmehr zeigt sich hier nur

---

[270]Dies im Gegensatz zu einer von uns früher geäußerten Meinung. Siehe dazu R. König, Besprechung des Buches von I. Gadourek. In: R. König (Hrsg.), Soziologie der Gemeinde, a.a.O., S. 196.

nochmals, wie höchst problematisch die Integration des Gemeindelebens sein kann, speziell auch in der kleinen Gemeinde.

Die interessanteste Diskussion dieses Begriffs der Versäulung als Typus der vertikalen Integration stammt von Jakob P. Kruijt, der speziell seine Bedeutung für die Entwicklung der nationalen und damit territorialen Einheit Hollands untersuchte. Die strukturelle Bedeutung der Versäulung kommt unter anderem darin zum Ausdruck, daß sie sich auch als „organisationelle Versäulung" darstellt; d. h. Vereine und andere Assoziationen haben die Tendenz, sich den fundamentalen „Säulen" anzuschließen. In der Tat scheint der Grad der organisationellen Versäulung regelmäßig anzusteigen, wobei der strukturelle Charakter dieser Entwicklung insbesondere darin hervortritt, daß diese Betrachtungsweise z. B. auch auf die Sozialdemokratie und die „Humanisten" (d. h. die konfessionell Neutralen) übertragen wird, obwohl sie sich ursprünglich einzig aus dem Gegensatz der Konfessionen entwickelt hatte[271].

X. WARUM GEMEINDEUNTERSUCHUNGEN?

Die Frage, warum eigentlich Gemeindeuntersuchungen unternommen werden, kann auf eine doppelte Weise beantwortet werden. Das eine Mal auf eine recht unverbindliche Weise; dann ist im Grunde ein Hinweis auf die existierenden Gemeindeuntersuchungen und die ihnen zugrunde liegenden Motive durchaus hinreichend. Wir werden dies selber teilweise im nächsten Kapitel tun, wo wir eine kleine Geschichte der Gemeindeforschung und ihrer Hintergründe entwickeln wollen. Dabei wird es sich nicht vermeiden lassen, jeweils die besonderen Absichten der Verfasser hervorzuheben, wenn wir die verschiedenen Strömungen innerhalb dieses Forschungszweiges der Soziologie charakterisieren wollen. Daneben bleibt aber noch immer eine zweite, grundsätzlichere Art der Behandlung, die das „Warum?" nicht einfach mit einem Hinweis auf die Tatsachen, sondern in einer systematischen Weise zu beantworten sucht. Hier taucht dann eine ganze Reihe von Problemen auf, die gerade in jüngster Zeit zu ausgedehnten Diskussionen Anlaß geboten haben.

Ist Soziologie der Gemeinde überhaupt notwendig?

Am radikalsten ist heute wohl Albert J. Reiss Jr. dieser Frage nachgegangen, als er die Alternative aufwarf, *ob die Soziologie wirklich eine besondere Theorie der Gemeinde benötigt oder ob die unter diesem Begriff zusammengefaßten Erscheinungen nicht in einem weiteren theoretischen Zusammenhang behandelt*

---

[271]Vgl. dazu Jakob P. Kruijt, Levensbeschouwing en groepsolidariteit in Nederland. In: XIde Jaarboek van de Nederlandse Sociologische Vereniging (1957); ders., Sociologische beschouwingen over zuilen en verzuiling. In: Socialisme en Democratie, Sonderheft 1957.

werden müssen[272]. Er geht in seiner Abhandlung mit außerordentlichem Scharfsinn sowohl den verschiedenen Behandlungsweisen nach, die die Gemeinde gefunden hat, als auch einzelnen Aspekten der Gemeinde und versucht, jeweils die Frage zu beantworten, was im einzelnen Falle an den untersuchten Erscheinungen wirklich ausschließlich gemeindehafter Natur ist. Dabei zeigt sich in der Tat sehr häufig, daß viele dieser Erscheinungen genauso gut aus allgemeineren Zusammenhängen gesamtgesellschaftlicher Natur erklärt werden können. Damit wird es natürlich höchst problematisch, ob die Gemeindeforschung wirklich einen eigenen Ansatz der Soziologie darstellt, der nicht durch andere Disziplinen bereits gedeckt ist. Wir möchten sogar noch weitergehen und bemerken, daß in sehr vielen Gemeindeuntersuchungen tatsächlich nur Dinge behandelt werden, die man auch andernorts finden kann. Dennoch möchten wir aber Reiss. nicht vollkommen zustimmen, wie wir auch der Meinung sind, daß viele seiner Bemerkungen von ihm schärfer zugespitzt sind, und zwar aus methodologischen Erwägungen, als eigentlich nötig wäre. Auch klingt an vielen Stellen sehr deutlich hervor, daß seine persönliche Meinung sicher nicht so radikal ist, wie es manchmal den Anschein hat. Andererseits verbergen sich jedoch sehr interessante Probleme hinter seiner ganzen Fragestellung, so daß wir hier noch eine Weile anhalten müssen.

Reiss hebt sehr richtig den ideologischen Charakter jener Lehren von der Gemeinde hervor, die etwa davon ausgehen, daß die ländliche Gemeinde einen besonders hohen Grad an Integration besitzen soll im Gegensatz zu städtischen Gemeinden oder daß die „kleine" Gemeinde stabiler ist als die „große" oder noch daß die große Gemeinde die kleine verdrängt haben soll. Dazu kommt dann auch die Gegenideologie, daß die große Gemeinde ein Kulturgebilde, die kleine dagegen provinziell ist und ähnliches[273]. In allen diesen Fällen werden eigentliche Werturteile ausgesprochen, die keineswegs das, was ist, zu beschreiben versuchen, sondern das, was sein soll. Dies geschieht, wie wir schon zu betonen Gelegenheit hatten, selbst bei einem Mann wie Redfield, wenn er auch in seiner „kleinen Gemeinde" nicht nur ein ideologisches Wunschbild, sondern eher umgekehrt eine melancholische Erinnerung dessen entwirft, was einmal allgemeine Wirklichkeit gewesen sein soll. Diese Ideologien haben weitreichende Konsequenzen, welche die unbefangene Forschung außerordentlich stören können. Von diesen ist unter anderem besonders die Stadt- und Großstadtsoziologie betroffen worden. Denn wenn ich von der Vorstellung eines übermäßig hohen Grades an Integration bei der Dorfgemeinde ausgehe, dann dürften mir umgekehrt

---

[272]Albert J. Reiss Jr., A Review and Evaluation of Research on Community. A Working Memorandum Prepared for the Committee on Social Behaviour of the Social Science Research Council. Nashville, Tennessee, 1954 (April), als Manuskript vervielfältigt, S. 2.

[273]Ebenda, S. 8 f.

bei der Betrachtung der Stadt vor allem Desintegrationserscheinungen ins Auge fallen. Wenn ich dagegen die erste Vorstellung resolut fallen lasse, dann gewinne ich von vornherein einen völlig anderen und unbefangeneren Zugang zur Großstadt.

Wenn es nun Reiss r. ichtig vermieden hat, diesen perspektivischen Täuschungen aus älteren romantischen Vorstellungen zum Opfer zu fallen, so scheint uns dennoch eine andere Vorstellung an deren Stelle getreten zu sein, die alles andere als selbstverständlich ist. Und zwar läuft deutlich sichtbar neben seinen berechtigten Kritiken die unausgesprochene Voraussetzung nebenher, daß in den fortgeschrittenen Industriegesellschaften von heute gesellschaftliche Großgebilde globaler Art sich nicht nur jenseits der Gemeinde entwickelt, sondern diese ersetzt oder verdrängt haben. Das würde dann dafür verantwortlich sein, daß man beim Versuch, das Spezifische des Gemeindelebens zu erfassen, immer wieder oder doch in den meisten Fällen auf gesamtgesellschaftliche Determinanten stößt. Die Frage lautet also genau, ob es ein eigenes soziales Determinationssystem Gemeinde überhaupt noch gibt.

Wir leugnen nicht die Legitimität dieser Fragestellung, deren Probleme zweifellos durch viele Gemeindeuntersuchungen nur unzureichend in ihrer Tragweite erkannt werden. In vielen Fällen werden sie sogar ausdrücklich ausgeschaltet, nämlich überall da, wo man sagt, der Grund für die Durchführung von Gemeindeuntersuchungen liege darin, daß man in einer Gemeinde der Probleme der Gesamtgesellschaft leichter habhaft werden könne. Man vergißt dabei nur allzu leicht, daß dies einer Bankrotterklärung der Gemeindesoziologie gefährlich nahe kommt; denn der einzige Grund, warum man sich unter diesen Umständen mit Gemeinde befaßt, ist die Zweckmäßigkeit, die eventuelle leichtere Übersehbarkeit der Verhältnisse. Außerdem liegt dem Ganzen ein Postulat zugrunde, das ebenso wenig selbstverständlich ist. Genau wie sich allgemein in der Erforschung der menschlichen Gruppen herausgestellt hat, daß es nicht ohne weiteres angeht, von der Analyse kleiner Gruppen auf die Verfassung großer Gruppen zu schließen, kann man bemerken, daß aus dem gleichen Grunde auch nicht von der Gemeinde auf die Gesamtgesellschaft geschlossen werden kann. Und die Tatsache, daß hier die Verhältnisse „leichter überschaubar" sind, kann sich sogar als ein fatales Handicap erweisen, weil es ja ein wesentliches Merkmal der größeren Globalgesellschaften zu sein scheint, daß sie eben unübersichtlich sind. Dann würde also doch eine entscheidende Differenz zwischen beiden liegen, die einen Schluß vom kleineren auf das größere System verbietet. Genauso problematisch ist die Ansicht, die Gemeinde sei das „einfachere", die Gesamtgesellschaft das „kompliziertere" Sozialgebilde. Alle unsere Ausführungen bis hierher haben ja gezeigt, wie außerordentlich kompliziert die Verhältnisse bereits in einer kleinen Gemeinde zu sein vermögen.

Im übrigen mag ein Beispiel zeigen, wie verschieden sich die Dinge in einer Globalgesellschaft vom Typus Gemeinde und einer vom Typus der nationalen Gesellschaft darstellen. Man denke etwa an die völlig verschiedene Entwicklung der sozialen Klassenzugehörigkeit und des sozialen Ranges bei Wanderungen in einer Globalgesellschaft vom ersten und vom zweiten Typus. Beim Übergang von einer Gemeinde zur anderen muß in Bezug auf die Stellung in der Gemeinde sowohl der soziale Rang als auch weitgehend die Klassenzugehörigkeit in den meisten Fällen neu erworben werden, während sonst die Klassenzugehörigkeit bei Wanderungen sehr weitgehend gleich bleibt. Natürlich macht es einen Unterschied, ob einer Arzt in einer Großstadt ist oder auf dem Dorfe, da am letzteren Ort der Arzt ein hohes Prestige besitzt und zu den „Honoratioren" gehört, während er in der Stadt nur einer unter vielen anderen ist. Gerade das zeigt aber auch die Differenz zwischen Gemeinde und der Gesamtgesellschaft; denn die Merkmale, die allgemein über die Klassenzugehörigkeit des Arztes entscheiden, bleiben in beiden Fällen die gleichen, während sich jedoch seine soziale Stellung ganz fundamental verändert. Damit scheint uns ganz unabweisbar angedeutet, daß die Globalgesellschaft Gemeinde von Globalgesellschaften höherer Ordnung wesentlich verschieden ist, so daß man hier auch ein eigenes Determinations-system annehmen darf. Dies führt gleichzeitig zu der von uns schon öfters getroffenen Feststellung, daß die Gemeinde mit der Entwicklung der Gesell-schaft eben nicht verschwunden ist. Wenn sie vielleicht nicht so universal ist wie die menschliche Familie, so hat sie doch zu überdauern vermocht, wie sich auch heute noch für die meisten Menschen das Leben im Rahmen der Gemeinde beschließt. Daneben muß natürlich hervorgehoben werden, daß die Determinanten aus den Globalgesellschaften etwa nationaler Natur im Verhältnis zu früher eine außerordentliche Inflation erfahren haben. Das mag auch im einzelnen Falle die Entscheidung zwischen den konkurrierenden Determinationssystemen der Gemeinde einerseits und der umgebenden Großgesellschaft andererseits so schwer machen.

Damit wäre zunächst die Frage geklärt, ob wir in der Gemeinde eine eigene Wirklichkeit zu erkennen haben und in der Gemeindesoziologie einen eigenen Forschungszweig. Weiter ist dann auch entschieden, wie früher schon hervorgehoben, daß wir uns die Entstehung globaler Gesell-schaften höherer Ordnung nicht wie ein einfaches Zusammenfügen einzel-ner Gemeinden aneinander vorzustellen haben; vielmehr erfolgt hier ein Schritt in eine neue Dimension. Damit wird natürlich ein wesentliches Motiv für die Gemeindeforschung hinfällig: Man kann jetzt nicht mehr sagen, daß diese ihre Arbeit unternimmt, um von den Ergebnissen, die sie bei der Ana-lyse von Gemeinden gewonnen hat, auf die Gesamtgesellschaft zu schließen. Gewiß ist dies häufig getan worden; aber dann muß man eben sagen, daß diese Gemeindedarstellungen gerade nicht die spezifischen gemeindlichen

Probleme, sondern nur bei Gelegenheit einer Gemeindeuntersuchung gesamtgesellschaftlich relevante Probleme untersucht haben, was natürlich ein völlig legitimes, wenn auch nicht das gleiche Verfahren ist. Im gleichen Zusammenhang müssen wir auch eine allzu einseitige Konzentration auf die „Probleme", die mittels einer Gemeindeuntersuchung angepackt werden, zurückweisen. Natürlich kann man bei einer Gemeindeuntersuchung das Problem der Armut, des Alkoholismus, der Prostitution u. a. m. untersuchen, und das war sogar der Haupttenor bei allen älteren Untersuchungen dieser Art, speziell im 19. Jahrhundert. Aber es gibt keinerlei Grund, warum man das so tun müßte; man kann die gleichen Probleme genauso auf nationaler Ebene angehen, falls man sich nicht speziell für die Verhältnisse in der Großstadt, die einen besonderen Typ von Gemeinde darstellt, interessiert. Dann bekommen sie vielleicht einen neuen Charakter, der vor allem hervortritt, wenn wir jetzt etwa die Frage aufrollen, in welcher Weise die gegebenen Verhältnisse mit der Struktur einer gegebenen Gemeinde zusammenhängen. In diesem Augenblick gelten aber die Ergebnisse nicht mehr allgemein und für die nationale Globalgesellschaft, sondern nur noch für diese eine Gemeinde. Auch hierbei gibt es natürlich allgemeine Probleme; es gibt Strukturen, die sich wiederholen, wie wir gesehen haben; es gibt ganz bestimmte Verteilungen im Raum, was man etwa besonders gut an der Verteilung der Delinquenz beobachten kann, und andere Erscheinungen, ohne damit in die fragwürdige Theorie der „natural areas" einzumünden; es gibt auch typische Prozesse, die sich nur im Rahmen der Gemeinde abspielen können, wo etwa das Verhältnis der sozialen Klassen ein völlig anderes ist als in der Gesamtgesellschaft. Deutlich ist dies in der Dimension der politischen Willensbildung in der Gemeinde zu erkennen. Während diese in den nationalen Großgesellschaften wesentlich im Rahmen der politischen Parteien erfolgt, verhält sich das auf Gemeindeboden völlig anders. Gewiß werden, wie wir schon besprochen haben, bei Wahlen zum Gemeinderat die Kandidaten meist von politischen Parteien aufgestellt; aber nicht die Partei ist entscheidend, sondern der Rang in der Gemeinde, dem auch die politischen Parteien sich beugen müssen. Abgesehen von diesen vielen Strukturmerkmalen, die aus der Gemcinde in der Tat eine Wirklichkeit völlig eigener Natur machen, muß natürlich auch gesagt werden, daß jeweils viel von den einzigartigen Problemen einer Gemeinde und einer Region in eine Gemeindeuntersuchung eingeht.

Die Behandlung der Gemeindeuntersuchungen unter dem Aspekt bestimmter Probleme ist jüngstens wieder von Arensberg unterstrichen worden. Er verwendet die Gemeindeuntersuchung als eine Untersuchungsmethode bestimmter Prozesse am lebendigen Objekt. „Sie ist ein Werkzeug der Spezialwissenschaft und nicht ein Gegenstand eigener Art[274]."

[274]C. M. Arensberg, The Community Study Method, a.a.O., S. 110 f.

So sehr wir ihm darin beistimmen können, daß die Gemeindeuntersuchung ihren Gegenstand im natürlichen Milieu betrachtet, im Gegensatz
etwa zu einer Laboratoriumsuntersuchung, so bleiben wir doch aus allen
angeführten Gründen der Meinung, daß die Gemeinde überdies ein Gegenstand eigener Natur ist. Wir möchten aber betonen, daß wohl im Grunde
auch Arensberg dieser Meinung ist, wie aus anderen Abhandlungen von ihm
hervorgeht. Überdies bemerkt er auch, daß aller Gemeindeforschung eine
gründliche Theorie von der Gemeinde vorausgehen muß, wenn man eine
Reihe von Erscheinungen als Gemeinde behandeln und etwa mit anderen
Erscheinungen ähnlicher Art vergleichen will[275]. Gleichzeitig weist er
sehr mit Recht auf den Mißbrauch des Wortes Gemeinde hin. Im übrigen,
und dies ist vielleicht die wichtigste Bemerkung von Arensberg in diesem
Zusammenhang, kann eine Gemeindeuntersuchung ein Problem solange
nicht in seinem „natürlichen" Milieu untersuchen, als es ihr nicht gelingt, den
genauen Umfang dieser Gemeinde zu isolieren, was z. B. für die Aufstellung
eines Samples (Stichproben-Auswahl) von entscheidender Bedeutung ist, weil
erst damit ein statistisches „Universum" gegeben ist, dem eine Erhebungsauswahl entnommen werden kann.

Gleichzeitig werden auf diese Weise die typischen Lebenskonstellationen
in einer Gemeinde sichtbar, die wir durch die existierenden Erkenntnismittel
wie etwa Lokalgeschichte, amtliche Statistiken usf. nur sehr ungenügend
erfassen können. Dies ist auch ein Grund, der zu immer neuen Gemeindeuntersuchungen Anlaß gibt, da wir weit davon entfernt sind, die Gemeinde
im ganzen Umfang ihres inneren Lebens zu überschauen. Eine solche
Feststellung ist um so verständlicher, wenn wir an den Zusammenhang
zwischen Gemeinde und Region denken, aus dem die ungeheure Varietät
von Gemeindeproblemen erschlossen werden kann. Gleichzeitig wird sichtbar, wie auch Arensberg hervorhebt[276], daß Gemeindeuntersuchungen ein
verhältnismäßig viel vollständigeres und innerlich zusammenhängendes
Bild einer Gemeinde zu geben vermögen als irgendein anderer Forschungszweig der Soziologie, nicht weil die Gemeinde weniger kompliziert wäre als
größere Zusammenhänge, sondern weil wir aufgrund der Nähe, in der sie zu
uns steht, mit Hilfe von Informanten aus ihr und zahlreichen Beobachtungstechniken unter Umständen ein außerordentlich adäquates „Modell" von
ihr zu gewinnen vermögen. Demgegenüber wirken auch die Argumente von
Steward nicht mehr, der vor allem die Gefahren der Isolation einer Gemeinde
aus ihrer Region oder ihrem Gebiet hervorgehoben hatte; denn selbst
wenn die Gemeinde zunächst nach ihren Grenzen erkannt werden muß,
die sie von der Umwelt abheben, so schließt das einmal nicht aus, daß wir

[275]Ebenda, S. 111.
[276]Ebenda, S. 114.

unter Umständen gerade an ihren Beziehungen zum Hinterland interessiert sein können, wie es etwa die Darmstadt-Studie tut, daß wir aber vor allem zunächst die Gestaltung menschlicher Verhältnisse innerhalb der Gemeinde ins Auge fassen.

Damit ist schon eine beträchtliche Entwicklung der Motivation für die Durchführung von Gemeindeuntersuchungen gewonnen. Aber wir möchten betonen, daß das wesentliche Motiv bisher noch nicht berührt wurde.

Hollingshead unterstrich neben der ökologischen die typisierende und strukturelle Betrachtung[277], der Arensberg noch die Analyse einzelner Prozesse anschloß. Mit Ausnahme des letzteren Gesichtspunktes scheint die allgemeine Ausrichtung bisher eher struktureller Natur gewesen zu sein oder auf Prozesse beschränkt, die sich zwischen Strukturen abspielen. Dagegen ist mit wenigen Ausnahmen (etwa Dollards und seiner Gruppe) der sozial-psychologische Aspekt der Gemeindeuntersuchungen nur relativ wenig hervorgehoben worden, obwohl dieser früher eine höchst bedeutsame Rolle gespielt und vielleicht eines der wichtigsten Motive für Gemeindeforschung hergegeben hat. In jüngster Zeit hat Bernard[278] diesen Punkt besonders unterstrichen, womit sie ältere Gedankengänge wieder aufnimmt, wie sie von Cooley[279] oder auch von Gettys[280] am Anfang des Jahrhunderts und dann wieder am Anfang der dreißiger Jahre entwickelt worden waren. Übrigens liegen die gleichen Gedanken auch der Schule von Chicago zugrunde, wo sie vor allem von Park und Wirth[281] in weiteste Kreise vorgetragen wurden. Diese lassen sich leicht umschreiben, sowie man erst einmal zugestanden hat, daß die Gemeinde ein Determinationssystem eigener Art ist.

Die Funktion der Gemeinde im Aufbau der sozial-kulturellen Person

Genau wie die Familie einen wesentlichen Beitrag, vielleicht den wichtigsten, für den Aufbau der sozial-kulturellen Persönlichkeit des Menschen leistet, so nimmt auch die Gemeinde einen bedeutenden Anteil daran. Man muß dazu nur einsehen, daß die Familienwirkung zwar sehr tief reicht, daß aber der Mensch schon früh in andere Milieus überwechselt, die einen analogen

---

[277]A. B. Hollingshead, Community Research, a.a.O.

[278]J. Bernard, Social Psychological Aspects of Community Study, a.a.O.

[279]Ch. H. Cooley, Human Nature and the Social Order, a.a.O.

[280]Warner E. Gettys, The Field und Problems of Community Study. In: L. L. Bernard (Hrsg.), Fields and Methods of Sociology, a.a.O.

[281]Vgl. die Zusammenfassung vieler Abhandlungen von R. E. Park, Human Communities, a.a.O., heute das gleiche für L. Wirth, Community Life and Social Policy, Selected Papers. Chicago 1956.

Einfluß auf die Gestaltung seiner sozial-kulturellen Persönlichkeit nehmen. Dazu gehören außer den Spielgruppen der Kinder vor allem Nachbarschaft und Gemeinde. Die ältere Soziologie in Europa wie in Amerika hatte nun, wie öfters schon betont, eine Neigung, diese Problematik insofern zu ideologisieren, als sie Familie, Nachbarschaft und kleine Gemeinde als sowohl der Zeit als auch der Bedeutung nach „primär" ansprach und dementsprechend als „Primärgruppen" bezeichnete (Cooley). Der ideologische Charakter dieser Konzeption trat in dem Augenblick zutage, in dem sie in ein historisches Entwicklungssystem verwandelt wurde, in dem – analog der Entwicklung von „Gemeinschaft" zu „Gesellschaft" (Tönnies)– nach der Entfaltung von „Gesellschaft" die „Gemeinschaft" verschwinden sollte, wozu die andere Behauptung kam, daß einzig in der Gemeinschaft (also Familie und Gemeinde) ein wahrhaft integrierter sozialer Zusammenhang gegeben sein könne. Wir haben schon gesehen, was wir von diesen Auffassungen zu halten haben, die einzig aus der weltfremden, weil wirtschaftsenthobenen und damit allen Entwicklungen der Industriegesellschaft fremd gegenüberstehenden Situation bestimmter akademischer Intellektueller des 19. Jahrhunderts verstanden werden können.

Obwohl häufig über das Problem gesprochen wird, sind doch die konkreten Untersuchungen, die sich in spezifischer Weise mit der Entwicklung von Kindern und Jugendlichen in der Gemeinde befassen, noch immer relativ selten. Es ist eine altbekannte Angelegenheit, die sich immer wieder bestätigt, daß Kinder zumeist die integrierte Nachbarschaft aufschließen. So zeigte sich schon in der Untersuchung von Janowitz, daß Familien mit Kindern (vor allem solche mit mehreren Kindern) auch intensiver durch die Lokalzeitung am Gemeindeleben Anteil nehmen. Eine jüngst erschienene Untersuchung von Michael Young und Peter Willmott über Familie und Verwandtschaft in Ost-London zeigte ebenfalls, wie von der Familie unmittelbare Beziehungen zur Gemeinde gehen. „Wenn ein Mensch Verwandte in der Gemeinde hat, wie es meist der Fall ist, dann wird jeder dieser Verwandten ein Bindeglied zu anderen Menschen im gleichen Bezirk. Die Freunde seines Bruders sind seine Bekannten, wenn nicht gar seine Freunde; die Nachbarn seiner Großmutter sind ihm so gut bekannt, als wären es seine eigenen. Die Verwandtschaft wird somit, wenn wir ihre Funktion richtig verstehen, zu einer Brücke zwischen dem Individuum und der Gemeinde[282]." Dabei zeigte sich übrigens auch, daß die Tatsache, gemeinsam aufgewachsen zu sein, eine starke Verbindung schafft, so daß man von selber

---

[282]Michael Young und Peter Willmott, Family and Kinship in East London. London 1957, S. 81 f.

zu den Banden von Kindern und Jugendlichen verwiesen wird, die sich in den Nachbarschaften aufbauen und eine so bedeutsame Sozialisierungsfunktion ausüben.

Zumeist werden diese Gruppen ihres abweichenden Verhaltens wegen studiert, und es gibt auch eine höchst interessante kriminalsoziologische Literatur darüber von dem klassischen Buch von Frederic M. Thrasher über die Street Corner Society von William F. Whyte bis zu einem neueren Werk des Engländers John Barron Mays oder einer sehr grundsätzlichen Diskussion dieser Probleme bei dem Amerikaner Albert K. Cohen[283]. Allerdings hob schon Thrasher hervor, daß man diese Dinge nicht dramatisieren dürfe und daß nicht jede Bande von Jugendlichen ein krimineller Gang sei. Unangesehen dessen ist aber noch immer recht wenig bekannt über Spielgruppen von Kindern und Banden von Jugendlichen auf dem Boden der Gemeinde. Gelegentlich bieten eigentliche Slum-Untersuchungen einige Einblicke, wie etwa die von Betty M. Spinley. Sie zeigt, wie ein Durchschnittsjunge im Slum während des Heranwachsens nacheinander an verschiedenen Spielgruppen und Banden in seiner Straße teilnimmt. Die daraus sich entwickelnden Gangs haben bereits sehr ausgeprägte Formen, wie vor allem auch Whyte nachwies. Wenn die Jugendlichen allein sind, fühlen sie sich unbehaglich; dies ist derart ausgeprägt, daß sie eine solche Gruppe nicht verlassen, bevor sie nicht sicher sind, in eine andere aufgenommen zu werden. Ähnliches gilt für andere Assoziationen und Klubs von Jugendlichen, die sich allesamt aus der Nachbarschaft der Straße entwickeln[284]. Mays zeigt sogar, wie straßenweise Fußballklubs gebildet werden, die gegeneinander Wettspiele austragen, und bemerkt dazu: „Solche Mannschaften entspringen in einer völlig gesunden und natürlichen Weise aus dem normalen Leben junger Leute. Sie dienen einem natürlichen Bedürfnis und leisten einen wirklichen Beitrag zur sozialen Erziehung der Mitglieder". Solche lokalen Bindungen spielen gelegentlich eine wichtige Rolle, so daß die Jugendlichen oft von weither kommen, wenn ihre Eltern etwa verzogen sind[285]. Ähnlich eindringlich ist die Untersuchung über die Einwohner von Ship Street, eine Straße im Slum von Liverpool, durch Madeline Kerr. Diese befaßt sich vor allem bestimmten emotionalen Labilitäten der dort aufwachsenden Kinder, die sie von Durchschnittskindern

---

[283]Frederic M. Trasher, The Gang, Revised ed. Chicago 1936; William F. Whyte, Street Corner Society. Chicago 1943, 5. Aufl. 1949; John. B. Mays, Growing Up in the City, 2. Aufl. Liverpool 1957 (zuerst 1954); Albert K. Cohen, Delinquent Boys. The Culture of the Gang. Glencoe, Ill., 1955; vgl. für weitere Literatur P. Heintz und R. König (Hrsg.), Soziologie der Jugendkriminalität, a.a.O.

[284]Betty M. Spinley, The Deprived and the Privileged. London 1953, S. 68 ff.

[285]J. B. Mays, Growing Up in the City, a.a.O., S. 47.

unterscheiden, sowie mit Gefühlen des Ausgeschlossenseins, wie sie durch mehrere Tests aufgedeckt wurden. Auch hier wird also die unmittelbare Nachbarschaft als ein Determinationssystem angesehen, in dem aufgrund der bestehenden Verhältnisse ein besonderer Persönlichkeitstyp entwickelt wird, der sich durch eine auffällige Ego-Schwäche und eine ungenügend integrierte Persönlichkeitsstruktur auszeichnet[286].

Wenn wir die verschiedene Ausgestaltung der Nachbarschaft in reichen und armen Quartieren bedenken, wird es ohne weiteres einleuchten, daß diese Banden von Jugendlichen in den ärmeren Stadtteilen vorwiegen müssen. In den anderen lebt die Jugend entweder isolierter oder sie findet in der Schule jenes Gruppenleben, das ihr die Straße nicht bietet. Wichtiger aber ist, daß sich gleichsam unter der Erwachsenengesellschaft eine eigene Gesellschaft von Jugendlichen heranbildet, wie insbesondere Hollingshead in seiner Untersuchung über Elmtown gezeigt hat, in denen sich die Gemeinde spiegelt, bevor sie noch über weitere soziale und wirtschaftliche Zusammenhänge wissen. Allerdings unterstreicht er auch, daß sich das Leben der Jugendlichen gelegentlich wie in einem Niemandslande abspielt, indem sie der Familie zwar entwachsen sind, aber noch keine Stellung zur Erwachsenenwelt gefunden haben. Häufig bleibt nur die Schule, um diesen Übergang zu gestalten; im übrigen ist die Jugendpflege auf Gemeindebasis noch sehr unterentwickelt. Dies wird darum zu einem wirklichen Problem, weil infolge der veränderten Produktionsbedingungen in der modernen Wirtschaftswelt die Jugendlichen heute viel später ins Erwerbsleben eintreten als früher, wo sie etwa in der Landwirtschaft schon von Kind an unmerklich in die Erwerbswelt der Erwachsenen einbezogen wurden. Heute dagegen steht eine höchst eigenartige Zwischenperiode; die sogenannte Teenager-Kultur, zwischen Kindheit und Erwachsensein, in der sich auf Gemeindeebene sehr wesentliche Sozialisierungsprozesse vollziehen, die aber weit davon entfernt sind, ins öffentliche Bewußtsein eingedrungen zu sein.

[286]Madeline Kerr, The People of Ship Street. London 1958.

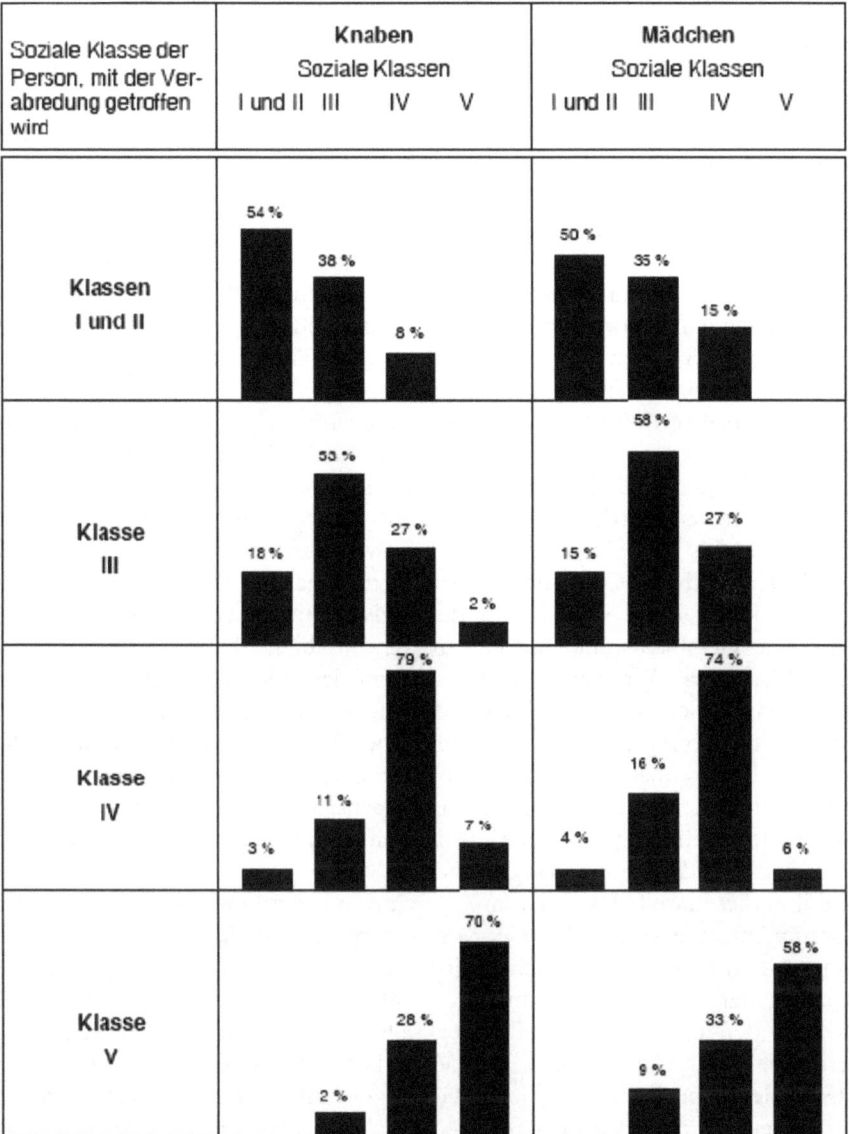

Verabredungen zwischen Knaben und Mädchen aus gleichen und verschiedenen sozialen Klassen in Elmtown (nach Hollingshead)[287]

[287](A. B. Hollingshead, Elmtown's Youth, a.a.O., S. 231.)

Die Untersuchung über die Jugend von „Elmtown" zeigt sehr schön, wie die Jugendlichen Gruppen und Cliquen bilden genau wie die Erwachsenen. Während die Erwachsenen darauf Einfluß zu nehmen suchen, wissen die Heranwachsenden sich diesem Einfluß immer wieder zu entziehen. „Der soziale Druck in der Gruppe der Jugendlichen hat eine viel größere und subtilere Wirkung in der Kanalisierung von Freundschaften im Rahmen der von den sozialen Systemen der Erwachsenen und Jugendlichen anerkannten Grenzen als die Hoffnungen, Befürchtungen und Ermahnungen ängstlicher Eltern[288]." Daß alles dies jedoch in jeder Hinsicht gemeindeorientiert ist, wird durch den entscheidenden Umstand bewiesen, daß die Cliquen und Freundschaften in der überwältigenden Majorität der Fälle genau dem Klassensystem der Gemeinde folgen (3 von 5 Fällen), über das sich die Jugendlichen sehr genau orientiert zeigten; in 2 von 5 Fällen gingen die Cliquen über eine Klassengrenze und in nur einem Fall von 25 über zwei Klassengrenzen[289]. Das gleiche gilt vor allem auch für Verabredungen (*dates*) von Jungen und Mädchen, wie sehr eindrücklich im vorhergehenden Diagramm zum Ausdruck kommt[290].

Sowie wir den Begriff der Gemeinde mit weniger Emphase, neutraler und realistischer ins Auge fassen, erkennen wir unschwer, daß man sehr wohl die Wirklichkeit der Gemeinde als ein Determinationssystem eigener Natur ansehen kann, ohne sich darum den teils sentimentalen, teils rein ideologischen Geschichtsphilosophien zu verschreiben, die so häufig diesen Begriff begleiten. Wir gehen dann auch von dem Grundsatz aus, daß heute wie ehedem der Mensch einen wesentlichen Teil seines Lebens in der Gemeinde verbringt, selbst wenn in keiner Weise geleugnet werden soll, daß daneben Globalgesellschaften höherer Ordnung entstanden sind. Eines steht weiterhin fest, daß nämlich der erwachsene Mensch sicher neben der Gemeinde noch eingeschlossen ist in zahlreiche viel weitere soziale und wirtschaftliche Zusammenhänge; aber als Kind und als Heranwachsender sind ihm diese zweifellos vollkommen fremd, während ihm sämtliche sozialen Zusammenhänge von mehr oder von anderer als nur familiärer Natur ausnahmslos in ihrer gemeindlichen Form begegnen. Das heißt mit anderen Worten, daß neben der Familie die Nachbarschaft und die Gemeinde auch in den entwickelten Industriegesellschaften die weitere Entwicklung der sozial-kulturellen Person des Menschen bestimmen; daher auch die außerordentliche Bedeutung jener Gemeindestudien, welche die Gemeinde zusammen mit dem Aufwachsen des Menschen sehen, wie auch ein zentraler Abschnitt jeder Gemeindestudie der Lebenszyklus des heranwachsenden Menschen sein müßte. Während nun die anthropologisch ausgerichteten Gemeindeuntersuchungen diesem Thema regelmäßig eine intensive Auf-

---

[288]Ebenda, S. 208.

[289]Ebenda, S. 212.

[290]Ebenda, S. 231.

merksamkeit zuzuwenden pflegen, ist dies bei Gemeindestudien in fortgeschrittenen Industriegesellschaften nicht immer der Fall. Wir bemerken
übrigens, daß dies sicher teilweise wenigstens auf das unausgesprochene Vorurteil zurückgeht, nach dem die Gemeinde als Determinationssystem eigener
Art oder als „Primärgruppe", wie man früher zu sagen pflegte, im Verschwinden sein soll. Eine wichtige Ausnahme hiervon bilden insbesondere die
erwähnten englischen Gemeindeuntersuchungen, die ganz speziell am Aufbau der sozial-kulturellen Person und an der Persönlichkeitsintegration in der
Gemeinde interessiert sind.

Damit halten wir nun ein neues Motiv für Gemeindeforschung in Händen,
das diese in nächste Nähe zur Familiensoziologie rückt, wenn sie auch
wegen des globalen Charakters ihres Gegenstandes weit über den relativ
engen Rahmen der Familiensoziologie hinausgreift. Gleichzeitig ist dieser
Ansatz nüchterner geworden, wie auch eigene Techniken der Forschung
entwickelt worden sind, die es erlauben, den genauen Umkreis der sozialen
Beziehungen auszumessen, in deren Rahmen sich die Entfaltung der sozial-
kulturellen Person des Menschen vollzieht. Dazu gehört vor allem die Soziometrie, deren Bedeutung für die konkrete Ausmessung der Nachbarschaft
z. B. gar nicht unterschätzt werden kann. Ähnliches gilt auch allgemein für
die Forschung an kleinen Gruppen, die durch ihre Versetzung in das konkrete
Milieu der Gemeinde vieles von ihrem künstlichen, laboratoriumsähnlichen
Charakter verloren hat. Weitere Forschungstechniken, die hier anschließen,
bemühen sich vor allem um die Entwicklung von Indizes für die Gemeindebeteiligung und ähnliches, was naturgemäß eher für die Erwachsenenwelt
und für das Problem der Führung im Rahmen der Gemeinde relevant ist.
Die Techniken zur Analyse des Interaktionsprozesses haben ebenfalls Wesentliches zur Verfeinerung unserer Erkenntnismöglichkeiten konkreter sozialer
Prozesse in der Gemeinde beigetragen. Neuerdings bemühen sich insbesondere englische Forscher erfolgreich um die Anwendung psychologischer
Tests in Gemeindeuntersuchungen.

Die Funktion der Gemeindesoziologie für die Gemeindeplanung

Mit dem Vorangehenden ist wahrscheinlich das wesentliche Motiv für die
Durchführung von Gemeindeuntersuchungen angedeutet worden, was aber
keineswegs heißen soll, daß es das einzige sei. Im Gegenteil, wir möchten
zum Abschluß hervorheben, daß sich noch einige sekundäre Motive aufweisen lassen, die manchmal sogar in der durchschnittlichen öffentlichen
Meinung als das Herzstück der Beschäftigung mit der Gemeinde angesehen
werden. Wir denken hier an den Beitrag der Gemeindesoziologie sowohl zur
sozialen Planung als auch zur Sozialpolitik im Rahmen der Gemeinde. Als
Stadt-, Regional- und Landesplanung hat sich heute eine Reihe theoretisch-
praktischer Disziplinen entwickelt, die allerdings wegen unzulänglicher soziologischer Untermauerung oft recht fragwürdig sind. Finden wir doch hier
einen wahren Jahrmarkt der billigen Gemeinschaftsideologien, die sich nun in

utopischen Planungssystemen ausdrücken, von denen man nur hoffen kann, daß sie sich niemals in Wirklichkeit übersetzen werden.

Seriöser sind in dieser Hinsicht etwa die Ambitionen von Chombart de Lauwe, der einen wesentlichen Sinn der Untersuchung lokaler Gemeinden darin erblickt, die „Wohnwünsche" der verschiedenen sozialen Klassen, vor allem der Arbeiter, kennen zu lernen, um diese Erkenntnis dann bei der Planung von Arbeitersiedlungen fruchtbar zu machen[291]. In Deutschland sind sehr spezielle Untersuchungen über die Wohnwünsche von Bergarbeitern mit der gleichen Absicht angestellt worden[292]. Da aber die Probleme der Planung schnell in andere Fragenbereiche ablenken, wollen wir diesen Zweig nicht weiter verfolgen. Wir bemerken nur, daß hier insofern eine gewisse Gefahr gegeben ist, als der Sozialpolitiker und Planer meist sofort entscheiden muß, während zureichende Forschung ihre Zeit braucht, bis sie ihrer Erkenntnismittel sicher ist. Dazu kommt noch, daß in der Tat mehr sozialreformerische als eigentlich soziologische Gedankengänge die Entwicklung der Planung geleitet haben, wie Glass jüngstens wieder sehr richtig hervorhob[293]. Es läßt sich geradezu beweisen, daß sich die Tradition der frühen englischen Gemeindeforscher wie Charles Booth oder Sidney und Beatrice Webb, zu denen man etwa noch Benjamin Seebohm Rowntree u. a.m. rechnen könnte, in der Stadtplanung wesentlich weniger fühlbar gemacht hat als die reichlich vagen Ideen von Ebenezer Howard und Patrick Geddes, denen man noch Raymond Unwin, Victor Branford u. a.m. anschließen könnte. In Mumford sind alle diese philosophisch-utopisch-reformerischen Spekulationen gemeinsam eingegangen und haben mächtig auf Planung und öffentliche Meinung gewirkt, während die realistischere und eher nüchterne Behandlungsweise durch die Gemeindesoziologie bis vor kurzem reichlich unpopulär geblieben ist. Man konnte das jüngstens noch bestätigt finden an einer Diskussion um „Die neue Stadt", die in der Schweiz viel von sich reden machte. Bei den wenigen bisher vorliegenden Dokumenten aus diesem Kreise läßt sich aber nur feststellen, daß Mangel an sachlicher Kenntnis der Dinge auch durch den besten Willen nicht ersetzt werden kann. Noch immer scheint das Gebiet der Stadtplanung ein eigentlicher Tummelplatz für soziologische Dilettanten zu sein. Daher rührt auch in der Soziologie ein intensiver Verdacht gegen alle voreiligen Wendungen zur Praxis. Leider wird die Legitimität dieses Verdachts nur durch allzu viele Beispiele bestätigt, selbst wenn der Forschungsansatz so gewissenhaft geplant ist wie bei Quoist und seiner Untersuchung eines Quartiers der Stadt Rouen[294]. Hierbei fällt besonders deutlich ins Auge, wie allzu oft nur

---

[291] P. H. Chombart de Lauwe, Paris et l'agglomération parisienne, Bd. I, a.a.O., S. 19.

[292] Elisabeth Pfeil, Die Wohnwünsche der Bergarbeiter. Tübingen 1954.

[293] R. Glass, Urban Sociology in Great Britain. In: Current Sociology IV (1955), 4, S. 12.

[294] M. Quoist, La ville et l'homme: Rouen, a.a.O.

der Wunsch zum (recht illegitimen) Vater des Gedankens wird, wobei dann einerseits die positiven Reformmöglichkeiten regelmäßig überschätzt werden, andererseits aber die Determinationskraft bestimmter materieller Gegebenheiten unterschätzt wird.

Das Ergebnis dieser Situation ist natürlich eine gewisse Unsicherheit im Verhältnis von Theorie und Praxis bei der Soziologie der Gemeinde; es liegt auf der Hand, daß sich dies bei der Durchleuchtung der Motivationen für Gemeindeforschung bemerkbar machen muß, und zwar gelegentlich recht unangenehm. Es muß nämlich zugestanden werden, daß höchst dringliche praktische Anliegen seit jeher bei diesem Forschungszweig im Vordergrund gestanden haben. Schon die Entstehungsgeschichte der Soziologie der Gemeinde aus französischen und englischen sozialpolitischen Strömungen des 19. Jahrhunderts wie ihre teilweise Verbindung mit der Stadt- und Regionalplanung des 20. Jahrhunderts läßt deutlich eine mehr als nur nebensächliche Bedeutung praktischer Anliegen erkennen. Dennoch dürfte aber eine Auslieferung an den reinen Pragmatismus, wie oben schon angedeutet, weder im Sinne der älteren Entwicklung noch in dem der Gegenwartsproblematik liegen. Denn die Verkürzung der Perspektiven auf das Nächstliegende, wie sie notwendig mit jedem Pragmatismus verbunden ist, bedeutet auch eine unmittelbare Gefährdung der Erkenntnis. Vor allem aber müssen wir immer im Auge behalten, daß der Pragmatiker ungeduldig ist, er braucht eine mehr oder weniger sofortige Lösung gegebener Schwierigkeiten, ohne auf die Entwicklung der Wissenschaft warten zu können. Andererseits wäre aber auch eine Forschung rein um ihrer selbst willen angesichts der oft drängenden Nöte des Lebens reichlich müßig. So erhebt sich am Ende die Notwendigkeit eines Kompromisses.

Die Selbstanalyse von Gemeinden

Ein solcher Kompromiß ist in jüngster Zeit vor allem auf zwei Wegen erreicht worden, einmal mehr unsystematisch auf dem Wege der Selbstanalyse von Gemeinden, „Community self-survey" wie der amerikanische Ausdruck dafür lautet; das andere Mal systematischer im Rahmen der sogenannten „Aktionsforschung" (action research), wie sie sich in Amerika aus einigen Anregungen von Kurt Lewin entwickelt hat und die vor allem in dem Kreise der Klein-Gruppen-Forschung weiterwirkt.

Die sogenannte Selbstanalyse der Gemeinde ist also vor allem der Ausdruck einer ganz bestimmten Lösung der Frage nach dem Verhältnis von Theorie und Praxis. Wenn z. B. vorausgesetzt wird, daß jede Gemeindeuntersuchung Teil eines Aktionsprogramms zu sein hat, wie etwa Warren betont, dann gewinnt diese Art der Analyse in der Tat eine große Bedeutung[295]. Die Selbstanalyse, unter Anleitung durch Experten von den Gemeinde-

---

[295]R. L. Warren, Studying Your Community. New York 1955, S. 307.

bürgern selbst durchgeführt, hat sich in der Tat als ein wirksames Mittel zur Milderung von Spannungen in der Gemeinde bewährt. Sie gehört als typischer Ausdruck calvinistischer Selbstprüfung wesentlich zum Ausbau eines eigentlichen Gemeindebewußtseins in Amerika, während man sich in Europa davon noch immer keine rechten Vorstellungen zu bilden vermag. Die wenigen Versuche in Schweden sind offensichtlich reichlich dilettantisch geblieben[296]. Man bedenke dagegen, wie viel Schwierigkeiten hätten behoben werden können, wenn man in Deutschland unmittelbar nach dem Kriege vor allem an kleinen Gemeinden mit Flüchtlingen, DPs [Displaced Persons], Evakuierten und Vertriebenen dieses Mittel der Selbstanalyse angewendet hätte! Die gleiche Methode erweist sich auch als fruchtbar bei Aktionen zur Förderung zurückgebliebener („unterentwickelter") Gemeinden, sowohl in den fortgeschrittenen Industriegesellschaften als auch bei technischwirtschaftlich unentwickelten Gesellschaften. In diesem Falle handelt es sich darum, durch Vermittlung und Erweckung der Kenntnis aller wesentlichen, mit dem Leben der Gemeinde zentral zusammenhängenden Probleme eine neue Initiative bei einigen Individuen oder bei ganzen Gruppen hervorzurufen. Auch hier soll das Gefühl der Gemeindebeteiligung geweckt werden, das oft darum so außerordentlich stagniert, weil es nicht angesprochen wird. Und nicht angesprochen wird es, weil eben allgemein kein Wissen darüber besteht, wie zentral wichtig für die Entwicklung des erwachsenen Menschen die Gemeindebeteiligung ist. Allzu oft nur sind die wohlbekannten Gefühle, hilflos „anonymen" Mächten ausgeliefert zu sein, mit ihrer lähmenden Wirkung auf alle innere und äußere Entwicklung weiter nichts als der Ausdruck einer ungenügenden Gemeindebeteiligung.

Im Gegensatz zur wissenschaftlichen Gemeindeforschung ist das Ziel einer solchen Selbstanalyse vorwiegend praktisch orientiert. Es teilt in dieser Hinsicht auch einen entscheidenden Zug mit anderen praktischtherapeutisch ausgerichteten Behandlungstechniken, wie etwa der Psychoanalyse. Während die rein wissenschaftliche Untersuchung in dem Augenblick aufhört, wo ein bestimmter Zusammenhang adäquat erkannt worden ist, läuft eine solche Art der Analyse noch weiter, selbst nachdem schon lange keine Unklarheiten in Bezug auf das untersuchte Problem mehr bestehen. Die Absicht geht ja dahin, durch Wiederholung eine „Fixierung" bestimmter Einsichten zu erreichen, was dann auf die Dauer auch eine Veränderung des Verhaltens zur Folge haben soll. So bedeutet hier also die analytische Behandlungsweise keinen Selbstzweck mehr, sondern einzig ein Mittel zur Entwicklung der Gemeindebeteiligung in einem höchst konkreten und vor allem aktiven Sinne. Dies führt uns auch allmählich zum Begriff der „Aktionsforschung", die nicht mit „angewandter Wissenschaft" verwechselt werden darf, liegt

---

[296]Vgl. dazu Harald Swedner, Die Untersuchung kleiner Gemeinden in Schweden. In: R. König (Hrsg.), Soziologie der Gemeinde, a.a.O.

doch das wesentliche Ziel darin, durch Entwicklung bestimmter Kenntnisse ganz unmittelbar bestimmte Aktivitäten zu wecken. Hier tun dann die Menschen etwas Bestimmtes, nicht weil sie von außen dazu veranlaßt werden, sondern weil sie es aufgrund der vermittelten Kenntnisse selbst so tun wollen. Damit erweist sich das Mittel der Selbstanalyse von Gemeinden als ein Hebel für die Auslösung stärkster Anteilnahme nicht nur an allgemeinen Fragen der Gemeindegestaltung, sondern auch an höchst konkreten Einzelfragen, die mit der sachlichen Diskussion zugleich den Willen wecken, die eigene Gemeinde zu einem lebenswürdigen sozialen Gebilde auszugestalten.

Ähnliche Probleme, nur in etwas systematischerer Form, wurden auch von Lewin angeschnitten, mit speziellem Bezug zu Minoritätsfragen[297]. War dieses Programm noch recht allgemein, so wurde es doch von Ronald Lippitt schnell auf Gemeindeebene konkretisiert, indem er ein Experiment durchführt, in dem Gemeindeführer für die Behandlung von Minoritätsproblemen in der Gemeinde ausgebildet wurden. Eine besondere Aufmerksamkeit wurde dabei der speziellen Aufgabe zugewendet, wie es möglich sei, tief verwurzelte Einstellungen und Verhaltensweisen durch planmäßige Einwirkung zu verändern[298]. Im übrigen gibt es so zahlreiche Zentren für die Entwicklung von Gemeindeaktivitäten, daß wir sie hier gar nicht alle erwähnen können[299]. Alle diese Untersuchungen stehen und fallen mit der entscheidenden Voraussetzung, daß die Gemeinde für die Majorität der Menschen noch immer das angestammte Lebensfeld ist, wie sich auch mit ihren Aktivitäten ihre sozialkulturelle Person zuerst in diesem Rahmen zur sozialen Vollreife entfaltet, die im Schoße der Familie allein niemals erreicht werden könnte.

XI. KURZE GESCHICHTE DER GEMEINDEFORSCHUNG

Die sozialkritischen Hintergründe der älteren Gemeindeforschung

Es kann und soll hier nicht unsere Absicht sein, ein umfassendes Bild von der Geschichte der Gemeindesoziologie zu geben, da dies in zu viele Nebenzweige der Forschung ablenken würde, die oft aus sehr verschiedenen Motiven entstanden sind. Dies gilt selbst, wenn wir, wie in der Einleitung ausgeführt, unsere Aufmerksamkeit in diesem Bande ausschließlich dem Problem der Gemeindestruktur im weitesten Sinne widmen wollten, d. h. unter bewußtem Ausschluß der Dorf- und Agrarsoziologie, aber auch der Stadt- und Großstadtsoziologie sowie der Soziologie der Stadt-Land-Verhältnisse. Dies schien uns nötig, weil ohne die vorgängige Behandlung des Problems der Gemeinde alle diese Forschungszweige systematisch in der Luft

---

[297]Kurt Lewin, Action Research and Minority Problems. In: Ders., Resolving Social Conflicts. Selected Papers on Group Dynamics. New York 1948, Kap. XIII.

[298]Ronald Lippitt, Training in Community Relation. New York 1949.

[299]Vgl. dazu J. Bernard, Social-Psychological Aspects of Community Study, a.a.O.

hängen. Trotzdem aber bleiben noch der Probleme genug, wie allein schon die Tatsache lehrt, daß sich auch die Kunst sehr eingehend des Problems der Gemeinde angenommen hat. Sowohl im französischen Naturalismus, vor allem bei Emile Zola, als auch im italienischen Verismus, von Giovanni Vergas „Malavoglia"[300] (1881) bis zu Carlo Levis „Christus kam nur bis Eboli" (1949), steht die Gemeinde im Mittelpunkt der Darstellung. In dem großen Romanepos des polnischen Nobelpreisträgers Wladislaw Reymont[301] über „Die Bauern" (1904–1909) stand das polnische Dorf im Zentrum, in seinem anderen Buch „Das gelobte Land" (1916) die Stadt Lodz.[302] Wir geben nur ein paar große Beispiele, denen im übrigen Hunderte von kitschigen Dorfromanen angeschlossen werden könnten.

Wir hätten dies auch gar nicht erwähnt, wenn nicht kürzlich dieses Motiv von Theodor W. Adorno aufgegriffen worden wäre[303]. Ausdrücklich setzte er eine Parallele zwischen dem Bemühen vom Ehepaar Lynd mit ihren beiden Bänden über „Middletown" und der Literatur jener Periode, in der „die Entdeckung der amerikanischen Provinz ihre entscheidende Rolle [spielt], und zwar unter dem Gesichtspunkt jener Uniformität des provinziellen Lebens, die dem Beobachter in der äußerlichen Ähnlichkeit kleinerer Städte unmittelbar in die Augen springt und die auf ökonomischen und technologischen Bedingungen beruht, die in dieser Weise in Europa nicht bestehen, so unverkennbar auch die Tendenz dazu sein mag". Danach heißt es nochmals: „Die außerordentliche Wirkung der beiden Lyndschen Bücher rührt daher, daß ihr Suchen nach Typischem im Dienst nicht nur szientifischer, sondern ebenso sozialkritischer Absicht stand. Sie haben eine jener Städte des amerikanischen mittleren Westens herausgegriffen, die sich beängstigend gleichen, und in ihrer Analyse die Immergleichheit, Standardisiertheit und Verödung eines Daseins hervortreten lassen, wie es sich findet, wo bar geschichtlicher Tradition, einzig unter wirtschaftlichen Gesetzen und unterm Druck des Konformismus der etablierten Gesellschaft, Menschen zusammen wohnen und ihren Lebensunterhalt erwerben[304]." Nun ist es gewiß richtig, daß viele kritische Strömungen in den künstlerischen Gemeindeschilderungen im Amerika der zwanziger Jahre zu finden sind; aber es scheint uns doch etwas einseitig, die ganze Produktion dieser Art auf dieses einzige Motiv auszurichten. Man kann das zutiefst Unzulängliche eines solchen Vorgehens am einfachsten erkennen, wenn man – um nur einen der bedeutendsten Kritiker zu nennen – einzelne Romane von Sinclair Lewis miteinander vergleicht,

---

[300]Giovanni Verga, Die Malavoglia. Übersetzt und mit einem Nachwort versehen von R. König. Zürich 1945.

[301]Wladislaw Reymont, Die Bauern, Neue Ausgabe. Düsseldorf 1956.

[302]W. Reymont, Das gelobte Land. München 1916.

[303]Vgl. Theodor W. Adorno und Walter Dirks, Soziologische Exkurse. Frankfurt/M. 1956, Kap. X.

[304]Ebenda, a.a.O., S. 135 f.

etwa die zuhöchst kritischen wie „Mainstreet" (1920) oder „Babbitt" (1922) einerseits und „Cass Timberlane" (1945) andererseits. Da aber Adorno sonst in Gemeindeuntersuchungen nur das Bemühen findet, „manches an einem Modell abzulesen, was im Großen gilt und was doch an der Gesamtgesellschaft empirisch sich kaum in den Griff bringen ließe"[305], muß er den eigentlichen Gegenstand, der sich einzig der strukturell-funktionalen Analyse eröffnet, völlig verfehlen. Es bleibt dann bei ihm, wie auch andernorts, nur bei der üblichen Sozial- und Kulturkritik im Aspekt der „Totalität des eigentlichen gesellschaftlichen Zusammenhangs" einerseits und der „Entfremdung" andererseits, was die Dinge viel mehr aufbläht, als für eine nüchterne Betrachtung gut ist.

Wenn im folgenden häufig auf den sozialkritischen Charakter der ersten Gemeindeuntersuchungen hingewiesen werden wird, so ist das im realistischen Sinne von Booth und keineswegs in dem philosophischen Sinne der utopischen Stadt- und Gesellschaftsplaner von Geddes bis Mumford zu verstehen, die – auf angelsächsisch übertragen – der Position von Adorno entsprechen würden. Deutlich tritt dies etwa hervor bei dem Franzosen Frédéric Le Play (1806–1882), der vor allem an den Wirkungen der Industrialisierung interessiert war und diese im Rahmen der Gemeinde untersuchte. Wir bemerken jedoch ausdrücklich, daß der zentrale Gegenstand der Forschung die Familie war; der Gemeinde wandte er sich, wie so viele andere, nur zu, weil sich ihm hier die Familie in leicht überschaubaren Verhältnissen darbot. Damit kommt es übrigens zu einer Verbindung von soziologischem Empirismus und Gemeindeforschung, was für viele Betrachter noch immer der entscheidende Zug dieser ganzen Problematik zu sein scheint (so auch – um nur einen zu nennen – für Adorno), während es für eine eigentliche Strukturanalyse der Gemeinde zwar wichtig, aber doch nur von sekundärer Bedeutung ist gegenüber der „Lokalisierung" der Gemeinde in der Gesamtentwicklung der menschlichen Gesellschaft. Damit kommt es auch insofern zu einer Verzerrung der Perspektiven, als dann das Werk des Ehepaars Lynd als der Beginn einer mehr empirisch gerichteten Ära der Sozialforschung angesehen wird, während es in Wahrheit genau umgekehrt das letzte Dokument einer langen Reihe ist, die in Frankreich mit Le Play, in England mit Booth u. a. angefangen hatte. In allen diesen Fällen ist Gemeinde nur darum von Interesse, weil sie es erlaubt, bestimmte Probleme (Familie, Proletarisierung und Verelendung, Verwahrlosung, Kriminalität, Alkoholismus, Prostitution usf.) im natürlichen Zusammenhang des Milieus zu studieren, denen sich später (bis zu den Lynds) andere (weniger dramatische) Probleme anschlossen wie: Lebenserwerb aller Klassen, Begründung eines Heims, Erziehung der Jugend, Freizeitbetätigungen, Religionspraxis, Gemeindebetätigung, Informationsquellen (Presse, Gerücht), Gesundheitswesen, Justiz und Verwaltung usw. Von Fragen der Gemeindestruktur ist

---

[305]Ebenda, S. 145.

dagegen in allen diesen Fällen nur erst nebenbei die Rede. Diese Art der Analyse beginnt, von einigen wenigen Vorläufern abgesehen, erst mit Park und der Chicago-Schule der Soziologie, dann in immer spezifischerem Sinne seit dem Ende der dreißiger Jahre.

Neben dem Versuch, eine realistische Betrachtung der sozialen Gegenwartsverhältnisse anzubahnen, steht dann bei den älteren Gemeinde untersuchungen das Bemühen im Vordergrund, eine sozialwissenschaftlich fundierte Sozialpolitik zu entwickeln. Dies gilt im Grunde seit Le Play bis zur heutigen Gruppe „Economie et Humanisme", die in Rouen eine interessante Gemeindeuntersuchung durchgeführt hat[306]. Wir haben schon die Gefahren hervorgehoben, die aus einer solchen allzu engen Verquickung von Forschung und Praxis resultieren. Es läßt sich daher kaum vermeiden, daß die Wissenschaftlichkeit der Untersuchung darunter leidet, indem etwa das tatsächlich Vorgefundene an dem gemessen wird, wie es nach der Meinung des Verfassers eigentlich „sein sollte". Das gilt für alle sozialpolitisch ausgerichteten Untersuchungen dieser Art, seien sie nun nach rechts oder nach links orientiert.

Die empirische Untersuchung sozialer Gegenwartsprobleme

Die von Frankreich ausgegangenen Anregungen werden zunächst in England aufgegriffen, wobei der wesentliche Verbindungspunkt darin liegt, eine empirische Untersuchung sozialer Gegenwartsfragen anzubahnen (im Gegensatz etwa zur deutschen Entwicklung, die sich seit Wilhelm Heinrich Riehl in die Verwechslung von Sachanalyse und Sollnormen verbissen hat)[307]. Der erste große Vertreter dieser englischen Entwicklung ist Booth (1840–1916), der seine Untersuchungen in der Londoner East Side durchführte und in einem Monumentalwerk von siebzehn Bänden niederlegte (1892 bis 1902)[308]. Er ist auch verantwortlich für die Ausbildung einer ganzen Reihe von jüngeren Forschern, deren Nachwirkung teilweise bis heute andauert, wie etwa Beatrice Potter, die spätere Frau von Sidney Webb, mit dem sie gemeinsam eines der wichtigsten Werke zur Begründung empirischer Forschungsmethoden in der Sozialforschung verfaßte[309]. Unterdessen wurde das Unternehmen von Booth wieder aufgenommen durch Rowntree der die englische Provinzstadt York zum Gegenstand seiner Untersuchungen

---

[306]M. Quoist, La ville et l'homme: Rouen, a.a.O.

[307]An älterer Literatur Andreas Walther, Soziologie und Sozialwissenschaften in Amerika und ihre Bedeutung für die Pädagogik. Karlsruhe 1927; vgl. zum folgenden Pauline V. Young, Scientific Social Surveys and Research, a.a.O., Teil I, Kap. I und II; E. Gordon Ericksen, Urban Behavior. New York 1954, S. 8 ff. Kap. IV; R. Glass, The Social Background of a Plan, a.a.O. mit reicher Bibliographie.

[308]Charles Booth, Life and Labour of the People of London, 17 Bde. London 1892–1902.

[309]Beatrice und Sidney Webb, Methods of Social Study. London 1932.

machte, in deren Mittelpunkt ebenfalls die Armut stand. Er ist für uns darum von besonderem Interesse, weil er die erste Untersuchung von York (1908) rund dreißig Jahre später (1936) wiederholte und damit instand gesetzt wurde, bestimmte Entwicklungslinien aufzuweisen. War damit schon der Gebrauch der vergleichenden Methode angebahnt, indem man die gleiche Gemeinde zu verschiedenen Zeitpunkten verglich, so baute Arthur Bowley dies systematischer aus, indem er wiederum die Armut in fünf englischen mittelgroßen Industriestädten untersuchte. Die von Bowley entwickelten Verfeinerungen der empirischen Forschungsmethoden wurden schließlich durch Sir Hubert Llewelyn Smith, ebenfalls ein früher Mitarbeiter von Booth, in einer neunbändigen Untersuchung über die Stadt London (1930–1935) verwirklicht, um mehr über die Lebensbedingungen der arbeitenden Klassen in London zu erfahren. Zur gleichen Zeit brachte Caradog Jones seine große Studie über die Stadt Liverpool und die Merseyside (Landschaft in Westengland) heraus (1934/35), wobei mehr und mehr systematische Gesichtspunkte gegenüber den früher vorwaltenden Beschreibungen in den Vordergrund traten. Diese Entwicklung hat auch nach dem Kriege angehalten, wie die interessanten Publikationen von Thomas Spensley Simey und seinen Mitarbeitern über Liverpool, Manchester und die Merseyside beweisen, bei denen mehr und mehr Strukturfragen hervortreten. Glass, selber eine wichtige Vertreterin dieser Forschungsrichtung, gab jüngstens eine praktisch erschöpfende Bibliographie dieser ganzen Entwicklungen in England, bei der besonders wichtig ist, daß sie eine deutliche Scheidungslinie zieht zwischen der eigentlichen Gemeindeforschung und einem neuen Vorstoß mehr praktisch-politischer Interessen, wie sie mit der Stadtplanung aufgekommen sind. Als vorläufig letzte Untersuchung dieser Art in England, bei der der rein soziologische Charakter und das strukturelle Interesse ganz eindeutig alle Nebeninteressen praktisch-politischer Natur überspielen, darf auf die Untersuchung eines Dorfes in West Cumberland durch Williams und auf die Untersuchungen über Slumgebiete in Ost-London durch Young, Willmott und Peter Townsend, die Untersuchungen über Verwandtschaft in einem Londoner Vorort von Raymond Firth und Judith Djamour sowie die Slum-Studien von Spinley und Kerr und die australischen Arbeiten von Oscar Adolf Oeser und Samuel Battle Hammond hingewiesen werden[310]. Es ist aufschlußreich zu bemerken, daß diese Entwicklung in England heute genau denselben Standort erreicht hat wie in den Vereinigten Staaten unmittelbar vor dem Kriege, wobei die englischen Untersuchungen ihre Stärke insbesondere in der sozialpsychologischen Ausrichtung haben.

---

[310]W. M. Williams, The Sociology of an English Village, a.a.O.; M. Young und P. Willmott, Family and Kinship in East London, a.a.O.; Peter Townsend, The Family Life of Old People. London 1957; Raymond Firth und Judith Djamour, Two Studies of Kinship in London. London 1956; B. M. Spinley, The Deprived and the Privileged, a.a.O.; Madeline Kerr, The People of Ship Street, a.a.O.; O. A. Oeser und S. B. Hammond, Social Structure and Personality in a Rural Community. London 1954; dies., Social Structure and Personality in a City. London 1954.

Auch in Amerika geht die Beschäftigung mit der Gemeinde auf ursprünglich mehr sozialpolitische Interessen zurück, die sehr realistische Beschreibung der Armutsquartiere in den großen Städten veranlaßten. In der Öffentlichkeit wurden diese Männer als „muck-rakers" (die Schmutz-kehrer [Nestbeschmutzer]) bezeichnet, woran gleichermaßen Forscher wie Reporter und Romanschriftsteller beteiligt waren. Seit den achtziger Jahren mehrten sich Untersuchungen dieser Art, die mehr oder weniger unsystematischer Natur waren, wobei häufig die dramatischen Akzente die Unsicherheit in der Materialbeschaffung ersetzen mußten. Das führte dazu, daß die Universität Chicago im Jahre 1894 schon einen kleinen „Katechis-mus" für die Beobachtung sozialer Phänomene herausbrachte. Im Jahre 1907 wurde dann in New York die Russell Sage Foundation gegründet, die sich von allem Anfang an um die methodische Ausgestaltung dieses Forschungs-zweiges der Soziologie bemühte, wie drei interessante Bücher beweisen, die im Abstand von über vierzig Jahren herauskamen und den Fortschritt auf diesem Gebiet höchst eindringlich dokumentieren. 1911 erschien ein Heft-chen von Marga F. Byington „What Social Workers Should Know About Their Own Communities", das ganz an den Bedürfnissen der Sozialfürsorge ausgerichtet ist. Später erschien eine bereits erweiterte Anleitung zur Durch-führung von Gemeindestudien von Joanna C. Colcord, ebenfalls bei der Russell Sage Foundation (1939). Und schließlich brachte 1955 die gleiche Stiftung ein umfangreiches und höchst systematisches Werk von Warren heraus, in dem der gesamte Stoff, der bei einer Gemeindeuntersuchung anfallen kann, in nicht weniger als zwanzig Kapiteln und rund 1.800 Fragen aufgeteilt wird. Die Russell Sage Foundation war aber nicht nur methodo-logisch, sondern vor allem auch sachlich interessiert. So finanzierte sie seit 1909 (neben anderen Stellen) den Pittsburgh Survey, der, unter Leitung von Paul U. Kellog durchgeführt, in sechs Bänden erschienen ist. Diese Untersuchung war vor allem an der Lage der Arbeiter in der Stahlindustrie interessiert und an den Folgen überstürzter Industrialisierung; aber der Rahmen war schon außerordentlich weit gespannt, indem auch andere Fragen miteinbezogen wurden, speziell auch solche der Familienentwicklung. Seit 1914 führte Shelby M. Harrison, einer der ersten Direktoren der Russell Sage Foundation, den sogenannten Springfield Survey durch, der sich mit einer vergleichsweise kleinen Gemeinde von rund 50.000 Einwohnern befaßte. Hier wurde der Stoff sorgfältig in neun Hauptgebiete aufgeteilt, die noch deutlich den sozialpolitischen Hintergrund dieses ganzen Forschungszweiges erkennen lassen: 1. die öffentlichen Schulen; 2. die Fürsorgeeinrichtungen für Debile, Irre und Alkoholiker; 3. die Bedürfnisse und Einrichtungen zur Freizeitgestaltung; 4. die Wohnverhältnisse; 5. Gesundheitswesen und soziale Hygiene; 6. öffentliches und privates Wohlfahrtswesen; 7. Verhältnisse in der Industrie; 8. Kriminalität und ihre Bekämpfung; 9. Stadtverwaltung. Im übrigen tritt hier ein Zug zum ersten Male zutage, der seit jener Zeit für die amerikanischen Gemeindeuntersuchungen immer bezeichnend geblieben ist, nämlich als Unterrichtsmittel benutzt zu werden, um Studenten der

Sozialwissenschaften nicht nur mit den sozialen Problemen der Gegenwart, sondern sowohl mit den Forschungstechniken als auch mit der unmittelbaren Durchführung von solchen Erhebungen vertraut zu machen. Es sei auch darauf hingewiesen, daß der jetzige Direktor der Russell Sage Foundation, Donald Young, genau wie seine Vorgänger denkbar intensiv an den Fragen der Gemeindeforschung und der politischen Gemeindegestaltung interessiert ist. Heute steht vor allem das Gesundheitswesen im Vordergrund, wovon zahlreiche interessante Publikationen Zeugnis geben.

Die Entfaltung dieses neuen Forschungszweiges in Amerika erfolgte geradezu beispiellos schnell und intensiv. In einer Bibliographie, welche die Russell Sage Foundation 1930 herausbrachte, verzeichnen die Verfasser Allen Eaton und Shelby M. Harrison[311] nicht weniger als 2.775 Titel oder Projekte, darunter 154 vollständige Gemeindeuntersuchungen und 2.621 spezialisierte, die bis Ende 1927 abgeschlossen worden waren. Dabei sind journalistische Reportagen ausdrücklich ausgeschlossen. Im Laufe dieser Entwicklung, die bis heute ununterbrochen weiterläuft, treten vor allem zwei Züge immer mehr in Erscheinung, die uns für die unmittelbare Gegenwart sehr bezeichnend erscheinen. Der erste ist das schon erwähnte pädagogische Interesse solcher Untersuchungen. In der Tat geben sie das ideale Übungs-mittel für Studenten ab, sei es, daß diese ganz einfach bestimmte Probleme auf Gemeindeboden studieren, wo sie leichter (und billiger) zugänglich sind als in größeren Gebieten; sei es auch, daß solche Unternehmungen stärker systematisiert werden wie etwa die Detroit Area Study, die von der University of Michigan schon seit Jahren durchgeführt wurde und bei der im Rahmen eines weitreichenden Projektes zahlreiche Studenten ihre ersten wissenschaft-lichen Arbeiten auf diesem Gebiet abfassen, wie auch Gelehrte von Rang und Namen ihre Spe zialuntersuchungen. Im übrigen stehe dieser Name hier nur für zahlreiche ähnliche Organisationen der gleichen Art an vielen Universitäten Amerikas, wobei wir als die bekannteste, deren Produktionen Weltruf besitzen, das Chicago City Inventory erwähnen wollen, das sich auf Großstadtforschung spezialisierte.

Es ist nach dem oben Gesagten absolut unmöglich, eine erschöpfende Darstellung der Entwicklung in den Vereinigten Staaten zu geben; erstens nährt sie sich aus zu vielen Quellen, dann aber ist auch die Produktion der-art reich, daß sie fast unübersehbar geworden ist. So können hier nur die wichtigsten Etappen dieser Bewegung umschrieben werden, wobei wir ganz bewußt alles auslassen, was nur mit Planung und Reform zu tun hat. Dabei kommt vor allem der oben erwähnte zweite Zug klar zum Vorschein, indem allmählich nicht mehr nur „soziale Probleme" im allgemeinsten Sinne der Sozialreform und Sozialpolitik, sondern soziologische Probleme im strengen Sinne des Wortes hervortreten. Daraus erwachsen zahlreiche spezialisierte

---

[311]Allan Eaton und Shelby M. Harrison, A Bibliography of Social Surveys. New York 1930.

Gemeindestudien einerseits, die sich mit Fragen der Kriminalität, der Rassen-
beziehungen, seit dem Ende der zwanziger Jahre mit Fragen der Arbeitslosigkeit und ähnlichem auf Gemeindeebene befassen, andererseits aber entwickelt
sich von hier aus jener spezielle Aspekt der Gemeindeforschung, den man
als Großstadtsoziologie bezeichnet und auf dem die Chicago-Schule hervorragende Ergebnisse zutage gefördert hat. Damit ist auch gesagt, daß nunmehr die Soziologen entschieden die Initiative übernommen haben, was an
und für sich schon deutlich an den beiden Bänden des Ehepaars Lynd über
„Middletown" (1929 und 1937) in Erscheinung tritt. Andererseits sind aber
ihre rein soziologisch-strukturellen Bemühungen noch so wenig ausgeprägt
und die einfach beschreibende Aufteilung des Stoffes nach ungefähren
Lebenskreisen noch so vordringlich, daß man sie nicht als Beginn von etwas
Neuem, sondern nur als Abschluß von etwas Altem ansehen kann. Immerhin wollen wir natürlich keineswegs in Abrede stellen, daß auch schon spezifisch soziologische Momente bei ihnen aufzutreten beginnen; dies wird
leicht erkennbar, wenn wir etwa den neuen Pittsburgh Survey von 1938
zum Vergleich heranziehen, der vorwiegend als Mittel und Unterlage zur
Reorganisation des Fürsorgewesens gedacht war. Die eigentlich soziologisch
ausgerichteten Untersuchungen der Universität Chicago erscheinen seit 1923
in ununterbrochener Reihenfolge bis heute[312]. Dabei machte sich unmittelbar
vor dem Kriege wiederum ein Umschwung bemerkbar, der im wesentlichen
noch für die Gegenwart bezeichnend ist.

Das Vordringen des Strukturproblems

Diese letzte Entwicklungsetappe beginnt im Grunde gleich nach der
Fertigstellung von „Middletown", als sich Warner und seine Mitarbeiter
an die Untersuchung von „Yankee City" machten, einer kleinen Stadt
Neu-Englands von 17.000 Einwohnern in der Nähe von Cambridge
(Massachusetts). Das Hauptanliegen von Warner war es dabei nicht nur, mit
verfeinerten Forschungstechniken das Unternehmen der Lynds zu wiederholen; vielmehr stellte er sich von vornherein zur Aufgabe, das soziale System
der Gemeinde sichtbar zu machen. Seine Betrachtungsweise ist also im
strengen Sinne strukturell ausgerichtet. Deutlich kommt dies in seiner lang
ausgeführten Definition des Begriffs Gemeinde im ersten Bande der Untersuchung von Yankee City von 1941 zum Ausdruck: „Das Wort Gemeinde
bezeichnet eine Anzahl von Leuten, die miteinander aufgrund der Tatsache,
daß sie zu einer sozialen Gruppe gehören, ein gewisses Verhalten, Interessen,
Gefühle und auch Dinge teilen. Der Forscher bezeichnet die Gemeinden
primitiver Völker als ‚Stämme‘, ‚Banden‘, ‚Dörfer‘ oder ‚Clans‘, der Sozialwissenschaftler, der sich mit dem Leben der Gegenwart befaßt, bezeichnet

---

[312]Vgl. P. V. Young, Scientific Social Surveys and Research, a.a.O., S. 89.

einzelne Lokalgruppen als‚großstädtische Gebiete‘‚„Städte‘‚„Kleinstädte‘‚„N achbarschaften‘‚„Dörfer‘ und‚Landgebiete‘. Obwohl aber die verschiedenen Arten von fortgeschrittenen und primitiven Gruppen untereinander sehr verschieden sind, so sind sie doch der Art nach wesentlich gleich. Alle sind sie nämlich auf einem gegebenen Gebiet lokalisiert, das sie zum Zwecke der Erhaltung des physischen und sozialen Lebens der Gruppe teilweise umformen, und alle die individuellen Mitglieder dieser Gruppen haben direkte oder indirekte Beziehungen miteinander. Diese sozialen Beziehungen sind geordnet und ihre Totalität macht die soziale Struktur der Gruppe aus. Die Struktur der Gruppe erhält sich über die immer neuen Generationen, die in ihr geboren werden, mit nur relativ geringen Veränderungen. Unangesehen der Variationen im Grad an Autonomie, die irgendeine Gruppe ausübt, auch unangesehen ihrer Verschiedenheiten von anderen Gemeinden, unterscheiden sich doch alle lokalen Gruppen in jedem Falle so hinreichend voneinander, daß die in ihnen lebenden Individuen genau wissen, zu welcher Gruppe sie gehören, selbst wenn die anderen nur wenig von der eigenen unterschieden sind[313].“

Während nun Warner und seine Mitarbeiter ihr Interesse vor allem auf die Gesamtstruktur der Gemeinde konzentrierten, über die sie eine Fülle von höchst interessanten Aufschlüssen erhielten, war ein Mann wie Whyte, übrigens ursprünglich genau wie Warner aus der Schule von Chicago hervorgegangen, eher an Teilstrukturen interessiert. In seiner „Street Corner Society“ von 1943 untersuchte er ein italienisches Armutsquartier in „Cornerville“. Im Gegensatz zu den älteren Untersuchungsweisen, die meist auf soziale Desorganisationsphänomene abstellten, war sich Whyte im klaren darüber, daß auch ein solcher Slum eine eigene „komplexe und wohletablierte Organisation“ besitzt[314]. So fand er heraus, daß jede Gruppe eine „hierarchische Struktur der sozialen Beziehungen hatte, welche die Individuen aneinander binden, und daß die Gruppen selber in einer hierarchischen Ordnung zueinander stehen“. Das galt sowohl für organisierte Gruppen wie politische Klubs und Vereine als auch für „informelle“ Gruppen. Es ist klar, daß seine Untersuchung auf soziale Teilstrukturen ausgerichtet ist; dementsprechend konnte auch das hervorragende Werk von Homans als wertvolles Illustrationsmaterial für seine Theorie der Gruppenstruktur verwendet werden[315]. Übrigens dient bei Whyte die Analyse der Teilstrukturen als vorläufiges Mittel zum Erfassen der Großstrukturen. Die hierarchische Ordnung der Gruppen macht es ja unmöglich, daß strukturell weit auseinanderliegende Gruppen direkt in Beziehungen miteinander eintreten. So zeigt sich die Bedeutung der Funktion von vermittelnden

---

[313]W. L. Warner und P. S. Lunt, The Social Life of a Modern Community, a.a.O., S. 16 f.

[314]W. F. Whyte, Street Corner Society, a.a.O., S. VIII.

[315]G. C. Homans, The Human Group, a.a.O., Kap. VII und VIII.

intermediären Gruppen insbesondere in der politischen Ordnung der Gemeinde[316].

Damit haben wir im wesentlichen den Anschluß an die Gegenwart gefunden, in der der geschilderte Ansatz eine weitergehende Ausarbeitung erfahren hat. Da das vorliegende Material in unserer Studie Verwendung gefunden hat, verzichten wir auf eine eingehende Charakteristik, die einzig bereits Bekanntes wiederholen könnte. Dagegen wollen wir zum Abschluß noch einen kurzen Blick auf die Situation in Europa, speziell in Deutschland werfen.

Die Gegenwartssituation in Deutschland und auf dem europäischen Kontinent

Es ist höchst aufschlußreich zu sehen, daß sich die kontinental-europäische Tradition entweder nährt aus der sozialreformerischen Konzeption von Le Play oder aus einer als scheinbar völlig selbstverständlich empfundenen Verbindung von Gemeindeuntersuchungen mit empirischer Sozialforschung, wie es etwa bei Adorno zutage trat. Daraus resultiert nur allzu häufig eine starke theoretische Orientierungslosigkeit solcher Gemeindeuntersuchungen. Dies trifft eindeutig zu bei der französischen Studie über „Auxerre" von Charles Bettelheim und Suzanne Frère, die auf weite Strecken eine reine Materialsammlung darstellt[317]. Die deutsche Darmstadt-Studie leidet auch teilweise daran, daß beim Beginn der Erhebungsarbeiten nur wenig theoretische Leitideen fixiert worden waren. Immerhin gibt es darin ein paar ausgezeichnete Bände, die sich vor allem mit den Landgemeinden aus dem Hinterland von Darmstadt (Kötter, Karl-Günther Grüneisen, Gerhard Teiwes) und mit einzelnen Problemen innerhalb der Stadt befassen, z. B. die Bände von Baumert über Familie und Jugend. Eine neuere französische Untersuchung über „Nouville" entwickelt dann höchst interessante strukturelle Probleme der Gemeindeintegration, während die Dorfstudie von Wurzbacher in Deutschland wegen Mangel an methodologischer Grundlegung an vielen wesentlichen Problemen vorbeigeht[318]. Wir selber versuchten in den von uns seit 1944 veranlaßten und durchgeführten Gemeindeuntersuchungen in der

---

[316]W. F. Whyte, Street Corner Society, a.a.O., S. 271 f.

[317]Charles Bettelheim und Suzanne Frère, Une ville française moyenne: Auxerre en 1950. Etude de structure sociale et urbaine. Paris 1950.

[318]H. Kötter, Struktur und Funktion von Landgemeinden im Einflußbereich einer deutschen Mittelstadt, a.a.O.; K. G. Grüneisen, Landbevölkerung im Kraftfeld der Stadt, a.a.O.; G. Teiwes, Der Nebenerwerbslandwirt und seine Familie im Schnittpunkt ländlicher und städtischer Lebensform, a.a.O.; G. Baumert, Jugend der Nachkriegsstadt, a.a.O.; G. Baumert und E. Hünninger, Deutsche Familien nach dem Kriege, a.a.O.; L. Bernot und R. Blancard, Nouville, a.a.O.; G. Wurzbacher (Hrsg.), Das Dorf im Spannungsfeld industrieller Entwicklung, a.a.O.

Schweiz vor allem strukturelle und kulturelle Probleme zu beleuchten, wie etwa in der Untersuchung einer Züricher Vorortgemeinde von Beck, den verschiedenen Stadtuntersuchungen in der Gemeinde Zürich von Leutenegger und Peter Atteslander und einer Dorfstudie von Hans Weiss[319]. Ähnlich versuchten wir auch später in Deutschland zu verfahren, wo mehrere Untersuchungen abgeschlossen sind und zur Veröffentlichung vorbereitet werden.[320]

Im übrigen darf ein Blick auf die europäischen Verhältnisse Holland und Skandinavien nicht auslassen. In Holland entwickelten sich die Gemeindeuntersuchungen schon ganz ungewöhnlich früh im Zeichen der „Soziographie", die allerdings im Gegensatz zum deutschen Wortgebrauch nicht nur als beschreibende Inventaraufnahme aufgefaßt werden darf, sondern regelmäßig ausgesprochene „Probleme" ins Zentrum stellt, wovon zahlreiche interessante Arbeiten zeugen.[321] Nach dem Kriege erschien vor allem eine Darstellung der Siedlungsformen in der ungarischen Tiefebene durch Arie Nicolaas Jan Den Hollander, die in diesen Gemeinden ganz ähnliche strukturelle Verhältnisse aufweist wie in den amerikanischen Grenzergemeinden. Dies Interesse an Strukturfragen hat bis zu der ausgezeichneten Studie von Gadourek angehalten. In Schweden ist dagegen diese ganze Forschungsrichtung mehr spezialisiert auf die Untersuchungen kleiner Gemeinden einerseits und Stadt- bzw. Großstadtsoziologie andererseits, so daß das Interesse für Strukturfragen sekundär zu sein scheint[322]. Andere Ansätze in Osteuropa (Polen, Tschechoslowakei, Rumänien) sind wahrscheinlich den politischen Nachkriegsentwicklungen zum Opfer gefallen.

---

[319]H. Beck, Der Kulturzusammenstoß zwischen Stadt und Land in einer Vorortgemeinde, a.a.O. M. Leutenegger, Großstadtsoziologie. Probleme der Stadt Zürich. Zürich 1953 (Diss.; Teildruck); ders., Die Sozialstruktur der Züricher Innenstadt. In: Züricher Statistische Nachrichten 1954, Heft 4; P. Atteslander, Dynamische Aspekte des Zuzuges in die Stadt. In: Kölner Zeitschrift für Soziologie und Sozialpsychologie VII (1955), 2; H. Weiss, Ein schweizerisches Industriedorf, a.a.O.; ders., Die Industrialisierung auf dem Lande. In: R. König (Hrsg.), Soziologie der Gemeinde, a.a.O.; ders., Ausbreitung städtischer Lebensformen auf dem Lande. In: Internationales Gewerbearchiv 1958.

[320]M. Sieben, Die Prüfung der Validität von Untersuchungsmethoden zur Analyse von Genossenschaften, a.a.O.; Wolfgang Teuscher, Klassenstruktur und Initiati ve in einer sich wandelnden ländlichen Gemeinde. In: R. König (Hrsg.), Soziologie der Gemeinde, a.a.O.

[321]Sjoerd Groenman, Methoden der Sociografie, 2. Aufl. Assen 1953; ders., Die Gemeindeforschung in den Niederlanden. In: Soziale Welt V (1954), 2; über Gemeindeforschung und Stadtplanung: Ders., Sociale opbouw op territoriale grondslag (Community, Organization). Utrecht 1958. Arie N. J. den Hollander, Nederzettingsvormen en problemen in de groote Hongaarsche laagvlakte. Een Europeesch „Frontier"-gebied. Amsterdam 1947. Über den Begriff „Soziographie" im holländischen und im deutschen Wortgebrauch S. R. König, Soziale Morphologie. In: Ders. (Hrsg.), Lexikon der Soziologie, a.a.O.

[322]H. Swedner, Untersuchung kleiner Gemeinden in Schweden, a.a.O.

XII. METHODEN DER GEMEINDEUNTERSUCHUNGEN

Es liegt auf der Hand, daß die Methodenfrage mit einiger Dringlichkeit aufgerollt werden muß, wenn man schon Gemeindeuntersuchungen und Empirismus in der Soziologie engstens miteinander verkoppelt, wie es so oft geschehen ist. Für viele erscheint ja der Empirismus in der Soziologie seinen reinsten Ausdruck in solchen Gemeindeuntersuchungen gefunden zu haben. Wir hatten allerdings schon mehrfach Gelegenheit, darauf hinzuweisen, daß diese Auffassung zu eng ist, weshalb wir auch diesen Faden zum Abschluß unserer Untersuchung nochmals aufnehmen wollen, um – wenn irgend möglich – zu einer Klärung dieses Verhältnisses vorstoßen zu können.

Die Auswahl der zu untersuchenden Gemeinde

Zunächst muß auch hier betont werden, daß es keine Empirie ohne theoretische Vorklärung geben kann. Mit anderen Worten heißt das, daß zum mindesten erst der Begriff der Gemeinde selbst geklärt werden muß, bevor eine gegebene Gemeinde untersucht werden kann. Wir haben im vorhergehenden versucht, eine solche komplexe Definition der Gemeinde zu entwickeln. Jetzt muß sich zeigen, in welcher Weise diese Definition für die Forschung von Nutzen sein kann. Es liegt auf der Hand, daß vor aller Entscheidung, ob ein gegebenes Untersuchungsobjekt überhaupt angegangen werden soll, erst einmal ausgemacht werden muß, ob es tatsächlich eine lokale Einheit mit sozialen Interaktionen und gemeinsamen Bindungen darstellt. Sofern diese Vorfrage geklärt ist, muß unmittelbar überlegt werden, ob die Gemeinde, die man ausgewählt hat, für das Ziel der Untersuchung auch wirklich brauchbar ist. Will man etwa bestimmte Fragen analysieren, die für ein Bauerndorf bezeichnend sind, so darf man kein ausgesprochenes Industriedorf wählen. Während man wohl erwarten kann, daß ein so grober Fehler vielleicht nicht begangen wird, gibt es aber auch subtilere Fehler dieser Art. So etwa wenn Wurzbacher, um ein deutsches „Dorf im Spannungsfeld industrieller Entwicklung" zu untersuchen, eine Gemeinde wählt, die seit „den Jahrzehnten vor der Jahrhundertwende" in ihrem Zentralort ausgerechnet ein Fremdenverkehrsplatz gewesen ist; hier dürfte es wohl unmittelbar in die Augen springen, das der erstrebte Zweck an einer solchen Gemeinde niemals erreicht werden kann[323].

Die Frage der Gemeindegröße

Sorgfältigste Auswahl der zu untersuchenden Gemeinde ist also allererste Voraussetzung für jedes Unterfangen dieser Art. Es muß unter allen

---

[323]G. Wurzbacher (Hrsg.), Das Dorf im Spannungsfeld industrieller Entwicklung, a.a.O., S. 21 u.ö. Siehe dazu R. König, Die Gemeindeuntersuchung des deutschen Unesco-Institutes, a.a.O., S. 178.

Umständen vermieden werden, daß man einen sehr speziellen Fall aufgreift, falls man nicht gerade an dem betreffenden Problem interessiert ist. Damit wird aber ersichtlich, welche unter Umständen sehr umwegreichen theoretischen Erörterungen vorausgesetzt werden müssen, bevor man sich auf ein bestimmtes Untersuchungsobjekt festlegt. Diese werden im übrigen sofort durch Fragen der Erhebungstechnik kompliziert. Wenn beabsichtigt ist, mit einem durchschnittlichen Mitarbeiterstab möglichst jede Familie einer gegebenen Gemeinde zu erreichen, dann wird nicht nur die Frage der Gemeindeverfassung, sondern überdies noch die der Gemeindegröße akut. Die Erfahrung zeigt, daß einem solchen Vorgehen sehr schnell eine Grenze gesetzt ist. Diese dürfte bei ungefähr 2.000 Einwohnern liegen. Die Festlegung auf diesen Wert ist zunächst rein technisch bedingt und hat keinerlei typologischen Wert, was nicht immer beachtet wird. Denn nur allzu häufig werden mit dieser rein aus Zweckmäßigkeitsgründen erfolgenden Entscheidung Annahmen ganz anderer Natur verbunden, indem etwa daran Vermutungen über die „leichtere Überschaubarkeit" der Verhältnisse angeschlossen werden. Dies ist aber, wie mit aller Deutlichkeit bemerkt werden muß, keine einzig quantitativ relevante Frage, sondern birgt in sich bereits gewisse Vorentscheidungen struktureller Natur, welche die Integration der gewählten Gemeinde betreffen. Wenn hier nicht äußerste Vorsicht geübt wird, kann es nur all zu leicht geschehen, daß das, was erst bewiesen werden soll, von vornherein in die Umreißung der Forschungsobjekte hineingeschmuggelt wird, so daß wir am Schluß nach langer Arbeit und Mühe einzig, aus unserem Material wieder herausholen, was wir vorher hineingesteckt hatten.

Methodisch muß in der Tat genauestens geschieden werden zwischen der Übersichtlichkeit der Verhältnisse für den außen stehenden Beobachter und der internen Übersichtlichkeit einer Gemeinde für die in ihr lebenden Menschen. Das eine ist eine technische Frage, das andere eine Strukturfrage. Während das erste gesichert sein kann, braucht das zweite keineswegs der Fall zu sein. Es kann bestenfalls am Ende der Untersuchung als gesichert gelten, niemals jedoch am Anfang. Die Zahl 2.000 ist also weder groß noch klein; sie ist einfach so gewählt, daß man sie mit einem durchschnittlichen Mitarbeiterstab bewältigen kann, falls man daran interessiert ist, wirklich in jede Familie Einblick zu gewinnen. Falls man über keinen solchen Stab verfügt, muß diese Zahl sofort wesentlich niedriger angesetzt werden, je nachdem bis herunter zu ca. 250 Einwohnern. Letzteres stellt jedoch unseres Erachtens sicher die unterste Grenze dar, müssen wir doch hier annehmen, daß die vom Beobachter ausgehenden Wirkungen auf das Objekt unter Umständen so stark werden, daß man sozusagen „eine gestellte Aufnahme" erhält. Außerdem müssen wir uns gewärtigen, daß in sehr kleinen Gemeinden irgendwelche an sich gar nicht einmal so wichtigen Probleme eine derartige Verzerrung schaffen können, daß das obige Postulat nicht mehr erfüllt werden kann, keine zu speziellen Fälle zu wählen. Dies ist etwa zu beobachten, wenn sich in kleinen Gemeinden Flüchtlinge oder Vertriebene niederlassen. Selbst eine kleine Zahl vermag die Verhältnisse sehr grundsätzlich zu verschieben, man denke etwa an das Eindringen von Elementen mit anderer Konfession in eine vorher konfessionell relativ homogene Gruppe. Sofort entstehen unter Umständen höchst spezielle Probleme; umgekehrt vermögen größere Gemeinden ganz grundsätzlich mehr Menschen zu assimilieren, ohne daß Gleichgewichtsstörungen entstehen, wobei auch hinzukommt, daß sie von Anfang an schon differenzierter sein mögen als eine kleine Gemeinde. Man bedenke den Einfluß, den zwanzig Flüchtlinge in einer Gemeinde von 200 Einwohnern auszuüben vermögen, und vergleiche dies mit dem Einfluß von 2.000 Flüchtlingen auf eine Gemeinde von 20.000 Einwohnern. Während im ersten Falle eine völlige Verwandlung der Gemeinde die Folge sein kann, wird man im zweiten Falle unter Umständen überhaupt keinerlei Störung bemerken, abgesehen von rein technischen Fragen der Unterbringung, der Beschaffung von Arbeitsplätzen und ähnlichen Fragen, die aber die Gemeindeverfassung selber nicht betreffen.

Die Teilnahme am Gemeindeleben

Wir müssen jedoch nunmehr hervorheben, daß alle bisherigen Äußerungen von der Voraussetzung abhängen, daß man in jede einzelne Familie Eintritt zu erhalten wünscht. Eine so außerordentliche Enge des Kontakts ist aber keineswegs immer erforderlich, in manchen Fällen sogar unmöglich, speziell bei der Untersuchung von Gemeinden aus fremden Kulturen, wo man einem von auswärts kommenden Beobachter nur in Ausnahmefällen Eintritt in die Familie gewähren wird. In anderen Fällen kann eine solche Nähe auch unerwünscht sein, weil sie die tatsächlichen Verhältnisse umzugestalten vermag. Das erste Mal würde es sich um teilnehmende Beobachtung im strengen Sinne handeln, im anderen Falle um eine eher nicht-teilnehmende Beobachtung, die aber insofern noch eine direkte Beobachtung bleibt, als der Beobachter mitten unter den beobachteten Menschen weilt, ohne ihnen doch allzu nahe zu kommen[324]. Man kann nun gelegentlich hören, daß sich eine enge Teilnahme am Leben der beobachteten Personen bei fremden Kulturen sowieso verbiete, während umgekehrt eine solche Nähe für die Beobachter fortgeschrittener Industriekulturen eher erwünscht sei, um eine wirkliche Tiefenerkenntnis zu erzielen. Aber wir möchten doch warnen vor dieser nahe liegenden Schlußfolgerung. Denn nur allzu häufig wird man sich reinen Illusionen hingeben über den erreichbaren Grad an Teilnahme in unseren eigenen Kulturen, und das noch ganz abgesehen von jener anderen Täuschungsmöglichkeit, die darin liegt, daß einer, der intensivst in die beobachteten Verhältnisse verflochten ist, plötzlich meint, er „wisse nun alles", während er nur definitiv in das Vorurteilssystem der betreffenden

---

[324]R. König (Hrsg.), Praktische Sozialforschung, Band II: Beobachtung und Experiment. Köln 1956, S. 35.

Gruppe eingefangen worden ist. Demgegenüber darf man umgekehrt die Möglichkeiten der nicht-teilnehmenden direkten Beobachtung keineswegs unterschätzen.

Die Sozialanthropologie gibt uns einen weitreichenden und überzeugenden Beweis für die Wahrheit dieser Feststellung gegenüber primitiven Kulturen. Aber sie trifft genauso zu innerhalb unserer eigenen Gesellschaften, wie häufig Gemeindestudien zeigen, die von Außenstehenden, auch von Ausländern, in bestimmten Ländern durchgeführt wurden. Wir erwähnen hier nur die Untersuchung des Amerikaners Turney-High in Belgien oder die des Tschechen Gadourek in Holland. In beiden Fällen blieb der Beobachter nicht nur unbeteiligt, sondern er war sogar noch ein Fremder. Wir möchten geradezu sagen, daß die Qualität, ein Fremder zu sein, für die nicht-teilnehmende direkte Beobachtung sogar förderlich ist, indem dieser in seiner Arbeit nicht gefährdet ist durch die Fallstricke des Allzu-Selbstverständlichen, sondern im Gegenteil grundsätzlich alles in Frage stellt, was ihm begegnet. Sowie wir aber einen solchen Ansatz wählen, erweitert sich der Aktionsbereich des Sozialforschers ganz außerordentlich. Das heißt mit anderen Worten, daß wir an viel größere Gemeinden herangehen können, ohne über einen besonders großen Mitarbeiterstab zu verfügen. Arensberg entwirft einen Typfall, indem er bei einem Mitarbeiterstab von vier Personen und einem Jahr Feldarbeit eine Gemeindegröße von 20.000 Einwohnern annimmt[325]. Das entspricht eigentlich auch unseren Erfahrungen, so daß man dies vielleicht als Normalfall ansehen kann.

Die Kombination von Forschungsmethoden

In dem Augenblick jedoch, wo solche Zahlenwerte auftreten, erhebt sich die Frage der Auswahl. Es liegt auf der Hand, daß eine irgendwie vollständige Befragung aller Personen in einer solchen Gemeinde unmöglich ist. So findet sich der Forscher auf die üblichen Sample-Erhebungen verwiesen, die nun mehr oder weniger repräsentativer Natur sein können[326]. Man macht übrigens gern und häufig den Fehler, von jeder Sample-Erhebung anzunehmen oder zu verlangen, daß sie repräsentativ sein solle. Dies scheint uns schon aus dem Grunde abwegig zu sein, als wir uns ja bei der Beschränktheit unserer Erkenntnismittel immer auf Teilerhebungen und Auswahlen aus der Fülle des Materials beschränken müssen. Die Frage ist dann zunächst die, die an der Auswahl gewonnenen Teilansichten an anderen Gegebenheiten zu kontrollieren. Dabei kann sich herausstellen, daß die an einer Erhebungsauswahl gefundenen Einsichten mit denen übereinstimmen, die in einem

---

[325]C. M. Arensberg, The Community Study Method, a.a.O., S. 115.

[326]Vgl. dazu R. König (Hrsg.), Praktische Sozialforschung, Band I: Das Interview, 2. Aufl. Köln 1957.

anderen Zusammenhang gewonnen wurden. Das gleiche gilt für die gegenseitige Kontrolle der Arbeitsergebnisse verschiedener Mitarbeiter. Es ist also
keineswegs nötig, von vornherein von einer sogenannten Repräsentativerhebung auszugehen. Ohne von der Hand zu weisen, daß eine solche von
Nutzen sein kann, wollen wir hier einzig hervorheben, daß man sehr wohl
ohne eine solche auskommen kann, ohne darum zu nicht-repräsentativen
Ergebnissen zu gelangen.

Eine wesentliche Voraussetzung hierfür liegt darin, daß man bei
Gemeindeerhebungen grundsätzlich von einer Kombination verschiedener
Erhebungsund Untersuchungsmethoden auszugehen hat, die einander teils
ergänzen, teils kontrollieren. Man ist heute, speziell in Europa, meist viel zu
schnell bei der Hand mit einer sogenannten Repräsentativerhebung, ohne
sich die Frage zu stellen, ob sie wirklich notwendig ist. Und das noch ganz
abgesehen von der Tatsache, daß in den meisten Fällen zahlreiche Erkennt-
nisquellen da sein mögen, aus denen wichtigste Informationen bezogen
werden können, wie amtliche Statistiken, behördliche Akten, Lokal-
geschichten, Ortszeitungen u. a.m. Diese können unter Umständen völlig
genügen, um ein zureichendes Bild der Verhältnisse zu gewinnen, wie viele
Beispiele zeigen. Diese Art des Vorgehens ist weitgehend von der Struktur
unseres Gegenstandes bestimmt. Wenn die Gemeinde wirklich eine Globalgesellschaft auf lokaler Basis darstellt, dann fordert dies geradezu eine Vielheit von Erhebungstechniken, die in der Mannigfaltigkeit der verschiedenen
Funktionskreise eines solchen Gebildes vorgezeichnet ist. Es ist im übrigen
hier nicht der Ort, die verschiedenen Mittel zu beschreiben, deren man sich
dabei bedienen kann. Wichtig ist dagegen die Feststellung, daß es eine eigene
Erhebungsmethode für Gemeindeuntersuchungen gar nicht gibt, und zwar
aus dem einfachen Grunde nicht, weil je nach Bedarf die verschiedensten
Techniken herangezogen werden können, von denen auch tatsächlich
dauernd neue erfunden und praktiziert werden, wie man mit einem Blick
über die Literatur feststellen kann.

Die Entwicklung eines Strukturmodells der Gemeinde

Viel wichtiger als die Frage nach den Techniken der Beobachtung und
der Materialsammlung ist dagegen die eigentlich methodische Frage der
Gewinnung eines Strukturmodells der betreffenden Gemeinde, wie auch
Arensberg sehr richtig hervorhebt[327]. Dies gilt übrigens, selbst wenn eigentliche Repräsentativerhebungen durchgeführt werden. Man muß dazu nur
einsehen, daß die Technik der Repräsentativerhebungen nicht einfach
mechanisch angewendet werden kann, indem man einer bestehenden Liste
eine bestimmte Zahl von Einheiten entnimmt. Vielmehr verlangt die sachlogisch ausgerichtete Strategie der Forschung, daß das verwandte statistische

---

[327]C. M. Arensberg, The Community Study Method, a.a.O., S. 113.

Modell auch der Wirklichkeitskonstellation entspricht. Ohne das kann eine Erhebungsauswahl völlig in die Irre gehen. Dem entspricht auch die allgemeine Konsequenz, daß jede Form der statistischen Auswertung erst am Ende erfolgen kann, nachdem die Modellbildung abgeschlossen und die Sachanalyse durchgeführt ist. Wenn das nicht der Fall ist, fehlt jeglicher Rahmen, in dem die einzelnen Daten erst ihren Sinn gewinnen.

Wir bemerken ausdrücklich, daß hierin in Europa ganz ungewöhnlich viel gesündigt worden ist, speziell unter dem Einfluß bestimmter Soziographen, welche glaubten, es genüge vollauf, mehr oder weniger unsystematisch eine Reihe von Daten zusammenzutragen, um eine zureichende Einsicht in die Struktur einer Gemeinde zu erhalten. Dieser gedankenlose Empirismus, der noch immer viel zu verbreitet ist, bringt die Forschung nicht nur nicht voran, sondern er muß sie auf die Dauer bei allen Interessierten kompromittieren. Darum vermögen wir auch Arensberg voll beizupflichten, wenn er gegenüber dieser Arbeitsweise stärkstens den sozialanthropologischen Ansatz unterstreicht und nun den Weg aufweist, wie der Forscher ansetzt an dem subjektiven Modell von der Gemeinde, wie es im Kopfe ihrer Bürger schwebt, um von dort aus zu einem objektiven Modell vorzustoßen. Dann aber wird die Struktur dieses Modells in der Tat wichtiger als die Zahl der Leute, die eine bestimmte Einstellung zum Ausdruck bringen oder sich auf eine bestimmte Weise verhalten, auch wichtiger als der eventuell statistisch „repräsentative" Charakter einer Erhebung[328]. Wir bemerken auch grundsätzlich, daß eine Gemeinde als Globalgesellschaft auf lokaler Basis eine Fülle von Verhaltensweisen umfaßt, die mit dieser Fundamentalstruktur gar nichts zu tun haben, sei es, daß es sich ganz einfach um nicht-strukturiertes oder nicht-strukturables Verhalten handelt, sei es auch nur, daß es in einem Determinationssystem eingeschlossen ist, das wesentlich nicht gemeindlicher Natur ist – also z. B. aus dem Determinationssystem von Globalgesellschaften höherer Ordnung resultiert. Diese von. Reiss[329] mit vollem Recht hervorgehobene Schwierigkeit sollte eigentlich die Technik der Repräsentativerhebungen erst in allerletzter Linie aufkommen lassen, nachdem die Modellbildung abgeschlossen und alle übrigen Erhebungstechniken bereits erschöpft sind. Dann erhebt sich noch immer die Frage, ob jetzt eine solche Erhebung eigentlich noch lohnt. Jedenfalls erfährt man durch sie unter keinen Umständen mehr, als man vorher schon wußte; man kann höchstens hoffen, bestimmte Gewichte etwas genauer abschätzen zu können als vorher. Alles dies gilt natürlich nur, solange man nicht die Gemeindeerhebung benutzt, um über die Globalgesellschaften höherer Ordnung Auskunft zu erhalten. Dieser Fall, der offensichtlich vielen als der Regelfall erscheint, ist aber genau umgekehrt vielleicht keine Ausnahme, aber doch recht untypisch. Außerdem wird es meist so sein, wie Steward[330] hervorhebt, daß man sich nur in den

---

[328]Ebenda.

[329]A. Reiss Jr., A Review and Evaluation of Research on Community, a.a.O.

[330]J. H. Steward, Area Research, a.a.O.

wenigsten Fällen an eine Gemeinde halten wird, sondern zumeist an ein mehr oder weniger großes Gebiet, wie man es denn auch bei der DarmstadtStudie gehalten hat.

So bleibt also in der Tat das wesentliche methodologische Problem aller Gemeindeerhebungen die Entwicklung eines Strukturmodells der betreffenden Gemeinde, innerhalb dessen dann die Einzelzüge, die aus den verschiedenen Erhebungsquellen gewonnen werden, eingeordnet werden können. So schließt sich der Kreis von der im vorhergehenden geübten strukturellen Betrachtungsweise der Gemeinde als einer Globalgesellschaft eigener Natur mit dem methodologischen Grundpostulat einer Modellbildung, die sich der üblichen und in zahlreichen anderen Wissensgebieten wohl erprobten Techniken der Forschung bedient, die je nach Bedarf angewendet werden können.

BIBLIOGRAPHISCHER ANHANG

Diese Bibliographie beansprucht in keiner Weise Vollständigkeit. Sie will nur wesentliche Werke zusammentragen, die entweder selber Gemeindeuntersuchungen gegeben oder sich in irgendeiner Weise theoretisch und kritisch zur Soziologie der Gemeinde geäußert haben. Allerdings mußten hierbei sämtliche Werke ausgelassen werden, die ausschließlich sozialanthropologisch oder ethnologisch ausgerichtet sind. Außerdem muß hier nochmals festgestellt werden, wie bereits das ganze Buch hindurch unterstrichen worden ist, daß weder die Land-, noch die Stadt- oder Großstadtsoziologie, noch auch die Soziologie der Stadt-Land-Beziehungen berücksichtigt worden sind. Das gleiche gilt für die Literatur zur Stadt- und Landesplanung. Wenn schon einmal solche Werke ausnahmsweise genannt wurden, dann nur insofern sie gelegentlich Auskünfte über die Struktur der Gemeinde geben. Wir bemerken übrigens, daß viele der angeführten Werke selber wieder bibliographische Notizen enthalten, die der Leser mit Nutzen heranziehen wird. Wir verzichten auch darauf, die ältere Literatur an Gemeindestudien zu verzeichnen, weil oft genug über sie gehandelt worden ist, und auch, um die Bibliographie nicht unmäßig zu verlängern. Im übrigen werden alle Werke angeführt, die im Buche ausdrücklich zitiert worden sind, sofern sie einen unmittelbaren Bezug auf seinen zentralen Gegenstand haben.

Adorno, Theodor W., Gemeindestudien. In: Theodor W. Adorno und Walter Dirks (Hrsg.), Soziologische Exkurse. Frankfurt/M. 1956.

Alexander, Frank D., The Problem of Locality Group Classification. In: Rural Sociology XVII, 1952.

Allihan, Milla A., Social Ecology: A Critical Analysis. New York 1938.

Ammar, Hamed, Growing up in an Egyptian Village. London 1954.

Anderson, Nels, A Community Study of Darmstadt, Germany. In: Transactions of the Second World Congress of Sociology. London 1953.

Anderson, Nels, Die Darmstadt-Studie. Ein informeller Rückblick. In: René König (Hrsg.), Soziologie der Gemeinde (Sonderheft 1 der Kölner Zeitschrift für Soziologie und Sozialpsychologie). Opladen 1956.

Anderson, Sherwood, Home Town, The Face of America. Mamaroneck, N.Y., 1940.

Angell, Robert C., The Moral Integration of American Cities. Beiheft zum American Journal of Sociology 1951.

Arensberg, Conrad M., The Community Study Method. In: American Journal of Sociology LX (1954).

Arensberg, Conrad M., Ergebnisse der deutschen Gemeindestudie im internationalen Vergleich. In: Gerhard Wurzbacher (Hrsg.), Das Dorf im Spannungsfeld industrieller Entwicklung. Stuttgart 1954.

Arensberg, Conrad M., American Communities. In: American Anthropologist LVII (1955).

Arensberg, Conrad M. und Solon T. Kimball, Family and Community in Ireland. Cambridge, Mass., 1948 (zuerst 1940).

Atteslander, Peter, Dynamische Aspekte des Zuzuges in die Stadt. In: Kölner Zeitschrift für Soziologie und Sozialpsychologie VII (1955), 2.

Baltzell, E. Digby, Philadelphia Gentlemen. The Making of a National Upper Class. Glencoe, Ill., 1958.

Barker, Roger G. und Herbert F. Wright, Midwest and its Children, The Psychological Ecology of an American Town. Evanston, Ill., 1954.

Bates, Marston, Human Ecology. In: Alfred L. Kroeber (Hrsg.), Anthropology Today. Chicago 1953.

Baumert, Gerhard, Jugend der Nachkriegszeit. Lebensverhältnisse und Reaktionsweisen. Darmstadt 1952 (Band 4 der Darmstadt-Studie).

Baumert, Gerhard und Edith Hünninger, Deutsche Familien nach dem Kriege. Struktur, Typen und Verhalten. Darmstadt 1954 (Band 5 der Darmstadt-Studie).

Beck, Hansjürg, Der Kulturzusammenstoß von Stadt und Land in einer Vorortgemeinde. Zürich 1952.

Becker, Erich, Entwicklung der deutschen Gemeinden und Gemeindeverbände im Hinblick auf die Gegenwart. In: Hans Peters (Hrsg.), Handbuch der kommunalen Wissenschaft und Praxis, Bd. I. Berlin 1956.

Becker, Erich, Die Stadtverwaltung als verfassungsrechtliche Grundlage der kommunalen Ordnung in Bund und Ländern. In: Hans Peters (Hrsg.), Handbuch der kommunalen Wissenschaft und Praxis, Bd. I. Berlin 1956.

Bergel, Egon Ernest, Urban Sociology. New York 1955.

Bernard, Jessie, American Community Behavior. New York 1949.

Bernard, Jessie, Social Psychological Aspects of Community Study: Some Areas Compartively Neglected by American Sociologists. In: The British Journal of Sociology XI 1951.

Bernard, Luther L. (Hrsg.), The Fields and Methods of Sociology. New York 1934, Kap. 4, 5, 6, 7.

Bernot, Lucien und Renè Blancard, Nouville. Un village français. Paris 1953.

Bettelheim, Charles und Suzanne Frère, Une ville française moyenne: Auxerre en 1950. Paris 1950.

Blumenthal, Albert, Small Town Stuff. Chicago 1932.

Bobek, Hans, Albert Hammer und Robert Ofner, Beiträge zur Ermittlung von Gemeindetypen. Klagenfurt 1955.

Bogue, Donald J., The Structure of the Metropolitan Community: A Study of Dominance and Subdominance. Ann Arbor 1949.

Bottomore, Thomas B., Social Stratification in Voluntary Organizations. In: David V. Glass (Hrsg.), Social Mobility in Britain. London 1954.

Brunner, Edmund de S., Village Communities. New York 1927.

Burgess, Ernest W. (Hrsg.), The Urban Community. 1925.

Burr, Walter, Small Towns. New York 1929.

Chevalier, Louis, La formation de la population parisienne au 19e siècle. Paris 1950.

Chombart de Lauwe, Paul Henry, Découverte aérienne du Monde. Paris 1949.

Chombart de Lauwe, Photographies aériennes. L'étude de l'homme sur la terre. Paris 1951.

Chombart de Lauwe, Paris et l'agglomération parisienne, 2 Bde. Paris 1952.

Cohen, Albert K., Delinquent Boys. The Culture of the Gang. Glencoe, Ill., 1955.

Cook, Lloyd A., Community Backgrounds of Education. New York 1938.

Cooley, Charles H., Human Nature and the Social Order. New York 1902.

Croon, Helmut, Sozialgeschichtsforschung und Archive. In: Der Archivar VII (1954).

Croon, Helmut, Methoden zur Erforschung der gemeindlichen Sozialgeschichte. In: Westfälische Forschungen VIII (1955).

Croon, Helmut, Die Einwirkung der Industrialisierung auf die gesellschaftliche Schichtung der Bevölkerung im rheinisch-westfälischen Industriegebiet. In: Rheinische Vierteljahrsblätter XX (1955).

Croon, Helmut und Kurt Utermann, Zeche und Gemeinde. Untersuchungen über den Strukturwandel einer Zechengemeinde im nördlichen Ruhrgebiet. Tübingen 1958.

Dahir, James, Communities for Better Living. New York 1950.

Davis, Allison und John Dollard, Children of Bondage. Washington, D. C., 1940.

Davis, Allison, John Dollard, Gardner, Burleigh B. und Mary R. Gardner, Deep South. A Social Anthropological Study of Caste and Class. Chicago 1941.

Dickinson, Robert E., City, Region and Regionalism. London 1947.

Dietze, Constantin von, Max Rolfes und Georg Weippert, Lebensverhältnisse in klein-bürgerlichen Dörfern. Hamburg-Berlin 1951.

Dollard, John, Caste and Class in a Southern Town, 2. Aufl. New York 1949.

Drake, St. Clair und Horace R. Cayton, Black Metropolis. A Study of Negroe Life in a Northern City. New York 1945.

Dube, Shyama Charan, Indian Village. London 1955.

Du Wors, Richard E., Persistance and Change in Local Values of Two New England Communities. In: Rural Sociology XVII (1952).

Eaton, Allen und Shelby M. Harrison, A Bibliography of Social Surveys. New York 1930.

Egger, Martin, Die Integration eines Dorfes im sozialen Wandel. In: R. König (Hrsg.), Soziologie der Gemeinde (Sonderheft 1 der Kölner Zeitschrift für Soziologie und Sozialpsychologie). Opladen 1956.

Embree, John F., A Japanese Village: Suye Mura. London 1946.

Ericksen, E. Gordon, Urban Behavior. New York 1954.

Ferber, Christian von, Die Gemeindestudie des Instituts für sozialwissenschaftliche Forschung, Darmstadt. In: R. König (Hrsg.), Soziologie der Gemeinde (Sonder-heft 1 der Kölner Zeitschrift für Soziologie und Sozialpsychologie). Opladen 1956.

Festinger, Leon, Stanley Schachter und Kurt Back, Social Pressures in Informal Groups. New York 1950.

Finke, Heinz A., Soziale Gemeindetypen. In: Geographisches Taschenbuch. Stuttgart 1953.

Firey, Walter, Grenzen als Faktoren in der Gemeindeplanung. In: Soziale Welt IX (1954), 2.

Firth, Raymond (Hrsg.), Two Studies of Kinship in London. London 1956.

Forde, Daryll, Habitat, Economy and Society. A Geographical Introduction to Ethnology. London 1952 (zuerst 1934).

Francis, Emerich K., In Search of Utopia. The Mennonites in Manitoba. Altona, Manitoba, 1955.

Friedmann, Georges (Hrsg.), Villes et campagnes. Civilisation urbaine et civilisation rurale en France. Paris 1953.

Gadourek, Ivan, A Dutch Community. Leiden 1956.

Geiger, Theodor, Soziale Umschichtungen in einer dänischen Mittelstadt, 2 Bde. Kopenhagen 1951.

Gettys, Warner E., The Field and Problems of Community Study. In: Luther L. Bernard (Hrsg.), Fields and Methods of Sociology. New York 1934.

Gillette, John M., Community Concepts. In: Social Forces IV (1926).

Glass, Ruth, The Social Background of a Plan: A Study of Middlesborough. London 1948.

Glass, Ruth, Urban Sociology in Great Britain. In: Current Sociology IV (1955), 4.

Glotz, Gustave, La cité Greque. Paris 1928.

Goetz, Harry, Die ausländischen Gemeinden im Vergleich zu den deutschen. In: Hans Peters (Hrsg.), Handbuch der kommunalen Wissenschaft und Praxis. Bd. I, Berlin 1956.

Groenman, Sjoerd, Methoden der Sociografie, 2. Aufl. Assen 1953.

Groenman, Sjoerd, Die Gemeindeforschung in den Niederlanden. In: Soziale Welt V (1954), 2.

Groenman, Sjoerd, Sociale opbouw op territoriale grondslag. Utrecht 1958.

Grüneisen, Karl-Günther, Landbevölkerung im Kraftfeld der Stadt. Darmstadt 1952 (Band 2 der Darmstadt-Studie).

Günther, Hans F. K., Das Bauerntum als Lebens- und Gemeinschaftsform. LeipzigBerlin 1939.

Gutkind, E. A., Community and Environment. London 1953.

Hacon, Richard J., Neighbourhoods or Neighbourhood Units. In: The [British] Sociological Review N. S. III (1955).

Hagood, Margaret J., Statistical Methods for Delineation of Regions Applied to Data on Agriculture and Population. In: Social Forces XXI (1943).

Halbwachs, Maurice, Morphologie sociale, 2. Aufl. Paris 1946 (zuerst 1938).

Hallenbeck, Wilbur C., American Urban Communities. New York 1951.

Halpern, Joel Martin, A Serbian Village. New York 1958.

Harris, Marvin, Town and Country in Brazil. New York 1956.

Harrison, Shelby M., Community Action Through Surveys. New York 1916.

Harrison, Shelby M., The Social Survey. The Idea Defined and its Development Traced. New York 1931.

Hatt, Paul K., The Concept of Natural Area. In: American Sociological Review XI (1946).

Hawley, Amos H., Human Ecology. A Theory of Community Structure. New York 1950.

Hawley, Amos H., The Changing Shape of Metropolitan Areas. Glencoe, Ill., 1956.

Hayes, Wayland J., The Small Community Looks Ahead. New York 1947.

Heichelheim, Fritz M., Wirtschaftsgeschichte des Altertums, 2 Bde. Leiden 1938.

Heintz, Peter, Neue Forschungsergebnisse der Soziologie der Gruppenführung. In: Schweizerische Zeitschrift für Volkswirtschaft und Statistik X (1954).

Heintz, Peter, Soziale Vorurteile. Köln 1957.

Hesse, Paul, Grundprobleme der Agrarverfassung. Stuttgart 1949.

Hicks, Granville, Small Town. New York 1946.

Hill, Mozell C. und Albert N. Whiting, Some Theoretical and Methodological Problems in Community Studies. In: Social Forces XXIX (1950).

Hiller, Ernest T., The Community as a Social Group. In: American Sociological Review VI (1941).

Hillery Jr., George H., Definitions of Community: Areas of Agreement. In: Rural Sociology XX (1950).

Hillman, Arthur, Community Organization and Planning. New York 1950.

Hitch, Earle, Rebuilding Rural America. New Designs for Community Life. New York 1950.

Hoffmann, Harriet, Die Beziehungslehre als sozialwissenschaftliche Forschungsmethode. In: Karl Günther Specht (Hrsg.), Soziologische Forschung in unserer Zeit. Köln 1951.

Hoffmann, Harriet, Amerikanische Community Forschung. In: Soziale Welt V (1954).

Hoiberg, Otto G., Exploring the Small Community. Lincoln, Nebraska, 1955.

Hollander, Arie Nicolaas Jan den, Nederzettingsvormen en -problemen in de groote Hongaarsche laagvlakte. Een Europeesch ‚Frontier'-gebied. Amsterdam 1947.

Hollingshead, August B., Community Research: Development and Present Condition. In: American Sociological Review XIII (1948). –, Elmtown's Youth. New York 1949.

Homans, George C., English Villages of the Thirteenth Century. Cambridge, Mass., 1941.

Homans, George C., The Human Group. London 1957 (zuerst 1950).

Hosking, Jones Arthur, Cheltenham Township. Philadelphia, Penns., 1940.

Hunter, Floyd, Community Power Structure. Chapel Hill, N. C., 1953. –, Schaffer, Ruth C. und Cecil G. Sheps, Community Organization: Action and Inaction. Chapel Hill, N. C., 1956.

Huppertz, Berthel, Räume und Schichten bäuerlicher Kulturformen in Deutschland. Bonn 1939.

Ipsen, Gunther, Die Gemeinde als Gemeinschaft. In: Jahrbuch für Kommunalwissenschaft III (1936).

Jäkel, Herbert, Ackerbürger und Ausmärker in Alsfeld/Oberhessen. Frankfurt 1953.

Janowitz, Morris, The Community Press in an Urban Setting. Glencoe, Ill., 1952.

Jones, Thomas J., The Sociology of a New York City Block. New York 1904.

Junek, Oscar W., Isolated Communities. New York 1937.

Kaufman, Harold F., Prestige Classes in a New York Rural Community. Ithaca, N. Y., 1944.

Kerr, Madeline, The People of Ship Street. London 1958.

Keur, John Y. und Dorothy L. Keur, The Deeply Rooted. A Study of a Drenthe Community in the Netherlands. Assen 1955.

Kinneman, Johan A., The Community in American Society. New York 1947.

Kolb, J. H. und Edmund G. Brunner, A Study of Rural Society. New York 1950.

König, René, Die Malavoghlia. Übersetzt und mit einem Nachwort versehen. Zürich 1945.

König, René, Eine Gemeindestudie aus der Türkei. In: Kölner Zeitschrift für Soziologie und Sozialpsychologie, VII (1955), 4.

König, René, Die Gemeinde im Blickfeld der Soziologie. In: Hans Peters (Hrsg.), Handbuch der kommunalen Wissenschaft und Praxis, Bd. I. Berlin 1956.

König, René (Hrsg.), Soziologie der Gemeinde (Sonderheft 1 der Kölner Zeitschrift für Soziologie und Sozialpsychologie). Opladen 1956.

König, René, Einige Bemerkungen zur Soziologie der Gemeinde. In: Ders. (Hrsg.), Soziologie der Gemeinde (Sonderheft 1 der Kölner Zeitschrift für Soziologie und Sozialpsychologie). Opladen 1956.

König, René, Die Gemeindeuntersuchung des deutschen Unesco-Institutes. In: Ders. (Hrsg.), Soziologie der Gemeinde (Sonderheft 1 der Kölner Zeitschrift für Soziologie und Sozialpsychologie). Opladen 1956.

König, René, Banlieues, deplacements journaliers, migrations de travail. In: G. Friedmann (Hrsg.), Villes et campagnes. Paris 1953.

König, René (Hrsg.), Praktische Sozialforschung Bd. I: Das Interview. Köln 1956.

König, René (Hrsg.), Praktische Sozialforschung Bd. II: Beobachtung und Experiment. Köln 1956. –, Gemeinde. In: Ders. (Hrsg.), Lexikon der Soziologie. Frankfurt/M. 1958.

Kötter, Herbert, Struktur und Funktion von Landgemeinden im Einflußbereich einer deutschen Mittelstadt. Darmstadt 1952 (Band I der Darmstadt-Studie).

König, René, Die Gemeinde in der ländlichen Soziologie. In: René König (Hrsg.), Soziologie der Gemeinde (Sonderheft 1 der Kölner Zeitschrift für Soziologie und Sozialpsychologie). Opladen 1956.

Krall, Gustav, Rosenmayr, Leopold, Schimka, Anton und Hans Strotzka, ...wohnen in Wien. Ergebnisse und Folgerungen aus einer Untersuchung von Wiener Wohnverhältnissen. In: Der Aufbau (Monographie 8). Wien 1956.

Kuhr, Irma, Schule und Jugend in einer ausgebombten Stadt; Giselheid Koepnik, Mädchen einer Oberprima. Eine Gruppenstudie. Darmstadt 1952 (Band 6/7 der Darmstadt-Studie).

Landecker, Werner S., Types of Integration and their Measurement. In: The American Journal of Sociology LVI (1950).

Landecker, Werner S., Integration and Group Structure: An Area for Research. In: Social Forces XXX (1952).

Lantz, Herman R., People of Coal Town. New York 1958.

Leiffer, Murray H., A Method for Determining Local Urban Community Boundaries. In: Publications of the American Sociological Society XXVI (1932).

Leighton, Alexander H., The Governing of Men. Princeton, N. J., 1945.

Lemberg, Eugen und Lothar Krecker, Die Entstehung eines neuen Volkes aus Binnendeutschen und Ostvertriebenen. Marburg 1950.

Leutenegger, Max, Großstadtsoziologie. Probleme der Stadt Zürich. Diss. Zürich 1953.

Leutenegger, Max, Die Sozialstruktur der Züricher Innenstadt. In: Züricher Statistische Nachrichten 1954, 4.

Lewin, Kurt, Resolving Social Conflicts. Selected Papers on Group Dynamics. New York 1948.

Lewinski, Jan St., Origin of Property and the Formation of the Village Community. London 1913.

Lewis, Oscar, Life in a Mexican Village: Tepoztlán Restudied. Urbana, Ill., 1951.

Linde, Hans, Grundfragen der Gemeindetypisierung. In: Kurt Brüning (Hrsg.), Forschungsund Sitzungsberichte der Akademie für Raumforschung und Landesplanung. Bd. III. Bremen-Horn 1952.

Linde, Hans, Zur sozialökonomischen Struktur und soziologischen Situation des deutschen Dorfes. In: Wilhelm Abel (Hrsg.), Das Dorf und Aufgaben ländlichen Zusammenlebens. Hannover 1954.

Lindeman, Eduard C., The Community. New York 1921.

Lindeman, Eduard C., Community Conflict. New York 1929.

Lindeman, Eduard C., Community. In: American Encyclopaedia of the Social Sciences, Bd. 3. New York 1930.

Lindemann, Klaus A., Behörde und Bürger. Das Verhältnis zwischen Verwaltung und Bevölkerung in einer deutschen Mittelstadt. Darmstadt 1952 (Band 8 der Darmstadt-Studie).

Lippitt, Ronald, Training in Community Relations. New York 1949.

Lippitt, Ronald, Jeanne Watson und Bruce Wesley, Planned Change, A Comparative Study of Principles and Techniques. New York 1958.

Llewellyn, Emma und Audrey Hawthorn, Human Ecology. In: Georges Gurvitch und Wilbert E. Moore (Hrsg.), Twentieth Century Sociology. New York 1945.

Loomis, Charles P., Social Relationships and Institutions in Seven Rural Communities. Washington, D. C., 1940.

Loomis, Charles P. und J. Allan Beegle, Rural Social Systems. New York 1950.

Lundberg, George A., Mirra Komarowsky und Mary Alice McInery, Leisure: A Suburban Study. New York 1934.

Lundberg, George A. und Mary Steele, Social Attraction Patterns in a Village. In: Sociometry I (1938).

Lynd, Robert S. und Helen M. Lynd, Middletown. A Study in Contemporary American Culture. New York 1929.

Lynd, Robert S. und Helen M. Lynd, Middletown in Transition. A Study in Cultural Conflicts. Zuerst New York 1937.

MacIver, Robert M., Community. New York 1930.

MacIver, Robert M., Society. New York 1937.

MacKenzie

Mann, Peter H., The Concept of Neighbourliness. In: American Journal of Sociology LX (1954).

Mausolff, Anneliese, Gewerkschaft und Betriebsrat im Urteil der Arbeitnehmer. Darmstadt 1952 (Band 9 der Darmstadt-Studie).

Mayntz, Renate, Lokale Parteigruppen in der kleinen Gemeinde. In: Zeitschrift für Politik 1955.

Mayntz, Renate, Soziale Schichtung und sozialer Wandel in einer Industriegemeinde. Stuttgart 1958.

Mays, John B., Growing up in the City, 2. Aufl. Liverpool 1957.

McClenahan, Bessie Averne, The Changing Urban Neighbourhood. Los Angeles 1929.

MacKenzie, Robert D., The Metropolitan Community. New York 1933.

MacKenzie, Robert D., The Neighbourhood. A Study of Local Life in Columbus. Ohio 1923.

Mendita y Nunez, Lucio, Théorie des groupements sociaux. Paris 1957.

Meister, Albert, Coopération d'habitation et sociologie du voisinage. Paris 1957.

Mogey, John M., Family and Neighbourhood, Two Studies in Oxford. Oxford 1956.

Michel, Pierre, Pfaffenhoffen. L'évolution des rapports fonctionels entre un petit centre urbain et la campagne voisine (Centre de Documentation Universitaire). Paris 1954.

Miner, Horace, St. Denis. A French-Canadian Parish. Chicago 1939.

Miner, Horace, The Primitive City of Timbuctoo. Princeton, N. Y., 1953.

Moret, Alexandre, Le Nil et la civilisation égyptienne. Paris 1926.

Moret, Alexandre und Georges Davy, Des clans aux Empires. L'organisation sociale chez les primitifs et dans l'Orient Ancien. Paris 1923.

Morgan, Arthur Eustace, The Small Community. New York 1942.

Mumford, Lewis, The Culture of Cities. New York 1938.

Munch, Peter A., A Study of Cultural Change, Rural Urban Conflicts in Norway. Oslo 1956.

Murdock, George P., Our Primitive Contemporaries. New York 1956 (zuerst 1934).

Murdock, George P., Comparative Community Research. In: American Sociological Review XV (1950).

Murphy, Gardner, In the Minds of Men. The Study of Human Behavior and Social Tensions in India. New York 1953.

Oeser, Oscar Adolf und Samuel Battle Hammond, Social Structure and Personality in a Rural Community. London 1954.

Oeser, Oscar Adolf und Samuel Battle Hammond, Social Structure and Personality in a City. London 1954.

Ogden, Jean und Jess Ogden, Small Communities in Action. New York 1946.

Orlans, Harold, Stevenage. A Sociological Study of a New Town. London 1952.

Paneth, Marie, Branch Street. London 1944.

Park, Robert E., Human Communities. Glencoe, Ill., 1952.

Park, Robert E., Ernest W. Burgess und Robert D. McKenzie, The City. New York 1925.

Parten, Mildred, Surveys, Polls and Samples. Practical Procedures. New York 1950 (mit Bibliographie).

Peters, Hermann, Biologie einer Großstadt. Heidelberg 1954.

Pfeil, Elisabeth, Großstadtforschung. Fragestellungen, Verfahrensweisen und Ergebnisse einer Wissenschaft. Bremen 1950.

Pfeil, Elisabeth, Die Wohnwünsche der Bergarbeiter. Tübingen 1954.

Pfeil, Elisabeth, Soziologie der Großstadt. In: Arnold Gehlen und Helmut Schelsky, Soziologie.

Lehr- und Handbuch der Gesellschaftskunde. Düsseldorf 1955.

Pirenne, Henri, Les villes du Moyen Age. Paris 1927.

Pitt-Rivers, Julien A., The People of the Sierra. London 1954.

Powdermaker, Hortense, After Freedom. A Cultural Study in the Deep South. New York 1939.

Porton, Richard Waverly, Small Town Renaissance. A Story of the Montana Study. New York 1950.

Queen, Stuart A., What is a Community? In: Social Forces I (1922).

Quinn, James A., Human Ecology. New York 1950.

Quoist, Michel, La ville et l'homme: Rouen. Paris 1952.

Redfield, Robert, Tepoztlán. A Mexican Village. A Study of Folk Life. Chicago 1949 (zuerst 1939).

Redfield, Robert, The Folk Culture of Yucatan. Chicago 1948.

Redfield, Robert, A Village that Chose Progress. Chan Kom Revisited. Chicago 1950.

Redfield, Robert, The Primitive World and its Transformations. Ithaca, N. Y., 1953.

Redfield, Robert, The Little Community. Viewpoints for the Study of a Human Whole. UppsalaStockholm 1955.

Redfield, Robert und Alfonso Villa Roja, Chan Kom. A Maya Village. Washington, D. C., 1934.

Reiss Jr., Albert J., A Review and Evaluation of Research on Community. A Working Memorandum Prepared for the Committee on Social Behavior of the Social Science Research Council. Als Manuskript vervielfältigt, Nashville, Tennessee, April 1954.

Riecken, Henry W. und George C. Homans, Psychological Aspects of Social Structure. In: Gardner Lindzey (Hrsg.), Handbook of Social Psychology, Bd. 2, Cambridge, Mass., 1954.

Riemer, Svend, The Modern City. New York 1952.

Rumpf, Max, Deutsches Bauernleben. Stuttgart 1936.

Sanders, Irwin T., The Community. An Introduction to a Social System. New York 1958.

Sanderson, Dwight, The Rural Community. Boston 1932.

Schwind, M., Typisierung der Gemeinden nach ihrer sozialen Struktur als geographische Aufgabe. In: Berichte zur deutschen Landeskunde, Bd. 8. Stuttgart 1950.

Shevky, Eshref und Marilyn Williams, Social Areas of Los Angeles. Los Angeles 1929.

Sieben, Manfred, Die Prüfung der Validität von Untersuchungsmethoden zur Analyse von Genossenschaften. Eine Befragung in zwei ländlichen Gemeinden, Kölner DisS. 1955 (Hektograph.).

Sieben, Manfred, Welche Faktoren bewirken das Wachstum von Genossenschaften. In: Archiv für öffentliche und freigemeinwirtschaftliche Unternehmen III (1958), 4.

Simey, Thomas Spensley (Hrsg.), Neighbourhood and Community. Liverpool 1954.

Sims, Newell L., A Hoosier Village. New York 1912.

Sims, Newell L. (Hrsg.), The Rural Community. New York 1920.

Snedden, David, Neighbourhoods and Neighbourliness. In: Social Forces V (1926).

Sombart, Werner, Städtische Siedelung. In: Alfred Vierkandt (Hrsg.), Handwörterbuch der Soziologie. Stuttgart 1931.

Sorokin, Pitirim A., Carle C. Zimmerman und Charles J. Galpin (Hrsg.), A Systematic Source Book in Rural Sociology. Minneapolis, Minn. 1930. – und Carle C. Zimmerman, Principles of Rural Urban Sociology. New York 1929.

Sorre, Maximilian, Rencontres de la géographie et de la sociologie. Paris 1957.

Specht, Karl G., Mensch und räumliche Umwelt. Bemerkungen zur Geschichte, Abgrenzung und Fragestellung der Sozialökologie. In: Soziale Welt IV (1953).

Specklin, Richard, Altkirch. Type de petite ville (Centre de Documentation Universitaire). Paris 1954.

Spinley, Betty M., The Deprived and the Privileged. Personality Development in English Society. London 1953.

Stauffer, Ernst, Gemeindeforschung in Deutschland. In: Soziale Welt V (1954).

Steiner, Jesse F., The Sources and Methods of Community Study. In: Luther L. Bernard (Hrsg.), The Fields and Methods of Sociology. New York 1934.

Steward, Julian H., Area Research: Theory and Practice. (Social Science Research Council Bull. 63). New York 1950.

Stirling, Paul, Social Ranking in a Turkish Village. In: The British Journal of Sociology IV (1953).

Swedner, Harald, Die Untersuchung kleiner Gemeinden in Schweden. In: R. König (Hrsg.), Soziologie der Gemeinde (Sonderheft 1 der Kölner Zeitschrift für Soziologie und Sozialpsychologie). Opladen 1956.

Szabo, Denis, L'étude de la société urbaine. Louvain 1953.

Taylor, Carl T., Techniques of Community Study and Analysis as Applied to Modern Civilized Societies. In: Ralph Linton (Hrsg.), The Science of Man in the World Crisis. New York 1945.

Teiwes, Gerhard, Der Nebenerwerbslandwirt und seine Familie im Schnittpunkt ländlicher und städtischer Lebensform. Darmstadt 1952 (Band 3 der Darmstadt-Studie).

Terpenning, Walter H., Open Country Neighbourhood. New York 1931.

Teuscher, Wolfgang, Klassenstruktur und Initiative in einer sich wandelnden ländlichen Gemeinde. In: R. König (Hrsg.), Soziologie der Gemeinde (Sonderheft 1 der Kölner Zeitschrift für Soziologie und Sozialpsychologie). Opladen 1956.

Thrasher, Frederic M., The Gang. Revised ed. Chicago 1936.

Thurnwald, Richard, Die Gemeinde der Banaro. Berlin 1912. –, Werden, Wandel und Gestaltung von Staat und Kultur. Berlin 1935.

Townsend, Peter, The Family Life of Old People. London 1957 (mit Bibliographie).

Tricart, Jean, Roquebrune-Cap-Martin. Étude de la transformation d'une commune rurale par le tourisme et la villégiature (Centre de Documentation Universitaire). Paris 1954.

Turney-High, Harry-Holbert, Château Gérard. Time and Life of a Walloon Village. Columbia, S. C., 1953.

Underwood, Kenneth Wilson, Protestant and Catholic. Religious and Social Interaction in an Industrial Community. Boston 1957.

Utermann, Kurt, Aufgaben und Methoden der gemeindlichen Sozialforschung. In: Walter G. Hoffmann (Hrsg.), Beiträge zur Soziologie der industriellen Gesellschaft. Dortmund 1952.

Utermann, Kurt, Forschungsprobleme einer Gemeindeuntersuchung. In: R. König (Hrsg.), Soziologie der Gemeinde (Sonderheft 1 der Kölner Zeitschrift für Soziologie und Sozialpsychologie). Opladen 1956.

Vidich, Arthur J. und Joseph Bensman, The Little Town in Mass Society. Princeton, N. J., 1958.

Walker, Charles, Steeltown. New York 1950.

Warner, W. Lloyd, Social Anthropology and the Modern Community. In: American Journal of Sociology XLVI (1941).

Warner, W. Lloyd, The Status System of a Modern Community. New Haven 1942 (Yankee City Bd. II).

Warner, W. Lloyd, Social Class in America. Chicago 1949.

Warner, W. Lloyd, Structure of American Life. Edinburgh 1952. –, American Life: Dream and Reality. Chicago 1953.

Warner, W. Lloyd und Paul S. Lunt, The Social Life of a Modern Community. New Haven 1941 (Yankee City Bd. I).

Warner, W. Lloyd und Leo Srole, The Social Systems of American Ethnic Groups. New Haven 1945 (Yankee City Bd. III).

Warner, W. Lloyd und Josiah O. Low, The Social System of the Modern Factory. New Haven 1947 (Yankee City Bd. IV).

Warner, W. Lloyd, Marchia L. Merker und Kenneth S. Eells, The Measurement of Social Status. Chicago 1948.

Warner, W. Lloyd u.a., Democracy in Jonesville. New York 1949.

Warren, Roland L., Studying your Community. New York 1955.

Warner, W. Lloyd, Bürgerschaftliche Tätigkeiten in einer deutschen Großstadt. In: Kölner Zeitschrift für Soziologie und Sozialpsychologie IX (1957), 3.

Warner, W. Lloyd, Eine sozialpsychologische Analyse der bürgerschaftlichen Tätigkeiten in Stuttgart. In: Kölner Zeitschrift für Soziologie und Sozialpsychologie IX (1957), 4.

Webb, Beatrice und Sidney Webb, Methods of Social Study. London 1932.

Weber, Max, Wirtschaft und Gesellschaft, 4. Aufl. Tübingen 1956.

Weiss, Hans, Die Industrialisierung auf dem Lande. In: R. König (Hrsg.), Soziologie der Gemeinde (Sonderheft 1 der Kölner Zeitschrift für Soziologie und Sozialpsychologie). Opladen 1956.

Weiss, Hans, Ein schweizerisches Industriedorf. Köln 1958.

West, James, Plainville USA. New York 1945.

Whyte, William F., Street Corner Society. The Social Structure in an Italian Slum. Chicago 1943.

Whyte, William F., Social Organization in the Slums. In: American Sociological Review VIII (1943).

Whyte, William F., Observational Field Work Methods. In: Marie Jahoda, Morton Deutsch und Stuart W. Cook (Hrsg.), Research Methods in Social RelationS. 2 Bde. New York 1951.

Wiese, Leopold von, Das Dorf als soziales Gebilde. Leipzig 1928.

Wiese, Leopold von, Ländliche Siedelungen. In: A. Vierkandt (Hrsg.), Handwörterbuch der Soziologie. Stuttgart 1931.

Williams, James M., An American Town. New York 1906.

Williams, William M., Gosforth. The Sociology of an English Village. London 1956.

Willey, Malcolm M., Community, Socialization, and the Country Newspaper. A Study in Newspaper Content. In: Publications of the American Sociological Society XX (1926).

Wilson, Logan, Sociography of Groups. In: Georges Gurvitch und Wilbert E. Moore (Hrsg.), Twentieth Century Sociology. New York 1945.

Wilson, Warren H., Quaker Hill. New York 1907.

Wilson, Warren H., The Evolution of the Country Community. Boston 1912.

Wirth, Louis, The Ghetto. Chicago 1928.

Wirth, Louis, Community Life and Social Policy. Chicago 1956.

Wood, Arthur E., The Place of the Community in Sociological Studies. In: Publications of the American Sociological Society XXII (1928).

Woolston, Howard, Study of the Population of Manhattanville. New York 1909.

Wormser, Margot Haas und Claire Selltiz, Community Self-Survey. Principles and

Procedures. In: M. Jahoda, M. Deutsch und St. W. Cook (Hrsg.), Research Methods in Social RelationS. 2 Bde. New York 1951.

Wurzbacher, Gerhard (Hrsg.), Das Dorf im Spannungsfeld industrieller Entwicklung. Stuttgart 1954.

Young, Michael und Peter Willmott, Family and Kinship in East London. London 1957.

Young, Pauline V., Scientific Social Surveys and Research. New York 1949.

Zimmerman, Carle C., The Changing Community. New York 1938.

Zorbaugh, Harvey W., The Natural Areas of the City. In: Ernest W. Burgess (Hrsg.), The Urban Community. Chicago 1926.

Zorbaugh, Harvey W., The Gold Coast and the Slum. Chicago 1929.

Zorbaugh, Harvey W., The Natural Areas of the City. In: Publications of the American Sociological Society XX (1926).

Gemeinde

Die Gemeinde ist als lokales Siedlungsgebilde eine der ersten und wichtigsten komplexen sozialen Grundformen, der seit der Seßbarwerdung der Menschheit bis in die Gegenwart verfolgt werden kann. Die Entstehung der Gemeinde hängt wesentlich zusammen mit der Entwicklung höherer sozialer, technischer und wirtschaftlicher Kultur, indem das soziale Leben durch sie insgesamt eine schärfere Profilierung erhält als jemals vorher. Die nomadisierenden Jäger-Sammlerinnen-Gesellschaften der Urzeit der Menschheit hatten durchaus einen unsteten Charakter. Selbst wenn sie sich nicht völlig ungebunden, sondern in relativ eng umgrenzten Jagdgründen bewegten, überwiegt bei ihnen das Verbindungsprinzip der Verwandtschaft dermaßen alle anderen, daß das Territorium darüber zurücktritt, um erst nach der Seßbarwerdung durch die schnell sich entwickelnden Formen des Pflanzenbaus ein integraler Bestandteil der Gesellschaft zu werden. Eine gewisse Übergangsform stellt dabei zweifellos die Ausrichtung von Familie und Verwandtschaft nach der „Lokalität" dar (patrilokale, matrilokale und neolokale Ehe); allerdings ist diese bei nomadisierenden Gruppen zunächst nicht so sehr eine Bindung an einen bestimmten physischen Ort als vielmehr an eine Verwandtengruppe, die ihrerseits für lange Zeit im Raum beweglich ist.

Seit dem Ende der letzten Eiszeit und seit dem jüngeren Paläolithikum muß das alte System der Jäger-Sammlerinnen-Kulturen zunehmend erweitert worden sein, und zwar sowohl durch das Auftreten ebenfalls nomadisierender Großviehhirten als auch durch die Entwicklung des frühen Ackerbaus. Genau in die gleiche Zeit fällt auch die Entstehung dauerhafter Dorfsiedlungen als einer Grundform der Gemeinde. Aufgrund der Tatsache, daß diese Dörfer zuerst befestigt waren, um sich vor den verschiedenen Nomaden zu schützen, liegt eine Verwechslung mit den ältesten Formen der Stadt nahe. Dennoch sollte man beides genau unterscheiden. Von Stadt darf man

R. König, *Soziologische Studien zu Gruppe, Gemeinde und Stadt*, René König Schriften. Ausgabe letzter Hand 15, https://doi.org/10.1007/978-3-658-28251-6_8

erst sprechen, nachdem die Überschichtung von Bauern durch kriegerische Großviehhirten erfolgt ist, was erst in der Periode zwischen dem 5. und dem 4. Jahrtausend vor unserer Zeitrechnung gleichzeitig an verschiedenen Orten der Erde erfolgt ist. Diese Entwicklung ist identisch mit der Entstehung der archaischen Hochkulturen. Hier erfolgt gleichzeitig ein neuerlicher Entwicklungsanstoß für den Ackerbau, indem mit dem Anspannen des Großviehs vor die alte, bisher vom Menschen bediente Hacke der Pflug und die Pflugkultur entstehen, die mit der daraus folgenden Intensivierung der Landwirtschaft die Ernährung größerer Menschenmengen auf dem gleichen Gebiet ermöglichen. Damit verdichten sich nicht nur die sozialen Beziehungen, sondern die Arbeitsteilung differenziert auch zunehmend die Gesellschaft mit der Entstehung der Handwerke, des Handels, des Transportwesens usw., so daß ein neuer komplexer Sozialtyp mit starker Machtschichtung entsteht. Es ist indessen wichtig, daß auch hier die Gemeinde als Stadt erhalten bleibt, und zwar sowohl in den alten fernöstlichen und orientalischen Reichsbildungen wie in den mittelmeerischen Stadtkulturen (Polis). So geht die Gemeinde in zwei Formen in die Entwicklung ein, nämlich als Dorf und als Stadt, wobei sie auch schon früh durch Sozialformen höherer Ordnung konkurrenziert wird, wie die alten Reiche, später in den nationalen Gesellschaften.

Wir betonen den letzten Gesichtspunkt besonders, weil sich in ihm zeigt, daß die Frage der Überwindung der Gemeinde als elementare Sozialordnung durch gewissermaßen „höhere" Ordnungen nicht erst ein Problem der Gegenwart, sondern fast gleich ursprünglich mit der Entstehung der alten Stadt ist, da schon damals die auch politisch selbständige Gemeinde gegenüber großräumigeren Gebilden eine gewisse Ausnahmestellung hatte. Aber das entscheidende Problem liegt in der Entstehung eines eigenen Sozialsystems der Gemeinde, das die alten Verwandtschafts- und Familienordnungen durch räumliche Fixierung und Ausgestaltung entscheidend erweitert. Damit entsteht, ausgezeichnet durch eine gewisse räumliche Nähe, ein Sozialsystem, in dem der Mensch zuerst jenseits der Familie weitere soziale Zusammenhänge erlebt, und zwar unmittelbar anschaulich, so daß sein Gesellschaftsbild im weitesten Sinne regelmäßig abhängig ist von dem Bild der Gemeinde, in der er aufwächst. Gleichzeitig läßt sich sagen, daß auch soziale „Probleme" zuerst auf Gemeindeebene spürbar werden. Jedenfalls war dies ganz ausnehmend der Fall seit der Entfaltung des Industriesystems, so daß auch seit dieser Zeit Soziologie der Gemeinde als selbständiger Forschungszweig entstand. Dabei ist besonders wichtig zu vermerken, daß dies gleichzeitig im Sinne der Ausbildung eigener empirischer Forschungstechniken geschah, da die Gemeinde als relativ überschaubare soziale Grundeinheit einen viel direkteren Zugang zum Phänomen eröffnete als etwa übergeordnete regionale oder gar nationale Zusammenhänge. So entsteht ein Zweig der empirischen Sozialforschung im Rahmen der Soziologie der Gemeinde; er ist übrigens ursprünglich gekennzeichnet durch einen ausgesprochen reformerischen Charakter, was nicht verwundern kann, weil die relative Überschaubarkeit der Gemeinde nicht nur die Erkenntnis befördert, sondern auch besonders günstige Ausgangslagen für die Handlung eröffnet; denn die Folgen einer Reform und vor allem die unerwarteten Nebenfolgen werden hier unmittelbarer sichtbar als bei Programmen, die auf größere Einheiten ausgerichtet sind. Sowohl in Frankreich (seit Frédéric Le Play), als auch in England (seit Charles Booth), wie in den Vereinigten Staaten (seit den Muckrakers der 90er Jahre, dem Pittsburgh Survey von Paul U. Kellog[1] und dem Springfiefd Survey von Shelby M. Harrison[2]) fällt diese empirisch-reformerische Doppelbedeutung der Gemeindestudien besonders ins Auge. Von hier aus gehen zahlreiche Verbindungen zur Sozialpolitik und zum Fürsorgewesen. Aber ihre eigentliche Bedeutung für die Soziologie insgesamt fand die Beschäftigung mit der Gemeinde nicht so sehr auf diesem reformerischen Gebiet, sondern vielmehr in der strukturellen Analyse, und zwar selbst auf Gebieten wie etwa der Jugenddelinquenz, deren reformerische Möglichkeiten auf der Hand liegen. Denn die Analyse auf Gemeindeebene brachte eigenartige Gruppenbildungen in den Blick wie die Spielgruppen der Kinder in der Nachbarschaft, die Rotten und Banden von Jugendlichen auf der Straße, denen man bisher nur geringe Aufmerksamkeit zugewandt hatte, und es erwies sich zudem, daß sie eine besonders enge Beziehung zur Jugenddelinquenz haben. Im gleichen Zusammenhang eröffneten ökologische Untersuchungen nicht nur weitgehende Einsichten in die Sozialstruktur von Dorf und Stadt, sondern darüber hinaus auch noch zu spezifischen sozialen Problemen wie der Delinquenz, Prostitution, aber auch Pauperismus, Wohnfrage, Schulen, Kirchen, Einrichtungen der Fürsorge, Gesundheitswesen, Freizeitgestaltung usf. In den Vereinigten Staaten bewährte sich diese Betrachtungsweise insbesondere in der Analyse der Verhältnisse verschiedener ethnischer und rassischer Gruppen zueinander. In Europa benutzte man Gemeinde-Studien mit Erfolg zur Analyse des Industrialisierungsprozesses auf engem Raum, aber auch etwa der Zusammenstöße alteingesessener Bevölkerungen mit Zuwanderern (Landflucht, Arbeiterinvasionen auf dem Dorf, Flüchtlinge).

Am charakteristischsten für die strukturelle Betrachtungsweise der Gemeinde sind in den letzten Jahrzehnten Schichtungsanalysen geworden. Die strukturelle Analyse der Gemeinde beginnt in den Vereinigten Staaten schon am Ende der zwanziger Jahre mit dem Ehepaar Robert S. und Helen M. Lynd[3] wird deutlicher mit William F. Whyte[4] und erreicht schließlich

---

[1] Paul U. Kellog (Hrsg.), The Pittsburgh Survey. New York 1909–1914.

[2] Shelby M. Harrison, Social Conditions in an American City: A Summary of the Findings of the Springfield Survey. New York 1920; ders., The Social Survey, the Idea Defined and the Development Traced. New York 1931.

[3] Robert S. Lynd und Helen M. Lynd, Middletown. New York 1929; dies., Middletown in Transition. New York 1937.

[4] William F. Whyte, Street Corner Society, 5. Aufl. Chicago 1949 (zuerst 1943).

einen Höhepunkt mit William Lloyd Warner[5], James West[6], August B. Hollingshead[7], Harry-Holbert Turney-High[8], während andere wie Arthur J. Vidich und Joseph Bensman[9] oder Maurice R. Stein[10] Zweifel anmelden, ob die Gemeinde als eigenständiger Lebensrahmen Zukunftschancen hat. In Deutschland gaben Renate Mayntz[11] sowie Helmut Croon und Kurt Utermann[12] interessante Beispiele für die strukturelle Betrachtungsweise, für die auch in Frankreich (Lucien Bernot und René Blancard[13]), England (William Morgan Williams[14]) und Italien (Alessandro Pizzorno[15]) Vertreter zu finden sind. So ist heute die Soziologie der Gemeinde allgemein ein wichtiger Forschungszweig der Soziologie geworden. Wo eine engere Beziehung zwischen Soziologie und Kulturoder Sozialanthropologie (Ethnologie) besteht, dient diese Betrachtungsweise insbesondere der Analyse kultureller Komplexe, wo das nicht der Fall ist, kommt eher eine problemorientierte Forschung zutage, die Wesentliches dazu beiträgt, auf gesamtgesellschaftlicher (oder nationaler) Basis gefundene globale Ergebnisse strukturell zu spezifizieren und damit zu vertiefen.

LITERATUR

René König, The Community. London 1968; Conrad M. Arensberg, Die Gemeinde als Objekt und Paradigma. In: R. König (Hrsg.), Handbuch der empirischen Sozialforschung, Bd. I. Stuttgart 1968, S. 498–521.

[5] William L. Warner und Paul S. Lunt, The Social Life of a Modern Community. New Haven 1950 (zuerst 1941); W. L. Warner u. a., Democracy in Jonesville. New York 1949; ders., Social Class in America. Chicago 1949; ders., Structure of American Life. Edinburgh 1952.

[6] James West, Plainville USA. New York 1945.

[7] August B. Hollingshead, Community Research: Development and Present Condition. In: American Sociological Review XIII (1948); ders., Elmtown's Youth. New York 1949.

[8] Harry-Holbert Turney-High, Château Gérard. Time and Life of a Walloon Village. Columbia, South Carolina, 1953.

[9] Arthur J. Vidich und Joseph Bensman, The Small Town in Mass Society. Princeton, N.J., 1958.

[10] Maurice R. Stein, The Eclipse of Community. Princeton, N.J., 1960.

[11] Renate Mayntz, Soziale Schichtung und sozialer Wandel in einer Industriegemeinde. Stuttgart 1958.

[12] Helmut Croon und Kurt Utermann, Zeche und Gemeinde, Untersuchungen über den Strukturwandel einer Zechengemeinde im nördlichen Ruhrgebiet. Tübingen 1958.

[13] Lucien Bernot und René Blancard, Nouville. Paris 1953.

[14] William M. Williams, The Sociology of an English Village: Gosforth. London 1956.

[15] Alessandro Pizzorno, Communità e rationalizzazione, Turin 1960.

Einige Bemerkungen zur Soziologie der Gemeinde

Wenn der Begriff „Gemeinde" (und Gemeindesoziologie) erwähnt wird, so pflegt neuerdings sofort unterstrichen zu werden, daß dieser Begriff äußerst kontrovers ist. Meist wird dabei eine Abhandlung von George H. Hillery Jr. zitiert, die 94 Definitionen anführt, und es wird der Anschein zu erwecken gesucht, als seien diese mehr oder weniger verschieden voneinander[1]. Abgesehen davon, daß sehr viel über die Zuverlässigkeit der Auswahl von Hillery gesagt werden könnte, indem man seiner Bibliographie noch mindestens genau soviel weitere wichtige Quellen anhängen könnte, möchten wir sagen, daß seine Aufstellung, wie sie nun einmal dasteht, im Grunde viel mehr Übereinstimmungen verrät als das Gegenteil. Das soll wohl auch noch durch den Untertitel Areas of Agreement ausgedrückt werden.

Allerdings müssen wir uns darüber klar sein, daß wir trotz dieser relativen Einigkeit nicht erwarten dürfen, eine einfache Definition des Begriffes Gemeinde vorgesetzt zu bekommen. Wenn wir uns damit abfinden, Gemeinde als eine „globale Gesellschaft" anzusehen, wird es uns nicht schwer fallen, einen komplexen Typ von Definition für sie anzuwenden, von dem etwa Hillery drei Elemente erwähnt: lokale Einheit, soziale Interaktionen und gemeinsame Bindungen. Damit würde auch die von uns vorgeschlagene

---

[1] George H. Hillery Jr., Definitions of Community: Areas of Agreement. In: Rural Sociology XX (1950), 2.

© Der/die Autor(en), exklusiv lizenziert durch Springer Fachmedien Wiesbaden GmbH , ein Teil von Springer Nature 2021
R. König, *Soziologische Studien zu Gruppe, Gemeinde und Stadt,* René König Schriften. Ausgabe letzter Hand 15, https://doi.org/10.1007/978-3-658-28251-6_9

Definition durchaus übereinstimmen[2]. Selbst wenn wir davon die spezielle Aufgabe absondern, den Begriff der „globalen Gesellschaft" zu definieren, wobei wir uns etwa Georges Gurvitch anschließen oder auch eigene Wege wählen können, müssen wir doch ins Auge fassen, daß die drei erwähnten Elemente nicht in jedem Falle als hinreichend angesehen werden könnten. Dieser Gesichtspunkt wird übrigens ebenfalls von Hillery im Anschluß an Pitirim A. Sorokin, Carle C. Zimmerman und Charles J. Galpin hervorgehoben[3]. Damit wird unmittelbar eine alte Streitfrage der Logik aufgerollt, welche aus dieser mehr oder weniger langen Reihe von Merkmalen „primäre" und „sekundäre" Merkmale ausschneidet, von denen die einen da sein müssen, die anderen nur da sein können. Wir wollen diese Frage im übrigen gar nicht berühren, um nicht unnötige neue Kontroversen zu erwecken. Wir wollen einzig daran festhalten, daß wir von einer komplexen Definition ausgehen, wobei das Vorhandensein einer bestimmten Reihe von Merkmalen als Minimaldefinition angesehen wird. Auf wieviel man sich hierbei beschränken will, dürfte mehr oder weniger eine Ermessensfrage sein; aber man wird wohl eher nach oben tendieren, da eine sogenannte „abundante Definition" an und für sich kein Schade ist. Natürlich muß darauf geachtet werden, daß in dieser Reihe nicht plötzlich Merkmale auftauchen, die den zuerst gegebenen widersprechen. Im übrigen können solche komplexen Definitionen stark ausgedehnt werden, wie das Buch von Robert Redfield[4] „The Small Community" lehrt, das im Grunde eine einzige weit ausgesponnene Definition darstellt. Die einzelnen Kapitel bringen jeweils die Hauptelemente der Definition, während innerhalb eines jeden Kapitels die Nebenaspekte der Grundelemente entwickelt werden. So entsteht ein ungemein dichtes Netz von Begriffen, deren Funktion als Definition erst dann sichtbar wird, wenn wir sie in ihrer komplexen Gesamtheit synoptisch sehen. Ohne sagen zu wollen, daß wir in jeder Hinsicht einer Meinung mit ihm wären (wir kommen auf die Differenzen in einigen Punkten später zurück), möchten wir doch unterstreichen, daß wir in diesem Werke zweifellos den bisher umfassendsten Versuch einer komplexen Definition der Gemeinde zu sehen haben.

Aus einer solchen komplexen Definition, welche die lokale Einheit, soziale Interaktionen und gemeinsame Bindungen an die Spitze stellt, läßt sich unmittelbar erkennen, daß der Verwaltungsbegriff der Gemeinde zwar

---

[2]René König, Die Gemeinde im Blickfeld der Soziologie. In: Hans Peters (Hrsg.), Handbuch der kommunalen Wissenschaft und Praxis, Bd. I. Berlin 1956, S. 20: „Die Gemeinde ist … eine mehr oder weniger große lokale und gesellschaftliche Einheit, in der Menschen zusammenwirken, um ihr wirtschaftliches, soziales und kulturelles Leben zu fristen." Später wird (auf S. 23) eine komplexere Definition gegeben; man vgl. zu diesem scheinbaren Gegensatz das oben im Text Gesagte. Siehe auch R. König, Grundformen der Gesellschaft: Die Gemeinde. Reinbek bei Hamburg 1958 (Wiederabdruck in diesem Band).

[3]G. H. Hillery Jr., Definitions of Community, a.a.O., S. 118.

[4]Robert Redfield, The Small Community. Chicago-Stockholm 1955.

nicht völlig ausgeschaltet, aber doch derart in den Hintergrund geschoben wird, daß er für die Kerndefinition unwichtig wird. Im Vordergrund steht die Gemeinde als soziale Wirklichkeit, und das ist zweifellos etwas völlig anderes als die Verwaltungseinheit Gemeinde. Und zwar gilt dieser Satz durchaus allgemein, also unabhängig von den speziellen Traditionen etwa auf dem europäischen Kontinent oder in England und Amerika. Wo eine Verwaltungseinheit Gemeinde gegeben ist, muß noch lange keine soziale Einheit der Gemeinde im Sinne der Soziologie vorhanden sein. Dies kann der Fall sein, aber es muß nicht so sein. So würde also jede Untersuchung mit dem Nachweis beginnen müssen, daß eine soziale Wirklichkeit dieser Art tatsächlich vorhanden ist. Dies ist etwa in der Gemeindeuntersuchung von Gerhard Wurzbacher vernachlässigt worden[5].

In den meisten Fällen ist es übrigens mit einem Blick zu erfassen, ob eine gegebene Siedlung im Sinne der Soziologie als soziale Wirklichkeit betrachtet werden kann. Wir meinen das im Falle der „kleinen Gemeinde" übrigens wörtlich, indem der Umkreis der Zusammengehörigen durch das räumlich enge Zusammensiedeln bestimmt ist. Man kann dann die Wirklichkeit der Gemeinde buchstäblich „sehen". In anderen Fällen ist dies schwieriger und benötigt umfangreichere Nachweise, wie es etwa erfolgreich bei der Darmstadt-Untersuchung geschehen ist, die sogar Stadt und Hinterland als Einheit betrachtet[6]. Aber selbst wenn Menschen nahe beieinander siedeln, ist noch immer nicht gesagt, daß darum soziale Beziehungen zwischen ihnen bestehen müßten. Insbesondere können kulturelle Differenzen unüberwindbare Trennungen verursachen.

Die Frage nach der Wirklichkeit der Gemeinde als sozialer Lebenszusammenhang totaler Natur (im Sinne der „globalen Gesellschaft") zieht übrigens häufig eine Reihe von Nebenfragen nach sich, die man sorgsam von der Kerndefinition der Gemeinde trennen sollte. Diese werden speziell im Deutschen und im Englischen noch durch die Tatsache eines fast gleichlautenden, aber dem Sinne nach durchaus verschiedenen Parallelbegriffs belastet. Im Deutschen ist es das Wort Gemeinschaft als Form eines besonders intensiven sozialen Zusammenhangs. Im Englischen ist es das Wort „community" als Gemeinschaft – weniger emphatisch als im Deutschen, etwa sozialer Zusammenhang überhaupt –, Gemeinde und Gemeinwesen (ähnlich wie commonwealth). Bei Redfield klingt insofern eine deutsche Note durch,

---

[5] Gerhard Wurzbacher (Hrsg.), Das Dorf im Spannungsfeld industrieller Entwicklung. Stuttgart 1954. Zur Erklärung des obigen Urteils vgl. unsere Auseinandersetzung mit diesem Werke, in: R. König, Die Gemeindestudie des deutschen UNESCO-Instituts. In: Ders. (Hrsg.), Soziologie der Gemeinde (Sonderheft 1 der Kölner Zeitschrift für Soziologie und Sozialpsychologie), 4. Aufl. Opladen 1972 (zuerst 1956), S. 172–183 (Wiederabdruck in diesem Band).

[6] Vgl. dazu die eingehende Auseinandersetzung mit dieser Untersuchung von Christian von Ferber, Die Gemeindestudie des Instituts für sozialwissenschaftliche Forschung, Darmstadt. In: R. König (Hrsg.), Soziologie der Gemeinde, a.a.O.

als er die kleine Gemeinde unmittelbar im Sinne eines integralen „Ganzen" ansieht und auch durch das ganze Buch hindurch seinen „holistischen" Gesichtspunkt betont[7]. Dies ist übrigens einer der entscheidendsten Punkte, wo wir von seiner Definition abweichen. Unserer Meinung nach ist damit die Forderung, daß die Gemeinde ein sozialer Zusammenhang und eine soziale Wirklichkeit sein müsse, durchaus überlastet. Eine soziale Wirklichkeit zu sein, schließt starke innere Spannungen, ein betontes Machtgefälle, ja geradezu innere Inhomogenitäten keineswegs aus, die sich unter Umständen geradezu in Konflikten äußern können. So kann eine Gemeinde im Sinne von Redfield eine Einheit als Ganzheit darstellen, sie muß es aber keineswegs. Wenn überhaupt der Unterschied von Primär- und Sekundärmerkmalen einmal aktuell wird, so ist das hier der Fall. Aus der Feststellung, daß die Gemeinde ein sozialer Wirkenszusammenhang sein muß, wenn wir überhaupt im soziologischen Sinne von Gemeinde sprechen wollen, ist zunächst keine Aussage über die Qualität dieses Zusammenhangs als eines integralen Ganzen gegeben. Selbst in dem Augenblick, wo das Ingroup-Outgroup-Verhältnis zu spielen beginnt, indem die Zusammensiedelnden und Zusammenwirkenden auch gemeinsame Ziele und Werte im Kontrast zu anderen Gemeinden ähnlicher Art entwickeln, bleibt noch immer damit zu rechnen, daß intern ein so starkes soziales Gefälle herrscht, daß jeglicher Anspruch auf integrale Ganzheit illusorisch wird. Umgekehrt muß allerdings sofort hinzugefügt werden, daß dies keineswegs das Entstehen einer solchen integralen Ganzheit in irgendeiner fernen Zukunft ausschließen muß. Wir kommen sehr bald darauf zurück. Hier sollte nur soviel gesagt werden, daß wir dies keineswegs definitorisch präsumieren dürfen. Und zwar gilt dies nicht nur von „großen" Gemeinden, wo es als relativ selbstverständlich angesehen zu werden pflegt, sondern auch und gerade bei „kleinen" Gemeinden, wie zahlreiche Beispiele zeigen.

Mit Recht weist Herbert Kötter darauf hin, daß die Arbeiten von Hans Linde die Vorstellung von einer unbewußten Gemeinschaft des ganzen Dorfes „als einen historischen Irrtum" enthüllt hätten[8]. Dabei beschränkt sich dieser vor allem auf den Nachweis der Existenz einer „halb- und unterbäuerlichen Schicht", die nicht in die Gemeinde integriert war. Wir könnten noch auf die aus dem alten Ständesystem regelmäßig und in größeren Mengen Institutionen Ausgestoßenen (die „Unehrlichen") hinweisen, die nach konkreten Schätzungen auf dem Lande bereits rund 15 % der Bevölkerung ausmachten[9], die im übrigen unter den verschiedensten Umständen spontan neu entstehen können. So zeigen z. B. zwei holländische

---

[7]Vgl. R. Redfield, The Small Community, a.a.O., S. 3 u.ö. Zu den anderen Bemerkungen vgl. R. König, Grundformen der Gesellschaft: Die Gemeinde, a.a.O., S. 21 ff.

[8]Herbert Kötter, Die Gemeinde in der ländlichen Soziologie. In: R. König (Hrsg.), Soziologie der Gemeinde, a.a.O.

[9]Alexandre Vexliard, Introduction à la sociologie du vagabondage. Paris 1956.

Gemeindeuntersuchungen nach dem Kriege solche isolierten Untergruppen in der Gemeinde als „Kollaborationisten" und Mitglieder der holländischen nationalsozialistischen Partei[10]. Dazu kommen in speziellen Fällen noch andere Gruppen. Im übrigen zeigt George C. Homans in seiner Gruppentheorie sehr eindringlich, daß Untergruppen als besser oder schlechter eingestuft und bewertet werden, je näher oder je ferner ihr Verhalten den allgemeinen Gruppennormen steht[11]. Wenn eine Gemeinde unter anderem durch das Vorhandensein gemeinsamer Wertideen definiert wird, so heißt das in dieser Betrachtungsweise, daß es grundsätzlich Gruppen geben kann, die als Untergruppe in einem größeren Zusammenhang leben, ohne an deren Wertgefühlen Anteil zu haben. Dies kann auch der Fall sein, ohne daß darum die Gemeinde desorganisiert ist, wie etwa die von Homans analysierte Gemeinde Hilltown[12]. Angesichts dieser Umstände möchten wir einen Ausdruck von Kötter übernehmen und sagen, daß Gemeinde als Gemeinschaft oder als integrales Ganzes in der Sprache von Redfield niemals Voraussetzung, sondern bestenfalls Ergebnis der Forschung sein kann[13].

Im übrigen tut selbst Redfield einige Schritte in diese Richtung, indem er seine eigene Untersuchung von Tepotzlan mit der konfrontiert, die Oscar Lewis siebzehn Jahre später am gleichen Orte in Mexiko unternahm[14]. Während Redfield den ganzheitlichen und wohlintegrierten Charakter dieser Gemeinde hervorgehoben hatte, ergab sich bei Lewis ein völlig verschiedenes Bild. Redfield schiebt die Möglichkeit beiseite, daß allein die Zeitdifferenz für die eingetretenen Änderungen verantwortlich sein könnte, und sagt eindeutig, daß im wesentlichen die Verschiedenheit der beiden Forscher entscheidend war. Von hier aus kommt er zu einer Art dialektischer Vorstellung von komplementären Begriffen wie etwa „Gemeinschaft" und „Gesellschaft" und sagt, daß man immer beides am konkreten Objekt, wenn auch in verschiedener Gewichtung, finden könne. Er vergißt aber dabei, daß dies seine Idee vom geschlossenen Ganzheitscharakter in entscheidender Weise wieder aufhebt[15].

Wenn wir die Literatur an Gemeindestudien überblicken, die uns zur Verfügung steht, so erkennen wir leicht, daß es eine ganze Reihe von Faktoren gibt, die auch eine kleine Gemeinde daran hindern, eine „Ganzheit" zu sein, obwohl sie sehr wohl eine Einheit lokaler Natur mit sozialen Interaktionen und eigenen Werten und Zielen darstellt. Diese Hinderungsgründe können sogar ökologischer Natur sein. So hebt etwa Richard Thurnwald einen Typ von Zusammensiedeln hervor, den er als „Würfelung" bezeichnet, bei

---

[10] John Y. Keur and Dorothy L. Keur, The Deeply Rooted. Assen 1955, S. 150 ff.; Ivan Gadourek, A Dutch Community. Leiden 1956, S. 79.

[11] George C. Homans, The Human Group. London 1950, S. 138 ff. u.ö.

[12] Ebenda, S. 334 ff.

[13] H. Kötter, Die Gemeinde in der ländlichen Soziologie, a.a.O., S. 15.

[14] R. Redfield, The Small Community, a.a.O., S. 133 ff. – überhaupt das ganze Kapitel IX.

[15] Ebenda, S. 145.

dem verschiedene Gruppen „in getrennter Weise nebeneinander und vermengt (leben), ohne einander zu stören"[16]– und auch ohne miteinander in
unmittelbarer Interaktion zu stehen, wie wir hinzufügen können, obwohl sie
einander äußerlich dauernd berühren. Natürlich hat Thurnwald dabei vor
allem ethnisch verschiedene Gruppen im Auge. Es können aber auch nach
anderen Hinsichten verschiedene Gruppen auf diese Weise in einer Lokalität neben- und durcheinander siedeln, ohne zu einer integralen Einheit zu
kommen, obwohl sie eine Gemeinde bilden. Ein gutes Beispiel dafür gibt die
bedeutende französische Untersuchung von Nouville von Lucien Bernot und
René Blancard[17]. Meistens werden die Gemeinden durch Klassenunterschiede
nicht nur differenziert, sondern auch an der Ausbildung einer ganzheitlichen
Integration gehindert. Dabei sind für uns von Interesse vor allem ganz kleine
Gemeinden wie etwa die holländische Gemeinde Anderen in der Provinz
Drenthe, die eine gute Parallele gibt zu Plainville, USA[18]. Obwohl die 280
Einwohner beteuern, daß bei ihnen „alle gleich" seien, ist dies keineswegs der
Fall, und die Gemeinde zerfällt in eine Reihe deutlich verschiedener Untergruppen, die füreinander mehr oder weniger undurchdringlich sind. Daneben
können kulturelle, wirtschaftliche u. a. Unterschiede hervortreten, besonders
deutlich in der englischen Gemeinde Gosforth mit ihrem ungemein
differenzierten Klassensystem bei nur 723 Einwohnern, die geradezu verschiedene Sprachen sprechen[19]. Die Beispiele dieser Art können beliebig
vermehrt werden. Im Grunde aber scheint uns dieses Problem gegenüber
anderen weniger vordringlich zu sein, wenn man auch gelegentlich noch
immer eine Art Gemeinschaftsideologie des Gemeindelebens feststellen kann,
die regelmäßig das, was sie wünscht, mehr oder weniger sentimental verklärt
in die Wirklichkeit hineininterpretiert.

Wenn es im Grunde heute nicht mehr so große Schwierigkeiten macht,
den Gegenstand Gemeinde zu definieren und in seinen Grundstrukturen zu
erfassen, so wird doch die Soziologie der Gemeinde von anderen Schwierigkeiten belastet, die vor allem ihre und ihres Gegenstandes Reichweite
betreffen[20]. Manches davon läßt sich leicht erledigen, so etwa der Gegensatz
von groß und klein, indem die Gemeindesoziologie heute sowohl die ländliche Soziologie wie die Stadt- und Großstadtsoziologie nebst dem wichtigen
Zweige der Soziologie der Stadt-Land-Beziehungen mit umfaßt. Als
Gemeindesoziologie dürfte nur das komplexe Ganze dieser drei Forschungszweige angesprochen werden.

---

[16]Richard Thurnwald, Werden, Wandel und Gestaltung von Staat und Kultur. BerlinLeipzig
1935, S. 285 f.

[17]Lucien Bernot und René Blancard, Nouville. Paris 1953. Vgl. dazu unsere Besprechung in:
R. König (Hrsg.), Soziologie der Gemeinde, a.a.O.

[18]J. Y. Keur und D. L. Keur, The Deeply Rooted, a.a.O.

[19]W. M. Williams, The Sociology of an English Village, London 1956. Vgl. dazu unsere
Besprechung in: R. König (Hrsg.), Soziologie der Gemeinde, a.a.O.

[20]Vgl. dazu R. König, Grundformen der Gesellschaft: Die Gemeinde, a.a.O., S. 34 ff.

Ist dies nun heute als allgemein gesichert anzusehen, so ist das mit einigen weiteren Punkten noch keineswegs der Fall. Wir heben hier nur drei Fragen heraus, die in jüngster Zeit viel diskutiert worden sind: die regionale Reichweite einer Gemeindeuntersuchung, die kulturelle und historische Reichweite. Für jedes dieser drei Probleme wollen wir nur je ein Beispiel herausgreifen. Am Schluß soll dann noch als letzter Punkt das Verhältnis von Theorie und Praxis in der Soziologie der Gemeinde kurz behandelt werden, das ebenfalls in jüngster Zeit wieder einige Schwierigkeiten geschaffen hat.

Am intensivsten ist wohl der amerikanische Anthropologe Julian H. Steward der regionalen Reichweite von Gemeindeuntersuchungen nachgegangen. Seine Analyse ist denn auch viel diskutiert worden[21]. Er kennzeichnet – abgesehen von der eigentlichen Ethnologie und Kulturanthropologie – die Soziologie der Gemeinde noch immer als „defektiv" (S. 51), da sie es vernachlässige, die Gemeinden in einem weiteren Zusammenhang zu untersuchen, eben im Rahmen einer Gebietsuntersuchung (area research). Dazu hebt er auch den Mangel an historischen Perspektiven hervor. Da wir auf diesen Punkt später zurückkommen werden, wollen wir ihn vorerst zurückstellen. Dagegen ist der erste in der Tat von größter Bedeutung, weil man es als Grundsatz ansehen darf, daß es für den Nicht-Ethnologen eine Gemeinde als etwas für sich allein Existierendes nicht geben kann. Gemeinde kann und darf für uns nur Teil eines größeren Zusammenhangs sein. Dabei wird es wichtig zu wissen, in welcher Weise sich die Gemeinde in diese weiteren Zusammenhänge einbettet. Umgekehrt kommt es darauf an, den genauen Einfluß abzustecken, der von größeren globalen Gesellschaften auf diese Gemeinden ausgeübt wird. Damit eröffnen sich grundsätzlich zwei Möglichkeiten: Einmal können wir die Struktur einer Gemeinde als repräsentativ ansehen für die Struktur vieler Gemeinden in der größeren globalen Gesellschaft (Region, Provinz, Nation); oder aber wir können sie als repräsentativ ansehen für die Kulturwerte der größeren Gruppe. Im ersten Falle erfassen wir bestimmte strukturelle Eigenheiten und Probleme, die auch an anderen Orten wiederkehren. So verfährt etwa Ivan Gadourek in seiner Analyse der holländischen Gemeinde Sassenheim, die als Repräsentant für viele andere Gemeinden genommen wird[22]. Oder aber wir erfassen in ihrer konkreten Auswirkung bestimmte Züge (*traits*) und Kulturwerte, die eine Region im Ganzen bestimmen, etwa eine Sub-Kultur wie das Liégeois in der Untersuchung von Château-Gerard durch Harry-Holbert Turney-High, wobei dann auch die zeitliche Perspektive und die Geschichte sehr intensiv hervortreten[23]. Im übrigen kann dies kulturelle

---

[21] Julian H. Steward, Area Research. Theory and Practice (Social Science Research Council, Bulletin 63) New York 1950.

[22] I. Gadourek, A Dutch Community, a.a.O., S. 259.

[23] Harry-Holbert Turney-High, Château-Gerard. Time and Life of a Walloon Village. Columbia 1953. Vgl. unsere Besprechung in R. König (Hrsg.), Soziologie der Gemeinde, a.a.O.

Interesse auch weiter reichen als über eine Subkultur und eine Kultur im ganzen zu erfassen suchen wie so viele anthropologische Gemeindeuntersuchungen oder auch Untersuchungen von Gemeinden in fortgeschrittenen Industriegesellschaften, die durch Anthropologen durchgeführt wurden, so etwa die ausgezeichnete irische Gemeindeuntersuchung von Conrad M. Arensberg.[24] Während die erste Betrachtungsweise die Tendenz hat, sich in eigentlichen Problemstudien und in den Analysen besonderer Formen von sozialen Beziehungen darzustellen, führt die zweite zur Analyse spezifischer Kulturen oder Subkulturen. Nachdem Arensberg in einer früheren Arbeit den Problemcharakter von Gemeindeuntersuchungen betont hatte, hebt er in einer jüngsten Abhandlung gerade die kulturellen Aspekte der Gemeindeforschung hervor und gibt selber eine ausgezeichnete und gedrängte Darstellung der Gemeindetypen in den Sub-Kulturen der Vereinigten Staaten. Damit erscheint ihm die Gemeinde als „kultureller Mikrokosmos". Was hier intern für die USA gezeigt wird, hatte er in anderem Zusammenhang schon bei der vergleichenden Betrachtung verschiedener Gemeindetypen in verschiedenen nationalen Kulturen hervorgehoben[25].

Gewiß ist es richtig, die Gemeinde als kulturellen Mikrokosmos zu sehen, der ein Muster darstellt für einen weiten Kreis, und im Sinne von Steward die Gemeindeuntersuchungen in Gebietsuntersuchungen einzubetten. Eine autonome Gemeinde, die irgendwie selbstgenügsam und autark wäre, gibt es in fortgeschrittenen Industriegesellschaften nicht. Auch in sogenannten „unterentwickelten" Gebieten sind die Gemeinden trotz ihrer häufigen Subsistenzwirtschaft durch zahlreiche Fäden mit weiteren Zusammenhängen verbunden[26]. Einzig in wenigen primitiven Gruppen mag es noch isolierte und autarke Gemeinden geben, und auch da ist es fraglich. Aber selbst wenn wir damit rechnen müssen, so dürfen wir doch genauso annehmen, daß es wesentlich mit zur Gemeinde gehört, daß sie Grenzen im Raume hat. Trifft es zu, daß sie Muster einer umfassenderen Kultur ist, so ist sie doch gleichzeitig eine eigene Mikrokultur mit eigener Individualität und eigenen Traditionen. Selbst wenn viele Funktionen von der Gemeinde weggenommen und auf weiterreichende bürokratische Großorganisationen des Staates übertragen worden sind, so hat doch andererseits auch der Bereich der kommunalen Angelegenheiten ungeheuer zugenommen. Deutlich kann man dies an der Verwaltung von Großstädten sehen, die unter Umständen komplizierter ist als die von ganzen Staaten.

[24] Conrad M. Arensberg und Solon T. Kimball, Family and Community in Ireland, 2. Aufl. Cambridge, Mass., 1948.

[25] Vgl. dazu die drei folgenden Abhandlungen von C. M. Arensberg, The Community Study Method. In: American Journal of Sociology LXC (1954); ders., Ergebnisse der deutschen Gemeindestudie im internationalen Vergleich. In: G. Wurzbacher (Hrsg.), Das Dorf im Spannungsfeld industrieller Entwicklung, a.a.O.; American Communities, in: American Anthropologist LVII (1955).

[26] Vgl. dazu R. König, Einleitung in die Soziologie der sogenannten rückständigen Gebiete. In: Kölner Zeitschrift für Soziologie und Sozialpsychologie VII (1955), S. 9–23.

Schließlich aber bleibt ein entscheidender Zug, der für den Soziologen von größter Bedeutung ist: Selbst wenn es wahr ist, daß über der Gemeinde globale Gesellschaften höherer Ordnung stehen, so ist es doch für den konkreten Menschen noch immer so, daß ihm gesellschaftliches Leben außerhalb der Familie zuerst an der Gemeinde zum anschaulichen Erlebnis wird. Man darf die Bedeutung dieses Erlebnisses nicht unterschätzen; denn niemals wird man ein analoges Erlebnis abstrakter bürokratischer Großorganisationen annehmen können. Damit ist eine einigermaßen klare Antwort auf die regionale und kulturelle Einordnung der Gemeinde gefunden. Die regionale Einordnung wird vor allem nach den gegebenen Verbindungen mit der näheren und ferneren Umgebung fragen müssen, ohne darum die Begrenzung des Eigenraums der Gemeinde zu übersehen. Die kulturelle Einordnung wird vor allem die Überleitung kultureller Verhaltensmuster regionaler oder weiterer Natur im Aufbau der sozialkulturellen Person auf das einzelne Individuum verfolgen müssen, ohne darum zu vergessen, daß die Gemeinde nicht nur kultureller Mikrokosmos, also Widerschein eines größeren ist, sondern schließlich geradezu selber eine Mikrokultur in einem verwandten kulturellen Raum darstellt.

Mit dieser Entscheidung werden wir aber gezwungen, auch die historische Dimension des Geschehens mit in die Betrachtung einzubeziehen. Auch in der Kultur sind Raum und Zeit nicht voneinander zu trennen. Kulturelle Sonderräume bilden auch kulturelle Eigenzeiten aus. Sowohl Steward wie Arensberg heben diesen Gesichtspunkt hervor, der auch methodologisch nicht ohne Folgen ist[27]. Dies kann eine kurze Überlegung deutlich machen. Wenn wir in einer Gemeindeerhebung ein Augenblicksbild der gegenwärtigen Existenz dieser Gemeinde gewinnen, so ist das gewiß wichtig für die Erkenntnis der Strukturen in einer solchen Gemeinde. Aber dennoch mag gerade das Wesentliche dieser Struktur dem Beobachter entgehen, da wir nichts über den Verlauf wissen, innerhalb dessen sich diese Strukturen entwickelt haben. Neben der statischen Gegenwartsanalyse und der Kombination verschiedener solcher statischer Querschnitte in verschiedenen Zeitmomenten, wie sie etwa die Volkszählungen geben, benötigen wir eine Einsicht in das eigentlich Prozeßartige des Geschehens, in dem sich die eigentümlichen Züge der Gegenwart herausgebildet haben.

In der Untersuchung Zeche und Gemeinde, über die Kurt Utermann berichtet[28], ist in dieser Hinsicht durchaus Neuland betreten worden.

---

[27] J. H. Steward, Area Research, a.a.O., S. 51, drückt dies folgendermaßen aus: „... the community approach is not yet sufficiently related to that of the various disciplines which study culture in these larger dimensions. It is also stricingly unhistorical in its modern applications. Many problems do not require historical study, but most of those pertaining to culture change and social relations, which are the concern of many community studies, would be illuminated by a historical approach." Im gleichen Sinne C. M. Arensberg, American Communities, a.a.O.

[28] Kurt Utermann, Forschungsprobleme einer Gemeindeuntersuchung im nördlichen Ruhrgebiet. In: R. König (Hrsg.), Soziologie der Gemeinde, a.a.O.

Helmut Croon befaßt sich eingehendst und in höchst interessanter Weise mit den daraus resultierenden Problemen methodologischer Natur[29]. Dabei fällt übrigens ein neues Licht auf das Problem der Gemeinde als einer integralen Ganzheit. Gerade die Entwicklung der Zechenstädte an der Ruhr zeigt im Zusammenstoß von Einheimischen und den stürmisch Zuwandernden zunächst das Bild einer Gemeinde, die sehr verschiedene Bevölkerungen (auch ethnisch) in einer Weise durcheinander siedeln läßt, daß zwar eine lokale Einheit, Interaktionen und auch einige gemeinsame Ziele entstehen; trotzdem sind diese Gemeinden aber weit davon entfernt, ein Ganzes zu bilden. Sie zeigen zunächst das typische Bild ethnischer und beruflicher Würfelung. Immerhin zeigen die anfänglichen Spannungen, die heute teilweise noch in der älteren Generation weiterleben, die Tendenz zu verschwinden oder sich zu mildern. So darf man sagen, daß eine Integration vielleicht einmal entstehen kann; aber sie darf nicht vorausgesetzt werden. Auch kann diese Integration verschiedene Intensitätsgrade annehmen, so spricht etwa Utermann sehr eindringlich von einer „erreichbaren" Vereinigung der Kräfte. Für die Erkenntnis dieser Entwicklung ist jedoch die Erhellung der historischen Dimensionen von allergrößter Bedeutung, in der sich dann auch die individuelle Einzigartigkeit einer Gemeinde heranbildet. Die historische Erweiterung von Gemeindestudien schafft also im Grunde keinerlei Gefährdung der Soziologie der Gemeinde, sondern bietet im Gegenteil eine höchst willkommene Erweiterung, die auch methodologisch ganz neue Quellen der Gemeindeforschung erschlossen hat.

Schwieriger bleibt dagegen die letzte Frage nach dem Verhältnis von Theorie und Praxis in der Soziologie der Gemeinde zu klären. Auch wollen wir hier keineswegs in weiter reichende Diskussionen eintreten. Immerhin muß gesagt werden, daß höchst dringliche praktische Anliegen seit jeher bei diesem Forschungszweig im Vordergrunde gestanden haben. Schon die Entstehungsgeschichte der Soziologie der Gemeinde aus französischen und englischen sozialpolitischen Strömungen des 19. Jahrhunderts wie aus den Aufgaben der Stadt- und Regionalplanung des 20. Jahrhunderts läßt deutlich eine mehr als nur nebensächliche Bedeutung praktischer Anliegen erkennen. Dennoch dürfte aber eine Auslieferung an einen reinen Pragmatismus weder im Sinne der älteren Entwicklung noch in dem der Gegenwartsproblematik liegen. Denn die Verkürzung der Perspektiven auf das Nächstliegende, wie sie notwendig mit jedem Pragmatismus verbunden ist, bedeutet auch eine unmittelbare Gefährdung der Erkenntnis. Vor allem aber müssen wir bedenken, daß der Pragmatiker nicht warten kann; er braucht eine mehr

---

[29] Helmut Croon, Sozialgeschichtsforschung und Archive. In: Der Archivar VII (1954), 4; Ders., Methoden zur Erforschung der gemeindlichen Sozialgeschichte des 19. und 20. Jahrhunderts. In: Westfälische Forschungen VIII (1955); Ders., Die Einwirkung der Industrialisierung auf die gesellschaftliche Schichtung der Bevölkerung im rheinisch-westfälischen Industriegebiet. In: Rheinische Vierteljahresblätter XX (1955).

oder weniger sofortige Lösung gegebener Schwierigkeiten, ohne auf die Entwicklung der Wissenschaft warten zu können. Andererseits wäre aber auch eine Forschung rein um ihrer selbst willen reichlich müßig. So erhebt sich am Ende die Notwendigkeit eines Kompromisses.

Eine interessante Nebenform dieses Kompromisses ist jenes Vorgehen, das man in Amerika als community self survey bezeichnet hat, also als Selbstanalyse von Gemeinden. Wir betrachten diese Frage hier nicht als methodologisches Problem, sondern einzig als Ausdruck einer ganz bestimmten Lösung der Frage nach dem Verhältnis von Theorie und Praxis. Wenn vorausgesetzt wird, daß jede Gemeindeuntersuchung Teil eines Aktionsprogramms zu sein hat, wie etwa Roland L. Warren betont, dann gewinnt diese Form der Selbstanalyse in der Tat eine große Bedeutung[30]. Die Selbstanalyse, unter Anleitung durch Experten von den Gemeindebürgern selbst durchgeführt, hat sich in der Tat als ein wirksames Mittel zur Milderung von Spannungen in der Gemeinde bewährt. Sie gehört als typischer Ausdruck kalvinistischer Selbstprüfung wesentlich zum Ausbau eines eigentlichen Gemeindebewußtseins in Amerika mit dazu, während man sich in Europa darüber noch immer keine rechten Vorstellungen zu bilden vermag. Man bedenke etwa, wie viel Schwierigkeiten hätten behoben werden können, wenn man in Deutschland unmittelbar nach dem Kriege in kleineren Gemeinden mit Flüchtlingen, Evakuierten und DPs [Displaced Persons] dieses Mittel der Selbstanalyse angewendet hätte! Viele unnötigen Spannungen hätten dadurch vermieden werden können.

Unangesehen dessen, wie man diese Frage entscheiden wird, so mußte doch darauf hingewiesen werden, daß hier ein Punkt sichtbar wird, an dem die Reichweite der Gemeindesoziologie zumindest strittig werden kann. Im übrigen wurde hier wiederum die allgemeine soziale und kulturelle Bedeutung der Gemeindesoziologie sichtbar, so daß man sicher nicht zu weit geht, wenn man behauptet, daß wir vor einem zentral wichtigen Forschungszweig der Soziologie stehen. Angesichts des Charakters der Gemeinde als eines totalen sozialen Phänomens (Marcel Mauss) kann es uns auch nicht wundern, wenn gelegentlich manche Grenzen etwas flüssig erscheinen. Dies darf aber nicht als eine Beeinträchtigung der Sicherheit dieses Forschungszweiges angesehen werden, wenn nur die Kerndefinitionen klar und eindeutig sind. Dies scheint aber nach dem Urteil vieler erfahrener Experten heute durchaus der Fall zu sein.

---

[30] Roland L. Warren, Studying Your Community. New York 1955, S. 306 ff.; vgl. auch unsere Besprechung in: R. König (Hrsg.), Soziologie der Gemeinde, a.a.O. sowie R. L. Warren, Community in America. Chicago 1963.

Die Gemeindestudie des Deutschen UNESCO-Institutes

Ganz unangesehen der gelegentlich schwankenden Bewertung der allgemein-soziologischen Tragweite von Gemeindestudien, sind sich wohl heute alle Beteiligten einig über die dringliche Notwendigkeit, immer mehr Untersuchungen dieser Art anzustellen. Darum war es auch in jeder Hinsicht zu begrüßen, wenn das von UNESCO gegründete Institut[1] für Sozialwissenschaften in Köln als eine seiner ersten Forschungsaufgaben eine Gemeindeuntersuchung in Angriff nahm, deren Ergebnisse jetzt in einem stattlichen und wohlorganisierten Bande vorliegen, der noch durch den Umstand an Wert gewinnt, daß Conrad M. Arensberg, der ursprüngliche Initiator dieses Projekts, ein wichtiges Nachwort beigesteuert hat, das die Ergebnisse der vorliegenden Untersuchung durch Vergleich mit anderen, europäischen und außereuropäischen Untersuchungen erst richtig profiliert. Damit ist für die deutsche Soziologie ein bedeutendes Werk gewonnen, von dem man hoffen darf, daß es weitere Anregungen ausstrahlen wird, die sowohl für den soziologischen Unterricht wie für die weitere Forschung, für die allgemein-soziologische Systematik und schließlich für die Kenntnis der deutschen Gesellschaft der Gegenwart fruchtbar sein werden. Wir möchten auch hervorheben, daß sich bereits insofern eine gewisse Tradition abzuzeichnen beginnt, als Nels Anderson, der die zeitlich vorausgehende umfangreiche Darmstädter Gemeindestudie leitete (die an anderem Ort dieses Heftes eingehend dargestellt ist), nun auch an dieser Arbeit einen wichtigen Anteil nahm. So darf man durchaus sagen, daß manche Themen, die dort schon aufgegriffen

---

[1] Gerhard Wurzbacher (Hrsg.), Das Dorf im Spannungsfeld industrieller Entwicklung (Untersuchung an den 45 Dörfern und Weilern einer westdeutschen ländlichen Gemeinde, unter Mitarbeit von Renate Pflaum u. a. mit einem internationalen Vergleich von Conrad M. Arensberg). Stuttgart 1954.

wurden, hier nochmals diskutiert werden (z. B. in bezug auf die Familien-struktur oder auf die Entwicklung des bäuerlichen Kleinbesitzes unter dem Einfluß neuer Umweltreize u. ähnl.), was neben einer rein quantitativen Vermehrung unserer Kenntnisse gleichzeitig eine teilweise bedeutende Vertiefung der älteren Forschungsergebnisse erlaubt hat. So möchten wir dem Wunsche Ausdruck geben, daß diese Untersuchung nicht nur von möglichst vielen angehenden und fertigen Soziologen und Sozialwissenschaftlern, sondern auch von weiteren Kreisen der deutschen Öffentlichkeit gelesen werden möge, wo sie ein gutes Bild von der heutigen Arbeitsweise der soziologischen Forschung vermitteln kann.

Nach diesen einleitenden Feststellungen scheint es müßig, weitere kritische Erörterungen an diese Arbeit zu knüpfen; wir möchten aber dennoch drei Punkte hervorheben, die uns gerade angesichts des durchaus geglückten Unternehmens wichtig erscheinen, um daraus neue Direktiven für weitere zukünftige Arbeit zu gewinnen. Wir nehmen einen Punkt voraus, der mehr organisatorischer Natur ist und weder mit der Anlage der vorliegenden Untersuchung noch mit ihren Ergebnissen etwas zu tun hat. Es liegt auf der Hand, daß Untersuchungen dieser Art kaum jemals durch einen einzigen Forscher, sondern nur mit Hilfe einer Reihe von wissenschaftlichen Mitarbeitern bewältigt werden können. Dies kann nun zunächst im akademischen Rahmen in Zusammenarbeit eines Seminars- oder Institutsleiters mit seinen Studenten geschehen, die sowohl in der Erhebung wie in der Auswertung des Materials ihre mehr theoretische Ausbildung in Vorlesungen und Seminaren praktisch erproben lernen. Es folgt natürlicherweise aus dieser Konstellation, daß die meiste Arbeit unbesoldet und im Rahmen des normalen Studienganges erfolgt, wobei es selbstverständlich ist, daß alle Sachauslagen ersetzt werden. Davon wesentlich verschieden ist die Arbeitsweise von Instituten wie dem hier verantwortlich zeichnenden UNESCO-Institut für Sozialforschung. Da es außerhalb des akademischen Rahmens steht, ist es für jeden Schritt der Untersuchung auf besoldete Mitarbeiter angewiesen, so daß die Kosten notwendigerweise diejenigen, mit denen ein Universitätsinstitut eine solche Untersuchung durchführen würde, um ein Vielfaches übertreffen müssen. Dies wirft eine Reihe von Fragen auf, die eigentlich wissenschaftspolitischer Natur sind. Da diese Probleme jedoch zu kompliziert sind, um mit einer kurzen Bemerkung abgetan werden zu können, möchten wir ihre Behandlung auf später zurückstellen und uns im vorliegenden Zusammenhang mit ihrer bloßen Erwähnung begnügen.

Unsere weiteren Bemerkungen sind mehr sachlicher Natur und beziehen sich zunächst auf methodologische Fragen, in zweiter Linie auf die verwendete Begriffssystematik und die weiteren Folgerungen, die sich aus ihrer Anwendung auf den vorliegenden Fall ziehen lassen. Über diese beiden Punkte gibt zunächst das erste Kapitel von Gerhard Wurzbacher Auskunft. Es liegt aber in der Natur der Sache, daß die wesentlichen Äußerungen zu diesen beiden Problemkreisen das ganze Werk durchziehen müssen, abgesehen davon, daß Wurzbacher im (neunten) Schlußkapitel eine klare und gestraffte Zusammenfassung der verwendeten systematischen Leitgedanken gibt und sie auf ihren allgemeinen Gehalt für eine soziologische Gegenwartserkenntnis auswertet. Zwischen diesem ersten und dem letzten Kapitel werden dann in wohlgeordneter und übersichtlicher Weise zunächst von Renate Pflaum (Kap. Spontane Gruppenbildung und marginale Gruppen der Gesellschaft) die allgemeinen historischen und soziographischen Voraussetzungen gegeben und das Hauptthema nach den Folgen der sozialen Differenzierung angeschlagen; darauf folgen von Wurzbacher die Untersuchungen über die berufliche Gliederung der Gemeinde im sozialen Wandel (Kap. Die Gruppe im Sport und die Kleingruppenforschung), über die Familie als Faktor der sozialen Eingliederung (Kap. Chancen und Risiken der Familie als Gruppe) und über die Nachbarschaft als Integrationsfaktor (Kap. Die analytisch-praktische Bedeutung des Gruppentheorems); die folgenden Abschnitte bringen dann von Pflaum eine eingehende Untersuchung der Vereine (Kap. Soziale Organisation), der Kirche (Kap. Grundformen der Gesellschaft: Die Gemeinde) und der politischen Beteiligung als Ausdruck gemeindlicher Selbstgestaltung (Kap. Gemeinde). Der Rahmen dieser Arbeit ist in der Tat sehr weit gespannt. Aber wir möchten betonen, daß dies keineswegs auf Kosten der Durchdringung des gebotenen Stoffes geschieht. Es ist im Gegenteil höchst erfreulich zu sehen, in welch gleichbleibender Dichte der ursprüngliche Ansatz durchgehalten wird, so daß die Lektüre des Buches den interessierten Leser wirklich ganz gefangen nimmt. Wir möchten dies vorausschicken, damit die folgenden kritischen Bemerkungen nicht im Sinne bloßer Einwendungen, sondern vielmehr als Anbahnung eines Gesprächs angesehen werden möchten, dessen zentraler Inhalt die Fruktifizierung der hier vorgelegten Ergebnisse sowohl für die Methodik der Forschung wie für die soziologische Systematik und die soziologische Gegenwartserkenntnis darstellt.

Als ersten Einwand möchten wir hervorheben, daß der Begriff der Gemeinde nicht definiert wird, oder wenigstens nicht derart, daß dies alle soziologisch befriedigend angesehen werden könnte. Dies hat im übrigen zur Folge, daß man in der Auswahl der Untersuchungsgemeinde entsprechend unsicher sein mußte, was zu einem später zu besprechenden recht störenden Mißstand führte, den man bei vorheriger Aufstellung einer Definition des Begriffs Gemeinde hätte vermeiden können. Statt sich nämlich an den soziologischen Tatbestand Gemeinde zu halten, verlor man sich völlig kritiklos an den Verwaltungsbegriff „Gemeinde", was sowohl die genaue Begrenzung des zu untersuchenden Objekts wie vor allem seine Auswahl in entscheidender Weise beeinträchtigte. In dieser Hinsicht erwies sich die deutsche „Forschungsgesellschaft für Agrarpolitik und Agrarsoziologie" als wesentlich vorsichtiger; statt sich dem zwei- (und mehr-) deutigen Wort Gemeinde auszuliefern, sprach man hier ganz eindeutig von

„Dörfern"[2]. Damit war der Ortschaftscharakter der Untersuchungsobjekte gebührend unterstrichen, wie umgekehrt die Darmstadt-Studie nicht nur die Stadtgemeinde, sondern überdies ihr Hinterland mit in die Erwägung einbezogen hatte, so daß bewußt eine Mehrheit von Gemeinden als Mehrheit von (großen und kleinen) Ortschaften gemeint war[3]. Im vorliegenden Falle hebt dagegen Wurzbacher hervor, daß „die Verwaltungseinheit der politischen Gemeinde der Untersuchung zugrunde gelegt werden" sollte, „da die politische Willensbildung wie ihre Äußerung in der gemeindlichen Selbstverwaltung ein wichtiges Gebiet sozialer Integration darstellt" (S. 3). Dabei wird ohne weiteres vorausgesetzt, daß die politische Integration der Gemeinde den durch die Verwaltung festgelegten Umrissen des betreffenden sozialen Körpers folgen müsse, die selbst von den Kommunalwissenschaften als „künstlich" angesehen werden. Insbesondere in Norddeutschland gab es gewiß schon lange sogenannte „Samtgemeinden", d. h. Zusammenschlüsse mehrerer Einzelgemeinden, die insbesondere am Niederrhein zu „Honschaften" mit teils herrschaftlichem, teils aber auch genossenschaftlichem Charakter wurden und teilweise seit dem 10. Jahrhundert echte Gemeindegewalt ausübten. In diesem Falle kann man durchaus sagen, daß ein solcher Zusammenschluß mehrerer Gemeinden Ausdruck der selbst vollzogenen und gewollten politischen Integration ist. Die spätere Einführung des französischen Mairierechts vom Anfang des 19. Jahrhunderts, das sich im Rheinland am längsten hielt, hat aber den Zusammenschluß mehrerer Gemeinden zu einer Mairie rein nach verwaltungsmäßiger Zweckmäßigkeit vollzogen und damit die Selbstverwaltung vernichtet. In der späteren Gemeindeordnung von 1845 wurden dann die Samtgemeinden als Bürgermeistereien eingerichtet, wobei man im ernannten Bürgermeister nur eine Konsequenz erweiterter staatlicher Verwaltungsmaßnahmen erblickte, also eine Maßnahme „zur Hebung der Verwaltungskraft leistungsschwacher Gemeinden"[4], welche im übrigen, da sie weitgehend die von den Gemeindeversammlungen vertretenen und beschlossenen Angelegenheiten ausführten, die Selbstverwaltung der Gemeinden nicht wesentlich beeinträchtigten. Die ausgesuchte Gemeinde stellt nun deutlich eine solche künstliche Verwaltungseinheit dar, wie auch aus einem gelegentlichen Hinweis auf die „Honschaft" (S. 138) hervorgeht. Es wird dann aber sofort unterstellt (und in Anmerkung

---

[2]Vgl. Constantin von Dietze, Max Rolfes und Georg Weippert, Lebensverhältnisse in kleinbürgerlichen Dörfern. Ergebnisse einer Untersuchung in der Bundesrepublik 1952. Hamburg-Berlin 1953.

[3]Vgl. Christian von Ferber, Die Gemeindestudie des Instituts für Sozialwissenschaftliche Forschung, Darmstadt. In: René König (Hrsg.), Soziologie der Gemeinde (Sonderheft 1 der Kölner Zeitschrift für Soziologie und Sozialpsychologie). Opladen 1956, S. 152–171.

[4]Erich Becker, Entwicklung der deutschen Gemeinden und Gemeindeverbände im Hinblick auf die Gegenwart. In: Hans Peters (Hrsg.), Handbuch der kommunalen Wissenschaft und Praxis, Band 1. Berlin 1956, S. 93 ff.

9 der gleichen Seite bekräftigt), daß man darin „einen aus der Vergangenheit herkommenden starken nachbarlichen Zwang" erblicken könne. Dies würde nun in der Tat auf einen gleichsam „natürlichen", d. h. rein sozial bedingten Zusammenschluß schließen lassen. Wenn wir uns jedoch die eigentümliche physisch-geographische, wirtschaftliche, soziale und kulturelle Gestalt dieses Gemeindeverbandes, der aus völlig heterogenen Elementen besteht, genauer ansehen, möchten wir doch eher einen künstlichen und rein verwaltungsmäßig bedingten Zusammenschluß annehmen. Hier wäre eine sachliche Vertiefung des Gemeindebegriffs von Nutzen gewesen. Besser aber hätte man zweifellos getan, einfach eine andere Gemeinde und keinen Gemeindeverband zu wählen, was solche Kontroversen von vornherein ausgeschlossen hätte. Im Großen und Ganzen scheint uns die Wahl der Untersuchungsgemeinde noch aus anderen Gründen recht zufällig erfolgt zu sein. Dies bezeugt auch der seltsame Untertitel von „45 Dörfern und Weilern einer westdeutschen ländlichen Gemeinde", der eher an eine Gebietsuntersuchung als an eine Gemeindestudie denken läßt. Auch die beigefügte, sehr schematische Karte (auf S. 27) bringt darüber keine hinreichende Aufklärung; selbst bei eifrigstem Zählen konnten wir entweder nur zehn größere Einheiten oder nur 28 Untereinheiten zählen. Eine Luftaufnahme, wie sie etwa von den Franzosen in solchen Fällen gern verwendet würde[5], oder wenigstens eine richtige detaillierte Karte hätte hier zweifellos sehr genützt. Am besten wäre sogar eine Reihe von Karten gewesen, die auch die historischen Hintergründe des Zusammenschlusses dieses Gemeinde-Verbandes angegeben hätte[6]. Dann würde vor allem klar geworden sein, ob die verschiedenen Teile dieses Gemeindeverbandes wirklich eine soziale Einheit bilden. Die geographische Lage läßt das jedenfalls nicht unbedingt nötig erscheinen, da der Hauptort im Tal liegt, jeweils zwei Gruppen von zugehörigen Ortschaften auf einer nördlichen und einer südlichen Höhe. Von der nördlichen heißt es zudem, daß kein Autobus dorthin fahre und „der Fußweg… lang und beschwerlich" (S. 28) sei. Es erscheint uns höchst fragwürdig, allein auf Grund dieses einen Umstandes, ob man hier wirklich von „nachbarlichem Zwang" sprechen kann. Genau das Gegenteil scheint vielmehr der Fall zu sein, nämlich ein ausschließlich verwaltungsmäßiger Zwang, der sich über die Beziehungen tatsächlich vorhandener oder nicht vorhandener Nachbarschaft rücksichtslos hinwegsetzt. Diese Vermutung, auf die wir noch zurückkommen werden, wird im übrigen durch andere Umstände unterstützt. So sind einmal die verschiedenen Höhenortschaften, nördlich und südlich,

---

[5]Vgl. dazu Paul-Henry Chombart de Lauwe, Découverte aérienne du monde. Paris 1949; Photographies aériennes. L'etude de l'homme sur la terre. Paris 1951.

[6]So etwa bei Hansjürg Beck, Der Kulturzusammenstoß zwischen Stadt und Land in einer Vorortgemeinde. Zürich 1952.

an den von Paul Hesse aufgestellten Gemeindetypen gemessen[7], sehr verschieden vom Hauptort. Insbesondere scheinen die drei nördlichsten Dörfer, ausgesprochene Kleinbauerndörfer, eine Sache für sich zu sein, wie auch die verschiedenen Komplexe der nördlichen Höhe dadurch ausgezeichnet sind, daß sie im Gegensatz zum Hauptort und auch zum konfessionellen Gesamtdurchschnitt des Gemeindeverbandes (im Jahre 1951: kath. 31,3 %, prot. 67,3 %) „rein katholisch" sind (S. 183). Die südliche Höhe ist in dieser Hinsicht völlig verschieden, indem bei ihr nur ca. 20 % Katholiken ca. 80 % Protestanten gegenüberstehen. Allein hieraus wird wohl schon klar, daß sozial, kulturell und wirtschaftlich heterogene Gebilde nach rein verwaltungsmäßigen Gesichtspunkten künstlich zu einer Einheit zusammengefügt worden sind, was eigentlich den Sozialforscher davon abhalten sollte, eine solche Gemeinde als Untersuchungsgemeinde zu wählen, falls man nicht gerade an kultureller Differenzierung interessiert ist. Übrigens verlangte im Jahre 1867 eines der Dörfer im Tal, aus dem Gemeindeverband ausgegliedert zu werden. Diese Streitigkeiten, die bis vor das Reichsgericht kamen, zogen sich 45 Jahre hin bis 1912 (S. 242). Es erscheint uns etwas gewagt, angesichts solcher Verhältnisse von einem Zwang der Nachbarschaft zu sprechen. Hier dürfte ein Wunschbild der Gemeinschaft die Beurteilung der Lage wohl etwas getrübt haben.

Es gäbe nur einen Grund, der für die Wahl einer solchen Untersuchungsgemeinde hätte ausschlaggebend sein dürfen, und das wäre die am Anfang des ersten Kapitels erwähnte Absicht auf einen „Vergleich von Gemeinden unterschiedlicher Größe" abgesehen vom Vergleich nach „unterschiedlicher nationaler Kultur" gewesen (s. 1). Während Arensberg in seinem Schlußkapitel einige wesentliche Schritte in Richtung eines solchen internationalen und kulturellen Vergleichs unternimmt, ist die erste Absicht offensichtlich im Laufe der Arbeit zurückgetreten. Gewiß werden gelegentlich einige Unterschiede zwischen den verschiedenen Ortschaften und Gemeinden hervorgehoben, aber nur nebenher und ohne methodische Ausgestaltung. Dies tritt insbesondere in einigen anderen methodologischen Eigenheiten der vorliegenden Arbeit zutage, deren Betrachtung wir uns nunmehr zuwenden wollen.

Bevor wir unsere kritischen Bemerkungen entwickeln, möchten wir einen Umstand rückhaltlos anerkennen, der ebenfalls von großer methodologischer Bedeutung ist, und das ist die geübte Kombination mehrerer

[7]Vgl. Paul Hesse, Grundprobleme der Agrarverfassung. Stuttgart 1949. Allerdings treten hierbei einzig wirtschaftliche Gesichtspunkte in den Vordergrund, während die kulturellen vernachlässigt werden, wie schon andernorts hervorgehoben bei R. König, Die Gemeinde im Blickfeld der Soziologie, in: H. Peters, Handbuch der kommunalen Wissenschaft und Praxis, a.a.O., S. 37 f. Dies hat vielleicht mit veranlaßt, daß man in der vorliegenden Untersuchung die konfessionellen Differenzen unterschätzt hat, obwohl das eigentlich nach der ganzen durch Max Weber ausgelösten Diskussion, die sich bis in unsere Tage fortgesetzt hat, nicht geschehen sollte.

Erhebungsmethoden, die einander teils ergänzen, teils kontrollieren. Vor allem wurde der noch immer weit verbreitete Fehler vermieden, allein aus einer Befragung oder Meinungsanalyse bestimmte Schlüsse zu ziehen; vielmehr wurde diese Technik mit sehr eingehender teilnehmender Beobachtung des Verhaltens vereint, abgesehen von der Auswertung bereits vorhandenen statistischen Materials, behördlicher Akten und anderer Dokumente und der Befragung von besonders gut informierten Gewährsleuten.

Unabhängig von diesem Ausgangspunkt, den wir nur bejahen können, steht aber nun die Behandlung des vorliegenden Gemeindeverbandes als Einheit, was als die Konsequenz der ungenügenden Definition des Gemeindebegriffs und seiner Verwechslung mit dem Verwaltungsbegriff angesehen werden muß. Dies geschah vor allem in dem angewandten Sample, das als reines Random-Sample aus der Einwohnerkartei durchgeführt wurde, und zwar an einem Teil der erwachsenen Bevölkerung von 6,3 %. Die Ausfälle waren nicht höher als gewöhnlich, so daß diese Auswahl als einigermaßen befriedigend gelöst angesprochen werden darf, wenn auch die Zahl der Interviews ruhig höher hätte gewählt werden können, um einen geringeren Auswahlfehler zu erreichen. Aber nicht das soll im Augenblick diskutiert werden, vielmehr die Frage, ob man einen Gemeindeverband, der aus sachlich so verschiedenen Einheiten zusammengesetzt ist, überhaupt einem einfachen Random-Sample unterwerfen darf. Wenn überhaupt, so hätte in diesem Falle wohl ein geschichtetes Sample (stratified random sample) durchgeführt werden müssen, bei dem allein die relative Selbstständigkeit der Untergruppen hätte gewahrt werden können. Dies hätte übrigens die Zahl der durchzuführenden Interviews beträchtlich erhöht, dafür aber einen internen Vergleich der einzelnen Untereinheiten erlaubt und damit die wirklichen Artikulationen der Meinungsstruktur in dem untersuchten Gemeindeverband zum Ausdruck gebracht. Dagegen scheint bei der Untersuchungsleitung kein Bewußtsein über die Probleme des Sampling vorhanden gewesen zu sein, wie auch die spärlichen Angaben zum Auswahlverfahren lehren. Nebenbei muß als grober Kunstfehler moniert werden, daß man es versäumt hat, den benutzten Fragebogen abzudrucken. Auch scheint über das Problem der Verschlüsselung keine zureichende Kenntnis vorhanden zu sein, oder wenigstens keine genügende Praxis, wie die oftmals recht willkürlichen Skalierungen beweisen, auf die noch zurückzukommen sein wird.

Wir bemerken ausdrücklich, daß die Verwendung eines anderen Sampletyps nicht notwendig zu anderen Ergebnissen führen muß; dies kann, muß aber nicht die Folge sein. Wichtiger ist aber, daß die Ergebnisse dann auf eine methodisch einwandfreiere Weise gewonnen worden waren, als es jetzt der Fall ist. Im übrigen ist der hier begangene Fehler so wichtig, daß wir noch einen Moment dabei verweilen wollen, insbesondere als er auch in der Industrieund Betriebssoziologie seine Parallele hat. Noch immer sieht man nämlich, daß Erhebungen durchgeführt werden, die die Belegschaft eines Betriebes als Einheit behandeln, während man in Wahrheit nur jede einzelne Abteilung als Einheit behandeln dürfte. So spricht man auch von Meinungen,

welche die ganze Belegschaft eines Betriebes haben soll, ohne sich zu überlegen, ob dies wirklich der Fall ist. Natürlich gibt es gesamtbetriebliche
Fragen, die alle angehen und über die alle eine Meinung haben. Dies sind
aber erstens nur wenige und zweitens nur sehr allgemeine Fragen. Sowie
wir soziologisch konkret werden, müssen wir uns auf die Untereinheiten
des Betriebes stützen, welche den unmittelbaren Untersuchungsgegenstand
darstellen, genau wie bei der Untersuchung eines Gemeindeverbands. Sonst
laufen wir Gefahr, genauso oberflächlich zu prozedieren, wie die Meinungs-
forschungsinstitute gemeinhin tun. Die sachlogisch bestimmte Strategie der
Forschung verlangt, daß das in jedem Fall verwandte statistische Modell
auch der Wirklichkeitskonstellation entspricht. Die tatsächlich vorhandenen
außerordentlichen Verschiedenheiten der einzelnen Ortschaften sind in
diesem Falle aber weder in Rechnung gestellt noch berücksichtigt worden,
wie oben schon angedeutet. Dies muß aber notwendigerweise eine gewisse
Skepsis gegen die Validität der Ergebnisse erzeugen. Diese Skepsis muß
übrigens noch ergänzt werden durch eine weitere Frage nach der Legitimität
der Auswahl unserer Untersuchungsgemeinde. Ist doch diese, die in gewisser
Weise typisch für ländliche Gemeinden der westdeutschen Bundesrepublik
sein soll, seit „den Jahrzehnten vor der Jahrhundertwende" in ihrem Zentralort ein Fremdenverkehrsplatz geworden (S. 21 u.ö.). Damit siedelte sich
hier eine dorffremde Oberschicht an, der schon früher fremde Jagdpächter
vorausgegangen waren. Dieser Umstand ist wohl wesentlich verantwortlich
für die eigenartige Bevölkerungszusammensetzung des Hauptortes, über
die wir leider zu wenig erfahren (vgl. etwa S. 19). Vor allem fällt auf, daß
Wurzbacher in seiner beruflichen Gliederung der erwerbstätigen Gemeindebevölkerung die selbständigen Berufslosen ausläßt (S. 30, Anmerkung 1);
denn hier dürften wohl viele der ansässig gewordenen ehemaligen Kurgäste
zu finden sein. Dazu erfährt man dann noch, und auch das hätte die Zahl der
selbständigen Berufslosen zweifellos erhöht, daß sich „ein Landerziehungs-
heim für Kinder aus vermögenden Kreisen der damaligen deutschen Gesellschaft wie des Auslandes" in unserer Gemeinde befunden hat (S. 41 u.ö.).
Wir möchten hier doch stark bezweifeln, ob die Wahl der Untersuchungsgemeinde richtig war, wenn sie in irgendeiner Weise Aussagen über andere
deutsche ländliche Gemeinden erlauben soll. Wir scheinen hier in Wahrheit vor einem sehr speziellen Fall zu stehen, was auch in vielen Ergebnissen der Untersuchung zum Ausdruck kommt, z. B. die sehr verschiedene
Familienstruktur im Zentralort und im Rest der Gemeinde (siehe dazu etwa
die Tabelle auf S. 78). Damit werden wir aber wiederum auf die eingangs
schon eingehend erörterte Tatsache der großen Verschiedenheit der einzelnen Ortschaften in unserem Gemeindeverband hingewiesen, der wir noch in
einigen Einzelheiten nachgehen wollen. Wir betonen auch, daß es in Fällen
wie dem vorliegenden wesentlich dazu gehört, nur eine solche Gemeinde
auszuwählen, die keine lokalen Eigentümlichkeiten aufweist, um eine leid-
liche Repräsentativität zu sichern. Auch dieser Grundsatz ist nicht respektiert
worden.

Wenn etwa die Scheidungsproblematik in der Gemeinde besprochen wird, so zeigt sich deutlich die Unzulänglichkeit der Erhebung, die alles in einen Topf warf. So scheint es etwa, daß nur rund 17 % keine Scheidungsgründe anerkennen, denen auch rund 17 % entsprechen, die die Scheidung überhaupt ablehnen ohne bestimmte Begründung (vgl. die Tabellen auf S. 107 und 108). Aus dem Verhältnis dieser Antworten zu den anderen wird dann geschlossen, daß „eine weit verbreitete Anerkennung der Scheidung als Institution im Grundsätzlichen" als Folge der sich wandelnden Struktur der Ehe eingetreten sei (S. 108). Diese Auffassung scheint uns nun nach allem, was wir über die verschiedene konfessionelle Struktur der Gemeinde wissen, viel zu oberflächlich und ein typisches Ergebnis der undifferenzierten Meinungsforschung billigsten Stils zu sein. Wir möchten dagegen folgende komplexe Hypothese stellen: Während die „rein" katholischen Dörfer von Kleinbauern auf der nördlichen Höhe sicher einen um ein vielfaches höheren Prozentsatz der Aussagen gegen die Ehescheidung aufweisen dürften als der Gesamtdurchschnitt (vgl. auch die Bemerkungen S. 225 unten), muß entsprechend die Lage im Hauptort ganz anders sein, nämlich eine wesentlich höhere Toleranz gegenüber der Scheidung aufweisen. als in den angeführten Mittelwerten zum Ausdruck kommt. Problematisch ist hierbei insbesondere die Frage, wie sich die Dinge bei den auspendelnden katholischen Arbeitern auf der nördlichen Höhe im Verhältnis zu den Kleinbauern verhalten. Auf der südlichen Höhe müssen wir aber auch bei den katholischen Arbeitern insofern eine verschiedene Einstellung annehmen, als die Wahrscheinlichkeit wächst, daß sie als katholische Diasporagemeinde stärkstens auf ihrem Glauben beharren, da sie Minorität sind. Dies wird auch bezeugt durch den starken Konservatismus des Kirchenvorstandes, über den berichtet wird (S. 197/198). Dagegen ist die Sache bei den Protestanten unklar, wenn wir bedenken, daß wir hier vor allem die mittleren Landwirte finden, bei denen die Scheidungshäufigkeit an und für sich niedrig ist. Auf die kleine Baptistengruppe, die sich daneben fin det, wird überhaupt nicht wesentlich eingegangen; es wird nur hervorgehoben, daß sie außerordentlich strenge Moralgrundsätze beweist. Insgesamt bleibt aber als Ergebnis der vorgehenden Überlegungen, daß die genannten Zahlenwerte überhaupt keine Aussagekraft haben, sowie wir sie auf die tatsächlichen Verhältnisse projizieren. Dies darf – nebenbei gesagt – in keiner Weise als Argument gegen die statistische Auswertung von Erhebungsmaterialien genommen werden, sondern nur als Abweisung methodologisch unzulänglicher Arbeitsweisen. Die völlige Vernachlässigung des kulturellen Faktors mag auf den einseitig wirtschaftlichen Ansatz des benutzten Klassifikationsschemas zurückzuführen sein. Was aber auch die Ursache dafür sein mag, so wirkt dies Verfahren doch bei näherer Betrachtung recht untragbar. Dies wird auch dadurch nicht ausgeglichen, daß gelegentlich auf die verschiedene Struktur der einzelnen Orte in bestimmten Beziehungen hingewiesen wird, wie z. B. bei der Besprechung der völlig verschiedenartigen Stellung des Pfarrers in beiden Konfessionen (so etwa S. 186/187, 196 ff.). Auch an anderen Stellen

tritt hervor, wieviel bei einer Differenzierung zwischen den einzelnen Ortschaften an genaueren Einsichten gewonnen worden wäre. Dies zeigt sich
etwa bei der Analyse des Nachbarschaftsverhaltens (S. 116), bei der Wahl
des Ehepartners aus der Nachbarschaft oder aus der Ferne (S. 148), bei
der verschiedenen Beteiligung an den Vereinen (S. 157, 160 und 178); am
empfindlichsten wird jedoch dieser Mangel spürbar bei den Ausführungen
über das religiöse Leben der Gemeinde, wobei wir nochmals hervorheben,
daß wir die zahlreichen Hinweise dieser Art aus dem Text entnehmen. Die
Differenzen müssen offensichtlich so stark gewesen sein, daß sie sich trotz des
undifferenzierten Ansatzes im Untersuchungsplan von selbst aufdrängten.

Diese Situation hat aber noch weitere Konsequenzen subtilerer Natur.
Nehmen wir als Beispiel etwa die Herkunft der Ehepartner. Wenn man
innerhalb des Gemeindeverbandes nach den verschiedenen Kulturgruppen
differenziert hätte, wäre man sicher auf ein sehr verschiedenes Verhalten
in dieser Hinsicht sowohl in den verschiedenen Ortschaften wie den verschiedenen Berufsklassen gestoßen. Das hätte dann den Gedanken nahe
gelegt, diese Verhältnisse insgesamt mit anderen zu vergleichen, etwa in der
Stadt. Da viele, insbesondere amerikanische Untersuchungen gezeigt haben,
in welchem Ausmaß auch in der Stadt der Ehepartner aus der Nachbarschaft
gewählt wird, kann man den Begriff der nachbarschaftlichen Integration
allein nicht mehr als reines Spezifikum der ländlichen Gesellschaft ansehen,
sondern höchstens in Kombination mit anderen Merkmalen. Im übrigen
läßt sich zeigen, daß zwar einerseits Zugewanderte noch nach Jahrzehnten
als „Fremde" angesehen werden, daß aber auch andererseits rührige Persönlichkeiten unverhältnismäßig schnell akzeptiert werden. So heißt es, daß die
„überdurchschnittlich sozial Interessierten und Aktiven", die auch Flüchtlinge oder Evakuierte sein können, in die Führungsgruppe der Gemeinde
vordringen können (S. 284). Dabei erhebt sich generell die Frage, wie lange
es eigentlich dauert, bis eine „Überlieferung" entsteht. Bei Besprechung der
Maifeier und ihrer Modifikation durch den Nationalsozialismus wird z. B.
erwähnt, daß diese Modifikation „ohne jede Erinnerungen an national-
sozialistische Vorstellungen als ‚überliefertes' nachbarschaftliches Brauchtum"
nach 1945 aufrecht erhalten wurde, obwohl sie erst nach 1933 eingeführt
worden war (S. 127). So genügen also 12 Jahre, um eine „Überlieferung" zu
schaffen und vergessen zu machen, daß es sich dabei gar nicht um autonomes
Kulturgut, sondern um rein städtische Importware handelt. Dies mag auch
für die Eingelebtheit von Zuwanderern zutreffen, die teils unverhältnismäßig
schnell, teils gar nicht adoptiert werden.

Abgesehen von diesen methodologischen Erörterungen muß jedoch
gesagt werden, daß der Begriffsrahmen, auf dem die ganze Untersuchung
ruht, sehr vorsichtig gewählt ist. Es hätte nahe gelegen, einzig die des-
organisatorischen Folgen der wachsenden Differenzierung hervorzuheben,
wie wir das oft in der durchschnittlich sentimentalen Behandlung der Dorf-
problematik erleben. Sehr richtig weist hier Wurzbacher in Ablehnung der

Auffassung von Ferdinand Tönnies darauf hin, daß „eine solche an den Formen und Worten früherer gemeinschaftlicher Verbundenheit ausgerichtete Sicht ... die positive, gesellschaftsintegrierende, zukunftsbildende Seite der gleichen Prozesse" (S. 283) übersieht. Dies hat er später an anderem Orte weiter ausgeführt[8]. Trotzdem klingen aber gewisse Restbestände dieser Konzeption noch immer an, und zwar einmal in einer dauernden Überschätzung des „Gemeinschafts" – Charakters von früher und auch des „Gemeinschafts" – Bedürfnisses von heute in der nachbarschaftlichen, der klassenmäßigen oder der politischen Ordnung. Wir können dies nicht mehr in allen Einzelheiten ausführen, so muß es bei Andeutungen bleiben. Aber es ist doch auffällig, wie stark immer wieder die früher bestehende Einheit, ja Homogenität betont wird, wo doch die angeführten Tatsachen sehr oft das Gegenteil zeigen, nämlich einmal eine Herrschaft der Bauern über die „kleinen Leute", dann die Entstehung einer städtischen Bildungs- und Wohlstandsschicht, schließlich heute die weit überrepräsentative Vertretung der Landwirte im Gemeinderat und in vielen anderen politisch-sozial-kulturellen Schlüsselstellungen, wodurch die Arbeiter völlig an die Wand gedrängt werden. Dies alles weist eher in Richtung einer sehr einseitigen Herrschaftsordnung, in der trotz der Überlegenheit der auspendelnden Arbeiter und trotz entgegen gesetzter Äußerungen der Verfasser, kleine Cliquen eine unbeschränkte Herrschaft ausüben. Bezeichnend ist hierfür insbesondere eine Bemerkung (S. 272), nach der es keine Cliquenbildung geben soll, während wenige Zeilen weiter gesagt wird, daß sich „die Führungsgruppen der einzelnen Bereiche stark überschneiden", so daß „das Ausmaß der tatsächlich vorhandenen Überschneidung ... eine in sich zusammenhängende, in sich verzahnte Gruppe" ergibt. Daneben stehen dann noch die inoffiziellen Autoritäten. Da wir an anderem Orte eingehend auf diese Frage wie die der Ausgestaltung sozialer Klassen in der Gemeinde eingegangen sind[9], verzichten wir hier auf eine weitere Diskussion. Hingegen möchten wir einen anderen Punkt hervorheben, der uns erlaubt, die Herrschaftsstruktur der Vergangenheit vielleicht in Zukunft etwas klarer in den Blick zu bekommen. Vielfach zeigen sich nämlich Anzeichen, daß die Integration der älteren Gemeinde im Grunde nur aus der sehr einseitigen Herrschaft der Vollbauern entsprang, während die auch früher schon vorhandenen „kleinen Leute" gleichzeitig an den Rand gedrängt und ihre Existenz mehr oder weniger verschwiegen wurde; oft waren sie auch minderen Rechtes. Es zeigt sich nun, daß die Familien dieser Gruppen oftmals viele Merkmale aufwiesen, die man erst für die moderne Gesellschaft als bezeichnend ansieht, sofern sie überhaupt – wegen ihrer Armut – heiraten konnten und nicht einfach Massen von

---

[8] Vgl. G. Wurzbacher, Beobachtungen zum Anwendungsbereich der Tönniesschen Kategorien Gemeinschaft und Gesellschaft. In: Kölner Zeitschrift für Soziologie und Sozialpsychologie VII (1955), 3.

[9] Vgl. R. König, Die Gemeinde im Blickfeld der Soziologie, a.a.O., S. 41 ff.

isolierten Atomen waren. Dabei muß hervorgehoben werden, daß dies völlig unabhängig von der Industrialisierung sein kann; im Gegenteil: Man konnte vielleicht sagen, daß die Industrialisierung diesen Zustand vorfand und von ihm Gebrauch machte[10]. Entwicklungen dieser Art sind jüngstens öfters untersucht worden, vor allem auch in sogenannten „unterentwickelten" Gemeinden. Andererseits sind aber diese Gruppen, die in der Gemeinde nur einen sehr geringen Familienrückhalt hatten und daher von vornherein auf das Leben außerhalb der Gemeinde viel ansprechbarer sein mußten, von Anfang an in einer ungünstigen Lage, was die Chance einer wirksamen Teilnahme an den Gemeindegeschäften betrifft. So deutet sich von hier aus ein Gefälle an für die Ausbildung einer internen Machtordnung, und das völlig unabhängig noch von der Verwaltungsordnung und ihr gleichsam vorgelagert, so daß schließlich eine Tradition einseitiger Machtausübung sich anbahnen kann, in der zunächst der Landbesitz den Ausschlag gibt. Dies ist dann auch ein weiterer Hinweis in Richtung einer nur teilweisen Integration der Gemeinde.

Aber jenseits dieser Weiterungen möchten wir doch nochmals hervorheben, daß unsere kritischen Bemerkungen nicht als Einwände, sondern nur als Weiterentwicklung der angeschlagenen Problematik auf Grund des Erreichten aufgefaßt werden dürfen, wobei dieses Ergebnis das Verdienst der beiden Hauptverfasser dieser Studie darstellt. Gleichzeitig möchten wir aber nochmals unterstreichen, daß viele Schwierigkeiten in einem zentralen Punkte zusammenzulaufen scheinen, nämlich des noch immer ungeklärten Verhältnisses von Materialerhebung und Hypothesenbildung einerseits und der methodisch einwandfrei gesicherten Auswertung des Materials andererseits. Es will uns noch allzu häufig dünken, daß die Mittel der Auswertung, insbesondere die Skalierungen, nicht nur recht primitiv und hilflos aufgestellt sind, sondern auch das nicht beweisen, was sie beweisen sollen. Dies wird teilweise auch mitverursacht durch den falschen Ansatz des Samples. Daneben finden wir aber eine Menge höchst interessanter Darlegungen, die ganz unmittelbar aus teilnehmender Beobachtung gewonnen worden sind oder auch ohne jegliche Materialerhebung irgendwelcher Art hätten angestellt werden können. In Zukunft wird insbesondere in dieser Hinsicht eine größere methodologische Bewußtheit angebahnt werden müssen, um ein besseres Gleichgewicht zwischen Materialerhebung und Theorienbildung zu sichern. Aber auch unangesehen dessen scheint uns das Erreichte aller Beachtung wert, wie es sicher auch künftig interessante Auseinandersetzungen auszulösen verspricht.

[10]Vgl. dazu ders., Changes in the Western Family. In: Transactions of the World Congress of Sociology. London 1956.

Der Begriff der Heimat in den fortgeschrittenen Industriegesellschaften

Wenn der Soziologe an den Begriff der Heimat herantritt, so tut er das in einer sehr nüchternen Weise, da für ihn Heimat nicht primär als Erlebnis relevant wird, sondern als ein ganz bestimmtes Verhältnis von Menschen zu ihrer unmittelbaren lokalen Umwelt. Es kann sich also nicht darum handeln, in einer heimatlich bewegten Weise von Heimat zu sprechen; vielmehr müssen wir versuchen, zu einer einigermaßen klaren Begriffsbestimmung und zu einer Lokalisierung des Phänomens der Heimat im weiteren Bereich sozialer Erscheinungen zu gelangen. Aber selbst wenn man den Begriff bewußt in dieser Weise einschränkt, läßt sich noch immer eine Menge darüber sagen, vielleicht mehr, als wenn man nur über ihn fabuliert. Allerdings müssen dazu die durchschnittlichen Vorstellungen der öffentlichen Meinung sowohl vom sentimentalen Ballast als auch von falschen geschichtsphilosophischen Vorstellungen gereinigt werden. Dies bedeutet allgemein, daß eine gewisse Ernüchterung Platz zu greifen hat, bevor wir in die Diskussion einsteigen. Es kann sich einzig darum handeln, die soziale Situation desjenigen genau zu umschreiben, der Heimat hat. Ferner müssen wir uns die größte kritische Zurückhaltung gegenüber jenen Theorien auferlegen, die der Meinung sind, daß jenes besondere Umweltverhalten, das wir als Heimatbeziehung bezeichnen, unter dem Einfluß der zunehmenden Industrialisierung und Verstädterung im Verschwinden begriffen sei. Gerade in diesem Zusammenhang vermag der Soziologe zu zeigen, daß dies ein ausgesprochenes Vorurteil ist. Die Heimatbeziehung verwirklicht sich nämlich im wesentlichen durch das Verhältnis des Menschen zu der Gemeinde, in der er aufwächst, wobei sowohl eine dörfliche als auch eine städtische Gemeinde gemeint sein kann.

Ein weiteres Vorurteil der gleichen Art liegt darin, daß Gemeinde und die in ihr auftauchenden Nachbarschaftsverhältnisse einzig als „kleine Gemeinde" verstanden werden könnten. In Wahrheit bedeutet Gemeinde weiter nichts

R. König, *Soziologische Studien zu Gruppe, Gemeinde und Stadt,* René König Schriften. Ausgabe letzter Hand 15, https://doi.org/10.1007/978-3-658-28251-6_11

als den lokalen Zusammenhang des sozialen Lebens, wobei die Gemeinde selber einmal größer und das andere Mal kleiner sein kann. Man könnte sogar sagen, daß die großen Städte, sofern sie sich jeweils als Kulturzentren darstellen, als solche unter Umständen mehr und intensivere heimatliche Bindungen erzeugen können als irgendeine Klein- oder Mittelstadt. Wer etwa die Stadt Berlin in den zwanziger Jahren erlebte, wird nachhaltig von diesem städtischen Kosmos geprägt worden sein, der seinesgleichen in Europa nicht hatte. Das Ergebnis ist das tiefe Heimatgefühl all derer, die damals in Berlin gelebt haben, woraus eindeutig hervorgeht, daß heimatliche Bindung nicht notwendigerweise an kleine Gemeinden gebunden sein muß. Das ist im Grunde ein rein geschichtsphilosophisches Vorurteil.

So gibt es speziell in der älteren Soziologie, zum Beispiel bei Ferdinand Tönnies[1], Entwicklungstheorien, nach denen die Gemeinde als eigen-ständiges soziales System in den Industriegesellschaften im Schwinden sei und von viel weitergreifenden Zusammenhängen etwa nationaler oder sogar imperialer und kontinentaler Natur verdrängt werde. Es ist nun gewiß richtig, daß heute die Gemeinde nicht mehr die einzige soziale Wirklichkeit dar-stellt, die unser Leben bestimmt; aber selbst wenn die Gemeinde wirklich nicht mehr der Träger der Macht ist, so zeigt sich doch, daß selbst in den fortgeschrittenen Industriegesellschaften die Gemeinde eine zentrale Rolle spielt. Die Gemeinde ist insofern ein soziales Determinationssystem, als noch immer trotz aller wachsenden Mobilität die Mehrzahl der Menschen in ihrem Leben niemals über den Rahmen ihrer Gemeinde hinauskommt. So wird dann die Gemeinde nicht nur zu einem sozialen Gebilde, innerhalb dessen die Menschen leben, arbeiten und wirtschaften, sondern sie ist auch Heimat in dem Sinne, daß jeweils ein Stück Natur mit in die Gemeinde eingeht und durch sie eine ganz einzigartige Gestaltung erfährt. Die Gemeinde bildet dann gewissermaßen den sozialen Schwerpunkt in einer Kulturlandschaft, in der der Mensch den größten Teil seines Lebens verbringt.

Damit werden sofort weiterreichende Probleme aufgerollt, die speziell das Verhältnis des Menschen zur Gemeinde betreffen. Wir sagten soeben, daß der Mensch den größten Teil seines Lebens in der Gemeinde verbringt. Alles in der Gemeinde ist ihm darum vertraut, weil er Jahre und Jahrzehnte, ja vielleicht das ganze Leben dort gelebt hat. Bei langer Eingelebtheit verändern aber alle Verhältnisse zur Umwelt und zur Mitwelt insofern ihren Charakter, als sie zutiefst emotional fixiert werden. Mit anderen Worten: Die Dauer der Eingelebtheit entscheidet über die emotionale Fixierung des Menschen in der Gemeinde, die damit von einem Sozial-, Wirtschafts- und Kulturgebilde zur Heimat wird.

Gleichzeitig läßt sich sagen, daß diese emotionale Fixierung, die wir als Heimat bezeichnet haben, nichts Einzigartiges darstellt. Sie liegt vielmehr auf

[1] Ferdinand Tönnies, Gemeinschaft und Gesellschaft, 8. verbesserte Auflage. Leipzig 1935 (zuerst: 1887).

der gleichen Linie wie ein anderes soziales Phänomen, bei dem der Mensch ebenfalls in der Tiefendimension erfaßt wird, nämlich die Familie. Nicht nur aufgrund der langen Eingelebtheit in einer Familie, sondern vor allem wegen der intimen Verbindung aller Mitglieder in ihr erfährt der Mensch eine unvergleichliche, tiefreichende Gestaltung seiner Person, und zwar gerade in der emotionalen Tiefendimension. Selbstverständlich unterliegt der Mensch später noch anderen Einflüssen im Laufe seines Lebens; niemals aber wird er jedoch mit der gleichen Intensität umgestaltet, wie das in der Familie der Fall gewesen ist.

Der Einfluß der Gemeinde kommt sofort nach dem der Familie. Wir können geradezu sagen, daß die räumliche Eroberung der Umwelt außerhalb der Familie durch das Kleinkind notwendigerweise immer in der Nachbarschaft und der Gemeinde beginnt. Es kann uns nicht wundern, wenn daher das Erlebnis von der Gemeinde für den jungen Menschen die gleiche emotionale Färbung erhält wie alle seine Beziehungen zur Familie.

Es läßt sich aber noch mehr sagen. Wenn nämlich schon für die meisten Menschen das gesamte Leben mehr oder weniger in einer Gemeinde beschlossen bleibt, so erfahren auch die anderen, die etwa im Laufe ihres Lebens durch mehrere Gemeinden wandern, die weiteren sozialen Zusammenhänge zuerst immer an den sozialen Formen der Gemeinde. Es scheint überhaupt so zu sein, daß der Durchschnittsmensch nur wenig aufnahmefähig ist für weiträumigere soziale Zusammenhänge. Sie sind ihm gemeinhin zu abstrakt. So muß man im Grunde sagen, daß die meisten Menschen, wenn sie etwa an den „Markt" der Wirtschaft denken, dabei primär immer jenen Lokalmarkt vor Augen haben, auf den man mit seinen Füßen gehen kann. Einzig sozialwissenschaftlich höher entwickelte Menschen sind imstande, sich den abstrakten Begriff Markt zu vergegenwärtigen. So zeigt sich wiederum, daß die gesamten Vorstellungen, die ein Mensch vom Leben der Gesellschaft hat, notwendigerweise von jenen Vorstellungen beeinflußt sein müssen, die er einmal in seiner Heimatgemeinde erfahren hat. Im Grunde hängt das mit dem ersten Problem, nämlich der emotionalen Fixierung bei langer Eingelebtheit, engstens zusammen. Mit der emotionalen Fixierung ist nämlich ein außerordentliches Maß an greifbarer Anschaulichkeit verbunden. Wir binden uns nicht emotional an Begriffe und Namen; vielmehr sind wir gebunden an bestimmte Bilder, Gebäudeformen, Straßenzüge, Plätze, Farben, Lichter und überhaupt an den Reichtum der optisch greifbaren Außenwelt in allen ihren Gestalten. So gewinnt die Anschaulichkeit des Lebens in der heimatlichen Gemeindebindung ein kaum wieder erreichba res Maximum an Eindringlichkeit und Augenfälligkeit. Es kann uns dann nicht wundern, wenn dieses durch lange Jahre der Kindheit und Jugend aufgebaute komplexe Erlebnis der Heimatgemeinde alle übrigen Vorstellungen von weiteren sozialen Zusammenhängen färbt und beeinflußt.

Gleichzeitig läßt sich auch sagen, daß diese emotional fixierten Vorstellungen einen ausgeprägt symbolischen Charakter gewinnen. Der Gefühlscharakter der Heimatbeziehung ist, wie wir sagten, die notwendige Folge eines langen Umgangs mit bestimmten Wirklichkeiten, die den Menschen nicht nur zutiefst durchformen, sondern auch seine innersten Verhaltensstrukturen bestimmen. Der spezifisch symbolische Charakter der Heimatbeziehung wird hingegen dadurch vermittelt, daß in dieser Situation letztens jeder einzelne Teil der Gemeinde für das Ganze stehen kann. Das kann etwa zutreffen für das Geburts- oder das Elternhaus. Das gilt auch für hervorragende Bauwerke, wie etwa der Kölner Dom zum Symbol einer ganzen Stadt werden konnte. Die Identifikation mit einer solchen Gemeinde läuft dann in Form einer Symbol-Identifikation über diesen Teil des Ganzen.

In der Bindung an diese symbolische Identifikation wird gleichzeitig ein sehr ähnliches Gefühl gewonnen wie in der Familienbeziehung. Die Familie gibt dem Kinde das Gefühl einer außerordentlichen Geborgenheit, das sich bei ihm geradezu als passives Eigentumsgefühl ausdrückt. Es hat das Gefühl, von seinen Eltern „besessen" zu werden. Mit dem Gefühl der Geborgenheit wächst aber die Sicherheit des Verhaltens. Nun läßt sich in gewisser Weise diese Situation auf das Verhältnis des Menschen zur Gemeinde übertragen, selbst wenn dort natürlich nicht mehr die gleiche Intensität erreicht wird wie in der Familie. Trotzdem gewinnt aber der Mensch aus der Beziehung zur Heimatgemeinde das Gefühl für eine symbolische Beständigkeit, die ebenfalls seine Personenstruktur bestimmt, indem sich die symbolische Identität der Heimatgemeinde in der Konsistenz seines Verhaltens fortsetzt.

Damit erscheint schließlich die Gemeinde und die Heimat als eine Art Mikrokultur. Diese stellt vielleicht einen Teil der Gesamtkultur dar, in der der betreffende Mensch lebt. Aber darüber hinaus bietet doch jede Gemeinde etwas Einzigartiges, das auch den Gemeindebürgern das Gefühl ihrer Einzigartigkeit gibt. So sagen die Bürger einer Gemeinde: „Bei uns" handelt man so und so, „die anderen" verhalten sich anders. Damit ist deutlich gesagt, daß eine eigene Kultur entsteht, die sich zwar in die Gesamtkultur einer Nation einordnet, aber eine einzigartige Variante derselben darstellt.

Neuere Untersuchungen, von denen ich selber in meinem Buch über Gemeindestruktur berichtet habe[2], haben gezeigt, daß es im übrigen interessante Gradabstufungen in der Verbundenheit der verschiedenen Menschen zu ihrer Heimatgemeinde gibt. Die Menschen können nämlich teils gemeindeorientiert, teils außenorientiert sein. Das stellt zum Beispiel besondere Probleme bei den sogenannten Pendlern. Diese wohnen zwar physisch in einer Gemeinde, aber ihr ganzes Interesse ist nach außen gerichtet, so daß sich auch notwendigerweise ihre Interessen auf andere Dinge erstrecken müssen als die jener Menschen, für die sich der Lebenskreis innerhalb einer Gemeinde beschließt. Außerdem zeigt sich, daß zum Beispiel bei geringerer Bildungsstufe die unmittelbare Identifikation mit der Heimatgemeinde nicht nur leichter verläuft, sondern sich auch auf mehrere

---

[2] René König, Grundformen der Gesellschaft: Die Gemeinde. Reinbek bei Hamburg 1958 (Wiederabdruck in diesem Band).

Gegenstände oder Verhältnisse erstreckt. Bei höherer Bildungsstufe finden wir zwar zunächst ebenfalls eine solche Gemeindepartizipation; darüber hinaus aber reichen die sozialen Beziehungen in die Ferne. Man spricht hier von kosmopolitischer Ausrichtung. Allerdings wird dadurch die Tatsache nicht aus der Welt geschafft, daß auch diejenigen, die ins Weite blicken, notwendigerweise in einem engen Kreise für ihren Alltag eingeschlossen sind und in diesem höchst handgreiflich die Wirklichkeit des sozialen Lebens zuerst erfaßt haben. In seiner sozialen Selbstgestaltung kann der Mensch die Heimatgemeinde genauso wenig überspringen wie seine Familie, selbst wenn sich zeigt, daß der größere Teil unserer Interessen, speziell in den gebildeten Klassen, in die Ferne weist. Im ersten Fall erscheint das Umweltsein als Weltsein überhaupt; im zweiten Fall wird zwischen dem Sein der unmittelbaren Umwelt und der Welt im Großen mehr oder weniger deutlich unterschieden. Dazu gehört schließlich auch, daß diese Menschen im Laufe ihres Lebens durch mehrere Lebensstufen gehen, die sie jeweils an verschiedene lokale Einheiten binden. Das ist sogar für einen großen Teil der Menschen regelmäßig der Fall. Dabei erhebt sich die Frage, in welchen Perioden der Lebensentwicklung die Bindung am intensivsten ist. Natürlich steht fest, daß sie in der Kindheit und frühen Jugend außerordentlich stark ist. Es gibt aber auch Umstände, in denen der Mensch später noch starke emotionale Entwicklungsstöße empfängt und aus diesen in anderen örtlichen Verhältnissen als denen seiner Jugend ein neues Heimatgefühl entwickeln kann. Dazu gehören etwa Auswanderer und Emigranten aller Art, die sich häufig ein neues Heimatgefühl im Erwachsenenalter erwerben. Wer Heimat sagt, sagt damit nicht unmittelbar, daß es für jeden nur eine Heimat geben müsse. Es gibt in der Tat die Möglichkeit, in neuen Verhältnissen neue Bindungen einzugehen, die unter Umständen die älteren zum Verlöschen bringen können. Kehren wir zurück an die Heimatstätte unserer Jugend, so sind wir nur all zu oft enttäuscht; denn was die Vergangenheit vergoldet, erscheint bei unmittelbarem Anblick sehr häufig schal und nichtssagend. Der Mensch ist dann umgeformt durch neue Bindungen, die sowohl weiterer Natur sein als auch den Charakter einer neuen Heimat gewinnen können, ohne daß darum in diesen neuen Bindungen die symbolischen und affektiven Identifikationen schwächer sein müßten.

Es bleibt als Ergebnis, daß sich in den fortgeschrittenen Industriegesellschaften noch immer Heimat findet, selbst in den Großstädten, da bei langer Eingelebtheit alle Beziehungen zur Umwelt einen starken emotionalen und symbolischen Charakter erhalten und damit eine intensive Eingeschlossenheit des Menschen in einen engen Kreis erreichen. Wo allerdings die größeren Kreise des Lebens sich auftun, letzten Endes die ganze Welt in ihrer planetarischen Weite, da hat auch der Mensch die Freiheit, sich eine neue Heimat zu gewinnen, die von der seiner Jugend verschieden ist. Immer bleibt aber die Notwendigkeit einer engen emotionalen Bindung an jene lokalen, sozialen Gebilde, die wir gewöhnlich als Gemeinde bezeichnen.

Die Selbstanalyse von Gemeinden als Mittel zur Entwicklung der Gemeindebeteiligung

Es fällt immer wieder auf, wenn man etwa in Zentraleuropa an das Problem der Gemeinde und der Gemeindebeteiligung, also die Gestaltung des Gemeindelebens, herangeht, wie gering das allgemeine Bewußtsein der Öffentlichkeit für die Bedeutung dieser Fragen ist. Dies gilt heute insbesondere für Kontinentaleuropa, also etwa für Deutschland und Frankreich gleichzeitig, während in dieser Hinsicht die Lage in England, aber teilweise auch in Skandinavien, Holland und der Schweiz wesentlich besser ist. In den Vereinigten Staaten von Amerika ist dagegen diese Frage in den letzten Jahrzehnten immer bedeutsamer geworden, wobei gewiß eine Reihe von europäischen Anregungen (insbesondere aus Frankreich und England) verarbeitet wurden, dies aber in so umfassender Weise, wie es eben in Europa niemals geschehen ist. Das beweist, daß in den USA ein ganz ungewöhnlich intensives Gefühl für die Bedeutung der Gemeindebeteiligung für die Entwicklung des einzelnen und der Gesellschaft insgesamt lebendig ist, wie wir es bis heute kaum kennen. Leider haben wir in Europa noch nichts Entsprechendes aufzuweisen wie etwa folgende zwei Bücher, die vor nicht allzu langer Zeit erschienen sind: Roland L. Warren[1] (Studying Your Community) und Otto G. Hoiberg[2] (Exploring the Small Community). Andererseits wächst aber auch in Zentraleuropa jetzt das Interesse, wie man an einer Reihe von Symptomen erkennen kann, so daß man der Zukunft mit mehr Optimismus entgegensehen kann.

Wir wollen und können hier nicht in die Diskussion der Gründe eintreten, die in manchen Teilen Europas eine Entwicklung dieses Forschungszweiges bisher verhindert oder zum mindesten nicht befördert haben. Das würde uns

---

[1] Roland L. Warren, Studying Your Community. New York 1955.
[2] Otto G. Hoiberg, Exploring the Small Community. Lincoln 1955.

© Der/die Autor(en), exklusiv lizenziert durch Springer Fachmedien Wiesbaden GmbH , ein Teil von Springer Nature 2021
R. König, *Soziologische Studien zu Gruppe, Gemeinde und Stadt,* René König Schriften. Ausgabe letzter Hand 15, https://doi.org/10.1007/978-3-658-28251-6_12

zu weit in allgemein historische Betrachtungen abführen, die – so interessant sie an sich sein mögen – dennoch dem an brennenden Gegenwartsfragen beteiligten Menschen von heute etwas müßig zu sein scheinen.

Vielmehr wollen wir das Problem umgekehrt angehen, indem wir die positive Frage aufrollen, warum das Problem der Gemeinde und der Gestaltung des Gemeindelebens von so zentraler Bedeutung für den gegenwärtigen Menschen ist. Wenn sich diese Frage restlos positiv beantworten läßt, und ich hoffe, das tun zu können, dann folgt daraus auch das Postulat nach der Förderung aller Möglichkeiten, die Besonderheiten des Gemeindelebens zu erkennen, wobei wir in diesem Referat vor allem das Verhältnis zwischen Selbstanalyse der Gemeinde und der Gemeindebeteiligung untersuchen wollen.

Warum ist nun in der Tat die Gemeinde und die Gestaltung des Lebens in ihr von so zentraler Bedeutung für den gegenwärtigen Menschen, wie oben behauptet worden ist? Hier müssen Sie mir erlauben, einige Grundprobleme der Soziologie zu entwickeln, welche vor allem die Stellung des Menschen zu den verschiedenen Arten von Gruppen betreffen. Wenn es feststeht, daß die Sicherheit der Lebensorientierung des Menschen wesentlich von seiner Eingeschlossenheit in bestimmte Gruppen abhängt, so ist doch gleichzeitig klar, daß dies keineswegs in allen Gruppen in gleicher Weise der Fall ist. Die Gruppen Familie, Nachbarschaft, Gemeinde haben hier in der Tat eine ganz andere Bedeutung als etwa die mehr abstrakten Gruppen und Assoziationen des Wirtschaftslebens und der großen Öffentlichkeit, obwohl sich wenigstens im Industriebetrieb eine wachsende Tendenz zur Ausbildung von Gruppen am Arbeitsplatz zu zeigen beginnt, an die sich der Mensch offensichtlich stark gebunden fühlt, so daß ihn eine Störung dieser Gruppen beunruhigt. Allerdings ist die Tragweite dieser letzten Gruppen am Arbeitsplatz insofern von anderer Natur als die zuerst genannten von Familie, Nachbarschaft und Gemeinde, als diese den Menschen vom allerersten Beginn seiner Existenz an umfangen und sein Leben in den elementarsten Tiefen formen, während er als bereits fertiger Mensch in die industrielle Arbeitswelt eintritt. Aus diesem Grunde bezeichnet man auch Familie, Nachbarschaft und Gemeinde als sogenannte „Primärgruppen" (Charles H. Cooley), die der Zeit und der Bedeutung nach allen anderen Gruppen vorausgehen, vor allem die Menschen in ihrer Intimsphäre erfassen und gestalten, so daß ihr Leben entscheidend von diesen Primärgruppen geprägt wird.

Während dies nun etwa für die Familie schon seit langem erkannt worden ist, kann man das gleiche für die Erscheinungen von Nachbarschaft und Gemeinde keineswegs behaupten. Vor allem wird so gut wie nie die spezifische Bedeutung von Nachbarschaft und Gemeinde für die Entwicklung des Menschen erfaßt, die ihre Bedeutung jenseits der Familie klar für sich herausarbeiten würde. Gemeinhin wird nämlich der Anschein zu erwecken versucht, als könne Nachbarschaft und Gemeinde die gleiche Form intensivster Einheit vermitteln, wie das für die Familie gilt. Dies ist jedoch keineswegs der Fall. Hier müssen wir sogar warnen vor einer sentimentalen Glorifizierung und schließlich auch Überforderung von Nachbarschaft und Gemeinde, was bei einem nachfolgenden Zusammenstoß mit der sehr viel rauheren Wirklichkeit leicht eine recht brüske Desillusionierung bewirken könnte und damit der Sache eher schaden als nützen würde. Auch die beiden großen italienischen Dichter der Gemeinde, Giovanni Verga[3] und Carlo Levi[4], genau wie übrigens ihr polnisches Gegenstück Wladislaw Reymont[5], waren sich darüber klar, daß selbst in einer sehr kleinen Gemeinde Distanzen zwischen den Menschen gegeben sind, wie sie eben in der Familie nicht vorkommen. Zahlreiche Untersuchungen zeigen, daß insbesondere die sozialen Klassen in der Gemeinde solche Distanzen und Spannungen schaffen, selbst wenn diese Gemeinden – wie gesagt – sehr klein sind, so daß das Moment persönlicher Vertrautheit durchweg vorwiegt. Deutlich kommt dies etwa bei der Untersuchung ausgesprochener Zwerggemeinden zum Vorschein, wie sie in Amerika (James West[6]: Plainville mit 275 Einwohnern) und neuerdings auch in Europa untersucht wurden (John Y. Keur und Dorothy L. Keur[7]: Drenthe Community in den Niederlanden mit 285 Einwohnern). Trotz aller Enge der Verbundenheit gibt es scharfe Trennungen in der kleinen Gemeinde, die dort sogar größer sind als in der viel mobileren allgemeinen Wirtschaftsgesellschaft etwa regionaler oder nationaler Reichweite.

Wenn aber auch Nachbarschaft und Gemeinde nicht den gleichen Grad an Intensität der Verbundenheit erreichen können wie die Familie, so heißt das dennoch keineswegs, daß darum ihre Funktion für die Gestaltung der menschlichen Grundorientierungen in der Gesellschaft belanglos wäre. Sie ist nur anders. Man kommt in der Tat sehr wohl weiter auf diesem Gebiete, auch ohne, wie Robert Redfield[8] vor einigen Jahren zu begründen versuchte, den Ganzheitscharakter der Gemeinde all zu sehr in den Vordergrund zu stellen. Ich möchte auch sagen, daß diese Fragen vielleicht doch mehr den eigentlichen Wissenschaftler interessieren als den unmittelbar beteiligten Menschen. Für diesen wird es hingegen von größter Bedeutung, daß in der Nachbarschaft und in der Gemeinde komplexe soziale Zusammenhänge anschaulich erlebbar werden, so daß er ganz unmittelbar Anteil nimmt an verwickelteren sozialen Prozessen, als sie in der Familie jemals auftreten können. Wenn die Familie die elementaren Grundlagen der sozial-kulturellen Persönlichkeit in Kindheit und Jugend in wesentlichster Weise gestaltet, so bedeutet

---

[3] Giovanni Verga, I Malavoglia. Milano 1881 (deutsch mit einem Nachwort von René König: Die Malavoglia. Zürich 1945).

[4] Carlo Levi, Christo si è fermato a Eboli. Torino 1944 (deutsch: Christus kam nur bis Eboli. Zürich 1949).

[5] Wladislaw Reymont, Chlopi. Warszawa 1925 (deutsch: Die Bauern. Düsseldorf 1956).

[6] James West, Plainville: USA. New York 1945.

[7] John Y. Keur und Dorothy L. Keur, The Deeply Rooted. A Study of a Drenthe Community in the Netherlands. Assen 1955.

[8] Robert Redfield, The Little Community. Chicago 1955.

die Gemeinde die Grundform der Gestaltung des Erwachsenenlebens. Für viele Menschen ist sie es sogar ausschließlich, weil die Gemeinde auch ihren gesamten Lebenshorizont ausmacht. Aber selbst für diejenigen, die ihre Ursprungsgemeinde verlassen müssen und in grundsätzlich weiterreichende soziale Verflechtungen eingehen, bleibt noch immer die Gemeinde der erste Ort, an dem sie anschaulich erfuhren, daß es eine soziale Realität gibt, die über die Familie hinausreicht. So ist also die Gemeinde in der Tat noch immer eine Primärgruppe, selbst wenn in ihr nicht mehr die gleiche intensive Form des Zusammenlebens gefunden werden sollte wie in der Familie. Damit entscheidet sich auch ihre Bedeutung für die weitere Entfaltung der sozial-kulturellen Persönlichkeit von der Kindheit über die Jugend ins Erwachsenenalter. Ich möchte so sagen, daß die natürlichen Abläufe weiterreichender sozialer Verflechtung empfindlich gestört werden, wenn nach der Familienerziehung kein Übergang gefunden wird in den weiteren Lebenshorizont der Gemeinde.

Damit ist nicht nur die allgemein menschliche und soziale Bedeutung der Gemeinde als Primärgruppe ungefähr umschrieben, sondern gleichzeitig unterstrichen, von wie entscheidender Bedeutung die Gemeindebeteiligung in einer Entwicklungsperiode der Wirtschaftsgesellschaft ist, in der die soziale Verflechtung in weit über die Familie hinausgehende Zusammenhänge eine unübersteigbare Grundtatsache des Lebens ist. Nun gibt es viele Mittel zur Förderung der Gemeindebeteiligung, religiöse, erzieherische (von der Schule bis zur Volkshochschule), administrative, Stadt- und gemeindeplanerische, allgemeinkulturelle (wie etwa Organisationen zur Gestaltung der Freizeit), vereinsmäßige und viele andere mehr. Auf all dies soll hier nicht eingegangen werden, weil es schon oft und von berufener Seite diskutiert worden ist. Ich möchte hier vielmehr ein anderes Mittel mit Ihnen diskutieren, das dem Soziologen naturgemäß näher liegt, nämlich die „Selbstanalyse" von Gemeinden als Mittel der Entwicklung der Gemeindebeteiligung.

Dieser Begriff der Selbstanalyse von Gemeinden stammt aus dem Amerikanischen, wo er „Community self survey" heißt. Er ist teilweise schon nach Europa herübergedrungen, z. B. nach Schweden, wo er allerdings zunächst auf eine ziemlich dilettantische Weise angewendet wurde. Im übrigen ist dieser Ausdruck wohl einer der bezeichnendsten Belege dafür, welche ganz ungewöhnlich große Rolle die Wirklichkeit der Gemeinde allgemein im amerikanischen Denken spielt. Der Begriff der Selbstanalyse von Gemeinden ist eine recht komplexe Angelegenheit, so daß wir uns hier etwas aufhalten müssen. Selbstanalyse bedeutet zunächst, daß bei einem solchen Vorgang der Wissenschaftler in den Hintergrund tritt, dagegen die Gemeindemitglieder in den Vordergrund, indem sie versuchen, sich selbst ein Bild ihrer Gemeinde und ihrer Probleme zu schaffen. Natürlich können sie dabei auf einen wissenschaftlich geschulten Experten nicht verzichten; aber dieser stellt dann doch die reine Erkenntnis der Gemeinde in den Hintergrund und dagegen bestimmte sehr praktische Probleme in den Vordergrund. In den Vereinigten Staaten ist diese Methode meist angewendet worden in

Gemeinden mit ausgesprochenen ethnischen Spannungen und mit irgendwelchen Minoritäten. Aber das ist natürlich keineswegs der einzige Aktionsbereich dieser Methoden, selbst wenn man hätte wünschen mögen, daß sie etwa in Deutschland nach 1945 angewendet worden wären, um die vielen Spannungen zwischen Einheimischen, Flüchtlingen, Vertriebenen und Evakuierten speziell in den kleinen Landgemeinden den Beteiligten zum Bewußtsein zu bringen und damit zu mildern.

Ich selbst habe in ganz anderem Zusammenhang Gelegenheit gehabt, auf das Mittel der Selbstanalyse von Gemeinden in der Entwicklung von zurückgebliebenen Gemeinden hinzuweisen. In diesem Fall handelte es sich darum, durch Vermittlung und Erweckung der Kenntnis aller wesentlichen, mit dem Leben in der Gemeinde zentral zusammenhängenden Probleme eine neue Initiative bei einigen Individuen oder bei ganzen Gruppen zu wecken. In unserem Fall gehen wir von einer allgemeineren Situation als der der unterentwickelten Gemeinde aus und versuchen vor allem das Gefühl der Gemeindebeteiligung zu aktivieren, das nur darum so ungewöhnlich stagniert, weil es überhaupt nicht angesprochen wird. Und nicht angesprochen wird es, weil allgemein kein Wissen darüber besteht, wie zentral wichtig für die Entwicklung des erwachsenen Menschen die Gemeindebeteiligung ist. Der Soziologe weiß noch zusätzlich um gewisse neuralgische Punkte, wie etwa außerhalb der Gemeinde arbeitende Pendler, die einer regelmäßigen und kontinuierlichen Entwicklung der Gemeindebeteiligung im Wege stehen. Das ist aber keineswegs alles, ich erwähne hier nur den umfangreichen Komplex von Fragen, der mit der bloßen Nennung der beiden Worte „Gemeinde und Betrieb" angesprochen wird.

Im Gegensatz zur wissenschaftlichen Gemeindeuntersuchung ist das Ziel einer solchen Selbstanalyse vorwiegend praktisch orientiert. Es teilt in dieser Hinsicht auch einen entscheidenden Zug mit einer praktisch therapeutisch ausgerichteten Behandlungstechnik, etwa der Psychoanalyse. Während die rein wissenschaftliche Untersuchung in dem Augenblick aufhört, wo ein bestimmter Zusammenhang erkannt ist, läuft eine solche an der Analyse noch weiter, selbst nachdem das vorliegende Problem schon längst klar ist. Die Absicht ist ja, durch Wiederholung eine „Fixierung" bestimmter Einsichten im Bewußtsein der Beteiligten zu erreichen, was dann auf die Dauer auch eine Änderung des Verhaltens zur Folge haben soll. In der Tat, hier bedeutet die analytische Behandlungsweise keinen Selbstzweck mehr, sondern einzig ein Mittel zur Entwicklung der Gemeindebeteiligung in einem höchst konkreten und vor allem aktiven Sinne. Aus diesem Grunde hat man auch in Amerika den Begriff „action research" für ein solches Vorgehen geprägt. Dies ist mehr und auch etwas anderes als „angewandte Wissenschaft", liegt doch das wesentliche Ziel darin, durch Entwicklung der Kenntnisse ganz unmittelbar bestimmte Aktivitäten zu wecken, bei denen die Menschen nicht mehr etwas Bestimmtes tun, weil sie von außen her dazu veranlaßt werden, sondern weil sie es aufgrund ihrer Erkenntnisse und Einsichten von selber tun wollen. Damit erweist sich das Mittel der Selbstanalyse von Gemeinden als Hebel für die Auslösung stärkster Anteilnahme nicht nur an allgemeinen Fragen der Gemeindegestaltung, sondern auch an höchst konkreten Einzelfragen, welche mit der sachlichen Diskussion zugleich den Willen wecken, die eigene Gemeinde zu einem lebenswürdigen sozialen Gebilde auszugestalten.

Neuere Strömungen der Gemeindesoziologie

EINLEITUNG

Während sich die Gemeindesoziologie in der unmittelbaren Nachkriegsperiode zunächst über viele Länder verbreitet hatte (René König[1]), begann sie in den letzten Jahren, sich auf einige Schwerpunkte zu konzentrieren. So fällt z. B. auf, daß in Kontinentaleuropa unverhältnismäßig wenig geschehen ist, vielleicht mit einziger Ausnahme der Niederlande[2], während die Forschung sowohl in England (Ronald Frankenberg[3]) als auch in den Vereinigten Staaten (Nelson W. Polsby[4]; Robert Mills French[5]; Fred M. Cox, John L. Ehrlich, Jack Rothman, John E. Tropman[6]) genau so reichhaltig fließt wie zuvor. Dazu kommt noch als spezielle Erscheinung eine intensive Beschäftigung mit der lokalen Gemeinde in wirtschaftlich unterentwickelten Gebieten und Ländern (Jessie Bernard[7]; Irwin T. Sanders[8]).

[1] René König, Grundformen der Gesellschaft: Die Gemeinde. Reinbek bei Hamburg 1958 (Wiederabdruck in diesem Band); ders. (Hrsg.), Soziologie der Gemeinde (Sonderheft 1 der Kölner Zeitschrift für Soziologie und Sozialpsychologie), 4. Aufl. Opladen 1972 (zuerst 1956).

[2] Siehe dazu das Kapitel Soziographie. In: R. König (Hrsg.), Handbuch der Empirischen Sozialforschung, Bd. 4, 3. Aufl. Stuttgart 1974.

[3] Ronald Frankenberg, Village on the Border. London 1957.

[4] Nelson W. Polsby, Community. In: International Encyclopaedia of the Social Sciences, Bd. 3. New York 1968, S. 157–163.

[5] Robert Mills French (Hrsg.), The Community. A Comparative Perspective. Itasca, Ill., 1969.

[6] Fred M. Cox, John L. Ehrlich, Jack Rothman und John E. Tropman (Hrsg.), Strategies of Community Organization. Itasca, Ill., 1970.

[7] Jessie Bernard, Community Disorganization. In: International Encyclopaedia of the Social Sciences, Bd. 3, a.a.O., S. 163–169.

[8] Irwin T. Sanders, Community Development. In: International Encyclopaedia of the Social Sciences, Bd. 3, a.a.O., 169–174.

Offensichtlich hat sich die Gemeindesoziologie als besonders fruchtbar zum Studium von Entwicklungsprozessen erwiesen (siehe dazu das Kapitel von Bert F. Hoselitz[9]). Speziell beim Studium der Einführung irgendwelcher Neuerungen in wirtschaftlich unterentwickelten Gebieten haben sich Gemeindestudien bewährt, welche die Struktur von Führungsgruppen zum Gegenstand haben. Studien dieser Art kommen bereits in nächste Nähe zur angewandten Soziologie und zur Praxis (Herbert J. Gans[10]; Alfred J. Kahn[11]; Peter Marris und Martin Rein[12]); sie konzentrieren sich übrigens zumeist auf städtische Gemeinden und werden entsprechend auch im Rahmen der Stadt- und Großstadtsoziologie behandelt (siehe dazu die Kapitel über Stadt-Land-Soziologie und Großstadtsoziologie in o.g. Handbuch). Der gleiche Trend zur Praxis ist schon seit langen Jahren bei den niederländischen Studien zu beobachten. Jüngstens beginnt auch in Deutschland der Zusammenhang zwischen Gemeindesoziologie und Gemeindeplanung größeres Interesse zu erwecken (dazu vorläufig Paul Drewe[13]). In Österreich hat sich insbesondere Kurt Freisitzer[14] mit der Anwendung der empirischen Sozialforschung in Raumordnung, Raumforschung und Raumplanung befaßt.

Ein interessanter Sonderfall ist die Entwicklung der Gemeindeforschung in Italien, die erst seit relativ kurzer Zeit in Gang gekommen ist und gleichzeitig verschiedenartige Züge sehen läßt, die früher in England und den Vereinigten Staaten nacheinander hervortraten (vgl. dazu König[15]). So steht etwa am Anfang ein Roman wie der von Carlo Levi „Cristo si è fermato a Eboli"[16] und die heftig sozialkritische Studie von Danilo Dolci „Un'inchiesta a Palermo"[17], woraus in Sizilien eine echte theoretisch-praktische Gemeindebewegung entstanden ist, die sich bis heute insbesondere auf die Sozialarbeit auswirkt. Dazu kommen mehr konventionell beschreibende Darstellungen

[9] Bert F. Hoselitz, Sozialer Wandel in unterentwickelten Ländern. In: R. König (Hrsg.), Handbuch der Empirischen Sozialforschung, Bd. 8, 2. Aufl., Stuttgart 1977, S. 263–328.

[10] Herbert J. Gans, People and Plans: Essays on Urban Problems and Solutions. New York 1968.

[11] Alfred J. Kahn, Studies in Policies and Planning. New York 1969; ders., Theory and Practice of Social Planning. New York 1969.

[12] Peter Marris und Martin Rein, Dilemmas of Social Reform. New York 1967.

[13] Paul Drewe, Sozialforschung in der Regional- und Stadtplanung. In: Kölner Zeitschrift für Soziologie und Sozialpsychologie XVIII (1966); ders., Techniken zur Identifizierung lokaler Eliten. In: Kölner Zeitschrift für Soziologie und Sozialpsychologie, XIX (1967); ders., Der Beitrag der Sozialforschung zur Regional- und Stadtplanung. Meisenheim a.G. 1967; ders., Sozialwissenschaftliche Aspekte der Stadtentwicklung. In: Ders. und Leo H. Klaassen, Urbanität – Plan oder Zufall. Leverkusen 1968.

[14] Kurt Freisitzer, Soziologische Elemente in der Raumordnung. Zum Anwendungsbereich der empirischen Sozialforschung in Raumordnung, Raumforschung und Raumplanung. Graz 1965.

[15] R. König, Grundformen der Gesellschaft: Die Gemeinde, a.a.O., Kap. XI.

[16] Carlo Levi, Christo si è fermato a Eboli. Torino 1944.

[17] Danilo Dolci, Un'inchiesta a Palermo. Torino 1956.

wie die unter dem Einfluß von Adriano Olivetti zustande gekommenen Untersuchungen über Ivrea im Aostatal, bei denen viele junge italienische Sozialforscher ihre erste Ausbildung in empirischer Sozialforschung erfuhren. Die Arbeiten des *Gruppo Tecnico per il Coordinamento Urbanistico del Canavese*, die seit 1954 im Druck zu erscheinen begannen (dazu kurz König[18]), sind übrigens nicht nur auf eine Gemeinde beschränkt, sondern beziehen die ganze „Zone" (oder „Region") in ihre Betrachtung ein, wobei ausgesprochen planerische Gesichtspunkte hervortreten; allerdings ist hier der Mangel an theoretischen Gesichtspunkten noch sehr auffällig. Diese kommen erst in den eigentlichen „Problemstudien" zum Vorschein, wie etwa der Kleinstadtstudie von Franco Ferrarotti[19], den Untersuchungen von Gemeinden im Bereich großer Städte wie der von Alessandro Pizzorno[20] über den Einfluß der Rationalisierung, vor allem aber denen über unterentwickelte Gemeinden in Süditalien, dem „Mezzogiorno", wie die von Tullio Tentori[21] über Matera in der Basilicata, von Guido Vincelli[22], von Anna Anfossi, Magda Talamo und Francesco Indovina[23] über Ragusa in Sizilien, von Franco Crespi[24], von Achille Ardigó[25] u. a. Dazu kommen auch einige Nicht-Italiener wie das klassische Buch von Edward C. Banfield[26], Frederick G. Friedmann[27], Horst und Helga Reimann[28], Horst Reimann[29], Gottfried Eisermann und Sabino S. Acquaviva[30]. Die italienische Agrarsoziologie hat hierzu ebenso beigetragen wie viele rein wirtschaftswissenschaftliche

[18] R. König, Literaturbesprechungen. In: Ders. (Hrsg.), Soziologie der Gemeinde, a.a.O., S. 221–223.

[19] Franco Ferrarotti, La piccola città. Milano 1959.

[20] Alessandro Pizzorno, Communitá e razionalizzazione. Torino 1960.

[21] Tullio Tentori, Il sistema di vita nella communitá materana. Roma 1956.

[22] Guido Vincelli, Una communitá meridionale. Torino 1958.

[23] Anna Anfossi, Magda Talamo und Francesco Indovina, Ragusa. Communita in transizione. Torino 1959.

[24] Franco Crespi, Adattamento e integrazione. Analisi sociologica di alcuni aspetti del processo di industrializzazione in un' area del Mezzogiorno. Milano 1964.

[25] Achille Ardigó, Innovazione e communitá. Milano 1964.

[26] Edward C. Banfield, The Moral Basis of a Backward Society. Glencoe, Ill., 1958.

[27] Frederick G. Friedmann, The Hoe and the Book. An Italian Experiment in Community Development. Ithaca, N. Y., 1960.

[28] Horst Reimann und Helga Reimann, West-Sizilien. Eine Entwicklungsregion in Sizilien. Heidelberg 1964.

[29] H. Reimann, Innovation und Partizipation. Diffusionspolitische Erfahrungen aus der Entwicklungsregion Sizilien. In: R. König, Günter Albrecht, Wolfgang Freund und Dieter Fröhlich (Hrsg.), Aspekte der Entwicklungssoziologie (Sonderheft 13 der Kölner Zeitschrift für Soziologie und Sozialpsychologie). Opladen 1969.

[30] Gottfried Eisermann und Sabino S. Acquaviva, La montagna del sole. Il Gargano: Rottura dell'isolamento e influenza dei mezzi di comunicazione di massa in una società in transizione. Milano 1971.

Studien. Abgesehen von den neuen Regionen, die damit der Sozialforschung aufgeschlossen wurden, haben aber diese Arbeiten wie auch die meisten anderen kontinentaleuropäischen Untersuchungen wenig grundsätzlich neue Züge, wenn wir einmal von den entwicklungssoziologischen Ergebnissen absehen. Vielfach beschränken sie sich auf rein beschreibende Darstellungen oder spezielle Vorgänge wie Industrialisierung oder Nachbarschaft, Familie u. ä. ohne spezielle theoretische Ausrichtung, wie Frankenberg[31] und Ralf Zoll[32] richtig bemerkten. Das gilt ziemlich durchgehend von der Zeit des Abschlusses unseres eigenen Buches über Gemeindesoziologie (König[33]) bis gegen Ende der 60er Jahre (man vergl. dazu z.B. Arnold Bergsträsser, Friedrich H. Tenbruck u.a.[34]; Martin Schwenke und Ulfert Herlyn[35] u. a.). Die neuen Fragestellungen machen sich erst seit ca. 1965 wiederum unter wesentlich amerikanischem Einfluß geltend, worüber weiter unten berichtet werden soll.

Aus diesen Entwicklungen ragt einzig hervor die Darstellung einer kleinen bretonischen Stadt durch Edgar Morin[36], die man wohl als die eindrucksvollste Gemeindestudie des letzten Jahrzehnts diesseits und jenseits des Atlantik bezeichnen kann, weshalb sie eine gesonderte Betrachtung verdient. Entscheidend ist vor allem, daß Morin im Grunde Ethnologie der Gegenwartsgesellschaft betreibt; da sich aber Plodemet in einem hoch entwickelten Lande befindet, kann er die Geschichte zu Hilfe holen, um die Gegenwart nach rückwärts zu vertiefen und als Erwartung für die Zukunft aufzuschließen. So gelingt es ihm, wie eigentlich niemandem bisher, den Entwicklungsprozeß in seiner individuellen Dynamik zu fassen, der sich zwischen den räumlich begrenzten Existenzen der „Verdammten der Erde" und den Weiten der modernen Zivilisation erstreckt. In einer anderen Arbeit[37] geht Morin der Verbreitung eines Gerüchtes nach, das sich im Mai 1969 in Orleans verbreitet hatte, nach dem aus einigen jüdischen Modegeschäften fortlaufend junge Mädchen verschwunden seien und in den internationalen Mädchenhandel abgestoßen würden. Er betrachtet das Ganze als „Mini-Krise" in einer sonst ruhigen städtischen Gemeinde; aber das Gerücht fährt durch sie wie ein Zyklon, der viele sonst verdrängte repressive Kräfte

---

[31] R. Frankenberg, Communities in Britain. Social Life in Town and Country. London 1966.

[32] Ralf Zoll (Hrsg.), Gemeinde als Alibi. Materialien zur politischen Soziologie der Gemeinde. München 1972.

[33] R. König, Grundformen der Gesellschaft: Die Gemeinde, a.a.O.

[34] Arnold Bergsträsser, Friedrich H. Tenbruck, Barbara Fülgraff und Hans Oswald (Hrsg.), Soziale Verflechtung und Gliederung im Raum Karlsruhe. Grundlagen zur Neuordnung eines Großstadtbereichs. Karlsruhe 1965.

[35] Martin Schwenke und Ulfert Herlyn. Wolfsburg. Soziologische Analyse einer Industriestadt. Stuttgart 1967.

[36] Edgar Morin, Commune en France. La metamorphose de Plodemet. Paris 1967.

[37] Ders., La rumeur d'Orleans. Paris 1969.

an die Oberfläche ruft, wo sie von der Angst zu einer eigentlichen Hexen-jagd verdichtet werden: ein Aspekt des „modernen Mittelalters". Ist das erste Werk eine Gemeindestudie im strengen Sinne, so ist das zweite eher als eine Problemstudie im Rahmen einer Gemeinde mit den Mitteln einer Blitzreportage „sur le vif à chaud" zu bezeichnen. Zwei Werke, die sich in erfreulicher Weise von der Banalität so vieler anderer Untersuchungen unter-scheiden.

Die in den letzten Jahren hervorgetretenen Linien in der Gemeindesozio-logie lassen sich unseres Erachtens in drei Punkten zusammenfassen, die wir nacheinander behandeln wollen.

1. Vor allem hat sich ein neues Interesse für die Erörterung der Frage gezeigt, ob der Gegenstand der lokalen Gemeinde im Rahmen der fort-geschrittenen Industriegesellschaften überhaupt noch von Bedeutung sei. Gleichzeitig schließt sich die Auseinandersetzung zwischen Gemeinde-forschung und Regionalforschung hier an. Da diese bisher so gut wie ausschließlich unter wirtschaftlichen Gesichtspunkten behandelt worden ist, schließen wir sie hier bewußt aus (was natürlich keinerlei Urteil über ihre Bedeutung impliziert).
2. Es besteht, insbesondere in Europa, eine deutliche Tendenz, die Gemeindestudien historisch zu vertiefen und damit vom bloßen Gegen-wartsstandort wegzukommen.
3. Schließlich hat unter dem Einfluß der politischen Soziologie die Frage nach den Machtstrukturen und den herrschenden Eliten in der Gemeinde eine neue Bedeutung gewonnen, die wohl mehr als alle anderen Argumente zeigt, daß die lokale Gemeinde noch immer ein soziales System eigener Art mit einer entsprechenden Machtstruktur darstellt.

I. FÜR UND WIDER DIE GEMEINDESOZIOLOGIE

Die Fragestellung ist nicht neu, ob Gemeindesoziologie eine für sich allein genommen hinreichende und damit also legitimierte Behandlungsweise sei. Sie wurde schon Anfang der 50er Jahre durch den Anthropologen Julian H. Steward[38] und Albert. J. Reiss[39] aufgegriffen (vergl. zu dieser Diskussion König[40]). Das Problem wurde damals im Wesentlichen so gelöst, daß man „die Gemeindeuntersuchungen als eine Untersuchungsmethode bestimmter

---

[38] Julian H. Steward, Area Research: Theory and Practice. In: Social Science Research Council Bulletin LXIII (1950).

[39] Albert J. Reiss Jr., A Review and Evaluation of Research on Community. A Working Memorandum Prepared for the Committee on Social Behavior of the Social Science Research Council. Nashville, Tenn., 1954 (hektogr.).

[40] R. König, Grundformen der Gesellschaft: Die Gemeinde, a.a.O., S. 42 f., 131–136 u.ö.

Prozesse am lebendigen Objekt"[41] ansah und entschied, daß sie nur ein „Werkzeug" der Sozialwissenschaft und nicht ein „Gegenstand" eigener Art seien (Conrad M. Arensberg[42]). Aber gerade der Anthropologe weiß, daß die Gemeinde eine soziale „Gestalt" aus eigenem Recht ist, wie übrigens selbst Arensberg oft bemerkt hat, wenn er auch vollkommen Recht hat mit dem Postulat, daß aller Gemeindeforschung eine Theorie von der lokalen Gemeinde vorausgehen muß, damit man weiß, wie und wo man jeweils die Grenzen setzen muß. So machte es zu jener Zeit Lawrence Wylie[43] in seiner klassischen Untersuchung eines französischen Dorfes in der Vaucluse sehr klar, daß die Bewohner unterschieden zwischen „uns" und „jenen", was sich letztlich sogar in einer Wahl bestätigte, in der nicht Vertreter der großen Parteien („jene"), sondern „unsere" Leute gewählt wurden.

Die neuere Diskussion über das Für und Wider die Gemeindesoziologie ist insbesondere durch ein Buch von Maurice R. Stein[44] (1960) ausgelöst worden, der von einem „Versinken" der Gemeinde sprach und darin einen wesentlichen Zug in der Entwicklung der modernen Sozialforschung erblicken zu können glaubte. Er schloß dabei insbesondere an die älteren Untersuchungen von Robert E. Park[45], des Ehepaares Robert S. und Helen M. Lynd[46], von William Lloyd Warner[47] und anderen an. Aber er griff auch gleichzeitig jene Studien nochmals auf, die um eine sozialpsychologische Vertiefung der Gemeindestudien bemüht waren. Das entscheidende Ergebnis war für ihn, daß sich in der Entwicklung der modernen Gemeindesoziologie seit den zwanziger Jahren nicht nur ein Fortschritt der Theorie, sondern gleichzeitig ein Wandel im Gegenstand selber vollzogen habe. Dieser Gesichtspunkt, der sich übrigens während der gleichen Periode auch gegenüber der Familiensoziologie anwenden läßt, trifft zweifellos ein wesentliches Problem, obwohl die Frage offen bleibt, ob ein unbezweifelbarer „Wandel" der Struktur des Gegenstandes, der lokalen Gemeinde, unmittelbar als ein „Versinken" oder „Verschwinden" dieses selben Gegenstandes gedeutet

[41] Ebenda, S. 135.

[42] Conrad M. Arensberg, The Community Study Method. In: American Journal of Sociology LX (1954).

[43] Lawrence Wylie, Village in the Vaucluse. Cambridge, Mass., 1964 (zuerst 1957) (deutsch: Frankfurt/M. 1969).

[44] Maurice R. Stein, The Eclipse of Community. An Interpretation of American Studies. Princeton, N. J., 1960.

[45] Robert E. Park, Human Communities. Glencoe, Ill., 1952.

[46] Robert S. Lynd und Helen M. Lynd, Middletown. A Study in Contemporary American Culture. New York 1929; dies., Middletown in Transition. A Study in Cultural Conflicts. New York 1937.

[47] William Loyd Warner und Paul S. Lunt, The Social Life of a Modern Community. New Haven 1941.

werden muß. Andererseits schloß dieses Werk auch neue Perspektiven in der psychologischen, ja sogar in der psychoanalytischen Vertiefung der soziologischen Problematik auf, was sich ebenfalls in einer Abwendung der allgemeinen Blickrichtung von Strukturanalysen ausdrückt, wie sie noch Warner so sehr beschäftigt hatten. Diese sind heute im Wesentlichen durch die Erforschung der Machtstrukturen in der lokalen Gemeinde (Community Power Structure) verdrängt worden, über die im dritten Abschnitt zu berichten sein wird. Aber im Rahmen der allgemeinen Forschung hat das doch teilweise zu einer wesentlich herabgeschraubten Erwartung gegenüber der Fruchtbarkeit von Gemeindestudien geführt; in diesem Sinne betonte etwa Arensberg[48] als symptomatisch, daß in diesem Jahr erst der Gouverneur in Albany, der Hauptstadt des Staates New York, und nicht etwa der Bürgermeister der Stadt New York die streikenden Müllfahrer zur Wiederaufnahme der Arbeit habe bewegen können. Es gibt also gewiß Verflechtungen, die sogar über einen so umfangreichen und komplexen Gemeindeverband wie New York hinausreichen. Selbst wenn von diesem Umstand gelegentlich auch ein Forscher wie Roland L. Warren[49] beeindruckt ist, so zieht er daraus doch eine andere Konsequenz wie Stein[50] und alle Gleichdenkenden, indem er – wie das schon früher geschehen war – *auf die Notwendigkeit einer differenzierteren Definition der lokalen Gemeinde hinweist.* Er tut dies unter anderem durch Umschreibung der Dimensionen kommunaler Autonomie, durch Unterscheidung der formellen und informellen extrakommunalen Kontrollen und schließlich durch eine weit getriebene „Typologie der Affiliation", „um Beziehungen zwischen der Gemeinde und dem gesamtgesellschaftlichen System zu ermitteln". Genau wie in der französischen Gemeinde in der Vaucluse stellte sich in „Dairyville" heraus, daß in der Praxis selbst die externen Kontrollen des Gemeindelebens eine beträchtliche informelle Modifikation erfuhren. Das Verhältnis von Abhängigkeit und Unabhängigkeit wird in folgender Tabelle wiedergegeben (dtsch. Obersetzung nach Zoll[51]; ähnliche Spannungen zwischen lokalen und „translokalen" Kräften bei Don Martindale und Galen R. Hansen[52]).

[48] C. M. Arensberg, The Urban in Cross-Cultural Perspective. In: Elizabeth Eddy (Hrsg.), Urban Anthropology: A Symposion. Athens, Georgia, 1968.

[49] Roland L. Warren (Hrsg.), Perspectives on the American Community. Chicago 1966 (deutsch: Soziologie der amerikanischen Gemeinde. Opladen 1970).

[50] M. R. Stein, The Eclipse of Community, a.a.O.

[51] R. Zoll (Hrsg.), Gemeinde als Alibi, a.a.O.

[52] Don Martindale und Galen R. Hansen, Small Town and the Nation. The Conflict of Local and Translocal Forces. Westport 1969.

Typologie der lokalen Gemeindeeinheiten von Dairyville

Bereiche des Gemeinde-lebens	Unabhängige Einheit	Affilierte Einheiten		
		(a) Teil eines unabhängigen Zusammenschlusses	(b) Vereinigung affilierter Einheiten	Filiale
Industriebetriebe	5	–	–	–
Läden	9	4	–	2
Dienstleistungsbetriebe	8	3	–	2
Regierungs- und Verwaltungsstellen	–	–	–	2
Kirchen	–	1	1	4
Schulen	–	–	–	1
Freiwillige Vereinigungen	3	5	2	15

Ähnliche Probleme waren schon etwas früher bei Arthur J. Vidich und Joseph Bensman[53] hervorgetreten, als sie die mögliche Bedeutung der Klein-stadt in der „Massengesellschaft" grundsätzlich in Zweifel zogen. Es ist nun interessant zu sehen, daß sich die beiden Autoren später mit Stein zusammen-getan haben (Vidich, Bensman und Maurice Stein[54]). In diesen an sich sehr begrüßenswerten Überlegungen über die Grenzen von Gemeindestudien treten ebenfalls neben den schon erwähnten Zweifeln neuartige psycho-logische, ja gelegentlich geradezu existentialistische Gedankengänge in den Vordergrund, wie besonders eindringlich etwa bei Kurt H. Wolff[55]. Darin unterscheidet sich diese neuere Diskussion wesentlich von der früheren, die R. eiss Jr.[56] in seinem „Memorandum" für den Social Science Research Council ausgelöst hatte; denn es zeigte sich, daß selbst unter kritischster Selbstbegrenzung die lokale Gemeinde nach wie vor eine wesentliche Rolle im Sozialisierungsprozeß der sozialkulturellen Person spielte. Daneben bleibt natürlich der „instrumentelle" Einsatz von Gemeindestudien zur Unter-suchung spezieller Probleme (Familie, Jugendlichendelinquenz, Kriminali-tät, Wanderungen usw.) voll erhalten; dies Vorgehen empfiehlt sich vor allem darum, weil es relativ billig ist. Das ist insbesondere bei explorativen Unter-suchungen ein nicht zu unterschätzender Vorteil.

Gleichzeitig treten gewisse kritische Einstellungen deutlich hervor, die mit der allgemeinen Entwicklung der städtischen Gemeinden in den

[53] Arthur J. Vidich und Joseph Bensman, Small Town in Mass Society. Princeton, N.J., 1958.

[54] A. J. Vidich, J. Bensman und Maurice R. Stein (Hrsg.), Reflections on Community Studies. New York 1964.

[55] Kurt H. Wolff, Surrender and Community Study: The Study of Loma. In: A. J. Vidich, J. Bensman und M. R. Stein (Hrsg.), Reflections on Community Studies, a.a.O., S. 223–263.

[56] A. J. Reiss Jr., A Review and Evaluation of Research on Community, a.a.O.

Vereinigten Staaten zusammenhängen. Die Verlagerung des Gewichts vieler Städte in die Vorortgemeinden schaffte nicht nur demographisch wichtige Umschichtungen, wie sie als erster in großem Maßstab Amos H. Hawley[57] studiert hatte, sondern gleichzeitig eine soziologische, sozialpsychologische und sogar tiefenpsychologische Analyse der Existenz des „Ex-Urbaniten" (Auguste C. Spectorsky[58]). Dazu gehört auch im Gegensatz der früheren Verstädterung des Landes die Bewegung zur Verländlichung der städtischen Gemeinde (Joel M. Halpern[59]). Die Diskussion um die Entwicklung der Vorstadtgemeinden ist übrigens wesentlich älter, als es gemeinhin erscheint, wurde doch der Ausdruck von den „matriarchalischen Schlafzimmerdörfern" schon in den zwanziger Jahren geprägt. In den Darstellungen von Anselm Strauss[60] und von Herbert J. Gans[61] kommt deutlich diese Verschiebung auf die Gürtelzonen der Städte zum Vorschein, was gleichzeitig neue Möglichkeiten vergleichender Forschung aufschließt. Eines der entscheidenden Probleme hierbei ist die Neudefinition des Verhältnisses von Stadt und Land, wie es sich insbesondere in den Vorstädten gestaltet. Daß sich dies nicht nur von Städten in hochindustrialisierten Ländern, sondern teilweise auch in wirtschaftlich unterentwickelten Gebieten nachweisen läßt, wurde in jüngster Zeit gelegentlich von der Agrarsoziologie hervorgehoben (Dan Yuan Yuan und Edward G. Stockwell[62]). Eine zusam menfassende Übersicht dieser und ähnlicher Probleme gab Nels Anderson[63], während sich Bennet M. Berger[64] vor allem auf Arbeitervorstädte konzentrierte und von hier aus den „Mythos der Vorstadt" einer neuerlichen Durchleuchtung unterzog[65]. Für viele Länder Europas kommt neuerdings hinzu die Untersuchung der neuen „Ghettos" von ausländischen Arbeitnehmern, deren soziologische Analyse vorläufig noch von den übermächtigen wirtschaftlichen Notwendigkeiten verdrängt wird. (Man vergleiche zum Ganzen mein Kapitel über Großstadt im Handbuch der Empirischen Sozialforschung, Bd. 2).

[57] Amos H. Hawley, The Changing Shape of Metropolitan Areas. Glencoe, Ill., 1956.

[58] Auguste C. Spectorsky, The Exurbanites. Philadelphia 1955.

[59] Joel M. Halpern, The Rural Revolution. In: Transactions of the New York Academy of Sciences, Series 2, XXVIII (1965).

[60] Anselm Strauss, The Changing Imagery of American City and Suburb. In: Sociological Quarterly I (1960); ders., Images of the American City. Glencoe, Ill., 1961.

[61] Herbert J. Gans, The Urban Villagers. New York 1962.

[62] Dan Y. Yuan und Edward G. Stockwell, The Rural–Urban Continuum: A Case Study of Taiwan. In: Rural Sociology IXXX (1964).

[63] Nels Anderson, Rethinking Our Ideas about Community. In: International Review of Community Development X (1962).

[64] Bennet M. Berger, Working-Class Suburb. Berkeley-Los Angeles 1960.

[65] Ders., The Myth of Suburbia. In: Journal of Social Issues XVII (1961).

II. Die historische Orientierung in der Gemeindesoziologie

Nachdem sich das Studium von Gemeinden in wirtschaftlich unterentwickelten Gesellschaften als sehr ergiebig erwiesen hatte, wurde man allgemein neuerlich aufmerksam auf die geschichtliche Perspektive in der Gemeindeforschung. Damit wurden wichtige Anregungen von Max Weber wieder aufgegriffen (Vatzo Murvar[66]; Günter Abramowski[67]; Werner J. Cahnmann[68]) und überhaupt die Frage nach der Entstehung von Städten (Robert M. Adams[69]). Am klarsten kann man die Parallele zwischen der Analyse von wirtschaftlich unterentwickelten Gesellschaften und der geschichtlichen Perspektive bei Gideon A. Sjoberg[70] in seinem Werk über die vorindustrielle Stadt erkennen, das eine Reihe von kritischen Bemerkungen auslöste (Oliver C. Cox[71]; Sjoberg[72]). Diese lassen sich im Grunde kurz zusammenfassen:

Die Definition der Stadt durch Weber, so weit sie auch gefaßt sein mag, wird in gewisser Weise durch ein europäisch-mittelöstliches Vorurteil beschränkt; es wird künftig darauf ankommen, eine planetarische Perspektive aufzuschließen, womit eine enge Beziehung zwischen Gemeindesoziologie, Stadtsoziologie sowie Sozialanthropologie sichtbar wird (etwa Arensberg[73]). Interessante Beiträge zum Problem der Entwicklung von einzelnen Städten brachte besonders die Bevölkerungsgeschichte, für die sich gute Beispiele in Frankreich finden lassen (Louis Chevalier[74]). Hierher gehören noch die Untersuchungen von Paul-Henry Chombart de Lauwe[75] über Paris. Ein wichtiges theoretisches Problem ist hierbei natürlich die „selektive Wanderung", die eine so reiche Literatur hervorgebracht hat, daß wir sie hier gar nicht aufführen können (siehe das Kapitel über regionale Mobili-

---

[66] Vatzo Murvar, Some Tentative Modifications of Weber's Typology: Occidental Versus Oriental City. In: Social Forces XLIV (1965).

[67] Günter Abramowski, Das Geschichtsbild Max Webers. Universalgeschichte am Leitfaden des okzidentalen Rationalisierungsprozesses. Stuttgart 1966.

[68] Werner J. Cahnmann, The Historical Sociology of Cities: A Critical Review. In: Social Forces XLV (1966).

[69] Robert M. Adams, The Origin of Cities. In: Scientific American II (1960); ders., The Evolution of Urban Society: Early Mesopotamia and Prehispanic Mexico. London 1966.

[70] Gideon A. Sjoberg, The Preindustrial City. Glencoe, Ill., 1960.

[71] Oliver C. Cox, The Preindustrial City Reconsidered. In: Sociological Quarterly V (1964).

[72] G. A. Sjoberg, A Rejoinder: Further Comments on the Preindustrial City. In: Sociological Quarterly V (1964).

[73] C. M. Arensberg, The Urban in Cross-Cultural Perspective, a.a.O.

[74] Louis Chevalier, La Formation de la population parisienne. Paris 1950; ders., Classes laborieuses et classes dangereuses a Paris pendant la premiere moitie du XIXe siècle. Paris 1958.

[75] Paul-Henry Chombart de Lauwe, Paris: Essais de Sociologie, 1952–1964. Paris 1965.

tät in o.g. Handbuch). In England befaßte sich Sidney George Checkland[76] mit der geschichtlichen Entwicklung der Industrie in der Stadt Glasgow; ein interessantes Bild über die Stadt Manchester und ihrer Region wurde von der British Association for the Advancement of Science (1962) herausgegeben. Wichtige Beiträge kommen auch von Seiten soziologisch aufgeschlossener Historiker wie etwa die Darstellung der österreichischen Gemeinden Krems und Stein durch Otto Brunner[77]. Jüngstens ist das Thema Soziologie und Geschichte gerade auch im Hinblick auf Gemeindestudien von mehreren Seiten energisch aufgegriffen worden (siehe dazu Hans-Ulrich Wehler[78]; Peter Christian Ludz[79]).

Damit wird eine neue Möglichkeit eröffnet, die schon gelegentlich in älteren Gemeindestudien hervorgetreten war, nämlich die Problematik, die Gegenwartsstruktur einer Gesellschaft gleichzeitig mit ihrer Geschichte zu erfassen, wie Morin[80] es gefordert hatte. So konnte jüngstens Fritz Sack[81] die „Tradition" eines Gebiets mit erhöhter Kriminalitätsrate in der Stadt Köln fast lückenlos über 200 Jahre zurückverfolgen. Grundsätzlich ergeben sich aus Untersuchungen dieser Art interessante theoretische Probleme. Man kommt notwendigerweise dazu, sich die Frage zu stellen, ob etwa das gleiche Gegenwartsbild in zwei verschiedenen Gemeinden nicht eine völlig verschiedene Bewandtnis haben kann, wenn die geschichtlichen Hintergründe verschieden sind. Das gilt mit erhöhter Intensität z. B. für prognostische Studien im Rahmen langfristiger Planung. In diesem Zusammenhang kann man etwa einem seit langem verwahrlosten Stadtquartier eine schlechtere Prognose stellen als einem durch besondere akute Umstände plötzlich „belasteten" Quartier. Damit wird die Gegenwartsstruktur durch Aufschließung der Vergangenheit erweitert. Im übrigen ist diese Diskussion nicht neu, wie jüngstens Tenbruck[82] hervorgehoben hat, als er auf eine ältere Abhandlung von Seymour Martin Lipset[83] hinwies. Man muß nur die vor-

[76] Sidney George Checkland, The British Industrial City as History: The Glasgow Case. In: Urban Studies I (1964).

[77] Otto Brunner (Hrsg.), Krems und Stein. Krems a. d. Donau 1948.

[78] Hans-Ulrich Wehler, Soziologie und Geschichte aus der Sicht des Sozialhistorikers. In: Peter Christian Ludz (Hrsg.), Soziologie und Sozialgeschichte (Sonderheft 16 der Kölner Zeitschrift für Soziologie und Sozialpsychologie). Opladen 1972; ders. (Hrsg.), Geschichte und Soziologie. Köln 1972.

[79] P. Ch. Ludz (Hrsg.), Soziologie und Sozialgeschichte, a.a.O.

[80] E. Morin, Commune en France, a.a.O.

[81] Fritz Sack, Stadtgeschichte und Kriminalsoziologie. Eine historisch-soziologische Analyse abweichenden Verhaltens. In: P. Ch. Ludz (Hrsg.), Soziologie und Sozialgeschichte, a.a.O.

[82] F. H. Tenbruck, Die Soziologie vor der Geschichte. In: P. Ch. Ludz (Hrsg.), Soziologie und Sozialgeschichte, a.a.O.

[83] Seymour Martin Lipset, A Sociologist Looks at History. In: Pacific Sociological Review I (1958) (In Übersetzung abgedruckt bei Ernst Topitsch (Hrsg.), Logik der Sozialwissenschaften, Köln 1965).

getragenen Meinungen aus ihrer Allgemeinheit befreien und auf das für die Gemeindesoziologie fundamental wichtige Problem hinweisen, daß es ausgerechnet der Stadthistoriker Oscar Handlin[84] war, der Warner und seine Untersuchungen über Yankee City mit dem Hinweis darauf kritisierte, daß er manches an seinen Daten darum falsch interpretierte, weil er sich nur auf aktuelle Berichte gestützt und die Geschichte der Gemeinde ignoriert habe (siehe dazu auch Stephan A. Thernstrom[85]).

Bedauerlicherweise stehen aber solchen Untersuchungen große methodologische und technische Schwierigkeiten im Wege, da z. B. die offiziellen Statistiken uns immer nur Momentbilder zu geben pflegen, gewissermaßen Standphotos, bei zensusartigen Statistiken in ungefähr zehnjährigem Abstand. Aufgrund solcher Daten kann man dann zweifellos die Entwicklung einer Gemeinde in Momentbildern von zehn zu zehn Jahren darstellen, es ist aber völlig unmöglich, daraus irgendwelche Hinweise auf die lebendigen Prozesse zu gewinnen, welche den Wandel ausmachen. Dazu wird die Eröffnung anderer Quellen benötigt, etwa von Archiven aller Art; es können aber auch Inhaltsanalysen der Presse, methodische Analysen anderer Dokumente, etwa Sitzungsprotokolle von Gemeinderäten, ferner Autobiographien, Tagebücher und Korrespondenzen für die Analyse der Prozesse verwendet werden, durch die sich der soziale Wandel anbahnt. Die Schwierigkeit der Materialbeschaffung hat darüber entschieden, daß wir bis heute noch unverhältnismäßig wenig befriedigende Studien dieser Art haben. Wir möchten wünschen, daß der sich anbahnende Trend zu historischer Vertiefung der Gemeindestudien sich gerade in dieser Hinsicht auswirken möge. In der Bundesrepublik legte Helmut Croon[86] schon relativ früh methodologische Versuche dieser Art vor; in dem von Ludz[87] herausgegebenen Band über Soziologie und Sozialgeschichte finden sich auch für die Gemeindeforschung zahllose wichtige und weiterführende Hinweise.

Im Verfolg solcher Vorstellungen konnte Renate Mayntz[88] in ihrer Studie über die Stadt Euskirchen zeigen, daß sich die soziale Mobilität in bestimmten historischen Phasen intensiviert, um dann danach für eine längere Periode der Stabilisierung wieder zurückzugehen. Ähnliche Ergebnisse traten auch in anderen Gemeindestudien hervor (für Köln z.B.

---

[84] Oscar Handlin, Newcomers. Cambridge, Mass., 1959; ders., Boston Immigrants 1790–1880, 2. Aufl. Cambridge, Mass., 1959.

[85] Stephan A. Thernstrom, 'Yankee City' Revisited: The Perils of Historical Naiveté. In: American Sociological Review XXX (1965).

[86] Helmut Croon, Sozialgeschichtsforschung und Archive. In: Der Archivar VII (1954); ders., Methoden zur Erforschung der gemeindlichen Sozialgeschichte. In: Westfälische Forschungen VIII (1955).

[87] P. Ch. Ludz (Hrsg.), Soziologie und Sozialgeschichte, a.a.O.

[88] Renate Mayntz, Soziale Schichtung und sozialer Wandel in einer Industriegemeinde. Stuttgart 1958.

Hans-Jürgen Daheim[89]). Von besonderem Interesse sind Untersuchungen, die den Auf- und Abstieg einer lokalen Gemeinde zum Gegenstand hatten, wie etwa das Werk von Helmut Croon und Kurt Utermann[90] in Deutschland und von Herman R. Lantz[91] über eine Zechengemeinde des amerikanischen Mittelwestens. Harry-Holbert Turney-High[92] verfaßte im gleichen Sinne eine Studie über ein wallonisches Dorf, die ihre Perspektive von der Zeit der Romanisierung der betreffenden Bevölkerung bis zur Gegenwart ausdehnt. In einer Reihe anderer belgischer Studien ist der Gesichtspunkt der „Seneszenz", d. h. des Alterns und Absterbens von Gemeinden, einer besonderen Untersuchung unterzogen worden, was logischerweise ohne historische Erörterungen unmöglich gewesen wäre.

Das gilt nicht nur gegenüber der demographischen Entwicklung, sondern gerade auch für sogenannte „kulturelle Analysen", die sich sehr oft in der Darstellung eines statischen (gewissermaßen „undatierten") Bildes erschöpfen, dem eigentlich keine Wirklichkeit entspricht. Das ist häufig bei sozial- und kulturanthropologischen Studien der Fall. Ein interessanter Ansatz zur Überwindung dieses zeitlosen Aspektes findet sich bei Jean Comhaire und Cahnmann[93]. Besonders ergiebig sind wiederholte Gemeindestudien, die in einem gewissen Abstand durchgeführt werden. Dies ist an sich ein altes Verfahren, seit Benjamin Seebohm Rowntree[94] die englische Provinzstadt York fünfunddreißig und fünfzig Jahre nach seiner ersten Untersuchung nochmals analysierte (die beiden letzten Wiederholungen mit G. Russell Lavers). Klassiker dieser Art sind die beiden Bände des Ehepaares Lynd über „Middletown" und „Middletown in Transition"[95], die vor respektive nach der Weltwirtschaftskrise von 1929 unternommen worden sind und ein erhebliches Licht auf den in dieser Zeit stattgefunden habenden sozialen Wandel werfen. Von großer Wichtigkeit war seinerzeit auch die Wiederholung einer Untersuchung von Robert Redfield[96] durch Oscar Lewis[97]. „Yankee City"

[89] Hans-Jürgen Daheim, Berufliche Intergenerationen-Mobilität. In: Kölner Zeitschrift für Soziologie und Sozialpsychologie XVI (1964).

[90] Helmut Croon und Kurt Utermann, Zeche und Gemeinde. Tübingen 1958.

[91] Herman R. Lantz, People of a Coal Town. New York 1958.

[92] Harry-Holbert Turney-High, Château Gérard. The Life and Times of a Wallon Village. Columbia 1953.

[93] Jean Comhaire und W. J. Cahnmann, How Cities Crew: The Historical Sociology of Cities. Madison, N.Y., 1959.

[94] Benjamin Seebohm Rowntree, Poverty. A Study of Town Life. London 1901; ders. und May Kendall, How the Labourer Lives. London 1913; ders. und G. Russell Lavers, English Life and Leisure. A Social Study. London 1951.

[95] R. S. und H. M. Lynd, Middletown, a.a.O.; dies., Middletown in Transition, a.a.O.

[96] Robert Redfield, Tepoztlán. A Mexican Village. Chicago 1930.

[97] Oscar Lewis, Life in a Modern Mexican Village. Urbana, Ill., 1951.

wurde ebenfalls neu untersucht (Stephan A. Thernstrom[98]); jüngstens wurde auch die berühmte Untersuchung von James West[99] über „Plainville, U.S.A." durch Art Gallaher Jr.[100] wiederholt. Eine ähnliche Untersuchung stammt von Peter Willmott[101]. Arbeiten dieser Art lassen nicht nur bestimmte theoretische Probleme sichtbar werden, sondern gleichzeitig die entscheidenden Wandelprozesse, die eine gegebene lokale Gemeinde unter dem Einfluß neuer Faktoren, die vorher nicht sichtbar waren, verändern.

III. Untersuchungen zur Machtstruktur der Gemeinde

Wer der Meinung ist, daß die Gemeinde etwa in den Vereinigten Staaten keine soziale Autonomie mehr besitzt, wie es oben berichtet wurde, wird kein spezielles Interesse an den Machtstrukturen der Gemeinde aufbringen können, sondern diese Frage ausschließlich der Politischen Wissenschaft überlassen. Wer dagegen den Standpunkt vertritt, der auch der unsere ist, daß trotz der Übermacht gesamtgesellschaftlicher Zusammenhänge in den Industriegesellschaften die lokale Gemeinde, wenn auch in begrenztem Rahmen, nach wie vor ein soziales System darstellt, wird automatisch seine Aufmerksamkeit diesen Machtstrukturen zuwenden. Das zeigt zunächst die Verflechtung der jetzt zu behandelnden Probleme mit den unter 1 erörterten. Gleichzeitig ergibt sich daraus, daß je nach dem Land, wo diese Fragen aufgerollt werden, die Entscheidung unter Umständen geschichtlich vorausgenommen ist, indem etwa der Entfaltungsraum der kommunalen Machtstruktur neben der zentralen des Staates mehr oder weniger groß sein kann. So hat die lokale Gemeinde in der Schweiz, in England und den Vereinigten Staaten von vornherein eine ganz andere Autonomie als etwa in Deutschland oder Frankreich. Hier ist die Machtstruktur, mindestens formell, durch staatliches Gesetz vorentschieden, was vielleicht die Ursache dafür ist, daß in diesen Ländern die Gemeindesoziologie erst verhältnismäßig spät entstanden ist. Dagegen ist bei den drei erstgenannten Ländern in der Schweiz ebenfalls die Gemeindesoziologie sehr spät entstanden und relativ bedeutungslos geblieben, was unserer These zu widersprechen scheint. Aber wir möchten darauf hinweisen, daß ein Kontinuum bestehen mag zwischen einer extrem skeptischen Einstellung gegenüber den Möglichkeiten der lokalen Gemeinde einerseits und einer ebenso extremen Überschätzung andererseits, einer Art „Ideologie" der Gemeinde mit einer ausgeprägt „harmonistischen" Vorstellung vom Zusammenwirken der verschiedenen

[98] S. A. Thernstrom, 'Yankee City' Revisited, a.a.O.

[99] James West, Plainville, USA. New York 1945.

[100] Art Gallaher Jr., Plainville, Fifteen Years Later. New York 1961.

[101] Peter Willmott, The Evolution of a Community: A Study of Dagenham after Forty Years. London 1963.

Kräfte, daß sich Forschung erübrigt. Das entspricht weitgehend der Situation in der Schweiz, wo ich selber die ersten Gemeindeuntersuchungen veranlaßte (König[102]). Dagegen ist sowohl in England als auch in den Vereinigten Staaten schon seit Beginn der entscheidenden Vorstöße des Industrialismus das Mißtrauen gegen die Selbsterneuerungsmöglichkeiten der lokalen Gemeinde gewachsen mit dem Ergebnis einer großen Produktivität der Forschung auf diesem Gebiet.

Ohne diese diffizile Frage hier lösen zu wollen, müssen wir doch darauf hinweisen, daß man sich dieser Hintergrundaktion ständig bewußt bleiben muß, wenn man die in den Vereinigten Staaten seit Ende der fünfziger Jahre plötzlich ausgebrochene hitzige Diskussion um die Machtstruktur der lokalen Gemeinde verstehen will. Daß in ihr so unsachlich und emotional gestritten wurde, zeigt wohl hinreichend, daß andere Probleme letztlich im Spiel waren als die manifest zugegebenen oder vorgeschobenen. Zugleich wurde das Ganze eine Art von Modeangelegenheit, die vollständig vergessen machte, daß sich die Gemeindeforschung seit jeher mit Machtstrukturen befaßt hatte – mit Ausnahme bestenfalls von einigen populären Romanen, für die in der lokalen Gemeinde trotz aller Gegensätze zwischen schwarz und weiß, zwischen reich und arm alles in der besten Ordnung in der besten aller Welten war. So kann man umgekehrt sagen, daß die Gemeindeforschung unter anderem im Grunde aus dem realen Erlebnis der Ungleichheit der Chancen erwachsen war, nur daß sie es eben nicht mit Hilfe allgemeiner und weitgespannter Theorien des sozialen Konflikts, sondern in der realen Auseinandersetzung zwischen verschiedenen sozialen Klassen und Positionen erfaßte.

Mit seiner Untersuchung über die Machtstruktur in der Stadt Atlanta (Georgia) hatte Floyd Hunter[103], ganz im Sinne der traditionellen Gemeindesoziologie mit seinen Mitarbeitern wieder einmal diese Dimension aufgeschlossen. Mehr als alle anderen Überlegungen zeigt übrigens die Tatsache, daß jede Gemeinde eine lokale Machtstruktur entwickelt, die relativ unabhängig ist von der des Staats, daß die Gemeinde auch im Rahmen größerer gesamtgesellschaftlicher Gebilde nach wie vor eine Realität ist. Diese erste Untersuchung löste zunächst eine Menge von parallelen Untersuchungen aus, die dann um die Mitte der sechziger Jahre, wo diese Diskussion ihren Höhepunkt erreichte, zu einer ungewöhnlich interessanten neuartigen methodologischen Fragestellung geführt haben, die momentan wieder abgeflaut ist. Ob sie neuerlich aufflammen wird, scheint uns wesentlich von einer weiteren empirischen Kontrolle der bisherigen Resultate

---

[102] R. König, Grundformen der Gesellschaft: Die Gemeinde, a.a.O., S. 152.

[103] Floyd Hunter, Community Power Structure. A Study of Decision-Making. Chapel Hill 1953; ders., Ruth C. Schaffer und Cecil G. Sheps, Community Organization: Action and Inaction. Chapel Hill 1956.

möglichst in vergleichender Betrachtung (Franz Urban Pappi[104]) und einer wesentlichen theoretischen Vertiefung des ganzen Ansatzes (Zoll[105]) abhängig zu sein.

Während vielfach in älteren Gemeindestudien der Machtgesichtspunkt an den Rand geschoben wurde, wie etwa noch teilweise bei Warren[106], konzentrieren sich andere gemeindesoziologische Forscher sehr speziell auf Analysen der Machtstruktur, und zwar sowohl in großen wie in kleinen Gemeinden, sowohl in Europa wie in Amerika (vergl. dazu unter anderem Michael Aiken und Paul Mott[107]; Anthony Harold Birch[108]; Charles M. Bonjean u.a.[109]; Robert A. Dahl[110]; Murray Herbert Danzger[111]; Alexander Fanelli[112]; Sethard Fisher[113]; Scott Greer[114]; Forbes B. Hays[115]; Lawrence J. R. Herson[116]; Morris Janowitz[117]; Ritchie P. Lowry[118]; Jerry B. Michel[119];

---

[104] Franz Urban Pappi, New Directions in the Study of Community Elites. In: American Sociological Review XXXVIII (1973).

[105] R. Zoll (Hrsg.), Gemeinde als Alibi, a.a.O.

[106] R. L. Warren, Citizen Participation in Community Affairs in Stuttgart. In: Social Forces XXXVI (1958), 4 (deutsch: Eine sozialpsychologische Analyse der bürgerschaftlichen Tätigkeiten in Stuttgart. Tübingen 1963); ders. (Hrsg.), Perspectives on the American Community, a.a.O.

[107] Michael Aiken und Paul Mott (Hrsg.), The Structure of Community Power. New York 1970.

[108] Anthony H. Birch, Small Town Politics. London 1959.

[109] Charles M. Bonjean, Terry N. Clark und Robert L. Lineberry (Hrsg.), Community Politics. A Behavioral Approach. New York 1971.

[110] Robert A. Dahl, Who Governs? Democracy and Power in an American City, 9. Aufl. New Haven 1966 (zuerst 1961).

[111] Murray Herbert Danzger, Community Power Structure: Problems and Continuities. In: American Sociological Review XXIX (1964).

[112] Alexander Fanelli, A Typology of Community Leadership Based on Influence and Interaction within the Leader Subsystem. In: Social Forces XXXIV (1956).

[113] Sethard Fisher, Community Power Studies: A Critique. In: Social Research XXIX (1962).

[114] Scott Greer, The Social Structure and Political Process of Suburbia. In: American Sociological Review XXV (1960); ders., The Emerging City. New York 1962.

[115] Forbes B. Hays, Community Leadership. New York 1965.

[116] Lawrence J. R. Herson, In the Foot-steps of Community Power. In: American Political Science Review LV (1961).

[117] Morris Janowitz, Community Political Systems. In: International Yearbook of Political Behavior Research, Bd. 1. Glencoe, Ill., 1961.

[118] Ritchie P. Lowry, Who's Running this Town? Community Leadership and Social Change. New York 1962.

[119] Jerry B. Michel, The Measurement of Social Power on the Community Level. In: American Journal of Economics and Sociology XXIII (1964).

Delbert C. Miller[120], Robert A. Nisbet[121]; Charles H. Press[122]; Robert Presthus[123]; Robert O. Schulze und Leonard U. Blumberg[124]; Aaron Wildavsky[125]). Allerdings muß man hierbei, wenn man sagen darf, eine mehr naive und eine vertiefte Anschauung unterscheiden. Die naive ging davon aus, daß die Machthaber an einem gegebenen Ort eine mehr oder weniger geschlossene Gruppe darstellten, die für alles zuständig war. Methodisch ging man dabei so vor, daß man einfach der Reputation von Personen folgte und diese als die Träger der Macht ansah. Das war vor allem bei Hunter[126], daneben aber bei vielen anderen, die vorwaltende Methode gewesen. Hier stellte sich die Herrschaftsgruppe in der Gemeinde, ähnlich den „Honoratioren" von Weber, wie eine einheitliche Pyramide dar. Man nannte diese Methode entsprechend die Reputational Technique. Eine Veränderung resp. komplexere Ausgestaltung dieses naiven Ansatzes kam zunächst mehr von Seiten der Politischen Wissenschaft, allen voran Polsby[127]. Hier erfuhr die Soziologie der Gemeinde, trotz der verfälschenden Darstellung der älteren Forschung durch Polsby (vgl. Zoll[128]), eine beträchtliche Erweiterung durch die anders gelagerten Interessen der Politischen Wissenschaft, die im übrigen parallel läuft mit anderen Entwicklungen in der soziologischen Theorie von den „Meinungsführern", bei der ebenfalls ein „Pluralismus der Wirkung" her vortritt (Thomas J. Anton[129]; Miller[130]; Edward O.

[120] Delbert C. Miller, Industry and Community Power Structure: A Comparative Study of an American and an English City. In: American Sociological Review XXIII (1958); ders., Decision-Making Cliques in Community Power Structures: A Comparative Study of an American and an English City. In: American Journal of Sociology LXIV (1958/59); ders., Town and Gown: The Power Structure of an University Town. In: American Journal of Sociology LXVIII (1962/63); ders., International Community Power Structure. Comparative Studies of Four World Cities. Bloomington-London 1970.

[121] Robert A. Nisbet, Community and Power. New York 1962.

[122] Charles H. Press, Main Street Politics. Policy-Making at the Local Level. East Lansing 1963.

[123] Robert Presthus, Men at the Top. A Study in Community Power. New York 1964.

[124] Robert O. Schulze und Leonard U. Blumberg, The Determination of Local Power Elites. In: American Journal of Sociology LXIII (1957).

[125] Aaron Wildavsky, Leadership in a Small Town. Totowa, N. J., 1964.

[126] F. Hunter, Community Power Structure. A Study of Decision-Making, a.a.O.; ders., Top Leadership, USA. Chapel Hill 1959.

[127] Nelson W. Polsby, The Sociology of Community Power: A Reassessment. In: Social Forces XXXVII (1958/59); ders., Three Problems in the Analysis of Community Power. In: American Sociological Review XXIV (1959).

[128] R. Zoll (Hrsg.), Gemeinde als Alibi, a.a.O.

[129] Thomas J. Anton, Power, Pluralism, and Local Politics. In: Administrative Science Quarterly VII (1963).

[130] D. C. Miller, International Community Power Structure, a.a.O.

Laumann[131]). Selbst wenn sich die Reputationsmethode auch ihrerseits einer Verfeinerung zugänglich erwies, indem man etwa die einflußreichen Personen in verschiedenen Gemeindebereichen durch Experten auszuwählen bittet (William V. D'Antonio, William H. Form, Charles P. Loomis und Eugene C. Erickson[132]; D'Antonio und Erickson[133]; D'Antonio, Howard J. Ehrlich und Erickson[134]; D'Antonio und Form[135]) und damit einen „General Influence Index" aufbaut, bleiben trotzdem wichtige Fragen ungelöst.

Ähnlich liegt es bei einer anderen Methode, der Positional Technique, bei der die wichtigsten Positionsinhaber aus verschiedenen Lebenskreisen in einem bestimmten Verhältnis zusammengestellt werden (Linton C. Freeman, Thomas J. Fararo, Warner Bloomberg Jr. und Morris H. Sunshine[136]; Fararo und Sunshine[137]; Freeman[138]). Auch diese Technik leidet aber an einer übermäßig statischen Ausrichtung, während eine dritte, die sog. Issue Technique, mehr vom prozeßartigen ausgeht. Sie beginnt mit der von Weber überkommenen These von Dahl[139], daß eine Person dann Macht über eine andere ausübt, wenn sie die zweite dazu bringen kann, etwas zu tun, was sie sonst nicht getan hätte. Das ist der eigentliche Prozeß der Machtausübung im Rahmen eines Entscheidungsprozesses. Diese Prozesse spielen natürlich auf Gemeindebasis und in der Gemeindepolitik eine außerordentliche Rolle. Die Ausrichtung auf den Entscheidungsprozeß macht die neue Perspektive besonders deutlich. Man ging dabei so vor, daß man in verschiedenen Lebensbereichen Streitfragen aufgriff, für die demnächst eine Entscheidung

[131]Edward O. Laumann, Bonds of Pluralism. The Form and Substance of Urban Networks. New York 1973.

[132]William V. D'Antonio, William H. Form, Charles P. Loomis und Eugene C. Erickson, Institutional and Occupational Representations in Eleven Community Systems. In: American Sociological Review XXVI (1961).

[133]W. V. D'Antonio und E. C. Erickson, The Reputational Technique as a Measure of Community Power: An Evalution Based on Comparative and Longitudinal Studies. In: American Sociological Review XXVII (1962).

[134]W. V. D'Antonio, Howard J. Ehrlich und E. C. Erickson, Further Notes on the Study of Community Power. In: American Sociological Review XXVII (1962).

[135]W. V. D'Antonio und W. H. Form, Influentials in Two Border Cities. Notre Dame, Ind., 1965.

[136]Linton C. Freeman, Thomas J. Fararo, Warner Bloomberg Jr. und Morris H. Sunshine, Locating Leaders in Local Communities. A Comparison of Some Alternative Approaches. In: American Sociological Review XXVIII (1963).

[137]Thomas J. Fararo und Morris H. Sunshine, A Study of a Biased Friendship Net. Syracuse, N.Y., 1964.

[138]Linton C. Freeman, Patterns of Local Community Leadership. Indianapolis 1968.

[139]R. A. Dahl, Who Governs?, a.a.O.; ders., A Critique of the Ruling-Elite Model. In: American Political Science Review LVI (1962); ders., The Concept of Power. In: Nelson W. Polsby u. a. (Hrsg.), Politics and Social Life. Boston 1963; ders., Letter to the Editor. In: Administrative Science Quarterly VIII (1964).

gefällt werden mußte oder die eben entschieden worden waren. Dann erhob man Informationen über diese Vorgänge, und zwar auf verschiedenste Weise (durch teilnehmende und nicht-teilnehmende Beobachtung, durch Analyse von Dokumenten, durch Interviews usw.). Am Schluß ergab sich dann, welche Personen in welchem Zusammenhang einen bestimmten Einfluß bei der Entscheidung einer kritischen Frage ausgeübt hatten. Im übrigen muß man sich gerade bei der Beobachtung von Entscheidungsprozessen darüber klar sein, daß Macht auch durch Nichtentscheidung ausgeübt werden kann (Raymond E. Wolfinger[140]), wie Zoll[141] sehr mit Recht hervorhebt, so wahr eine der Geheimwaffen aller Verwaltungen das Nicht-Behandeln von anliegenden Problemen ist. Es sollte für eine Handlungstheorie des Sozialen eigentlich selbstverständlich sein, daß auch Unterlassen wirksam sein kann, wie schon Weber in seiner Definition des sozialen Handelns hervorgehoben hat.

Das Ganze führte zu einer ausgedehnten kritischen Diskussion, bei der es z. B. um den Umfang der Einflußgruppe ging (Wolfinger[142]). Manchmal gingen auch die Informanten über die wirklichen Einflußpersonen in ihren Meinungen weit auseinander (Peter H. Rossi[143]), obwohl nicht immer letzte Klarheit darüber gewonnen werden konnte (Terry N. Clark[144]). Nur über eines wurde man sich klar, daß nämlich der alte Ansatz von Hunter[145] eine Reihe von Annahmen machte, die nicht unbedingt selbstverständlich sind. Dazu gehören die Vorstellungen von einer stabilen Machtelite aus homogenen Gruppen, die vermeintlich alle Lebensbereiche einer Gemeinde kontrollieren. Das hieß also, daß die Mitglieder dieser Gruppen erstens völlig unabhängig von den einzelnen Aufgabenbereichen Einfluß ausübten, zweitens dies relativ lange Zeit hindurch und drittens in relativer Einigkeit taten. Andere Untersuchungen zeigten sehr bald die Fragwürdigkeit dieser Voraussetzungen. So hatte König[146] schon früh den Zusammenhang

---

[140] Raymond E. Wolfinger, Nondecisions and the Study of Local Politics. In: American Political Science Review LXV (1971).

[141] R. Zoll (Hrsg.), Gemeinde als Alibi, a.a.O., S. 25 und 68.

[142] R. E. Wolfinger, Reputation and Reality in the Study of Community Power. In: American Sociological Review XXV (1960); ders., A Plea for a Decent Burial. In: American Sociological Review XXVII (1962).

[143] Peter H. Rossi, Community Decision-Making. In: Administrative Science Quarterly I (1956/57).

[144] Terry N. Clark, Community Structure, Decision-Making, Budget Expenditures and Urban Renewal in 51 American Communities. In: American Sociological Review XXXIII (1968); ders. (Hrsg.), Community Structure and DecisionMaking, Comparative Analyses. San Francisco 1968.

[145] F. Hunter, Community Power Structure, a.a.O.

[146] R. König, Grundformen der Gesellschaft: Die Gemeinde, a.a.O., S. 86 ff.

zwischen Machtstruktur und informellen Gruppen hervorgehoben, was implizit die starke Wandlungsfähigkeit der Machtkonstellationen einschließt. Es zeigte sich auch, daß bestimmte Bedingungen erfüllt sein mußten, z. B. die Existenz vieler Pendler in einer Gemeinde, damit sich eine Gruppe als Machthaberin etablieren konnte, die im übrigen dem sozialen Charakter der Gemeinde nicht entsprach (Hans Joachim Beckers[147]). Das korrespondiert auch mit dem von Frankenberg[148] hervorgehobenen Unterschied zwischen „burgesses" und „spiralists" (in Aufstieg begriffene Mobile), den William Watson[149] aufgebracht hatte und der ungefähr der Differenzierung von Robert K. Merton[150] zwischen „locals" und „cosmopolitans" entspricht; die einen sind gemeindlich ausgerichtet, die anderen nicht. Besondere Probleme schaffen hier insbesondere die „blockierten Spiralisten". So erkannte man allmählich, und das ist wohl das bleibende Fazit dieser langen Diskussion, den pluralen Charakter der Machtstruktur in der lokalen Gemeinde. Es wurde auch klar, daß die Machtpersonen nach unverhältnismäßig kurzer Zeit gewechselt hatten, als man die Stadt El Paso in einem Abstand von dreieinhalb Jahren zweimal untersuchte (D'Antonio und Form[151]). Die außerordentlich weit gespannte und zeitweise sehr heftige methodologische Diskussion bewies vor allem, wie methodologische Fragen u. U. erst angesichts der Probleme konkreter Untersuchungen eine entscheidende Klärung erfahren. In diesem Falle ist die Methode durch die Forschung differenziert worden, so daß am Schluß Ergebnisse sichtbar wurden, die von den ursprünglichen zum Teil beträchtlich abwichen. Aber es kam auch notwendigerweise die Frage auf, inwieweit die abweichenden Ergebnisse nicht die Folge der verwendeten Techniken, also eigentliche Artefakte der Forschung waren (John Walton[152]), die unseres Erachtens noch offen steht.

Damit wurde eine vergleichende Behandlung nahe gelegt, welche die spezifischen Vor- und Nachteile der verschiedenen erwähnten Methoden auszumachen versuchte, wie es etwa Freeman[153] mit seinen Mitarbeitern in

[147] Hans Joachim Beckers, Die kommunale Machtstruktur in einer Pendlergemeinde. Köln 1968 (Diss.).

[148] R. Frankenberg, Communities in Britain, a.a.O.

[149] William Watson, Social Mobility and Social Class in Industrial Communities. In: Max Gluckman und Else Devons (Hrsg.), Open Minds and Closed Systems. Edinburgh 1963.

[150] Robert K. Merton, Social Theory and Social Structure. 2. erweiterte Auflage, Glencoe, Ill., 1957 (zuerst 1949), Kap. 10, S. 387 ff.

[151] W. V. D'Antonio und W. H. Form, Influentials in Two Border Cities, a.a.O.

[152] John Walton, Substance and Artefact: The Current Status of Research on Community Power Structure. In: American Journal of Sociology LXXI (1966); ders., Discipline, Method and Community Power. A Note on the Sociology of Knowledge. In: American Sociological Review XXXI (1966).

[153] L. C. Freeman, Patterns of Local Community Leadership, a.a.O.; ders., Th. J. Fararo, W. Bloomberg Jr. und M. H. Sunshine, Locating Leaders in Local Communities, a.a.O.

einer Untersuchung der Stadt Syracuse getan hat, indem er einen „Index der Übereinstimmung" zu konstruieren suchte. Dieser zeigte, daß nur zwischen der „Reputational Technique" und der „Positional Technique" eine relativ große Übereinstimmung bestand, während dies im Verhältnis dieser beiden Techniken zur Analyse des Entscheidungsprozesses nicht der Fall war. Das hieß mit anderen Worten, daß Personen mit hoher Reputation und auch mit einer hohen Position u. U. in den Entscheidungsprozessen keine wesentliche Rolle spielten. Man vermutete, daß es sich dabei insbesondere um Personen handelte, die Repräsentanten der formellen Exekutive waren und als solche hohes Ansehen genossen, aber doch im Entscheidungsprozeß nicht unbedingt führend waren, da ihr Einfluß eher indirekt ist. Jüngstens veröffentlichte Walton[154] eine Gegenüberstellung von dreiunddreißig Gemeindeuntersuchungen, durch die fünfundfünfzig Lokalgemeinden analysiert worden waren. Hierbei zeigte sich, daß die Machtstrukturen, wie sie von den verschiedenen Forschungstechniken beschrieben wurden, einen völlig verschiedenen Charakter hatten, einerseits die stabilen Pyramiden, andererseits wechselnde Interessengruppen und Parteien ohne dauerhafte Führung. Das legte eine Kombination dieser verschiedenen Techniken nahe, um ihre verschiedenen Vor- und Nachteile gegeneinander auszugleichen (Erwin K. Scheuch, Ronald L. Nuttal, Chadwick Gordon[155] und Nuttal, Scheuch und Gordon[156]). Daraus ergab sich ein sehr komplexes Modell, das auch sehr komplexen Verhältnissen gewachsen ist. Allerdings hat sich dabei, wie Laumann[157] und Pappi[158] hervorheben, häufig ein theoretisch völlig orientierungsloser Empirizismus breit gemacht, der die Diskussion nicht immer wirklich fördert.

Mit der Analyse von Machtstrukturen in lokalen Gemeinden ist mehr gewonnen als nur ein Einblick in eine besondere Dimension des Gemeindelebens. Hier zeigt sich vielmehr von neuem, daß die lokale Gemeinde in der Tat nach wie vor ein soziales System darstellt, das sich in voller Wirksamkeit erhält, auch nachdem weiterreichende soziale Systeme gesamtgesellschaftlichen Charakters in den Vordergrund getreten sind.

[154] J. Walton, Differential Patterns of Community Power Structure. In: T. N. Clark (Hrsg.), Community Structure and Decision-Making, a.a.O.

[155] Erwin K. Scheuch, Ronald L. Nuttal und Chadwick Gordon, A Process Approach to Metropolitan Decision-Making. Boston 1965 (hektograph.).

[156] R. L. Nuttal, E. K. Scheuch und Ch. Gordon, The Structure of Influence. In: T. N. Clark (Hrsg.), Community Structure and Decision-Making, a.a.O.

[157] E. O. Laumann, Prestige and Association in an Urban Community, a.a.O.; ders., Bonds of Pluralism, a.a.O.

[158] F. U. Pappi, Sozialstruktur und Soziale Schichtung in einer Kleinstadt mit heterogener Bevölkerung. In: Kölner Zeitschrift für Soziologie und Sozialpsychologie XXV (1973).

WEITERE LITERATURHINWEISE

Agger, Robert E. und Daniel Goldrich, Community Power Structures and Partisanship. In: American Sociological Review XXIII (1958).

Agger, Robert E., Daniel Goldrich und Bert E. Swanson, The Ruiers and the Ruied. New York 1964.

Ammon, Alf, Eliten und Entscheidungen in Stadtgemeinden. Berlin 1967.

Anderson, Nels, The Urban Community. New York 1959.

Anton, Thomas J., Letter to the Editor. In: Administrative Science Quarterly VIII (1964).

Arensberg, Conrad M. und Solon T. Kimball, Culture and Community. New York 1965.

Banfield, Edward C. (Hrsg.), Urban Government. New York 1961.

Beshers, James M., Urban Social Structure. New York 1962.

Beshers, James M., Urban Social Structure as a Single Hierarchy. In: Social Forces XLI (1963).

Blythe, Ronald, Akenfield: A Portrait of an English Village. London 1969.

Bollens, John C. (Hrsg.), Exploring the Metropolitan Community. Berkeley-Los Angeles 1961.

Bonjean, Charles M., Community Leadership: A Case Study and Conceptual Refinement. In: American Journal of Sociology LXVIII (1962/63).

Bonjean, Charles M., Dimensions of Power Structure. In: Frederick M. Wirt (Hrsg.), Future Directions in Community Power Research. Berkeley 1971.

Bonjean, Charles M. und David M. Olson, Community Leadership: Directions of Research. In: Administrative Science Quarterly IX (1964/65).

Cahen, Claude, Mouvements populaires et autonomisme urbain dans l'Asie musulmane du Moyen Age. Leiden 1959.

Crain, Robert L., Eliha Katz c und Donald B. Rosenthal, The Politics of Community Conflicts. New York 1969.

Curtis, James E. und John W. Patras, Community Power, Power Studies, and the Sociology of Knowledge. In: Human Organization XXIX (1970).

Dakin, Raluh L., Power Structures and Organizing Efficiency. In: Sociological Quarterly III (1962).

D'Antonio, William V. und Howard J. Ehrlich, Hrsg., Power and Democracy. Notre Dame, Ind., 1961.

Dewey, Richard, The Rural-Urban Continuum: Real but Relatively Unimportant. In: American Journal of Sociology LXVI (1960).

Dye, Thomas R., Popular Images of Decision-Making in Suburban Communities. In: Sociology and Social Research XLVII (1962).

Dye, Thomas R., The Local-Cosmopolitan Dimension and the Study of Urban Politics. In: Social Forces XLI (1963).

Ehrlich, Howard J., The Reputational Approach to the Study of Community Power. In: American Sociological Review XXVI (1961).

Form, William H. und Gregory P. Stone, Urbanism, Anonymity, and Status Symbolism. In: American Journal of Sociology LXII (1957).

Gamson, William A., Reputation and Resources in Community Politics. In: American Journal of Sociology LXXII (1967).

Gans, Herbert J., Urbanism and Suburbanism as Ways of Life: A Reevalutation of Definitions. In: Arnold J. Rose (Hrsg.), Human Behavior and Social Processes. Boston 1962.

Gans, Herbert J., The Levittowners. London 1967.

Gilbert, Claire W., Power and Decision-Making. A Quantitative Examination of Previous Research. In: Terry N. Clark (Hrsg.), Community Structure and Decision-Making. San Francisco 1968.

Gimbel, John, A German Community under American Occupation: Marburg 1945-52. Stanford, Cal., 1961.

Girard, Alain und G. Pourcher, Sociologie urbaine. In: L'Annee Sociologique, 3. Sér. XXII (1962).

Greer, Scott und Peter Orleans, The Mass Society and the Parapolitical Structure. In: American Sociological Review XXVII (1962).

Halpern, Joel M., The Rural Revolution. In: Transactions of the New York Academy of Sciences, 2. Ser. XXVIII (1965).

Hanson, Robert C., Predicting Community Decision: A Test of the Miller-Form Theory. In: American Sociological Review XXIV (1959).

Harding, John, Edward C. Devereux Jr. und Urie Bronfenbrenner, Leadership and Participation in a Changing Rural Community. In: Journal of Social Issues XVI (1960).

Haussen, Borje, Urban Activity, Urban People, and Urban Environment in Scandinavian History. In: International Journal of Comparative Sociology IV (1963).

Hawley, Amos H., Community Power and Urban Renewal Success. In: American Journal of Sociology LXVIII (1963).

Hunter, Floyd, Top Leadership: USA. Chapel Hill 1959.

Iverson, Noel, Germania, U.S.A. Social Change in New Ulm. Minnesota, Minn., 1966.

Jackson, Brian, Working Class Community. London 1968.

Jennings, M. Kent, Study of Community Decision-Making. In: Bert E. Swanson (Hrsg.), Current Trends in Comparative Community Studies (A Report on the 1961 Kansas City Conference on Community Policy Making). Kansas City 1962.

Jennings, M. Kent, Public Administrators and Community Decision-Making. In: Administrative Science Quarterly VIII (1963/64).

Jennings, M. Kent, Community Influentials. New York 1964.

Keynes, Edward und David Ricci (Hrsg.), Political Power, Community and Democracy. Chicago 1970.

Laumann, Edward O., Prestige and Association in an Urban Community. Indianopolis-New York 1966.

Luckmann, Benita, Politik in einer deutschen Kleinstadt. Stuttgart 1970.

Mandelbaum, Seymour, Boss Tweed's New York. New York 1965.

Manheim, Ernest, Theoretical Prospects of Urban Sociology in an Urbanized Society. In: American Journal of Sociology LXVI (1960).

Martindale, Don, The Formation and Destruction of Communities. In: George K. Zollschan und Walter Hirsch (Hrsg.), Explorations in Social Change. Boston 1964.

Mann, Peter H., An Approach to Urban Sociology. London 1965.

342GEMEINDEMatthee, Ulrich, Elitenbildung in der kommunalen Politik. Eine Untersuchung über die Zirkulation der politischen Führungsgruppen am Beispiel des Kreises Segeberg. Kiel 1967 (Diss.).

Miller, Delbert C., Democracy and Decision Making in the Community Power Structure. In: William V. D'Antonio und Howard J. Ehrlich, Power and Democracy. Notre Dame, Ind., (1961).

Minar, David W., und Scott Greer, Hrsg., The Concept of Community. Chicago 1970. Olson, Philip, Rural American Community Studies: The Survival of Public Ideology. In: Human Organization XXIII (1964).

Orr, John B., und F. Patrick Nichelson, The Radical Suburb. Soundings in Changing American Character. Philadelphia 1970.

Oswald, Hans, Ergebnisse der deutschen Gemeindesoziologie nach 1950. In: Archiv für Kommunalwissenschaften (1966).

Parsons, Talcott, The Principal Structures of Community. In: Ders., Structure and Process in Modern Societies. Glencoe, Ill., 1960.

Pellegrin, Roland J. und Charles H. Coates, Absentee – Owned Corporations and Community Power Structure. In: American Sociological Review LXI (1956).

Peterson, Warren A. und George K. Zollschan, Social Processes in the Metropolitan Community. In: Arnold J. Rose (Hrsg.), Human Behavior and Social Processes. Boston 1962.

Pinard, Maurice, Structural Attachments and Political Support in Urban Politics: The Case of Fluoridation Referendums. In: American Journal of Sociology LXVIII (1963).

Polsby, Nelson W., How to Study Community Power: The Pluralist Alternative. In: Journal of Politics XXII (1960).

Polsby, Nelson W., Community Power: Some Reflections on the Recent Literature. In: American Sociological Review XXVII (1962).

Polsby, Nelson W., Community Power and Political Theory, 3. Aufl. New Haven 1966 (zuerst 1963).

Reissmann, Leonard, Class, the City, and Social Cohesion. In: International Review of Community Development VII (1961).

Rogers, David, Community Political Systems. In: Bert E. Swanson (Hrsg.), Current Trends in Comparative Community Studies (A Report on the 1961 Kansas City Conference on Community Policy Making). Kansas City 1962.

Rosenbaum, Allan, Community Power and Political Theory. A Case of Misperception. In: Berkeley Journal of Sociology XII (1967).

Rossi, Peter H., Power and Community Structure. In: Midwest Journal of Political Science IV (1960).

Scherer, Jacqueline, Contemporary Community. Sociological Illusion or Reality? London 1972.

Schnore, Leo F., The Socio-Economic Status of Cities and Suburbs. In: American Sociological Review XXVIII (1963).

Schrötter, Gertrud Freifrau von, Kommunaler Pluralismus und Führungsprozeß. Stuttgart 1969.

Schulze, Robert O., The Role of Economic Dominants in Community Power Structure. In: American Sociological Review XXIII (1958).

Sjoberg, Gideon A., Comparative Urban Sociology. In: Robert K. Merton u.a. (Hrsg.), Sociology Today. New York 1959.

Spinrad, William, Power in Local Communities. In: Social Problems XII (1965).

Stone, Gregory P., City Shoppers and Urban Identification: Observations of City Life. In: American Journal of Sociology LX (1954).

Strauss, Anselm, The American City. A Sourcebook of Urban Imagery. London 1968.

Sutton Jr., Willis A. und Jiri Kolaja, Elements of Community Action. In: Social Forces XXXVIII (1960).

Sutton Jr., Willis A. und Jiri Kolaja, The Concept of Community. In: Rural Sociology XXV (1960).

Swanson, Bert E. (Hrsg.), Current Trends in Comparative Community Studies (A Report on the 1961 Kansas City Conference on Community Policy Making). Kansas City 1962.

Treinen, Heiner, Symbolische Ortsbezogenheit. In: Kölner Zeitschrift für Soziologie und Sozialpsychologie XVII (1965).

Warren, Roland L., Bürgerschaftliche Tätigkeiten in einer deutschen Großstadt. In: Kölner Zeitschrift für Soziologie und Sozialpsychologie IX (1957).

Warren, Roland L., Citizen Participation in Community Affairs in Stuttgart, Germany. In: Social Forces XXXVI (1958).

Warren, Roland L., The Community in America. Chicago 1963 (deutsch: Opladen 1970).

Willmott, Peter und Michael Young, Family and Class in a London Suburb. London 1960.

Wolf, Charlotte, Garrison Community. Westpart, Conn.,1969.

Young, Frank W. und Ruth C. Young, The Sequence and Direction of Community Growth: A Cross-Cultural Generalization. In: Rural Sociology XXVII (1962).

Young, Ruth C. und Olaf F. Larson, A New Approach to Community Structure. In: American Sociological Review XXX (1965).

Young, Ruth C. und Olaf F. Larson, The Contribution of Voluntary Organizations to Community Structure. In: American Journal of Sociology LXII (1965).

TEIL III

Stadt und Großstadt

Die Stadt in ihrer Geschichte

Alexander Rüstow[1] brachte im ersten Band seiner Ortsbestimmung der Gegenwart vom Jahre 1950 eine sehr prägnante Umschreibung der Funktion der Stadt in der Geschichte der menschlichen Gesellschaft. Diese lautet folgendermaßen: „Die Stadt ist die Wachstumsspitze der Hochkulturen. In der Stadt vollzieht sich die agonale Kooperation der durch die Überschichtung und ihre konzentrierten Herrschaftsrenten freigesetzten Spezialisten. Stadtbildung ist die unumgängliche notwendige Voraussetzung für die Entstehung jeder Hochkultur ... Die Stadt ist das typische Produktionszentrum aller Hochkulturen. Alle Hochkultur ist Stadtkultur." Diese wenigen Sätze geben die Quintessenz der Stellung der Stadt im Beginn ihrer Geschichte aufgrund der neuesten Einsichten der Vorgeschichte, der Wirtschafts- und Sozialgeschichte der alten Kulturen. Man kann in der Tat sagen, daß die Entstehung der Stadt und die Entstehung der Hochkultur identisch sind. Dabei brauche ich wohl nicht zu betonen, daß das, was man früher als Stadt bezeichnen kann, nämlich um ungefähr 5000 bis 4000 v. Chr., sehr verschieden von unseren städtischen Agglomerationen von heute ist. Immerhin weisen auch die alten Städte schon im Verhältnis zur Gesamtbevölkerung eine nicht unbeträchtliche Größe auf. Man kann das etwa erkennen an einer Diskussion zwischen Platon und Aristoteles, ob das Größenoptimum einer Stadt bei 30.000 oder 6.000 Einwohnern liege. Außerdem muß man sich darüber klar sein, daß sich diese Zahlen nur auf die freien Bürger beziehen und nicht auf die Einwohner insgesamt. Die Schätzungen des Verhältnisses von freien Bürgern und Sklaven betragen

---

[1] Alexander Rüstow, Ortsbestimmung der Gegenwart: eine universalgeschichtliche Kulturkritik, Bd. 1. Erlenbach-Zürich 1950, S. 262.

R. König, *Sociologische Studien zu Gruppe, Gemeinde und Stadt*, René König Schriften. Ausgabe letzter Hand 15, https://doi.org/10.1007/978-3-658-28251-6_14

rund 1:6, so daß entsprechend die genannten Zahlen auf 180.000 respektive 36.000 erhöht werden müßten. Und das sind doch dann schon ganz beträchtliche Zahlen.

Um diese Probleme zu verstehen, muß man sich vor allem vergegenwärtigen, daß die Vorgeschichte die geschichtlichen Perspektiven der alten Menschheit ganz beispiellos erweitert hat, so daß die Entstehung der Stadt seit ca. 5000 v. Chr. das Ergebnis einer Entwicklung von rund 1 Mill. Jahren ist. Unser Geschichtsbild hat sich genauso erweitert wie unsere Vorstellung vom Kosmos. Johann Wolfgang von Goethe sprach 1818 von 3000 Jahren, von denen man sich Rechenschaft geben müsse, um nicht „im Dunkeln unerfahren", „von Tag zu Tag leben" zu müssen. Das würde uns bis in das Jahr 1200 v. Chr. zurückführen, also eine Zeit, die rund 3½ Jahrtausende nach der Entstehung der Stadt liegt. Und diese selbst wiederum ist das Fazit von einer Million Jahre Vorgeschichte. Man sieht also daran deutlich, daß in diesem alten Geschichtsbild das Problem der Stadtentstehung überhaupt nicht adäquat erkannt werden konnte, da der kulturelle Faden erst da aufgenommen wurde, wo sich die Städte schon längst etabliert und teilweise zu eigentlichen despotischen Reichen ausgebreitet hatten. Dieser Einschnitt in der Geschichte der Menschheit ist von so großer Bedeutung, daß ihn der australische Vorgeschichtler Gordon Childe[2] als die „städtische Revolution" bezeichnet hat, ein Ausdruck, den auch Rüstow und viele andere übernehmen. Wir möchten diese Feststellung in folgender Weise zuspitzen: Die Menschheit hat überhaupt nur zwei wirkliche Revolutionen erlebt, wobei wir unter Revolution eine totale Umformung ihrer gesellschaftlichen Struktur verstehen, nämlich die Seßhaftwerdung mit der Entstehung der Stadt und die industrielle Revolution, die beide rund 7.000 Jahre auseinanderliegen. Um das Ausmaß und die Tragweite der städtischen Revolution zu verstehen, muß man nur für einen Moment sich vorstellen, wie die Menschheit früher ungefähr ausgesehen haben muß.

Alle Informationen, die wir über die Menschheit im Paläolithikum, also der alten Steinzeit haben, ganz gleich woher sie stammen, ob aus Rußland oder China, aus Nordeuropa oder Afrika, zeigen uns alle gleichermaßen eine ungewöhnliche Einförmigkeit der materiellen Kultur, was uns zu dem vorsichtigen Schluß befugt, daß auch die entsprechenden Kulturen recht einförmig gewesen sein müssen. Dies ist zwar ein Analogieschluß, aber es gibt doch viele Argumente zu seinen Gunsten; vor allem, daß sich die Vielheit der Kulturen von heute auch in einer Mannigfaltigkeit materieller Güter darstellt. Die Kultur von heute splittert sich auf in eine unerhörte Varietät von einzelnen Unterkulturen, die keineswegs nur nationaler Art sind, sondern innerhalb der Nation auch regionaler Art. Und selbst wenn es gewisse relativ einheitliche Züge etwa in den sogenannten „westlichen" Kulturen gibt, so hat doch nicht nur jedes Volk sein eigenes Gepräge, sondern innerhalb der Völker

[2] Gordon Childe, Society and Knowledge. London 1956.

noch zahllose kleinere Einheiten und Subkulturen. Im Paläolithikum finden wir dagegen nur sehr geringe Unterschiede der Kultur zwischen Europa und Afrika, um nur ein Beispiel zu nennen, das uns räumlich relativ nahe liegt. Das ist nur zu verstehen, wenn wir die im Vergleich zur Kurzfristigkeit unserer Kulturen gewaltige Lebensdauer dieser Urkulturen in Rechnung stellen. Verkehr und Transport spielen dagegen eine geringere Rolle, obwohl sich die Vorstellungen von isolierten Urgemeinden oder Urhorden in jeder Hinsicht als eine künstliche Abstraktion erwiesen haben.

Der Sinn der Entwicklung vom alten zum jungen Paläolithikum liegt dann übrigens darin, daß sowohl die räumliche Ausdehnung der Kulturen immer mehr abnimmt als auch ihre zeitliche Erstreckung. Dieser Prozeß beschleunigte sich seit der Seßhaftwerdung der Menschen um ein Vielfaches und führte schließlich dazu, daß selbst nah benachbarte Völker ganz verschiedene Entwicklungen durchmachten, wie etwa deutlich sichtbar im Vorderen Orient, der Wiege unserer westlichen Kultur, wo wir auf engstem Raum unendlich verschiedene Kulturansätze nebeneinander finden. Die Beschleunigung der Geschichte, die damit ansetzt, ist natürlich auch wesentlich bedingt durch die zahllosen Anregungen, die die so verschiedenartigen Kulturen aufeinander ausüben. Jetzt ist gewissermaßen keine Kultur ungestört von außen; alle wirken mehr oder weniger auf alle ein. Dieser Zustand wird aber erst erreicht, nachdem die städtische Revolution abgeschlossen ist und mit ihr die eigentlichen Hochkulturen entstanden sind. Was vorher liegt, lebt nicht nur in einem anderen Rhythmus, sondern wir können mit Sicherheit heute von dieser Urwelt sagen, daß die kulturelle und materielle Ausrüstung dieser Völker unverhältnismäßig gering gewesen sein muß. Erst mit dem Entstehen der städtischen Kultur verändert sich das grundsätzlich. Dazu kommt noch eine Reihe von anderen Vorgängen, die alle auf die Entstehung einer differenzierten Gesellschaft konvergieren.

Der äußere Betrachter mag Bedenken anmelden, wieso der Vorgeschichtler in den Stand gesetzt sein soll, mehr über die Urzeit der Menschheit auszusagen, als die technisch materiellen Reste und unsere Informationen über die klimatischen Lebensbedingungen erlauben. Denn es liegt auf der Hand, daß diese Urkulturen nichts über sich selbst aussagen können, da sie alle miteinander schriftlos gewesen sind. Trotzdem ist die Vorgeschichte imstande, uns erstaunliche Informationen über wesentliche Veränderungen des Lebensstils in der Zeit vor der Entstehung der Städte zu vermitteln. Wir weisen in diesem Zusammenhang etwa hin auf die Veränderungen der Jagd im Übergang vom Alt- und Mittelpaläolithikum zum Neolithikum. Vom Aurignacien an hatte die jungpaläolithische Jagd den Charakter eines großangelegten Gemeinschaftsunternehmens, in dem ganze Stämme oder große Teile derselben planmäßige Aktionen zum Jagen ganzer Herden unternahmen. Das Ergebnis war zunächst ein plötzlicher Überfluß an Nahrungsmitteln, die eine bessere Er nährung garantierten. Da aber die Vorratshaltung damals noch schwach entwickelt war, bedeutete diese Vermehrung an Nahrungsmitteln nicht viel. Bedeutender war dagegen der Gewinn an Rohmaterialien, wie etwa von Knochen oder Elfenbein, aus denen Werkzeuge, Kriegs- und Jagdwaffen hergestellt werden konnten. Auf dieser Basis entwickelten dann die Kulturen des Aurignacien, Solutreen und vor allem des Magdalenien eine, verglichen mit früher, in vielen Hinsichten fast luxuriöse Lebensweise, die wiederum technische Fortschritte im Gefolge hatte.

Nach dem, was wir allgemeinsoziologisch vom Zusammenhang zwischen der Bildung von Reichtümern und der Differenzierung der Gesellschaft wissen, können wir sagen, daß wir damit bis an die Schwelle jener umwälzenden Vorgänge gelangen, die die Entstehung der archaischen Hochkulturen und damit auch die Entstehung der alten Stadt einleiten. Wenn wir das so sagen, wollen wir damit keineswegs den Anschein erwecken, als seien die schriftlosen Kulturen jener ersten Homiden völlig kulturlos gewesen. Selbstverständlich hatten sie ihre eigene Kultur, ihre religiösen Kulte, sogar künstlerische Bedürfnisse und handwerkliche Fähigkeiten. Bei den trotz aller Erfindungsgabe primitiven Techniken mußte es jedoch ungeheure Zeiträume benötigen, bis diese völlig wehrlosen Hominiden von einem Kontinent zum anderen wandern und ihre primitive Kultur über den halben Erdball ausbreiten konnten. Sie lebten gewissermaßen überall von der Hand in den Mund. Mit Ausnahme weniger freier Momente, in denen sie eine weitere Übersicht über das Stammesgeschehen sich schaffen konnten, galt doch ihre gesamte und intensive Tätigkeit dem Kampf gegen die Unbilden der Natur, dem Kampf um das nötige Lebensminimum und das Überleben. Reichtümer waren höchst selten und beschränkten sich wohl weitgehend auf Dinge des persönlichen Besitzes, wie etwa Waffen, Schmuck oder wenige Haushaltsgegenstände. Selbstverständlich gab es schon Ansätze zum Handwerk. Aber der Handwerker war völlig mit der Sicherung seines eigenen Lebens beschäftigt, so daß er weder viel noch besonders gute Waren herstellen konnte. Damit verengt sich die materielle Ausgestaltung dieser Kulturen ganz außerordentlich. Mehr noch: Da die unmittelbare Nahrungsbeschaffung weitgehend Raubbau an den Gegebenheiten der Natur ist, können auch auf einem gegebenen Areal nur unverhältnismäßig wenig Menschen leben, so daß die bewohnten Gebiete äußerst dünn besiedelt waren, was wiederum die sozialen Kontakte und die gegenseitigen Einflußmöglichkeiten stärkstens beeinträchtigt. All diese Umstände sind natürlich einer Verdichtung der Bevölkerung auch nur zu Dörfern äußerst abträglich, obwohl es zweifellos solche dorfähnlichen Gebilde gegeben hat, wenn auch deren Bewohnerzahl sehr gering gewesen sein muß. Außerdem sind sie sehr wahrscheinlich ungewöhnlich unstabil gewesen, da ja die Jagdkultur im wesentlichen den Tierherden folgt und nach Ausbeutung eines Landstrichs ganz einfach in den nächsten Landstrich übersiedelt. Eine Verdichtung der Bevölkerung wird erst möglich mit der Entwicklung einer größeren Bodenständigkeit, d. h. aber auch einer Entwicklung des Ackerbaus in seinen primitivsten Formen. Dieser ist sicher in den alten Kulturen nicht zu finden.

Wir wollen jetzt nicht im einzelnen eingehen auf die Entstehung des Ackerbaus in der Urwelt. Es möge genügen zu sagen, daß im Laufe der

letzten Eiszeit, die vor ca. 45.000 Jahren begann, ihren Höhepunkt vor
25.000 Jahren erreichte und ihr Ende vor knapp 10.000 Jahren wesentliche
Veränderungen mit der Urmenschheit vorgegangen sein müssen. Es ist dies
die Periode der Entwicklung einer mehr planmäßigen Jagd, die sowohl zur
Bewirtschaftung von Tierherden, also zur Viehzucht, als auch zur Bewirtschaftung des Menschen als Weidesklaven führt. So entstehen aus den
primitiven Jägern tierhaltende Nomadenvölker, von denen vor allem die
Großviehhirten in der Weltgeschichte eine große Rolle spielen sollten. Parallel
zu dieser Veränderung finden wir eine Veränderung der Bewirtschaftung
des Landes. Zunächst mögen die Frauen mit dem Grabstock die primitivste
Form des Ackerbaus erfunden haben, etwa in Form von diskontinuierlichen
Pflanzlöchern, die sich allmählich zu einer kontinuierlichen Ackerfurche
zusammenziehen. Aus dem Grabstock entwickeln sich dann andere Werkzeuge, wie Hacke und Spaten, später die Ziehhacke und der Ziehspaten, vor
die Menschen gespannt werden. Damit ist im Grunde die größte technische
Veränderung der alten Menschheit vorbereitet, die gleichzeitig auch erlauben
wird, auf dem gleichen Areal mehr Menschen zu ernähren, was die Voraussetzung für die Entstehung der Stadt ist. In dem Augenblick nämlich, wo
statt des Menschen das Großvieh vor die Hacke gespannt wird, entsteht der
Pflug. Die Pflugkultur zeigt aber überall eine Verdichtung der Gesellschaften,
selbst wenn die alten Wirtschaftsformen noch weiterleben, also vor allem die
Jagd.

Auch diese Entwicklung vollzieht sich in zahllosen Etappen, die jeweils
viel Zeit benötigen. Vor allem spielt hierbei eine besondere Rolle die Entwicklung der Metallindustrie, zunächst um Bronze herzustellen. Das gibt
den neolithischen Bauern bessere Werkzeuge und Waffen. Diese Werkzeuge,
vor allem die Metallhacke, sind wiederum die Voraussetzung dafür, daß nach
der Überschichtung von Bauern durch Großviehhirten ein Kamel, Pferd
oder Rind vor eine viel leistungsfähigere Hacke gespannt werden konnte, die
damit zum echten Pflug mit metallener Pflugschar wurde und nochmals die
Ernährung größerer Menschenmengen auf dem gleichen Gebiet erlaubte.
Gleichzeitig bahnten sich damit wichtige soziale Umgestaltungen an, die den
Ausdruck städtische Revolution voll gerechtfertigt erscheinen lassen. Childe
gibt dafür folgende sehr eindrucksvolle Beschreibung: „In der neolithischen
Wirtschaft wurde jedes erwachsene Mitglied einer Gemeinschaft in erster
Linie von der Beschaffung der Nahrung für sich selbst und seine Kinder in
Anspruch genommen. Die regelmäßige Verwendung von Kupfer und Bronze
setzte dagegen das Vorhandensein einer kleinen Schar von Spezialisten
voraus, die befreit waren von aller Arbeit in Landwirtschaft, Fischerei und
Jagd und ihre ganze Zeit dem Fördern und Schmelzen von Erzen, dem
Transport der Ausbeute durch Wüsten und Wälder, der Verarbeitung des
Metalls durch Gießen und Schmieden zu Werkzeugen, Waffen, Gefäßen
oder Prunkstücken widmen konnten. Das Fördern, Schmelzen, Gießen
stellt bei weitem feinere, schwierigere und exaktere Arbeiten dar als irgend-
eines der gewöhnlichen, von neolithischen Bauern verrichteten häuslichen

Geschäfte – selbst als das Fördern und Spalten von Feuersteinklumpen und der Bruch großer Steinstücke mit Äxten und Handmühlen. Es war ein den ganzen Menschen in Anspruch nehmender Hauptberuf. Die so Beschäftigten konnten nur unter der Voraussetzung ihre Tätigkeit ausüben, daß sie mit Nahrungsmitteln versorgt wurden, welche die Bauern und Fischer erzeugten, von denen sie selbst herkamen. Ja, sie mußten sogar eines großzügigen Entgelts sicher sein, wollte man sie dazu verlocken, die Sicherheit der Selbstversorgung mit dem zum Leben Notwendigen aufzugeben. Für die Händler bedurfte es noch stärkerer Antriebe. Sie mußten das Metall in vielen Tagesreisen über Gebirge und Ströme transportieren und waren dabei gefährlichen Abenteuern mit wilden Tieren, fremden Stämmen und bösen Geistern ausgesetzt. War das Land, durch das er kam, besiedelt, so mußte der Kaufmann seine menschlichen Bewohner und die zuständigen Schutzgeister mit sehr üppigen Geschenken besänftigen. Gerechterweise konnte er sehr viel mehr als nur den Gegenwert für die auf der Reise verbrauchte Nahrung beanspruchen. Mit anderen Worten: Um eine Metallindustrie in Gang zu halten, mußte eine sehr solide Nahrungsreserve – Kapital – zur Verfügung stehen, groß genug, die in ihr Beschäftigten nicht nur zu ernähren, sondern sie überhaupt dazu zu bewegen, Beschäftigung zu suchen[3]." Soweit die Beschreibung von Childe.

Eine solche „Freistellung" nicht unbeträchtlicher Menschenmengen konnte in den kleinen Dörfern des neolithischen Europas der nördlichen Zonen nicht erfolgen, wohl aber in den alluvialen Tälern des Nil, Euphrat und Tigris und Indus, wo der Ackerbau mit Bewässerungssystemen reguliert war und mehr Menschen ernähren konnte. Das gleiche galt für die großen Stromsysteme Chinas. Auch stellten diese Flüsse gute Verbindungsstraßen dar, auf denen leicht größere Warenmengen transportiert werden konnten. So wurde in Ägypten, in Mesopotamien (Sumer und Akkad) und im Indusbecken der Ertrag ganzer Gebiete in großen Getreidespeichern angesammelt und war nun jederzeit verfügbar, um die genannten Spezialisten von der Arbeit der Nahrungsmittelgewinnung zu befreien. Das ist der Ursprung der bis dahin wohl umfassendsten sozialen Revolution der Menschheit, die sich zunächst auf die genannten Stromtäler beschränkte. Childe sagt dazu: „Diese Revolution war in der Tat die Vorbedingung für den ganzen zukünftigen Fortschritt in Wissenschaft und Technik; wirtschaftlich gesehen schuf sie das erste Kapital, das für eine vollständigere Ausbeutung der natürlichen Hilfsquellen der Erde und damit für die Emanzipierung des Menschen von der parasitischen Abhängigkeit von seiner nichtmenschlichen Umgebung nötig war." Damit stehen wir unmittelbar vor der Entstehung der alten Stadt zu Beginn der Hochkultur.

In dem geschilderten Kulturraum der letzten Eiszeit kam es zu zahllosen Formen von Überlagerungen verschiedener Wirtschaftssysteme, von denen sich die einen als weniger beständig erwiesen als die anderen. Eine

[3] Ebenda.

besondere Rolle spielen etwa die Überschichtungen von Pflanzern durch Jäger, die aber kulturell sehr wenig produktiv gewesen sind. Wichtiger ist die Überschichtung von Pflanzern durch Rinderhirten und überhaupt durch Großviehhirten, wie vorher gesagt wurde. Dabei geschah es, daß sich die Hirten an befestigten Plätzen zwischen ihren Bauern ansiedelten und den Bauern Schutz boten gegen die räuberischen Jäger der Wüste; dafür empfingen sie dann einen Tribut von den Bauern. Das ganze stellt zunächst ein interessantes Verhältnis der Symbiose und kulturellen Arbeitsteilung dar. Diese Probleme interessieren uns im Augenblick jedoch nicht. Viel wichtiger ist für uns, daß sich hier feste Siedlungen entwickeln, in deren unmittelbarer Umgebung zum Teil beträchtliche Menschenscharen leben, und zwar nicht nur Bauern, wie wir sehr deutlich bemerken wollen, vielmehr ziehen sich jetzt an den gleichen befestigten Ort die genannten spezialisierten Handwerker zurück, so daß die Stadt entsteht als eine Vereinigung von bodenständigen Bauern, ortsansässigen Handwerkern, Händlern, Transporteuren und kriegerischen Großviehhirten, die die eigentlichen Herren des Systems darstellen. Meist ist dabei die Scheidung zwischen Herrschern und Beherrschten auch eine Scheidung verschiedener Stämme oder verschiedener ethnischer Einheiten. Man sieht deutlich, daß die Entstehung der Stadt gleichzeitig identisch ist mit der Entstehung des Staates bzw. eines geschichteten Herrschaftszusammenhanges mit einer bereits erstaunlich weit getriebenen Arbeitsteilung.

Wie der Großviehhirte gewöhnt ist, über große Herden von Vieh zu herrschen, die ihn an weiträumiges Denken gewöhnen, so ist er auch der radikale Bewirtschafter von Menschen, der mit Hilfe eines ausgebauten Systems der Sklaverei über größere Gebiete herrscht und diese gleichzeitig einigermaßen einheitlich zu organisieren sucht, wobei vor allem Abgaben und Tribute eine Rolle spielen. Diese Abgaben werden natürlich nicht in Geld, sondern in Naturalien geleistet. So fließen in die befestigten Plätze der Städte die Erträge des Ackerbaus aus der Umgebung, was die städtischen Herren zwingt, neben ihren bewaffneten Plätzen, Mauern und Toren große Lagerhäuser und Speicher aufzubauen. Damit beginnt die Stadt, ein architektonisches Profil anzunehmen, das sich bald durch die Entwicklung weiterer großer Gebäude deutlicher ausprägt. Dazu gehören vor allem die großen Festungs- und Tempelbauten der sakralen Hirtenfürsten mit ihrem Gefolge. So finden wir jetzt in der Stadt neben materiell produktiven Handwerkern und Händlern auch die immateriell produktiven Priesterschaften, die vor allem dem Herrschaftssystem eine sakrale Aura geben, so daß der Widerstand gegen die Herren immer auch gleichzeitig eine Verletzung des religiösen Gefühls darstellt. Es erwächst ein immer komplexeres Herrschaftssystem, das räumlich an die Stadt gebunden ist. Wir werden noch zu zeigen haben, daß in den großen Stromkulturen vom Nil bis nach China die Herrschaft von Anfang an den Charakter der Despotie annimmt. Erst Nordeuropa entwickelt mildere Herrschaftsformen. Auch wo Reichsbildungen das Ergebnis dieser neuen Städtekultur sind, nehmen diese sofort den Charakter von scharf geschichteten Despotien an mit einem entsprechenden System zentralistischer bürokratischer Verwaltungen. So etwa deutlich sichtbar im alten Reich Ägyptens, in dem immer mehr Menschen Zuflucht fanden in der Stadt.

Die Stadt ist also jetzt der Ort, an dem sich nicht nur die Macht zu einem Herrschaftssystem verdichtet, sondern in dem auch immer mehr Menschen freigestellt werden, sich nicht mehr um die nötigsten Lebensbedürfnisse kümmern müssen und damit für zahlreiche andere Tätigkeiten Zeit gewinnen. Diese Stadt ist damit grundsätzlich unterschieden vom alten Dorf, und zwar sowohl vom Jägerdorf wie vom Bauerndorf. In beiden Fällen ist die Differenzierung der Arbeit unverhältnismäßig gering. Die städtische Kultur tritt dagegen von Anfang an mit einer zwar erzwungenen, aber darum um nichts weniger wirksamen Differenzierung der sozialen Schichten der Arbeit und der Interessen in Erscheinung. Gleichzeitig werden jetzt auch Kräfte frei, die nicht nur in der Stadt selbst tätig sind, sondern die weiteren Räume erobern. Wir sagten schon, daß die frühere Vorstellung von der Existenz der Urmenschheit in isolierten Horden und Siedlungen ein utopisches Bild gewesen ist und daß es immer einen gewissen Verkehr gegeben hat. Wenn das aber wahr ist, so ist doch der Faden dieses Verkehrs außerordentlich dünn gewesen, vor allem nicht regelmäßig, nicht planmäßig und nicht effizient. Vom Zentrum der Stadt ausstrahlend gewinnt dagegen der Verkehr jetzt sofort eine planmäßigere Ausgestaltung, Schutz durch bewaffnete Kräfte und planmäßig angelegte Kastelle entlang den Straßen, Tragtiere in großen Mengen und bald auch – nach Erfindung des Rades – den Wagen, der jetzt den Transport von Massengütern möglich macht. So überwindet der Verkehr allmählich immer weitere Strecken auf dem Land und auf dem Wasser. Wenn das Dorf eingeschlossen ist in seine nächste Umgebung, so erschließt sich die alte Stadt von Anfang an weite Räume. Im übrigen ist dabei ihre eigene Nahrungsgrundlage unverhältnismäßig gesichert, da ja in der alten Stadt jeder Bürger auch Ackerbürger ist, so daß unmittelbar an die Stadt anhängend eine Menge von Dörfern in der nächsten Gemarkung sich findet, die den unmittelbaren Lebensbedarf garantieren können. Aber die wesentliche Auswirkung der Stadt geht nicht auf die Nähe, sondern auf die Ferne.

Nicht alle Städtegründung hat jedoch zu ausgesprochenen Reichsbildungen geführt. Hier unterscheiden sich die orientalischen Despotien sehr deutlich von den Verhältnissen in Nordeuropa, zunächst natürlich in Griechenland, das durch den Stadtstaat charakterisiert wird. Aber die Nordeuropäer leben gewissermaßen von den Überschüssen des Orients. Die Metallvorkommen Mittel- und Westeuropas müssen schon vor 2000 v. Chr. durch orientalische oder ägäische Erzschürfer entdeckt worden sein. Wahrscheinlich haben dann die eingeborenen lokalen Kriegshäuptlinge vom Überschuß aus dem östlichen Mittelmeer profitiert, der zunächst eine spezialisiertere Landwirtschaft und den Unterhalt von Berufshandwerkern erlaubte. So entwickelten schon die ägäischen Völker aus dieser Teilhaberschaft am orientalischen Reichtum eine eigene städtische Kultur, ohne jedoch darum eine so radikale Konzentration der Macht auf sich nehmen zu müssen, wie das während der städtischen Revolution in Ägypten und Mesopotamien der Fall gewesen war. Das eigentliche Europa zeigt also von Anfang an politisch ganz andere Lebensbedingungen als die despotischen Reiche des Mittleren und Fernen Ostens.

Es ist wohl klar, daß die geschilderten Vorgänge nicht einmaliger Natur sind. Sie sind im Grunde nur der kritische Höhepunkt eines langen Prozesses, der sich über mehrere Jahrtausende immer wieder abgespielt haben muß, wobei zahllose Städte gegründet wurden, um nach mehr oder weniger langer Zeit wieder zu verschwinden. Davon geben uns viele Ruinenstätten Auskunft, von denen wir manchmal gar nicht mehr wissen, wer sie eigentlich bewohnt hat. So kann man auch noch nicht von eigentlichen gesteuerten Erscheinungen sprechen, sondern bestenfalls von einem recht diffusen Prozeß der Hochkulturentstehung, an dessen Ende dann die ersten historisch greifbaren Persönlichkeiten und Ereignisse sichtbar werden. Das geschieht etwa mit der Vereinheitlichung Oberägyptens und Unterägyptens. Wir finden jetzt hier auch Darstellungen, die bestimmte Ereignisse kommentieren, und können sagen, daß von dieser Zeit ab, also mit dem Abschluß der städtischen Revolution, eine unabgerissene Kontinuität der Kulturentwicklung bis zu uns heute hinreicht.

Die alte Stadt trägt noch lange die Spuren ihrer Entstehung deutlich in ihr Antlitz geschrieben. Sie ist befestigte Stadt, an einer Seite steht die Burg des fürstlichen Herren, daneben die Tempel. Die einzelnen städtischen Quartiere sind einzelnen Spezialisten und Handwerkern vorbehalten, die gern räumlich zusammensiedeln. Das Spezialistentum zwingt gleichzeitig zu einer ständigen Überwachung der Ausbildung des Nachwuchses im Beruf, womit erste Gildenzusammenschlüsse eingeleitet werden, die eine weitere Differenzierung des städtischen Herrschaftssystems bedeuten. Außerdem werden ganz neuartige Formen von Spezialisten in der Stadt erzeugt, die sich mit keiner bestimmten Produktion befassen, sondern allein mit der Planung und rationalen Regelung des Tributwesens, mit den großen Fürstenbauten, mit den Wasserwerken, mit den Verteilungen der Lebensmittel aus den Speicherhäusern des Königs usw. So erscheint in der Stadt sofort die Schicht der Beamten, die nun nicht nur die genannten Spezialtätigkeiten ausüben, sondern gleichzeitig noch eine der wichtigsten Techniken entwickeln, die es erlaubt, die einzelnen Ereignisse des Alltags in rationaler Weise dem Vergessen zu entziehen. Diese Beamten nämlich entdecken die Schrift mit den Maßen und Gewichten. Sie entdecken auch Geometrie, Mechanik und Arithmetik und werden damit zu den Trägern der eigentlich archaischen Hochkultur, die ohne Schrift und ohne die Elemente einer rationalen Wissenschaft nicht denkbar ist. Damit entsteht eine neue Denkform, die sich langsam aus dem magischen Aberglauben der Urzeit befreit, während die Priester sich als Wahrer des Heils oder des Erlösungswissens spezialisieren, das eine sehr enge Ehe eingeht mit der Herrschaftsorganisation. Auch damit tragen sie bei zur Sicherung der objektiven Wissenschaft. Denn erst die supranaturale Aura des priesterlichen Wissens sichert diesem die nötige Kontinuität, um die bestehenden Mittel mit gesteigerter Wirksamkeit einzusetzen.

Wir sind ausgegangen von einem Satz von Rüstow, nach dem die Stadt die Wachstumsspitze der Hochkulturen sein soll. Die Ergebnisse der modernen Vorgeschichte erweisen uns täglich mit größter Deutlichkeit, in welchem Ausmaß das wirklicher Fall ist. Wir fassen die dargestellten Ergebnisse mit Childe zusammen: „Die neuen Herrscher konnten zweifellos klüger und sehr viel erfolgreicher planen als eine Ratsver sammlung von Dorfältesten oder als ein Stammeshäuptling. Sie hatten Schriften erfunden, Zeichen, um ihre Beobachtung in konventionellen Symbolen niederzulegen und so die gesamte Erfahrung vollständiger und genauer weiterzugeben, als es durch das Gedächtnis allein geschehen kann. Mit Hilfe derselben Zeichen hatten sie Systeme für die Bezeichnung von Zahlen ersonnen, die die Arbeit des Zählens erleichterten und sie schließlich ganz umwandelten. Und nachdem sie auch die Maße normiert hatten, waren sie imstande, einige Erfahrungsbereiche quantitativ zu erfassen. Zum Beispiel waren die Beamten des Pharao in der Lage, den ägyptischen Bauern zu sagen, wann sie mit dem jährlichen Zyklus ihrer landwirtschaftlichen Arbeiten beginnen sollten, denn sie hatten das tropische Jahr gemessen und einen wissenschaftlichen Kalender geschaffen."

So erwächst die alte Stadt nicht nur als die Zelle für ein eigenes Herrschaftssystem höherer Art, als es die früheren Kulturen jemals gesehen haben; die Stadt im Beginn ihrer Geschichte ist viel mehr als das, in ihr finden wir in der Tat das Produktionszentrum aller Hochkulturen.

Die soziale Struktur der Stadt

Wenn der oberflächliche Beobachter durch eine große moderne Stadt geht, dann wird er vielleicht vor dem Gewimmel der Menschen und der ständigen Abwechslung der Bilder, die sich seinem Auge bieten, den Eindruck eines völlig formlosen Chaos haben. Und in der Tat ist immer wieder bei den Bewertern des Phänomens Stadt die Vorstellung aufgetreten, daß in der Stadt, insbesondere der großen Stadt, alle sozialen Strukturen zerschmolzen werden, so daß sich hier das totale Chaos der modernen Industriezivilisation breitmacht.

Solche Vorstellungen sind im übrigen nicht neu. Sie gehen letzten Endes zurück auf bestimmte Kulturkritiker des 19. Jahrhunderts, wie zum Beispiel John Ruskin[1], der um die Mitte des vorigen Jahrhunderts Kulturkritik mit der Kritik der Städte und der industriellen Zivilisation verband. Seine Meinungen sind bis zu Lewis Mumford[2] und zu anderen modernen Kulturkritikern immer wiederholt worden. Auch sind neue Argumente aufgetaucht, teils weltanschaulicher, teils sozialreformerischer Natur, die sich stets von neuem mit dem vermeintlichen sozialen Chaos der großen Städte befassen. Selbst ein Dichter wie Rainer Maria Rilke, der doch selber ohne die Großstadtzivilisation überhaupt undenkbar ist, sagte den Städten einen baldigen Untergang voraus, eben wegen ihrer mangelnden Struktur: „Denn Herr die großen Städte sind verlorene und aufgelöste ... und ihre kleine Zeit verrinnt"[3].

---

[1] John Ruskin und Robert C. Herbert, The art criticism of John Ruskin. Gloucester, Mass., 1969.

[2] Lewis Mumford, The Culture of Cities. New York 1938.

[3] Rainer Maria Rilke, Das Stundenbuch. In: Ders., Sämtliche Werke, hrsg. vom RilkeArchiv, Bd. 1. Frankfurt/M. 1955 (zuerst 1903), S. 345.

R. König, *Soziologische Studien zu Gruppe, Gemeinde und Stadt,* René König Schriften. Ausgabe letzter Hand 15, https://doi.org/10.1007/978-3-658-28251-6_15

Gegenüber diesem ausgeprägten kulturellen Pessimismus hat aber die Soziologie sehr früh schon zeigen können, daß auch ein Phänomen wie eine in rapider Entwicklung befindliche große Stadt eigentliche Strukturen haben kann. Diese können sein rein räumlicher Natur, indem die Stadt innerlich bestimmte Gliederungen zeigt, die aus ihr eine besondere Raumgestalt machen. Wichtiger aber sind die wirtschaftlichen und sozialen Strukturen, weil sie sehr spezifisch zeigen, daß die Behauptung von dem chaotischen Charakter der Stadt überhaupt nicht stimmt. Unbefangene Forschungen dieser Art sind aber erst relativ neuen Datums. In Europa überwogen bei der Behandlung des Problems der Stadt zumeist die schon erwähnten kulturkritischen Akzente. Interessanterweise kommen die fruchtbaren theoretischen Ansätze für die Untersuchung der Stadt aus den USA. Und es will mir besonders bezeichnend erscheinen, daß diese Versuche ausgerechnet in einer Stadt zentralisiert waren, die wirklich eine Zeitlang mehr einem Chaos als einem geordneten sozialen Gemeinwesen glich. Ich meine damit die Stadt Chicago um die Jahrhundertwende. Ausgerechnet hier begannen aber die Pioniere der amerikanischen Soziologie ihre Studien, die sehr bald zeigten, daß sich selbst in einem äußerlich scheinbar so verworrenen Gebilde wie Chicago fest profilierte räumliche, wirtschaftliche und soziale Ordnungen zu entwickeln vermögen. Um das zu verstehen, muß man sich noch vergegenwärtigen, daß damals die Stadt Chicago wirklich in einer totalen Umformung befindlich war, da unentwegt neue Einwandererwellen einströmten, sowohl von der Ostküste der Vereinigten Staaten wie aus Europa; dazu kam dann noch nach dem Bürgerkrieg die starke Einwanderung der Neger aus den Südstaaten, was die Verhältnisse noch mehr komplizierte. So fanden sich im Chicago der Jahrhundertwende in der Tat Menschen aus aller Welt, von allen Farben, von allen Einstellungen zusammen, ehrliche Leute und Verbrecher, Italiener, Iren, Griechen, Polen, Jugoslawen, aber auch andere Elemente, die vorher schon im Osten und in Neu-England ansässig gewesen waren. Dazu kamen große Quartiere mit farbiger Bevölkerung, die teils in Symbiose lebte mit Weißen, teils in ständigen Kämpfen.

Ausgerechnet beim Studium dieser Stadt zeigte sich aber, daß die Verteilung dieser zahllosen verschiedenartigen Menschen auf das Stadtgebiet keineswegs zufällig war. So blieben etwa die farbigen Einwanderer aus den amerikanischen Südstaaten mit ihresgleichen und bildeten die Negerquartiere, die man später unter dem Namen Bronzeville zusammenfaßte. In anderen Quartieren wohnten die Griechen oder die Italiener zusammen, selbst die Sizilianer hatten ihr eigenes Stadtgebiet, genannt Little Sicily. Auch innerhalb der länger ansässigen weißen Bevölkerung fanden sich bei genauerem Zusehen bestimmte Schichten, etwa nach den Konfessionen. Große Quartiere waren mehrheitlich von katholischen Iren und Polen bewohnt, andere fast nur von protestantischen Skandinaviern oder Finnen, wieder andere von weißer jüdischer Bevölkerung. Alle diese Züge traten aber, wenn man genauer hinschaute, auch optisch in Erscheinung, wie man etwa mit Leichtigkeit an den Aufschriften in den Straßen, an den Namen und an zahllosen anderen Einzelheiten beobachten konnte. In den jüdischen Quartieren stehen Synagogen, in den griechischen die griechisch-orthodoxen Kirchen mit ihren Zwiebeltürmen, bei den verschiedenen katholischen Gruppen je nach Herkunft verschiedene Baustile und entsprechend bei den skandinavischen Protestanten. Plötzlich gewinnt das städtische Ungeheuer Profil und zeigt uns ganz bestimmte räumliche soziale Gestalten, die uns schon beim ersten Anblick einen Hinweis auf die innere Struktur der Bevölkerung zu geben vermögen.

Gestalt gewinnt aber das städtische Leben nicht nur in den einzelnen Bevölkerungsgruppen, die eine Stadt bewohnen, sondern auch noch in ihrer großräumlichen Aufteilung nach verschiedenen Funktionen. Jede Stadt hat ihr Zentrum, so auch Chicago, zum Beispiel im *Loop*. Manche Stadt hat sogar mehrere Zentren, etwa ein Regierungszentrum, ein Kaufzentrum mit den großen Luxusgeschäften und Hotels, ein Vergnügungsviertel, ein lateinisches Viertel mit Schulen, Universitäten und Instituten, sogar ein eigenes Viertel für das Laster. Schon die alten Residenzstädte Europas geben ein gutes Bild für diese Art der räumlichen Ordnung der Stadt, die auch eine funktionale und eine ästhetische Ordnung ist. Entscheidend bleibt aber, daß sich solche Ordnungen im Industriezeitalter wieder herstellen, und sei es nur, daß die eigentlichen Wohngebiete der großen Städte geschlossene Gebiete für sich bilden, die je nach der herrschenden Windrichtung im Osten oder Westen der Städte zu sein pflegen, um zu vermeiden, daß der Fabrikrauch über die bewohnten Gebiete streicht.

Man muß sich allerdings, wenn man über diese Probleme spricht, vor übertriebenen Vorstellungen hüten. Diese Aussagen dürfen zum Beispiel nicht in dem Sinne mißverstanden werden, als sei die Bevölkerungsdifferenzierung in der Stadt ganz einheitlich. Selbstverständlich wohnen auch auf einem relativ kleinen Gebiet immer verschiedenartige Menschen zusammen. Aber es gibt dann doch eine Gruppe, die mehr oder weniger den Ausschlag gibt und die allgemeine Atmosphäre bestimmt. So darf man auch nicht erwarten, daß die Statistik etwa ganz eindeutig wäre. In Wahrheit gibt es dabei sehr beträchtliche Schwankungen. Aber überall da, wo es sich um große Menschenmengen handelt, können bestenfalls Annäherungswerte erreicht werden, niemals absolute Aussagen. So steht es auch in unserem Fall. Und zwar gilt das nicht nur in bezug auf die räumliche Anordnung der Menschen, sondern genauso auf ihre Verteilung auf verschiedene Wirtschaftsgruppen und auf verschiedene soziale Schichten. Nur bei den Extremen kann man von relativ eindeutigen Majoritäten sprechen. So pflegen etwa in den ausgesprochenen Wohlstandsquartieren nur ganz selten arme Leute zu wohnen, und die Slums der großen Städte sind immer fast ausschließlich der Wohnort allerärmster Schichten. Was aber zwischen diesen beiden Extremen liegt, bietet zumeist irgendeine Mischung dar, selbst wenn sich die eigentlichen Charaktere bei genauer Beobachtung leicht herausschälen lassen.

Das fällt natürlich besonders auf, wenn wir die Städte nach ihren Wirtschaftsformen betrachten. So unterschied man etwa Industrie-, Handels-, Bergbau-, Erholungs-, Universitäts- und Regierungsstädte. Unter den Industriestädten unterschied man wieder solche, die von nur einer oder von mehreren Industrien leben. Man kann natürlich mit solchen Klassifizierungen noch viel weitergehen und allgemein die Funktion einer Stadt als Hauptfaktor für die wirtschaftliche Struktur der Stadt ansehen. So unterschied man etwa in Deutschland bei zentralen Städten zwischen solchen, die eine zentrale Funktion für das Hinterland ausüben und solchen mit reichswichtigen Funktionen. Dazu kamen Städte mit Industrien, die auf Fernbedarf ausgerichtet sind. Unter den unvollkommenen zentralen Städten gab es solche mit Industrie, mit Industrie und Fernhandel, also sogenannte Geschäftsstädte, schließlich die Industriestädte verschiedener Art. Dabei darf man allerdings andere Wirtschaftszweige nicht vernachlässigen, deren Konzentrierung in der Stadt für die Gestaltung der städtischen Physiognomie bezeichnend ist, speziell im 20. Jahrhundert. Dazu gehören etwa Banken, Behörden und Versicherungen. Noch andere Funktionen können den Städten ein besonderes Gesicht verleihen. So unterscheidet man heute auch zwischen Garten- und Rentnerstädten, zwischen Touristen- und Erholungszentren, reinen Kulturzentren wie Universitätsstädten und ähnlichem mehr. Im System der fortgeschrittenen Industriegesellschaften wird das Gesicht der Stadt vor allem durch den sogenannten tertiären oder quartären Produktionssektor geprägt, wobei die immaterielle Produktion der freien Berufe, der persönlichen Dienstgewerbe usw. eine überragende Rolle spielt, dazu noch die kulturelle Produktion und alle Dienstleistungen, die mit der Freizeitgestaltung zusammenhängen. In dieser Hinsicht ist die Stadtkultur von heute geradezu der Prototyp der modernen Wirtschaftskultur, was auch durch die starke Massierung von Angestellten in den Groß- und Verwaltungsstädten bezeichnet wird, die sich wesentlich von den Industrieund Proletarierstädten des 19. Jahrhunderts unterscheiden.

Weitere strukturelle Differenzierungen ergeben sich aber auch innerhalb der Stadt selbst. Für die europäischen Städte ist besonders bezeichnend der Kern der Altstadt, letzten Endes die mittelalterliche Stadt, um die herum sich im Laufe der Entwicklung neue Siedlungen gelagert haben. Diese alten Kerne haben sehr häufig eine kreisrunde Form, die der alten Befestigung entspricht. Es gibt natürlich auch viereckige Grundrisse der Altstädte, wie etwa bei jenen Städten, die, wie Köln, auf eine alte römische Siedlung zurückgehen. Im 19. Jahrhundert werden nun zumeist die Stadtmauern geschleift, so daß um diese alten Kerne herum breite Ringe entstehen. Diese können entweder einfach oder mehrfach sein, wie etwa in Paris, wo die inneren Boulevards von den äußeren Boulevards umfaßt werden. Solche ringförmigen Anordnungen erzwingen natürlich eine ganz bestimmte Raumgestalt der dazwischenliegenden Gebiete. Sehr häufig wird vor allem das Ringsystem ergänzt durch ein System radialer Straßen, die in die verschiedenen Himmelsrichtungen ausstrahlen. Jenseits des äußeren Ringes beginnt dann das, was man im Französischen die „banlieue" nennt, also die alte Bannmeile; diese Zone steht nun seit dem 19. Jahrhundert in der Tat unter beschleunigtem Entwicklungsdruck und weist sehr häufig, speziell in Europa, einen ausgesprochen chaotischen Charakter auf. Billige Häuschen wechseln ab mit kleinen Fabrikgebäuden und kleinen Gärtchen, Dörfer sind eingegliedert in die „banlieue" und bilden alle möglichen Unterkerne, die sich teils selbständig weiter entwickeln, teils nach dem Hauptzentrum ausrichten. Vielfach entwickelt sich auch in diesen äußeren Gürteln der großen Städte die Spekulation mit Grundstücken, sei es, daß planmäßig neue Siedlungen aufgeschlossen werden, sei es, daß diese völlig unplanmäßig entstehen, indem die Häuser gewissermaßen sprießen wie Pilze nach dem Regen.

Diese äußere Bannmeile der großen Städte hat, speziell im 20. Jahrhundert, eine interessante Umformung erfahren. Sie läßt sich übrigens am besten studieren in den Vereinigten Staaten. Sie drückt sich darin aus, daß aufgrund der erleichterten Verkehrsbedingungen, speziell des individuellen Vehikels, Automobil genannt, die Menschen eine wachsende Tendenz zeigen, in Vorortsiedlungen auszuweichen, die dementsprechend um die großen Städte einen weiter entfernt liegenden Gürtel von sogenannten Satellitenstädten und Schlafzimmerdörfern bilden, wie man in der farbigen Soziologensprache gesagt hat. Diese bieten zwar manche Dienste, aber immer nur von beschränkter Natur, während die Einwohner dieser Vororte für ihren Einkauf im Wesentlichen auf das Stadtzentrum angewiesen bleiben. In neuester Zeit ist in den Vereinigten Staaten hierin wieder eine wesentliche Veränderung eingetreten, indem die Supermarkets hinauszogen in die Vorortsiedlungen, weil ihnen die Grundstücke im Stadtzentrum zu teuer wurden. Das bedeutet gleichzeitig eine beträchtliche Umschichtung der alten Stadtkerne, deren Funktion für die weiter außen liegenden Bevölkerungen nunmehr ziemlich reduziert ist.

Das alles sind gewissermaßen die großen Linien der Wirtschaftsformen in der Stadt und ihrer Sozialstrukturen. Wir müssen uns aber darüber klar sein, daß die wirklich interessanten Probleme erst mit den feineren Differenzierungen beginnen. Diese beziehen sich etwa auf die Verteilung der Bevölkerung in der Stadt nach Geschlechtern. Da im Zentrum zahllose Betriebe des Einzelhandels konzentriert sind und auch andere Dienstleistungsbetriebe, die viel Frauen beschäftigen, zeigt sich regelmäßig ein unverhältnismäßig hoher Frauenüberschuß in den zentralen Quartieren der großen Städte. Diese Frauen finden auch Beschäftigung in den verschiedenen Verwaltungs- und kaufmännischen Betrieben privater und öffentlicher Art, die ebenfalls in den Zentren der Städte lokalisiert zu sein pflegen. Gleichzeitig ist zu sagen, daß sie wirtschaftlich meist nicht sehr gut gestellt sind, wie zum Beispiel Verkäuferinnen. Sie werden dementsprechend auch billige Mieten suchen, Einzelzimmer oder Wohnungen. Diese finden sie naturgemäß vor allem in den Altstadtkernen. Im übrigen sind dadurch gelegentlich ziemliche Probleme entstanden, vor allem dort, wo man mit einer Altstadtsanierung begann. Diese Altstadtsanierungen pflegen regelmäßig die alten Quartiere niederzureißen und neue Gebäude an deren Stelle zu errichten. Damit wachsen sofort die Mietpreise und vertreiben die bisherigen Bewohner, die nun nach anderen billigen Wohnungen Ausschau halten müssen, was für sie nicht sehr einfach ist, da ihre Arbeitsplätze gerade im Zentrum der Stadt liegen. Das stellt die Stadtverwaltungen vor neue Verkehrsprobleme.

Wir finden aber nicht nur einen Frauenüberschuß in den städtischen Zentren, sondern häufig verteilen sich auch die Menschen verschieden nach ihren Konfessionen. So konzentrieren sich gern in gemischtkonfessionellen Städten die katholischen Bevölkerungsteile in den Altstadtkernen, während die Protestanten eher die Tendenz zeigen, in den darum liegenden moderneren Stadtgürteln zu wohnen.

Noch wichtiger ist die Verteilung nach bestimmten Berufen. Hier fallen vor allem die eigentlichen Arbeiterquartiere ins Auge im Gegensatz zu den Wohnbezirken mehr mittelständischer Natur. Innerhalb der Wohnbezirke mehr mittelständischer Natur gibt es natürlich auch wieder mannigfaltige Gliederungen, die aber sehr schwer zu fassen sind; denn bei der Reichhaltigkeit an beruflichen Differenzierungen kann natürlich von einer beruflichen Spezialisierung städtischer Räume, wie es noch im Mittelalter der Fall war, heute nicht mehr die Rede sein. Selbstverständlich finden wir noch Reste mittelalterlicher Tradition, indem etwa Antiquariatsgeschäfte oder Kunstgeschäfte sich in bestimmten Bezirken der Stadt häufen. Auch in den Straßennamen findet man noch die Erinnerung daran, daß sich ursprünglich die mittelalterliche Stadt weitgehend nach Berufen gliederte. Davon kann heute natürlich nicht mehr die Rede sein. Und das wird auch immer als Argument dafür genommen, daß die moderne Stadt im Gegensatz zur mittelalterlichen chaotisch sei. In Wahrheit ist das aber eine sehr oberflächliche Auffassung; denn sie vergißt, daß sich eben unser Berufssystem insgesamt geändert hat, da die kastenartige gegenseitige Abschließung der einzelnen Berufsstände nicht mehr existiert, daß sich überhaupt die Berufe in einer ganz anderen Richtung als der des Ständesystems entwickelt haben. Nur noch einige wenige Berufe zeigen heute wirkliche Reste von ständischer Organisation, etwa die der Mediziner und Juristen. So findet man auch, insbesondere in England und Amerika, die Ärzte und Rechtsanwälte noch in bestimmten Straßen konzentriert. Das sind aber Ausnahmen. In Wahrheit sind ganz neue Strukturtypen in den Vordergrund getreten. Diese lassen sich leicht einsichtig machen.

Man hat einmal gesagt, daß nichts die Position des Menschen im Gesamtsystem der Gesellschaft so wesentlich beeinflußt wie sein Beruf. Das heißt also, daß eine enge Beziehung zu bestehen scheint zwischen der ausgeübten Tätigkeit einerseits und der Einordnung in das System der sozialen Klassen andererseits. Wenn wir die Dinge unter diesem Gesichtspunkt betrachten, dann bekommen unsere Fragen sofort ein anderes Bild.

Statt einer Verteilung der Bevölkerung nach Berufen finden wir nämlich in der Stadt eine Strukturierung nach sozialen Klassenlagen. Wir haben schon

DIE SOZIALE STRUKTUR DER STADT 363

darüber gesprochen, daß die Arbeiter in bestimmten Stadtteilen konzentriert zu sein pflegen. Wir haben auch betont, daß die Wohlstandsviertel meist für sich abgesondert liegen. Aber es gibt noch andere Gliederungen, selbst wenn diese nicht so stark in Erscheinung treten wie die zwischen Wohlstands- und Armutsvierteln. Auch wenn diese Nuancierungen teilweise recht subtil sind, sind sie um nichts weniger da und wirksam. Leute, die einander als mehr oder weniger gleichgeordnet betrachten, haben die Tendenz, auch in räumliche Nähe miteinander zu wohnen. Das hindert natürlich nicht, daß zwischen ihnen Menschen wohnen mögen, die anderer Zuordnung sind. Aber das Entscheidende bleibt, daß die Angehörigen verschiedener sozialer Kreise miteinander durchschnittlich keinen Verkehr pflegen, so daß Neuordnungen innerhalb der Städte entstehen, eigentliche Verkehrsnetze, wenn ich so sagen darf, die Leute relativ gleicher sozialer Stellung miteinander verbinden. So ist es etwa typisch, daß Beamte, vor allem Juristen, ihren Verkehr stark ausgerichtet haben an Akademikern. Die höheren und leitenden Angestellten von Industrie und Handel beschränken sich wieder aufeinander, entsprechend die unteren Angestelltenkategorien. Diese gegenseitigen Beziehungen wirken sich selbstverständlich aus in der Politik, die innerhalb einer Stadt betrieben wird, indem manche Gruppen mehr Einfluß nehmen auf die Exekutive als andere. Sie erstrecken aber ihre Wirksamkeit bis in die kleinsten Einzelheiten des Alltagslebens hinein.

So unterschied ein amerikanischer Soziologe, Robert S. Lynd[4], in einer Stadtuntersuchung zwischen den arbeitenden Klassen und der Klasse der Geschäftsleute; diese Unterscheidung in „Middletown" entscheidet zum Beispiel darüber, wer wen heiraten darf, was einer den Tag über tut, wann er morgens aufsteht, welcher Kirche er angehört, welches Auto er fährt, ob seine Frau oder Kinder am Leben bestimmter Klubs teilnehmen usw. Eine andere Untersuchung in einer kleinen Stadt Neuenglands zeigte, daß selbst die Schüler in der Mittelschule über diese Verkehrsnetze und sozialen Klassenschichtungen informiert waren. Sie sagten, daß die offizielle Einstellung zwar eine solche Verschiedenheit nach Klassen leugnet, daß aber in Wahrheit jedermann darüber informiert sei, daß sich alle Teilgruppen nur mit ihresgleichen paaren. Als man dann die Jugendlichen in der Schule nach Klassenzugehörigkeit aufteilte und zusah, welche Jungen mit welchen Mädchen befreundet waren, erkannte man, daß auch in dieser Hinsicht nur ganz selten die Schichtgrenzen überschritten wurden, und wenn schon einmal, dann nur um eine einzige Stufe nach oben oder nach unten. So streng sind also diese Sozialstrukturen in der Stadt, daß sie selbst über so persönliche Dinge entscheiden wie den freundschaftlichen Verkehr eines Jungen mit einem Mädchen.[5]

[4]Robert S. Lynd und Helen M. Lynd, Middletown. A Study of American Culture. New York 1929.

[5]August B. Hollingshead, Elmtown's Youth, 2. Aufl. New York 1961.

Weitere Untersuchungen zeigten etwa in England, daß innerhalb der Städte auch starke kulturelle Unterschiede bestehen, die sich schon in der Sprache auszudrücken pflegen. Besonders in England ist es ja charakteristisch, daß die Ober- und Mittelschichten einerseits Standardenglisch sprechen, die Unterschichten Dialekt. Mit diesem kulturellen Unterschied ist aber viel mehr verbunden, als auf den ersten Blick erscheint. Denn die kulturelle Schichtung hat unmittelbar im Gefolge eine Machtschichtung. Eine andere Untersuchung einer neuenglischen Stadt durch William Lloyd Warner[6] zeigte, daß das Leben der Bürger dieser Stadt nach einem höchst komplizierten System sozialer Positionen strukturiert war. Diese traten vor allem zutage in der Beteiligung der Einwohner an Vereinen aller Art. Das Entscheidende ist, daß in den Vereinen gemeinhin Menschen einer Gruppe sich zu organisieren pflegen. Besonders verblüffend ist dabei die Einsicht, daß mehr oder weniger alle Menschen in einer gegebenen Gemeinde über die bestehenden Schichtungssysteme informiert sind, so komplex diese auch sein mögen. Gewissermaßen trägt jeder Bürger in seinem Kopf ein Schichtmodell dieser Stadt mit sich herum. Aufgrund dieses Modells weiß er mehr oder weniger genau, wie er die einzelnen ihm begegnenden Menschen zu lokalisieren hat, wie er sich ihnen gegenüber zu benehmen hat, ob er sie als sich selber untergeordnet oder übergeordnet empfindet, ob er ihren Verkehr sucht oder meidet usw. Man hat geradezu ein eigenes Meßinstrument aufgrund dieses Schichtbewußtseins des Stadtbürgers entwickelt, indem man etwa den einzelnen eine Liste mit verschiedenen Berufen vorgelegt und sie darum gebeten hat, diese nach ihrem Rang zu ordnen. Dabei stellt sich regelmäßig heraus, daß bei einer Häufung von solchen Versuchen ein sehr klares und eindeutiges Schichtbild entsteht. Trotz aller individuellen Abweichungen gibt es doch gewisse große Linien, über die man sich einig ist. Mag schon einmal der eine oder andere zweifeln, in welchen Rang er diese oder jene Berufsposition setzen soll, so werden doch die Differenzen zwischen den verschiedenen Beurteilern nur klein sein. Das zeigt deutlich die Existenz des Schichtmodells in den Köpfen der Stadtbürger, und das ist auch der wesentlichste Faktor, der einer Stadt ihre soziale Struktur verleiht.

Von wie großer Tragweite diese Struktur zu werden vermag, wird leicht einsichtig, sowie man sich ihre Konsequenzen für das praktische Leben vergegenwärtigt. So zeigte zum Beispiel die Analyse von freiwilligen Vereinigungen, daß vielleicht in einem Verein verschiedene Gruppen einer Stadt gemeinsam auftreten mögen, aber die Wirkungsmöglichkeiten der verschiedenen Gruppen sind ebenso verschieden, indem etwa die Zugehörigkeit zu bestimmten Obergruppen prädisponiert für die Übernahme der leitenden Ämter in Vereinen. Damit gewinnen bestimmte Gruppen eine führende Funktion im Leben der Stadt. So erweist in der Tat das System der Sozialschichtung einen sehr eigentümlichen Doppelcharakter als eine kulturelle

---

[6]William Lloyd Warner u. a., Yankee City Series, 5 Bde. New Haven 1941–1959.

Schichtung einerseits und eine Machtschichtung andererseits. Die Mitglieder der oberen Gruppen haben nicht nur die Tendenz, sich mit ihresgleichen zu verbinden, sondern sie werden auch notwendigerweise in den Vereinen wie auch in den mehr institutionalisierten Herrschaftsapparaten der Verwaltung die Dinge in ihrem Sinne zu lenken suchen. So gewinnt die Stadt den Charakter eines besonderen Herrschaftssystems mit einer außerordentlich ausgeprägten Struktur. Weit davon entfernt, ein unstrukturiertes Chaos von unabhängigen Atomen zu sein, erweist sich das soziale System der Stadt als ein ungeheuer vielfältig geschichtetes System mit sehr verschiedenen Dimensionen vor allem der Wirtschaft, der Kultur und der Sozialordnung, aus denen höchst entscheidende Determinanten für das Alltags-Schicksal der Bewohner erwachsen.

Das treibt natürlich noch eine letzte Frage hervor, die zum Abschluß beleuchtet sei. Wenn tatsächlich die innere Gliederung der modernen Stadt eine außerordentlich komplexe ist, wie wir geschildert haben, und ausgerichtet nach sehr verschiedenen Dimensionen, zu denen letztlich auch noch die historischen Schichten zählen, die in der Einwohnerschaft einer gegebenen Stadt zum Vorschein kommen, dann erhebt sich nochmals die Frage, ob dieses System irgendeine Einheit zu entwickeln vermag. Übrigens ist häufig darauf hingewiesen worden, daß ein solcher Mangel an Integration ein typisches Phänomen für die großen Städte im Gegensatz zu den kleinen Dörfern oder den Mittelstädten sei. Diese Meinung ist aber leicht abzuweisen; denn die Schichtunterschiede, von denen wir eben gesprochen haben, sind auf dem Dorf und in der Kleinstadt genauso vorhanden wie in der Großstadt, wenn vielleicht auch Differenzierung und Schichtung in der Großstadt reicher und die Distanzen größer sind als in der kleinen Stadt. Das Prinzip bleibt aber das gleiche: Wir haben Differenzierungen hier wie dort, so daß es zu einem allgemeinen Problem wird, wie sich solche komplexen sozialen Gebilde integrieren können.

Wenn wir nun von der Wirklichkeit des Alltags ausgehen, zeigt sich, daß die Differenzierungen so übermächtig sind, daß schon in kleinen Gebilden eine anstandslos funktionierende Integration auf der Ebene des Alltags nicht gefunden werden kann. Gerade hier wird aber nun die kulturelle Dimension von überragender Bedeutung. Jede Stadt hat an sich eine ästhetische Erscheinungsform, die nun wirklich mehr oder weniger für alle Bürger gleich ist. Selbst wenn ihre soziale Lage eine verschiedene ist, tragen sie doch alle neben dem Schichtmodell der Bürgerschaft auch ein ästhetisches Bild ihrer Stadtgemeinde im Kopf, dem sie sich alle mehr oder weniger verbunden fühlen. Darum erhalten auch gewisse zentrale Gebäude in der Stadt eine so hervorragende symbolische Bedeutung. Das ist auch die wesentliche Funktion von Rathäusern, Kirchen, Schlössern usw. in alten Städten. Aber auch in den neuen Städten gibt es solche Symbole. Ich weise nur darauf hin, wie man die aus etwa 50 Mittelstädten sich aufbauende Riesenstadt Los Angeles durch die Erbauung eines großen zentralen Verwaltungszentrums zu einer Einheit zusammenzuschweißen versucht hat. Dieser

Wolkenkratzer erhebt sich nicht nur hoch über die flachen Dächer von Los Angeles, er wird gewissermaßen das Symbol für die Einheit des neu sich aufbauenden großstädtischen Gebietes, zu dem die ursprünglichen 50 einzelnen Gemeinden zusammengeschmolzen sind.

Aber nicht nur einzelne Gebäude üben solche symbolische Funktion aus, sondern noch andere Elemente der kulturellen Kommunikation, die besonders in der modernen Stadt eine zentrale Rolle zu spielen pflegen. Dazu gehört etwa die lokale Tageszeitung. Wenn sich sonst auch die Zeitungsleser intensiv nach sozialen Schichten zu differenzieren pflegen, indem die Mittel- und Oberschichten mehr die nationalen Blätter lesen, die Unterschichten mehr lokale Blätter, pflegen alle Einwohner einer Stadt ein gemeinsames Interesse zu haben an der lokalen Zeitung mir ihren auf die Gemeinde bezüglichen Nachrichten kultureller, wirtschaftlicher und sozialer Art. So hat man gesprochen von der kulturellen Integrationsfunktion der Tageszeitung in der Stadt. Diese Funktion ist in der Tat von überragender Bedeutung, ganz gleich, ob sich nun die Informationen der Tageszeitung auf einen Straßenunfall oder auf das Konzert eines weltberühmten Solisten, auf Umbau- und Planungsprobleme der Stadtverwaltung, auf die Anlage neuer gemeinnütziger Gebäude, von Badeanstalten und Kinderspielplätzen bis zu Theatern und Universitätsgebäuden oder auf die Vergangenheitsgeschichte und die Zukunftshoffnungen der Stadt bezieht. So gewinnt die Stadt in der Tat eine kulturelle Integration, die letzten Endes nicht nur für die Bürger dieser Stadt ein ordnendes Element für den Alltag bedeutet, sondern sich letzten Endes selbst dem auswärtigen Betrachter aufprägt. Die kulturelle Integration der Städte strahlt auch nach außen ihre gestaltende Kraft aus, wobei zumeist irgendein Teilaspekt der Stadt als Teil für das Ganze, als Symbol ihrer sozialen, wirtschaftlichen und kulturellen Integration steht, wie etwa Notre-Dame oder der Eiffelturm in Paris oder der Dom in Köln. Die anderen Betrachter erfassen dann an diesem Symbol die Stadt als eine Einheit, und zwar nicht nur eine Einheit, die in großen Zügen gilt, wie etwa der Name einer Stadt ein einheitliches Wort zu sein pflegt. Vielmehr ist es charakteristisch für diese Einheit, daß sie sich auch in der Gesamtstruktur der Stadt räumlich und sozial, wirtschaftlich und politisch, verkehrsmäßig und kulturelle zu äußern pflegt. Die Stadt ist in der Tat in viel höherem Maße, als es den früheren Betrachtern erschien, ein durch und durch strukturiertes und geordnetes Gebilde, selbst wenn in den Übergangsperioden zum frühen Industrialismus und zum fortgeschrittenen Industrialismus die Städte gelegentlich durch chaotische Übergangsperioden gegangen sind. Am Ende dieser Periode standen jeweils neue Strukturen, die allerdings in der Form, die sie heute gewonnen haben, mit der älteren Stadt des Mittelalters, der Renaissance und des Barock nicht das geringste zu tun haben.

Großstadt

I. EINLEITUNG: IDEOLOGISCHE MOMENTE IN DER GROSSSTADT-SOZIOLOGIE

Mit großem Recht hat Hans-Paul Bahrdt (1961, Kap. I) seiner Darstellung der soziologischen Problematik der modernen Großstadt die *Forderung nach einer „Kritik der Großstadt-Kritik"* vorangestellt. Wir können diesen Ansatz erweitern, indem wir sagen, daß es weder darauf ankommt, die Großstadt zu verdammen, noch darauf, sie zu glorifizieren. Vielmehr müßte feststellbar werden, wo die Großstadt im Entfaltungsprozeß globaler gesellschaftlicher Gebilde eigentlich steht, ob es gerechtfertigt ist, die Großstadt als ein zentrales Gebilde des sozialen Lebens oder vielleicht doch nur als Randerscheinung, Wucherungsgebilde, ausweglose Extrembildung, als „Megalopolis" im Sinne einer hybriden Massierung unendlich vieler sozialer Partialsysteme anzusehen. Hierzu aber reicht eine Kritik der Kritik nicht hin, sie könnte uns bestenfalls in eine endlose Wertdiskussion abführen; vielmehr käme es darauf an, *eine Ideologiekritik des Großstadtbegriffs oder vielmehr der Großstadtbegriffe im Plural* voranzustellen und den jeweils vorauszusetzenden historisch-existenziellen Wurzeln bestimmter Urteile nachzugehen. Das wird uns nicht nur die historische Bewegung in den verschiedenen Großstadt-Konzeptionen erschließen, sondern gleichzeitig erlauben, die Frage danach zu stellen, ob wir eine relativ einheitliche Struktur in diesen Erscheinungen feststellen können, eine Typologie ihrer Funktionen oder ob nicht jede Großstadt die einzigartige, unwiederholbare Lösung einer einmaligen Aufgabe darstellt, die einzig historisch-biographisch oder idiographisch erfaßt werden kann (siehe dazu unter VIII). Selbst wenn letzteres der Fall sein sollte, will uns scheinen, daß sich einige Grundtypen und verbindende Strukturen herausarbeiten lassen. Bevor das geschieht, müssen aber

R. König, *Soziologische Studien zu Gruppe, Gemeinde und Stadt,* René König Schriften. Ausgabe letzter Hand 15, https://doi.org/10.1007/978-3-658-28251-6_16

zunächst die ideologischen Momente in der Großstadt-Soziologie und der Bewertung der Großstadt allgemein aufgewiesen werden, um einen möglichst unbefangenen Zugang zur Sache selbst zu gewinnen.

Man könnte sagen, wenn man die Perspektive so weit wie irgend möglich spannt, daß das europäische Selbstbewußtsein insgesamt mit einem antigroßstädtischen Affekt beginnt. Für die primitiven Gesellschaften nördlich der Alpen war die „Urbs", die Groß- und Weltstadt Rom, etwas Unerreichbares, Fernes, ebenso wie die „Urbanität" als Lebensform, auch wenn diese noch so sehr lockte, wie alles Ferne. Aber nachdem die Urbs den kriegerischen Nomaden aus dem Norden schließlich in die Hände gefallen war, wie auch das römische Imperium, so blieben doch die Fremden in Rom bestenfalls angepaßte Barbaren, aber keine Menschen aus römischem Stamme, für die Urbanität die ursprüngliche. Lebensform war und nicht etwas momentan Übernommenes oder gar Aufgezwungenes. Spekulativ könnte man sagen, daß sich das europäische Denken und Handeln erst zu verselbständigen beginnt, nachdem durch den Fall des Römischen Reiches und der Urbs das gesamte Leben im Süden und Norden reagrarisiert worden war. So steht antiker Urbanität der europäische bäuerliche Lokalgeist gegenüber; erst viele Jahrhunderte nach dem Ende Roms beginnen sich die Seigneurien und neuen Städte zu erheben, die aber alle auf anderem Boden stehen als das antike Rom, Das ist der Anfang des Mittelalters, dessen zentrale gesamtgesellschaftliche Struktur durch einen neuartigen Gegensatz von Stadt und Land bestimmt war, der nicht mehr imperial-zentralistischer, sondern regional-provinzieller Art war. Diese Sozialform erreichte ihr Ende erst mit dem Aufstieg neuer nationalimperialer Systeme in Frankreich, England und Spanien. Hier erst wird auch das Großstadt-Problem wieder akut, das wir darum grundsätzlich vom Problem der Land-Stadtbeziehungen zu trennen haben, das dem-entsprechend auch in einem Kapitel für sich abgehandelt wird (siehe dazu H. Kötter „Soziologie der Stadt-Landbeziehungen" im gleichen Band dieses Handbuchs). Großstadt tritt in Europa erst relativ spät in Erscheinung, nachdem die politische Blüte der Städte schon längst vergangen ist, nämlich erst mit London und Paris im 17. Jahrhundert. Fast gleichzeitig mit ihnen beginnt aber die große Kontroverse um die Bedeutung der Großstädte, die bis heute nachwirkt, wobei schon hier bemerkt werden muß, daß sich die Großstädte seither beträchtlich vermehrt haben, wie übrigens neue Probleme im 20. Jahrhundert aufgetaucht sind, die sich auch terminologisch ausgewirkt haben. Neben den Großstädten haben wir heute die „Metropolen", die metropolitanen Gebiete oder „Stadtregionen", wie es in der Terminologie der deutschen Raumforschung heißt, und schließlich „Megalopolis" (J. Gottmann 1961; Wolf von Eckardt 1964), jene einzigartige Zusammenballung von Städten und Großstädten, die sich von der Südgrenze des Staates New Hampshire bis zur Nordgrenze von Virginia über rund 450 Meilen und von der Küste des Atlantik bis zu den Appalachen erstreckt und circa 40 Mio. Menschen umfaßt, also fast eine „Nation" von der Größe Frankreichs oder Italiens.

Wie stark das Pro und Contra in der Bewertung der Großstadt durch welt-anschauliche Momente bedingt wird zeigt Voltaires Glorifizierung Londons. Bezeichnenderweise ist es für ihn nicht Paris, in dem sich großstädtischer Geist verkörpert, sondern die Hauptstadt Englands, in der im 18. Jahr-hundert die französischen Progressiven die Heimat der Aufklärung erblicken (C. E. Schorske 1963), wie im 17. Jahrhundert die europäischen Liberalen im gleichen Sinne in Amsterdam. Im Gegensatz dazu war J. J. Rousseau negativ eingestellt, während Montesquieu die Stadt als Teil der produktiven Wirtschaftsordnung sah (S. L. Thrupp 1963); interessanterweise war Adam Smith in dieser Hinsicht etwas skeptischer (C. E. Schorske 1963). Aber auch für einen Gegenaufklärer wie William Blake wird London zum Symbol uni-verseller Humanität und verschwimmt mit Jerusalem zum Ebenbild eines irdischen Paradieses.

Es ist besonders erstaunlich zu sehen, daß Thomas Jefferson, der spätere Präsident der Vereinigten Staaten, während seines Aufenthaltes im revolutionär desorganisierten Paris als Gesandter seines Landes eine tiefe Abneigung gegen alles Großstädtische faßte, was er später auch politisch verwirklichte, indem er sich auf die arme Bauernbevölkerung in Amerika stützte. Seit jener Zeit durchzieht ein tiefer Riß die amerikanische Öffentlich-keit, ein Riß zwischen Farmern und Big Business, zwischen Demokraten und Republikanern, der sich auch in der Spannung zwischen dem weit-gehend ländlichen Amerika vom Anfang des 19. Jahrhunderts und der Großstadt New York, speziell der Wall Street, niederschlug (Dokumente dazu bei David R. Weimer 1962). So leitet sich von Jefferson ein scharfer anti-großstädtischer Affekt her, der den Bürgerkrieg überdauert hat und bis heute anhält (M. und L. White 1962; M. White 1963). Er findet seine Begründung in der politischen Fundamentalstruktur der Vereinigten Staaten und gerade nicht in irgendwelchen Ergebnissen der Forschung, so daß sein ideologischer Charakter unbestritten ist, selbst wenn die Ursprünge dieser Ideologie in den mehr als anderthalb Jahrhunderten seit ihrer Entstehung einigermaßen vergessen worden sind. Neuerdings haben Morton und Lucia White (1962) allerdings aufweisen können, daß es in der Entwicklung dieser Ideologie zwei klar unterscheidbare Phasen gibt: in der ersten nahmen Romantiker länd-lichen Ursprungs Stellung und erklärten die Großstadt für überzivilisiert, in der zweiten traten nach dem Bürgerkrieg Antioder Nicht-Romantiker auf und erklärten die Großstadt als unterentwickelt: die Großstadt habe nicht verwirk-licht, was sie versprochen hatte. Damit ist nicht nur der romantische Anti-urbanismus aus dem amerikanischen Denken verschwunden, vielmehr ist mit dieser eigentlichen Großstadtkritik ein realistischerer Geist in die Diskussion eingezogen, der sich sowohl in vielen Romanen als auch bei den ersten Großstadtsoziologen auswirken sollte.

Es ist interessant zu sehen und bezeichnend für eine davon völlig ver-schiedene Struktur, daß es in Frankreich eigentlich nie zu einer resoluten Großstadtkritik gekommen ist, wäre doch die Kritik von Paris eine Kritik

Frankreichs geworden, das ganz anders als irgendein anderes Land der Welt die Einheit seiner Kultur in dieser einen Stadt symbolisierte, selbst wenn darin gelegentlich geradezu „mythische" Elemente zur Wirkung kommen (Roger Caillois 1938). Dem widerspricht nicht die bekannte Notiz, die Victor Hugo in seinen Roman „Notre Dame de Paris" in die Ausgabe von 1832 einfügte, der zufolge das Buch die Stadt töten würde, nachdem die ursprüngliche „Schrift" der Menschheit die Baukunst gewesen sei „l'architecture est le grand livre de l'humanité") (Françoise Choay 1965, S. 403–408). Denn diese Bemerkung geht weit über das Problem der Großstadt hinaus. Wohl aber ist zu beachten, wenn der Historiker Jules Michelet 1837 schreibt: „La forme de Paris est non seulement belle mais vraiment organique" (F. Choay 1965, S. 21). Natürlich hat Paris auch seine dunklen Seiten, wie Honoré de Balzac hervorhebt (Louis Chevalier 1967), sogar einen eigentlichen „Untergrund", mit dem sich sowohl der Trivialroman von Eugène Süe (Les mystères de Paris 1842/43) als auch Victor Hugo in seinem Epos „Les misérables" (1862) befaßt. Aber das gehört eben zu der wuchernden Natur der großen Stadt dazu. Selbst wenn Emile Zola in seinen drei Städteromanen Paris als einen Abgrund von Ungleichheit bezeichnete, so wird damit nicht aufgehoben, daß in seinem ganzen Werk Paris immer wieder als der eigentliche Protagonist auftaucht, wie es übrigens auch der Fall ist für die ganze kulturelle Revolution, die Frankreich seit 1850 erfaßt hat, wie auch seit dieser Zeit der Baron Haussmann, der große Stadtplaner, Paris zu seiner heutigen Form umgestaltete (D. H. Pinkney 1958). Die französische Großstadtkritik entbehrt daher jeglicher Romantik und schlägt sich nieder in der modernen Großstadtgeschichte, der Demographie und der Großstadt-Soziologie unserer Tage.

Besonders komplex und paradox bis zum Unsinn ist die Entwicklung dieser Frage in Deutschland. Hier bemerkt Hans-Paul Bahrdt in seiner Kritik an der Großstadt-Kritik von Wilhelm Heinrich Riehl von 1850 sehr zugespitzt: „Gegen die industrielle Großstadt ist bereits polemisiert worden, ehe es sie wirklich gab" (1961, S. 16). Ähnliches könnte man von Ferdinand Tönnies sagen, für den Stadt und Großstadt die Vollzugsorte der „Gesellschaft", also der ganz künstlich-mechanischen Zusammenfügung der Menschen sind im Gegensatz zur natürlichen Gemeinschaft. Letztlich bleibt das deutsche Denken lange verhaftet der mittelalterlichen Stadtvorstellung oder der kleinen „Residenzstadt", der eigentlichen deutschen Abwandlung der „Barockstadt" von Lewis Mumford (1938) und schließt sich dem antigroßstädtischen Affekt an, bevor es noch Großstädte gibt. Das muß die Situation ungemein erschweren und belasten, obwohl Friedrich Engels in seinem Werk über „Die Lage der arbeitenden Klasse in England" (1845) im Kapitel „Die großen Städte" eine eindrucksvolle Beschreibung von London und den aufsteigenden englischen Industriestädten gegeben hatte. Er entwickelt dabei eine Sprache, die bereits deutlich auf Tönnies hinweist:

„Schon das Straßengewühl hat etwas Widerliches, etwas, wogegen sich die menschliche Natur empört. Diese Hunderttausende von allen Klassen und aus allen Ständen, die sich da aneinander vorbeidrängen, sind sie nicht alle Menschen mit denselben Eigenschaften und Fähigkeiten und mit demselben Interesse, glücklich zu werden? Und haben sie nicht alle ihr Glück am Ende doch durch ein und dieselben Mittel und Wege zu erstreben? Und doch rennen sie aneinander vorüber, als ob sie gar nichts gemein, gar nichts miteinander zu tun hätten, und doch ist die einzige Übereinkunft zwischen ihnen die stillschweigende, daß jeder sich auf der Seite des Trottoirs hält, die ihm rechts liegt, damit die beiden aneinander vorbeischießenden Strömungen des Gedränges sich nicht gegenseitig aufhalten; und doch fällt es keinem ein, die andern auch nur eines Blickes zu würdigen. Die brutale Gleichgültigkeit, die gefühllose Isolierung jedes einzelnen auf seine Privatinteressen tritt um so widerwärtiger und verletzender hervor, je mehr diese einzelnen auf einen kleinen Raum zusammengedrängt sind; und wenn wir auch wissen, daß diese Isolierung des einzelnen, diese borniertе Selbstsucht überall das Grundprinzip unserer heutigen Gesellschaft ist, so tritt sie doch nirgends so schamlos unverhüllt, so selbstbewußt auf, als gerade hier in dem Gewühl der großen Stadt. Die Auflösung der Menschheit in Monaden, deren jede ein apartes Lebensprinzip und einen aparten Zweck hat, die Welt der Atome ist hier auf ihre höchste Spitze getrieben" (F. Engels 1962, S. 257).

Für den jungen Fabrikantensohn aus Barmen muß London ein schwerer Schock gewesen sein, etwa wie die Erfahrung Roms für den jungen Luther. Gleichzeitig aber klingt eine eigene Bewunderung durch; London ist ihm ein Symptom für die „Größe Englands". Daneben interessieren ihn vor allem die Slums von London und der überstürzt sich entwickelnden Industriestädte wie Dublin, Edinburgh, Liverpool, Glasgow, Leeds, Manchester, die zwar im Wachsen, aber noch keine Großstädte waren, wenn sie auch die Verheerungen der planlosen Entwicklung nur allzu deutlich sehen ließen (Steven Marcus 1975). Auf sie ist dementsprechend sein anti-städtischer Affekt anwendbar, wie bei vielen englischen Kritikern, wenn man sich auch im klaren darüber sein muß, daß sich das alles auf einen Übergangs- und Ausnahmezustand bezieht, den man nicht als Regel setzen kann.

Bei Karl Marx taucht die Großstadtkritik gleich in zwei Formen auf, einer mehr philosophischen in den „Frühschriften" und einer mehr ökonomischen im „Kapital" (Band 1). Die letztere geht nicht wesentlich über Engels hinaus, die erstere dagegen bringt insofern ein anderes Element ins Spiel, als die Existenz im Slum als Form der „Entfremdung" verstanden wird. Der Wilde fühlt sich in seiner Höhle wie der Fisch im Wasser, während heute der Arme in einem Kellerloch vegetiert, das ihm fremd ist (die beste Darstellung der Ideen von Marx und Engels über die Stadt bei Henri Lefebvre 1972). Man hat übrigens mit Recht hervorgehoben, wie ähnlich diese Kritik der von Martin Heidegger (1954) ist (Fr. Choay 1965, S. 192 f.), ein neuerlicher Beleg für die Verwandtschaft zwischen Marx und dem Existentialismus.

Davon unabhängig entwickelt sich dann die Erforschung des modernen Großstadtlebens in der sich entfaltenden Industriegesellschaft.

So machten es sich auch die Royal Commissions zur Aufgabe, die Situation zu studieren, um einen Wandel vorzubereiten, womit sie den Sozialpraktikern aus dem letzten Drittel des Jahrhunderts den Weg bahnten (siehe dazu R. König 1958, Kap. XI[1]). Die katastrophale Ausgangslage erklärt auch die utopische Affekthaltung bei Männern wie Patrick Geddes, Ebenezer Howard, Raymond Unwin, Victor Branford u. a., deren Ideen bei dem Amerikaner Lewis Mumford nachklingen, wie auch die Erfolge der ältesten Bemühungen um die „Garden Cities", die als das eigentliche Gegengift angesehen wurden (so schon sehr früh Ebenezer Howard 1898, danach Ralph Neville 1904; G. Montague Harris 1906, sowie ein später Nachfolger, der Franzose Michel de Chalendar 1965). Immerhin war hier im Gegensatz zu Deutschland eine reale Grundlage vorhanden, das Erlebnis der ersten industriellen Verstädterungsphase, das schon die Praeraffaeliten erschüttert hatte, den Dichter Samuel Coleridge, John Ruskin und William Morris; das führte zu einer allgemeinen ästhetischen Verdammung der frühen Industriestädte, aus der sich später neue architektonische Planungssysteme und Visionen herausentwickeln sollten, die noch unsere Gegenwart bestimmen, wie etwa Frank Lloyd Wright, Le Corbusier u. a. Es gibt in der Tat zwei Arten von Kritik, eine, die nur abwertet, und eine andere, die neue Maßstäbe setzt, selbst wenn diese unter Umständen utopisch sind; M. Meyerson 1962 stellt den Zusammenhang zwischen Planung und den alten Utopien ausdrücklich her, worauf noch zurückzukommen sein wird.

Es bleibt für Deutschland, daß der anti-großstädtische Affekt sich auswirkte, bevor es noch die desorganisierten Großstädte gab, die allerdings Deutschland nach den Gründerjahren ebenso wenig erspart bleiben sollten wie den anderen. Dementsprechend ist hier auch der ideologische Charakter der Großstadtsoziologie besonders virulent bis in die jüngste Zeit (über die ältere Kontroverse E. Pfeil 1972, S. 57–110; ferner E. Pfeil 1973, S. 144 ff.). Man bedenke, in diesem Zusammenhang etwa den Slogan, mit dem die Stadt München für sich wirbt: München, die Großstadt mit Herz, der deutlich die Unterstellung anklingen läßt, daß Großstädte normalerweise „ohne Herz" seien (vgl. K. Bergmann 1968; wichtig auch G. Ruhl 1971, der das „Image" von München als Faktor für den Zuzug untersucht). Ganz ungewöhnlich primitiv äußerte sich jüngstens Gerhard Zwerenz (1972). Dazu kommen, für Deutschland besonders bezeichnend, gewaltsame philosophische Konstruktionen wie etwa die von Oswald Spengler, der die Großstadt als Prototyp der (bloßen, niederen) zivilisatorischen Existenz ansieht. „Bedeutet die Frühzeit die Geburt der Stadt aus dem Land, die Spätzeit den Kampf zwischen Stadt und Land, so ist Zivilisation der Sieg der Stadt, mit dem sie

---

[1]Anm. der Hrsg.: Grundformen der Gesellschaft: Die Gemeinde, in diesem Band S. 97–278, hier S. 276 ff.

sich vom Boden befreit und an dem sie selbst zugrunde geht. Wurzellos, dem Kosmischen abgestorben und ohne Widerruf dem Stein und dem Geist verfallen, entwickelt sie eine Formensprache, die alle Züge ihres Wesens wiedergibt: nicht die eines Werdens, sondern eines Gewordenen, eines Fertigen, das sich wohl verändern, nicht aber entwickeln läßt."

Sätze dieser Art werden nun ständig wiederholt, ohne daß man sich fragte, ob sie eigentlich noch zutreffen. So wurden die zitierten Sätze veröffentlicht, als gerade die Großstädte in einem tiefen Wandel begriffen waren, als nämlich die Städter in die Vororte auszuwandern sich anschickten, als das Automobil seinen Siegeszug begann und eine ganz neue Problematik schuf. Es war auch die Zeit der Entstehung städtischer Ballungsgebiete, die das Großstadt-Problem mindestens teilweise verdrängte und durch das der Stadtregionen und der metropolitanen Gebiete (Metropolitan Areas), schließlich durch Megalopolis ersetzte. Damit wurden auch die „städtischen Dörfler" (Urban villagers; H. J. Gans 1962) wieder entdeckt, sogar im New Yorker Künstlerquartier von Greenwich Village eine eigene großstädtische Kulturform (C. F. Ware 1935); man begann zu merken, daß die Industrie die Großstädte weitgehend desertiert hatte, weil die Grundstückspreise zu hoch waren (so schon früh R. Maunier 1910), daß die eigentlichen Großstädte eine völlig neue Funktion entwickelt hatten als Zentren für Industrieverwaltung und Dienstleistungen, für den Handel, für den Kulturkonsum (New York ist unbestritten beherrschend auf dem nationalen Markt für Massenkommunikation), für die Populärkultur, die in einer Zeit wachsender Freizeit eine immer größere Rolle spielt. Die Großstadt von heute ist völlig verschieden von der des 19. Jahrhunderts; über den ideologischen Charakter der Großstadt-Kritik entscheidet die Unfähigkeit, das einzusehen und an den alten Wertmaßstäben festzuhalten, nachdem sich die Realitäten schon längst gewandelt haben. So erlebt auch die Großstadt-Soziologie seit rund zwanzig Jahren einen neuen Entwicklungsstoß. Damit beginnt eine neuerliche Auseinandersetzung mit der „Großstadt-Landschaft", mit der „Townscape" (G. Cullen 1962), die mittlerweile in sich ländliche Bezirke eingeschlossen hat, ohne daß sie noch landwirtschaftliche Bevölkerung beherbergte; hier lebt jetzt der „Ex-Urbanite" (A. C. Spectorsky 1955; E. M. Hoover und R. Vernon 1959), sowohl im alten Osten wie im neuen Westen, wo sich z. B. in Los Angeles im 20. Jahrhundert eine neue Metropole aus ca. 50 städtischen Gemeinden entwickelt hat (R. A. Nadeau 1960). Jean Gottmann (1961, S. 5/6) gibt eine vorzügliche Beschreibung dieser neuen Situation:

„Thus the old distinctions between rural and urban do not apply here any more. Even a quick look at the vast area of Megalopolis reveals a revolution in land use. Most of the people living in the so-called rural areas, and still classified as ‚rural population' by recent censuses, have very little, if anything, to do with agriculture. In terms of their interests and work they are what used to be classified as ‚city folks', but their way of life and the landscapes around their residences do not fit the old meaning of urban. – In this area, then, we must abandon the idea of the city as a tightly settled and organized unit in which people, activities, and riches are crowded into a very small area clearly separated from its nonurban surroundings. Every city in this region spreads out far and wide around its original nucleus; it grows amidst an irregularly colloidal mixture of rural and suburban landscapes; it melts on broad fronts with other mixtures, of somewhat similar though different texture, belonging to the suburban neighborhoods of other cities. Such coalescence can be observed, for example, along the main lines of traffic that link New York City and Philadelphia. Here there are many communities that might be classified as belonging to more than one orbit. It is hard to say whether they are sub-urbs, or,satellites', of Philadelphia or New York, Newark, New Brunswick, or Trenton. The latter three cities themselves have been reduced to the role of sub-urbs of New York City in many respects, although Trenton belongs also to the orbit of Philadelphia."

Der Prozeß, der dieser Entwicklung zugrunde liegt, ist der der „con-urbation", also des Zusammenwachsens von Städten, das man schon im mittelenglischen Industriegebiet und im Ruhrgebiet seit langem beobachten kann, nur daß die Bevölkerung heute gegenüber früher aus den städtischen Kernen in die Grünzonen ausgewichen ist und immer mehr ausweicht, was ganz neue Verkehrsprobleme mit Schnellstraßen (Freeways), Stadt-Auto-bahnen usf. provoziert hat. Das beste europäische Beispiel dafür ist die Rand-stadt Holland, in die Amsterdam, Haarlem, Leiden, Den Haag, Rotterdam und Utrecht zusammengeflossen sind; in den Vereinigten Staaten kann außer Chicago und Los Angeles in neuerer Zeit insbesondere San Francisco mit dem Bay Area hierher gerechnet werden (M. G. Scott 1959). Aber Einzel-züge dieses Vorgangs lassen sich an zahllosen anderen Stellen der Vereinigten Staaten und der übrigen Welt beobachten, die ungefähr dem gleichen industriellen und technischen Entwicklungsstand entsprechen. Die modernen Großstädte sind nicht mehr zu eng, sondern zu weit; sie sind nicht mehr fern der Natur, sondern haben diese als „Freizeitlandschaft" in sich hinein-gezogen; Großraumplanung wird immer mehr zu einer Voraussetzung für die großstädtischen Entwicklungen, wodurch weitreichende Prozesse politischer Umstrukturierung ausgelöst werden, da diese Phänomene regelmäßig die Grenzen einzelner Gemeinden überfluten. Das zieht wiederum nach sich die Forderung neuer statistischer Erhebungen (siehe dazu Abschn. III), damit die entscheidenden Zusammenhänge überhaupt sichtbar gemacht werden können. Im Moment ist es noch sehr schwer, teilweise sogar unmöglich, die sachlich relevanten Fakten zu beschaffen.

Die Gefahr der ideologischen Trübung der Begriffe liegt nicht nur darin, daß sie uns für die Wirklichkeit blind machen, sondern auch darin, daß sie Gegenideologien provozieren, die dann die ganze Diskussion in einen end-losen, weil durch keine sachlichen Maßstäbe entscheidbaren Wertstreit abgleiten lassen. Eine solche Gegenideologie, die sich gegen Riehl, Spengler oder Mumford richten könnte, klingt etwa an bei Alexander Rüstow. Bei ihm heißt es: „Die Stadt ist die Wachstumsspitze der Hochkulturen. In der

Stadt vollzieht sich die agonale Kooperation der durch die Überschichtung und ihre konzentrierten Herrschaftszentren freigesetzten Spezialisten. Stadtbildung ist die unumgänglich notwendige Voraussetzung für jede Hochkultur. Die Stadt ist das typische Produktionszentrum aller Hochkulturen. Alle Hochkultur ist Stadtkultur." Noch krasser kann man den Gegensatz nicht zeichnen (im gleichen Sinne F. Roy Willis, 1973). Selbst wenn man bedenkt, daß das im Zusammenhang mit der antiken Stadt gesagt ist, bleibt es für uns wichtig; denn ein wichtiger Teil der Verwirrung wird ja dadurch geschaffen, daß heute beim (ideologisch positiv oder negativ gefärbten) Stadt- und Großstadtbegriff noch immer Vorstellungen der alten Polis mitschwingen (man bedenke etwa den Einfluß von N. D. Fustel de Coulanges auf F. Tönnies). Das ist insbesondere bei jenen utopischen Architekten der Fall, welche uns glauben machen wollen, man könne allein durch architektonische Maßnahmen neue Sozialformen schaffen, wo doch in Wahrheit die Aufgabe der Architekten und Stadtplaner nur die sein kann, die adäquate Stadtlandschaft zu gestalten, die der modernen fortgeschrittenen Industriegesellschaft entspricht.

Gegenüber allen diesen methodologisch unbefriedigenden Ansätzen bleibt jener der Soziologie, der sich schon früh mit jenen sozialen Verdichtungserscheinungen befaßt hatte, die mit der Stadt- und Großstadtbildung unablösbar verbunden sind. Dies läßt sich schon bei Auguste Comte zeigen, deutlicher aber bei Karl Marx und Emile Durkheim, die zwischen „Volumen" und „Dichte" einer Bevölkerung unterscheiden, wobei Dichte ein wesentlich städtisches Phänomen ist. Durkheim (1893) wies ferner hin auf den strukturellen Zusammenhang zwischen Arbeitsteilung und Städtebildung, was eine erste bedeutsame Lokalisierung der Stadt im Entfaltungsprozeß der Menschheit darstellt. In Deutschland zeigen sich ziemlich früh (1903) gleichzeitig bei Karl Bücher, Friedrich Ratzel, Georg von Mayr, Georg Simmel und anderen beachtliche spezialisierte Ansätze, die teils die historisch-kulturelle Proble matik, teils die demographisch-geographisch-soziale Struktur der Städte zu analysieren beginnen; das geschieht in einem Sonderheft der Gehe-Stiftung zu Dresden. Dem fügt später Max Weber als mächtigen Impuls sein Kapitel über die Stadt hinzu. Die empirische gegenwartsbezogene Großstadt-Soziologie beginnt dagegen in England mit der Gemeindeforschung seit ca. 1900 und später in den Vereinigten Staaten, wo zunächst in Chicago eine Gruppe engstens miteinander verbundener Forscher seit den 20er Jahren bis heute eine gewichtige Schule (wenn nicht gar die gewichtigste überhaupt) aufgebaut hat. Alles überragend der große Pionier Robert E. Park, dann seine Mitarbeiter und Schüler Roderick D. MacKenzie, Ernest W. Burgess, Louis Wirth, Philip M. Hauser, William F. Whyte, Morris Janowitz, Nels Anderson, St. Clair Drake und Horace R. Clayton, Herbert Blumer, Everett C. Hughes, Anselm Strauss u. v. a. m. Selbstverständlich war auch hier ursprünglich ein existenzielles Anliegen gewesen, das die Forschung auslöste. Diese Männer aber wollten nicht so sehr die Praxis, sondern zunächst Erkenntnis. „These men were fascinated with the complexities of the urban community and the prospect of discovering patterns of regularity in its apparent confusion", wie es Morris Janowitz in der von ihm bevorworteten Neuausgabe des wegweisenden Werkes von Robert E. Park und Ernest W. Burgess „The City" (1967, zuerst 1925) ausdrückt (s. VIII). Im gleichen Sinne versucht das vorliegende Kapitel dieses Handbuchs vorzugehen.

II. DIE GROSSSTADT IN DER GESCHICHTE

Wenn man den wichtigsten Zug vorausnehmen wollte, der die heutige Großstadtsoziologie von der früheren unterscheidet, so ist das zweifellos die universalhistorische und kulturanthropologische Ausweitung. Diese fußt sowohl auf den Entdeckungen und Errungenschaften der Archäologie, wofür im Vorgehenden Alexander Rüstow schon ein Beispiel bot, als auch auf einer zunehmenden Ausdehnung der historischen Perspektive und den Bedürfnissen kulturanthropologischer Vergleichung, die den europazentrischen Gesichtspunkt definitiv hinter sich gelassen hat. Hierher gehört u. a. die Einsicht, daß etwa Tokio um die Mitte des 18. Jahrhunderts bereits 1 1/2 Mio. Einwohner zählte, als London und Paris die Million noch lange nicht erreicht hatten. Probleme der gleichen Art tauchen gerade heute wieder auf, wo sich eine explosionsartige Entwicklung von Großstädten gerade in den Gebieten der nicht-industrialisierten Dritten Welt bemerkbar macht, insbesondere in Lateinamerika und Asien; in (islamisch) Weißafrika liegt es ähnlich, nur in Schwarzafrika sind diese Probleme noch nicht so akut geworden. Alle diese Umstände zusammengenommen haben das Ergebnis gezeigt, daß die heutige soziologische Behandlung der Großstadt wesentlich weiter ausholt, als das früher jemals der Fall gewesen ist. Die Zeiten liegen schon weit hinter uns, als man glaubte, Großstadt sei ausschließlich ein Geschöpf des Industrialismus resp. der Industrialisierung. So gibt es z. B. kaum mehr eine Darstellung der Großstadtsoziologie, die nicht mit einem archäologischen Teil beginnen würde.

Nichts ist bezeichnender für diesen neuen Geist der Großstadtsoziologie als der Begriff der *„Urban Revolution"*, der durch den bedeutenden australischen Archäologen Gordon Childe (1950) eingeführt wurde. Damit bahnt sich eine grundsätzliche Neuorientierung der Großstadtsoziologie an, in der sich heute eigentlich alle Beteiligten einig sind. Aber im Grunde war diese Wendung schon früh angelegt bei Emile Durkheim (1893), der wohl als erster den theoretischen Zusammenhang zwischen Städtebildung und Arbeitsteilung erkannt hatte. *Da erst mit einer entwickelten Arbeitsteilung die Hochkultur entstehen konnte, war damit auch entschieden, daß der antiken Stadt dabei eine bedeutende Rolle zukommen mußte, weil Arbeitsteilung eine Verdichtung der Bevölkerung voraussetzt.*

Man kann sagen, daß wir hiermit auf *die erste große Krise der Menschheit* (neben der Auswirkung des Industrialismus) zurückgewiesen werden, *die mit der Seßbarwerdung der Menschheit anhebt.* Diese läuft auf zwei

verschiedenen, wenn auch häufig miteinander verbundenen Geleisen, nämlich der *Entstehung dörflicher Siedlungen* einerseits und der *Entstehung von
Städten* andererseits. Beide Entwicklungen bahnen sich zu unbestimmten
Momenten der Geschichte an, die sich ungefähr in die Periode von 10.000
vor Chr. bis ca. 5000 v. Chr. einordnen. Am Schluß dieser Periode ist die
Menschheit in zwei Weisen seßhaft geworden, und ihre Sozialgeschichte wird
seither von zwei Siedlungsformen bestimmt, dem Dorf und der Stadt. Die
wirkliche Krise entstand aber nicht mit dem Dorf, das nur eine allmähliche
Verbesserung der menschlichen Ernährungsgrundlage schaffte, sondern mit
der Stadt, die nicht nur mit der Arbeitsteilung Spezialisten aller Art in die
Welt setzte, sondern gleichzeitig eine enorme Zuspitzung der Macht und
der organisierten Herrschaft mit sich brachte, wobei in Ägypten, in West-
und Ostasien insbesondere den wandernden, kriegerischen Großviehhirten
eine besondere Rolle zukam, die sich in zahlreichen Überschichtungs-
vorgängen, Aristokratien und Despotien auswirkte, die zweifellos bei der
Stadtentstehung von Bedeutung waren, wenn wir heute auch noch andere
Momente hierbei wirksam sehen. So sei unter anderem darauf hingewiesen,
daß die präkolumbischen städtischen Kulturen Lateinamerikas im wesentlichen ohne Dazwischenkunft von Großviehhirten entstanden sind. Für den
größeren Rest der alten Welt bleibt aber die Erfahrung, *daß mit der Entstehung der antiken Stadt die Menschheit in eine neue Phase* eintritt, in der sich
nicht nur eine neue Machtschichtung, sondern auch eine neue religiöse und
weltliche Geistigkeit anbahnt, die sich mit der *Erfindung der Schrift* gleichzeitig ein Mittel zur Fixierung des Gedankens geschaffen hat, was allererst
den kumulativen Prozeß der Hochkulturentstehung ermöglichte. So kann
man sich nicht wundern, daß seit ca. einem Vierteljahrhundert alle ernstzu-
nehmenden Darstellungen der Großstadtsoziologie mit einer Darstellung der
städtischen Revolution in der alten Welt anheben (unter den Soziologen als
erster Kingsley Davis 1955).

Das gilt vor allem für den „Klassiker" der Großstadtproblematik Lewis
Mumford (1961, Kap. 1–4) und für Gideon Sjoberg (1960, Kap. 2). Danach
aber folgten viele andere, und zwar nicht nur Historiker, sondern ausgesprochene Soziologen wie John Sirjamaki (1964), Jane Jacobs (1969), ja
sogar Demographen und Ökologen wie Amos H. Hawley (1971). Dazu
kamen dann vor allem die Archäologen wie etwa Stuart Piggot (1955),
Rohert J. Braidwood und Gordon R. Willey (1962), Graham Clark und
Stuart Piggot (1965), Rohert M. Adams (1965), Erich E. Lampard (1965),
die für den Großstadtsoziologen wichtige Materialien bereitstellen; dazu
noch als Architekt A. E. J. Morris (1972). Wir erwähnen hier nur noch das
umfassende Werk von Mason Hammond mit Lester J. Bartson (1972) und
eine Einführung von Kingsley Davis (1973). Daneben gibt es natürlich eine
reiche Literatur an Monographien alter Städte im mittleren Osten, Ägypten,
Indien und China, die eine Entwicklung seit ca. 5000 v. Chr. (Jericho, Eridu,
Ur, Babylon, Theben, Memphis, Harappa, Mohenjo-Daro usw.) aufgezeigt

haben (zur Kontroverse ob wirklich Jericho die älteste Stadt der Welt ist vgl. Kathleen Kenyon 1956; 1957 sowie Rohert Braidwood 1957), also eine Entwicklung, die lange vor der griechisch-römischen Stadtentwicklung liegt, die früher den Ausgangspunkt der Forschung zu bilden pflegte. Wichtig ist dabei auch die Stadtentwicklung im präkolumbischen Süd- und Zentralamerika; dazu gehören die Maya in Yucatan und die Azteken mit ihrer Hauptstadt Tenochtitlan mit einer Bevölkerung von über 100.000 Einwohnern, die die Spanier unter Cortez sehr beeindruckte. Dazu kamen noch die Inka-Städte in den Anden. Diese sind im Verhältnis zu den asiatischen Städten verhältnismäßig jung (ca. 300 v. Chr. und 300 n. Chr.), die von ihnen beherrschten Reiche teilweise enorm groß. Eine vorzügliche Gesamtübersicht über die alte und neue Welt bei Robert M. Adams und René Millon (1968); über einen Vergleich zwischen Mesopotamien und das präkolumbische Mexiko siehe R. M. Adams 1966. Die Funktion dieser Städte umschreibt Gordon Childe (1950) sehr eindrucksvoll in zehn Punkten.

1. Sie stellen Dauersiedlungen mit hoher Bevölkerungsdichte dar;
2. sie umfassen nichtlandwirtschaftliche Bevölkerungen in hochspezialisierten Funktionen;
3. sie entwickeln ein Steuersystem und Kapitalakkumulation;
4. sie entwickeln monumentale öffentliche Gebäude (Tempel, Grabmäler, Vorratshäuser, Paläste, Befestigungen) und die ausführenden Architekten;
5. Ausbildung von Aristokratien und Despotien;
6. hier wird die Schrift entwickelt (mit Ausnahme der präkolumbischen amerikanischen Kulturen);
7. hier werden Wissenschaften entwickelt, die präzise Voraussagen erlauben (Arithmetik, Geometrie, Astronomie);
8. die Kunst erfährt ihre erste Blüte (in Architektur und Skulptur, die beide mit dem Totenkult zusammenhängen, aus dem sich die ersten Hochreligionen entwickeln);
9. Entwicklung von Handel und Verkehr;
10. Ersetzung des Verwandtschaftsprinzips durch das der Lokalität.

Mit alle dem hängt natürlich die Frage nach der Entstehung der Hochkultur zusammen, wie wir es bereits im Zusammenhang mit Alexander Rüstow oben bemerkt haben. Nicht nur war die Stadt der Ort für den technischen Fortschritt, sie entwickelte auch die Kultur und geschichtliches Bewußtsein durch das Aufstellen von Annalen. Insgesamt erlaubt die Schrift die Akkumulation der Kultur, während die Entwicklung der Kalendaristik die Gliederung des Zeitbewußtseins anbahnt. Abgesehen davon entwickelten die alten Städte schon viele Züge der späteren. So hat schon Mohenjo Daro, eine Stadt im Tal des Indus um 3000 v. Chr., im rechten Winkel sich kreuzende Straßen; das gleiche gilt für Milet im 8. Jahrhundert v. Chr., von wo Hippodamus von Milet das Prinzip beim Bau des Piräus nachahmte (er wird also fälschlich als „Erfinder" angegeben, er hat vielmehr nur die „Theorie" dieses Systems entwickelt, nach der auf dem gleichen Boden ein Maximum an Bewohnern untergebracht werden kann; James H. Johnson 1972, S. 26). Dieses System wurde viel später in der Neuen Welt ein zweites Mal erfunden, und zwar nicht nur in der Stadt, sondern auch als imperiales Straßensystem wie in Rom; das Straßensystem der Inka betrug ungefähr 10.600 km an vorzüglichen Straßen, die alle in Cuzco zusammenliefen (Victor von Hagen 1955).

Man muß sich die lange Entwicklungsgeschichte von Städten und Großstädten in der alten Welt gegenwärtig halten, wenn man die Bedeutung der griechischen Polis und Roms in der Mittelmeerkultur ermessen will. Die Menschheit hatte, als die griechischen und römischen Städte entstanden (um 800 v. Chr.), im näheren Einzugsbereich des Mittelmeers schon rund 3500 4000 Jahre städtische Geschichte hinter sich. Bei der relativen Entwicklung des Verkehrswesens kann man auch annehmen, daß die akkumulierten Erfahrungen aus dem Zweistromland, dem Niltal und dem verbindenden vorderasiatischen Küstenstreifen mit Jericho, Byblos u. a. Städten eine Wirkung in dem Sinne ausgeübt haben, daß sie den neuentstehenden Städten von vornherein eine ganz andere Konsolidierungschance verliehen. Gewiß wurden auch hier wie sonstwo in West-Asien, Indien oder China immer wieder Städte dem Erdboden gleichgemacht, es war aber trotzdem ein Schatz an fest formulierten Erfahrungen, die schriftlich niedergelegt waren, vorhanden, so daß das Ende einer Stadt durch gewaltsame Eroberung nicht mehr den totalen Kulturverlust bedeutete. Von jetzt ab überlebte immer etwas, das für die zukünftige Weitergestaltung des städtischen Lebens Verwendung finden konnte. Darin liegt die Bedeutung der griechischen und römischen Stadtgründungen und nicht mehr in der städtischen Existenz an sich.

Das Neue an der griechisch-römischen Stadtentwicklung ist also die veränderte Bewußtseinslage, in der sich das Ganze abspielt; mit Platon und Aristoteles wird zudem gleichzeitig die Theorie der Polis und ein Vergleich verschiedener Herrschaftssysteme angebahnt, womit sich eine bisher noch nicht gesehene Diversifizierung der Herrschaftsformen anbahnt. In dieser Atmosphäre entwickelt sich die griechische Polis, die ihre Kolonien in alle Teile des Mittelmeeres schickt, in ständigem Wettbewerb mit den phönizischen Städten im Westen und im Osten, später dann mit der Stadt Rom, auch sie in ständiger Auseinandersetzung mit anderen Herrschaftssystemen der gleichen Art (speziell mit den Etruskern, später mit den Karthagern). Es ist im Übrigen nicht von der Hand zu weisen, daß bereits die vordorischen, kretisch-minoischen Kulturen auf Kriegsexpeditionen nach Ägypten und Mesopotamien das Phänomen „Stadt" kennen lernten und ihrerseits auf Kreta und in Griechenland entwickelten. Ihre Züge führten sie weit über Europa, bis nach England, wo ihr Einfluß in Stonehenge nachgewiesen wurde. So war auch in Griechenland und Rom eine althergebrachte

Stadtkultur entwickelt worden, die sich wie vorher der mittlere Osten von den griechischen Barbaren nun von den Barbaren nördlich der Alpen unterschieden.

Die große Frage richtet sich natürlich auf die *Größe dieser alten Städte.* Ohne hier in Einzelheiten eintreten zu können, soll wenigstens ein Punkt hervorgehoben werden: die Ausgrabungen geben ein ziemlich genaues Bild über das Ausmaß der bewohnten Fläche, die bei Ur ungefähr 220 acres (= ein Quadratkm.) betrug, was auf eine Bevölkerung von ca. 24.000 schließen läßt (G. Childe 1946, vgl. auch A. Leo Oppenheim 1964). Aber es ist nicht auszumachen, wie groß die Bevölkerung außerhalb der Mauern war, die sich vor nomadisierenden Räubern immer in die Stadt zurückziehen konnte; die Existenz dieser Bevölkerungen ist sehr wahrscheinlich, wenn wir bedenken, daß der Marktplatz außerhalb der Stadt lag. Im großen und ganzen sind die Schätzungen heute eher niedriger als früher (vgl. A. Hawley 1971, S. 21 ff., 32 ff.). So umfaßte Athen auf dem Höhepunkt seiner Entwicklung 612 acres Land, Karthago 721 acres, Niniveh, Babylon, Byzanz und Rom waren dagegen die eigentlichen Riesenstädte, aber einzig die letztere hatte mehr als 5 Quadratmeilen Ausdehnung. Unsicherer sind naturgemäß die Einwohnerzahlen. So bezieht sich die Zahl von 150.000 für Athen im 5. Jahrhundert v. Chr. offensichtlich auf das ganze Staatsgebiet und nicht nur auf die Stadt. Die anderen griechischen Städte waren vom Typus der „Agrostädte" und sehr viel kleiner. Auch die Einwohnerzahl von Rom wird heute als viel niedriger angesehen, ca. 350.000 als Maximum (J. C. Russel 1958). Die Berechnungen müssen vor allem in Erwägung ziehen, wie viel Land bei der gegebenen Agrar- und Verkehrstechnik benötigt wurde, um diese Menschenmengen zu ernähren. Dagegen war die Reichweite des von Rom aus eröffneten Reiches außerordentlich, wie allein die 80.000 km wohlerhaltener Straßen anzeigen. Trotzdem war aber die *Dichte der großstädtischen Bevölkerung sehr hoch,* wie die Ruinen vielstöckiger Mietshäuser und zahlreiche schriftliche Berichte anzeigen (siehe auch Charles A. Goldsmid 1974).

Von hier aus läßt sich eine Einteilung geben, in welchen Abschnitten die Großstadtsoziologie vorangehen müßte. Diese umfaßt folgende Positionen:

1. die Stadt in der Alten Welt (von ca. 5000 v. Chr. bis ca. 800 v. Chr.);
2. die griechische Polis, Rom (bis 476 n. Chr.), und Byzanz;
3. die mittelalterliche Stadt;
4. die vorindustrielle (Handels-) Stadt;
5. die Barockstadt (L. Mumford 1938, 1961);
6. drei frühe Metropolen um 1750: London, Paris, Tokio;
7. die Industriestadt;
8. die modernen Metropolen und metropolitanen Gebiete;
9. Megalopolis (Jean Gottmann 1961);
10. die städtische Explosion in der Dritten Welt im 20. Jahrhundert.

Es ist natürlich unmöglich, alle diese Probleme im vorliegenden Kapitel zu behandeln; es ist im Grunde auch nicht nötig, weil vorzügliche Materialien zur Verfügung stehen. Uns war einzig daran gelegen, den Hintergrund der Stadtentstehung sichtbar zu machen. Hier sollen zum Abschluß nur noch ein paar Erklärungen zu Punkten gegeben werden, die nicht ganz selbstverständlich sind. Dazu gehört vor allem die Abhebung der vorindustriellen Handelsstadt von der mittelalterlichen Stadt; erstere ist vor allem durch ihren Fernhandel und die darauf gebaute Politik von der letzteren unterschieden. Zu ihr gehören die niederländischen und flandrischen Städte, die süddeutschen Handelsstädte, die schweizerischen Stadtstaaten, vor allem aber die italienischen Städte des Spätmittelalters und der Renaissance. Dazu kommt eine Reihe afrikanischer und orientalischer Städte, insbesondere Byzanz. Sie alle haben weltweite Ausrichtung im Gegensatz zur lokalen mittelalterlichen Stadt. Ferner unterscheiden wir mit Lewis Mumford die mit den Barockmonarchien in England und Frankreich aufstehenden Barockstädte, deren Planung auf weite Perspektiven und Avenuen ausgerichtet ist, auf denen als späte Nachzügler des römischen Triumphzuges große Paraden stattfinden. Dazu gehören vor allem London und Paris, aber in kleinerem Maßstab auch deutsche Residenzstädte wie Berlin oder auch Karlsruhe u. a. Unser Hinweis auf drei frühe Metropolen um 1750 bezieht sich auf die Sondersituation von Paris und London sowie Tokio, das damals zweifellos die größte Stadt der Welt war, als bedeutendste Ausgestaltung des japanischen Feudalismus. Die weiteren Punkte schließen sich an die üblichen Einteilungen der Großstadtsoziologie an.

Da es nicht unsere Aufgabe sein kann, die Großstadtproblematik in ihrer ganzen Ausdehnung zu entwickeln, beschränken wir uns im Folgenden auf die Darstellung der letzten vier Punkte, welche die Gegenwartssituation bestimmen. Mit ihnen treten auch die neuen Probleme auf, welche die Großstadtsoziologie von heute zutiefst von der von früher unterscheiden. Das kann mit wenigen Sätzen geschehen, wie im nächsten Abschnitt gezeigt werden soll, die uns gleichzeitig den Einstieg in die gegenwärtige Problematik eröffnen werden. Zum Schluß soll aber nochmals hervorgehoben werden, warum wir den Einstieg bei den Städten der Alten Welt genommen haben. War damals die damit verbundene Seßbarwerdung der Menschheit *ihre erste große Krise, so stehen wir heute im fortgeschrittenen Industrialismus vor ihrer zweiten großen Krise,* die sich auch und gerade in der Großstadt vollzieht. Wenn die Hochkultur überhaupt mit der Stadt in Erscheinung trat, so ist ihr Überleben wiederum mit Stadt und Großstadt verbunden. Der Rückgriff auf die Stadt der Alten Welt soll uns aber vor einer allzu leichtfertigen Kritik der heutigen Großstadt behüten, indem er zeigt, daß das Schicksal der menschlichen Kultur schon seit knapp 7000 Jahren mit dem Phänomen der Stadt verbunden ist. Die Einstellung, mit der wir uns dem Problem nähern, wurde von Jane Jacobs, eine der heftigsten Kritikerinnen präjudizierter Kritiken und utopischer Wunschträume in folgender Weise zusammengefaßt: „The way to get at what goes on in the seemingly mysterious and perverse behavior of cities is, I think, to look closely, and with as little expectation as is possible, at the most ordinary scenes and events, and attempt to see what they mean and whether any threads of principle emerge among them" (J. Jacobs 1963, S. 13). Im übrigen bringt der Titel eines Symposions über die Städte in der alten Welt die Bedeutung der Stadt für die menschliche Kultur sehr schön zum Ausdruck; er heißt: City Invincible, die unbesiegbare Stadt (Carl H. Kraeling und Robert M. Adams 1960), ein Ausdruck den auch Janet L. Abu-Lughod (1971) als Motto zu ihrem Werk über die Stadt Kairo gewählt hat.

III. DEMOGRAPHIE UND ÖKOLOGIE

Das Grundproblem in der Entwicklungsphase der Industriestadt, die sich in verschiedenen Ländern zu verschiedenen Zeiten anbahnte (in England von 1801–1841, in Deutschland nach 1880), ist die sogenannte *„Verstädterung"*, d. h. das Wachstum des Bevölkerungsanteils, der überhaupt in Städten und insbesondere in Großstädten lebt. Wir bemerken nur nebenbei, daß hierbei der Begriff der Stadt je nach den verschiedenen Verwaltungstraditionen äußerst variabel ist, vor allem wenn man sich nur an den statistischen Begriff der Stadt und der Großstadt hält. Es erweist sich mehr und mehr als notwendig, neben dem statistischen einen soziologischen Begriff der Stadt einzuführen, was seit Max Webers klassischem Kapitel über die Stadt immer neue Schwierigkeiten geschaffen hat, da sich bald erwies, daß im Zusammenhang mit anderen Entwicklungen städtischer Geist immer unabhängiger geworden ist von der städtischen Konzentration. Das hängt insbesondere mit der Entfaltung der Massenkommunikation im 20. Jahrhundert zusammen, vor der allmählich die alte Scheidung von Stadt und Land zusammengebrochen ist (siehe dazu das Kapitel von Herbert Kötter[2]); dies bewirkte auch in den Vereinigten Staaten einen neuen Ansatz, wo Lee Taylor und Arthur R. Jones, Jr. schon 1964 vom „Land" als einer „urbanized social organization" sprechen (1964, S. VII., 59 ff.). Damit verschwindet das Stadtproblem in seiner alten Form und wird mehr und mehr identisch mit der Analyse der fortgeschrittenen Industriegesellschaften, während sich einzig das Großstadtproblem weiterentwickelt, insbesondere in Form der Metropolen, der metropolitanen Gebiete bis hin zu der einzigartigen „Megalopolis" in den Vereinigten Staaten.

Ausgehend von diesen Überlegungen verzichten wir in diesem Abschnitt vollständig auf die Diskussion des Problems der Verstädterung im 19. Jahrhundert und verweisen dafür auf die ältere Literatur (P. Meuriot 1898; A. F. Weber 1899; K. Bücher 1903; G. von Mayr 1903; W. Sombart 1931; Arthur

---

[2]Anm. der Hrsg: Herbert Kötter, Zur Soziologie der Stadt-Land-Beziehungen, im gleichen Band 10 des Handbuches der empirischen Sozialforschung, S. 1–41, aus dem auch dieser Beitrag stammt. Beiträge aus dem Handbuch werden im Weiteren zitiert als HdeS.

M. Schlesinger 1933; H. F. K. Günther 1934; G. E. McLaughton 1938; R. H. Lee 1955; K. Davis 1955, 1967, 1969–1972; Richard C. Wade 1959; F. Carriere und Ph. Pinchemel, 1963; Blake McKelvey 1963, 1968; Wolf von Eckhardt 1964; Ph. M. Hauser 1965; Constance Green 1965; Ph. M. Hauser und Leo F. Schnore 1967; Robert E. Dickinson 1967; R. P. Beckinsale und J. M. Houston 1968; Takeo Yazaki 1968; Robert A. Lewis und Richard Rowland 1969; United Nations 1969; Chauncy D. Harris 1970; Amos H. Hawley 1971; Leroy D. Stone 1972; Sam B. Warner, Jr. 1972; Elisabeth Pfeil 1972; T. H. Elkins 1973; Noel P. Gist und Sylvia F. Fava 1974; Charles A. Goldsmid 1974).

Das Ergebnis dieser Entwicklung ist leicht zusammengefaßt: was früher eine vereinzelte Erscheinung war, wird im Laufe der Industrialisierung zu einer Massenerscheinung in aller Welt, die damit nicht nur Gegenstand der historischen Idiographie, sondern soziologischer Analyse wird, die auf die Erfassung gemeinsamer struktureller Merkmale ausgeht. Gleichzeitig wird der Prozentsatz von Menschen, die in diesen Städten leben, immer größer. Stadt und Großstadt erscheinen in der Tat als zentrale Gebilde des sozialen Lebens wie die Wälder als zentrale Gebilde pflanzlichen Lebens. Neben den Industriestädten bleiben allerdings die Städte jener Kulturen, die an der industriellen Entwicklung nicht teilhaben, was die Frage nach einer typologischen Unterscheidung der beiden Stadtformen hervortreibt, wie sie ebenfalls bereits bei Max Weber (1921) hervortritt (§ 1 Ende), wenn er von der europäischmittelalterlichen die orientalisch-asiatische Stadt abhebt und ihren strukturell verschiedenen Charakter betont (siehe dazu VII).

Allerdings tauchte schon in der älteren Literatur ein Unterschied beherrschend hervor, nämlich der zwischen der industriellen Stadt und der Großstadt und der *Metropole*. Unter Metropolen verstand man einige wenige Haupt- und Weltstädte, die besonders große Städte und Regierungssitz waren (meist Millionenstädte), wie zunächst einzig Paris und London (P. Chabot 1948); dazu kommt noch Tokio um 1750, wobei bemerkt werden muß, daß auch Paris und London um die gleiche Zeit bereits als Metropolen zu bezeichnen sind, wenn auch der Ausdruck erst im 19. Jhdt. populär wird. Als aber diese und andere Städte über ihre administrativen Grenzen hinauswuchsen, entstand sehr bald ein Problem der Grenzsetzung, dann auch eine andere Art der Vergrößerung, nämlich weder durch Geburten noch durch Wanderung, sondern durch *Eingemeindung* von Randgemeinden, wobei es gelegentlich zu höchst paradoxen Situationen kam: so war Charlottenburg, als es eingemeindet wurde, größer als Berlin! Man muß sich darüber klar sein, daß sich dieser Prozeß zunächst in logischer Befolgung der alten Wachstumslinien abspielen kann, bevor etwas Neues in Erscheinung tritt; er kann aber auch einen völlig anderen Charakter annehmen, dann entstehen metropolitane Gebiete. *Metropolen und metropolitane Gebiete sind aber nicht dasselbe, auch wenn letztere oft aus ersteren entstanden sind.* Damit tritt auch insofern ein substantieller Wandel der ganzen Problematik ein, als der ursprünglich beherrschende und klare Gegensatz von Stadt und Land verschwindet und ersetzt wird durch einen diffusen Geist der Urbanität, der die ganze Gesellschaft erfaßt. Dieser großstädterische Geist wird schließlich unabhängig von den Städten und verwandelt langsam aber nachhaltig die Gesellschaft im Ganzen. So treten schließlich die fortgeschrittenen Industriegesellschaften den alten Industriegesellschaften der ersten Phase gegenüber.

Diese Entwicklung hat eine ganze Reihe von Problemen methodologischer und forschungstechnischer Art aufgerollt, die nicht überall auf die gleiche Weise angegangen und gelöst wurden. Diese Unterschiede hängen wesentlich mit den Unterschieden historisch-politischer Tradition zusammen, wie leicht einsichtig gemacht werden kann. So erweitert sich z. B. Paris als Ergebnis einer Jahrhunderte langen zentralistischen Politik gewissermaßen konzentrisch (R. E. Dickinson 1964, S. 144 ff. vergleicht das mit der Theorie von Ernest Burgess) von innen nach außen in die Banlieue und schafft in dieser widerstandslosen Randzone zunächst eine Art von städtischem Wildwuchs, den französischen Stadtplanern seit jeher ein Greuel (J.-F. Gravier 1947, 1958; P. Chabot 1948; A. Demangeon 1946; Pierre Lavedan 1952, 1960; P. George, M. Agulhon, L. A. Lavandeyra, H. D. Elhai, R. Schaeffer 1950; Roheri E. Dickinson 1951, 1964; P. H. Chombart de Lauwe 1952; 1965a, b; G. Friedmann 1953; Peter Hall 1966, Kap. 3; E. A. Gutkind Bd. V, 1970). Die Forschung gewann hier wesentlich an Sicherheit, als man an Hand bestimmter Kriterien zwischen dem zentralen Paris, der nahen und der peripherischen Banlieue unterschied; zu diesen Kriterien gehören vor allem Volumen und Dichte der erwerbstätigen Bevölkerung und der Wohnbevölkerung, das Habitat, die wirtschaftlichen Strukturen, die täglichen Arbeitswege, der Anteil der ländlichen Bevölkerung, die Zu- oder Abnahme der Bevölkerung seit 1870. Mit Hilfe dieses Systems hat der verdienstvolle französische Großstadtforscher Paul-Henry Chombart de Lauwe mit seinen Mitarbeitern seit Beginn der fünfziger Jahre bis heute eine ganze Reihe wertvoller Untersuchungen vorgelegt (darüber zusammenfassend P.-H. Chombart de Lauwe 1965a, b). Es zeigt sich, daß auch im Falle von Paris immer mehr einzelne Gemeinden von der sich ausdehnenden Stadt erfaßt werden, aber die Bewegung ist wie die eines Ölflecks auf dem Wasser oder, um ein Bild von Chombart de Lauwe zu verwenden, wie die Finger eines Handschuhs, die nach allen Richtungen hin ausgreifen (insbesondere nach Nordwesten).
    Ganz anders liegen die Verhältnisse in *England,* wo Patrick Geddes (1915) früh den Begriff der „*Conurbation*" zur Bezeichnung der angedeuteten Entwicklung des Zusammenwachsens von Städten geprägt hatte (zur Geschichte E. A. Gutkind Bd. VI, 1971). Er dachte dabei zunächst an die Verhältnisse in South Lancashire. Heute werden im wesentlichen sechs solcher Conurbationen in England unterschieden, nämlich Groß-London, Tyneside, Merseyside, Manchester, West Yorkshire und die West Midlands (Census 1951; T. W. Freeman 1959). Zur Illustration seines Begriffs der Conurbation verwendete Geddes gern das Bild eines Polypen, der mit seinen Armen immer weiter hinausgreift vom Zentrum und sich zahllose Vorstädte einverleibt. Am Schluß entstehe eine „Provinz von Häusern", die einen großen Teil Südostenglands umfaßt. Diese Erweiterungen gehen in Wellen vor sich, bis sie

Erweiterungswellen von anderen städtischen Zentren begegnen, an denen sie abprallen. So entsteht allmählich ein *polyzentrisches Großgebilde,* das hochkomplexe Verwaltungsprobleme aufrollt, die speziell in den Auseinandersetzungen in und zwischen den „Local governments" bestehen. So wurde 1888 der London County Council begründet, um dieser Verwaltungsanarchie Herr zu werden, aber er verlor schnell an Bedeutung angesichts der Erweiterung spezialisierter sektoraler Instanzen (für Verkehr, Elektrizität, Wasserversorgung usw.), die weit über die Grenzen des Council hinausgriffen (vgl. dazu R. Garreau 1959). Erst in jüngerer Zeit (1965) wurde über den vielen lokalen Verwaltungen ein Rat für Groß-London eingerichtet (Greater London Council), so daß ab diesem Datum die Londoner Conurbation eine physische, statistische und Verwaltungseinheit darstellt, was vorläufig ein Unikum in der Welt bedeutet (über die groß angelegte Planung seit 1940 berichten sehr eindrücklich D. L. Foley 1963; P. Hall 1966). Somit erweisen sich heute die Hauptprobleme der Großstadtentwicklung im Sinne von metropolitanen Gebieten als politisch-verwaltungsmäßiger Natur, worauf später zurückzukommen sein wird (siehe auch R. König 1967b).

Wieder anders ist die Situation in *Randstadt Holland,* wo die verschiedenen Funktionen nicht in einem Zentrum vereinigt sind wie in London und Paris, sondern auf verschiedene soziale Einheiten aufgeteilt bleiben, selbst wenn letztere nahe beieinander liegen (G. R. Burke 1956; P. George 1960; P. Hall 1966; E. A. Gutkind Bd. VI 1971). Die Regierung ist in Den Haag konzentriert, der Hafen und die Schwerindustrie in Rotterdam, die Finanz und die Leichtindustrie in Amsterdam. Auch hier wachsen die alten Zentren teilweise nicht mehr, während die Vororte nach wie vor rapide zunehmen, insbesondere die verbliebenen ländlichen Gebiete, was nach weiterer Planung ruft (dazu neuerdings Tweede nota over de ruimtelijke ordening in Nederland 1966). 1963 hatte das Gebiet rund 4.000.000 Einwohner. Es zeigt sich hier noch eine außergewöhnliche Besonderheit, indem Randstadt über die Grenzstadt Arnheim hinauszuwachsen und sich letztlich mit der Ballungszone des Ruhrgebiets zu vereinigen droht. Unter dem Einfluß europäischer Vereinigungsbestrebungen ist das keineswegs mehr eine Utopie, ebensowenig wie das Zusammenwachsen von Randstadt mit der Ballungszone von Antwerpen-Gent-Bruxelles (über Brüssel speziell Marie-Laure Roggemans 1971). Damit deuten sich für die nächste Zukunft erstaunliche Möglichkeiten an, wie auch die niederländische Planung bis zum Jahre 2000 reicht. Man spricht heute schon von einem niederländischen Los Angeles, das sich aufbaut, obwohl anzunehmen ist, da die alten Städte geblieben sind, daß der dezentralisierte Charakter des Gebiets erhalten werden wird im Gegensatz zu Paris und London; darin sind die Verhältnisse in den Niederlanden eher denen in den Vereinigten Staaten ähnlich, vielleicht auch denen im Ruhrgebiet, das man als Deutschlands eigentliche Nachkriegs-Weltstadt mit ca. 10.000.000 Einwohnern (1961) bezeichnen kann, eine wirkliche Megalopolis, die rund ein Sechstel aller Einwohner der Bundesrepublik umfaßt.

Im *Ruhrgebiet* ist der polyzentrische Charakter womöglich noch ausgeprägter als in Randstadt, wenn man sich auch fragen mag, ob sich das angesichts der ausgebrochenen Strukturkrise wird halten können (Gerhard Isenberg 1957). Andererseits lassen sich in dem Gesamtgebiet gewisse Unterregionen mit eigenen Schwerpunkten unterscheiden, die vielleicht besser sind als Ausgangspunkt für strukturelle Umwandlungen als das ganze Gebiet. Dazu kommt noch der Zug nach Nordwesten, der vielleicht den Aufbau einer völlig neuartigen Industriezone einleiten wird, die mit der klassischen Kohle-, Eisen- und Stahlindustrie nur indirekt zu tun hat. Da nach 1945 die ganze Region überstürzt und planlos wieder aufgebaut worden ist, sind zahlreiche Probleme aufgetreten, die sich jetzt angesichts der Strukturkrise äußerst hemmend bemerkbar machen. So sind zahllose Dienstleistungsgewerbe unterentwickelt, was auch die Integration vieler kleinerer Teilzentren empfindlich beeinträchtigt. Hier sind in Zukunft große Veränderungen zu erwarten, die sicher nicht ohne tiefgreifende Krisen ablaufen werden.

Am deutlichsten werden diese Erscheinungen in den metropolitanen Gebieten der Vereinigten Staaten, über die es eine ganze Literatur gibt, aus deren Ergebnissen einige Einzelheiten vorgeführt werden sollen (W. S. Thompson 1947). Hier zeigt sich insbesondere, daß die alte Terminologie unhaltbar geworden ist, die von Metropolen sprach, sondern definitiv durch den Begriff der *metropolitanen Gebiete* ersetzt werden muß, dem in der jüngsten Gegenwart noch die *Conurbation verschiedener metropolitaner Gebiete* hinzugefügt werden kann, was letztlich der Sinn des Begriffs „*Megalopolis*" von Jean Gottmann (1961) ist. Im US-Census von 1960 wird dieser Begriff als „combination" mehrerer metropolitaner Gebiete ebenfalls eingeführt. Bis 1950 hieß es Standard Metropolitan Area (SMA), ab 1960 Standard Metropolitan Statistical Area (SMSA) (US Census of Population 1950, 1963). Der SMSA wird empirisch mit Hilfe einer Reihe von komplexen Variablen erfaßt. Dazu gehören 1. die Bevölkerung; 2. der metropolitane Charakter; 3. die Integration und 4. der Name des Gebiets. Zunächst müssen immer mindestens zwei Städte einer gewissen Größenordnung (ca. 50.000 Einwohner) in ca. 20 Meilen Entfernung voneinander da sein. Falls nicht ein evidenter Beweis da ist, daß sie wirtschaftlich und sozial nichts miteinander zu tun haben, werden sie zu einem SMSA zusammengefaßt. Der metropolitane Charakter des Gebiets wird nach dem Anteil der nicht-landwirtschaftlichen Bevölkerung (mindestens 75 % der Erwerbstätigen), nach der Bevölkerungsdichte (mindestens 150 per Quadratmeile) usw. in den anliegenden kleineren Verwaltungsdistrikten entschieden, wobei auch die eigentlich soziologischen Faktoren der Integration berücksichtigt werden. Als Maßstäbe dafür gelten der Grad an Aus- und Einpendelung zwischen zentralen und angeschlossenen Distrikten. Dazu kommen noch die Zahl der Telefonverbindungen, die Verbreitung der Tageszeitungen des zentralen Gebiets, die Reichweite des Kundendienstes der Geschäfte in der zentralen Stadt, des Verkehrs- und Transportaufkommens. Wir betonen als besonders wichtig, *daß damit zum ersten Male die Definition der Großstadt relativ unabhängig wird von der absoluten Einwohnerzahl, die früher allein maßgebend war.* Die demographische Betrachtung wird resolut durch eine spezifisch soziologische ersetzt. „The measures of integration employed by the Bureau of the Budget in determining whether two or more counties are in the same metropolitan area *thus pertain primarily to the extent of economic and social communication, such as the relation of place of residence to place of work*. – This operational view coincides with the thinking of most contemporary social scientists who tend to regard *the metropolis as a mosaic of subareas whose inhabitants are highly interdependent on a daily basis in terms of needs, communication, and commutation to and from work"* (J. C. Bollens und H. J. Schmandt 1965, S. 35; Hervorhebungen von uns). Das heißt mit anderen Worten, daß die Großstadt trotz ihrer ungeheuren Komplexheit als ein „soziales System" im strengen Sinne angesehen werden muß, was notwendigerweise auf die Dauer von der demographischen Betrachtung abführen und zur sozialstrukturellen Analyse überleiten muß, die im nächsten Kapitel behandelt werden soll (dazu heute besonders klar A. Ardigò 1967, Kap. 2). Damit erweist sich auch, daß die Großstadt als soziales System im Sinne der „Gemeinde" angesehen werden muß.

Die hierbei sich ergebende methodologische Frage geht dahin, ob nun verschiedene Beobachter mit den gleichen Kriterien zum gleichen Ergebnis kommen (so bereits O. D. Duncan, W. R. Scott, St. Lieberson, R. D. Duncan, H. H. Winsborough 1960). So betonten auch John C. Bollens und Henry J. Schmandt (1965, S. 47), daß man vielleicht besser daran täte, den zu sehr demographisch-statistischen Begriff des SMSA durch den des „verstädterten Gebiets" (urbanized area) zu ersetzen (siehe auch Amos H. Hawley 1971, S. 152); das verschiebt allerdings nur die Frage nach den Kriterien, statt sie zu lösen. Wir möchten aber sehr deutlich machen, daß – wie schon vorher andeutungsweise erwähnt – wahrscheinlich kein einheitliches System von Kriterien entwickelt werden kann, das für alle metropolitanen Gebiete der Welt zutrifft, da diese aus ganz verschiedenen historischen und strukturellen Umständen erwachsen sind. Das wird auch dadurch verstärkt, daß sich oft innerhalb ein und desselben Landes die Beobachter über die Ausdehnung und Begrenzung eines metropolitanen Gebiets nicht einig sind. Immerhin sind sie sich aber oft auch relativ einig (viele Beispiele für beides bei P. Hall 1966), was für die Zukunft hoffen läßt. Das alles hindert natürlich nicht, daß vorläufig auch die besten Kriterienreihen, wie die des amerikanischen Census, noch immer ad-hoc-Kriterien sind, die der einheitlichen Begründung entbehren. Dem hat auch die Bevölkerungskommission der Vereinten Nationen Rechnung getragen, als sie 1950 empfahl, diejenigen Gebiete anzugeben, die *„nach der jeweils landesüblichen Definition"* als metropolitane Gebiete angesehen werden. Ähnliche Schwierigkeiten hob Philip M. Hauser (1964) in seinem Handbuch für UNESCO hervor. Ein nächster Schritt würde darin liegen, nachzuforschen, welche theoretischen Annahmen den verschiedenen Definitionen gemeinsam sind. Dazu gehört auch die Unterscheidung zwischen „konventionellen" und „metropolitanen" Daten, welche den internationalen Vergleich (gelegentlich auch den intranationalen) erschwert (siehe dazu J. F. Gibbs und K. Davis 1958; J. F. Gibbs und L. F. Schnore 1960).

Die größtangelegte sowohl empirisch als auch theoretisch ausgerichtete Untersuchung stammt von Amos H. Hawley (1956), der die von Donald J. Bogue (1949) vorausging, die mit der ersten eng zusammenhängt. Ein neues Werk von Hawley (1971) hat die nach rückwärts ausgerichteten Züge noch stärker ausgemerzt, so daß es für seinen heutigen Standort als repräsentativ angesehen werden kann. Im Vergleich der drei Untersuchungen kann man deutlich den Übergang vom alten methodologischen Zugang zum Großstadt-Problem zu einer völlig neuartigen Behandlungsweise erkennen. Donald J. Bogue ist eindeutig der alten Chicago-Schule zuzurechnen, von der er die Begriffe „Dominance" und „Subdominance" übernimmt, die auf Robert E. Park zurückgehen (zuerst 1934, heute in R. E. Park 1952; siehe dazu auch Amos H. Hawley, Theorie und Forschung in der Sozialökologie in Band 4 dieses Handbuchs[3]). Vor allem aber verwendet er noch den Terminus *Metropolitan Community,* den er von Roderick D. MacKenzie (1933) übernimmt, statt *Metropolitan Area,* was ihn mit der alten Gemeindeforschung zurückverbindet, indem er vom Modell der Dominanz einer zentralen Gemeinde über andere ausgeht, die sich in einer gewissen Entfernung von ihr befinden, statt von einer polyzentrischen Gebietseinheit, was vielleicht auch dem Entwicklungsstand von 1940 entspricht, auf den er seine Analysen stützt. In späteren Untersuchungen ist er auch zur neuen Terminologie des Standard Metropolitan Area (SMA) übergegangen (D. J. Bogue 1953). Besonders prekär wird sein theoretisches Vorgehen, wenn er den Begriff der Dominanz mit dem Verhältnis von zentralem Ort und „Hinterland" zusammenfließen läßt, was fatale Erinnerungen an die alte Stadt-Land-Problematik anklingen läßt (1949, S. 7 u. ö.), die ja hier – wie vorher schon mehrfach hervorgehoben wurde – als völlig aufgehoben vorausgesetzt werden muß. Trotzdem befindet sich aber diese Untersuchung durchaus auf dem Wege zur neuen Konzeption der polyzentrischen metropolitanen Gebiete (man vergleiche auch die Kritik bei J. Gottmann 1961, S. 221/2), wie etwa die Zusammenfassung (1949, S. 13) lehrt. Bei Amos H. Hawley (1956), der die Studie von Donald J. Bogue wesentlich mit angeregt hat, ist ein entscheidender Schritt vorwärts bereits getan, womit auch die neueste und vorläufig letzte Phase der Großstadt-Soziologie eröffnet ist, die in dem Werk von 1971 (s. o.) schon weiter entfaltet ist. Die alte Dominanztheorie klingt zwar noch von fern an im Verhältnis von zentralen Städten und Satellitenstädten in den metropolitanen Gebieten, aber das Neue kommt in dem Augenblick zum Vorschein, wo er sich nicht mehr auf die einfache Zunahme der Bevölkerung in den metropolitanen Gebieten im Verhältnis zur amerikanischen Gesamtbevölkerung beschränkt, sondern die ökologische Umschichtung innerhalb dieser Gebiete untersucht; gerade hierbei wird die neue Situation deutlich sichtbar; denn diese Bewegung zeichnet

---

[3] Anm. der Hrsg.: HdeS, Band 4, Komplexe Forschungsansätze, Stuttgart 1974, S. 51.116.

sich vor allem dadurch aus, daß die Bevölkerung in den Satellitenstädten wesentlich schneller zunimmt als in den zentralen Städten, und zwar ist diese Bewegung ausgeprägter, je größer die betreffenden metropolitanen Gebiete sind. Von hier aus schließt Hawley auf eine *allgemeine Dezentralisierung* der metropolitanen Gebiete seit spätestens 1920 (siehe dazu die Tabelle bei Hawley 1971, S. 162, wo die Entwicklung der metropolitanen Gebiete von 1900–1970 wiedergegeben ist). Allerdings sieht er nicht, daß ihn das eigentlich zwingen würde, sein Schema zentrale Stadt – Satellitenstadt aufzugeben, vor allem seitdem mit der Entwicklung der Satellitenstädte im letzten Jahrzehnt auch viele Großbetriebe des Einzelhandels und überhaupt ganze Kaufzentren in die Satellitenstädte gezogen sind, so daß eine wesentliche Funktion der zentralen Stadt im Verschwinden ist, wenn sie natürlich auch viele andere behält. Trotzdem möchten wir für die Zukunft eine neuerliche Änderung der ganzen Problematik voraussagen. Diese ist bereits angebahnt mit dem Begriff der *Suburbanization,* der sich nicht nur auf die Wohnbevölkerung, sondern teilweise auch auf die Industrie bezieht (E. M. Kitagawa und D. J. Bogue 1955), was Jean Gottmann mit Recht aufgreift (1961, S. 482 ff.), indem er gleichzeitig von „obsolescent characteristics" der zentralen Städte spricht, womit er genau das meint, was auch wir im Auge haben und was natürlich auch bei Hawley implizit vorhanden ist. Hier bieten sich mehrere Begriffe an, wie der des „Ex-Urbanite" (A. C. Spectorsky 1955), der in „Ex-Urbia" wohnt. Peter Hall (1966, S. 199) greift den Ausdruck der Regional Plan Association in New York auf, den Edgar M. Hoover und Raymond Vernon (seit 1959) lanciert haben: *„spread city".* Diesen Typ kann man bereits deutlich an Los Angeles studieren, das trotz aller Bemühungen bisher noch kein Zentrum ausgebildet hat („a flock of suburbs in search for a City", wie wir einmal in einem amerikanischen Film hörten, vgl. dazu Werner Z. Hirsch 1971). Das wäre also ein metropolitanes Gebiet ohne zentrale Stadt, ähnlich wie die belgischen, niederländischen oder deutschen polyzentrischen Großagglomerationen, von denen schon die Rede war. Davon verschieden sind Paris und London.

Wie weit sind Großstädte Gefangene ihrer Geschichte? Kann der Druck so stark werden, daß sie sich von ihrer angestammten Traditionsform befreien müssen? Melvin M. Webber (1963, 1964) meint, die Bodennutzung werde genau so pluralistisch werden wie die moderne Gesellschaft selbst. Um hier weiterzukommen, müssen aber erst alle Reste älterer Modelle aufgegeben, respektive neu formuliert werden, in den Vereinigten Staaten insbesondere die beiden klassischen von Ernest W. Burgess (1926) mit der konzentrischen, die von Homer Hoyt (1933) mit der Sektorentheorie und die polyzentrische Theorie *multiple nuclei theory* von C. D. Harris und Edward L. Ullman (1945). Das rollt aber schon Strukturfragen auf, die weiterführen in die soziologische Theorie der Großstadt. Wir denken auch insbesondere an eine *selektive Umschichtung* in den metropolitanen Gebieten, die verschiedene wirtschaftliche Sektoren verschieden verteilen wird, so daß der polyzentrische

Charakter sich in manchen Hinsichten in einer Art von ökologischer Arbeitsteilung realisieren wird.

Dazu gehört insbesondere die *Neuverteilung der Industrie,* von der schon Jean Gottmann (1961, Teil III, insbes. Kap. 9) für Megalopolis interessante Entwicklungen hervorhob. Obwohl die industrielle Arbeit in diesem Gebiet noch immer die größte einzelne Beschäftigungsart darstellt, betrifft sie doch nur noch eine Minorität, wenn auch eine beachtliche (ca. ein Drittel der ganzen nicht-landwirtschaftlichen erwerbstätigen Bevölkerung). Wichtiger aber ist die Verteilung im Einzelnen. So zeigt eine Karte (a. a. O., S. 454), daß höhere Prozentsätze (von über 40 %), die deutlich über dem Durchschnitt für das ganze Gebiet liegen, sich im südlichen Neuengland, aber fern von Boston, im östlichen Pennsylvanien, aber fern von Philadelphia und in einigen Teilen New Jerseys, aber auch dort fern sowohl von New York City als auch von Philadelphia finden. Unter den Städten werden die größeren Anteile industrieller Bevölkerung in mittelgroßen und kleineren zentralen Orten gefunden, wie eine Karte auf S. 212 aufweist (A. H. Hawley 1956, S. 116, zeigte das größte Industriewachstum zwischen 1900 und 1950 in Städten von 100.000 bis 250.000 Einwohnern; siehe auch A. Hawley 1971, S. 166 ff.). So spielt die Industrie eine größere Rolle im wirtschaftlichen Leben jener Teile von Megalopolis, die nicht in unmittelbarer Nähe der größeren Städte liegen, obwohl natürlich in absoluten Zahlen diese Großstädte noch immer bedeutende industrielle Konzentrationen darstellen, selbst wenn sie nicht mehr in industrieller Produktion spezialisiert sind. Umgekehrt werden die kleineren Städte, die weitgehend von lokaler Industrie leben, zu Satelliten der Großstädte mit ihrer vielfältigeren Wirtschaft werden. So schließt Gottmann: „Modem urban growth appears to be less rooted in manufaduring activities than is usually believed and than used to be the case" (a. a. O., S. 455). Das ist die Voraussetzung für den Ansatz einer neuen Phase in der Entwicklung der Großstadt.

Ein wichtiger Grund für die Verlagerung vieler Industrien ist technologischer Natur, nachdem die vielstöckigen Fabrikgebäude der älteren Zeit durch die einstöckigen, flachen Hallen ersetzt worden sind, wie sie durch zunehmende Mechanisierung, die Ausbildung eines Arbeitsflusses und von Fließbändern bedingt werden. Die hierzu erforderlichen größeren Flächen trieben die Industrien in Gebiete mit niedrigeren Grundstückspreisen, also aus dem Zentrum der sehr großen Städte hinaus entweder in die Peripherie oder in kleinere Städte.

Das führt letzten Endes zu einer weiteren Analyse des Zensus von 1970, der gerade in dieser Hinsicht einige neue Einsichten erlaubt, wenn auch die Diskussion natürlich noch lange nicht abgeschlossen ist (siehe etwa Philip M. Hauser 1971; Abbott L. Ferris 1972). Kam das bereits in dem neuen Werk von Amos H. Hawley (1971) trotz seiner Rückverbundenheit mit älteren Ansätzen zum Vorschein, so haben andere schon radikalere Konsequenzen gezogen. Vor allem zeigte eine provisorische Tabelle in Time Magazine, daß allgemein das Wachstum der Städte zum Stillstand gekommen war. Genauer ausgedrückt, bedeutete das, daß „the central cities of metropolitan areas

Tab. 1 Prozentsätze der Bevölkerung für die zentralen Städte, die Vororte (Suburbs) und die nicht in SMSA lebende Bevölkerung

	Innerhalb der SMSA		Außerhalb der SMSA
	Zentr. Städte	Suburbs	
1970	31,4	37,2	31,4 = 100
1960	33,4	33,3	33,3 = 100

have grown relatively little and in some cases have actually lost population" (Noel P. Gist und Sylvia F. Fava 1974, S. 87). Die metropolitanen Gebiete haben enorm an Bevölkerung gewonnen, aber die Verteilung ist insofern sehr ungleich, als die „zentralen Städte" stagniert haben. Schließlich hat die Bevölkerung in den äußeren Zonen die in den zentralen Städten überrundet: das hat sich genau am Ende der 60er Jahre abgespielt (a. a. O., S. 87 ff.), wie folgende Tabelle zeigt (Tab. 1).

Das allein weist wohl auf einen strukturellen Wandel hin, der später noch behandelt werden soll (vgl. dazu auch J. C. Bollens und H. J. Schmandt 1970; ferner Leo F. Schnore 1972). Da dieser Wandel offensichtlich mit einem Auswechseln der Bevölkerung in den zentralen Städten zusammenhängt, die einen gegen früher viel niedrigeren sozialen Status hat (Alte, Arme, Neueinwanderer, Neger), wird es immer abwegiger, den Ausdruck „zentral" in einem anderen als nur geographischen Sinne zu verstehen; diese Bevölkerungen haben zweifellos nichts mehr mit einer „zentralen Funktion" zu tun, sondern gehören wesentlich zu den „sozial Schwachen".

Zur Ergänzung muß noch darauf hingewiesen werden, daß es – außer den wirtschaftlich unterentwickelten Gesellschaften Lateinamerikas, Afrikas und Asiens – noch andere Gebiete und Länder gibt, in denen sich ähnliche Entwicklungen anbahnen, und zwar völlig unabhängig von der politischen Struktur. So zeigt eine sozialistische Gesellschaft wie die Sowjetunion im Gebiet von Moskau ein metropolitanes Gebiet von Weltstadtcharakter (über Verstädterung in der UdSSR und Moskau siehe P. George 1952; M. Tikhomirov 1959; Peter Hall 1966; ferner Robert A. Lewis und Richard Rowland 1969; Chauncy D. Harris 1970, 1971; Wolfgang Teckenberg 1972).

Aber auch Länder wie die Schweiz und Italien, bis vor kurzem die klassischen Gebiete regionaler Differenzierung, entwickeln sich in die gleiche Richtung. So bahnen sich deutlich die Umrisse eines polyzentrischen metropolitanen Gebiets im Schweizer Mittelland ab, das allerdings bis heute aus rein ideologischen Gründen noch unerforscht ist. Als wir selber um 1943 versuchten, in Zürich ein kleines Zentrum für Großstadtforschung aufzubauen, wurde uns vom damaligen Stadtpräsidenten der Bescheid zuteil, solche Forschung sei unerwünscht, Zürich sei keine Großstadt, im übrigen seien Großstädte steril. Diese Devise des „weil nicht sein kann, was nicht sein darf", hat bis heute die entsprechende Forschung verhindert, was sich als schwere Belastung der Landesplanung auswirken muß. Es wird die Frage sein, wann endlich diese Widerstände ideologischer Art überwunden sein werden. Dabei gäbe es viele Ansätze, die deutlich die bestehenden Bedürfnisse erkennen lassen, wie z. B. die Tarifpolitik der Schweizer Bundes-Bahnen (SBB) mit ihren überaus billigen Abonnements, die den zwischenstädtischen Verkehr tarifmäßig ähnlich gestalten wie den innerstädtischen (die Bedeutung dieses Verkehrs für die Ausbildung metropolitanischer Agglomerationen in der Schweiz hob schon R. E. Dickinson 1951 hervor). Auch zeigen die hohen Frequenzen der täglichen Auspendler aus der Stadt Zürich, daß ein größeres Wirtschaftsgebiet verkehrsmäßig bereits erschlossen ist (dazu R. König 1953, siehe vor allem die Karte auf S. 189). Das war auch eine entscheidende Voraussetzung für die Entwicklung von Randstadt in Holland, die wesentlich mit dem erstaunlich durchgestalteten Verkehrssystem der niederländischen Staatsbahn zusammenhängt. In Belgien hat Ernest Mahaim (1910) schon früh auf die integrative Funktion einer solchen Politik hingewiesen, integrativ im Sinne der Ausbildung metropolitaner Gebiete. Wenn trotzdem ein solches bis heute in Belgien de jure noch immer nicht anerkannt ist, etwa im Sinne wie Randstadt in den Niederlanden, so hat das manche Gründe, die tief in der Geschichte Belgiens begründet sind (etwa die Spannung zwischen Flamen und Wallonen), aber auch ein auf mittelalterliche Traditionen zurückgehender Isolationismus der einzelnen Städte (zur Geschichte vgl. E. A. Gutkind Bd. V, 1970); andererseits ist aber de facto diese Conurbation schon weitgehend da, wie z. B. allein die Dichte des Schnellverkehrs zwischen Antwerpen und Bruxelles, aber auch zwischen den anderen Zentren dieser Region lehrt (Liège, Charleroi, Gent usw.). Im Jahre 1956 fand im „Institut Belge de Science Politique" in Bruxelles ein Kolloquium statt, an dem die gescheiterten politischen Versuche zur Begründung eines metropolitanen Großgebildes Bruxelles diskutiert wurden, wobei das Problem interdisziplinär angegangen wurde (M. P. Herremans 1957). Dabei kamen einige wichtige Umstände zutage, die später erörtert werden sollen. Es gibt auch ähnliche Erfahrungen in den Vereinigten Staaten (dazu A. H. Hawley und B. G. Zimmer 1961).

Besonders interessant ist der Fall Italien, wo wir in einer Arbeit von Achille Ardigo (1967) einen vorzüglichen Versuch finden, die internationale theoretische Situation in ihrer Anwendbarkeit auf Italien zu untersuchen, wobei er sein spezielles Augenmerk auf die Entwicklung seit 1950 wendet, die für Italien insgesamt in der Tat eine völlig neue Entwicklung angebahnt hat. Hat vielleicht die politische Vereinheitlichung Italiens seit 1864 den Regionalismus und die dezentralisierenden Tendenzen der Städte mit ihrer überreichen kulturellen und politischen Vergangenheit nicht brechen können (zur Geschichte der Städte in Italien vgl. E. A. Gutkind Bd. IV, 1969), so zwingt doch heute die sprunghafte wirtschaftliche Entwicklung dem Lande ihr Gesetz in viel nachhaltigerer Weise auf als

jemals vorher. Ardigo faßt in seiner Studie auch zahlreiche italienische Vor-
arbeiten zusammen, so daß sie in gewisser Weise als repräsentativ für die
gegenwärtige Situation angesehen werden kann (vgl. an weiterer Literatur
A. Acquarone 1961; P. Guidicini 1962, 1963; C. Bruggi 1964; P. de Meo
und M. L. Scalvini 1965 u. a.). Nach diesen Aufstellungen hatte Italien aufgrund einer Reihe von Merkmalen, die im wesentlichen den klassischen
Linien folgen, 1961 acht metropolitane Gebiete in der ersten Entstehungs-
phase (mit stark zentralistischer Tendenz), vier in der zweiten Phase um die
Millionenstädte, nämlich Milano, Torino, Roma und Napoli, wobei Milano
die ausgeprägtesten Züge in dieser Hinsicht aufweist (dazu insbesondere
Etienne Dalmasso 1971). Dazu kommen noch acht Conurbationen. Am
durchgeführtesten ist die Analyse von Milano, die sich durchaus mit ähnlichen Studien in den Vereinigten Staaten messen kann (A. Ardigo 1967,
S. 151–185). Der Verfasser verwendet dabei ein doppeltes Modell, das
sowohl die konzentrische Erweiterung als auch die radiale an den Verkehrs-
achsen entlang berücksichtigt. Sehr eindrucksvoll ist auch die Analyse Roms
durch Franco Ferrarotti (1970), die speziell die Entwicklung der städtischen
Peripherie zum Gegenstand hat. Die Einwirkung der sich erweiternden
Großstadt auf eine kleinere Gemeinde untersuchte Alessandro Pizzorno
(1960). Eine vorzügliche Karte, die alles oben Gesagte bestätigt, findet sich
bei Robert E. Dickinson (1964, zuerst 1951).

Von besonderem Interesse ist auch die Entwicklung Moskaus, dessen
metropolitanes Gebiet 1960 bereits 9.000.000 Einwohner erreichte, obwohl
die ursprüngliche Politik dahin ging, eine solche uferlose Zunahme wenn
irgend möglich zu verhindern; 1935 war die Maximalzahl auf 5.000.000
Einwohner beschränkt worden, vielleicht zum erstenmal in der Geschichte
der Stadtplanung (P. Hall 1966, Kap. 6). Aber auch hier hat die wirtschaftliche Entwicklung alle Pläne überfahren und zahllose Satellitenstädte
(gorodnasputniki) in den Bannkreis der Metropole gezogen und zwar u. a.
fünf Städte von 100.000 und mehr Einwohnern (siehe dazu auch R. A.
Lewis und R. Rowland 1969; Ch. D. Harris 1970). Die große Frage, die
übrigens 1961 beim 22. Parteikongreß diskutiert wurde, geht dahin, ob
sich in diesem stark zentralistischen metropolitanen Gebiet auch eine berufliche Umschichtung wie im industrialistischen Westen zu einer Vermehrung
der bei den marxistischen Theoretikern als „unproduktiv" bezeichneten
Beschäftigungen, also zu den Dienstleistungen im weitesten Sinne vollziehen wird. Moskau ist schon lange das künstlerische, wissenschaftliche
und kulturelle Zentrum der Sowjetunion. Die Massenkommunikationsmittel sind ebenfalls dort lokalisiert wie das Verkehrswesen, der Tourismus usf. Zusammen mit der Verlagerung der Industrie östlich des Ural
muß das auf die Dauer eine Umwandlung der Bevölkerungszusammensetzung erzwingen, genau wie in den anderen metropolitanen Gebieten
der Welt. Hier wäre vielleicht ein Ansatz zu einer umfassenden Theorie der
metropolitanen Gebiete zu finden, der unabhängig ist von den historischen

Entstehungsbedingungen der großen Städte und von den politischen Systemen der einzelnen Länder.

IV. STRUKTURANALYSE

Die entscheidenden Schwierigkeiten für eine Strukturanalyse der Großstadt heute sind im vorgehenden Abschnitt, wenn auch nur implizit, bereits angedeutet worden. Sie müssen jetzt für sich herausgehoben werden, um die Probleme ganz deutlich zu machen, vor denen die Soziologie der Großstadt augenblicklich steht. Mit einem Wort: dem historischen Wandel in der Struktur der Großstädte in der Welt (unter Ausschluß der großstädtischen Entwicklungen in wirtschaftlich unterentwickelten Ländern, von denen später zu sprechen sein wird) entspricht die Notwendigkeit einer Revision der Begriffsapparatur, die sich bisher bewährt hat. Das würde im Grunde ein Neuaufrollen aller theoretischen Versuche seit Beginn einer planmäßigen Forschung bis heute bedeuten, was natürlich im vorliegenden Zusammenhang nicht erfolgen kann. Aber wir können nicht umhin, wenigstens die Frage zu berühren, was von den älteren Versuchen bleiben kann und was zweifellos aufgegeben werden muß. Damit zeigt sich neuerlich, wie auch auf anderen Gebieten, eine deutliche Historisierung der soziologischen Theorie.

Die entscheidende Frage, die Robert E. Park aufrollte und mit der er der maßgebende Pionier der Großstadt-Soziologie wurde, war die nach *Regelmäßigkeiten und Gesetzlichkeiten in dem scheinbaren Chaos der Städte*, das auch für die Großstadt-Kritik der Ausgangspunkt gewesen war. Wir erinnern nochmals an den Satz von Morris Janowitz über die Chicago-Schule: „These men were fascinated with the complexities of the urban community and the prospect discovering patterns of regularity in its apparent confusion." Dieser Anspruch bleibt in der Tat erhalten, er gibt uns sogar die Mittel an die Hand, um den älteren theoretischen Versuchen gegenüber einen Standort zu gewinnen. So besteht etwa ein Zusammenhang zwischen der Zonen-Theorie von Ernest W. Burgess und dem völligen Wildwuchs einer Stadt wie Chicago um die Jahrhundertwende; von der gleichen Voraussetzung aus muß aber in einer Periode wachsender Stadtplanung selbstverständlich eine neue Theorie entwickelt werden. Das unterscheidet sich deutlich von einem Ansatz wie dem von Studs Terkel (1967), der, von Philip M. Hauser darüber aufgeklärt, daß die alte Ordnung Chicagos verschwunden sei, darauf sofort auf einen „nomadischen Zug" und „transitorischen Charakter der heutigen Lebensform" schließt und sich auf die Exploration der Ansichten einzelner Personen beschränkt. Das heißt dann wohl, den Anspruch auf Feststellung von Invarianten und Gesetzlichkeiten völlig aufgeben, nur weil offensichtlich eine spezifische Form der ökologischen Ordnung Chicagos, welche die Menschen nach Landsmannschaften zusammenfaßte, vergangen ist. Die Einwanderer vom Anfang des Jahrhunderts haben schon längst der zweiten und dritten, ja vielleicht schon der vierten Generation weichen müssen, und die romantischen Zeiten der Quartiere, welche die Kultur der Alten Welt widerspiegelten, sind vorbei; die Bulldozer haben sie im Dienst der neuen Stadtplanung niedergewalzt (dazu sehr eindrucksvoll J. Jacobs 1961). Das schließt aber nicht aus, daß neue Strukturen im Entstehen oder vielleicht bereits entstanden sind. So bleibt also der Ausgangspunkt der Pioniere von Chicago in seiner Gültigkeit voll erhalten, wenn auch angesichts neuer Verhältnisse neue Begriffe eingeführt werden müssen. Unter diesen Voraussetzungen werden auch ältere Kontroversen obsolet, nachdem sich zeigt, daß etwa die Zonentheorie von Ernest W. Burgess (1925), die Vektoren- oder Keiltheorie von Horner Hoyt (1933), die Radialtheorie von Maurice R. Davie (1938), schließlich die Mehr-Kern-Theorie (Multiple Nuclei) von Chauncy D. Harris und Edward L. Ullrnan (1945) jeweils an besondere Entwicklungsphasen der Stadt gebunden waren. Das zwingt wiederum, nach Einsicht in einen neuerlichen Wandel, nach anderen theoretischen Werkzeugen zur Erklärung der heutigen Situation Ausschau zu halten. Außerordentlich lehrreich sind in dieser Hinsicht Sammelbände wie der von George A. Theodorson (1961) sowie der von Ernest W. Burgess und Donald J. Bogue (1963), in denen Beispiele aus der Großstadtforschung über fünfzig Jahre zusammengestellt sind, die jeweils den Zusammenhang zwischen bestimmten theoretischen Ansätzen und den entsprechenden Situationen deutlich machen. Andere Sammelbände geben teils Ergänzungen teils andere Aspekte, insbesondere auch in Richtung angewandter Forschung (allen voran der „Klassiker" von Paul K. Hatt und Albert J. Reiss, jr. 1957 (1951), danach folgen viele andere in aller Welt, die sich vor allen in den Vereinigten Staaten als Folge der Civil Rights Movement und der darauf folgenden Reformbestrebungen Ende der sechziger und Anfang der siebziger Jahre häufen: Fortune 1958; William M. Dobriner 1958; Harold M. Mayer und Clyde F. Kohn 1959; Roy Turner 1962; David R. Weimer 1962; Leonard J. Dahl 1963; James Q. Wilson 1966, 1970; Glenn H. Beyer 1967; Marc-Andre Lessard und Jean-Paul Montminy 1967; R. E. Pahl1968; H. J. Dyos 1968; Sylvia F. Fava 1968; Gerald Breese 1969; Paul Meadows und Ephraim Misruchi 1969; Martin Meyerson 1970; Otto Walter Haseloff 1970; Carlo Carozzi und Alberto Mioni 1970; Daniel P. Moynihan 1970a, b; Albert N. Cousins und Hans Nagpaul 1971; Larry S. Bourne 1971; Jewel Bellush und Stephen M. David 1971; Werner Z. Hirsch 1971; James E. McKeown und Frederiek I. Tietze 1971; John Wilson Lewis 1971; Maurice H. Yeates und Barry J. Garner 1971; Louis Loewenstein 1971; Max Birnbaum und John Mogey 1972; Gwen Bell und Jaequeline Tyrewitt 1972; Robert K. Yin 1972; Sandar Halebsky 1973; John Walton und Donald E. Carns 1973; Gino Germani 1973; John Helmer und Neil A. Eddington 1973; Louis Masotti und Jeffrey K. Hadden 1973, 1974; Charles Tilly 1974; Wolfgang Pehnt 1974; Kent P. Schwirrian 1974; Abner Cohen 1974; Hermann Glaser 1974; Ulfert Herlyn 1974; Marcia Pelly Effrat 1974; G. William Skinner 1975. Diese stattliche Reihe erhebt keinerlei Anspruch auf Vollständigkeit!

Da es sich nun aber bei den Großstädten um einen eminent historischen Gegenstand handelt, der jeweils unter verschiedenen wirtschaftlichen, politischen, sozialen und kulturellen Bedingungen einen verschiedenen Entwicklungsstand darbietet, kann man sagen, daß alle die genannten und andere theoretische Ansätze je nach den Umständen gleichzeitig in Anwendung gebracht werden können. Besondere Probleme werden Mischfälle schaffen, wobei die Tendenz, je weiter man vorstößt, schließlich von einer typologischen Betrachtung zu einer idiographischen umschlägt (siehe unter VIII). Den schwersten Stoß erfährt aber die alte Theorie, welche etwa den Grad der Industrialisierung und der Arbeitsteilung in einen Zusammenhang bringt mit dem Grad der Verstädterung, durch die an sich nicht neuartige Erfahrung des enormen Anwachsens gewisser Städte in wirtschaftlich unterentwickelten Gebieten. Tokio ist ein schlagendes Beispiel dafür, daß es andere Ursachen für städtische Agglomerationen geben kann als die Industrialisierung, hatte es doch 1785 unter dem Namen Edo bereits 1.400.000 Einwohner, als London noch unter 900.000 zählte (P. Hall 1966, Kap. 8; Takeo Yazaki 1968). Danach nahm Tokio wieder ab (siehe S. 430), um seit der zweiten Hälfte des 19. Jhs. zu einer der größten Städte der Welt neben New York zu werden. Das hängt dann sicher mit der Industrialisierung zusammen. Aber Tokio weist noch heute Züge einer Großstadt der unterentwickelten Kulturen auf, indem sich – was jeden Besucher frappiert – neben höchst entwickelten metropolitanen Gebieten mit ausgesprochenem Weltstadtcharakter ganz dörflich wirkende Teile mit den typisch japanischen Zwerggärtchen finden, in denen es nicht einmal Kanalisation gibt, in denen es auch in zentralen Quartieren nachts stockfinster und menschenleer ist, so daß sich der Wanderer völlig hilflos in dem Straßengewimmel verliert. Tokio zeigt in der Tat die gleichzeitige Existenz verschiedenster Entwicklungsstadien, was eine einheitliche analytische Bearbeitung außerordentlich erschweren muß. Während aber nun heute Japan ein wirtschaftlich hoch entwickeltes Land (wenn auch mit einer erstaunlich großen landwirtschaftlichen Bevölkerung) ist, finden wir andere Riesenstädte in zahlreichen anderen, wirtschaftlich eindeutig unterentwickelten Ländern, was die Ausbildung einer einheitlichen Theorie empfindlich beeinträchtigen muß (darüber mehr in VII). Außerdem zeigt sich in den wirtschaftlich entwickelten Gebieten eine starke Tendenz zur Verlagerung der eigentlichen Industrie in kleinere Zentren (statt vieler nur J. Kenyon 1967) und eine Häufung nicht-industrieller Bevölkerung aus dem tertiären Sektor in gewissen metropolitanen Gebieten.

Entscheidend aber bleibt der Umschwung von einem zentralen Ort mit Satelliten zu einem metropolitanen Gebiet vom Typ der „spread city" oder – wie Jean Gottmann und viele andere neuerdings sagen – des „*urban sprawl*", was wir am besten mit *wuchernder Erweiterung* bezeichnen (J. Gottmann und R. A. Harper 1967). Damit ändert auch die kleine Stadt im Weichbild der Metropole völlig ihren Aspekt. Sie ist nicht mehr ein komplexes Ganzes mit einer Zusammensetzung von komplementären Beschäftigungen, sondern ein relativ homogenes Gebilde im Grüngürtel der großen Städte mit einem gewissen Grad an Autonomie. Früher brachte man die Größe (oder besser Kleinheit) gern mit der Vorstellung von Stabilität zusammen. Das spielt heute keine Rolle mehr. Kleinheit und Stabilität gehen in dieser Situation auf zwei verschiedene (und sogar widersprüchliche) Ursachenkomplexe zurück. Entweder ist die kleine Gemeinde homogen und für eine bestimmte Art von Bevölkerung reserviert, die gern „unter sich" bleibt, wie der „Organization Man" (W. H. White Jr. 1956, Teil VII; J. R. Seeley, R. A. Sim, E. W. Loosley 1956; L. F. Schnore 1965); das gilt aber nicht nur für die obere Mittelklasse, sondern auch für die Arbeitervorstädte (Bennet M. Berger 1960, speziell das „Vorwort" für den Neudruck von 1968, wo er den homogenisierenden Effekt der Vorortkultur hervorhebt; ebenso William Dobriner 1963; S. D. Clark 1966; Herbert Gans 1961, 1967; Leo F. Schnore 1972). Oder die Gemeinde hat zu wachsen aufgehört und behält nur die Menschen, die nicht mehr wandern, sondern hier ihr Leben beenden wollen, wie Jean Gottmann sehr richtig bemerkt (a. a. O., S. 8/9). Der erste Typ vertieft die Klassenspaltungen in den modernen Gesellschaften, der zweite vermag letztlich nur in einer gewissen Isolierung zu bestehen, an der das Leben vorbeigegangen ist (siehe dazu auch R. König 1958 passim über die Problematik der „kleinen Gemeinde"). Man betont allgemein die Bedeutung homogener Gruppen (H. J. Gans 1961) und die Spannungen beim Zusammenstoß heterogener Schichten (M. Schwonke 1967).

Damit verschiebt sich auch das Verhältnis von zentralem Ort und Satelliten, während gleichzeitig, genau im Sinne von Robert E. Park, neue Gesetzmäßigkeiten sichtbar werden. Wir haben schon darauf hingewiesen, wie die früher in Menge aufgestellten „Gradienten" durchwegs weniger steil werden als Folge der Neuverteilung der Bevölkerung in den metropolitanen Gebieten. Das ist die Wirkung einer Dynamisierung der alten *Theorie vom zentralen Ort* (sei es innerhalb einer Stadt oder im Zentrum eines Aggregats von Städten), indem sich in den Suburbs neue Orte mit relativ zentralen Leistungen aufbauen (also etwa neue Kaufzentren). Edwin Thomas (1967) bemerkt übrigens dazu, daß die Idee der zentralen Funktion gleichgeblieben sei, nur sei sie den Menschen gefolgt, die sich verlagert hätten; so meint er, man könne die Theorie der zentralen Orte auch bei grundsätzlicher Dezentralisation aufrecht erhalten, wenn sie nur „dynamisiert" werde. Eine weitere sehr wichtige Gesetzlichkeit wurde von Peter H. Rossi (1955) sichtbar gemacht, als er den Zusammenhang der Wanderungen aus dem Zentrum an die Peripherie der Städte mit dem „Familienzyklus" in Verbindung brachte (vgl. zu diesem Begriff R. König, Soziologie der Familie, in Band 7 dieses Handbuchs[4]). Während Unverheiratete und kinderlose Ehepaare im Zentrum wohnen, ziehen sie nach Geburt von Kindern hinaus in die Vorstädte, da die Wohnverhältnisse im Innern der Städte sowohl preislich als auch der Größenordnung nach für Familien mit Kindern ungünstig sind (siehe auch

---

[4]Anm. der Hrsg: HdeS, Band 7, Familie. Alter, Stuttgart 1976, S. 1–217.

G. R. Leslie und A. H. Richardson 1961). In der eigentlichen Familienphase zeigen die Menschen eine hohe ökologische Stabilität, die erst nach Auszug der Kinder wenigstens teilweise einer neuen Altersmobilität Platz macht. Neben denen, die einfach wohnen bleiben, wo sie bisher waren, da man sich leichter an zuviel Wohnraum als an zu wenig anpassen kann, kommt es häufig zu einer neuerlichen Wohnsitzveränderung. Diese kann übrigens grundsätzlich in zwei Richtungen erfolgen, nämlich in andere Städte, die sich auf Dienstleistungen für alte Personen spezialisiert haben (darüber für England sehr interessante Ausführungen bei P. H. Mann 1965), oder zurück ins Zentrum oder in ein Unterzentrum, falls dort alle Dienste in bequemer Reichweite für alte Personen lokalisiert sind. So gibt es in der Tat auch neuartige ökologische Aspekte, an deren Erforschung heute gearbeitet wird.

Nachdem nach ursprünglich übergroßen Erwartungen eine Periode der Skepsis eingetreten war, die sich insbesondere auf den Begriff des „natural area" von R. E. Park bezog, bei dem gelegentlich Aggregatzahlen mit realen sozialen Beziehungen verwechselt wurden, hat sich die Situation heute wieder gewandelt (vgl. R. König 1958, Kap. VI). Zunächst hat das Problem des *ökologischen Fehlschlusses* (ecological fallacy) seit William S. Robinson (1950) in dieser Hinsicht eine gewisse Klärung und Sicherung erfahren, wenn auch vor einem Schluß aufgrund bestimmter Korrelationen in gegebenen Gebietseinheiten auf individuelles Verhalten immer noch gewarnt werden muß. Damit sind die gröbsten Fehler bereits vermieden. Dazu kommt eine beachtliche Verbesserung der statistischen Auswertungstechniken. Entscheidend sind aber die Strukturwandlungen, die aufgrund der verschiedenen empirischen Erhebungen und speziell auch aufgrund zeitlicher Vergleiche der Bevölkerungsverteilung in den metropolitanen Gebieten sichtbar geworden sind. Wir geben statt vieler nur zwei Beispiele von Philip M. Hauser (1957), weil er der beste Repräsentant der heutigen Chicago-Schule ist (die umfassendste Darstellung des ganzen Problemkomplexes geben D. J. Bogue 1949; A. H. Hawley 1956, 1971; dann auch John C. Bollens und Henry J. Schmandt 1970; Beverly Duncan und Stanley Lieberson 1970; Irene B. Taeuber und Conrad Taeuber 1971) (Tab. 2).

Tab. 2 Wandlungen in der Bevölkerungsverteilung, 4 US-Städte (New York, Chicago, Cleveland, Pittsburg)

	1940	*1930*	*1920*	*1910*
Innere Zone	17,8	19,4	27,9	36,3
Mittlere Zone	38,3	38,2	38,6	38,9
Äußere Zone	43,9	42,9	33,5	24,8
Total	100,0	100,0	100,0	100,0

Die gleiche zentrifugale Entwicklung wird noch stärker betont, wenn wir über die Stadtgrenzen in die Peripherie hinausgehen. Die gleichen Daten für 4 metropolitane Gebilde sehen dann folgendermaßen aus (Tab. 3):

Tab. 3

Zentrale Stadt	1940	1930	1920	1910
Innere Zone	12,0	13,3	20,6	27,5
Mittlere Zone	25,7	26,0	28,4	29,4
Äußere Zone	29,5	28,9	24,7	18,7
Peripherie	32,8	31,8	26,3	24,4
Total	100,0	100,0	100,0	100,0

Damit ist der Prozeß der ökologischen „Dezentralisation" gut umschrieben (siehe dazu auch L. F. Schnore 1965), obwohl Amos H. Hawley (1971, S. 161, Anmerkung 12) den Ausdruck lieber vermeiden und durch den Begriff der „*Dekonzentration*" ersetzen möchte, was uns gerechtfertigt erscheint. Mindestens sollte man sich über den Unterschied klar sein, da sich Dezentralisation mehr auf Institutionen und nicht auf die Bevölkerung bezieht. Im gleichen Sinne hatte schon Robert E. Dickinson entschieden (1964, S. 43/4). Für ihn bedeutet Dekonzentration die Auswanderung der Bevölkerung aus dem Zentrum der Städte, Dezentralisation dagegen die Verteilung von Industrie, Handel und Verwaltung auf andere Ortschaften, die dann ihrerseits zu unabhängigen Zentren werden.

Allerdings waltet vorderhand noch immer die Vorstellung von der *Entwicklung als einem „natürlichen Prozeß"* vor; im nächsten Kapitel V wird diese Anschauung im Sinne einer „Kritik" des ökologischen Ansatzes eingehend erörtert und zurückgewiesen werden. Es scheint uns überhaupt einer der entscheidenden Züge der neueren Situation zu sein, daß diese naturalistische Konzeption langsam zurückgeht *und daß, außer kulturellen, die später behandelt werden sollen, mehr und mehr planerische und politische Gesichtspunkte bei der Strukturanalyse in den Vordergrund treten.* Damit werden sowohl die demographische als auch die ökologische Behandlungsweise des Problems langsam aber sicher entwertet, wie auch Achille Ardigo (1967, S. 41) bemerkt. Überdies ist insbesondere auch die alte Durkheimsche These dadurch relativiert, daß mit der Vermehrung und Verdichtung der Bevölkerung die arbeitsteilige Produktionsorganisation wachsen müsse. Das ist z. B. bei den Großstädten in wirtschaftlich unterentwickelten Kulturen nicht der Fall. Es zeigt sich also, daß Durkheim nur die erste Ausweitungsphase der alten Industriestadt extrapoliert und darüber zunächst die andere Situation überhaupt nicht in den Blick bekommen hat. Außerdem ergibt sich auch in den metropolitanen Gebilden sowohl strukturell als auch funktional wieder eine andere Situation, indem – wie bereits betont wurde – auch die Industrie nach außen zieht, so daß die *Arbeitsplätze im Inneren der metropolitanen Gebiete nicht mehr ausschließlich und direkt in den industriellen Produktionsprozeß eingegliedert sind, sondern wachsend dem tertiären Wirtschaftssektor dienen.* Dies entspricht einem gesamtgesellschaftlichen Entwicklungsprozeß, den wir gemeinhin mit dem Begriff der fortgeschrittenen Industriegesellschaften zu umschreiben pflegen. Diese enge

Verbindung mit neuen gesamtgesellschaftlichen Wandlungen hebt auch Scott
Greer (1962) hervor; die Metropolen sind die Heimat der „Lonely Crowd"
von David Riesman. Im übrigen hatte Robert Murray Haig (1925) schon
außerordentlich früh erkannt, daß das Wachstum der metropolitanen Gebiete
nicht mit der Industrie im engeren Sinne, sondern mit der Vermehrung
der Angestelltenschaft und der Intelligenz im modernen Lebensprozeß
zusammenhängt. So spricht auch Jean Gottmann (1961) von der „*White
Collar Revolution*", die sich in Megalopolis abspielt. Megalopolis ist – wie
wir sagen möchten – die entscheidende Bühne für alle Berufe, für die eine
schnelle und komplexe Information lebensnotwendig ist. Wir haben selber
in diesem Sinne auf die Rolle der Großstadt in der Entwicklung der Mode
hingewiesen (R. König 1958, 1971). Hier verkürzt sich die Signalzeit für die
Wahrnehmung des Neuen, weshalb die metropolitanen Gebiete nicht nur die
Drehscheibe der Neuerung jedweder Art, sondern insbesondere eine enorme
Inflation der Kommunikation und Information darstellen (siehe dazu K. W.
Deutsch 1962; R. L. Meves 1962) und darum alle Berufe anziehen, die damit
zu tun haben. (Diese Frage wird im nächsten Abschnitt aufzugreifen sein
bei Besprechung der neuen Funktionen des *Central Business Districts,* also
des Stadtzentrums.) Das setzt natürlich voraus, daß sich Kommunikation,
Information und Kontakte ungehindert entfalten können, wie der von Haig
zitierte Geschäftsmann sagen konnte, daß er von seinem Wolkenkratzer am
Times Square jeden wichtigen Mann in der Geschäftswelt in einer Viertel-
stunde erreichen könne. Gerade hier erhebt sich nun aber die Frage, ob die
metropolitanen Gebiete, wie sie sich entwickelt haben, für die neuen Aufgaben, die ihnen am Ende des zwanzigsten Jahrhunderts gestellt sind, wirklich funktional sind. Es ist die Frage, ob die technologischen Erfindungen,
welche diese Agglomerationen überhaupt erst ermöglicht haben (A. Fleischer
1961), ihrer Aufgabe völlig gewachsen sind. So konnte Colin Clark (1957/8)
sagen: „Transport – Maker and Breaker of Cities" (siehe auch Wilfred
Owen 1966). Schließlich erhebt sich die Frage: ist hier nicht die Grenze der
Effizienz für die metropolitanen Gebiete sichtbar geworden?

Darin zeigt sich die eigentliche Richtung der Strukturfrage besonders
deutlich; die großräumige Entfaltung der metropolitanen Gebiete kann
unter Umständen dysfunktional werden für die effiziente Interdependenz
der Teile des Systems. Das gilt zunächst natürlich für den Verkehr und
alles, was damit zusammenhängt. Daneben aber noch für eine Fülle anderer
Fragen, die mit der Gas- und Elektrizitätsversorgung, der Wasserzu- und
-abfuhr, der Müllabfuhr etc. nur angedeutet sind. Alles das kann erst adäquat
bewältigt werden, wenn auch Möglichkeiten großräumiger Planung gegeben
sind. Speziell in der angelsächsischen Tradition fehlen aber diese Möglichkeiten zunächst ganz, so daß die metropolitanen Gebiete gerade durch das
geschwächt werden, was ihre Stärke ist, nämlich die Conurbation zahlloser
lokaler Gemeinden, die aber politisch weitgehend unabhängig sind. *Der
Widerspruch zwischen sozialem System und politischem System wird eklatant;*
alle lokalen Gemeinden in dem Gesamtsystem sind in jeder (sozialen,

wirtschaftlichen) Hinsicht immer interdependenter geworden, mit Ausnahme der lokalen Verwaltung (V. Jones 1957). Außerdem können die
anfallenden Probleme nicht da gelöst werden, wo sie auftreten, und zwar
weder organisatorisch, noch rechtlich, wie ein in der Planung der Stadt
Syracuse erfahrener Politikwissenschaftler eingesteht (W. S. Fiser 1962; früher
schon Ph. M. Hauser 1957). So fanden Robert C. Wood und Vladimir V.
Almendinger (1961) nicht weniger als 1467 lokale Regierungskörperschaften
im metropolitanen Gebiet von New York (siehe auch J. C. Bollens 1956; W.
S. Sayre und H. Kaufman 1960; J. C. Bollens und H. J. Schmandt (1970,
Kap. 6, 7 und ff.; neuerdings eine interessante vergleichende Studie von
David Rogers 1971). Das zeigt deutlicher als alle weiteren Ausführungen die
paradoxe Struktur dieser Gebilde (E. C. Banfield 1962). Das zwingt übrigens
auch die Soziologie der Großstadt immer mehr dazu, eine Theorie der
Planung zu entwickeln durch intime Vereinigung mit Theorie und Praxis des
Urbanismus, also als angewandte Soziologie im strengen Sinne (O. Handlin
1962). Der Umschwung beginnt in dem Augenblick, wo die politischen
Wissenschaften die Diskussion aufgreifen (historische Übersicht bei W. S.
Sayre und N. W. Polsby 1965).

Einsichten der genannten Art haben zur Errichtung des Greater London
Council (1965) geführt, von dem schon oben gesprochen wurde, aber
auch zur Einrichtung der Regional Plan Association of New York, als deren
wichtigstes Werk unter der Leitung von Reymond Vernon die New York
Metropolitan Region Study in neun Bänden zwischen 1956 und 1961 entstanden ist (E. Hoover und R. Vernon 1959; Roy B. Helfgott, W. E. Gustafson
und J. M. Hund 1959; O. Handlin 1959; M. Segal 1960; S. M. Robbins
und N. E. Terleckyj 1960; B. Chinitz 1960; R. M. Lichtenberg 1960; R. C.
Wood und V. V. Almendinger 1961; R. Vernon 1960). In Frankreich sind
sowohl das Commissariat du Plan als auch einzelne Ministerien mit der Untersuchung der Planungsprobleme für die Region Paris befaßt (P. Hall 1966,
S. 248; Commissariat general du plan, 2. Bd., 1970; Sociologie du Travail
1969, 1970), wobei Paul-Henry Chombart de Lauwe (1965b, S. 242) ein
soziologisch orientiertes Programm entwickelt hat: er warnt vor Lösungen,
die vom rein technischen Gesichtspunkt aus befriedigend sein mögen, aber
weder der Entwicklung der sozialen Strukturen, noch der der Bedürfnisse
Rechnung tragen. Dann folgen die entscheidenden Worte, die man als Motto
über alle diese Bemühungen setzen sollte: „Si la ville est l'expression d'une
société, les organisations sociales que l'on veut créer doivent être des réponses
aux aspirations de la population qu'il est urgent d'étudier avec des moyens
appropriés." In den Niederlanden gibt es eine nationale Planungsbehörde, die
sich auch mit den Problemen von Randstadt befaßt hat (Rijksdienst voor het
nationale plan). Hier besteht eine enge Verbindung mit der Forschung (Soziographie), wie H. D. de Vries Reilingh in Band 4 dieses Handbuchs[5] gezeigt hat

---

[5] Anm. der Hrsg.: HdeS, Band 4, Komplexe Forschungsansätze, Stuttgard 1974, Soziographie,
S. 142–161.

(weitere Informationen bei G. L. Burke 1956; P. George 1960; J. Winsemius 1960; Tweede nota over de ruimtelijke ordening in Nederland 1966). Für das Ruhrgebiet entwickelte sich schon früh (1920) der Ruhrsiedlungsverband als ein erstes Organ der Planung, dem sich später ähnliche Unternehmen anschlossen, schließlich sogar ein Planungsministerium im Lande Nordrhein-Westfalen, Die ersten Bestrebungen dieser Art hingen übrigens teilweise mit der englischen Gartenstadtbewegung zusammen; leider wurden sie schon früh von politischen „Raumordnungstheorien", in die alle möglichen unklaren Elemente zusammenströmten, gestört, was dem Kontakt mit den Sozialwissenschaften und insbesondere mit der Soziologie empfindlich schadete. Das kommt auch teilweise noch in der heutigen Akademie für Raumforschung und Landesplanung zum Ausdruck, die an ähnlichen Einseitigkeiten krankt wie die ältere amerikanische Ökologie. Insbesondere scheint hier die Idee der „Leitbilder" mit höchst willkürlichen ideologischen Verzerrungen behaftet, ohne daß auch nur im entferntesten ein soziologischer Raumbegriff sichtbar würde (Akademie für Raumforschung und Landesplanung 1962). Auch bei Heinrich Hunke (1964) bleibt die Vereinigung mit der Soziologie bloßes Programm. Entsprechend werden selbst von Soziologen seltsam anmutende Terminologien verwendet, wie etwa von Gunther Ipsen (Akademie für Städtebau und Landesplanung 1959) der Begriff der „Bänderung", „die nach Art und Ausmaß der Verstädterung beschrieben werden könnte" (a. a. O., S. 11). Parallel zu dem „Band" von Duisburg bis Dortmund mit Essen in der Mitte liegen „Ketten" von Mittelstädten an der Ruhr, an der Emscher und zwischen Emscher und Lippe; aus alledem wurde dann der vermeintliche „Ordnungsgedanke des Raumes" abgeleitet. Entweder sind das inhaltsleere und unverbindliche Analogien oder verkappte primär politische Planungen, die sich nur äußerlich ein wissenschaftliches Ansehen geben. Dagegen wird die Bildung von Vorstädten nur nebenbei erwähnt, die Existenz einer eigenen Vorstadtkultur mit sehr bezeichnenden Sozialstrukturen bleibt völlig unbekannt. Erst später werden diese Probleme zum Thema gemacht, und zwar nicht nur für das Ruhrgebiet. sondern für die gesamte Bundesrepublik (Akademie für Raumforschung und Landesplanung 1960, 1963, 1965, 1975), womit mit der internationalen Forschung vergleichbare Daten gewonnen werden, welche wenigstens die demographischen Wandlungen der metropolitanen Gebiete oder „Stadtregionen" auch in Deutschland erkennen lassen. Mit dem Begriff „Trabantenstadt" (der dem der Satellitenstadt recht ähnlich ist) sollen relativ selbststänige Städte im Rahmen einer Stadtregion bezeichnet werden (was sie teilweise auch mit den „Neuen Städten" zusammenfließen läßt). Aber noch immer bleiben administrative und technisch-wirtschaftlichplanerische Gesichtspunkte übermächtig, während die soziologischen nach wie vor zurücktreten oder – besser – gar nicht recht vorhanden sind, sondern zumeist von Stereotypen aus dem Arsenal der kulturkritischen Analyse ersetzt werden. Eine wesentliche Ausnahme von dieser Regel stellt das Großstadtwerk von Elisabeth Pfeil dar (1972), in dem sie auch eine vorzügliche Übersicht über die bestehenden Ansätze zum Thema „Großstadtforschung und Großstadtgestaltung" (Teil IV) gibt. Auch bei ihr zeigen sich allerdings die Probleme der Zusammenarbeit (etwa S. 285 ff.). Neue ökologische Ansätze neuerdings bei Bernd Hamm 1977.

Erst in allerjüngster Zeit machen sich eigenständige Ansätze der angewandten Soziologie zur Entwicklung einer soziologischen Planungstheorie für wirtschaftliche Regionen bemerkbar (P. Drewe 1966, 1968). Das Problem ist dabei nicht so sehr die Frage, wer regiert, wie es allgemein bei der Gemeindesoziologie heute im Vordergrund steht (siehe R. König, 1967b), sondern vielmehr: gibt es eine für den bestehenden Zusammenhang von Interdependenzen zuständige Koordinationsstelle, in der die zahllosen Entscheidungsprozesse zusammenlaufen? Interessanterweise ist das Problem offensichtlich in Europa und Amerika sehr ähnlich trotz der sonstigen Verschiedenheiten. So haben sich vielfach sektorielle Großorganisationen funktionaler Art aufgebaut (Transportgesellschaften, Müllabfuhr, Wasser- und Abwasserwerke, Elektrizitäts- und Gaswerke usf.), die zum Teil außerordentlich mächtig sind und ganze metropolitane Gebiete versorgen. Das Problem, das solche Unternehmen schaffen, wird insbesondere dann sichtbar, wenn sie nicht munizipaler, sondern privater Natur sind. Sicher ist die Privatwirtschaft beweglicher als die Kommunalwirtschaft, aber sie muß unter wirtschaftlich optimalen Verhältnissen arbeiten, was sie daran hindert, auch dort eine regelmäßige Versorgung zu sichern, wo sie nicht profitbringend ist. Dann entstehen nicht nur mangelhaft versorgte Teilgebiete auf dem Ganzen des metropolitanen Gebiets, sondern die bloße Existenz dieser riesigen sektoriellen Organisationen verhindert die entsprechende Erweiterung der munizipalen Aktivitäten und damit die Integration des Gebiets. Hier stehen nicht politisches und soziales System im Konflikt, wie vorher beschrieben, sondern Privatinteressen stellen sich beiden gleichzeitig in den Weg, was zur Ursache schwerster Gleichgewichtsstörungen werden muß. Das wird umso schlimmer, wenn private und politische Interessen konvergieren, wie später bei der Besprechung lateinamerikanischer Städte noch besprochen werden soll, wo etwa der Bau einer Straße in einer Barackenstadt dem Stimmenfang dient (siehe unter VII). Da es um strukturelle Störungen geht, wird die Lebensfähigkeit des ganzen Systems gefährdet. Dies wird von Achille Ardigo (1967, S. 54 ff.) hervorgehoben, in genau gleicher Weise wie Jean Gottmann (1961, S. 758 ff.) das Problem aufgegriffen hat. Gleichzeitig werden Beispiele angeführt, bei denen der Aufbau einer solchen kommunalen Dachorganisation in einem metropolitanen Gebiet wie etwa dem von Toronto (1953) gelungen ist; dies wurde dadurch erleichtert, daß das Problem der Lokalregierung in Canada nicht annähernd so stark ausgebildet ist wie in den Vereinigten Staaten (W. S. Fiser 1962, S. 117 ff.); über die Entwicklung dieser Munizipalität siehe auch J. C. Bollens und H. J. Schmandt 1970, S. 339–346). In anderen Fällen hat man sich geholfen, indem man funktional spezialisierte, autonome Behörden (Authority) begründete, wie etwa für die Häfen in New York, Massachusetts und auf dem Delaware; die Kommission für den Hafen New York hat Jurisdiktionsgewalt in zwei Staaten (New York und New Jersey) und regelt seit 1953 die chaotischen Arbeitsverhältnisse an der „waterfront". Die Flughäfen von Newark, La Guardia und Kennedy werden ebenfalls von einer solchen Behörde verwaltet. Hierbei läßt sich natürlich nicht vermeiden, daß solche ad-hoc-Gründungen zunächst oft gegeneinander arbeiten, worunter wiederum die Integration des sozialen Systems in Megalopolis leiden muß. All das könnte nur durch den Aufbau weiterreichender einheitlicher Munizipalitäten verhindert werden.

In diesem Sinne spricht in Europa Hans-Paul Bahrdt (1961, S. 85 ff.) sehr mit Recht von einer *Krise der kommunalen Öffentlichkeit*. Er begründet das einerseits dadurch, daß der moderne Staat die Stadt als politische Form bereits überholt hatte, bevor die Öffentlichkeit der Politik und Sicherung der Privatsphäre zu leitenden Prinzipien geworden waren. Andererseits weist er auf das mangelnde Interesse der städtischen Gesellschaftsschichten hin, so daß keine „städtische Öffentlichkeit" entstanden ist. Ähnlich stellte Martin Irle (1960) in Stuttgart einen starken Mangel an Informiertheit über städtische Bauvorhaben fest, obwohl es die Stadtverwaltung nicht an Public Relations hatte mangeln lassen. Ähnliche Probleme mögen in anderen Ländern auftauchen. Zur Konkurrenzierung der städtischen Munizipalitäten durch den Staat tritt noch die von Hans Oswald (1966) jüngst hervorgehobene „überlokale Verflechtung", die sein Wort von der „überschätzten Stadt" begründen soll. Allerdings geht daraus auch hervor, daß er gerade nicht an die Großstadt denkt, sondern an die Mittelstädte, die heute in der Tat in einer schweren Krise leben. Bahrdt denkt dagegen vielleicht schon an Großstadt, aber zweifellos nicht an metropolitane Gebiete wie die Ruhrstadt, so daß also die Frage zunächst offen bleibt, wie metropolitane Großgebiete zu einer einheitlichen Munizipalität gelangen können, welche über die einzelnen lokalen Autoritäten hinweggreift und eine weiterreichende Planung ermöglicht. Jedenfalls zeigt die neuere Wendung in der Gemeindesoziologie ganz deutlich die autonomen Machtstrukturen selbst kleiner Gemeinden, die weder durch den Staat noch durch die Gleichgültig keit der Bürger gefährdet werden. Die Frage ist hier nur: *wen vertreten eigentlich die offiziellen und wirklichen Machthaber in der lokalen Gemeinde? Die Gemeindebürger oder nur sich selbst?* Das ist auch bei Großstädten problematisch, wofür die Verklitterung so mancher Munizipalitäten mit Familieninteressen zeugt, die keineswegs am „Gemeinwohl", sondern einzig an sich selbst interessiert sind.

Andere strukturelle Probleme werden von Paul-Henry Chombart de Lauwe (1952, 1965a, b) hervorgehoben. Er interessiert sich bei der Ausbildung des metropolitanen Gebiets von Paris mit (1965) ca. 8.500.000 Einwohnern insbesondere für die Entstehung der „marginalen Quartiere", die er als halbspontane und halbgewollte Dekonzentrationsbewegungen bezeichnet (interessant ein Vergleich zwischen seiner Grenzsetzung von Groß-Paris und der von R. E. Dickinson 1951). So entsteht ein Ring um Paris im 19. und zu Anfang des 20. Jahrhunderts, den man als die „rote Bannmeile" bezeichnet, in der sich die Arbeiter zurückziehen, welche die Nähe der Industrien in der Peripherie suchten. Das schafft „natural areas" im Sinne von Robert E. Park (1953), die gleichzeitig Gebiete ethnischer Segregation sind. In diesem Falle handelt es sich um Segregation nach sozialen Klassen, die uns nicht nur für alle Großstädte bezeichnend zu sein scheint. *Diese ist vielleicht die einzige Situation, in der die strukturelle Bedeutung der ökologischen Gebiete nach wie vor gültig ist;* wie auch die Tatsache lehrt, daß die Großstädte bei den wirtschaftlich unterentwickelten Gesellschaften mit ihren „bidonvilles", den Agglomerationen ärmster Bevölkerungsteile am Rand der Städte in provisorischen Behausungen, das spontane Neuentstehen solcher Segregationsgebiete (in diesem Falle unterproletarischer Schichten) aufweisen. Aber selbst in hoch entwickelten Großstädten wie New York konnten wir in den letzten zwei Jahrzehnten an der Westseite auf der Höhe des mittleren Broadway die Entstehung einer segregierten Teilstadt von ca. 1.000.000 Puerto Ricanern erleben (O. Handlin 1959). In London geschah mit der Einwanderung von ca. 125.000 Westindern seit 1951 etwas ähnliches, hier kam es sogar zu diskriminatorischen Handlungen (R. Glass 1960); ähnliche Folgen hatte die Einwanderung von afrikanischen Negern in Nottingham (Daniel Lawrence 1975). Weitere Invasionen von Algeriern und anderen Nordafrikanern konnte man seit Ende der 20er Jahre in Paris beobachten. Andere solcher spontaner Invasionen mögen sich in Zukunft abspielen. Zu beachten bleiben dabei die halbgewollten (oder geplanten) Dekonzentrationsbewegungen wie die Neuen Städte (New Towns) oder Parallel-Städte, die ihre eigenen Probleme haben, da ihnen die Integration wirklich schwerfällt; sie sind ja in der Tat ganz außenorientiert (eine vorzügliche Studie dieser Art gibt neuerdings M. Schwonke 1967 für Wolfsburg). Dazu kommt noch, genau wie bei Suburbia, daß in ihnen zumeist nur ganz einseitig einzelne isolierte Klassen der Gesellschaft zu wohnen pflegen. Die Versuche, klassenmäßig gemischte Bevölkerungen in solchen Gebieten anzusiedeln, sind bisher meist fehlgeschlagen. Chombart de Lauwe berichtet (1965b, S. 18) von einem solchen klassenmäßig gemischten neuen Quartier, von dem die Bewohner meinten, eine solche Mischung sei durchaus möglich, vorausgesetzt daß in jeder einzelnen Wohneinheit oder einer Gruppe von solchen eine gewisse Homogenität erhalten bleibe. So wirkt sich also die Klassenschichtung als wichtiger struktureller Faktor nach wie vor bei der ökologischen Verteilung der Bevölkerung auf die metropolitanen Gebiete aus, wie auch die Situation im Familienzyklus in die gleiche Richtung wirkt (wenigstens für die Mittelklassen). Dazu kommt noch die Verteilung nach dem Alter, während die ökologische Verteilung nach Berufen, sofern sie nicht mit dem Klassenstatus zusammenhängt, eine nach wie vor unklare und ungreifbare (wenn überhaupt eine) Rolle spielt.

Damit ist deutlich gesagt, daß ein Teil der alten ökologischen Betrachtungsweise durchaus erhalten bleibt, wie etwa das vorzügliche Werk von Paul-Henry Chombart de Lauwe (1952) über Paris beweist. Ihm kommt allerdings zugute, daß die spezifische Situation in Paris der Anwendung der alten Zonentheorie entgegenkommt. In Beschränkung auf die Stadt Rom (also unter Auslassung des metropolitanen Gebiets) gab neuerdings D. C. McElrath (1962) eine Analyse, die auf den ökologischen Theorien der Chicago-Schule beruht; sie ist interessant sowohl für ihre Übereinstimmungen wie für ihre Abweichungen.

Probleme dieser Art führten insbesondere in der Diskussion um die neuen Vorstädte zu einer Kontroverse, die in vielen Teilen der Welt ausgetragen wurde. Die einen begrüßten die „Rückkehr zur Natur" in den Vorstädten ganz im Geist der alten Gartenstadtbewegung; die anderen aber wurden sich immer klarer darüber, daß sich ein eigenartiger „Mythos" um die „Suburbia" entwickelt hatte, der langsam in den 60er Jahren abgebaut wurde, obwohl er in der populären Literatur und in vielen Massenmedien noch immer weiterlebt. Die eigentliche Frage war folgende: sind die Menschen in den Vorstädten verwandelt worden? Oder war es eine vorher bereits bestehende Artung, die sie in die Vorstädte trieb (siehe Bennet M. Berger 1969, neu es „Vorwort" von 1968)? Die Arbeit von Bennet M. Berger (zuerst 1960) zeigte schlagend, daß sich das Verhalten von Automobilarbeitern nicht nennenswert veränderte, nachdem sie längere Zeit in einer Vorstadt gelebt hatten. Das widersprach total den Auffassungen, wie sie wenige Jahre früher William H. Whyte, Jr. (1956) entwickelt hatte, der in den Suburbs den angestammten Lebensraum der neuen Mittelklasse erblickte. Er behauptete übrigens nicht, wie man ihm das manchmal nachsagt, daß seine Beschreibung für alle amerikanischen Vorstädte zutreffend wäre: aber er meinte doch, darin einen eigentümlichen „Way of Life" sehen zu können, der dann von den Massenkommunikationsmitteln (insbesondere Film und Fernsehen) nicht nur über ganz Amerika; sondern über die ganze Welt verbreitet wurde, wogegen die ernsthaften Soziologen vergebens anzugehen suchten. Eine wichtige frühe Gegenstimme waren Thomas Ktsanes und Leonard Reissmann (1959) mit einem provokatorischen Titel „Suburbia – New Homes for Old Values". Andere folgten oder publizierten fast gleichzeitig. William M. Dobriner (1958) und John Kramer (1972) brachten ihre Aufsatzsammlungen heraus, in denen Musterstücke der wichtigsten Kritiker vorgelegt wurden, so die Werke von S. D. Clark (1966), von Herbert Gans (1961, 1962), William M. Dobriner (1963), nachdem er schon 1958 einige wichtige Fragezeichen gesetzt hatte, u. a. m. Große Gemeindestudien in diesen Vorstädten bestätigten die wichtigsten Punkte dieser Kritiker, so z. B. John R. Seeley, R. Alexander Sim, Elizabeth W. Looslay (1956), Herbert J. Gans (1967), aber auch Scott Donaldson (1969). Besonders interessant, weil sie einen Fall von Nicht-Integration analysieren, Marshall Sklare und Joseph Greenblum (1967). Im übrigen enthalten die Aufsatzsammlungen weitere Bibliographien, speziell auch James R. Pinkerton (1969).

Ferner ist das Problem, um das es hier geht, in sehr eigenartiger Weise geschichtet: Es zeigt sich, daß sich 1. die sozialen Klassen nach wie vor voneinander distanzieren, so daß der Auszug nach Suburbia *eine der wichtigsten Bekräftigungen der Klassenscheidung brachte,* die man sich vorstellen kann; 2. Da zur Unterklasse insbesondere die amerikanischen Neger gehören, ist die Auswanderung nach Suburbia gleichzeitig eine Flucht vor den Negern, die sich mit Vorliebe in den alten Zentralstädten niederlassen. Damit begann eine ganz andere Entwicklung, indem man das Verhältnis zwischen Suburbia und den zentralen Städten als eine *neue Form der Segregation* zu erkennen begann. Es war insbesondere Leo F. Schnore (1963, 1964, 1967, 1972), L. F. Schnore und Harry Sharp (1963; J. John Palen und L. F. Schnore 1965; L. F. Schnore und Joy K. O. Jones 1969), der einen Zusammenhang zwischen dem Alter eines metropolitanen Gebiets und seiner Bevölkerungsverteilung erkannte; wo eine Stadt in den letzten Jahrzehnten erst (1930–1960) den Status einer Metropolis erreicht hat, haben die Stadtzentren eine Bevölkerung, die im sozialökonomischen Rang höher steht als die der Vorstädte. Umgekehrt haben die Stadtzentren der älteren SMSA die größte Einwanderung von Negern zwischen 1950 und 1968 gehabt (J. C. Bollens und H: J. Schmandt 1970, S. 60 H.; siehe auch Karl E. Taeuber und Alma F. Taeuber 1965). So heißt es zusammenfassend: It shows that the stereotype portraying the flight of white, middle-class families from low income, ethnicdominated cities to the miniature republics of suburbia is generally appropriate only for the larger SMSA's. Since these are the areas, however, which contain a major proportion of the nations's urban population and face the most critical and massive problems, the disparities between them are of serious concern to all Americans. At the same time, the emphasis on the large SMSAs should not obscure the importance of the more numerous small and medium sized metropolitan areas which do not conform to the popular stereotype. For unless the national diversity in urban population patterns is clearly recognized, the need for tailoring policy and problem-solving techniques to specific kinds of Metropolitan areas maybe overlooked or simply ignored" (J. C. Bollens und H. J. Schmandt, S. 60; sie he auch die ausführlichen Darstellungen bei Noel P. Gist und Sylvia F. Fava 1974, Kap. 10 und 11). Damit erweist sich die „Mystik" der vorstädtischen Existenz als eine ausgesprochene Ideologie mit versteckten Werturteilen, die nach Segregation rufen in einem Zeitalter, wo Desegregation der einzig auf die Dauer gangbare Weg zu sein scheint.

Im übrigen bahnen sich auch in den amerikanischen Vorstädten neue Entwicklungen an, wie der Zensus von 1970 zeigt, indem ein wachsender Prozentsatz der Bewohner auch hier Arbeit findet (dazu Louis Masotti und Jeffrey K. Hadden 1973, 1974; Darstellung bei N. P. Gist und S. F. Fava 1974, S. 298 H.).

Das wichtigste Problem liegt aber darin, daß sich die amerikanische Gesellschaft in den großen Städten zunehmend nach Schwarz und Weiß polarisiert. Die nachfolgende Tabelle zeigt die Zunahme der Negerbevölkerung in den zentralen Städten der 12 größten SMSA zwischen 1950–1965 (Tab. 4).

Diese Entwicklung führte zur Bildung von *schwarzen Ghettos,* über die es heute eine reiche Literatur gibt (statt vieler nur: Kenneth B. Clark 1965; K. E. Taeuber und A. F. Taeuber 1965; Richard B. Sherman (Hrsg.) 1970; William K. Tabb 1970; Lee Rainwater 1970; Harold M. Rose 1971 u. a.). Die Konsequenz sind wachsende Kriminalitätsraten, vor allem aber auch bewaffnete Aufstände der städtischen Massen (siehe dazu Report of the

Tab. 4

Stadt	1950	1960	1965[a]	1970
New York	10	14	18	21,1
Los Angeles	9	14	17	17,9
Chicago	14	23	28	32,7
Philadelphia	18	26	31	33,6
Detroit	16	29	34	43,7
San Francisco	6	10	12	13,4
Boston	5	9	13	16,3
Pittsburgh	12	17	20	20,2
St. Louis	18	29	36	40,9
Washington D. C	35	54	66	71,1
Cleveland	16	29	34	38,3
Baltimore	24	35	38	46,4

[a] Zahlen für 1965 geschätzt mit Ausnahme von Cleveland
Quelle: Bureau of the Census and Bureau of Labor Statistics, Social and Economic Condition of Negroes in the US, Washington D. C. 1967. Siehe auch J. C. Bollens und H. J. Schmandt 1970, S. 64 und A. H. Hawley 1971, S. 250 ff.; N. P. Gist und S. F. Fava 1974, S. 279 ff. u. ö.

National Advisory Commission on Civil Disorder, Washington D. C. 1968), was vom Auftreten der „Stadtguerillas" zu unterscheiden ist. Wir denken hier insbesondere an die Aufstände in Los Angeles, Chicago, Newark u. a. Städten. In allerjüngster Zeit macht sich bei der Negerbevölkerung, sofern sie aufgestiegen ist, die Tendenz bemerkbar, ebenfalls in die Vorstädte auszuweichen (siehe dazu Peter C. Labovitz 1970; Reynolds Farley 1970; Philip Hauser 1971; Harold X. Conolly 1973; William W. Pendleton 1973, 1974; N. P. Gist; S. F. Fava 1974). Man muß sich fragen, was das für Konsequenzen haben wird.

Speziell in einer Hinsicht hat sich das ökologische Modell der Großstadt und der metropolitanen Gebiete bis heute erhalten, nämlich in bezug auf die Sonderstellung dessen, was man in den Vereinigten Staaten als *Central Business District* (CBD), in Europa nach dem Vorbild in London die City nennt (in Deutschland „Stadtmitte"; siehe dazu R. Mackensen u. a. 1959, Teil II); darunter ist nicht notwendig die geographische Mitte, sondern vielmehr jenes Gebiet zu verstehen, in dem „die hochspezialisierten Personen und Institutionen (lokalisiert sind) welche leitende, koordinierende und lenkende Funktionen auf die Markttätigkeiten der ganzen metropolitanen Region üben". Es ist dies der Zustand, in dem sich die Haupttätigkeiten der City auf Management, Verwaltung und Finanzwesen konzentrieren, wie Jean Gottmanns „White Collar Revolution", von der oben die Rede war. Die Dominanz dieses Gebiets ist ganz und gar sozial und vor allem wirtschaftlich, obwohl es mit seiner Region politisch sonst keine Einheit bilden muß. Meist stellt es den Kern der zentralen Stadt dar, ökologisch reicht seine Dominanz so weit wie der Umkreis der verschiedenen Untergebiete, die mit den Kontrollfunktionen insofern direkt verbunden sind, als in ihnen

die Menschen wohnen, die im CBD arbeiten. Das hat eine weitere wichtige
Folge, die man als symptomatisch für solche Bezirke ansehen kann, nämlich seine geringe Bevölkerungszahl im Vergleich mit der großen Menge an
Arbeitsplätzen, respektive die *Differenz zwischen Wohnbevölkerung und tagsüber anwesender Bevölkerung* (für Chicago siehe G. Breese 1964). Die Aus-
höhlung der zentralen Gebiete an Wohnbevölkerung gehört übrigens zu den
klassischen Versatzstücken der Großstadt-Kritik, die auch – insbesondere in
Deutschland – von Zeit zu Zeit immer wieder diskutiert werden. Andererseits gehört das Phänomen zu den fortgeschrittenen Industriegesellschaften
als ihr vielleicht typischstes Symptom, nachdem die Bedeutung des tertiären
Sektors immer mehr zugenommen hat. Wo früher Fabriken und alle Arten
von Produktionswerkstätten waren, befinden sich jetzt die Büros der Banken,
der Versicherungen, der Industrieverwaltungen, des Großhandels, vereint mit Luxusgeschäften, Großunternehmen des Einzelhandels, Hotels,
Restaurants, Theater, Kinos und zahllosen anderen Organisationen, die an
der Freizeitgestaltung und an der Kulturproduktion (Kunstgalerien, Museen)
beteiligt sind, insbesondere auch alle Unternehmungen, die mit dem Massen-
kommunikationswesen zusammenhängen. Wo sich jeweils diese City entfaltet, ist in den verschiedenen Städten verschieden, aber die Probleme, die sie
schafft, sind überall die gleichen: da praktisch kaum eine Wohnbevölkerung
vorhanden ist, muß die berufstätige Bevölkerung täglich mehrmals ein-
und ausströmen, was insbesondere in der Zeit des Automobils die größten
Probleme der Stadtplanung aufgerollt hat. Übrigens haben diese Zentren mit
dem Auszug der Wohnbevölkerung und einem Teil des Einzelhandels in die
Vorstädte eine starke Umformung erfahren, die nicht ohne Krisen abgelaufen
ist (Sh. F. Weiss 1957; R. Vernon 1959; G. Sternlieb 1962; A. F. Taeuber
1964; V. Gruen 1964; B. Hofmeister 1967).

Im übrigen ist neuerdings die Einstellung gegenüber dem CBD im
Wandel begriffen, indem positivere Stimmen und auch eine nüchternere
Betrachtungsweise sich durchsetzen. Allerdings werden die bestehenden
Probleme darum nicht verschüttet: „The CBD is on trial", heißt es (J.
C. Bollens und H. J. Schmandt 1970, S. 90). Aber es besteht doch die
Meinung, daß eine Stadt insgesamt Schaden nimmt, wenn ihr Zentrum
zugrunde geht. Die Frage ist zu wissen, ob wir nicht auch hier vor einer
ideologischen Verzerrung stehen. *Wenn es nämlich wahr ist, daß der CBD
seine Funktion als Wohnquartier eingebüßt hat, so bedeutet das noch lange
keinen totalen Funktionsverlust.* Schließlich hat der CBD auch keinen
Schaden genommen, als vor ca. einem halben Jahrhundert die Fabrik-
betriebe auszuziehen begannen – ganz im GegenteiL das kam einer höchst
begrüßenswerten Säuberungsaktion gleich, selbst wenn sie zu einer Abnahme
der Arbeitsplätze führte. Diese wurden dann aber in den Industrievorstädten
angeboten. Darüber hinaus übt der CBD aber nach wie vor sehr bedeutsame
Funktionen aus: er erlaubt durch „Window shopping" eine erhöhte Markt-
transparenz, gleichzeitig ist er Informationszentrum für neue modische
Angebote; Diversität der Erscheinung ist seine Stärke, wie Jane Jacobs (1963,

Kap. 8) bemerkt; hier siedeln sich gern Dienstleistungsbetriebe an, die ihre Leistungen im unmittelbaren persönlichen Gespräch abwickeln (Banken, Börsen und Finanzinstitute, Industrieverwaltungen, aber auch Industrie- und Rechtsanwälte, Ärzte, Wirtschafts- und Steuerberater, Werbungsunternehmungen u. ä.). Schließlich gibt es auch noch immer hochspezialisierte Produktionsbetriebe (etwa Juweliere) im Stadtkern. Im übrigen hat der Umstand, daß hier meist in einer direkten Auseinandersetzung von Mensch zu Mensch verfahren wird, häufig dazu beigetragen, daß man die Stadtzentren zu reinen Fußgängerzonen deklariert hat. Dazu kommt, daß die Stadtzentren vielfach ein Ausdrucksmittel der wirtschaftlichen und politischen Macht sind. Neben Rats- und Stadthäusern finden sich Polizeidirektion und Gerichte, aber auch in manchen Städten die protzigen Verwaltungsbauten der Großversicherungen, Großbanken und Großindustrien; dazu kommen noch Gewerkschaftshäuser, Parteizentralen, die Redaktionen überregionaler Zeitungen, Behörden aller Art von der Zollverwaltung bis zur Steuer. *Alle diese und viele andere Gebäude dienen der Demonstration der Macht.* Anderer Art ist die Häufung von vermittelnder (nicht kreativer) Intelligenz (in London wohnt die kreative Intelligenz in Bloomsbury, die vermittelnde am Strand, wo zu Zeiten von Karl Marx noch Fabrikationsbetriebe standen). Hierher gehören auch die Redaktionen und Verwaltungen der Massenmedien (Fernsehen und Sprechfunk), ferner literarische Agenturen, Verleger, Kunsthändler und Galeristen, Antiquitätengeschäfte, dann die großen internationalen Nachrichtenagenturen, auf die die Finanzinstitute angewiesen sind, Handelskammern, Handwerkskammern, Berufs- und Standesvertretungen aller Art. Was man heute nennt „images of the city" (Anselm Strauss 1961), also die visuelle Selbstdarstellung einer Stadt, hat hier seinen Vollzugsort, speziell in den großen Weltmetropolen mit Schlössern, Parlamenten, Regierungsgebäuden und anderen offiziellen Anstalten. Dazu kommen noch Theater, Kinos, Kirchen, Hotels, Museen, Kaufhäuser und historische Monumente, Restaurants, Hochschulen, Amüsierbetriebe. So hat man sich vielenorts entschlossen, die verkommenen Stadtzentren zu sanieren, etwa in Chicago das ganze Gebiet um den „Loop", in Amsterdam die Stadtmitte. Das erlaubt es nicht nur, von einer Zukunft des CBD zu sprechen, sondern geradezu von einer *Stadterneuerung,* die von hier ihren Ausgang zu nehmen haben wird, wie in so vielen europäischen Städten die Erneuerung mit einer Altstadtsanierung begonnen hat. Dazu kommt noch, daß sich die Stadtkerne vermehren und spezialisieren. Es kann dabei übrigens durchaus geschehen, daß ultramoderne Stadtteile neben traditionalen zu liegen kommen, wie in vielen alten europäischen Großstädten. Ein gutes Beispiel dafür bietet heute in der Dritten Welt die Stadt Kairo (dazu Janet Abu-Lughod 1964, 1971). Der entscheidende Fehler, den die ideologische Analyse in der Kritik der Stadtkernentwicklung begeht, liegt darin, *daß sie ganz offensichtliche Übergangszustände als endgültige ansieht, ohne zu bedenken, daß Wandlungsprozesse dieser Art wegen der außerordentlich komplexen technischen und wirtschaftlichen Verflechtung der Großstadtkerne*

viele Jahrzehnte brauchen, bis sie einen neuen Stabilitätszustand erreichen.
Man denke zurück an unsere Bemerkung (S. 45) über den Umbau von Paris,
der von Haussmann 1850 begonnen und erst 75 Jahre später abgeschlossen
wurde; Chicago ist seit ca. 1930 im Umbau begriffen und nur sehr teilweise
fertig.

Der wichtigste Wandel, der in der strukturellen Behandlung des sozialen
Systems in den letzten Jahren vor sich gegangen ist, bezieht sich auf das
Problem der Nachbarschaft. Während die ideologische Analyse der Großstadt
eine zentrale Säule ihrer These von der Atomisierung der Gesellschaft in der
Großstadt in der Vorstellung vom Verschwinden der Nachbarschaft sah, hat
sich dies unter dem Eindruck einer realistischeren Einstellung grundsätzlich
geändert. So bemerkte schon früh Svend Riemer (1952), daß die Großstadt
ein ausgesprochener Vollzugsort für Nachbarschaft sei. Allerdings setzt das
voraus eine Klärung des Begriffs Nachbarschaft selbst, speziell in der Fassung,
die er gelegentlich in der älteren Chicago-Schule angenommen hatte, als
sei ein „natural area" eine Nachbarschaft. Das hat auch viele dazu gebracht,
als könne man Nachbarschaft planen, wofür Jane Jacobs (1963, Kap. 6 und
15) viele abschreckende Beispiele gibt. Wir verweisen für diese ganze Auseinandersetzung auf Rene König (1958, Kap. V und VI), wobei wir einige
neue Gesichtspunkte behandeln wollen. Der entscheidende Gesichtspunkt
liegt darin, daß man „Nahe-bei-Wohnen" nicht mit Nachbarschaft verwechseln darf; letztere impliziert immer soziale Interaktionen, erstere ist in
dieser Hinsicht neutral. Dementsprechend muß auch zugestanden werden,
daß Nachbarschaft relativ nur auf kleine Räume beschränkt sein kann,
wie es etwa Paul-Henry Chombart de Lauwe (1952) mit seinem Begriff
des „kleinen Quartiers" angebahnt hat, das sich „durch eine Fülle von
Beziehungen höchst persönlicher Natur" (R. König 1958, S. 56) auszeichnet.
Innerhalb dieses Kreises bauen sich dann die Nachbarschaften als noch engere
Kreise ein (P.-H. Chombart de Lauwe 1965a, b), die ergänzt werden durch
Verkehrskreise, die weiter über das Stadtgebiet, zu anderen Städten, unter
Umständen über die ganze Weit reichen. Es führt nicht weiter, diese Ergeb-
nisse hier nochmals zu wiederholen.

Wohl aber möchten wir auf einen Punkt hinweisen, der in letzter Zeit
mehr und mehr hervortritt und uns bestens zusammenzupassen scheint
mit anderen Zügen, wie sie uns für die fortgeschrittenen Industriegesellschaften bezeichnend zu sein scheinen. Wir denken hier an die Parallele zur
Familiensoziologie, welche deutlich das Fortbestehen weiterer Verwandt-
schafts-Kreise auch im großstädtischen Milieu zeigte, nur daß Verwandtschaft
heute nicht mehr etwas quasi „natürlich" Zugefallenes darstellt, sondern
das Ergebnis eines Entscheidungsprozesses, im Laufe dessen ausgemacht wird,
mit wem verwandtschaftliche Beziehungen gepflegt werden. Im gleichen
Sinne ist Nachbarschaftsbeziehung Ergebnis eines Selektionsprozesses, der
nach den verschiedensten Gesichtspunkten ausgerichtet sein kann (soziale
Klasse, kulturelle und politische Interessen, Freizeitaktivitäten usw.). Erhält

so einerseits die Verwandtschaft Züge, wie sie sonst nur Freundschafts-
beziehungen aufweisen, *so entwickelt sich Nachbarschaft als Ergebnis eines Aus-
wahlprozesses im Rahmen eines relativ neutralen Bekanntschaftskreises.* Eine
solche Vorstellung von Nachbarschaft in der Großstadt *läßt sich also durchaus mit der Vorstellung von der Distanz vereinen, ja sie setzt diese geradezu
voraus.* Das stimmt gut zusammen mit der „abwartenden Haltung", die in
der Untersuchung der Stadt Dortmund als Ausgangsphase genommen wird
(R. Mackensen u. a. 1959, S. 173; weniger differenziert H. Klages 1958;
besser H. Oswald 1966, der richtig betont, daß die Alternative Nachbarschaft – Beziehungslosigkeit die Situation fälscht, denn es gibt viele andere
Beziehungen außer integrierter Nachbarschaft). Allerdings vermissen wir allgemein die Bezugnahme auf den *Entscheidungsprozeß,* der uns hier wichtiger
als alles andere zu sein scheint; der größere „Freiheitsgrad" wird hier nur
im Negativen gesehen, nämlich als Möglichkeit des Abseitsbleibens (R.
Mackensen u. a. 1959, S. 197) und nicht als Chance zur Auswahl der Nachbarn, mit denen Interaktionen stattfinden. Die Vorgänge von *Segregation* und
Absonderung hätten eigentlich schon lange die Aufmerksamkeit auf diesen
Umstand lenken können. Dieser Auswahlprozeß mag auch verdeckt werden
in relativ homogenen Gebieten, bei denen die Auswahl generell schon
getroffen ist, so daß die Überwindung der Distanz leichter fällt (wie speziell
in Vorstädten). Das gleiche gilt natürlich auch für Arbeiterquartiere; hier wird
insbesondere die Vereinigung von Nachbarschaft und Generationenverhältnis
von Wichtigkeit (siehe dazu das Kapitel von Leopold Rosenmayr über Alter
in Band 7 dieses Handbuchs[6]). Neue Gesichtspunkte bringt eine vorzügliche
Untersuchung von Martin Schwonke (1967) über die „neue Stadt" Wolfsburg, der an den Verhältnissen einer gleichzeitigen Belegung der Wohnblöcke
in neuen Vierteln (S. 123) gewissermaßen eine experimentelle Situation analysiert hat, bei der „der Freiheitsgrad bei der Gestaltung der nachbarlichen
Verhältnisse größer" ist. Von hier aus wird dann als neue Variable die Wohn-
dauer sichtbar, die schon bei älteren soziometrisch orientierten Studien
zutage getreten war (siehe dazu R. König 1958, S. 48 f.) und sich unter
anderem auch als Umschichtung der Selektion nach Ablauf einer bestimmten
Zeit darstellte, indem zu Beginn die Nachbarschaftsbeziehung in unmittelbarer räumlicher Nähe erfolgte, später nach kulturellen Homogenitäten.

So zeigt die moderne Großstadtregion außer den alten Problemen ihrer
ökologischen Struktur wie die eben behandelte Nachbarschaft zusätzlich neue, die mit dem Konflikt zwischen sozialer und politischer Struktur
zusammenhängen. Andererseits muß aber zugestanden werden, daß diese
Entwicklung weder willkürlich noch ohne Logik ist, so chaotisch oft auch die
Verhältnisse erscheinen mögen; vielmehr besteht hier eine enge Verbindung
zwischen der gesamtgesellschaftlichen Entwicklung vom industriellen

---

[6] Anm. der Hrsg.: HdeS, Band 7, Familie. Alter, Stuttgard 1976, S. 218–406.

Kapitalismus zu den fortgeschrittenen Industriegesellschaften einerseits und der Entwicklung der metropolitanen Gebiete andererseits. Uns scheint ihre Führungsfunktion in diesem Prozeß ganz unbestreitbar, so daß man am Schluß sich die Frage stellen darf, ob nicht die wirtschaftliche und damit – mindestens indirekt – politische Macht, die in den metropolitanen Gebieten vereinigt ist, in der Gesamtbilanz auch eine Machtballung bedeutet, die größer werden kann als die des herkömmlichen Staates, sofern es gelingt, die strukturellen Probleme zu lösen, die durch diese neuartigen sozialen Gebilde gesetzt sind, die im strengen Sinne die Hochform sozialen Lebens überhaupt darstellen. Doch diese letztere Frage ist nicht mehr eine der Soziologie im engeren Sinne, sondern vielmehr eine der angewandten Soziologie im Sinne des Urbanismus, die im vorliegenden Zusammenhang nicht aufgerollt werden kann.

V. Kulturelle Aspekte

Robert E. Park, der Pionier der Großstadtforschung, hat in seiner wahrscheinlich ersten Darstellung der Großstadt, die er zwei Jahre nach seiner Berufung an die University of Chicago veröffentlichte (1916), bereits auf die kulturellen Aspekte der Großstadt hingewiesen. Es heißt da: „The City, from the point of view of this paper, is something more than a congeries of individual men and of social conveniences – streets, buildings, eledric lights, tramways, and telephones etc.; something more, also, than a mere constellation of institutions and administrative devices courts, hospitals, schools, police, and civil fondionaries of various sorts. The city is, rather, a state of mind, a body of customs and traditions, and of the organized attitudes and sentiments that inhere in these customs and are transmitted with this tradition" (R. E. Park 1952, S. 13). Später (1939) wiederholt er dasselbe mit anderen Worten, die auch belegen, daß er niemals ein Dogmatiker der ökologischen Betrachtung gewesen ist: „The thing we call the city is, obviously, samething more than a population aggregate having a territorial configuration; something more than a „geographical expression", or even an association for the exchange of goods and services. The city, like other forms of society, is not only a political but a moral order. As such it tends to impose upon the free play of economic and egoistic forces the restraints of custom, conventions and law. All of these forms of control turn out finally, however, to be the products of communication" (1952, S. 121). In dieser Vereinigung der Begriffe von Kultur, Kommunikation und Wertordnung untersuchte er die Rolle der Presse in metropolitanen Gebieten (1952, S. 210 ff.); er war wahrscheinlich sogar der erste, der die Zirkulation gewisser Zeitungen als ein Kriterium (unter anderen) für die Umgrenzung solcher metropolitaner Gebiete benutzte. Seine Wirkung reicht bis in die heutige Soziologie der Massenkommunikation; eine wichtige Publikation, die ohne ihn unvorstellbar ist, stammt von Moritz Janowitz (1952) und untersucht die integrative Funktion der Tageszeitung in einer Großstadt. Damit ist eine Anregung aufgenommen, die Georg Simmel (1903), damit völlig aus dem Rahmen der deutschen Kleinstadtsüchtigkeit herausfallend, zuerst entwickelt hatte und die sicher auf Park gewirkt hat, der damals gerade Simmel in Berlin kennengelernt hatte. Damit ist auch der Temperatur nach eine andere Stellung gegenüber der Großstadt gewonnen als bisher. Im „Stundenbuch" von 1905 schreibt Rainer Maria Rilke, selbst ein Dichter, der ohne Großstadt undenkbar ist, in völliger Verkennung seiner Situation:

> Denn, Herr, die großen Städte
> sind verlorene und aufgelöste ...
> und ihre kleine Zeit verrinnt.

Er hat damit im deutschen Bildungsbürgertum jene Einstellung heimisch gemacht, die Franz Werfel im „Spiegelmensch" karikierte als „Kleinstadtgotisch-Dombau-mystisch", wobei den Betrachtern zumeist unklar bleibt, daß es sich hier im strengen Sinne um eine inadäquate Ideologie handelt, da Rilkes Lyrik nirgendwo anders als in der Großstadt entstehen konnte, ebenso wie die Baudelaires, der – realistischer – die ganze Entwurzelung der Großstadtexistenz in sich hineinnahm und damit zum Schöpfer einer einzigartigen Lyrik wurde. Im übrigen bedeuten diese Bemerkungen über Rilke keinerlei Kritik an seinem Werk, wir wollen einzig seine ideologisch verzerrte Stellung zur Großstadt charakterisieren, die in der Auseinandersetzung um die Großstadt bis heute nachwirkt (z. B. A. Stöckli 1954).

Stadt und Kultur sind also keine Gegensätze, sondern, wie es oben bei Robert E. Park hieß, die Stadt ist eine eigene Kultur, ein „state of mind", ein Inbegriff von Sitten und Traditionen sowie organisierter Attitüden und Gefühle, die diesen Sitten anhaften und mit diesen Traditionen weitergegeben werden. Im Gegensatz zu jenen, die hier nur ein Chaos sehen, spricht Park vom *cultural order* oder vom *moral order* der Stadt. Darin schlägt sich unseres Erachtens Georg Simmels Konzeption von der Stadt- und Großstadt-Kultur nieder. Für letzteren sind die Großstädte „in die Wurzel wie in die Krone des ganzen geschichtlichen Lebens eingewachsen" (1903, S. 205/6) und stellen damit eine eigene Kultur dar, die es weder zu kritisieren, noch zu glorifizieren, sondern analytisch zu verstehen gilt, und zwar mit Hilfe der Rationalität, die „Ursache wie Wirkung" der Großstadt sei (S. 191).

Damit ist auch angedeutet, daß es sich bei den kulturellen Aspekten der Großstadt-Soziologie nicht um Bewertungen der Großstadtexistenz, *sondern vielmehr einzig um Analytik der kulturellen Wertzusammenhänge im Rahmen der Großstadt handeln kann.* Die Differenz scheint gering, gewiß, und doch ist sie entscheidend für uns. Denn allein unter Voraussetzung dieser Differenz wird Großstadt-Soziologie als empirische Forschung möglich. Dabei wird es auch um Bewertungen gehen, z. B. um „Wohnwünsche", „Aspirationen" und „Bedürfnisse", diese sind dann aber nicht das Ziel sondern nur das

Objekt der Forschung (so etwa bei E. Pfeil, G. Ipsen, H. Popitz 1954; P. H. Chombart de Lauwe 1965a, b). In diesem Sinne hatte Louis Wirth, ein anderes Mitglied der Chicago-Schule, in seiner berühmten Abhandlung von 1938 (jetzt in: L. Wirth 1956) über *„Urbanism as a Way of Life"* die Großstadtexistenz als „a mode of life", genau im Sinne Simmels, bezeichnet, also als einen Lebensstil. So unterscheidet er auch drei Behandlungsweisen der Großstadt: 1. als physische Struktur mit einer bestimmten Bevölkerung, Technologie und ökologischen Ordnung; 2. als eine soziale Organisation mit charakteristischer Struktur, einer Reihe sozialer Institutionen und. typischen Formen sozialer Beziehungen; 3. schließlich als eine Reihe von Attitüden und Ideen, eine Konstellation von Personen, die in mannigfaltigen Formen kollektiven Verhaltens begriffen und typischen Formen der sozialen Kontrolle unterworfen sind (1956, S. 126). Mit letzterem ist der kulturelle Aspekt angesprochen, dessen Erforschung eigene Probleme setzt. Im übrigen tritt der kulturelle Faktor auch in den anderen Punkten auf, so z. B. bei Betrachtung der Bevölkerung mit ihrer typischen Heterogenität in den Großstädten, die nicht nur wirtschaftlich oder regional sondern gerade auch in bezug auf ihre verschiedenen „Lebensstile" (Subkulturen) differenziert ist. In diesem Zusammenhang setzt sich etwa ein Begriff wie der des *„niveau de vie"* von Maurice Halbwachs bei einem Großstadtsoziologen wie Paul Henry Chombart de Lauwe (1956) sofort um in eine Analyse großstädtischer Lebensstile, etwa dem des Arbeiters.

P. H. Chombart de Lauwe war es auch, der schon 1952 (abgedruckt in: 1965a) die symbiotische Ordnung der Ökologie wieder näher an den „cultural order" heranrückte und einen *soziologischen Raumbegriff* entwickelte, *der gleichzeitig ökologisch und kulturell ist.* Er ging damit auf demselben Weg wie Robert E. Dickinson (1951) in seinem klassischen Werk über die westeuropäische Stadt, in dem sich der geographische Gesichtspunkt mit dem kulturellen und historischen vereint. Vielleicht ist das sogar eher im Sinne von Robert E. Park und den anderen Mitgliedern der Chicago-Schule, für die im Mittelpunkt der Mensch steht, der unverständlich bleibt ohne kulturelle Symbole, selbst wenn er natürlich daneben auch ein Lebewesen ist wie andere auch, dessen ökologische Verteilung im Raum studiert werden kann, wie es die reinen Ökologen tun (z. B. besonders extrem J. A. Quinn 1950, ähnlich auch bei den deutschen „Raumforschern"; ein neues Sammelwerk von G. A. Theodorson 1961 unterscheidet zwischen dem „orthodox approach" und dem „sociocul tural approach" in der Ökologie). Der entscheidende Lebensraum für den Menschen bleibt aber immer die Geschichte, so daß wir bei der Definition des sozialen Raums notwendig gezwungen werden, neben Segregation und Konkurrenz der Bevölkerung, die beides Prozesse sind, die Dimension der Symbole mit zu berücksichtigen, die erst den ökologischen Verhältnissen ihren Sinn geben. So ist auch ein städtisches Quartier nicht nur bestimmt durch geographische und wirtschaftliche Faktoren, sondern insbesondere auch durch die Vorstellungen, welche seine Einwohner und die anderer Quartiere von ihm haben (P. H. Chombart de Lauwe 1975, S. 28). Damit wird der Begriff des *sozialen Raums* zu einem höchst komplexen Phänomen, das jedenfalls nicht ohne den kulturellen Aspekt (also z. B. Kollektivvorstellungen) begreiflich ist. So wird der soziale Raum in diesem Sinne nicht nur durch die räumlichen Grenzen der Verteilung von Personen einer bestimmten Berufszugehörigkeit, die wiederum durch Bodenpreise, Konzentrationen der Industrie, Art der Wohnverhältnisse usw. bestimmt sind, sondern zusätzlich durch symbolische Anziehungspunkte wie Börsen oder Kirchen, Banken oder Versicherungen determiniert, wobei es nicht verwunderlich ist, daß der erste Wolkenkratzer, mit dem Chicago um 1890 zur Metropole erwuchs, ein paar Jahre vor dem ersten Wolkenkratzer in Manhattan ausgerechnet von der First Home Insurance gebaut wurde (über den Symbolcharakter von Hochhäusern siehe J. Gottmann 1967). Unter solchen Voraussetzungen erhalten die selbstverständlich in ihrer Bedeutung anerkannten ökologischen Untersuchungen eine bedeutende Vertiefung, die auch strukturelle Analysen nicht ausschließt. All das ist typisch für die französische Schule der „sozialen Morphologie", wie sie von Emile Durkheim und Marcel Mauss begründet und durch Maurice Halbwachs (1946) zu einer empirischen Wissenschaft ausgebaut wurde (vgl. dazu Art. „soziale Morphologie" in: R. König 1976). Im übrigen widerspricht sie in keiner Weise dem Ausgangspunkt der Schule von Chicago, wenn sie sich auch von der Betrachtungsweise der „professionellen" Ökologen abhebt, die allerdings nicht mit den Großstadt-Soziologen identifiziert werden dürfen.

Zunächst muß darauf hingewiesen werden, daß sich auch in den Vereinigten Staaten schon früh eine Opposition gegen die angedeutete Art von Ökologie bemerkbar gemacht hat, wobei gewissermaßen die kulturellen Aspekte bei Robert E. Park gegen die hemmungslose Aufstellung von „Gradienten" und komplexen „Indizes" aller Art hervorgehoben wurden (siehe dazu Ph. M. Hauser 1956; E. C. Hughes 1956). Genau im Sinne des Begriffs „sozialer Raum" bei Chombart de Lauwe wurde den alten Lehren vorgeworfen, sie gingen so vor, als hafte dem Raum als solchem eine determinierende Kraft an, von der die sozialen Aktivitäten der Menschen bestimmt würden. Dabei werde vollständig vergessen, daß soziale Wertvorstellungen dem physischen Raum Qualitäten geben mögen, die mit ihm als physischer Erscheinung nicht das Geringste zu tun haben. Es fehlt auch, wie Walter Firey (1947, S. 3, Kap. I und IX) betonte, der leiseste Hinweis in den ökologischen Theorien, wie und unter welchen Voraussetzungen soziale Aktivitäten auf irgendeine Weise mit dem physischen Raum verbunden sein könnten. Später erweiterte der gleiche Autor (W. Firey 1960) diesen ersten Ansatz zu einer weitergreifenden soziologischen Theorie von den natürlichen Ressourcen, bei der die Bedeutung der „ethnologischen" resp. kulturellen Voraussetzungen für die Wahrnehmung gewisser natürlicher Gegebenheiten mit Recht hervorgehoben wird. So kann der gleiche physische Raum mit den gleichen Ressourcen verschiedenen Kulturen ganz verschieden erscheinen. Als die arabischen Nomaden im 7. Jahrhundert Nordafrika eroberten, fanden sie dort eine hochentwickelte Bewässerungswirtschaft, die schon viele Jahrhunderte bestens produziert hatte. Statt sie zu übernehmen, verdrängten die Araber sie durch ihre Weidewirtschaft. Für die Araber war Bewässerung völlig unverständlich, ebenso die windbrechenden Wälder, und Wasserförderung durch Brunnen war sowieso problematisch. So erscheint der gleiche Raum ganz verschieden je nach den Kulturen, die ihn bevölkern (W. Firey 1960, S. 30). Das ist gewissermaßen das Ende der naturalistischen Konzeption der Ökologie in der Soziologie, womit eine Rückkehr zur älteren Auffassung eingeleitet wird. Es ist aber interessant zu vermerken, wie sich hier eine Überlegenheit des kulturellen Aspekts über den einseitig ökologischen anbahnt; denn wo alle Gradienten versagen, wo vor allem die Warnung vor dem ökologischen Fehlschluß beherzigt wird, zeigt sich, daß gewisse extreme Gebiete in der Großstadt nach wie vor deutlich greifbar bleiben (R. König 1958, S. 59), wie z. B. die „Goldcoast" und der „Slum", um einen berühmten Titel von Harvey Zorbaugh (1929) zu paraphrasieren, der die ältere Position wiedergibt. Die *„zwingenden"* Einflüsse gehen dann nicht vom Raum als solchem, sondern *von einer räumlichen Sozialordnung mit kulturell-symbolischer Bedeutung* aus, und das ist genau die Ebene, auf der wir uns in diesem Zusammenhang bewegen wollen. In dieser Hinsicht kann sogar ein Slum das Objekt menschlicher Wertgebung werden und damit eine stabilisierende Wirkung gewinnen (R. C. Weaver 1964).

Das führt uns ein letztes Mal zur kritischen Überdenkung des Begriffs der Ökologie, der sicher für die Förderung dieser ganzen Diskussion nicht unnütz war, darum aber noch lange nicht als Grundlage einer einheitlichen Theorie angesehen werden kann und darf (vgl. dazu auch Dennis E. Poplin 1972). Allein die Verschiedenheit der ökologischen Schemata von Ernest Burgess (1926), Homer Hoyt (1933), Chauncy D. Harris und Edward L. Ullmann (1945) könnte die Vermutung aufkommen lassen, *daß es sich dabei um jeweils historisch verschiedene Entwicklungsstadien der Stadt Chicago handelt;* das wäre ein Hinweis auf den *historischen Faktor.* Ferner muß darauf hingewiesen werden, daß ein Ökologe wie Amos H. Hawley schon seit langem dem Faktor der sozialen Organisation eine besondere Rolle zuweist (1971, S. 12; aber schon viel früher A. H. Hawley 1944), womit er zweifellos der Soziologie näher rückt als andere „orthodoxere Ökologen. Weiter geht Edward C. Banfield (1970), wenn er von der *„Logik"* des *städtischen Wachstums* ausgeht, zu der z. B. die Scheidung in die Klassen der Armen und Reichen gehört, ferner noch technologische und ökonomische Umstände; in diesem Fall kommen zusätzlich mehr *demographische Elemente* ins Spiel, indem die immer neue Einwanderung sozialschwacher Gruppen ins Zentrum der Städte die früheren Einwohner von dort horizontal nach Außen treibt, nachdem man nicht beliebig in die Höhe bauen kann. Man könnte das am besten als *zentrifugalen Bevölkerungsdruck* bezeichnen. Während nun die älteren Ökologen der Chicago-Schule geneigt waren, hier geradezu „naturale" *Wettbewerbsprozesse um den Raum* anzusetzen, die sich dann letztlich als dezentralisierende Prozesse auswirken und damit die Grenzen der Konzentration sichtbar werden lassen (siehe dazu Roderick D. MacKenzie 1926), kann man auch anders deuten – speziell wenn man den historischen Faktor berücksichtigt. Dann spielt es etwa eine Rolle, daß die Einwanderer einer ersten Welle *sozial aufgestiegen sind und nun nicht dem Druck weiterer Wellen weichen, sondern aus eigenem Willen andere Wohnquartiere aufsuchen.* Man halte das zusammen mit den auf S. 444 erwähnten Entscheidungsprozessen, dann wird klar, worum es sich hier handelt: *um eine in Bewegung befindliche Sozialstruktur,* innerhalb derer verschiedene ethnische Einheiten verschieden schnell aufsteigen. Das zeigt die Wirkung nationaler Stereotype und Bewertungen kultureller Art an. So stellte Paul F. Cressey (1938) fest, daß zwischen 1898 und 1930 die Schweden, Iren und Deutschen in Chicago am weitesten aus dem Zentrum von Chicago verzogen waren, während die Neger und Italiener noch nahe dem Zentrum lebten; diese Bewegung wurde von zwei späteren Untersuchungen bestätigt (Richard G. Ford 1950; Otis Dudley Duncan und Stanley Lieberson 1959), wobei wieder andere Bevölkerungsgruppen sichtbar wurden, die besonders langsam vom Fleck kamen, so die Polen, Tschechen, Osterreicher, Russen, Litauer, Griechen, Bulgaren, Rumänen, Ungarn (zum Ganzen vergl. N. P. Gist und S. F. Fava 1974, Kap. 8). Dem muß man hinzufügen, daß es bei aller Mobilität auch *Prozesse der Sedimentierung* gibt; d. h. mit oder ohne sozialen Ausstieg mögen Leute aus verschiedenen Gründen am einmal erreichten Platz verweilen. Dazu gehört meines Erachtens sowohl das Alter als auch der Standort im Familienzyklus: die Jungen ziehen weiter, die Alten bleiben am Ort. Das führte zu dem Schluß, daß das Ganze nicht nur eine Frage der Ökologie und quasi „naturaler" Prozesse, *sondern vor allem des wirtschaftlichen Erfolges ist,* als dessen Ergebnis auf die Konzentration und Segregation die *Dispersion* und die *Desegregation* folgt, wie es etwa besonders gut bei den Italienern in New Haven untersucht worden ist (Jerome K. Meyers 1950). *Damit sind die alten ökologischen Begriffe von Invasion und Sukzession ganz einfach überflüssig geworden.* Wenn sich dann aber herausstellt, daß manche Gruppen fester in den zentralen Bezirken gebunden sind, wie z. B. die Neger, dann ist das nicht Ausdruck der ökologischen Kristallisierung eines einmal erreichten Standorts, sondern vor allem die Folge verstärkter Vorurteile und ungleicherer wirtschaftlicher Chancen. Man beachte, daß solche Segregationsprozesse auch in Europa Folge eigentlicher Strategien waren (die man allerdings nicht gern öffentlich eingesteht), so etwa wenn in der Stadt Köln die Protestanten nur am rechten Rheinufer wohnen durften, selbst wenn sie tagsüber ihren Geschäften in der linksrheinischen Stadt nachgingen: während sie wenigstens in der Stadt gelegentlich übernachten durften, war den Juden auch das verwehrt. Heute befinden sich am rechten Rheinufer die Industriequartiere Kölns. Berlin hatte in den Jahren von 1880–1914 eine enorme Einwanderung von Schlesiern, die sich rings um den Schlesischen Bahnhof niederließen, bis sie sich nach erfolgtem sozialem Aufstieg erst über die ganze Stadt, später über Ost- und Mitteldeutschland verteilten. Also nicht ökologisch-naturale Prozesse sind entscheidend, sondern wirtschaftliche, soziologische, sozialpsychologische und schließlich kulturelle, zu denen vor allem Faktoren symbolischen Charakters gehören.

Unter diesen Voraussetzungen hat neuerdings Anselm Strauss (1961, 1968) einen interessanten Versuch unternommen, die „Bilder" (Images) amerikanischer Städte zu analysieren, ein Versuch, von dem man wünschen möchte, daß er in Europa Nachahmer fände. Er verfolgt darin die Entstehung jener Städtedarstellungen, die „charakteristische Komplexe von Symbolen" (S. 32) bilden. Bei dieser „imagery" muß nicht immer das Ganze gegeben sein, vielmehr stehen Einzelheiten wie die Golden Gate Bridge für San Francisco, ein Detail des French Quarter für New Orleans, die Skyline von Manhattan für New York oder – wie wir fortfahren können – etwa die Uferpartie von Köln nach einem berühmten Stich des Anton Woensam von Worms für die ganze Stadt, in dem nicht nur die vielen Kirchen Köln als Kulturstätte, sondern auch die vielen Schiffsanlegeplätze Köln als Warenumschlagplatz symbolisieren. Ähnliches tritt in der Gemeindesoziologie als „symbolische Ortsbezogenheit" auf (H. Treinen 1965). Das führt bei Strauss, genau wie bei Chombart de Lauwe zu einer Vereinigung der Begriffe von Lebensstil und vom städtischen Raum. Ein mehr ästhetischer Zug spricht aus Kelvin Lynchs (1960, 1962) Begriff der verschiedenen Bildfähigkeit (imageability) einzelner architektonischer Einzelheiten in den Großstädten, die in ihrem Zusammenwirken einen befriedigenden (oder nicht befriedigenden) Eindruck hinterlassen (ähnlich W. L. Creeze 1963; H. Millon 1963 und viele andere). Walter Gropius (1956) prägte dafür den Ausdruck „optische Kultur".

Der symbolische Charakter der Räume (Straßenführungen und Plätze) kam deutlich zum Ausdruck beim Wiederaufbau alter Städte, die im Krieg zerbombt worden waren. Man versuchte sogar sehr zum Nachteil neuer Verkehrsanforderungen, die Straßen genauso wieder anzulegen, wie sie vorher gewesen waren. Von Köln strahlte übrigens die Ideologie aus, die unterirdischen Investitionen, die im wesentlichen von den Bombenschäden unberührt geblieben waren, verhinderten eine Änderung der Straßenfluchten. Im Grunde war das nur eine Rationalisierung für das unklare Bedürfnis, die Stadt genauso wieder aufzubauen wie vorher. Wie Fred Charles Ikle (1958) in seiner Studie über die sozialen Folgen der Bombenzerstörungen schreibt, zerschellten an diesem Umstand die utopischen Träume der Gartenstadtbewegung, welche sich als Ergebnisse des Bombenkriegs eine Dekongestion der großen Städte erhofft hatten. Diese bewiesen nicht nur eine außerordentliche Stabilität, sondern bevölkerten sich wieder trotz aller Zerstörungen außerordentlich schnell Das galt übrigens auch für die durch Atombomben zerstörten Städte Hiroshima und Nagasaki in Japan; in letzterer Stadt hatte sich insbesondere das Zentralgebiet der atomaren Explosion nur fünf Jahre nach der Katastrophe bereits beträchtlich erholt (F. Ch. Ikle 1958, S. 217); man kann heute sagen, daß diese Schäden nach ca. 10 Jahren ganz verschwunden waren. Häuser kann man zerstören, nicht aber Bilder; diese überleben die Zerstörung und machen ihre Wirkung beim Wiederaufbau bemerkbar.

Alle diese Beispiele, denen viele andere angefügt werden könnten, zeigen deutlich, wie die symbolisch-kulturellen Funktionen der Großstädte mindestens auf der gleichen Ebene stehen wie die wirtschaftlichen und rein ökologischen Funktionen (A. Strauss 1961, S. 61; siehe auch G. Kepes 1962; weitere wertvolle Materialien bei A. Strauss 1968; eine vorzügliche Übersicht bei N. P. Gist und S. F. Fava 1974, Kap. 21). Vielfach sind auch diese symbolisch-kulturellen Aspekte entscheidend für die außerordentliche Standortfestigkeit der sozialen Ordnungen innerhalb der Stadt, wie sie etwa Walter Firey (1947) in bezug auf das alte Wohlstandsquartier von Beacon Hill in Boston zeigte. So sind auch Fifth Avenue oder Regent Street oder die Rue de Rivoli keineswegs Begriffe nur ökologischer und wirtschaftlicher Konzentration, sondern haben eine eigene Kulturbedeutung. Immer haben einzelne Straßen im Stadtzentrum eine besondere Bedeutung, etwa wegen renommierter Restaurants oder anderer Amüsierstätten, die auch ein eigenes Publikum anziehen, das man andernorts nicht findet. An diesen Örtlichkeiten, die Anselm Strauss als „lokale" bezeichnet, finden sich Menschen unendlich verschiedener Herkunft. Ihnen stehen gegenüber die „locations", d. h. ökologischen Standorte relativ homogener Bevölkerungen, die hier auch ihrem eigenen Lebensstil nachgehen; das gilt in den Vereinigten Staaten insbesondere für die Einwanderer verschiedener ethnischer Herkunft. Örtlichkeiten und Standorte bilden gewissermaßen polare Begriffe, zwischen denen viele Zwischenformen stehen. Natürlich treffen sich Personen verschiedener Herkunft auch an diesen ökologischen Standorten, aber die Kontakte bleiben relativ oberflächlich. So werden die alltäglichen *Verkehrsnetze* (wir übersetzen mit diesem Begriff das Wort „orbit" bei Strauss 1961, S. 65, zum ganzen Kap. IV) der Menschen in Arbeit und Erholung sie immer über ihre „*kleinen Quartiere*" hinausführen (zu diesem Begriff vgl. P. H. Chombart de Lauwe 1952; R. König 1958, S. 56), auch wenn die Menschen normalerweise nur wenige räumliche Sektoren ihrer Stadt frequentieren. So zeigte es auch Paul-Henry Chombart de Lauwe für Paris (1952, 1965a), wobei vor allem die außerordentlich verschiedene Ausdehnung dieser Verkehrsnetze nach Klassenzugehörigkeit zutage trat (vgl. 1965a, S. 124 zwei sehr aufschlußreiche Karten). Diese Verschiedenheiten in der Art der sozialen Verkehrsnetze nach den einzelnen Stadtquartieren, die engstens mit dem alltäglichen Verhalten und den allgemeinen Lebensumständen zusammenhängen, erklären nach Chombart de Lauwe auch einen Teil der Segregationen, die sich dann fast automatisch zwischen den verschiedenen sozialen Gruppen im städtischen Raum herstellen.

Dieser Begriff der *Verkehrsnetze* (orbits) von Anselm Strauss scheint gleichzeitig eine entscheidende Vertiefung der ökologischen Theorie der alten Chicago-Schule und auch einen Hinweis für die Forschung darzustellen, dessen Fruchtbarkeit für uns unabweisbar ist. Die Vertiefung liegt darin beschlossen, daß hiermit die Beziehungen zwischen dem Raum und verschiedenen sozialen Welten greifbar und deutlicher artikuliert werden. Die Verkehrsnetze zeigen, daß sich die Angehörigen aller sozialen Gruppen ständig im Raum bewegen und daß diese Bewegungen gewisse Regelmäßigkeiten aufweisen (vgl. die Karten bei P. H. Chombart de Lauwe 1965a, S. 50). Wir werden bald sehen, daß sich aus Einsichten dieser Art sehr wichtige Hinweise für die angewandte Soziologie der Stadtplanung ergeben. Ist etwa ein Quartier durch eine Bevölkerung bewohnt, die sich nur wenig bewegt und deren Verkehrsnetze infolgedessen beschränkt sind, dann bedarf dieses Quartier in erhöhter Weise einer planmäßigen Ausstattung mit Dienstleistungen und Einrichtungen z. B. für Freizeit (Parkanlagen, Kinos, Sportplätze, Schwimmhallen usw.) u. ähnl. Im momentanen Zusammenhang muß aber festgehalten werden, daß jede dieser Gruppen durch gemeinsame Symbole und gewisse Kommunikationskanäle zusammengehalten wird, die einzig erkannt werden können, wenn wir unsere Aufmerksamkeit auf die kulturellen Aspekte der großstädtischen Gebiete lenken. Daß übrigens die Rolle der Großstädte im nationalen und internationalen *Tourismus* ebenfalls durch kulturelle Bilder bedingt ist, die ihnen mit erstaunlicher Hartnäckigkeit anhängen, wird von Strauss auch mit Recht hervorgehoben und könnte sogar dazu dienen, die *Tourismusforschung* insgesamt anzuregen. (1961, Kap. V).

Bei Chombart de Lauwe wird neuerdings (1962, in: 1965a, S. 116 ff.) der Versuch einer methodischen Analyse der Perzeptionen und Wahrnehmungen der Großstadt Paris unternommen. Dabei schält sich die „image idéale" der Stadt als das heraus, was dem Landleben am entgegengesetztesten ist: die *Animation* (die schon bei Friedrich Engels und Georg Simmel auftauchte), die Bewegung, die Entwicklung des Konsums, der Freizeit und der Vergnügungen. Im Grunde sind es die gleichen Elemente, weiche die Menschen in Paris, in Casablanca, in Dakar oder in Warschau anziehen, wie Chombart de Lauwe sagt. Dieses „Bild" gewinnt an Relief, wenn man damit die Ergebnisse einer Erhebung vergleicht, in der nach der Bewertungsordnung von 14 symbolischen Monumenten oder Gebäuden in Paris gefragt wurde. Die Reihenfolge erlaubt die Aufstellung einiger zentraler Orientierungspunkte im großstädtischen Raum, wodurch dieser Raum sofort strukturiert wird. An der Spitze (1) stand allein das Hotel de Ville, danach (2) folgten im gleichen Rang die Kathedrale und die Oper; (3) ferner die Universität, der Sportpalast und die Maison de la jeunesse; (4) der Messepark, der Palais des sciences, das Denkmal der Kriegsgefallenen; (5) Justizpalast, Arbeitsbörse, Funkhaus, Maison du peuple. (Wir bemerken dazu nur, daß die Spitzenstellung des Rathauses ein Experiment bestätigt, das in Los Angeles seit Jahren im Gange ist, nämlich durch eine Gruppe von zentralen Hochbauten. um das großstädtische Verwaltungszentrum eine kulturell-symbolische Integration dieses Konglomerats von rund 50 selbständigen Gemeinden anzubahnen.) Die Monumente einer Stadt spielen eine gewisse Rolle bei Spaziergängen und überhaupt bei Erholung und Freizeit. Dabei tritt zutage, daß für die Befragten auch gewisse Naturelemente eine Rolle spielen, was die Attraktivität der Seineufer, des Jardin du Luxembourg, der Tuilerien usf. ausmacht. Es scheint wichtig, diese tiefverwurzelten Wünsche der Bevölkerung bei der Stadtplanung zu beachten, was allerdings bei totalen Neuplanungen wie Brasilia vielleicht leichter ist als bei Städten mit einer langen Geschichte wie Paris. Das rollt für die Stadtplaner eine ganz neue Frage auf, *nämlich in den Städten eine „Freizeitlandschaft" zu sichern wie auch im Rest des Landes.* In bestimmten Städten, wie etwa Wien, wo der Wienerwald praktisch bis in die Stadt hineinreicht, ist dies kein Problem, in anderen Städten sehr wohl. Im übrigen findet sich in Wien die gleiche Ausrichtung der Bevölkerung auf den Kulturkonsum wie in Paris, wo die Oper im zweiten Rang neben der Kathedrale als wichtiges Stadtsymbol genannt wurde; darum zeigt sich auch ein Widerstand der Wiener Bevölkerung, am Stadtrand zu wohnen (G. Krall, L. Rosenmayr, A. Schimka, H. Strotzka 1956; R. König 1958, S. 85), was eine interessante Abweichung von anderen Großstädten darstellt. Ebenfalls muß die Sicherung der Fußgängerzonen beachtet werden, die nicht nur eine wirtschaftliche, sondern auch eine kulturelle Funktion haben. Das führt zu einer Analyse der Funktion großer Plätze in metropolitanen Gebieten, die heute meist dem Verkehr reserviert sind, falls nicht von vornherein so weiträumig geplant ist wie in Washington, D. C., was dann allerdings andere strukturelle Nachteile im Gefolge hatte, indem das großstädtische Gebiet von Washington bei weitem die Grenzen des Distrikts von Columbia überflutet hat und sich in zwei verschiedene Staaten Maryland und Virginia mit verschiedenen Jurisdiktionen hinein ausdehnt.

Eine wesentliche Vertiefung der Kenntnisse über *die symbolische Wertrangstellung der einzelnen Quartiere* von Paris brachte neuerdings eine Forschergruppe, die unter der Leitung von Chombart de Lauwe gearbeitet hat (E. Cornuau, M. Imbert, B. Lamy, P. Rendu, J. Retell 1965). Abgesehen von dem interessanten Versuch einer differentiellen Bewertung der einzelnen Stadtquartiere interessiert an dieser Arbeit insbesondere *die Analyse der Anziehungskraft des Zentrums der Stadt.* Dabei wird selbstverständlich nach den Motivationen unterschieden, die bezüglich Wohnen und Einkaufen einerseits, resp. Amüsement und Zerstreuung andererseits variieren (beide Verhältnisse sind meist invers). Erstaunlich wirkt es zu sehen, wie ungemein differenziert auch der Begriff des „Zentrums" ist. Die Befragten, die eine Antwort auf diese Frage gaben, machten folgende Angaben (Tab. 5):

Tab. 5 Das Zentrum von Paris

	Männer %	*Frauen %*
Opéra – St. Lazare und Umgebung	38	48
Châtelet – Rue de Rivoli – Hôtel de Ville	24	21
République – Bastille und Umgebung	11	9
Notre-Dame	11	7
Champs-Elysées – Etoile und Umgebung	9	8
Quartier Latin – Rive gauche	5	6
Anderes	2	2
Total	100	100

Trotz des historischen Symbolismus werden also Notre-Dame und die Cité ziemlich wenig als „Zentrum" angesehen, während die Kaufquartiere beliebter sind. Die Differenzierungen gehen aber noch weiter: Frauen fühlen sich mehr als Männer angezogen vom Quartier Opéra – St. Lazare, die Angehörigen der Oberklasse sowohl aus der Stadt als auch aus der Banlieue fühlen sich dort ebenfalls im Zentrum, während sich Arbeiter an der République und in der Rue de Rivoli, die Angestellten dagegen mehr auf den Champs-Elysées oder an der Rive Gauche im Zentrum fühlen. Im übrigen wird der Aufenthalt im Zentrum von der überwiegenden Zahl als angenehm empfunden (80 % der Frauen, 70 % der Männer). Wenn das Zentrum von Paris die Menschen anzieht, so aus mehreren Gründen. Der Hauptgrund ist natürlich das Einkaufen, also der Konsum; ferner die Zerstreuung und das Spazierengehen, also typische Freizeitbeschäftigungen. In der Tat sind die großstädtischen Agglomerationen die entscheidenden Vollzugsorte für Freizeit und Konsum. Dazu kommt noch ihre Funktion als Träger und Initianten der Massenkommunikationsmittel insgesamt. In dieser Dreiheit erblicken wir demzufolge die wichtigste kulturelle Funktion der Großstädte, speziell die metropolitanen Charakters. Während die Pariser Forschungsgruppe insbesondere die verschiedenen Arten der Freizeit und Einkaufsgewohnheiten untersucht, befaßt sich Paul-Henry Chombart de Lauwe (1965b) vor allem mit Wohnfragen, die aber nicht im gleichen Maße mit der Großstadtexistenz verbunden sind wie Konsum und Freizeit. Die Frage der Kommunikation wird dagegen von den Europäern insgesamt zurückgestellt, während etwa ein anderer Franzose, der lange in den Vereinigten Staaten lebte, Jean Gottmann (1961, passim), bei der Stadt New York vor allem durch die ungeheure Massierung aller Kommunikationsmittel beeindruckt wird. Das sind auch die Voraussetzungen, die uns dazu veranlaßt haben, die genannten Problembereiche in den Bänden 10 und 11 zusammenzuschließen.[7]

Paul-Henry Chombart de Lauwe betont mit Recht, daß unter Berücksichtigung solcher Forschungsergebnisse auch die Möglichkeit besteht, fundierte Kritik an gewissen Entwicklungen zu üben. „Les hommes sont venus hier à la ville chercher la liberté. Ils y étouffent aujourd'hui sous la pression des difficultés matérielles et des contraintes sociales" (1965a, S. 116). Wenn man die kulturellen Aspekte und die „Bilder", also auch die Wünsche, Erwartungen und Aspirationen der Menschen in der Großstadt berücksichtigt, läßt sich eventuell geradezu „messen", ob und inwieweit die Realitäten diesen Wünschen entsprechen oder nicht. Das ist dann allerdings eine andere Art von Bewertung als die, von der am Anfang die Rede war. Sie ist auch realistischer als Frank Lloyd Wrights Utopie „Usonien". Wenn wir Bewertungen aus der Betrachtung ausschalten, so darf doch keineswegs die grundsätzliche *Ambiguität des großstädtischen Phänomens* unterschätzt werden (A. Ardigo 1967, S. 79, 97), *die nicht marginal und willkürlich, sondern strukturell bedingt ist.* Daraus erwachsen auch die Bemühungen um die Großstadterneuerung, die nicht nur bei den eigentlichen Urbanisten,

---

[7]Anm. der Hrsg.: HdeS, Band 10, Großstadt. Massenkommunikation. Stadt-Land-Beziehungen, Stuttgart 1977; Band 11, Freizeit. Konsum, Stuttgart 1977.

sondern auch bei den Großstadt-Soziologen eine immer größere Rolle spielt. Nur muß man dazu erst „Mythos und Wirklichkeit" in der Großstadtproblematik unterscheiden (R. Vernon 1962). Dazu aber ist Forschung erforderlich, wie Chombart de Lauwe in Europa mit überragender Klarheit gezeigt hat, und zwar eine Forschung, die auch die kulturellen Aspekte, d. h. unter anderem „Bilder" berücksichtigt, die die Menschen von der Großstadt haben (so vorher sehr eindrücklich R. E. Dickinson 1951; siehe auch die Materialien bei Roger Downs und David Stea 1973). Eine interessante Deutung der großstädtischen Ambivalenz bringt auch Hans-Paul Bahrdt (1961), der – ohne ihn zu kennen – viele Ideen mit Chombart de Lauwe gemeinsam hat. „Eine Stadt ist eine Ansiedlung, in der das gesamte, also auch das alltägliche Leben die Tendenz zeigt, sich zu polarisieren, d. h. entweder im sozialen Aggregatzustand der Öffentlichkeit oder in dem der Privatheit stattzufinden. Es bilden sich eine öffentliche und eine private Sphäre, die in engem Wechselverhältnis stehen, ohne daß die Polarität verlorengeht. Die Lebensbereiche, die weder als „öffentlich" noch als „privat" charakterisiert werden können, verlieren hingegen an Bedeutung. Je stärker Polarität und Wechselbeziehung zwischen öffentlicher und privater Sphäre sich ausprägen, desto „städtischer" ist, soziologisch gesehen, das Leben einer Ansiedlung. Je weniger dies der Fall ist, desto geringer ist der Stadtcharakter einer Ansiedlung ausgebildet" (H. P. Bahrdt 1961, S. 38/9). Dies Programm müßte nunmehr in Forschung übersetzt werden, um die Varianten dieses Verhältnisses sichtbar zu machen, wie es Chombart de Lauwe und seine Mitarbeiter für bereits recht viele Einzelheiten getan haben (siehe insbesondere die Bibliographie in: 1965a, S. 189–191).

VI. GROSSSTADT-TYPOLOGIE UND IDIOGRAPHIE

Eine ausgebaute Typologie der Stadt resp. Großstadt kann hier nicht gegeben werden, weil die vorhandenen Materialien eine solche bei weitem noch nicht erlauben (vgl. dazu R. König 1958, Kap. VII). Im gleichen Sinne hob Gideon Sjoberg (1959) hervor, daß wir zwar schon über einige Kenntnisse von Städten in allen möglichen Gesellschaften verfügen, die sich übrigens in den letzten Jahren beträchtlich vermehrt haben, daß aber trotzdem von einer vergleichenden Betrachtung, die die Voraussetzung für eine Typologie wäre, aus verschiedenen Gründen noch keine Rede sein kann (eine interessante Ausnahme ist L. F. Schnore 1965). Vor allem fehlen dafür noch sehr entscheidende theoretische Voraussetzungen, zu denen als wichtigste die Entscheidung gehört, *ob die Stadt resp. die Großstadt als unabhängige oder als abhängige Variable angesehen wird.* Nicht nur die Chicago-Schule, sondern die Gemeindesoziologie insgesamt, auch die sozial- oder kulturanthropologische Betrachtung, haben die Tendenz, Stadt und Großstadt als unabhängige Variable zu betrachten. Daneben muß aber mindestens die Frage aufgerollt werden, ob sie nicht auch als abhängige Variable angesehen werden können, *also als Subsysteme gesamtgesellschaftlicher Zusammen-hänge höherer Ordnung*. In diesem Falle macht sich aber sofort die kulturelle Determination bemerkbar, die – wie Sjoberg sehr richtig bemerkt – die Gefahr des reinen Historizismus beschwört, indem schließlich überhaupt nichts mehr vergleichbar ist; wir werden am Schluß dieses Kapitels sehen, daß diese Gefahr gerade bei der Analyse von ausgesprochenen Großstädten wirklich besteht, und zwar gewissermaßen strukturell bedingt, insofern – wie wir bereits in der „Einleitung" bemerkten – jede Großstadt die einzig-artige Lösung einer Problemkonstellation darstellt, die nur idiographisch und nicht typologisch begriffen werden kann. Die Einführung bestimmter technisch-wirtschaftlicher Gesichtspunkte, wie sie etwa im Begriff „Industrie-stadt" obwalten, kann natürlich einerseits nützlich sein, indem sie es erlaubt, die Variationen eines strukturellen Schemas unter dem Einfluß kultureller Determinanten festzustellen und vielleicht geradezu zu messen. Anderer-seits muß aber dadurch die Diskussion unversehens in eine Sackgasse geraten, weil sich die Frage erhebt, ob nicht der Begriff Industriestadt selber zu eng ist, um als allgemeiner Maßstab in den fortgeschrittenen Industriegesell-schaften zu gelten. Denn alles bisher Gesagte scheint ja darauf hinzudeuten, daß die modernen großstädtischen Entwicklungen, die zu den Metropolen, den metropolitanen Gebieten und zu Megalopolis geführt haben, ganz grundsätzlich den Kreis überschreiten, der den alten Industriestädten ihren Charakter gab. Damit würde eine übermäßige Zentrierung einer Typologie auf diesen Begriff einem eklatanten „cultural lag" entsprechen, indem die Gesamtproblematik der Großstadt an eine Entwicklungsphase fixiert wird, die heute bereits längst überholt ist. Das ist der einzige Teil der Frage, dem wir uns im folgenden zuwenden wollen.

Hier erhebt sich auch die neuerdings von John C. Ballens und Henry J. Schmandt (1965, Kap. 3, speziell S. 79 f.) aufgerollte Frage, ob die quanti-fizierenden Typologien, die mit Indices arbeiten, ausreichen und ob man nicht auf nicht-quantifizierende Typologien zurückgreifen sollte (früher schon in Deutschland in seiner Besprechung des US-Census von 1950 K. Horstmann 1952). Das gilt um so mehr, als die ganze Anlage statistischer Indices noch immer weitgehend vorn Modell der Industriestadt abhängig ist und die Frage ganz legitim ist, ob – wenn man schon quantitative Indices verwenden will – diese nicht nach ganz anderen Gesichtspunkten aufgebaut werden müssen als bisher. Das wird auch durch die wachsende Skepsis gegenüber Meßsystemen wie dem SMSA belegt, so groß auch die damit erzielten Leistungen sein mögen. Es könnte durchaus so sein, daß wir erst eine neue nicht-quantitative Typo-logie aufbauen müßten, bevor wir uns fragen, welche neuen Indices konstruiert werden können, um den beschriebenen Entwicklungen Rechnung zu tragen. Die große Fragwürdigkeit der bisher verfügbaren Mittel tritt besonders deut-lich hervor, wenn wir uns der Situation in den wirtschaftlich unterentwickelten Gesellschaften zuwenden.

In einer neueren Arbeit (1964, abgedruckt in: 1965a, S. 147 ff.) hat Paul-Henry Chombart de Lauwe nebenbei eine Typenreihe aufgestellt, welche deutlich die Relativität des Begriffs der industriellen Großstadt zeigt. Er unterscheidet nacheinander „Dynapolis", die eigentliche Industriegroßstadt, ausgezeichnet durch ihren dynamischen Charakter, der das ganze 19. Jahrhundert der Industrienationen diesseits und jenseits des Atlantik bestimmt, dann die „*Megapolis*" der großen heutigen Metropolen und metropolitanen Gebiete mit „*Megalopolis*", welche für ihn den Exzeß dieses Typs bezeichnet[8], und schließlich die „*Ökumenopolis*", also die Verstädterung im planetarischen Maßstab (einen ähnlichen Standpunkt nimmt heute Arnold Toynbee [1970] ein). Deutlich wird die Konsequenz dieser Aufstellung, wenn man etwa mit einer der besten Darstellungen in Deutschland vergleicht (R. Mackensen, J. Chr. Papalekas, E. Pfeil, W. Schütte, L. Burckhardt 1959), die ganz einseitig auf die „industrielle Großstadt" ausgerichtet ist, was noch dadurch unterstrichen wird, daß eine typische Großstadt des älteren Industriestils, Dortmund, als Grundmodell der Untersuchung gewählt wird. Hier fehlen etwa weitgehend, wie übrigens die Autoren teilweise selber wissen (S. 95), die Probleme der großstädtischen Konsumgestaltung, der Massenkommunikation und teilweise auch der Freizeit. Bekannt ist bestenfalls Max Webers „Konsumentenstadt" (S. 71), der aber mit diesem Begriff ganz etwas anderes meint als wir. Denn Konsum, Freizeit und Massenkommunikation sind für uns nicht jeweils „vorwiegende ökonomische Komponenten", die aber am gleichen Strukturmodell „industrielle Großstadt" auftreten, sondern Zeichen eines verwandelten Lebensstils, der sich dementsprechend auch neue Großstadtformen schafft. In der Verkennung dieses wesentlichen Umstands erweist sich das genannte Werk als typisch der älteren konventionellen Großstadtforschung zugehörig. Noch in ihrem Werk von 1972 schreibt Elisabeth Pfeil (S. 114): „Die Bildung von Großstädten steht in engem Zusammenhang mit Beginn und Fortschreiten der Industrialisierung und Technisierung." Das ist um so erstaunlicher, als im gleichen Werk (S. 159) die Feststellung zu finden ist, der man nur vollumfänglich zustimmen kann, daß „jede soziologische Theorie der Stadt ... immer in der Gefahr steht, mit zeitbedingten Kategorien zu arbeiten, die bald nicht mehr ganz stimmig sind, wie denn auch die Ergebnisse empirischer Forschung an der Stadt der Gefahr unterliegen, bereits in dem Augenblick überholt zu sein, wo man mit ihnen arbeiten, z. B. planen möchte". Diesen Schwierigkeiten kann man sich wohl

---

[8]Originalanmerkung: Jean Gottmann (1961, S. 4) gibt einen Hinweis auf die Stadt Megalopolis auf dem Peloponnes, die die Gründer als die größte Stadt der Griechen planten. Allerdings gelang das nicht, und Megalopolis blieb von damals bis heute ein kleines Städtchen. Für Gottmann ist der Ausdruck nur strukturell relevant im früher bezeichneneten Sinne, ohne Wertakzente, also Megalopolis als die „Main Street of the Nation". Im übrigen schließt er sehr realistisch: „ Megalopolis stands indeed at the treshold of a new way of life, and upon solution of its problems will rest civilisation's ability to survive" (S. 16). Siehe dazu auch John C. Bollens und Henry J. Schmandt 1965, S. 582 ff.

nur dadurch entziehen, daß man methodologisch kulturanthropologisch und vergleichend vorgeht. Dann wird der Begriff der Industriestadt sofort beträchtlich relativiert und die naive Identifizierung von Industrialisierung und Urbanisierung definitiv in Frage gestellt.

Das zwingt uns zu dem Zugeständnis, daß wir zwischen industrieller Großstadt und Metropole resp. metropolitanen Gebieten unterscheiden müssen; dabei ist nicht notwendig die Größe das entscheidende Kriterium, sondern der Lebensstil im früher definierten Sinne. So gibt es auch metropolitane Gebilde von außerordentlich verschiedener Größenordnung (nach dem US Standard Metropolitan Statistical Areas 1970), die von 15 Mio. Einwohnern in Groß-New York bis zu 100.000 in Texarkana reichen (siehe J. C. Bollens und H. J. Schmandt 1970, Aufstellung S. 24/25); letzteres wäre nach üblichen Begriffen nicht einmal eine Großstadt, und trotzdem stellt es ein metropolitanes Gebiet dar, das sogar in zwei Staaten, Texas und Arkansas, hineinreicht. Ein entscheidendes Merkmal eines *metropolitanen Gebiets* (außer den bereits früher bei Besprechung des SMSA angegebenen) ist das *Vorhandensein einer überwiegend nichtlandwirtschaftlichen Bevölkerung;* d. h. mit anderen Worten, daß hierfür der Gegensatz landwirtschaftlich – industriell nicht mehr relevant ist (selbst wenn Gebiete mit landwirtschaftlich tätiger Bevölkerung in die metropolitanen Gebiete eingeschlossen sind). Unter nichtlandwirtschaftlicher Betätigung werden dann die Tätigkeiten des sekundären und tertiären Sektors *gemeinsam* berücksichtigt. Ferner ist dafür entscheidend die *Dezentralisierung der Bevölkerung,* die ebenfalls unabhängig ist von der Größe der Gemeinde und sich sogar schon bei Städten von nur 50.000 Einwohnern findet, wie der amerikanische Zensus ausweist (vgl. schon L F. Schnore 1957). Zur Dezentralisation kommt die *Spezialisierung* der einzelnen Teile, aber nicht nur nach wirtschaftlichen, sondern gerade auch nach sozialen Gesichtspunkten, z. B. Segregation nach sozialen Klassen. Hier liegt sogar der entscheidende Aspekt für den Aufbau des sozialen Systems des metropolitanen Gebiets. „Here the need for social goods – economic production, employment, public and private services, and the whole network of mutually sustaining activities – requires constant interaction and communication among the residents of an area" (J. C. Bollens und H. J. Schmandt 1965, S. 45). Es gibt heute zahlreiche Darstellungen dieser Art, die immer deutlicher eine gemeinsame Problematik aufweisen (Ph. M. Hauser und L. F. Schnore 1965). Gelegentlich werden auch sehr kritische Stimmen laut, insbesondere in populärer Literatur (M. Gordon 1963), aber auch in wissenschaftlichen Studien (J. K. Hadden, L. H. Masotti, C. J. Larson 1967). Allerdings gehen sie alle von der existierenden Forschung aus, wie auch Robert E. Dickinson (1961) in England oder Pierre George (1965) und P.-H. Chombart de Lauwe in Frankreich. Ganz ähnlich liegt es auch in den Vereinigten Staaten, wo Morton und Lucia White (1962, Kap. 16) zwei verschiedene kritische Strömungen gegen die Großstadt hervorheben, eine mehr romantische von Emerson bis Lewis

Mumford und eine mehr empirisch-rationale, die aber auch ästhetische Werte nicht vernachlässigt. Probleme aufzuweisen, auch sehr schwerwiegende, fällt nicht schwer und ist die eigentliche Aufgabe der Wissenschaft, wie wir sie verstehen; das ist aber grundunterschieden von dem ideologischen anti-städtischen Affekt, den wir oben geschildert haben.

Hier muß indessen eine Gefahr der mehrheitlich demographischen Behandlung dieser Fragen aufgerollt werden, die uns in vielen modernen Werken zur Theorie der Großstadt betroffen hat. Sie tritt auch bei Chombart de Lauwes oben angeführter Typologie hervor, indem er nämlich auf Megalopolis (oder Megapolis) sofort die Ökumenopolis folgen läßt, *als handele es sich um ein und die gleiche Erscheinung bei den Industriegesell-schaften älteren Stils und den fortgeschrittenen Industriegesellschaften einerseits und dem Rest der Gesellschaften in der Welt andererseits, also den industriell und wirtschaftlich unterentwickelten oder den in beschleunigter Entwicklung befindlichen Gesellschaften Zentral- und Lateinamerikas, Afrikas nördlich und südlich der Sahara, des mittleren Ostens, des indischen und hinterindischen Sub-kontinents, des restlichen Asien und Ozeaniens, die ebenfalls – teils seit längerer Zeit, teils sehr jüngstens – eine zunehmende Zahl städtisch-großstädtischer Gebiete aufweisen.* Das scheint uns ein sehr gefährlicher Fehlschluß, ganz abgesehen davon, daß sich in den umschriebenen Gebieten die Stadt- und insbesondere die Großstadtproblematik in einer ungeheuren Mannigfaltig-keit verschiedener Möglichkeiten entwickeln. Wenn wir in unserer Auf-stellung auf Seite 409 unter 10 die städtische Explosion der wirtschaftlich unterentwickelten Kulturen anführten, wollten wir darauf hinweisen, daß es sich hier in der Tat um einen eigenen Typ, bzw. um eine eigene Varietät von Typen handelt, die von allen anderen unterschieden werden müssen. Sie können also insbesondere nicht mit den älteren Stadttypen der antiken Stadt oder der mittelalterlichen Stadt verglichen werden, obwohl es selbstverständ-lich Anklänge an beides gibt; vielmehr stehen diese neuen Großstadttypen der wirtschaftlich unterentwickelten Gesellschaften unter dem Eindruck einer sich beschleunigt wandelnden Landwirtschaft, die viele Menschen in die Stadt treibt, weil sie auf dem Lande nicht mehr gebraucht werden. Andererseits aber stehen auch die neuen Großstädte unter allen möglichen Einflüssen der modernen Wirtschaft, wie sie auch insgesamt Symbole für ein besseres Leben geworden sind, die unendlich viele Menschen anziehen, selbst wenn sie sich zunächst in dem neuen Milieu nur arbeitslos finden.

Das alles zwingt uns zur Zurückweisung eines Versuchs von Gideon Sjoberg (1960), der alle Stadttypen von nicht-industriellem Charakter als „präindustriell" bezeichnet: darunter faßt er ausdrücklich die vorgeschicht-lichen und frühgeschichtlichen Städte, den mittleren Osten, Süd- und Süd-ostasien, den fernen Osten und schließlich auch die präkolumbischen südamerikani schen Städte, ferner in Europa alle jene Kulturen, die nicht auf künstliche Energie, sondern auf Menschenkraft zurückgreifen. Das bedeutet in der Tat, *den Begriff Industrialisierung als ein absolutes Diskriminierungs-instrument benützen,* was wir vermeiden wollten. Die Argumentation von

Sjoberg läßt sich durch nichts leichter widerlegen als durch den Umstand, daß wir heute schon lange von „post-industrieller Gesellschaft" sprechen (z. B. jüngstens noch Alain Touraine 1969; Daniel Bell 1973), womit der von der alten Industriestadt deutlich abweichende Typ der metropolitanen Gebiete und von Megalopolis bestens zusammenpaßt. Außerdem ist zu beachten, daß es Stadttypen gibt, die später zu Industrialisierung geführt haben, und andere, bei denen das eindeutig nicht der Fall ist. Der Begriff der „präindustriellen Stadt", wie er von Sjoberg entwickelt wird, scheint uns viel zu abstrakt zu sein: er rechnet auch nicht mit der historischen Varietät der Stadttypen und schließlich leidet er an einem ausgesprochenen industrialistischen Ethnozentrismus, der ihm der einzige Maßstab im pro und contra zu sein scheint.

Obwohl wir sonst der Meinung sind, daß die Ansätze zu einer Typologie von Stadt und Großstadt bei Max Weber (1921) wegen ihrer allzu ökonomischen Ausrichtung für eine Soziologie der Großstadt nicht brauchbar sind, so hat er doch im wesentlichen richtig gesehen, wenn er die europäisch-mittelalterliche Stadt von den asiatischen Stadttypen unterschied (a. a. O., VIII, § 1, S. 523 ff.). Diese Städte haben weder Gemeindecharakter, noch bilden sie einen autonomen Verband; sie besitzen auch kein Bürgertum als Stand. Sie haben natürlich ihre eigenen Züge, etwa Abhängigkeit von Geschlechterverbänden, von zentralen Behörden religiöser oder weltlicher Art, aber auch von partikulären Autoritäten wie Zünften oder Stadtquartieren. Diese ungemein wichtige Einsicht wird leider von Weber strukturell nicht weiterverfolgt, wenn auch mit reichen und sehr variierten illustrativen Materialien untermauert. Das allein sollte eine definitive Warnung davor sein, die heutigen Städte in diesen Gebieten mit der mittelalterlichen vorindustriellen Stadt Europas zu vergleichen. Sie haben in der Tat nichts miteinander gemeinsam. Das zwingt uns, hier einen eigenen Typ anzusetzen oder vielmehr eine Mannigfaltigkeit von Typen je nach den Verhältnissen, die zum Abschluß unserer Betrachtungen wenigstens kurz gewürdigt werden sollen. Wir betonen übrigens, daß wir uns hier nicht mit der Stadtproblematik, sondern ausschließlich mit der Großstadt in wirtschaftlich unterentwickelten Kulturen befassen wollen. Schließlich muß angesichts des Ansatzes von Max Weber gesagt werden, daß die meisten Versuche zu vergleichen zum Scheitern verurteilt sind, weil sie stillschweigend voraussetzen, daß es sich um vergleichbare Phänomene handelt, was ja gerade in Frage steht (schon R. E. Dickinson 1951 stellte die Forderung auf, nur Vergleichbares zu vergleichen). Wo Vergleiche unternommen werden, wird nämlich vorausgesetzt, daß gewisse Züge gemeinsam sind. Wenn wir nun einen großen Teil der über weitere geographische Räume reichenden Darstellungen betrachten, so sehen wir bald, daß sie sich mehrheitlich an die Außenseite des Phänomens halten, nämlich das Wachstum der demographischen Agglomerationen. Hier erhebt sich aber die Frage, ob das überhaupt ein legitimer Zugang zum Problem ist.

Ein weiteres Problem für die allgemeine Soziologie der Großstadt wird dadurch aufgerollt, daß nicht nur in den modernen großstädtischen Agglomerationen die Industrialisierung zweifellos nicht mehr die Hauptrolle spielt bei der Verstädterung, sondern daß die Entstehung von Großstädten bei vielen wirtschaftlich unterentwickelten Gesellschaften völlig ohne Industrialisierung oder mit einem Minimum an solcher erfolgt (einem Minimum, das dann in keinerlei Verhältnis steht zum erreichten hohen Grad an Verstädterung, gemessen an der Zahl und Dichte der Bevölkerung). Das extremste Beispiel dafür ist Tokio, wie schon oben erwähnt (über ähnliche Verhältnisse im alten China berichtet Wolfram Eberhard 1956; siehe auch die hochinteressante Darstellung der alten chinesischen Stadt und ihren Vergleich mit anderen Stadttypen bei Paul Wheatley 1971; ebenso G. William Skinner 1975). Der Grund dafür war, daß das herrschende Tokugawa-Regime die es konkurrenzierenden Aristokraten und ihre Gefolgsleute in der Hauptstadt unter seiner Kontrolle hielt. Das gleiche Regime isolierte Tokio von der weiteren Umwelt, so daß man auch nicht von Funktionen für einen weiteren Markt sprechen kann, wenn auch ein großer Binnenmarkt für Luxusbedürfnisse geschaffen wurde, der auf billige ländliche Arbeitskräfte zurückgriff. Interessant ist, daß Tokio 1873 nur noch 596.000 Einwohner zählte, weil die Samurai-Klasse es weitgehend verlassen hatte. Dann beginnt ein neuerlicher Anstieg. 1878 sind es schon wieder 810.000 Einwohner, 1889 bereits 1.370.000. Während diese zweite Zunahme, die bis heute anhält, sicher mit der Industrialisierung und ihren Folgen zusammenhängt, ist die erste zweifellos anders bedingt, z. B. politisch (vgl. dazu P. Hall 1966, Kap. VIII). Takeo Yazaki (1963, S. 45) betont sowohl für das alte als auch für das neue Tokio die Bedeutung zentralistischer politischer Konzeptionen für die Entwicklung dieser Riesenstadt, die auch im Zeitalter der Industrialisierung angehalten haben. Heute können wir sehen, daß für ganz Japan die Bevölkerung im primären Sektor zunehmend zurückgeht, die im sekundären zunimmt, während die im tertiären Sektor ebenfalls rapide zunimmt, wie es für fortgeschrittene Industriegesellschaften die Regel zu sein pflegt.

Abgesehen von diesem einmaligen Beispiel gibt es andere Erfahrungen, die auf die Notwendigkeit der *Trennung von Industrialisierung und Verstädterung* im Sinne der Bildung einzelner Riesenstädte hinweisen; man spricht hier von *Überverstädterung* (overurbanization), die in keinem Verhältnis steht zum sonstigen (insbes. industriellen) Entwicklungsstand der betreffenden Gesellschaft (dazu etwa G. Breese 1966; ebenso viele Materialien in G. Breese 1969). Diese spezifische Situation macht sich auch daran bemerkbar, daß sich ein außerordentlich hoher Prozentsatz rein landwirtschaftlicher Bevölkerung gleichzeitig mit einigen wenigen großstädtischen Agglomerationen findet. Das heißt mit anderen Worten, so paradox das auch klingen mag, *daß diese Gesellschaften mit ausgesprochenen Zügen der Überverstädterung im Vergleich zu industriellen Gesellschaften beider Arten zugleich einen übermäßig hohen Anteil landwirtschaftlicher Bevölkerung aufweisen. So steht also letztlich der Verstädterung im Laufe der Industrialisierung ein anderer Typ von Verstädterung gegenüber, der Ausdruck der wirtschaftlichen Unterentwicklung ist.* Das zwingt uns dazu, die bisher benutzte Typologie zu erweitern, wobei wir nur im Vorübergehen darauf hinweisen, daß der Mangel an technischer und wirtschaftlicher Entwicklung diesem Wachstum eine Grenze setzt, bzw. wenn es doch weitergeht, wird es selber zu einem Symptom der Unterentwicklung. Allerdings ist letztere Konsequenz nicht ganz eindeutig.

VII. Die städtische Explosion in der Dritten Welt

Es bleibt jedenfalls, daß wir Industrialisierung und Verstädterung wesentlich deutlicher trennen müssen als bisher, obwohl sie häufig gemeinsam vorkommen (das ist leider nicht beachtet von K. Davis und H. H. Golden 1954). So zeigte etwa Wolfram Eberhard (1956), wie die alte chinesische Stadt zwar große Menschenmengen in hoher Dichte beherbergte, aber völlig des unternehmerischen Geistes ermangelte, der in Europa weitreichende wirtschaftliche Entwicklungen angebahnt hatte, die später in der Industrialisierung endeten. Er führt das mit Max Weber (1921) darauf zurück, daß diese Stadt nie aus eigenem Recht lebte wie die europäischmittelalterliche, sondern von einem zentralen Staat kontrolliert war. Es gibt außer der Industrialisierung in der Tat viele andere Umstände, die für das Entstehen von Städten außerhalb der westlichen Industriezivilisation verantwortlich sind. Das macht eine „mehrdimensionale" Behandlung des Problems erforderlich (N. S. Ginsburg 1965). Die erwähnten Beispiele von Japan und China zeigen das deutlich. Es kann dann sein, daß sich später industrielle Entwicklungen in diesen Großstädten anbahnen, es kann aber auch nicht sein. Jedenfalls wäre im positiven Falle die Großstadt deutlich vor der Industrialisierungsphase vorhanden gewesen. Die großstädtischen Ballungsräume von China in Schanghai (1977 die größte Stadt der Welt mit 10,8 Mio. Einw.) und Peking (1977 offizielle Schätzung 7.600.000 Einw.) stellen insofern ein besonderes Problem dar, als die Revolution von Mao Tsetung gewissermaßen an ihnen vorbeiging und die Bauernschaft als Stoßtruppe der Revolution benützte. Von einem Leben aus eigenem Recht kann aber bei diesen Städten erst seit 1905 die Rede sein (siehe Mark Elvin in:. M. Elvin und G. William Skinner 1974), wobei die Berichte über die Entwicklung widersprüchlich sind. So scheint der Versuch nicht gelungen zu sein, die Einwanderer vom Land in die Stadt abzuschrecken (Morris B. Ullmann in: G. Breese 1969; siehe auch Kingsley Davis 1969). Davon abgesehen zeigt aber auch das chinesische Beispiel, daß Großstädte unabhängig von der Industrialisierung entstanden sind.

Unter diesen Umständen bekommen Untersuchungen über die Existenz von Städten und Großstädten in nicht-westlichen Kulturen vor der Berührung mit dem Westen eine ganz besondere Bedeutung. Betrachten wir etwa einen Fall wie Afrika südlich der Sahara (natürlich unter Ausschluß von Südafrika, das wirtschaftlich weitgehend zur Industriezivilisation gehört). Afrika südlich der Sahara (aber auch insgesamt) zeichnet sich an sich noch heute durch den

geringsten Verstädterungsgrad aller anderen Kontinente aus (darüber allgemein
P. C. W. Gutkind 1962; S. Gellar 1967). Und trotzdem finden wir in Westafrika
Städte schon vor dem Eindringen europäischer Einflüsse (J. Denis 1966), z. B.
bei den Yoruba. William Bascom (1955, 1962) hat betont, daß diese Städte eine
außerordentlich hohe Bevölkerungsdichte im Verhältnis etwa zu amerikanischen
Großstädten haben, z. B. 87.000 pro Quadratmeile für Lagos (1950), 55.555
für Ibadan (1960), 43.372 für Ogbomosho gegen 24.697 für New York City,
18.850 für Chicago, 15.743 für Philadelphia (alles 1960). Das sind wirklich
erstaunliche Werte, wobei bei Betrachtung dieser Region eine andere Ursache
für städtisches Wachstum hervortritt, von der bisher noch nicht die Rede war,
*nämlich die Existenz großer Mengen von Flüchtlingen als Folge kriegerischer und
politischer Auseinandersetzungen* (über die Literatur R. P. Simms 1965; H.
Kuper 1965; G. Breese 1966). In Leopoldville z. B. nahm die Bevölkerung
von 500.000 Ende 1959 auf 1.200.000 bis 1.500.000 im Jahre 1966 zu (J.
Denis 1966), darunter sind zahllose Flüchtlinge. Das trifft übrigens nicht nur
in Westafrika, sondern z. B. auch in Indien oder – um einen sehr speziellen Fall
zu nehmen – in Hongkong zu (R. H. Hughes 1963), das 1931 rund 840.000
und 1961 schon 3.133.131 Einwohner zählte. Der Grund waren die riesigen
Flüchtlingsströme aus China. Das zwang zu einer totalen Umgestaltung der
Stadt selbst, die – da kein Platz vorhanden war – in die Höhe wachsen mußte,
so daß Wolkenkratzer neben den Slums stehen, und sich gleichzeitig mit
rasender Geschwindigkeit industrialisierte (mit Textil- und Leichtindustrie), um
all diesen Menschen Arbeit zu geben, was nur ungenügend gelingen konnte.
Gleichzeitig wurde es zum Bank- und Handelszentrum des ganzen fernen
Ostens.

Ähnliche Probleme kamen bei einer besonders interessanten Studie von
Georges Balandier (1955) über die schwarzen Brazzavilles im ehemaligen
französischen Äquatorialafrika zum Vorschein. Hier handelt es sich sogar um ein
Zusammenwachsen zweier kleiner Städte (Poto-Poto und Bacongo), die 1951
bereits 750.00 Einwohner zählten. Die Ursache für dies schnelle Wachstum ist
eine Flucht anderer Art als die eben erwähnte, nämlich Landflucht im strengen
Sinne (vor allem von jungen Männern) auf der Suche nach Arbeit, wobei das
Bedürfnis nach Arbeitskräften in den Städten äußerst prekär ist, da die Arbeit
selbst völlig unrationalisiert ist. Daher auch der Charakter des Provisoriums, der
diesen Städten zur Zeit der Untersuchung anhaftete und sie eher Arbeitslagern
als städtischen Siedlungen vergleichbar machte. Dabei wohnte damals bereits
ein Fünftel des dünn besiedelten Gebiets in diesen Städten (a. a. O., S. 43),
deren Existenz den oben erwähnten Zusammenhang zwischen Verstädterung
und Unterentwicklung besonders deutlich macht. Auch werden diese Städte, im
Gegensatz zu den alten europäischen, keineswegs zu Orten für die Diffusion
von Innovationen, da der landsmannschaftliche Zusammenschluß und gegenseitige Segregation der Einwanderer nach Stämmen vorläufig wenigstens den
Aufbau einer homogenen städtischen Kultur verhindern (F. Denis 1966); so gab
es im Jahre 1954 Vertreter von 70 Stämmen in Luanshya, von 55 in Brazzaville
und von 30–40 in Kampala (A. I. Richards 1966, S. 357; andere Materialien bei
H. Miner 1967). Ähnliche ethnische Schichtungen hatte schon Horace Miner
(1953) für Timbuktu aufgewiesen. Das schafft für die Zukunft der schwarzen
Brazzavilles große Probleme, speziell wenn sich diese Entwicklung paart mit der

Auflösung der Stammeskulturen (J. C. Mitchell 1956). Es erwachsen weitere Probleme aus der Fortführung ländlicher Gewohnheiten in der Stadt, die der Urbanisierung stark im Wege stehen; sie können aber auch positiv funktional werden (R. Redfield und Milton B. Singer 1954). Für die Städte in Nigerien ist hervorgehoben worden, daß sie als solche die Entwicklung hemmen können, indem etwa Investitionen in Elektrizitätsversorgung gemacht werden, die anderswo besser gebraucht würden, da diese Städte keine Industrie haben (A. L. Mabogunje 1964, 1969). Diese wären dann eigentliche *Parasitenstädte* in der Sprache von Bert F. Hoselitz (1955). Allerdings kann man nicht annehmen, daß das ein Dauerzustand ist, da die Verhältnisse im Fluß sind, wie Hoselitz selber richtig hervorhebt. Das beeinträchtigt allerdings die Verwendbarkeit dieses Merkmals für eine allgemeine Typologie (für neuere Entwicklungen siehe William J. Hanna und Tudith Hanna 1971; Colin Rosser 1973).

Wenn man für Städte wie Ibadan einen Begriff sucht, so scheint uns der einer „Agrostadt" am angemessensten zu sein (vergl. dazu etwa J. C. Mitchell in: K. M. Barbour und R. M. Prothero 1961; desgl. A. L. Mabogunje 1962, 1969; Adepoju Onibokum 1973), wobei hervorzuheben ist, daß die einzige „Industrie" in der Verarbeitung landwirtschaftlicher Produkte liegt, die in der Nähe gewonnen werden. Die Bauern wohnen in der Stadt (wie etwa häufig in Sizilien), die sie jeweils während der Hauptarbeitszeit für Wochen oder Monate verlassen. Die Berufsstruktur Ibadans war Ende der 60er Jahre noch immer die eines Dorfes, allerdings mit vielen Handwerkern.

Besser verwendbar ist für bestimmte Fälle der Begriff der „*Primate Cities*" (M. Jefferson 1939). Dieser Ausdruck wurde ursprünglich für Städte verwendet, die in einem Lande alles überragten und in keinem Zusammenhang mit dem sonstigen Grad an Urbanisierung stehen, etwa Stockholm in Schweden, Oslo in Norwegen, Bruxelles in Belgien, Wien im neuen Österreich usf. Selbst wenn auch hier unter Umständen schnelle Wandlungen angenommen werden können, ist dieser Begriff etwa auf die westafrikanischen neuen Staaten nur schlecht anwendbar, da die einzelnen „Nationen" recht willkürlich den Grenzen der alten Kolonialverwaltungen folgen (darüber B. J. L. Berry 1961). Wohl aber kann man ihn auf eine Stadt wie Kairo anwenden (J. L. Abu-Lughod 1964), wenn man nur – was den besonderen Fall Ägyptens betrifft – einen solchen Begriff der Primate City sorgfältig trennt von der zusätzlichen Behauptung der Überverstädterung, mit dem er manchmal zusammenfließt; unangesehen dessen, ob solche Länder überverstädtert sind, *steht doch fest, daß sie überzentralisiert sind* (a. a. O., S. 316). So wäre ein Zug (unter anderen) der Großstadt in wirtschaftlich unterentwickelten Ländern, daß sie eine Art von Monopol über städtisch-großstädtische Güter und Dienstleistungen haben und daß in ihnen ein übermäßig großer Teil der städtischen Bevölkerung konzentriert ist. Mit Überverstädterung hat das aber nichts zu tun. Unter diesen Einschränkungen könnte man sagen, daß der Terminus der Primate City teilweise auf die afrikanischen Städte südlich der Sahara, sicher aber auf viele der Städte Nordafrikas zutrifft, von Casablanca über Algier, Tunis bis Kairo (darüber allgemein P. George 1952; R. LeTourneau 1955). Ähnliche Verhältnisse weisen auch Damaskus und Bagdad (P. Marthelot 1965) auf und können im Rest der Welt ebenfalls gefunden werden. Dieser Zustand vereinigt sich meist mit einer sehr zahlreichen landwirtschaftlichen Bevölkerung, die unter Umständen sogar noch weitgehend im Zustand der Subsistenzwirtschaft verharrt.

Der Fall Kairo ist darum von besonderem Interesse, weil dafür heute eine hervorragende Monographie vorliegt, die nicht nur ein vorzügliches Bild der Situation gibt, sondern gleichzeitig zu weiteren theoretischen Überlegungen anregt (s. dazu Janet L. Abu-Lughod 1971). Die Verfasserin versucht nämlich, eine ökologische Studie im klassischen Sinn der Chicago-Schule zu geben. Kap. 12 (S. 182) beginnt mit einem Zitat von Louis Wirth, worin er folgende Bemerkung macht: „Diverse population elements (within the city) ... tend to become segregated from one another ... (while) persons of homogeneous status and needs unwittingly drift into, consciously select, or are forced by circumstances into, the same area. The different parts of the city thus acquire specialized functions." Bei der Analyse dieser „natural social areas" (S. 188) kombiniert sie die Technik von Eshref Shevky und Marilyn Williams (1949) in der Analyse von Los Angeles (siehe auch Eshref Shevky und Wendell Bell 1955), mit der ökologischen, wobei man sagen kann, daß der Zug, der damals Los Angeles und später Kairo gemeinsam war, in der rapiden Transformation lag. „Now, while the history of Cairo's growth can help to explain why certain „social worlds" should be located where they are within the larger complex, only a more detailed examination of the people who actually live in the city – their characteristics and their ways of life – can help illuminate the nature of the diverse social worlds, that coexist within the same city and that create, by their abrupt juxtaposition, the varied mélange that is contemporary Cairo" (S. 182). In diesem Sinne zerlegt die Verfasserin Cairo in 13 Unterstädte „each of which contains a population distinctively different, on the average, from that inhabiting the adjacent zones ... these differences in the physical appearance of the quarters in the kinds of housing and shopping facilities available, and even in the dominant dress that adorns the inhabitants and perhaps symbolizes their belief systems" (S. 188, s. vor allem den Plan auf S. 187). Natürlich wird die Verteilung der Bevölkerung u. a. auch durch das mittelalterliche Kairo bestimmt, aber wir finden hier eine ausgesprochene Großstadt in einem Land der Dritten Welt, die in einem Umformungsprozeß begriffen ist, der sowohl die Stadt als auch die Nation betrifft. Wenn die einzelnen Kriterien adäquat ausgesucht werden (s. dazu die Ergebnisse der Faktorenanalyse S. 180), wie es hier der Fall ist, dann kann eine ökologische Analyse nützlich sein, wie wir oben sagten, obwohl die Verfasserin noch viele andere Gesichtspunkte heranzieht.

In anderen Fällen liegen die Dinge wieder anders. So bemerkt Gerald Breese (1966, S. 50) mit Recht: „The variety of urbanization in newly developing countries appears to be such that various permutations and combinations of classification systems are necessary so that one may comprehend the complete range of phenomena." Wir müssen in der Tat verschiedene Klassifikationsgesichtspunkte gleichzeitig im Auge haben, wenn wir an die Analyse der Großstädte unterentwickelter Gesellschaften herangehen. Vielleicht müssen wir uns hier sogar vorläufig noch mit rein monographischen, d. h. idiographischen Darstellungen, die bestenfalls ad hoc gebildete Begriffe verwenden, begnügen. Unter diesen Aspekten erscheint natürlich auch der der Industrialisierung, aber er ist heute nur noch einer unter anderen, während er früher als der zentrale Aspekt erschien. Wir verweisen für die hiermit zusammenhängenden Probleme auf die Darstellung der wirtschaftlich unterentwickelten Gesellschaften in Band 8 dieses Handbuchs[9]. Wir wollen im folgenden dagegen auf einige weitere Gesichtspunkte hinweisen, die für andere typische (d. h. sich in gewissem Ausmaß wiederholende) Situationen bezeichnend sind. Entsprechend der Einsicht, daß sich die Wanderung in die Städte, die zur Entstehung der Großstädte geführt hat, aus zwei Quellen nährt, nämlich der Abstoßung (push) vom Lande und der Anziehung (pull) durch die Stadt, können sehr verschiedene Situationen entstehen (siehe dazu auch das Kapitel von Kurt Horstmann über horizontale Mobilität oder Soziologie der Wanderungen in Band 5 dieses Handbuchs[10]). Dabei sind die Gründe, warum die Menschen *nicht* in die Städte wandern, mindestens genauso interessant wie die Gründe für die entgegengesetzte Bewegung. In einem asiatischen Lande, das der Verfasser in den letzten Jahren eingehender kennenlernte, nämlich Afghanistan, hat sich zwar die Bevölkerung in den letzten Jahrzehnten in der Hauptstadt Kabul vermehrt (dazu H. Hahn 1964); das Ganze hat sich aber in Grenzen gehalten (1973 wurde die Bevölkerung auf 616.000 Einwohner geschätzt; dazu Erwin Grötzbach 1976, S. 228), wenn man etwa mit Teheran oder mit indischen und pakistanischen Städten vergleicht. Der Grund dafür liegt erstens in der leidlichen bis guten Ernährungssituation der ländlichen Bevölkerung und dem niedrigen Stand der landwirtschaftlichen Technik; beides hält die Bevölkerung auf dem Lande. Nur aus dem Hasaradjat im Hindukusch kommen momentan viele Einwanderer nach Kabul, weil in der großen Höhe die Ernährungsmöglichkeiten eher prekär sind. Hier ließ sich in den letzten Jahren ein interessanter Wandel beobachten, der unseres Erachtens bei einer Typologie ebenfalls berücksichtigt werden müßte. Schon früher kamen die Hasara aus dem Hindukusch für einige Zeit nach Kabul, wo sie sich in alle möglichen Hilfsarbeiten verdingten (bis hin zum fliegenden Kleinhandel); so war ihnen die Stadt nicht unvertraut, obwohl sie meist bald wieder ins Oberland zurückkehrten. Neuerdings ist aus dieser Pendelwanderung eine endgültige Einwanderung mit dem geschilderten Ergebnis einer starken Bevölkerungszunahme geworden. Phänomene dieser Art sind aber häufiger, als man meint; so hat J. Clyde Mitchell (1956) eine ähnliche Abnahme der Pendelwanderung

[9] Anm. der Hrsg.: HdeS, Band 8, Beruf. Industrie. Sozialer Wandel in unterentwickelten Ländern, Stuttgart 1977, Bert F. Hoselitz, S. 263–354.

[10] Anm. der Hrsg.: Horstmann, Kurt, Zur Soziologie der Wanderungen, HdeS, Band 5, Soziale Schichtung und Mobilität, Stuttgart 1976, S. 104–200.

zugunsten der dauernden Einwanderung in Westafrika festgestellt. Bei Kairo bestand früher ein nennenswerter Teil der Bevölkerung aus Fernpendlern aus Nubien und dem Sudan, die in häusliche Dienste gingen, sparten, um sich eine Frau zu kaufen, und dann heimkehrten. In einer Stadt wie Istambul oder Teheran, die beide eine Masseneinwanderung aus dem armen Bergland von Anatolien und aus der südlichen iranischen Wüste erfahren haben, überwiegt dagegen die Dauereinwanderung. Aber es gibt an vielen Orten natürlich noch immer den Pendelwanderer, der nur provisorisch in der Stadt ist; häufig siedelt er in den „Bidonvilles" in Afrika, den „Busti" in Indien, den „Favelas" in Brasilien, also slumähnlichen Vororten von äußerst primitivem Charakter. In anderen Fällen mögen auch kulturelle Differenzen die Einwanderung in die Stadt verhindern wie z. B. im Irak, wo ein tiefschneidender Unterschied zwischen den Beduinen, d. h. den Bewohnern der Wüste, und den Städtern besteht, so daß die Einwanderung nach Baghdad gering ist (Ali Alwardi 1972).

In Indien und Ostasien treten alle die genannten Momente auf und zusätzlich einige neue (R. J. Crane 1955). Leider ist es nicht immer ganz einfach, die verschiedenen Gesichtspunkte in der vorhandenen Literatur zu trennen, weil sehr häufig die Stadtbildung in den wirtschaftlich unterentwickelten Ländern einfach nach Analogie des Schemas vorindustrielle und Industriestadt dargestellt wird (extrem einseitig G. Sjoberg 1960, 1965). Nur im Vorübergehen wird einmal bei Philip M. Hauser (1957, S. 9) erwähnt, daß es in Indien einen traditionellen Stadttyp (entweder Häfen und Umschlagplätze oder Verwaltungszentren) *neben einem neuen Typ gibt, der mit der Industrialisierung wächst.* So gibt es auch in Indien Industriestädte, ohne daß jedoch das allgemeine Wachstum der Städte unbedingt etwas mit Industrie zu tun haben müßte. So wies auch neuerdings Nilkanth Vithal Sovani (1966, S. 53) darauf hin, daß sich eine Häufung industrieller Beschäftigungen (25 % aller Erwerbstätigen) ausgerechnet in den kleineren Städten von 15.000– 50.000 Einwohnern findet, während die größeren Städte in dieser Hinsicht nur 16–17 % erreichen. Daß hier schwierigere Probleme vorliegen, als man bisher erkannt hat, hätte man schon aus der Paradoxie der allgemeinsten Feststellungen folgern können, daß Asien mehr große Städte und mehr Menschen in Großstädten aufweist als Europa und Nordamerika und trotzdem weniger verstädtert ist als irgendein anderer Kontinent mit Ausnahme Afrikas (Ph. M. Hauser 1957, S. 4). Merkwürdigerweise zieht aber Hauser daraus nicht die allein richtige Konsequenz, daß die rein demographische Betrachtungsweise für wirtschaftlich unterentwickelte Länder einfach unbrauchbar ist. Insbesondere wird angesichts dieser Situation sowohl der Begriff der Überverstädterung (overurbanization) als auch der der „Primate City" unbrauchbar (a. a. O., S. 9). N. V. Sovani (1966, S. 81) lehnt unseres Erachtens mit Recht die Anwendbarkeit des letzteren Begriffs für Indien ab: „There is no single primate city in India dominating the whole urban scene. India has a system of cities if by this is meant that the distribution of Indian cities by size fits well the rank-size-rule." Als Ergebnis entfällt der früher bei Besprechung Kairos erwähnte Zug der überzentralisierung. Damit wird dann schließlich auch der Begriff der Überverstädterung problematisch, wie Sovani (1966, S. 1 ff. und passim) betont, wobei endlich die entscheidende Bemerkung fällt: „Cities in various cultures diverge in some facets of their ecological and social structures. An interplay of these forces produces several types of urban communities even within the broad class of preindustrial and industrial cities" (S. 20, 85; siehe auch N. V. Sovani 1964). Dazu kommt noch als komplizierendes Moment die hohe Zahl der Flüchtlinge in Indien nach 1947, die in die Städte (speziell nach Kalkutta) eingebrochen sind (Ph. M. Hauser 1957, S. 34); sie mögen in die „Busti", die provisorischen Vorstädte der großen Städte gezogen sein, bevor sie Arbeit fanden (über die „Busti" und ihre Bewohner G. Breese 1966, S. 63 und 67/68). Eine interessante Aufstellung für Kalkutta zeigt übrigens das Verhältnis zwischen alteinsässiger Bevölkerung, Einwanderern und Flüchtlingen (S. N. Sen 1960; M. Weiner 1967):

Einsässige Bevölkerung	57 %
Flüchtlinge	17 %
Einwanderer	26 %
Total	100 %

Seit 1947 sind aber weitere Kriege über Indien und Pakistan gekommen, jüngstens noch die Selbständigwerdung von Bangladesh, was alles weitere Flüchtlingsströme provoziert hat. So kann man sich nicht wundern, daß etwa Kalkutta von 1950–1970 jährlich um je 100.000 Einwohner zugenommen hat, also insgesamt um 2.000.000 mit ca. 300.000 „Straßenschläfern", d. h. Heimlosen, *was alles keineswegs durch Industrialisierung bedingt ist; im Gegenteil: die Industrialisierung ist weit hinter dieser Entwicklung zurückgeblieben* (zu den demographischen Daten siehe insbesondere Kingsley Davis 1972). Das hat wohl auch zu der Bezeichnung von Kalkutta als einer „frühreifen Metropolis" (premature metropolis) geführt (Nirmeal Kumar Bose 1965).

Als weiterer besonderer Faktor ist noch zu erwähnen, daß gerade die größten Städte Indiens (Delhi und New Delhi, Kalkutta, Bombay und Madras) stark durch die ehemalige Kolonialmacht beeinflußt worden sind (viele Einzelheiten bei R. Turner 1962; dazu P. P. Karan 1957; A. Bopegamage 1957). Außerdem weisen manche von ihnen auch deutliche Tendenzen zur Conurbation auf. Daneben aber haben sie doch sehr eigene Züge, die sich z. B. in der Streuung der Industrien, insbesondere weiterverarbeitender, über das ganze Stadtgebiet zeigen; an der Enge der Altstädte, die praktisch ohne Plätze sind; an der außerordentlich hohen Bevölkerungsdichte u. a. m. Ferner ist das Kastensystem durch das städtische Leben nicht aufgelöst worden, wenn auch die Städte den Angehörigen der Pariakaste eine gewisse Zufluchtsstätte waren. Das zeigt, daß mindestens vorläufig die indischen Großstädte noch nicht als unabhängige, sondern nur als abhängige Variable angesehen werden können, da ihnen die gesamtgesellschaftliche Kastenordnung unter allen Umständen übergeordnet ist, so daß eine städtische Gemeindeintegration weder sozial und wirtschaftlich, noch politisch und schon überhaupt nicht kulturell zustande kommen kann. Angesichts dieser Umstände bleibt nur das Zugeständnis, daß wir vorläufig noch nicht einmal einen Ansatz für eine Typologie der indischen Großstädte zur Verfügung haben. Wichtig scheint uns auch, daß die indischen Städte durchwegs ohne eigentliches Zentrum sind, wenn man von den Einkaufszentren absieht, welche von der Kolonialmacht veranlaßt wurden. Während in Europa und Nordamerika die große Welle der Verstädterung in ihrer ersten Phase zweifellos ein Produkt der Industrialisierung war, um sich erst in der zweiten Phase davon zu trennen, kann man sich bei Indien fragen, ob es sich überhaupt um eine echte Verstädterung handelt; denn wir wissen schon, daß die Industrie eher in kleinen Städten zuhause ist. Bei der für das Land so bezeichnenden ländlichen Überbevölkerung kann man eher die Entwicklung dezentralisierter Industrien (was im Zeitalter der Elektrizität an sich naheliegt) annehmen, während die Großstädte mehr die Ausbildungsorte für die neuen politischen Eliten, die Verwaltungs- und die Bildungsstätten darstellen, eine Reihe von Funktionen, die unbedingt zur Ansetzung eines eigenen Typs veranlassen muß. Ähnliches ist auch in Südostasien zu finden (D. W. Fryer 1953; R. Murphy 1957; B. F. Hoselitz 1957/58; allgemein R. Turner ; T. G. McGee 1967); auch hier kann man von einer Pseudo-Urbanisierung sprechen, wenn man mit dem Westen vergleicht. Im übrigen sind – im Gegensatz zu Indien – in den Lä1962ndern Burma, Thailand, Cambodja, Südvietnam und den Philippinen die jeweils größten Städte mindestens fünfmal größer als die nächstfolgenden, so daß man hier wirklich im strengen Sinne von „Primate City" sprechen kann; in Malaysia und Indonesien sind die Verhältnisse nicht so ausgeprägt (Ch. A. Fisher 1964; T. G. McGee 1967, S. 54). Bei den meisten dieser Städte tritt aber ein Zug hervor, der uns bisher noch nicht beschäftigt hat, nämlich die außerordentliche ethnische Mischung (für Pnom-Penh in Cambodja siehe die Aufstellung bei R. Garry 1967, S. 97), die zu einer starken ökonomischen, ökologischen und politischen Segregation mit entsprechenden Spannungen führt. Eine der Folgen ist die stark dörfliche Struktur der einzelnen Untergruppen in der Stadt, mit sehr persönlichen Beziehungen, die z. T. einer ökonomischen Entwicklung gar nicht günstig sind. Die Vorstellung, daß dieser Stadttyp wesentlich durch die Kolonialmächte bestimmt worden sei, scheint uns nicht zuzutreffen; die typische Stadt der Kolonialmächte ist Singapur, während die charakteristischste „Primate City" der südostasiatischen Großstädte, Bangkok, niemals unter Kolonialherrschaft gestanden hat. Sie ist erwachsen als religiöses Zentrum, als Residenz, Kulturzentrum und Bildungszentrum mit einer modernen Universität. Davon wiederum verschieden ist die japanische Großstadt Tokio, deren heutige Gestalt geschichtlich auf die durchgehend zentralistischen Züge des japanischen politischen Systems zurückgeführt wird (T. Yazaki 1963, 1968). Hier wird also die Großstadt definitiv als abhängige Variable, als Subsystem einer politischen Konzeption begriffen, was dann auch das Zusammenbestehen ländlicher und städtischer Lebensformen in der Großstadt erklärt.

Wieder anders ist die Situation in Lateinamerika (allgemein statistisch K. Davis und A. Casis 1946; neuer J. Dorselaer und A. Gregory 1962), wo die Großstädte spanisch-iberischen oder lusitanischen Ursprungs von Kulturen begründet wurden, die – wie alle lateinischen Mittelmeerländer – seit jeher an städtisches Leben und Städtebildung gewöhnt waren (selbst die Bauern lebten oft in Städten) und auch, wenigstens die Spanier, an politisch-planende Städtegründungen (z. B. Madrid als Instrument des Absolutismus im geographischen Zentrum der iberischen Halbinsel) (siehe Th. Caplow 1949; Herbert Wilhelmy 1952; J. Tricart 1965; L. F. Schnore 1965; Richard Konetzke 1965; Gerhard Sandner 1969; Walter D. Harris, Jr. 1971; Emilio Willems 1975). Es ist erstaunlich zu sehen, daß die Spanier um 1575 bereits ca. 200 Städte gegründet haben, die natürlich recht klein waren (E. Willems 1975, Kap. 6). Ein Zufall wurde entscheidend für die Form dieser Städte, über die bereits 1513 durch Königliches Dekret entschieden wird, daß einerseits schon die Ureinwohner ihre Städte um einen zentralen Platz gebaut hatten, was dem spanischen Geschmack entsprach, und daß andererseits auch das rechtwinklige Straßensystem von beiden Kulturen gepflegt wurde. In vielen dieser Städte hat dementsprechend dieser zentrale Platz seine Funktion bis heute erhalten. Dementsprechend zeigen alle spanischen Gründungen sorgfältig geplante Formen mit einer „plaza mayor" im Zentrum, im Gegensatz zu den brasilianischen, die oft sehr planlos waren (obwohl in der zweiten Hälfte des 20. Jahrhunderts mit Brasilia eine weitgehend geplante Neugründung entstanden ist). Manche Umstände zeigen zweifellos eine gewisse Beziehung zu den entsprechenden europäischen Großstädten; andererseits schaffen aber auch hier andere gesamtgesellschaftliche Verhältnisse Varianten, die diese Großstädte teils in die Nähe anderer Gebilde dieser Art in wirtschaftlich unterentwickelten Gebieten bringen, teils aber schaffen andere Faktoren bezeichnende Unterschiede, wie zum Abschluß dieser ganzen Erörterungen noch kurz gezeigt werden soll. Dazu gehört etwa in den spanischsprechenden Ländern, daß die Oberklassen im Zentrum der Städte wohnen, was mit dem verwahrlosten Charakter der Außenquartiere zusammenhängt, wohingegen die brasilianischen Oberklassen auf ihren Gütern leben (allerdings bahnen sich in dieser Hinsicht Änderungen an, die dem nordamerikanischen Beispiel folgen, wie L. F. Schnore 1905 hervorhebt).

Die spanischen Kolonialstädte wuchsen aber regelmäßig an, so daß sie am Ende des 18. und Anfang des 19. Jhs. schon recht beachtlich waren (siehe die Tabelle bei E. Willems 1975, S. 111); z. B. hatte Mexico City im Jahre 1793 130.000 Einwohner. Erstaunlich ist besonders das kulturelle Wachstum: Mexico City hatte schon 1560 eine Universität (drei andere teils früher, teils später: Santo Domingo (1538), Lima (1551) und Bogota (1563); die Jesuiten eröffneten im 17. Jh. 5 höhere Lehranstalten in Cordoba, Bogotá,

Sucre, Santiago de Guatemala und Cuzco. Bis zum Anfang des 19. Jhs. wurden fünf weitere Universitäten begründet (das alles übrigens im Gegensatz zu Brasilien). Auch hier werden wieder andere Motive sichtbar, die zum städtischen Wachstum beitrugen, längst bevor von Industrialisierung gesprochen werden kann. So kann man auch im Fall von Lateinamerika sagen, *daß sich die Städte schneller entwickelt haben als die Industrialisierung,* unter deren Einfluß die alten Städte eine tiefgehende Umformung erfuhren. Früh schon (1900) zogen die Oberklassen in Vorstädte, so daß das Stadtzentrum an Bedeutung verlor. Trotzdem behielten einzelne Familien ihre traditionellen Wohnsitze teilweise bis heute bei, wie auch die alten Stadtkerne an vielen Orten erhalten geblieben sind (Mexico City, Bogotá, Cartagena, Quito, Lima, Cordoba u. a.). Allerdings ist in anderen Fällen jede Erinnerung an die Vergangenheit ausgelöscht worden (Buenos Aires, Sao Paulo). Damit beginnen die gegenwärtigen Probleme der großen Städte in Lateinamerika.

Im übrigen besteht eine terminologische Schwierigkeit insofern mit der eingeborenen Literatur zum Thema Großstadt, als die Ausdrücke „urbanizacón" und „urbanizacão" nicht dem englischen Ausdruck „urbanization" und damit auch nicht dem deutschen „Verstädterung" entsprechen, sondern eher dem Ausdruck „Urbanismus" als Ausdruck praktisch-planerischer Unternehmen. Das hat nicht nur zu Verständnisschwierigkeiten in internationalen Diskussionen geführt, sondern auch zu Besonderheiten der statistischen Erfassung von Großstädten, indem als verstädtert einzig die Teile der großen Städte angegeben werden, die alle Dienste (Wasser usf.) haben, die anderen riesigen Slums (spanisch: barriadas; portugiesisch: favelas) dagegen nicht (T. L. Smith 1963). Da aber gerade diese Slums mit ihren Millionen von Squattern das soziale Hauptproblern der lateinamerikanischen Großstädte bilden, werden sie oft nur schwer erfaßbar (vgl. dazu E. Willems 1975, Kap. 12 und 13). Es steht außerdem zu vermuten, daß ein großer Teil der unheimlichen Bevölkerungszunahme in den lateinamerikanischen Großstädten auf diese sub-marginale, unterproletarische Bevölkerung zurückgeht, für deren Probleme die eingeborenen Soziologen bis heute wenig Interesse gezeigt haben (eine rühmliche Ausnahme J. Dorselaer und A. Gregory 1962). Wahrscheinlich sind aber diese Elemente wesentlich beteiligt am Wachstum mancher, wenn nicht aller, Großstädte. So wuchs Buenos Aires von 1947 bis 1960 praktisch überhaupt nicht (1947: 2.966.815 Einwohner; 1960: 2.982.580), während die 17 statistischen Kreise, die in einem Halbmond um die Stadt herum liegen, in der gleichen Zeit von 1.741.000 auf 3.697.000 anstiegen. Manche Gemeinden nahmen um 300– 400 % zu (T. L. Smith 1963, S. 231). Auch hier wird man vorsichtig sein müssen mit der Beziehung zwischen Industrialisierung und Verstädterung, denn es gibt *Verstädterung ohne Entwicklung* (Ph. M. Hauser 1961). Vielleicht müßte man diese Art von Bevölkerungsanhäufung mit einem anderen Ausdruck bezeichnen, der der besonderen Situation Rechnung trägt. Dementsprechend ist auch der von Philip M. Hauser – genau wie in dem Buch über Südostasien – verwendete Begriff der Überverstädterung fehl am Platz. Manche

lateinamerikanischen Städte haben wirklich die Funktion von „Primate Cities",
wie etwa Lima de Peru, das von 1940 bis 1957 von 533.645 auf 1.360.729
und bis 1966 auf über 2 Mio. Einwohner anstieg (O. Dallfus 1966), während
die zweitgrößte Stadt des Landes Arequipa 1957 nur 117.208 Einwohner hatte
(die dritte Stadt Cuzco hatte im gleichen Jahr sogar nur 66.167 Einwohner).
Diese Situation ist typisch für eine Primate City (vgl. J. M. Mar 1961). Bei
Rio de Janeiro gibt es ebenfalls diese riesigen „favelas", in denen 1957 rund
650.000 von den insgesamt 2 Mio. Einwohnern lebten (A. Pearse 1961).
Aber Brasilien stellt einen von Peru völlig verschiedenen Fall dar, hatte es doch
1960 zwei Riesenstädte von mehr als 3 Mio., 4 Städte von 500.000–1 Million
und weitere 4 Städte von 250.000–500.000 Einwohnern (T. L. Smith 1963,
S. 230). Hier kann man nicht mehr von Primate City sprechen.

Es erhebt sich aber die viel wichtigere Frage, wie man die Bedeutung der
„favelas" einschätzen soll, die wohl rund ein Drittel der Großstadteinwohner
darstellen. Auch bei Santiago de Chile finden wir 1960 auf 2 Mio. 700.000
Personen als Neueinwanderer (E. P. Quesada 1967). Sie sind in unseren Augen
eine unterproletarische Schicht, was auch mit Feststellungen von Gino Germani
(1961, S. 207 f.) übereinstimmt, der bei seiner Untersuchung eines Quartiers
von Buenos Aires zwischen den längst eingewanderten Arbeitern und den
neuen Squatters unterscheidet. Letztere zeigen hohe Grade an Dauerarbeits-
losigkeit, Verwahrlosung und sozialer Desorganisation; erst mit längerer Wohn-
dauer stabilisieren sich die Verhältnisse. Emilio Willems weist mit Recht auf
den Unterschied zwischen diesen Barackenstädten und den Slums in den Vereinigten Staaten hin. Der Ausdruck *Slum* ist anwendbar auf ein absteigendes
und verwahrlostes Stadtquartier, aus dem die alten Bewohner verzogen sind,
während die Lateinamerikanischen *Barackenstädte* (wie die „Bidonvilles" in
Nordafrika und die „Busti" in Indien von ihren Bewohnern gebaut worden
sind. „Shantytowns are forms of urban growth, slums are not" (S. 261). So
müssen wir wohl hier einen eigenen Stadttyp ansetzen mit hochgradiger
marginaler sozialer Desorganisation aufgrund der Masseneinwanderung einer
außerordentlich unterentwickelten und sehr armen Bevölkerung (in den
„villas miseria", wie der argentinische Ausdruck dafür lautet), die ca. 30 %
der Gesamtbevölkerung dieser Großstädte beträgt. Entsprechendes lehrt eine
Studie von Juarez Rubens Brandão Lopes (1961), der die außerordentliche
berufliche Unstete der Einwanderer aus dem Norden nach São Paolo hervorhebt, während sich die aus dem unmittelbaren ländlichen Hinterland viel besser
anpassen. Diese Unstetigkeit ist aber auch ein Charakteristikum des Land-
lebens in Brasilien (J. Tricart 1965), was einen großen Unterschied etwa zur
Situation in Indien macht. Schließlich schafft diese städtische Situation auch
insofern Schwierigkeiten, als die Stadtbehörden aus rein politischen Gründen
große Investitionen in den marginalen Quartieren machen, um diesen ständigen
Unruhefaktor zu beschwichtigen, so daß diese Städte wirklich eine parasitäre
Funktion erhalten (siehe auch D. Lambert 1965) und die weitere Entwicklung
dieser Länder unter Umständen schwer beeinträchtigen. Andererseits wollen die
meist illegal siedelnden (Squatters) heute aus den Vorstädten nicht zurück in
ihre Herkunftsorte, weil der Umzug für sie Hoffnung auf eine bessere Zukunft
bedeutet.

VIII. Idiographische Erfassung der Grossstadt

Die zahlreichen angeführten Schwierigkeiten, die noch immer einer auch nur einigermaßen allgemeinen Typologie der Großstädte im Wege stehen, müssen notwendigerweise die Frage aufwerfen, ob es nicht noch zu früh ist für eine solche Typologie. Das ist umso mehr ein Problem, als selbst bei grundsätzlichem Zugeständnis der Möglichkeit einer Typologie noch der Umstand zu berücksichtigen bleibt, der schon mehrfach hervorgehoben wurde, *daß nämlich jede Großstadt ein ungeheuer komplexes Gebilde bedeutet, das jeweils die einzigartige Lösung einer einzigartigen Aufgabe darstellt.* Das braucht aber keineswegs zu einer bloßen Deskription zu verführen, vielmehr haben die realisierten Lösungen der gegebenen Aufgaben selbstverständlich insofern strukturelle Bewandtnis, als die erreichten Lösungen gewisse Dauerzüge entwickeln, welche die Identifizierung der betreffenden Stadt über lange Zeiträume über Jahrhunderte, ja sogar Jahrtausende erlauben. Wir kennen heute mehrere moderne Großstädte, die bereits mehr als zweitausend Jahre alt sind und bestimmte relativ gleichbleibende Strukturen aufweisen (Paris 1951 und Lyon 1958 feierten vor kurzem ihr zweitausendjähriges Bestehen; Rom, Athen, Jerusalem sind viel älter; Damaskus ist rund 4000 Jahre alt). So würden einerseits die Unzulänglichkeiten der Großstadt-Typologie zu einer mehr idiographischen resp. monographischen Behandlung einladen, während umgekehrt die Idiographie, wenn wohl verstanden, notwendig auf die Erfassung struktureller Züge führen muß, was wiederum einer universalen Typologie Vorschub leistet. Das führt unseres Erachtens zu einem weiteren Zugeständnis. Wenn Philip M. Hauser (1964) in einer neueren UNESCO-Publikation die großstädtischen Forschungstechniken erwähnt, dann weist er einerseits auf die historische Methode hin, ohne ihr jedoch eine besondere Rolle zuzugestehen, hebt aber andererseits hervor, was er als „Comprehensive Urban Studies" bezeichnet. Genau hier kehrt dann die Darstellung einzelner Städte wieder, die er ganz eindeutig auf Strukturanalyse ausrichtet.

Ein zusätzlicher Beitrag idiographischer Natur stammt aus der *Analyse des sozialen Wandels, der die Entstehung der Großstadt begleitet,* als deren Voraussetzung und Folge zugleich. Wegen ihrer sozialhistorischen Ausrichtung beweist auch diese Beschäftigung mit der Großstadt einen sehr realistischen Geist (ein älteres Beispiel dafür M. Leinert 1925), selbst wenn sie gelegentlich mit reformerischen Strömungen gepaart auftritt (E. E. Lampard 1963). Man muß sich auch klar darüber sein, daß diese Art idiographischer Analyse in keiner Weise als antiquarische Geschichtsschreibung mißverstanden werden darf, sondern mit der Vergangenheit auch die Zukunft erschließt. Wenn man etwa bedenkt, daß der Verfasser dieses Aufsatzes den letzten Durchbruch des Boulevard Haussmann, der das Reformwerk zum Abschluß brachte, mit dem Baron Haussmann unter Napoleon III. die Neuplanung von Paris einleitete, als Student in den zwanziger Jahren erlebt hat (vgl. zum ganzen D. H. Pinkney 1958), dann wird man verstehen, daß die heutigen

Reformbemühungen die Stadt des Jahres 2000 (und wenn nicht weit darüber hinaus) umreißen, wie etwa in dem Buch von Jan Bastié (1964) über Paris oder dem von Peter Hall (1963) über London. Das geht weit über „science fiction" hinaus, also auch über alle Utopie, sondern entspricht nur einer dynamischen Interpretation einer gegenwärtigen Lage, die in sich den Keim des Jahres 2000 enthält, wie Pierre George (1965) jüngstens betont hat. Man kann auch sagen, daß die Generation der heute etwa Dreißigjährigen, die in das Reformwerk der modernen Großstädte gerade eintreten, das Jahr 2000 um mindestens eine Dekade aktiv überleben werden. Gerade hierbei wird übrigens die Aufgabe der Soziologie umso bedeutsamer, als sie diese idiographischen Studien davor bewahren, sich an einen völlig unstrukturierten Begriff des sozialen Wandels zu verlieren. Hier käme also alles darauf an, einzigartige soziale Entwicklungen einer strukturellen Analyse zu unterwerfen. Allerdings darf das nicht geschehen durch Konstruktion unhistorischer Idealtypen, wie Werner J. Cahnmann (1966) mit Recht Gideon Sjoberg (1960) und Leonard Reissman (1964) vorwirft, und zwar mit vollem Recht, weil ihr Vorgehen die Wirklichkeit der Geschichte und des sozialen Wandels gerade ausschließt (siehe auch J. Comhaire und W. Cahnmann 1959). Außerdem würde es die Großstädte nichtindustrieller Art alle auf ein und dasselbe Schema festlegen (was auch O. C. Cox 1964 schon hervorgehoben hat); die Untragbarkeit eines solchen Vorgehens hat wohl die Darstellung der Großstadtproblematik in den wirtschaftlich unterentwickelten Gesellschaften schlagend erwiesen, die uns darum auch konsequenterweise auf die idiographische und sozialhistorische Analyse als Ausweg lenkte.

Folgende Aufstellung zeigt deutlich die zweigeleisige Entwicklung der Großstädte in entwickelten und unterentwickelten Gesellschaften (nur Stadtgebiete ohne metropolitanische Ballungen, ca. 1975):

Tokio	8,6 Mio		Schanghai	10,8 Mio
New York	7,6 Mio		Mexico City	8,6 Mio
London	7,2 Mio		Peking	7,6 Mio
Moskau	6,9 Mio		Bombay	7,9 Mio
			Kairo	5,7 Mio

Wenn diese Entwicklung wahrscheinlich eine Urbanisierung der fortgeschrittenen Industriegesellschaften insgesamt zur Folge haben wird, so bedeutet das letztlich einen qualitativen Wandel, den Aufbau neuer Denk-, Fühl- und Verhaltensweisen, die gewissermaßen nur durch eine Fortsetzung der strukturellen Analyse in die Analyse eines neuen Kulturideals erfolgen kann. So erfahren wir durch einige klassische idiographische Darstellungen einzelner Metropolen wie der von Steen Eiler Rasmussen (1937) über London; denen von Marcel Poete (1924–1931), Albert Demangeon (1933) und Pierre Lavedan (1947) über Paris; der von Percy E. Schramm über Hamburg (1952); der Reihe von Bänden, die Raymond Vernon und Mitarbeiter (1959/60) über New York herausgebracht haben, und schließlich

der meisterhaften Studie von Jean Gottmann (1961) über „Megalopolis"
nicht nur etwas über demographische Daten, Bevölkerungsverdichtung,
Arbeitsteilung, Bevölkerungssegregation usf. usf., sondern zusätzlich Entscheidendes über die neue großstädtische Kulturform, wie auch Paul-
Henry Chombart de Lauwe (1952) seine ökologischen Analysen von Paris
konsequenterweise mit sozialpsychologischen Analysen etwa des Alltagslebens
französischer Arbeiter erweiterte. Dabei kann sehr wohl die Optik von einer
ausgesprochenen Weiteinstellung wie in den Werken von Oscar Handlin
(1959) oder Walter Firey (1947) umspringen auf eine Naheinstellung wie in
dem höchst interessanten Buch von Sam B. Warner, Jr. (1962), der der ersten
Phase der Entstehung von Vorstädten in der Entwicklung Bostons um 1900
nachgeht, das um 1850 in einem Kreis mit einem Radius von zwei bis drei
Meilen 200.000 Einwohnern vereinigte und 1900 in einem Kreis mit einem
Radius von über zehn Meilen schon mehr als eine Million. Diese Entwicklung
war begleitet von einem totalen Zerfall der alten städtischen Einheit, der zu
neuen Planungen aufrief. Damit zeigte Boston im kleinen, im Zeitalter des
Verkehrsmittels Straßenbahn, was sich später in viel größerem Maßstab fort-
setzte und eine neue Bewußtmachung der Großstadtproblematik und ihrer
Dringlichkeit anbahnte, als deren Ergebnis die Soziologie der Großstadt entstanden ist.

AUSGEWÄHLTE LITERATUR

Abu-Lughod, Janet L., Urbanization in Egypt: Present State and Future Prospects, in:
    Economic Development and Cultural Change, Bd. 13 (1964).
Abu-Lughod, Janet L., Cairo, 1001 Years of the City Victorious, Princeton, N. Y.
    1971.
Acquarone, Alberto, Grandi città e aree metropolitane in Italia, Bologna 1961.
Adams, Robert M., City Invincible: A Symposium on Urbanization and Cultural
    Development in the Ancient Near East, Chicago 1960.
Adams, Robert M., The Evolution of Urban Society, Chicago 1965.
Adams, Robert M., The Evolution of Urban Society, Early Mesopotamia a'nd
    Prehispanic Mexico. A Comparative Study of one of the Great Transformations in
    the Career of Humanity, Chicago 1966.
Adams, Robert M., und Rene Millon, Art. Urban Revolution, in: International
    Encyclopedia of The Social Sciences, Bd. 16, New York 1968, S. 201–217.
Agger, Robert E, Daniel Goldrich und Bert E. Swanson, The Rulers and the Ruled,
    New York 1964.
Agulhon, Maurice, Une ville ouvriere au temps du socialisme utopique: Toulon
    1815–1851, Paris und Den Haag, 1970.
Aiken, Michael, und Paul E Mott (Hrsg.), The Structure of Community Power, New
    York 1970.
Akademie für Raumforschung und Landesplanung, Stadtregionen in der Bundes
    republik Deutschland, Hannover 1960.
Akademie für Raumforschung und Landesplanung, Grundlegende Raumaspekte der
    Gegenwart, Hannover 1962.

Akademie für Raumforschung und Landesplanung, Die Entwicklung der Bevölkerung in den Stadtregionen, Hannover 1963.

Akademie für Raumforschung und Landesplanung, Studien zum Problem der Trabantenstadt, Hannover 1965.

Akademie für Raumforschung und Landesplanung, Beiträge zum Problem der Suburbanisierung, Hannover 1975.

Akademie für Städtebau und Landesplanung, Ballungsräume und Großkreise, Tübingen 1959.

Alwardi, Ali, Soziologie des Nomadentums, Neuwied 1972.

Anderson, Grace M., Networks of Contact: The Portuguese and Toronto – Waterloo – Ontario 1974.

Anderson, Nels, The Urban Community, New York 1959.

Anderson, Nels, Aspects of Urbanism and Urbanization, in: International Journal of Comparative Sociology, Bd. 4 (1963).

Anderson, Robert T., und Barbara Gallatin Anderson, Bus Stop for Paris. The Transformation of a French Village, Garden City, N. Y. 1965.

Angelucci, Suzanne R., Harley L. Browning, Kingsley Davis, Richard L. Forstall, Jack P. Gibbs, Gene B. Petersen, Thomas O. Wilkinson, The World's Metropolitan Areas, Berkeley und Los Angeles 1959.

Ardigò, Achille, La diffusione urbana. Le aree metropolitane e i problemi del loro sviluppo, Roma 1967.

Argan, Giulio C., The Renaissance City, New York 1969.

Aymonimo, Carlo, Gianni Fabbri, Angelo Villa, Le città capitali del 19^0 secolo, Bd. 1, Roma 1975.

Bahr, Howard M., Skid Row. An Introduction to Disaffiliation, London – New York – Toronto 1973.

Bahrdt, Hans Paul, Die moderne Großstadt, Reinbek bei Hamburg 1961.

Balandier, Georges, Les Brazzavilles Noires, Paris 1955.

Banfield, Edward C. (Hrsg.), Urban Government, rev. ed. New York 1969.

Banfield, Edward C., The Political Implications of Urban Growth, in: Lloyd Rodwin (Hrsg.) 1962.

Banfield, Edward C., The Unheavenly City. The Nature and the Future of Our Urban Crisis, Boston und Toronto 1970 (zuerst 1968).

Banfield, Edward C., und James Q. Wilson, City Politics, Cambridge, MasS. 1963.

Bardet, Gastes, L'urbanisme, 6. Aufl. Paris 1967 (zuerst 1945).

Barton, Allen H., Communities in Disaster: A Sociological Analysis of Collective Stress Situations, Garden City, N.Y. 1970 (zuerst 1969).

Bascom, William, Urbanization among the Yoruba, in: The American Journal of Sociology, Bd. 60 (1955).

Bascom, William, Some Aspects of Yoruba Urbanism, in: American Anthropologist, Bd. 64 (1962).

Bastié, Jean, La croissance de la banlieue parisienne, Paris 1964.

Bastié, Jean, Paris en l'an 2000, Paris 1964.

Bastié, Jean, und Marcel Brichler, Délimination de l'agglomération parisienne, in: Population, Bd. 15 (1960).

Beaujeu-Garnier, Jacqueline, und Georges Chabot, Traité de geographie urbaine, Paris 1963.

Beckinsale, Robert P., und James Macintosh Houston (Hrsg.), Urbanization and its Problems, Oxford 1968.

Beijer, Gunther, Rural Migrants in Urban Setting. An Analysis of the Literature on the Problem Consequent on the Internal Migration from Rural to Urban Areas in 12 European Countries (1945–1961), The Hague 1963.

Bell, Colin, und Howard Newby, Community Studies. An Introduction to the Sociology of the Local Community, New York und Washington 1973 (zuerst 1972).

Bell, Gwen, und Jacqueline Tyrwhitt (Hrsg.), Human Identity in the Urban Environment, Harmondsworth 1972.

Bellush, Jewel, und Murray Hausknecht (Hrsg.), Urban Renewal: People, Politics and Planning Garden City, N. Y. 1967.

Bellush, Jewel, und Stephen M. David (Hrsg.), Race and Politics in New York City. Five Studies in Policy Making, New York 1971.

Benevolo, Leonardo, The Origins of Modern Town Planning, Cambridge, MasS. 1967 (Original ital. Le Origine dell' Urbanistica Moderna, Bari 1963).

Bennassar, Bartolomé, Valladolid au siècle d'or. Une ville de Castille et sa campagne au 16e siécle, Paris und Den Haag 1967.

Bergel, Egon E., Urban Sociology, New York 1955.

Berger, Bennet M., Working-Class Suburbs. A Study of Auto Workers in Suburbia, Berkeley und Los Angeles 1969 (zuerst 1960).

Bergmann, Klaus, Studien zur Großstadtfeindschaft und „Landflucht"-Bekämpfung in Deutschland, Diss. Münster 1968.

Berry, Brian J. L., City Size Distribution and Economic Development, in: Economic Development and Cultural Change, Bd. 9 (1961).

Berry, Brian J. L., und Allen Pred, Central Place Studies, A Bibliography of Theory and Applications, Philadelphia und Penna 1965.

Berry, Brian J., und Philip R. Rees, The Factorial Ecology of Calcutta, in: American Journal of Sociology, Bd. 74 (1969).

Beshers, James M., Urban Social Structure, New York 1962.

Beyer, Glenn H. (Hrsg.), The Urban Explosion in Latin America, Ithaca, N. Y. 1967.

Bezucha, Robert J., The Lyon Uprising of 1834. Social and Political Conflict in the Early July Monarchy, Cambridge, MasS. 1974.

Bie, Pierre de, Urban Agglomerations and the Modernization of the Developing States, in: Civilizations, Bd. 15 (1965) und Bd. 16 (1966).

Bigey, Michel, und André Schneider, Les transports urbains. Mit Vorwort von Alfred Sauvy, Paris 1971.

Birnbaum, Max, und John Mogey (Hrsg.), Social Change in Urban America, New York – Evanston – San Francisco und London 1972.

Blumenfeld, Hans, The Modern Metropolis. Its Origins, Growth, Characteristics, and Planning, Cambridge, MasS. 1967.

Bogue, Donald J., The Structure of the Metropolitan Community. A Study of Dominance and Subdominance, Ann Arbor, Mich. 1949.

Bogue, Donald J., Population Growth in Standard Metropolitan Areas, 1900-1950: With an Explanatory Analysis of Urbanized Areas, Washington, D. C. 1953.

Bollens, John C., The State and the Metropolitan Problem, Chicago 1956.

Bollens, John C. (Hrsg.), Exploring the Metropolitan Community, Berkeley 1961.

Bollens, John C., und Henry J. Schmandt, The Metropolis. Its People, Politics and Economic Life, 2. Aufl. New York 1970 (zuerst 1965).

Bookchin, Murray, Crisis in our Cities, New York – Evanston – San Francisco – London 1965.

Bookchin, Murray, The Limits of the City, New York – Evanston – San Francisco – London 1973.

Booth, Charles, London, ausgewählt und herausgegeben von Albert Fried und Richard M. Elman, New York 1968.

Booth, Charles, On the City. Physical Pattern and Social Structure, herausgegeben und bevorwortet von Harald W. Pfautz, Chicago und London 1967.

Bopegamage, A., Delhi: A Study in Urban Sociology, Bombay 1957.

Bose, Nirmeal Kumar, Calcutta. A Premature Metropolis, in: Scientific American, Bd. 213 (1965).

Boskoff, Alvin, The Sociology of Urban Regions, New York 1962.

Bourne, Larry S. (Hrsg.), Internal Structure of the City. Readings on Space and Environment, New York – Toronto – London 1971.

Braidwood, Robert, Jericho and its Setting in Near Eastern History, in: Antiquity, Bd. 41 (1957).

Brandão Lopes, Juarez Rubens, Aspects of the Adjustment of Rural Migrants to Urban industrial Conditions in São Paolo, Brazil, in: Ph. M. Hauser (Hrsg.) 1961.

Breese, Gerald, The Daytime Population of the Central Business District, in: E. W. Burgees und D. J. Bogue (Hrsg.) 1964.

Breese, Gerald, Urbanization in Newly Developing Countries, Englewood Cliffs, N. J. 1969.

Brennan, Tom, The Pattern of Urbanization in Australia, in: International Journal of Comparative Sociology, Bd. 4 (1963).

Briggs, Asa, Victorian Cities, London 1964 (zuerst 1963).

Brinkmann, Carl, Art.: Stadt (Allgemeines), in: E. von Beckerath u. a. (Hrsg.), Handwörterbuch der Sozialwissenschaften, Stuttgart – Tübingen – Göttingen 1953 ff.

Bruggi, Corrado, I movimento migratori in una grande città e nella sua area metropolitana, Bologna 1964.

Brush, John E., Spatial Patterns of Population in Indian Cities, in: Geographical Review, Bd. 58 (1968).

Bücher, Karl, Die Großstädte in Gegenwart und Vergangenheit, in: Jahrbuch der Gehe-Stiftung 1903.

Buder, Stanley, Pullman. An Experiment in Industrial Order and Community Planning (1880–1930), New York – London – Toronto 1967.

Burgess, Ernest W. (Hrsg.), The Urban Community, Chicago 1926.

Burgess, Ernest W., und Donald J. Bogue, Contributions to Urban Sociology, Chicago und London 1964.

Burke, Gerald L., The Making of Dutch Towns, London 1956.

Cahnmann, Werner J., The Historical Sociology of Cities: A Critical Review, in: Social Forces, Bd. 45 (1966).

Caillois, Roger, Paris: Mythe moderne, in: ders., Le Mythe et l'homme, Paris 1938.

Caplow, Theodore, The Social Ecology of Guatemala City, in: Social Forces, Bd. 28 (1949).

Carozzi, Carlo, und Alberto Mioni (Hrsg.), L'Itialia in Formazione. Ricerche e saggi sullo sviluppo urbanistico del territorio nazionale, Bari 1970.

Carrère, Claude, Barcelone. Centre économique à l'epoque des difficultés, 1380–1462, Paris und Den Haag 1967.

Carrière, Francoise, und Philippe Pinchemel, Le fait urbain en France. La population urbaine. Les villes de plus de 20.000 habitants, Paris 1963.

Carter, Francis W., Dubrovnik (Ragusa). A Classic City-State, London 1972.

Castells, Manuel, Luttes urbaines et pouvoir politique, Paris 1973.

Castells, Manuel, La question urbaine, Paris 1972.

Census 1951, Report on Greater London and Five Other Conurbations, London 1956.

Centre d'études de la civilisation contemporaine, L'homme et la ville dans le monde actuel, Paris 1969.

Chabot, Georges, Les villes, Paris 1958 (zuerst 1948).

Chalendar, Michel de, Champ libre. Essai sur les maisons et les villes de demain, Paris 1965.

Chandler, Tertius, und Gerald Fox, 3000 Years of Urban Growth. With a Foreword by Lewis Mumford, New York und London 1974.

Charrier, Jean-Bernard, Citadins et ruraux, 2. Aufl. Paris 1970 (zuerst 1964).

Chenot, L., und R. Beaunez, Villes et citoyens, Paris 1969.

Chevalier, Louis, La formation de la population parisienne au XIXe siècle, Paris 1950.

Chevalier, Louis, Paris et les Parisiens, Paris 1967.

Childe, Gordon, Man Makes Himself, London 1936.

Childe, Gordon, What Happened in History, New York 1946.

Childe, Cordon, The Urban Revolution, in: Town Planning Review, Bd. 21 (1950).

Chinitz, Benjamin (Hrsg.), City and Suburb. The Economics of Metropolitan Growth, Englewood Cliffs, N. J. 1964.

Choay, Franoise, L'urbanisme. Utopies et réalités, Paris 1965.

Choay, Franoise, The Modern City. Planning in the 19th Century, New York 1969.

Chombart de Lauwe, Paul-Henry, u. a., Paris et l'agglomération parisienne, 2 Bde., Paris 1952.

Chombart de Lauwe, Paul-Henry, La vie quotidienne des familles ouvrières, Paris 1956.

Chombart de Lauwe, Paul-Henry, Paris. Essais de sociologie 1952–1964, Paris 1965a.

Chombart de Lauwe, Paul-Henry, Des hommes et des villes, Paris 1965b.

Chombart de Lauwe, Paul-Henry, und Louis Couvreur, La sociologie urbaine en France, in: Current Sociology, Bd. 4 (1955).

Clark, Colin, Transport – Maker and Breaker of Cities, in: Town Planning Review, Bd. 28 (1957/1958).

Clark, Graham, und Stuart Piggot, Prehistoric Societies, New York 1965.

Clark, Kenneth B., The Dark Ghetto, New York 1965.

Clark, Samuel D., The Suburban Society, Toronto 1966.

Clément, Pierre, und Nelly Xydias, Vienne sur le Rhone. La ville et les habitants. Situations et attitudes, Paris 1955.

Clinard, Marshall B., Slums and Community Development. Experiments in Self-Help, New York – London 1966.

Cohen, Abner (Hrsg.), Urban Ethnicity, London – New York – Sydney – Toronto – Wellington 1974.

Cohen, Jerry, und William S. Murphy, Burn, Baby, Burn. The Los Angeles Race Riot, August 1965, New York 1966.

Colloque de Nice, Villes de l'Europe mediterranéenne et de l'Europe occidentale du Moyen-Age au XIX siécle, Nice 1969.

Comhaire, Jean, und Werner J. Cahnmann, How Cities Grew: The Historical Sociology of Cities, Madison, N. J. 1959.

Commissariat Général du Plan, Plan e prospectives, Bd. 1: L'urbanisation, Bd. 2: Les villes. La societé urbaine, Paris 1970.

Conant, Ralph W., und Molly Apple Levin, (Hrsg.), Problems in Research of Community Violence, New York – Washington – London 1969.

Conolly, Harold X., Black Movement into the Suburbs, in: Urban Affairs Quarterly, Bd. 9 (1973).

Conot, Robert, Rivers of Blood, Years of Darkness, New York 1967.

Cornuau, Claude, M. Imbert, B. Lamy, P. P. Rendu, J. Retel, L'attraction de Paris sur sa banlieue. Etude sociologique, Paris 1965.

Cousine, Albert N., und Hans Nagpaul (Hrsg.), Urban Man and Society, New York 1970.

Cox, Harvey, The Secular City, New York 1965.

Cox, Oliver C., The Preindustrial City Reconsidered, in: Sociological Quarterly, Bd. 5 (1964).

Crane, Robert I., Urbanism in India, in: The American Journal of Sociology, Bd. 60 (1955).

Creeze, Walter L., The Form of the Modern Metropolis, in: O. Handlin und J. Burchard (Hrsg.) 1963.

Cressey, Paul F., Population Succession in Chicago, 1898–1930, in: American Journal of Sociology, Bd. 44 (1938).

Cullen, Gordon, Townscape, London 1962.

Dalmasso, Etienne, Milan. Capitale économique de l'Italie, Etude géographique, Paris 1971.

Davie, Maurice R., The Patterns of Urban Growth, in: George P. Murdock (Hrsg.), Studies of Society, New Haven 1938.

Davis, Kingsley, The Origin and Growth of Urbanization in the World, in: American Journal of Sociology, Bd. 60 (1955).

Davis, Kingsley (Hrsg.), The World's Metropolitan Areas, Berkeley und Los Angeles 1959.

Davis, Kingsley, The Urbanization of the Human Population, in: J. K. Hadden, L. H. Masotti, C. J. Larson (Hrsg.) 1967.

Davis, Kingsley, World Urbanization 1950–1970. Vol. I: Basic Data for Cities, Countries, and Regions; Vol. II: Analysis of Trends, Relationships and Development, Berkeley 1969–1972.

Davis, Kingsley (Hrsg.), Cities. Their Origin, Growth and Human Impact, in: Scientific American, San Francisco 1973.

Davis, Kingsley, und Ana Casis, Urbanization in Latin America, in: The Milbank Memorial Fund Quarterly, Bd. 24 (1946).

Davis, Kingsley, und Hilda Hertz Golden, Urbanization and the Development of Preindustrial Areas, in: Economic Development and Cultural Change, Bd. 3 (1954).

Dean, Lois R., Five Towns. A Comparative Community Study, New York 1967.

Demangeon, Albert, Paris. Sa ville et sa banlieue, 4. Aufl., Paris 1946, zuerst 1933.

Denis, Jacques, Les villes d'Afrique tropicale, in: Civilisations, Bd. 16 (1966).

Deutsch, Karl W., On Social Communication and the Metropolis, in: L. Rodwin (Hrsg.) 1962.

Deyon, Pierre, Amiens, capitale provinciale, Paris und Den Haag 1967.

Dickinson, Robert E., The West European City, London 1951.

Dickinson, Robert E., The City Region in Western Europe, New York 1967.

Dobriner, William M., Class in Suburbia, Englewood Cliffs, N. J. 1963.

Dobriner, William M. (Hrsg.), The Suburban Community, New York 1958.

Dollfus, Oliver, Remarques sur quelques aspects de l'urbanisation péruvienne, in: Civilisations, Bd. 16 (1966).

Donaldson, Scott, The Suburban Myth, New York 1969.

Dore, Ronald P., City Life in Japan. A Study of a Tokyo Ward, London 1958.

Dorselaer, Jaime, und Alfonso Gregory, La Urbanización en America Latina, 2 Bde., Fribourg – Bogotá – Bruxelles 1962.

Downs, Roger, und David Stea (Hrsg.), Image and Environment: Cognitive Mapping and Spatial Behavior, Chicago 1973.

Drake, St. Clair, und Horace R. Cayton, Black Metropolis. A Study of Negro Life in a Northern City, 2 Bde. New York 1962 (zuerst 1945).

Drewe, Paul, Sozialforschung in der Regional- und Stadtplanung, in: Kölner Zeitschrift für Soziologie und Sozialpsychologie, Bd. 18 (1966).

Drewe, Paul, Der Beitrag der Sozialforschung zur Regional- und Stadtplanung, Meisenheim am Glan 1968.

Duhl, Leonard, J. (Hrsg.), The Urban Condition. People and Policy in the Metropolis, New York und London 1963.

Duncan, Beverly, und Philip M. Hauser, Housing a Metropolis – Chicago, Glencoe, Ill. 1960.

Duncan, Beverly, und Stanley Lieberson, Metropolis and Region in Transition, Beverly Hills, Cal. 1970.

Duncan, Otis Dudley, und Albert J. Reis, Jr., Social Characteristics of Urban and Rural Community 1950, New York und London 1956.

Duncan, Otis Dudley, W. R. Scott, Stanley Lieberson, R. Davis Duncan, H. H. Winsborough, Metropolis and Region, Baltimore 1960.

Dyos, Harold J. (Hrsg.), The Study of Urban History, London 1968.

Eames, Edwin, und Judith Granich Goode, Urban Poverty in a Cross-Cultural Context, New York und London 1973.

Eberhard, Wolfram, Data on the Structure of the Chinese City in the Pre-Industrial Period, in: Economic Development and Cultural Change, Bd. 4 (1956).

Eberhard, Wolfram, Settlement and Social Change in Asia, Bd. 1, Hong Kong 1967.

Eckhard, Wolf von, The Challenge of Megalopolis, New York 1964.

Effrat, Marcia Pelly (Hrsg.), The Community. Approaches and Applications, New York und London 1974.

Eldredge, H. Wentworth (Hrsg.), Taming Megalopolis, 2 Bde., Garden City, N. Y. 1967.

Elkins, Thomas H., The Urban Explosion, London 1973.

El Kordi, Mohamed, Bayeux aux 17e et 18e siécles. Contribution à l'histoire urbaine de la France, Paris und Den Haag 1970.

Elvin, Mark, und G. William Skinner (Hrsg.), The Chinese City Between Two Worlds, Stanford, Calif. 1974.

Engels, Friedrich, Die Lage der arbeitenden Klasse in England, in: K. Marx u. F. Engels, Werke, Bd. 2, Berlin 1962.

Ennen, Edith, Art.: Stadt (Europäisches Mittelalter), in: E. v. Beckerath u. a. (Hrsg.), Handwörterbuch der Sozialwissenschaften, Stuttgart – Tübingen – Göttingen 1953 ff.

Epstein, Arnold L, Urban Communities in Africa, in: Max Gluckman (Hrsg.), Closed Systems and Open Minds, Chicago 1964.

Epstein, David G., Brasilia. Plan and Reality, Berkeley 1973.

Ericksen, E. Gordon, Urban Behavior, New York 1954.

Etzkowitz and Schaflander, 1969.Etzkowitz, Henry, und Gerald M. Schaflander, Ghetto Crisis. Riots or Reconciliation, Boston und Toronto 1969.

Farley, Reynolds, The Changing Distribution of Negroes within Metropolitan Areas: The Emergence of Black Suburbs, in: American Journal of Sociology, Bd. 75 (1970).

Fava, Sylvia Fleis (Hrsg.), Urbanism in World Perspective. A Reader, New York 1966.

Fawcett, Charles B., Distribution of the Urban Population in Britain in 1931, in: Geographical Journal, Bd. 79 (1932).

Feagin, Joe R., und Harlan Hahn, Ghetto Revolts. The Politics of Violence in American Cities, New York und London 1973.

Feagin, Joe R., The Urban Scene. Myths and Realities, New York 1973.

Ferrarotti, Franco, Roma, da Capital e periferia, Bari 1970.

Ferris, Abbott L (Hrsg.), Research and the 1970 Census, Oak Ridge, Tenn. 1972.

Firey, Walter, Land Use in Central Boston, Cambridge, MasS. 1947.

Firey, Walter, Man, Mind, and Land. A Theory of Resource Use, Glencoe, Ill. 1960.

Fiser, Webb S., Mastery of the Metropolis, Englewood Cliffs, N. J. 1962.

Fisher, Charles A., South-East Asia. A Social, Economic and Political Geography, London 1964.

Fleischer, Aaron, The Influence of Technology on Urban Forms, in: L. Rodwin (Hrsg.) 1962.

Fogelson, Robert M., The Fragmented Metropolis. Los Angeles 1850–1930, Cambridge, MasS. 1967.

Foley, Donald L., Controlling London's Growth. Planning the Great Wen 1940 to 1960, Berkeley und Los Angeles 1963.

Ford, Richard G., Population Succession in Chicago, in: American Journal of Sociology, Bd. 56 (1950).

Forman, Robert, Black Ghettos, White Ghettos, and Slums, Englewood Cliffs, N. J. 1971.

Fortune (Hrsg.), The Exploding Metropolis, New York 1958.

Francastel, Pierre (Hrsg.), L'urbanisme de Paris et l'Europe 1600–1680, Paris 1969.

Freeman, Thomas W., The Conurbations of Great Britain, Manchester 1959.

Friedmann, Georges (Hrsg.), Villes et campagnes. Civilisation urbaine et civilisation rurale en France, Paris 1953.

Fryer, Donald Wilfred, The Million City in South-east Asia, in: Geographical Review Bd. 43 (1953).

Gans, Herbert J., The Urban Villagers, New York 1962.

Gans, Herbert J., The Balanced Community – Homogeneity or Heterogeneity in Residential Areas?, in: Journal of the American Institute of Planners, Bd. 26, (1961).

Gans, Herbert J., Urbanism and Suburbanism as Ways of Life, in: Arnold Rose (Hrsg.), Human Behavior and Social Processes, Boston 1962.

Gans, Herbert J., The Levittowners. Ways of Life and Politics in a New Suburban Community, New York 1967.

Garreau, Roger, Le „local government" en Grande-Bretagne, Paris 1959.

Garry, Robert, L'urbanisation au Cambodge, in: Civilisations, Bd. 17 (1967).

Geddes, Patrick, Cities in Evolution, London 1915.

Geertz, Clifford, The Social History of an Indonesian Town, Cambridge, MasS. 1965.

Gellar, Sheldon, West African Capital Cities as Motors for Development, in: Civilisations, Bd. 17 (1967).

George, Pierce, La ville. Le fait urbain à travers le monde, Paris 1952.

George, Pierre, La Haye – Rotterdam – Amsterdam, in: Comité des Travaux Historiques et Scientifiques, Bulletin de la Section Géographique, Bd. 73 (1960).

George, Pierre, Géographie et Urbanisme, in: Annales de Géographie, Bd. 74 (1965).

George, Pierre, Prospective urbaine. Lee villes de l'an 2000, in: Annales de Géographie, Bd. 74 (f965).

George, Pierre, M. Agulhon, L. A. Lavandeyra, H. D. Elhai, R. Schaeffer, Etudes sur la banlieue de Paris. Essais méthodologiques, Paris 1950.

George, Pierre, Pierre Randet und Jean Bastié, La région parisienne, Paris 1959.

Germani, Gino, Inquiry into the Social Effects of Urbanization in a Working Class Sector of Greater Buenos Aires, in: Ph. M. Hauser (Hrsg.) 1961.

Germani, Gino (Hrsg.), Modernization, Urbanization, and the Urban Crisis, Boston 1973.

Gibbs, Jack F., und Kingsley Davis, Conventional vs. Metropolitan Data in the International Study of Urbanization, in: American Sociological Review, Bd. 23 (1958).

Gibbs, Jack F., und L. F. Schnore, Metropolitan Growth: An International Study, in: American Journal of Sociology, Bd. 66 (1960).

Ginsburg, Norton S., The Great City in South East Asia, in: American Journal of Sociology, Bd. 60 (1955).

Ginsburg, Norton S., Urban Geography and „Non-Western" Areas, in: Ph. M. Hauser und L. P. Schnore (Hrsg.), 1965.

Gist, Noel P., und Sylvia Fleis Fava, Urban Society, 6. Aufl. New York 1974.

Glaser, Hermann (Hrsg.), Urbanistik. Neue Aspekte der Stadtentwicklung, München 1974.

Glass, David C., und Jerome E. Singer, Urban Stress. Experiments on Noise and Social Stressors, New York und London 1972.

Glass, Ruth, Newcomers. The West Indians in London, London 1960.

Goheen, Peter G., Victorian Toronto: 1850 to 1900, Chicago 1970.

Goldsmid, Charles A., 3000 Years of Urban Growth, New York 1974.

Gordon, Mitchell, Sick Cities. Psychology and Pathology of American Urban Life, Baltimore 1963.

Gottdiener, Mark, Planned Sprawl Private and Public Interests in Suburbia, London 1977.

Gottmann, Jean, Megalopolis. The Urbanized North-Eastern Seabord of the United States, New York 1961.

Gottmann, Jean, The Skyscraper amid the Sprawl, in: J. Gottmann und R. A. Harper (Hrsg.) 1967.

Gottmann, Jean, und Robert A. Harper (Hrsg.), Metropolis on the Move. Geographers Look at Urban Sprawl, New York – London – Sidney 1967.

Gravier, Jean-Franois, Paris et le désert français, Paris 1958 (zuerst 1947).

Gravier, Jean-Franois, Mise en valeur de la France, Paris 1948.

Green, Constance McLaughlin, The Rise of Urban America, New York 1965.

Greer, Scott, The Emerging City. Myth and Reality. New York 1962.

Greer, Scott, Governing the Metropolis, New York und London 1962.

Greer, Scott, Urban Renewal and American Cities, Indianapolis – New York und Kansas City 1965.

Gropius, Walter, Architektur. Wege zu einer optischen Kultur, Frankfurt 1956.

Gruen, Victor, The Heart of Our Cities. The Urban Crisis, Diagnosis and Cure, New York 1964.

Günther, Hans F. K., Die Verstädterung, Leipzig 1934.

Guidicini, Paolo, Lo studio dei movimenti pendolari come misura del perimetro dell'area metropolitana, Milano 1962.

Guidicini, Paolo, Dominanza metropolitan e struttura sociale, Milano 1964.

Guidicini, Paolo, Il decentramento urbano nella programmazione delle regione metropolitane. L'esperienza delle New Towns, MiIano 1965.

Gutkind, Erwin A., International History of City Development, 8 Bde., New York und London 1964–1972.

Gutkind, Peter C. W., The African Urban Milieu. A Force in Rapid Social Change, in: Civilisations, Bd. 12 (1962).

Gutkind, Peter C. W, The Energy of Despair. Social Organization of the Unemployed in Two African Cities: Lagos and Nairobi, in: Civilisations, Bd. 17 (1967).

Hadden, Jeffrey K., Louis H. Masotti, Calvin J. Larson (Hrsg.), Metropolis in Crisis. Social and Political Perspectives, Itasca, III. 1967.

Hadden, Jeffrey K., und Edgar F. Borgatta, American Cities, Their Social Characteristics, Chicago 1965.

Hagen, Victor W. von, Highway of the Sun, New York, 1955.Hagen, Victor W. von, Highway of the Sun, New York 1955, dtsch. Übers. Berlin 1957.

Hahn, Helmut, Die Stadt Kabul (Afghanistan) und ihr Umland. Gestaltwandel einer orientalischen Stadt, 2 Bde., Bonn 1964.

Haig, Robert Murray, Toward an Understanding of the Metropolis, in: Quarterly Journal of Economics, Bd. 40 (1925).

Halbwachs, Maurice, Morphologie sociale, 2. Aufl., Paris 1946 (zuerst 1938).

Halebsky, Sandor (Hrsg.), The Sociology of the City, New York 1973.

Hall, Peter, London 2000, London 1963.

Hall, Peter, The World Cities, London 1966.

Hamm, Bernd, Die Organisation der städtischen Umwelt, Stuttgart 1977.

Hammond, Masson, mit Lester J. Bartson, The City in the Ancient World, Cambridge, MasS. 1972.

Handlin, Oscar, The Newcomers, Cambridge, MasS. 1959, Taschenbuch (Anchor) 1962.

Handlin, Oscar, Bostons Immigrants 1790–1880. A Study in Acculturation, rev. Ausg., Cambridge, MasS. 1959.

Handlin, Oscar, The Social System, in: L. Rodwin (Hrsg.) 1962.

Handlin, Oscar, und John Burchard (Hrsg.), The Historian and the City, Cambridge, MasS. 1963,

Hanna, William J., und Judith Hanna, Urban Dynamics in Black Africa, Chicago 1971.

Hardoy, Jorge E., Planning and Cities Urban Planning in Precolumbian America, New York 1968.

Hardoy, Jorge E., La urbanización en America Latina, Buenos Aires 1969.

Hardoy, Jorge E., und Richard P. Schaedel, El Proceso de urbanización en America desde sus origenes hasta nuestros dias, Buenos Aires 1969.

Harrington, Michael, The Other America. Poverty in the United States, New York 1963.

Harris, Chauncy D., Cities of the Soviet Union, Chicago 1970.

Harris, Chauncy D., Urbanization and Urban Growth in the Soviet Union, in: Geographical Review, Bd. 61 (1971).

Harris, Chauncy D., und Edward L. Ullman, The Nature of Cities, in: P. K Hatt und Albert J. Reiss, Jr. (Hrsg.) 1957.

Harris, G. Montague, The Garden City Movement, London 1906.

Harris, Walter D. Jr., The Growth of Latin American Cities, Athens, Ohio 1971.

Haseloff, Otto Walter, Die Stadt als Lebensform, Berlin 1970.

Hatt, Paul K., und Albert J. Reiss, Jr., Cities and Society, Glencoe, Ill. 1957 (zuerst 1951).

Hauser, Philip M., The Changing Population Pattern of the Modern City, in: Paul K. Hatt und Albert J. Reiss Jr. (Hrsg.) 1957.

Hauser, Philip M., Ecological Aspects of Urban Research, in: Leonard D. White (Hrsg.), The State of the Social Sciences, Chicago 1956.

Hauser, Philip M., Some Political Influences of Urbanization, in: P. K. Hatt und A. J. Reiss, Jr. (Hrsg.) 1957.

Hauser, Philip M., The Census of 1970, in: Scientific American Bd. 225 (1971).

Hauser, Philip M. (Hrsg.), Urbanization in Asia and the Far East, Calcutta 1957.

Hauser, Philip M. (Hrsg.), Urbanization in Latin America, New York 1962.

Hauser, Philip M. (Hrsg.), Handbook for Social Research in Urban Areas, UNESCO, Paris 1964.

Hauser, Philip M., Urbanization: An Overview, in: Ph. M. Hauser und L. F. Schnore (Hrsg.) 1965.

Hauser, Philip M., und Lee F. Schnore (Hrsg.), The Study of Urbanization, New York – London – Sidney 1965.

Hawley, Amos H., Ecology and Human Ecology, in: Social Forces, Bd. 22 (1944).

Hawley, Amos H., The Changing Shape of Metropolitan America. Deconcentration since 1920, Glencoe, Ill. 1956.

Hawley, Amos H., und B. G. Zimmer, Resistance to Unification in a Metropolitan Community, in: Morris Janowitz (Hrsg.), Community Political Systems, Glencoe, Ill. 1961.

Hawley, Amos H., Urban Society, An Ecological Approach, New York 1971.

Hayden, Tom, Rebellion in Newark. Official Violence and Ghetto Response, New York 1967.

Heichelheim, Fritz M., Art.: Stadt (Orient und Antike), in: E. v. Beckerath u. a. (Hrsg.), Handwörterbuch der Sozialwissenschaften, Stuttgart – Tübingen – Göttingen 1953 ff.

Heidegger, Martin, Vorträge und Aufsätze, Pfullingen 1954.

Heinemeyer, Willem F., The Urban Core as a Center of Attrication, in: Urban Core and Inner City, Proceedings of the International Study Week Amsterdam, 1966, Leiden 1967.

Heinemeyer, Willem F., Michael van Hulten und Hans Dirk de Vries Reilingh, Het Centrum van Amsterdam, Amsterdam 1968.

Hellpach, Willy, Mensch und Volk der Großstadt, 2. Aufl., Stuttgart 1952 (zuerst 1939).

Helmer, John, und Neil A. Eddington (Hrsg.), Urban Man. The Psychology of Urban Survival, New York und London 1973.

Herlyn, Ulfert (Hrsg.), Stadt und Sozialstruktur, München 1974.

Herremans, Maurice P., La création des grandes agglomérations en Belgique, Bruxelles 1957.

Hirsch, Werner Z. (Hrsg.), Urban Life and Form, New York 1963.

Hirsch, Werner Z. (Hrsg.), Los Angeles: Viability and Prospects for Metropolitan Leadership, New York 1971.

Hofmeister, Burkhard, Die City der nordamerikanischen Großstadt (Downtown) im Wandel, in: Geographische Rundschau, Bd. 19 (1967).

Holli, Melvin G., Reform in Detroit, New York 1969.

Hoover, Edgar M., und Raymond Vernon, Anatomy of a Metropolis. New York Metropolitan Region Study, Cambridge, MasS. 1959.

Horno, Léon, Rome impériale et l'urbanisme dans l'antiquité, Paris 1971 (zuerst 1951).

Horstmann, Kurt, Der Großstadtbegriff und die Statistik, in: Raum und Gesellschaft, Bremen-Horn 1952.

Hoselitz, Bert F., Generative and Parasitic Cities, in: Economic Development and Cultural Change, Bd. 3 (1955).

Hoselitz, Bert F., Urbanization and Economic Growth in Asia, in: Economic Development and Cultural Change, Bd. 6 (1958).

Howard, Ebenezer, Garden Cities of Tomorrow, London 1965 (zuerst 1898).

Hoyt, Homer, One Hundred Years of Land Values in Chicago, Chicago 1933.

Hoyt, Homer, The Structure and the Growth of Residential Neighborhoods in American Cities, Washington, D. C. 1939.

Hughes, Everett C., The Cultural Aspect of Urban Research, in: Leonard D. White (Hrsg.), The State of the Social Sciences, Chicago 1956.

Hughes, Helen MacGill (Hrsg.), Cities and City Life, Boston 1970.

Hughes, Richard H., Hong Kong – Far Eastern Meeting Point, in: The Geographical Journal, Bd. 128 (1963).

Hunke, Heinrich, Standort und Gestalt der Raumforschung, Hannover 1964.

Hunter, David R., The Slums, New York 1968.

Iklé, Fred Charles, The Social Impact of Bomb Destruction, Norman, Oklahoma 1958.

Institut International des Civilisations Différentes (INCIDI), Las agglomérations urbaines dans les Pays du tiers Monde, Bruxelles 1967.

The International African Institute, Social Implications of lndustrialization and Urbanization in Africa South of the Sahara, Unesco Paris 1956.

International Urban Research (IUR), The World's Metropolitan Areas, Berkeley und Los Angeles 1959.

Ipsen, Gunther, Art.: Stadt (Neuzeit), in: E. v. Beckerath u. a. (Hrsg.), Handwörterbuch der Sozialwissenschaften, Stuttgart – Tübingen – Göttingen 1953 ff.

Irle, Martin, Gemeindesoziologische Untersuchungen zur Ballung Stuttgart, Bad
Godesberg 1960.

Isenberg, Gerhard, Die Ballungsgebiete in der Bundesrepublik, Bad Godesberg 1957.

Jacobs, Jane, The Death and Life of Great American Cities, New York 1961.

Jacobs, Jane, The Economy of Cities, New York 1969.

Jahrbuch der Gehe-Stiftung zu Dresden, Bd. 9: Die Großstadt, Dresden 1903.

Janowitz, Morris, The Community Press in an Urban Setting, Glencoe, Ill. 1952.

Jefferson, Mark, The Law of the Primate Cities, in: Geographical Review, Bd. 29
(1939).

Johnson, James H., Urban Geography. An Introductory Analysis, Oxford – New York
– Toronto – Sydney – Braunschweig 1972 (zuerst 1967).

Johnston, Ronald J., Urban Residential Pattern. An Introductory Review, London
1971

Jones, Emrys, A Social Geography of Belfast, London 1960.

Jones, Victor, The Organization of a Metropolitan Region, in: University of
Pennsylvania Law Review, Bd. 105 (1957).

Kaes, René, Vivre dans les grands ensembles, Paris 1963.

Kaplan, Harald, Urban Political System. A Functional Analysis of Metro Toronto,
New York und London 1967.

Karan, Pradyumna Prasad, The Pattern of Indian Towns. A Study in Urban
Morphology, in: Journal of the American Institute of Planners, Bd. 23 (1957).

Keller, Suzanne, The Urban Neighborhood. A Sociological Perspective, New York
1968.

Kenyon, James, Manufacturing and Sprawl, in: J. Gottmann und R. A. Harper (Hrsg.)
1967.

Kenyon, Kathleen, Jericho and its Setting in Near Eastern History, in: Antiquity, Bd.
40 (1956).

Kenyon, Kathleen, Reply to Professor Braidwood, in: Antiquity, Bd. 41 (1957).

Kepes, Gyorgy, Notes on Expression and Communication in the Cityscape, in: L.
Rodwin (Hrsg.) 1962.

Kitagawa, Evelyn M., und Donald J. Bogue, Suburbanization of Manufacturing
Activity within Standard Metropolitan Areas, Oxford, Ohio, 1955.

Klages, Helmut, Der Nachbarschaftsgedanke und die nachbarliche Wirklichkeit in der
Großstadt, Köln und Opladen 1958.

Konetzke, Richard, Die Indianerkulturen Altamerikas und die spanisch-portugiesische
Kolonialherrschaft, Frankfurt/M. 1965.

König, René, Banlieues, déplacements journaliers, migrations de travail, in: G. Friedmann (Hrsg.) 1953.

König, René, Grundformen der Gesellschaft: Die Gemeinde, Reinbek bei Hamburg
1958; engl.: The Community, London 1968.

König, René, und Peter Willy Schuppisser (Hrsg.), Die Mode in der menschlichen
Gesellschaft; Zürich 1959.

König, René (Hrsg.), Soziologie, Fischer-Lexikon, Bd. 10, Neuausgabe, 16. Aufl.
Frankfurt 1976 (zuerst 1958).

König, René, Gemeinde, in: Bd. 4 dieses Handbuchs, Stuttgart 1974.

König, René, Macht und Reiz der Mode, Düsseldorf 1971.

Kraeling, Carl H., und Robert M. Adorno (Hrsg.), City Invincible. Urbanization and Cultural Development in the Ancient Near East, Chicago 1960.

Krall, Gustav, Leopold Rosenmayr, Anton Schimka, Hans Strotzka, Wohnen in Wien. Ergebnisse und Folgerungen aus einer Untersuchung von Wiener Wohnverhältnissen, Wien 1956.

Kramer, John (Hrsg.), North American Suburbs. Politics, Diversity, and Change, Berkeley, Cal. 1972.

Ktsanes, Thomas, und Leonard Reissmann, Suburbia – New Homes for Old Values, in: Social Problems, Bd. 7 (1959).

Kuper, Hilda (Hrsg.), Urbanization and Migration in West Africa, Berkeley 1965.

Labovitz, Peter C., Racial Change Comes to the Suburbs, in: Planning 1970.

Lambert, Denis, L'urbanisation accélérée de l'Amérique Latine et la formation d'un secteur tertiaire refuge, in: Civilisations, Bd. 15 (1965).

Lampard, Erich E., Urbanization and Social Change, in: O. Handlin und J. Burchard (Hrsg.) 1963.

Lampard, Erich E., Historical Aspects of Urbanization, in: Philip M. Hauser und Leo P. Schnore 1965.

Lane, Roger, Policing the City. Boston 1822–1885, New York 1971.

Lapiduz, Ira M. (Hrsg.), Middle Eastern Cities. A Symposion in Ancient, Islamic, and Contemporary Middle Eastern Urbanism, Berkeley and Los Angeles 1969.

Lavedan, Pierre, Histoire de l'urbanisme, 3 Bde., Paris 1926, 1941, 1952.

Lavedan, Pierre, Histoire de Paris, 2. Aufl., Paris 1960 (zuerst 1952).

Lawrence, Daniel, Black Migrants: White Natives. A Study of Race Relations in Nottingham, London 1975.

Le Corbusier, Maniére de penser l'urbanisme, Paris 1963 (zuerst 1946).

Ledrut, Raymond, Sociologie urbaine, Paris 1968.

Ledrut, Rayesond, L'espace social de la ville. Problémes de sociologie appliquée à l'aménagement urbain, Paris 1968.

Lee, Rose Hum, The City. Urbanism and Urbanization in Major World Regions, Philadelphia 1955.

Lefebvre, Henri, Le droit à la ville, Paris 1968.

Lefebvre, Henri, La révolution urbaine, Paris 1970.

Lefebvre, Henri, La pensee marxiste et la ville, Paris 1972.

Leinert, Martin, Die Sozialgeschichte der Großstadt, Hamburg 1925.

Leslie, Gerald R., und Arthur H. Richardson, Life Cycle, Career Pattern, and the Decision to Move, in: American Sociological Review, Bd. 26 (1961).

Lessard, Marc-André, und Jean-Paul Montminy (Hrsg.), L'urbanisation de la société canadienne-française, Quebec1967.

Le Tourneau, Roger, Fés: Avant le protectorat, Casablanca 1949.

Le Tourneau, Roger, Social Change in the Muslim Cities of North Africa, in: The American Journal of Sociology, Bd. 60 (1955).

Lewis, John Wilson (Hrsg.), The City in Communist China, Stanford, Cal. 1971.

Lewis, Robert A., und Richard Rowland, Urbanization in Russia and the UdSSR: 18971966, in: Annals of the Association of American Geographers, Bd. 59 (1969).

Lieberson, Stanley, Ethnic Patterns in American Cities. A Comparative Study Using Data From Ten Urban Centers, Glencoe, III. 1963.

Linoky, Arnold S., Some Generalizations Concerning Primate Cities, in: Annals of the Association of American Geographers, Bd. 55 (1965).

Little, Kenneth, West African Urbanization. A Study of Voluntary Associations in Social Change, Cambridge, MasS. 1965.

Little, Kenneth, Some Cotemporary Trends in African Urbanization, Evanston, Ill. 1966.

Loewenstein, Louis (Hrsg.), Urban Studies. An Introductory Reader, New York und London 1971.

Long, Norton, The Unwalled City. Reconstituting the Urban Community, New York und London 1972.

Lyford, Joseph P., The Airtight Cage. A Study of New York's West Side, New York – Evanston – London 1966.

Lynch, Kelvin, The Image of the City, Cambridge, MasS. 1962 (zuerst 1960).

Lynch, Kelvin, The Pattern of the Metropolis, in: L. Rodwin (Hrsg.) 1962.

Lynch, Kelvin, What Time is this Place?, Cambridge, MasS. 1972.

Mabogunje, Akin L., Yoruba Towns, Ibadan 1962.

Mabogunje, Akin L., Urbanization in Nigeria. A Constraint on Economic Development, in: Economic Development and Cultural Change, Bd. 13 (1964).

Mabogunje, Akin L., Urbanization in Nigeria, New York 1969.

Mackensen, Rainer, Johannes Chr. Papalekas, Elisabeth Pfeil, Wolfgang Schütte, Lucius Burckhardt, Daseinsformen der Großstadt. Typische Formen sozialer Existenz in der Stadtmitte, Vorstadt und Gürtel der industriellen Großstadt, Tübingen 1959.

Mahaim, Ernest, Les abonnemente d'ouvriers sur les lignes de cheminde-fer belges et leurs effets sociaux, Bruxelles 1910.

Mandelker, Daniel R., Green Belts and Urban Growth, Madison, Wisc. 1962.

Mangin, William, Poverty and Politics in Cities of Latin America, in: Warner Bloomberg und Henry J. Schmandt (Hrsg.), Power, Poverty, and Urban Policy.

Mann, Peter H., An Approach to Urban Sociology, London 1965.

Mann, William E. (Hrsg.), The Underside of Toronto, Toronto – Montreal 1970.

Mar, José Mator, The „barriadas" of Lima. An Example of Integration into Urban Life, in: Ph. M. Hauser (Hrsg.) 1961.

Marcus, Steven, Engels, Manchester and the Working Class, New York 1975.

Marthelot, Pierre, Bagdad. Note de géographie urbaine, in: Annales de géographie, Bd. 74 (1965).

Masotti, Louis H., und Jeffrey K. Hadden, The Urbanization of the Suburbs, Beverly Hills, Cal. 1973.

Masotti, Louis H., und Jeffrey K., Hadden (Hrsg.), Suburbia in Transition, Chicago 1974.

Mauersberg, Hans, Wirtschafts- und Sozialgeschichte zentraleuropäischer Städte in neuerer Zeit, Göttingen 1960.

Maunier, René, L'origine et la fonction économique des villes, Paris 1910.

Mayer, Harold M., und Clyde F. Kohn (Hrsg.), Readings in Urban Geography, Chicago 1959.

Mayer, Kurt B., Amerikanische Untersuchungen zur Machtstruktur der Gemeinde, in: Geschichte und politische Wissenschaft. Festschrift für Erich Gruner, Bern 1975.

Mayer, Philip, Townsmen and Tribesmen, Cape Town 1971.

Mayr, Georg von, Die Bevölkerung der Großstädte, in: Jahrbuch der Gehe-Stiftung 1903.

MacKenzie, Roderick D., The Scope of Human Ecology, in: Publications of the American Sociological Society, Bd. 20 (1926).

MacKenzie, Roderick D., The Metropolitan Community, New York 1933.

MacKenzie, Roderick D., The Rise of Metropolitan Communities, in: Recent Social Trends, New York 1933; auch in: P. K. Hatt, A. J. Reiss, Jr. (Hrsg.) 1957.

McElrath, Dennis C., Social Areas of Rome. A Comparative Analysis, in: American Sociological Review, Bd. 27 (1962).

McEntire, Davis, Residence and Race, Berkeley und Los Angeles 1960.

McGee, Terence G., The South-East Asian City, London 1967.

McKelvey and Urbanization, 1973.McKelvey, Blake, American Urbanization. A Comparative History, Glenview, Ill. und Brighton 1973.

McKelvey, Blake, The Urbanization of America: 1860-1915, New Brunswick, N. J. 1963.

McKelvey, Blake, The Emergence of Metropolitan America: 1915-1966, New Brunswick, N. J. 1968.

McKeown, James E., und Frederick J. Tietze (Hrsg.), The Changing Metropolis, Boston 1971 (zuerst 1964).

McLaughton, Glenn E., Growth of American Manufacturing Areas, Pittsburgh 1938.

Meadows, Paul, und Ephraim H. Misruchi, Urbanism, Urbanization, and Change: Comparative Perspectives, Reading, MasS. 1969.

Meier, Richard L., A Communications Theory of Urban Growth, Cambridge, MasS. 1962.

Melotti, Umberto, Cultura e partecipazione sociale nella città in trasformazione, Milano 1966.

Meo, Pasquale de, und Maria Luisa Scalvini, Destino della città. Strutture industriali e rivoluzione urbana, Napoli 1965.

Meuriot, Paul, Des agglomérations urbaines dans l'Europe contemporaine, Paris 1898.

Meyerson, Martin, Utopian Traditions and the Planning of Cities, in: L. Rodwin (Hrsg.) 1962.

Meyerson, Martin (Hrsg.), The Conscience of the City, New York 1970.

Meyerson, Martin, Barbara Terrett und Paul N. Ylvisaker (Hrsg.), Metropolis in Ferment, in: The Annals of the American Academy of Political and Social Science, Bd. 314, Philadelphia 1957.

Michelson, William, Man and his Urban Environment. A Sociological Approach, Reading, MasS. 1970.

Miller, John, und Ralph A. Gakenneimer (Hrsg.), Latin American Urban Policies and the Social Science, Beverly Hills, London (1970).

Millon, Henry, The Visible Character of the City, in: O. Handlin und J. Burchard (Hrsg.) 1963.

Miner, Horace, The Primitive City of Timbuctoo, Garden City, N. Y. 1965 (zuerst 1953).

Mitchell, J. Clyde, Urbanization, Detribalization and Stabilization in Southern Africa, in: UNESCO, Social Implications of Industrialization and Urbanization in Africa South of the Sahara, Paris 1956.

Mitchell, J. Clyde, Yoruba Towns, in: Kenneth M. Barbour und Ralph M. Prothero (Hrsg.), Essays on African Population, London 1961.

Morrill, Richard L., Migration and the Spread and Growth of Urban Settlement, Lund 1965.

Morrill, Richard L., The Spatial Organization of Society, Belmont, Cal. 1970.

Morrill, Richard L., The Geography of Poverty, New York 1971.

Morris, Anthony E. J., History of Urban Form. Prehistory to the Renaissance, London 1972.

Morse, Richard M., From Community to Metropolis, Gainesville, Fa. 1958.

Morse, Richard M., Recent Research on Latin American Urbanization, in: Latin American Research Review, Bd. 1 (1965).

Moynihan, Daniel P. (Hrsg.), Toward a National Urban Policy, New York und London 1970.

Moynihan, Daniel P. (Hrsg.), Urban America. The Export Looks at the City, New York (The Voice of America) 1970.

Mukherjee, Ramakrishna, Urbanization and Social Transformation in India, in: International Journal of Comparative Sociology, Bd. 4 (1963).

Mumford, Lewis, The Culture of Cities, New York 1938,

Mumford, Lewis, The City in History. It's Origins, its Transformations, and its Prospects, New York 1961.

Mumford, Lewis, From the Ground Up. Observations on Contemporary Architecture, Housing, Highway Building, and Civic Design, New York 1956 (zuerst 1947).

Murphy, Raymond E., The American City. An Urban Geography, New York 1966.

Murphy, Raymond E., The Central Business District, Chicago 1972.

Murphy, Rhoads, New Capitals of Asia, in: Economic Development and Cultural Change, Bd. 5 (1957).

Nadeau, Remi A., Los Angeles, From Mission to Modern City, New York 1960.

Neville, Ralph, Garden Cities, Manchester 1904.

Onibokum, Adepoju, Forces Shaping the Physical Environment of Cities in the Developing Countries: The Ibadan Case, in: Land Economics, Bd. 49 (1973).

Oppenheim, A. Leo, Ancient Mesopotamia: Portrait of a Dead Civilization, Chicago 1964.

Oppenheimer, Martin, The Urban Guerillas, Chicago 1969.

Osofsky, Gilbert, Harlem: The Making of a Ghetto. Negro New York 1890–1930, New York 1966 (zuerst 1963).

Oswald, Hans, Die überschätzte Stadt, Olten und Freiburg i. B. 1966,

Owen, Wilfred, The Metropolitan Transportation Problem, revised ed. Garden City, N. Y. 1966 (zuerst 1956).

Pahl, Raymond E. (Hrsg.), Readings in Urban Sociology, Oxford 1968.

Palen, J. John, und Leo F. Schnore, Color Composition and City-Suburban Status Differences: A Replication and Extension, in: Land Economics, Bd. 41 (1965).

Park, Robert E., Reflections on Communication and Culture, in: American Journal of Sociology, Bd. 44 (1936).

Park, Robert E., Human Communities, Glencoe, 111. 1952.

Park, Robert E., und Ernest W. Burgess, The City. Mit einem Vorwort von Morris Janowitz, Chicago und London 1967 (zuerst 1925).

Pearse, Andrew, Some Characteristics of Urbanization in the City of Rio de Janeiro, in: Ph. M. Hauser (Hrsg.) 1961.

Pehnt, Wolfgang (Hrsg.), Die Stadt in der Bundesrepublik Deutschland, Stuttgart 1974.
Pendleton, William W., Blacks in Suburbis, in: L.H. Masotti und J. K. Hadden 1973, 1974.
Petermann, Theodor, Die geistige Bedeutung der Großstädte, in: Jahrbuch der Gehe-Stiftung 1903.
Pfeil, Elisabeth, Großstadtforschung, 2. Aufl. Hannover 1972 (zuerst 1950).
Pfeil, Elisabeth, Neue Städte auch in Deutschland, Göttingen 1954.
Pfeil, Elisabeth, Gunther Ipsen und Heinrich Popitz, Wohnwünsche von Bergarbeitern, Tübingen 1954.
Piggot, Stuart, The Role of the City in Ancient Civilization, in: E. M. Fischer (Hrsg.), The Metropolis in Modern Life, Garden City, N. Y. 1955.
Pinkerton, James R., City Suburban Residential Patterns by Social Class, in: Urban Affairs Quarterly, Bd. 4 (1969).
Pinkney, David H., Napoleon III and the Rebuilding of Paris, Princeton 1953.
Pizzorno, Alessandro, Communità e razionalizzazione, Torino 1960.
Polanyi, Karl, Conrad M. Arensberg und Harry W. Pearson, Trade and Market in the Early Empires, Glencoe, Ill. 1957.
Poplin, Dennis E., Communities. Survey of Theories and Methods of Research, New York und London 1972.
Powdermaker, Hortense, Copper Town. Changing Africa, New York and Evanston 1965 (zuerst 1962).
Pred, Allen R., Urban Growth and the Circulation of Information: The United States System of Cities 1790-1840, Cambridge, MasS. 1973.
Presthus, Robert, Men at the Top. A Study in Community Power, 1965.
Preteceille, Edmond, La production des grands ensembles, Paris und Den Haag 1973.
Pryce, Paul, Tijuana, Notre Dame (1973).
Pundt, Hermann G., Schinkel's Berlin. A Study in Environmental Planning, Cambridge, MasS. 1972.
Quesada, Cesar Pinto, Le phénomene d'immigration dans l'agglomération de Santiago du Chili, in: Civilisations, Bd. 17 (1967).
Quinn, James A., Human Ecology, New York 1950.
Ragon, Michel, L'homme et les villes, Paris 1975.
Rainwater, Lee, Behind Ghetto Walls. Black Families in a Federal Slum, Chicago 1970.
Rasmussen, Steen Eiler, London, the Unique City, London und New York 1967 (zuerst 1937).
Ratzel, Friedrich, Die geographische Lage der großen Städte, in: Jahrbuch der Gehe-Stiftung 1903.
Redfield, Robert, und Milton B. Singer, The Cultural Role of Cities, in: Economic Development and Cultural Change, Bd. 3 (1954).
Reina, Reuben, Parana, Philadelphia 1974.
Reissman, Leonard, The Urban Process: Cities in Industrial Societies, New York 1964.
Richards, Andrey I., Multi-Tribalism in African Urban Areas, in: Civilisations, Bd. 16 (1966).
Riemer, Svend, The Modern City: An Introduction to Urban Sociology, Englewood Cliffs, N. J. 1952.
Riis, Jacob A., How the Other Half Lives, New York 1957 (zuerst 1890).

Roberts, Robert, The Classic Slum. Salford Life in the First Quarter of the Century, Manchester 1971.

Robinson, William S., Ecological Correlations and Behavior of Individuals, in: American Sociological Review, Bd. 15 (1950).

Robson, B. T., Urban Analysis. A Study of City Structure with Special Reference to Sunderland, Cambridge, MasS. 1969.

Rodwin, Lloyd (Hrsg.), The Future Metropolis, London 1962, zuerst in: Daedalus, Bd. 90 (1961).

Rogers, David, The Management of Big Cities. Interest Groups and Social Change Strategies, Beverly Hills, Cal. 1971.

Roggemans, Marie-Laure, L'agglomeration bruxelloise. Approche géographique et sociologique. Bd. 1: La ville est un système social; Bd. 2: Définition spatiale de l'agglomération bruxelloise; Bd. 3: Les structures internes de I'agglomération bruxelloise; Bd. 4: Le transect écologique: méthode d'analyse urbaine; Bd. 5: Modes de vie urbaine, Bruxelles 1971.

Rose, Harold M., The Black Ghetto, New York 1971.

Rosier, Camille, L'urbanisme ou la science de l'agglomération, Paris 1953.

Rosser, Colin, Urbanization in Tropical Africa, New York 1973.

Rossi, Peter H., Why Families Move. A Study in the Social Psychology of Urban Residential Mobility, Glencoe, III. 1955.

Rozman, Gilbert, Urban Networks in Ch'ing China and Tokugawa Japan, Princeton, N. J. 1973.

Ruhl, Gernot, Das Image von München als Faktor für den Zuzug, Regensburg 1971.

Russel, Josiah Cox, Late Ancient and Medieval Population, Philadelphia 1958.

Sandner, Gerhard, Die Hauptstädte Zentralamerikas, Heidelberg 1969.

Santos, Milton, Les Villes du Tiers Monde, Paris 1971.

Santos, Milton, Dix essais sur les villes des pays sous-developpés, Paris 1970.

Sayre, Wallace S., und Herbert Kaufman, Governing New York City: Politics in the Metropolis, New York 1960.

Sayre, Wallace S., und Nelson W. Polsby, American Political Science and the Study of Urbanization, in: Ph. M. Hauser und L. F. Schnore (Hrsg.) 1965.

Schlesinger Arthur M., The Rise of the City, 1878–1898, New York 1933 (Neuausgabe 1971).

Schnapper, Dominique, L'Italie rouge et noire. Les modèles culturels de la vie quotidienne a Bologne, Paris 1971.

Schnore, Leo F., The Growth of Metropolitan Suburbs, in: American Sociological Review, Bd. 22 (1957).

Schnore, Leo F., The Socio-Economic Status of Cities and Suburbs, in: American Sociological Review, Bd. 28 (1963).

Schnore, Leo F., Urban Structure and Suburban Selectivity, in: Demography, Bd. 1 (1964).

Schnore, Leo F., The Urban Scene, Human Ecology and Demography, New York 1965.

Schnore, Leo F., On the SpatiaI Structure of Cities, in: Ph. M. Hauser und L. F. Schnore (Hrsg.) 1965.

Schnore, Leo F., Measuring City-Suburban Status Differentials, in: Urban Affairs Quarterly, Bd. 3 (1967).

Schnore, Leo F. (Hrsg.), Social Science and the City. A Survey of Urban Research, New York 1968.

Schnore, Leo F., Class and Race in Cities and Suburbs, Chicago 1972.

Schnore, Leo F., und Harry Sharp, Racial Changes in Metropolitan Areas, 1950–1960, in: Social Forces, Bd. 41 (1963).

Schnore, Leo F., und Joy K. O. Jones, The Evolution of the City-Suburban Types in the Course of a Decade, in: Urban Affairs Quarterly, Bd. 4 (1969).

Schorske, Carl E., The Idea of the City in European Thought: Voltaire to Spengler, in: O. Handlin und J. Burchard (Hrsg.) 1963.

Schramm, Percy E., Hamburg, Deutschland und die Welt, Hamburg 1952.

Schwirian, Kent P., (Hrsg.), Comparative Urban Structure. Studies in Ecology of Cities, Lexington, MasS. 1974.

Schwonke, Martin, mit Ulfert Herlyn, Wolfsburg. Soziologische Analyse einer jungen Industriestadt, Stuttgart 1967.

Scott, Mellier G., The San Francisco Area: A Metropolis in Perspective, Berkeley 1959.

Seeley, John R., R. Alexander Sim, Elizabeth W. Loosley, Crestwood Heights, New York 1956.

Sen, Satyendra Nath, The City of Calcutta: A Socio-Economic Survey, Calcutta 1960.

Sennett, Richard, Families Against the City. Middle Class Homes of Industrial Chicago, 1872–1890, Cambridge, MasS. 1970.

Shevky, Eshref, und Marily Williams, Social Areas of Los Angeles, Los Angeles 1949.

Shevky, Eshref, und Wendel Bell, Social Area Analysis, Stanford, Cal. 1955.

Simmel, Georg, Die Großstädte und das Geistesleben, in: Jahrbuch der Gehe-Stiftung 1903.

Simms, Ruth P., Urbanization in West Africa: A Review of Current Literature, Evanston, Ill. 1965.

Sirjamaki, John, The Sociology of Cities, New York 1964.

Sjoberg, Gideon, Comparative Urban Sociology, in: Robert K. Merton, Leonard Broom, Leonard S. Cottrell, Jr. (Hrsg.), Sociology Today, New York 1959.

Sjoberg, Gideon, The Preindustrial City. Past and Present, Glencoe, Ill. 1960.

Sjoberg, Gideon, Cities in Developing and in Industrial Societies: A Cross-Cultural Analysis, in: Ph. M. Hauser und L. F. Schnore (Hrsg.) 1965.

Sjoberg, Gideon, Theory and Research in Urban Sociology, in: Ph. M. Hauser und L. F. Schnore (Hrsg.) 1965.

Skinner, G. William (Hrsg.), The City in Late Imperial China, Stanford, Cal. 1975.

Sklare, Marshall, und Joseph Greenblum, Jewish Identity on the Suburban Frontier: A Study of Group Survival in the Open Society, New York 1967.

Smailes, Arthur E., The Geography of Towns, London 1965 (zuerst 1953).

Smallwood, Frank, Greater London: The Politics of Metropolitan Reform, Indianapolis 1965.

Smith, T. Lynn, Urbanization in Latin America, in: International Journal of Comparative Sociology, Bd. 4 (1963).

Sociologie du travail, Politique urbaine, 2 Bde., Paris 1969/70.

Sombart, Werner, Artikel: Städtische Siedlung, in: Alfred Vierkandt (Hrsg.), Handwörterbuch der Soziologie, Stuttgart 1931, Neudruck 1959.

Southall, Aidan (Hrsg.), Urban Anthropology. Cross Cultural Studies of Urbanization, New York – London – Toronto (1973).

Sovani, Nilkanth Vithal, D. P. Apte und R. G. Pendse, Poona: A Resurvey, Poona 1956.

Sovani, Nilkanth Vithal, The Analysis of Overurbanization, in: Economic Development and Cultural Change, Bd. 12 (1964).

Sovani, Nilkanth Vithal, Urbanization and Urban India, London 1966.

Spectorsky, Auguste C., The Exurbanites, Philadelphia 1955.

Sternlieb, George, The Future of the Downtown Department Store, Cambridge, MasS. 1962.

Stone, Leroy O., Urban Development in Canada. An Introduction to the Demographic Aspects, Ottawa 1967.

Strauss, Anselm (Hrsg.), The American City: A Sourcebook of Urban Imagery, Chicago 1968.

Suttles, Gerald, The Social Order of the Slum, Chicago 1968,

Taeuber, Alma F., Population Redistribution and Retail Changes in the Central Business District, in: E. W. Burgess und D. J. Bogue (Hrsg.) 1964.

Taeuber, Irene B., und Conrad Taeuber, People of the United States in the 20th Century, Washington 1971.

Taeuber, Karl E., und Alma F. Taeuber, Negroes in Cities, Chicago 1965.

Taylor, Lee, und Arthur R. Jones, Jr., Rural Life and Urbanized Society, New York 1964.

Teckenberg, Wolfgang, Urbanisierung und soziale Folgen der Stadt-Land-Migration in der Sowjetunion, in: Kölner Zeitschrift für Soziologie und Sozialpsychologie, Bd. 24 (1972).

Terkel, Studs, Division Street: America, New York 1967; dtsch.: München 1967.

Theodorson George A. (Hrsg.), Studies in Human Ecology, Evanston, Ill. 1961.

Thernstrom, Stephan, The Other Bostonians. Poverty and Progress in the American Metropolis, 1880–1970, Cambridge, MasS. 1973.

Thernstrom, Stephan, und Richard Sennett (Hrsg.), Nineteenth-Century Cities. Essay in the New Urban History, New Haven und London 1969.

Thomas, Edwin, What Sprawl has Done to Central-Place Theory, in: J. Gottmann und R. A. Harper (Hrsg.) 1967.

Thomlinso, Ralph, Urban Structure. The Social and Spatial Character of Cities, New York 1969.

Thompson, Warren S., The Growth of Metropolitan Districts in the United States: 1900 to 1940, Washington, D. C. 1947.

Thrupp, Sylvia L., The City as the Idea of Social Order, in: O. Handlin und J. Burchard (Hrsg.) 1963.

Tikhomirov, Mihail N., The Towns of Ancient Rus, Moscow 1959.

Tilly, Charles (Hrsg.), An Urban World, Boston und Toronto 1974.

Tilly, Charles, Wagner D. Jackson und Barry Kay, Race and Residence in Wilmington, Delaware, New York 1965.

Timms, Duncan, The Urban Mosaic. Towards a Theory of Residential Differentiation, London 1971.

Touraine, Alain, La société post-industrielle, Paris 1969.

Toynbee, Arnold, Cities on the Move, London 1970.

Treinen, Heiner, Symbolische Ortsbezogenheit, in: Kölner Zeitschrift für Soziologie und Sozialpsychologie, Bd. 17 (1965).

Tricart, Jean, Quelques caractéristiques générales des villes latino-américaines, in: Civilisations, Bd. 15 (1965).

Turner, Roy (Hrsg.), India's Urban Future, Berkeley 1962.

Tweede nota over de ruimtelijke ordening in Nederland, Staatsuitgeverij ‚s-Gravenhage 1966.

United Nations, Growth of the World Urban and Rural Population, New York 1969.

US Census of Population, Population of Standard Metropolitan Areas: April 1, 1950, Washington, D. C. 1950.

US Census of Population, Standard Metropolitan Statistical Area, Washington, D. C. 1963.

Vernon, Raymond, The Changing Economic Function of the Central City, New York 1959.

Vernon, Raymond (Hrsg.), New York Metropolitan Region Study, 9 Bde., Cambridge, MasS. 1959/60.

Vernon, Raymond, Metropolis 1985, Cambridge, MasS. 1960.

Vernon, Raymond, The Myth and Reality of Our Urban Problems, Cambridge, MasS. 1962.

Vigier, François, Liverpool and Manchester during the Industrial Revolution. Change and Apathy, Cambridge, MasS. 1970.

Vogel, Ezra F., Canton under Communism. Programs and Politics in a Provincial Capital 1949–1968, Cambridge, MasS. 1969.

Wade, Richard C., The Urban Frontier: The Rise of Western Cities, 1790–1830, Cambridge 1959.

Walton, John, und Donald E. Carns (Hrsg.), Cities in Change. Studies on the Urban Condition, Boston 1973.

Walton, John, und Louis H. Masotti, The City in Comparative Perspective, London 1976.

Ware, Caroline F., Greenwich Village, 1920 to 1930. A Comment on American Civilization in the Post-War Years, Boston 1935.

Warner, Sam B., Jr., Streetcar Suburbs. The Process of Growth in Boston, 1870–1900, New York 1971 (zuerst 1962).

Warner, Sam B., Jr., The Private City. Philadelphia in three Periode of its Growth, Philadelphia 1968.

Warner, Sam B., Jr., The Urban Wilderness: A History of the American City, New York 1972.

Weaver, Robert C., The Urban Complex. Human Values in Urban Life, Garden City, N. Y. 1964.

Webber, Melvin M., Order in Diversity: Community without Propinquity, in: Lowdon Wingo Jr. (Hrsg.), Cities and Space. The Future Use of Urban Land, Baltimore 1963.

Webber, Melvin M. u. a., Explorations into Urban Structure, Philadelphia 1964.

Weber, Adna Ferrin, The Growth of Cities in the Nineteenth Century, New York 1899, Neudruck 1965.

Weber, Max, Die Stadt, in: Wirtschaft und Gesellschaft, 4. Auf., Tübingen 1956; Studienausgabe Köln und Berlin 1964 (zuerst 1921).

Weimer, David R. (Hrsg.), City and Country in America, New York 1962.

Weiner, Myron, Urbanization and Political Protest, in: Civilisations, Bd. 17 (1967).

Weiss, Shirley F., The Central Business District in Transition, Chapel Hill, N. C. 1957.

Wheatley, Paul, The Pivot of the Four Quarters. A Preliminary Enquiry into the Origins and Character of the Ancient Chinese City, Chicago 1971.

White, Morton, Two Stages in the Critique of the American City, in: O. Handlin und J. Burchard (Hrsg.) 1963.

White, Morton und Lucia White, The Intellectual versus the City. From Thomas Jefferson to Frank Lloyd Wright, Cambridge, MasS. 1962.

Whyte, William H., Jr., The Organization Man, New York 1956.

Wilhelmy, Herbert, Südamerika im Spiegel seiner Städte, Hamburg 1952.

Willems, Emilio, Latin American Culture. An Anthropological Synthesis, New York – Evanston – San Francisco – London 1975.

Williams, Oliver P., und Charles R. Adrian, Four Cities, Philadelphia 1963.

Williams, Raymond, The Country and the City, London 1973.

Willis, F. Roy, Western Civilization. An Urban Perspective, 3 Bde., Univ. of California 1973.

Wilson, James Q. (Hrsg.), The Metropolitan Enigma, Garden City, N. Y. 1970 (zuerst 1967).

Wilson, James Q. (Hrsg.), Urban Renewal. The Record and the Controversy, Cambridge, MasS. 1966.

Winsemius, J., Randstad Holland, in: Tijdschrift voor economische en sociale geografie, Bd. 51 (1960).

Wirt, Frederick, Benjamin Walter, Francine F. Rabinovitz und Deborah R. Henseler, On the City's Rim. Politics and Policy in Suburbia, Lexington, MasS. 1972.

Wirth, Eugen, Strukturwandlungen und Entwicklungstendenzen der orientalischen Stadt. Versuch eines Überblicks, in: Erdkunde, Bd. 22 (1968).

Wirth, Louis, Community Life and Social Policy, Chicago 1956.

Wirth, Louis, The Ghetto, Chicago 1928.

Wood, Robert C., Suburbia: lts People and their Politics, Boston 1959.

Wood, Robert C., und Vladimir V. Almendinger, 1400 Governments. The Political Economy of the New Metropolitan Region, Cambridge, MasS. 1961.

Wright, Frank Lloyd, Ein Testament. Zur neuen Architektur, Reinbek bei Hamburg 1966.

Yazaki, Takeo, The Japanese City. A Sociological Analysis, Rultland, Vt., und Tokio 1963.

Yazaki, Takeo, Social Change and the City in Japan. From Earliest Times Through the Industrial Revolution, San Francisco und New York 1968.

Yeates, Maurice H., und Barry J. Garner (Hrsg.), The North American City, New York – Evanston – San Francisco – London 1971.

Yin, Robert K. (Hrsg.), The City in the Seventies, ltasca, Ill. 1972.

Zorbaugh, Harvey, The Natural Areas of the City, in: Ernest W. Burgess (Hrsg.) 1926.

Zorbaugh, Harvey, The Gold Coast and the Slum, Chicago 1929.

Zuckerman, Michael, Peaceable Kingdoms. New England Towns in the Eighteenth Century, New York 1970.

Zwerenz, Gerhard, Bericht aus dem Landesinneren. City, Strecke, Siedlung, Frankfurt/M 1972.

EDITORISCHE NOTIZ

Die in diesem Sammelband zusammengefaßten Beiträge René Königs zum Thema Gruppe, Organisation und Gemeinde beziehen sich auf einen Erscheinungszeitraum von rund dreißig Jahren (1956-1983) und wurden in unterschiedlichen Kontexten verfaßt (als Vorträge, Handwörterbuchbeiträge, Beiträge in Fachzeitschriften und Sammelbänden sowie als Monographie). Die hier berücksichtigten Publikationen sind folgenden Veröffentlichungen entnommen:

1. *Soziale Gruppen.* In: Geographische Rundschau XXI (1969), 1, S. 2-10 (Vortrag auf dem Deutschen Schulgeographentag 1968 in Kassel.).

2. *Spontane Gruppenbildung und marginale Gruppen der Gesellschaft.* In: Ambros Uchtenhagen, Raymond Battegay und Adolf Friedmann (Hrsg.), Gruppentherapie und soziale Umwelt. Vorträge, Workshops und Diskussionen des 5. Internationalen Kongresses für Gruppenpsychotherapie, Zürich, 19–24. August 1973, S. 276–286. Bern-Stuttgart-Wien: Hans Huber.

3. *Die Gruppe im Sport und die Kleingruppenforschung.* In: Günther Lüschen (Hrsg.), Kleingruppenforschung und Gruppe im Sport (Sonderheft 10 der Kölner Zeitschrift für Soziologie und Sozialpsychologie), S. 510. Köln-Opladen 1966: Westdeutscher.

4. *Chancen und Risiken der Familie als Gruppe.* In: Anstösse (Aus der Arbeit der Evangelischen Akademie Hofgeismar) XX (1973), 4/5, S. 79–86.

5. *Die analytisch-praktische Bedeutung des Gruppentheorems. Ein Blick in die Hintergründe.* In: Friedhelm Neidhardt (Hrsg.), Gruppensoziologie. Perspektiven und Materialien (Sonderheft 25 der Kölner Zeitschrift für Soziologie und Sozialpsychologie), S. 36–64. Köln-Opladen 1983: Westdeutscher.

© Springer Fachmedien Wiesbaden GmbH, ein Teil von Springer Nature 2021   467
R. König, *Soziologische Studien zu Gruppe, Gemeinde und Stadt*, René König Schriften. Ausgabe letzter Hand 15,
https://doi.org/10.1007/978-3-658-28251-6

6. *Soziale Organisation.* In: Erwin Grochla (Hrsg.), Handwörterbuch der Organisation, S. 1103-1109. Stuttgart 1969: Carl Ernst Poeschel.

7. *Einige Bemerkungen zur Soziologie der Gemeinde.* In: René König (Hrsg.), Soziologie der Gemeinde (Sonderheft 1 der Kölner Zeitschrift für Soziologie und Sozialpsychologie), S. 1–11, 4. Aufl. Köln-Opladen 1972: Westdeutscher (zuerst: 1956). (Wiederabdruck der ersten Auflage in: René König, Soziologische Orientierungen, S. 405–418. 2. Aufl. Köln-Berlin 1973: Kiepenheuer & Witsch (zuerst: 1965).

8. *Grundformen der Gesellschaft: Die Gemeinde* (rowohlts deutsche enzyklopädie, Bd. 79). Reinbek bei Hamburg 1958: Rowohlt. (Übersetzungen ins Englische und Spanische.)

9. *Gemeinde.* In: Wilhelm Bernsdorf (Hrsg.; unter Mitarbeit von Hubert Knospe), Wörterbuch der Soziologie, S. 273–275. 2. Aufl., Frankfurt/M. 1972: Fischer.

10. *Die Gemeindestudie des Deutschen UNESCO-Instituts.* In: René König (Hrsg.), Soziologie der Gemeinde (Sonderheft 1 der Kölner Zeitschrift für Soziologie und Sozialpsychologie), S. 172–183, 4. Aufl. Köln-Opladen 1973: Westdeutscher (zuerst: 1956).

11. *Der Begriff der Heimat in den fortgeschrittenen Industriegesellschaften.* In: Deutscher Heimatbund. Jahrbuch, S. 22–26. Neuß 1959: Deutscher Heimatbund. (Wiederabdruck in: René König, Soziologische Orientierungen, S. 419425, 2. Aufl. Köln-Berlin 1973: Kiepenheuer & Witsch (zuerst: 1965)).

12. *Die Selbstanalyse von Gemeinden als Mittel zur Entwicklung der Gemeindebeteiligung.* In: René König, Soziologische Orientierungen, S. 426–432, 2. Aufl. Köln-Berlin 1973: Kiepenheuer & Witsch (zuerst: 1965). (Übersetzung von: Het self-onderzoek van gemeenschapen. In: De Schalm XV (1958), 2, S. 90–97.)

13. *Neuere Strömungen der Gemeindesoziologie.* In: René König (Hrsg.), Handbuch der empirischen Sozialforschung, Bd. 4: Komplexe Forschungsansätze, S. 117–141. 3. Aufl., Stuttgart 1974: Ferdinand Enke (dtv 4239).

14. *Die Stadt in ihrer Geschichte.* In: René König, Soziologische Orientierungen, S. 433–445, 2. Aufl. Köln-Berlin 1973: Kiepenheuer & Witsch (zuerst: 1965). (Wiederabdruck der ersten Auflage unter dem Titel: Die Stadt im Beginn ihrer Geschichte. In: Otto Walter Haseloff (Hrsg.), Die Stadt als Lebensform, S. 9–19. Berlin 1970: De Gruyter).

15. *Die soziale Struktur der Stadt.* In: René König, Soziologische Orientierungen, S. 445–458, 2. Aufl. Köln-Berlin 1973. Kiepenheuer & Witsch (zuerst 1965).

16. *Großstadt.* In: Handbuch der empirischen Sozialforschung, 2. Aufl. Stuttgard 1977, Band 10, S. 42–145, Ferdinand Enke (zuerst 1969).

Die verschiedenen Entstehungskontexte der hier reproduzierten Texte äußern sich vor allem in unterschiedlicher Form und Ausführlichkeit sowie Genauigkeit bzw. Nachvollziehbarkeit der bibliographischen Verweise: So. finden sich einmal Verweise am Ende eines Textes bzw. Textteils und ein anderes Mal als sog. Fußnoten auf der jeweils betreffenden Druckseite; manchmal erfolgen Referenzbezüge global für den gesamten Artikel ohne nähere Details wie etwa Erscheinungsort und -jahr; aber auch die Rekonstruierbarkeit der Verweise im Sinne rückverweisender Bezugnahmen ist in vielen Fällen nicht immer eindeutig gegeben.

Um dem Sammelband ein einheitliches Gepräge zu geben, sind die divergierenden Verweisformen nach einem einheitlichen Muster restrukturiert. Zugrundegelegt wird eine druckseitenspezifische Verweisstruktur, d.h. Literaturhinweise beziehen sich jeweils auf den Text der jeweiligen entsprechenden Druckseite.

Der Anmerkungsteil wird wie ein eigenständiger Subtextteil behandelt: Bei Erstnennungen von Bezugautoren werden die Vornamen ausgeschrieben, bei nachfolgenden Nennungen werden diese abgekürzt. Bei Bezugnahmen auf vorgängig behandelte Literatur wurden Ergänzungen vorgenommen, um das Wiederauffinden dieser Verweise zu erleichtern.

Jeder der 15 Beiträge wird in dieser Hinsicht als ein eigenständiger Text betrachtet, so daß o.g. Verweisverfahren bei jedem der o.g. Beiträge (neu) angewandt wird.

Fehlende und offensichtlich fehlerhafte Literaturhinweise wurden ergänzt bzw. korrigiert. Textkorrekturen wurden nur in offensichtlich notwendigen Fällen vorgenommen, auch Ergänzungen wurden auf das Allernotwendigste beschränkt; mißverständliche Verweise bei Wiederabdrucken wurden korrigiert. Allerdings sind die Namen der jeweils zitierten Autoren vollständig wiedergegeben; ergänzte Angaben in Originalzitaten sind entsprechend gekennzeichnet. Zugrundegelegt wird die Schreibweise des jeweiligen Originals – d.h. die sog. „alte" Rechtschreibung; dies gilt auch für Besonderheiten des zweiten Textes, der in der Schweiz publiziert wurde.

Die Reihenfolge der einzelnen Texte entspricht nicht der zeitlichen Folge ihres Erscheinens, sondern einer Systematik, die von allgemeiner Darstellung zur Erörterung von Detailproblemen reicht.

Diese – hoffentlich – verbesserte Lesbarkeit konnte nur dank des außerordentlichen Engagements meiner beiden Mitarbeiterinnen bei der Erstellung der Druckvorlage und bei den notwendigen Literaturrecherchen erzielt werden. Frau cand. phil. Bianca Gabrielli und Frau Bettina Franke M.A. sei hierfür herzlichst gedankt. Letztgenannte hat darüber hinaus dankenswerter Weise das Personenregister erstellt.

Nachwort von Kurt Hammerich

I

In einer der zahlreichen Festschriften zu Geburtstagen René Königs[1] hat Peter Atteslander[2] auf die lebensgeschichtliche Relevanz „,zwangsweise[r] Ortsveränderung'" für einen, „der von außen kommt"[3]in eindrucksvoller Weise hingewiesen und damit ein Zitat aus Königs Autobiographie aufgegriffen. Atteslander[4] bezieht sich dabei vor allem auf die Emigration in die Schweiz 1937, einen Tag nach Altweiberfastnacht von Köln aus. In Zürich hatte König bereits Anfang des Jahres eine preiswerte Pension gefunden,

[1]Militanter Humanismus. Von den Aufgaben der modernen Soziologie. René König von seinen Freunden und Kollegen zum 60. Geburtstag gewidmet. Hrsg. von Alphons Silbermann. Frankfurt/M. 1966. Soziologie. Sprache – Bezug zur Praxis – Verhältnis zu anderen Wissenschaften. René König zum 65. Geburtstag. Hrsg. von Günter Albrecht, Hans-Jürgen Daheim und Fritz Sack. Opladen 1973. Soziologie in weltbürgerlicher Absicht. Festschrift für René König zum 75. Geburtstag. Hrsg. von Heine von Alemann und Hans Peter Thurn. Opladen 1981. Kultur und Gesellschaft. René König, dem Begründer der Sonderhefte, zum 80. Geburtstag gewidmet (Sonderheft 27 der Kölner Zeitschrift für Soziologie und Sozialpsychologie). Hrsg. von Friedhelm Neidhardt, M. Rainer Lepsius und Johannes Weiß. Opladen 1986. H. von Alemann und Gerhard Kunz (Hrsg.), René König: Gesamtverzeichnis der Schriften. In der Spiegelung von Freunden Schülern und Kollegen. Opladen 1992 [Aus Anlaß des 85. Geburtstags].

[2]Peter Atteslander, Einer, der von außen kommt. Festvortrag zum 85. Geburtstag René Königs. In: H. von Alemann und G. Kunz (Hrsg.), René König, a. a. O., S. 170–180.

[3]René König, Identität und Anpassung im Exil. In: Max Haller, Hans-Joachim Hoffmann-Nowotny und Wolfgang Zapf (Hrsg.), Kultur und Gesellschaft. Verhandlungen des 24. Deutschen Soziologentags, des 11. Österreichischen Soziologentags und des 8. Kongresses der Schweizerischen Gesellschaft für Soziologie in Zürich 1988. Frankfurt/M.-New York 1989, S. 113.

[4]R. König, Vor der Emigration. In: Ders., Autobiographische Schriften. Hrsg. von Mario und Oliver König (René König Schriften Bd. 18). Opladen 1999, S. 357.

© Springer Fachmedien Wiesbaden GmbH, ein Teil von Springer Nature 2021   471
R. König, *Soziologische Studien zu Gruppe, Gemeinde und Stadt*, René König Schriften. Ausgabe letzter Hand 15,
https://doi.org/10.1007/978-3-658-28251-6

wo er bereits einen Teil seiner Sachen „vorläufig" deponiert hatte. Nun war dieser „zwangsweise" Aufenthalt in Zürich für den am 5. Juli 1906 in Magdeburg geborenen König, Sohn einer deutsch-französischen Familie, – wie oben schon angedeutet – nicht sein erster Auslandsaufenthalt. Vielmehr hatte er sich schon in der frühen Kindheit mehr oder weniger lange in Italien, Spanien und Frankreich im Kreise seiner Familie aufgehalten. 1914 wurde er gar in Frankreich eingeschult und setzte nach Ausbruch des ersten Weltkrieges in Halle an der Saale seine Schullaufbahn fort. Für diese Zeit beschreibt König ein prägendes Erlebnis: „Ich war im Hause eines Schulkameraden und wir spielten irgend etwas, das ich vergessen habe. Da stellte uns seine Mutter eine Frage, die ich nicht genau verstand und darum falsch beantwortete. Die aufgebrachte Frau verwies mich des Hauses mit der Bemerkung, daß man mit ‚Französlingen' eben vorsichtig sein müsse. Sie fügte noch hinzu, ich möge mich nicht blicken lassen... Ich wußte damals noch nicht, wie sehr sich Erlebnisse dieser Art häufen sollten; so kam mir auch nicht der Gedanke, mich zu wehren und der versuchten Diskriminierung Widerstand zu leisten[5]."

Dies sollte sich durch eine Vielzahl von Ereignissen ändern mit dem Ergebnis, daß König im Vorwort zu seiner Autobiographie seine Position als Beobachter gesellschaftlicher Prozesse als ein Beobachten kennzeichnet „nicht im passiven Sinne des einfachen Aufnehmens, sondern als aktive Reaktion auf einen Reiz, in diesem Falle einer erlittenen Diskriminierung, die gleichzeitig zum Rückzug und zur Situationsanalyse veranlassen, um das eigene Handeln in einer feindlichen Umgebung zu orientieren"[6].

Zwischen dem o. g. Schlüsselerlebnis in seiner Kindheit und der Drucklegung der Autobiographie 1985 liegen rund 65 Jahre bzw. knapp 60 Jahre, wenn die „Vorstudien" hierzu berücksichtigt werden[7]. Obiger Zeitrahmen ist geprägt durch eine Vielzahl von Ortsveränderungen, von umfänglicher Lehr und Publikationstätigkeit sowie gezieltem organisatorischen Engagement. Letzteres bezieht sich vor allem auf sein Mitwirken bei der Gründung der International Sociological Association (ISA), deren Präsident er von 1962–1966 war, und auf die Partnerschaftsbeziehungen der Fakultät für Wirtschafts- und Sozialwissenschaften der Universität zu Köln und der Universität Kabul in Afghanistan.

Wenn auch nicht in umfassender, so doch in pointierter Weise sollen einige Stationen des Aufenthalts Königs in dem oben skizzierten Zeitraum aufgewiesen werden.

[5]Ders., Leben im Widerspruch – Versuch einer intellektuellen Autobiographie. In: Autobiographische Schriften, a. a. O., S. 17.

[6]Ebenda, S. 9.

[7]Vgl. hierzu M. und O. König, Editorische Notiz. In: R. König, Autobiographische Schriften, a. a. O. S. 427.

Nach dem Umzug der elterlichen Familie von Halle nach Danzig schloß König dort selbst seine Schullaufbahn mit dem Abitur an einem Humanistischen Gymnasium ab. Ab jenem Jahr nahm er sein Studium zunächst in Wien mit den Fächern Philosophie, Psychologie und Islamische Sprachen auf, bis er nach Berlin wechselte und dort ab Wintersemester (WS) 1926/1927 Philosophie, Kunst- und Literaturwissenschaften, Ethnologie und Romanistik studierte und zum Dr. phil. mit der Dissertation „Die naturalistische Ästhetik in Frankreich und ihre Auflösung" [Band 1 der René König Schriften] im WS 1929/1930 promoviert wurde. Zwischenzeitlich erfolgten (Studien-) Aufenthalte in Italien (Florenz) und in der Türkei. Nach Abschluß seines Studiums hielt sich König regelmäßig zu Forschungszwecken an der Sorbonne in Paris auf und bereiste mehrfach Sizilien, bis er „zwangsweise" in die Schweiz emigrierte. Dort habilitierte er sich 1938 an der Eidgenössischen Technischen Hochschule Zürich mit der Arbeit „Kritik der historisch-existentialistischen Soziologie. Ein Beitrag zur Begründung einer objektiven Soziologie" [Band 3 der René König Schriften]. Dort wurde ihm nach einer Zeit als Privatdozent 1947 eine Honorarprofessur in der Funktion eines Außerordentlichen Professors übertragen. Nach Ende des Nationalsozialismus und (damit) des Zweiten Weltkrieges nahm Königs „Reiselust" deutlich zu, zumal da während seines Schweizer Exils nur ein Forschungsaufenthalt in London realisiert werden konnte. Nachdem Edward Y. Hartshone, der damalige Universitätsoffizier in der amerikanischen Besatzungszone, Ende der 40er Jahre König vergeblich zur Annahme einer Professur an der Universität Frankfurt/M. gedrängt hatte[8], folgte er zum WS 1949/1950 dem Ruf auf eine Ordentliche Professur an der Universität zu Köln. Dortselbst wohnte er zunächst wie in Zürich in der Nähe zur Universität, bis er 1964 nach Köln-Widdersdorf, am Rande des Kölner Westens, übersiedelte.

Nach Übernahme der Kölner Professur unternahm er viele Reisen in die Vereinigten Staaten, zunächst mittels eines Reise-Stipendiums der Rockefeller Foundation (1952/1953), sodann auf der Basis – oft mehrmaliger – Gastprofessuren an den Universitäten von California zu Berkeley, von Michigan zu Ann Arbor, von Colorado zu Boulder, an der Universität Arizona und der Columbia University in New York. Ferner sind in diesem Rahmen die drei Forschungsaufenthalte auf der Navajo-Reservation zu nennen, anläßlich derer er auch zum Ehrenhäuptling ernannt wurde. Darüber hinaus erfolgten während dieser Zeit bis zu seiner Emeritierung Vortragsreisen in den Nahen Osten bzw. Nordafrika sowie nach Frankreich, um wichtige Etappen seiner Vortragstätigkeit zu nennen. Auf einen Vortrag sei jedoch hier in besonderer Weise verwiesen – und zwar auf den anläßlich des gemeinsamen Soziologen-

---

[8]Vgl. hierzu Uta Gerhardt, Die Wiederanfänge der Soziologie nach 1945 und die Besatzungsherrschaft. Ein Beitrag zur Wissenschaftsgeschichte. In: Franke, Bettina und Kurt Hammerich (Hrsg.), Soziologie an deutschen Universitäten: Gestern – heute – morgen. Wiesbaden 2006, S. 31–114.

tages der deutschen, österreichischen und schweizerischen (akademischen) soziologischen Fachverbände. Dort beschreibt er seine „Rückkehr" nach Köln als dem Ausgangsort seiner Emigration wie folgt: „Ich bin also kein Heimkehrer im einfachen Wortsinn, sondern ich bin als anderer Mensch, der ich in der Schweiz geworden bin, in ein neues Land gekommen[9]."

Königs Publikationstätigkeit und sein akademischer Einfluß ist hinreichend dokumentiert[10], so daß in diesem Rahmen hierauf nicht näher einzugehen ist mit Ausnahme einer persönlichen Anekdote.

Die sommerliche Dienstagsvorlesung – in der Regel zur Siedlungssoziologie – fand am späten Nachmittag in einem Vorlesungsraum ohne Klimaanlage statt, wo die schwülwarme Kölner Sommerluft sich hinreichend ausgebreitet hatte. König haßte das Rheinische Wetter und litt auch physisch in hohem Maße darunter. Aber er hatte Mitleid mit den davon Betroffenen. Nach einer Vorlesungsstunde, bei der ich offensichtlich fest eingeschlafen war, fragte er mich, ob er mich weiter schlafen lassen solle oder ob ich zum Forschungsinstitut mit zurückgehen würde; denn ich war von dort aufgebrochen, um Literaturhinweise für die Vorlesung auszuteilen. Selbstverständlich äußerte ich mich positiv zu letztgenannter Alternative, weil ich als ÖPNV-Teilnehmer in einem solchen Fall gewöhnlich von dem Ehepaar König in deren Auto mitgenommen und auf dem Wege in Nähe meiner damaligen Wohnung abgesetzt wurde.

Dieses Spannungsverhältnis von „zwangsweiser" verordneter Distanz und personaler – „fürsorglicher" – Nähe ist sicherlich ein wichtiges Moment zur Kennzeichnung bestimmter Strukturen seiner Persönlichkeit[11]. Dies ist allerdings nur ein Aspekt. Im Nachwort zu Königs Autobiographischen Schriften beschreibt sein Sohn Oliver König eine weitere spannungsgeladene Seite: „Die kosmopolitische Ausrichtung konnte mit einem extrem gesteigerten Urteil einhergehen, sah er sich oder die Sache bedroht, die er für richtig hielt[12]."

Unabhängig davon ist thematisch relevant folgendes: Wieso kann „einer, der von außen kommt", diffizile interpersonale Prozesse „hinreichend" analysieren? Und ist eine solche Analyse, wie aus einem der vorgängigen Zitate

---

[9]R. König, Identität und Anpassung im Exil, a. a. O., S. 126.

[10]Vgl. inbes. das Gesamtverzeichnis seiner Schriften. In: H. von Alemann und G. Kunz (Hrsg.), René König, a. a. O.

[11]Schließlich hätte er „stocksauer" sein können, daß ich als Wissenschaftlicher Mitarbeiter während seiner Vorlesung eingeschlafen war.

[12]O. König, Nachwort. In: R. König, Autobiographische Schriften, a. a. O., S. 434. Vgl. hierzu auch Friedhelm Neidhardt, Erfahrungen mit R. K. In: H. von Alemann und G. Kunz (Hrsg.), René König, a. a. O., S. 247. Ergänzend hierzu eine typische Anekdote: Als ich König bat, Karl Siegbert Rehberg einen Nachruf auf Arnold Gehlen in der Kölner Zeitschrift für Soziologie und Sozialpsychologie verfassen zu lassen, schließlich war ich schon seit längerem in Aachen tätig, antwortete er kurz und bündig: „Gehlen war ein Nazi und Lügner dazu!". Der besagte Nachruf erschien allerdings in der o. g. Zeitschrift.

geschlußfolgert werden könnte, nur selbstisch? Oder ist sie eine Basis für Empathie etwa im Sinne Adam Smith' und George H. Meads?

Über Königs Altruismus ist mehrfach publiziert worden[13] ebenso wie über seine Soziologiekonzeption im Sinne der Tradition Emile Durkheims, „Soziologie in moralischer Absicht" zu betreiben, wie Rolf Ziegler[14] anläßlich seiner Gedenkrede auf König bei der Akademischen Gedenkfeier der Wirtschafts- und Sozialwissenschaftlichen Fakultät der Universität zu Köln im Jahre 1993 ausführte. Folglich ist die letztgestellte Frage zu bejahen.

Insofern kann die erstgestellte Frage nach Möglichkeit und Relevanz einer Beobachtung von außen „rein" methodologisch angegangen werden.

Neben den frühen Schriften von Georg Simmel hat später u. a. Alfred Schütz, ebenfalls aus dem Nazi-Deutschland geflohen, auf die besondere intellektuelle Leistung hingewiesen, die Fremde zu erbringen haben, um die kulturellen Muster der Gesellschaft zu begreifen, in die sie eingewandert sind.

Schütz verweist in seinem erstmals 1944 veröffentlichten Aufsatz „Der Fremde" auf die „Übersetzungsleistung" des Fremden, die sich aus den „fundamentalen Brüchen" zwischen seiner Sicht und der der „ingroup" ergibt, „wie man Dinge sieht und Situationen behandelt"[15].

Der Fremde – so Schütz – kann „nicht bei einer ungefähren Bekanntheit mit den neuen Mustern Halt machen, und dabei seinem vagen Wissen über dessen allgemeinen Stil und Struktur vertrauen, sondern er braucht ein explizites Wissen *von* dessen Elementen, in dem er nicht nur ihr *daß* sondern auch ihr *warum* untersucht"[16].

„Lerntheoretisch" übersetzt beinhaltet dies folgendes: Die „klassischen" Lehrer der Ägypter waren Juden, die der Römer Griechen, die der Deutschen des späten Mittelalters bzw. der frühen Neuzeit waren Tschechen bzw. Niederländer, also alles „Fremde". Aber sie waren als Lehrer vor allem deshalb prädestiniert, weil sie relevantes Wissen „übersetzen" mußten in der Weise, daß es nachvollziehbar wurde. D. h. – in der teilweise noch heutigen Sprachregelung –, es mußte *didaktisch* aufbereitet werden: das für die

---

[13]Vgl. etwa Günther Lüschen, René Königs Altruismus. In:H. von Alemann und G. Kunz (Hrsg.), René König, a. a. O., S. 242–246; vgl. auch die Aufsatzsammlung in G. Lüschen (Hrsg.), Das Moralische in der Soziologie (Beiträge eines internationalen Symposiums in der Werner-Reimers-Stiftung. Bad Homburg, 4.–6. Juli 1996). Opladen 1998, sowie Sven Papcke, „Der Soziologe als Moralist". Anmerkungen zum Werk von René König. In: Schweizer Monatshefte für Politik Wirtschaft Kultur LXXVIII (1998), 3, S. 35–39 und ferner G. Kunz, Soziologischer Moralist der offenen Gesellschaft. In: H. von Alemann und G. Kunz (Hrsg.), René König, a. a. O., S. 229–237.

[14]Rolf Ziegler, In memoriam René König. Für eine Soziologie in moralischer Absicht. In: René König. Soziologe und Humanist. Texte aus vier Jahrzehnten. Hrsg. von Michael Klein und O. König. Opladen 1989, S. 20–32.

[15]Alfred Schütz, Der Fremde. In: Ders., Gesammelte Aufsätze, Bd. 2, Studien zur soziologischen Theorie. Hrsg. von Arvid Brodersen. Den Haag 1972, S. 63.

[16]Ebenda, S. 66 f. Vgl. auch Julia Reuter, Ordnung des Anderen. Zum Problem des Eigenen in der Soziologie des Fremden. Bielefeld 2002.

jeweilige Gesellschaft relevante Wissen mußte nachvollziehbar strukturiert werden. In diesem Sinne gilt es für einen Soziologen als Beobachter nicht allein darum, der „gespiegelten" Gesellschaft ihr Konterfei entgegenzuhalten, sondern auch in „selbstkritischem Sinne" nachvollziehbar zu machen zwecks Offenlegung von Handlungsoptionen – in der Tradition eines aufklärerischen kritischen Rationalismus.

II

In der deutschsprachigen Literatur zu einer Soziologie der Gruppe ist bis in die 50er Jahre des 20. Jahrhunderts oft nur unzureichend zwischen Gruppen, Organisationen, Verbänden, Parteien usw. unterschieden worden. Unter Bezugnahme vor allem auf amerikanische Veröffentlichungen vollzog sich spätestens ab den 60er Jahren des vergangenen Jahrhunderts eine begriffliche Differenzierung, die u. a. zu einer Gleichsetzung von Gruppe mit Kleingruppe führte.

Entsprechend referierte Hans Anger 1966 den Stand der damaligen Kleingruppenforschung wie folgt: „Kurzum: in der Soziologie nimmt der Begriff der Gruppe mehr oder minder den Platz ein, an dem früher der Begriff der Gesellschaft stand, und eine deutliche Tendenz geht dahin, zunächst einmal übersichtlich soziale Kleingebilde in den Griff zu bekommen, die ihrerseits als Studienobjekte sui generis interessieren, vielleicht aber auch eines Tages als Modell für das Verständnis gesellschaftlicher Großgruppen, Institutionen und übergreifender sozio-struktureller Strukturen dienen könnten[17]."

Fast 20 Jahre später resümiert Friedhelm Neidhardt: Die „Gruppensoziologie [hat] sich nie zu einem Ressort entwickelt und deshalb auch keine Spezialisten ausgebildet ... Daß es in der amerikanischen Sozialforschung der vierziger und fünfziger Jahre, ausgelöst durch eher zufällige Befunde, die ‚Wiederentdeckung' der Primärgruppe gab, hat nicht zur Begründung einer eigenständigen Gruppensoziologie geführt[18]."

Mit dieser Argumentation begründet Neidhardt, daß das 25. Sonderheft der Kölner Zeitschrift für Soziologie und Sozialpsychologie ohne „Gruppensoziologen" konzipiert wurde[19]. Auf den ersten Blick könnte dies einerseits als eine Aussage über die – unzureichende – Leistungsfähigkeit einer (Klein-) Gruppenforschung, zum anderen über die Differenz zwischen (sozial-)

---

[17]Hans Anger, Kleingruppenforschung heute. In: G. Lüschen (Hrsg.), Kleingruppenforschung und Gruppe im Sport (Sonderheft 10 der Kölner Zeitschrift für Soziologie und Sozialpsychologie). Opladen 1966, S. 16. Trotz einiger kritischer Bemerkungen hatte König Hoffnungen ähnlicher Art bereits 1962 geäußert: R. König, Sozialpsychologie heute. In: Kölner Zeitschrift für Soziologie und Sozialpsychologie XIV (1962), S. 1–3.

[18]F. Neidhardt, Themen und Thesen zur Gruppensoziologie.In: Ders. (Hrsg.), Gruppensoziologie. Perspektiven und Materialien (Sonderheft 25 der Kölner Zeitschrift für Soziologie und Sozialpsychologie). Opladen 1983, S. 12.

[19]Ebenda.

psychologischer und soziologischer Einschätzung angesehen werden. Die letzte Auflage eines deutschen Standardwerkes zur Kleingruppenforschung aus sozialpsychologischer Perspektive von Manfred Sader[20] stammt noch von Ende des 20. Jahrhunderts und aus soziologischer Perspektive von Bernhard Schäfers[21] aus fast gleichem Zeitraum. Dabei hatte König mit der Übernahme der Redaktion der Kölner Zeitschrift für Soziologie 1955 deren Titel in Kölner Zeitschrift für So ziologie und Sozialpsychologie geändert, um so die Relevanz der letztgenannten disziplinären Orientierung zu betonen[22].

Mitte der 50er Jahre des vergangenen Jahrhunderts hatte sich in den Vereinigten Staaten eine Vielzahl von Einzelstudien mit Fragen nach der Leistungsfähigkeit von Gruppen – im Gegensatz zu der eines Einzelnen – befaßt, aber auch mit der Relevanz von Gruppenloyalität in Krisensituationen.

Die meisten dieser (amerikanischen) Studien wurden finanziert durch Forschungsgelder der Marine, Luftwaffe oder des Heeres. Diese gewöhnlich in Laborexperimenten ermittelten Ergebnisse erfuhren bereits relativ früh eine breite publizistische Verbreitung – vor allem durch die Sammelbände von A. Paul Hare et al.[23] sowie von Gardner Lindzey[24], um nur die vermutlich wichtigsten zu nennen.

Aber auch George C. Homans' Werk „The Human Group"[25] ist in diesem Zusammenhang zu erwähnen; hier werden ausgewählte Beispiele aus der empirischen Forschung aufgearbeitet zu einer „Theorie der sozialen Gruppe" – so der blumige Titel der deutschen Übersetzung.

In diesem Sinne postuliert Anger[26] im Anschluß an eine – euphemistische – Bewertung des Werks von Homans eine Differenzierung folgender Art: Die (Sozial-)Psychologie fragt vor allem „nach der sozialen Beeinflussung und Prägung des Individuums", die Soziologie „nach der Struktur und Funktion der Kleingruppe als solcher".

---

[20]Manfred Sader, Psychologie der Gruppe. Weinheim-München 19986.

[21]Bernhard Schäfers (Hrsg.), Einführung in die Gruppensoziologie. Geschichte. Theorien. Analysen. Wiesbaden 19993 sowie ders., Die soziale Gruppe. In: Hermann Korte und B. Schäfers (Hrsg.), Einführung in die Hauptbegriffe der Soziologie. Opladen 1998 4. Aufl., S. 95; vgl. auch Hans-D. Schneider, Kleingruppenforschung. Stuttgart, 2. Aufl., 1985.

[22]R. König, Vorbemerkung des Herausgebers zum Jahrgang 7 der Kölner Zeitschrift für Soziologie und Sozialpsychologie. In: Kölner Zeitschrift für Soziologie und Sozialpsychologie VII (1955), S. 1–5 (Wiederabdruck in: M. Klein und O. König (Hrsg.), René König. Soziologe und Humanist, a. a. O., S. 103–107).

[23]A. Paul Hare, Edgar F. Borgatta und Robert F. Bales (Hrsg.), Small Groups. Studies in Social Interaction. New York 1955.

[24]Gardner Lindzey (Hrsg.), Handbook of Social Psychology, 2 Bde. Reading, Mass., 1954.

[25]George C. Homans, The Human Group. New York 1950 (deutsch: Theorie der sozialen Gruppe. Köln-Opladen 1960).

[26]H. Anger, Kleingruppenforschung heute, a. a. O., S. 17.

In der Folgezeit sind im Sinne dieser quasi-dichotomen Zuordnung eine Reihe von Studien entstanden, die sich im erstgenannten Sinne mit dem „Einfluß" der Gruppe im Sinne der sozialpsychologischen Fragestellung befaßt haben. Hier ist für den deutschen Sprachraum vor allem auf Peter R. Hofstätters[27] „Gruppendynamik" zu verweisen. Diese Be trachtungsweise „beginnt" im übrigen bei Norman Tripplett[28] bzw. Walther Moede[29].

Gegen die Befunde sozialpsychologischer Forschung sind spätestens seit den 60er Jahren des vorigen Jahrhunderts massive methodologische Ein-wände erhoben worden, die sich vor allem auf die Experimentalsituation, die sog. Laborbedingungen beziehen. Deshalb berichtet z. B. Michael Argyle nur über „natürliche" Gruppen und meint damit Familien, (jugendliche) Freund schaftsgruppen, Ausschüsse (Problemlösungsgruppen), kreative Gruppen sowie Therapiegruppen[30].

In Abgrenzung zu Organisationen hat Neidhardt[31] vor Jahren ebenfalls versucht, Beispiele für den „Idealtyp Gruppe" aufarbeiten zu lassen und in diesem Rahmen die Analyse solcher heterogenen sozialen Gebilde wie z. B. die Schriftsteller Gruppe 47, die Baader-Meinhof-Connection, die Wider-standsgruppe Weiße Rose, die Jugendbewegung zu Beginn des 20. Jahr-hunderts oder Wohngemeinschaften veranlaßt. Und in der Tat finden sich selbst in der gegenwärtigen soziologischen Fachliteratur derartige polare Positionen wieder. Während Neidhardt[32] im zuletzt behandelten Sinne „Gruppen als *Systeme persönlicher Beziehungen*" (kursiv im Original, d.V.) begreift, definiert Schäfers hingegen Gruppe wie folgt funktional: „Eine soziale Gruppe umfaßt eine bestimmte Zahl von Mitgliedern (Gruppen-mitgliedern), die zur Erreichung eines gemeinsamen Zieles (Gruppenziel) über längere Zeit in einem relativ kontinuierlichen Kommunikations- und Interaktionsprozeß stehen und ein Gefühl der Zusammengehörigkeit (Wir-Gefühl) entwickeln. Zur Erreichung des Gruppenziels und zur Stabilisierung der Gruppenidentität ist ein System gemeinsamer Normen und eine Ver-teilung der Aufgaben über ein gruppenspezifisches Rollendifferential erforderlich[33]."

Letztere Ausführungen sollten dazu dienen, auf (potentielle) konzeptuelle Unterschiede hinzuweisen, die sich im Rahmen einer soziologischen Ana-

---

[27]Peter R. Hofstätter, Gruppendynamik. Kritik der Massenpsychologie. Reinbek 1957.

[28]Norman Tripplett, The Dynamogenic Factors in Pacemaking and Competition. In: American Journal of Psychology IX (1897), S. 507–533.

[29]Walther Moede, Experimentelle Massenpsychologie. Beiträge zur Experimentalpsychologie der Gruppe. Leipzig 1920.

[30]Michael Argyle, Social Interaction. London 1969 (deutsch: Soziale Interaktion, 2. Aufl., Köln 1974).

[31]F. Neidhardt, Themen und Thesen zur Gruppensoziologie, a. a. O., S. 14.

[32]Ebenda.

[33]B. Schäfers, Die soziale Gruppe, a. a. O., S. 85.

lyse von Gruppen auftun können. Abgesehen von dem Lexikon-Artikel über Gruppe hat Königs Befassung mit diesem Thema okkasionalen Charakter. Okkasional sind die Beiträge insofern, als sie gewissermaßen von außen angeregt sind: Schulgeographentag, Internationales Seminar zur Soziologie des Sports, Tagung der Evangelischen Akademie Hofgeismar, internationaler Kongreß für Gruppenpsychotherapie oder aus Anlaß des von Neidhardt initiierten Sonderbandes der Kölner Zeitschrift für Soziologie und Sozialpsychologie; ähnliches gilt auch für den Artikel in dem von Erwin Grochla herausgegebenen „Handwörterbuch der Organisation".

Allerdings ist in diesem Zusammenhang zu beachten, daß sich König bereits 1958 in dem von ihm herausgegebenen Soziologie-Lexikon ausführlich mit sozialen Gruppen auseinander gesetzt hat. Dort wird bereits gegen die damals geläufige Unterstellung, daß „der Begriff der Gruppe an die Stelle getreten sei, an der früher der Begriff der ... Gesellschaft stand", Stellung genommen und auf die Notwendigkeit hingewiesen zu klären, „wie sich diese Gruppen zu den gesamtgesellschaftlichen Großstrukturen verhalten"[34].

In der Neuauflage des Soziologie-Lexikons (1967) wird dieser Punkt präzisiert – nämlich mit der Frage, „wie diese [Gruppen, d.V.] sich zu gesamtgesellschaftlichen Strukturen verhalten und welche Bedeutung den außerordentlich zahlreichen Untersuchungen über Teilstrukturen für die Analyse gesamtgesellschaftlicher Phänomene zuzumessen ist"[35].

In dem besagten Lexikon-Artikel fehlt es an einer eindeutigen Definition von Gruppe; vielmehr werden diskursiv einige Konzeptualisierungen aufgegriffen und kritisch diskutiert. Diese Kritik richtet sich in besonderer Weise gegen Versuche, in der Gruppe – nur – etwas Harmonisches zu sehen und dabei Konflikte und deren institutionalisierte Formen (etwa als Kampf und Konkurrenz) auszublenden, sowie gegen die Tendenz, außergruppenspezifische, d. h. gesamtgesellschaftliche Bezüge nicht zu thematisieren und somit auch allgemeine soziologisch relevante konzeptuelle Probleme außen vor zu lassen.

Königs Bemühen, den theoretisch relevanten Ort von Gruppe und Organisation in der Soziologie mit zu erfassen, ist auch in Zusammenhang zu sehen mit seiner grundsätzlichen Offenheit gegenüber sog. Nachbardisziplinen – in den vorliegenden Fällen gegenüber der Ethnologie, Sozialpsychologie, Philosophie sowie gegenüber der Wirtschafts- und Sozialgeschichte sowie -geographie – und auch mit seinem Interesse an interdisziplinären Perspektiven wie etwa Sozialer Morphologie. Insofern kann von einer perspektivischen Verengung auf einen Objektbereich Gruppe und auch Organisation bei König nicht die Rede sein.

---

[34]R. König, Gruppe. In ders.: Soziologie (Das Fischer Lexikon, Bd. 10). Frankfurt/M. 1958, S. 104.

[35]Ders., Gruppe. In ders: Soziologie. Neuausgabe. Frankfurt/M. 1967, S. 112.

Vielmehr – empirisch zwar kaum belegbar – könnte die These vertreten werden, daß – zumindest in einem (wie auch immer) bestimmten Maße – es König zu verdanken ist, daß es keine Spezialisten einer Gruppensoziologie in Deutschland gegeben hat, wie Neidhardt[36] vor rund 20 Jahren zu Recht bemerkte.

Schon in dem erwähnten Lexikonartikel wehrt sich König[37] zunächst zögerlich, später vehement dagegen, unreflektiert an die Stelle des Gesellschaftsbegriffs den Gruppenbegriff zu setzen.

Dabei spielen methodologische bzw. konzeptuelle Erwägungen eine entscheidende Rolle.

Generell wird aus seiner Sicht davor gewarnt, aus der experimentell bedingten Ausblendung von gruppenexternen Einflüssen den theoretisch relevanten Schluß zu ziehen, diese seien zur Erklärung menschlichen Verhaltens irrelevant. Diese Kritik bezieht sich vor allem auf aus Laborexperimenten abgeleitete Aussagen, menschliches Verhalten sei auf der Basis einer begrenzbaren Zahl von Einflußfaktoren erklärbar[38]. In diesem Zusammenhang ist ein Hinweis auf Königs schwankende Einschätzung von Homans' Unterscheidung von innerem und äußerem System von einem gewissen Interesse. Einerseits lobt König zunächst Homans Berücksichtigung der gruppenexternen Einflußstruktur, andererseits äußert er später Skepsis gegenüber dieser Zweiteilung, weil sie – in bestimmter Hinsicht – künstlich sei.

Königs Insistieren auf die gleichzeitige und gleichwertige Berücksichtigung von (klein)gruppenspezifischen Strukturen und Prozessen und von gesamtgesellschaftlichen Gegebenheiten durchzieht alle seine hier abgedruckten „okkasionalen" Beiträge mit unterschiedlicher Schwerpunktsetzung.

Diese beinhalten insbesondere Fragen

- nach raum-strukturellen Rahmenbedingungen für ein Überdauern in der Zeit von Gruppen;
- nach übergeordneten gemeinsamen Zielen konkurrierender Gruppen;
- nach dem Vorliegen von sozialen Phänomenen, wie face-to-face Interaktion bzw. Beziehung, die ansonsten exklusiv für soziale Gruppen postuliert werden, im gesamtgesellschaftlichen Rahmen;
- nach der Relevanz einerseits von Spontaneität als Element der Gruppenbildung und andererseits von normativen Regelungen für das Weiterbestehen von Gruppen und

---

[36]F. Neidhardt, Gruppensoziologie, a. a. O., S. 12. Obige Aussage ist nicht als Widerspruch zu seiner These vom Einfluß Niklas Luhmanns auf obige Entwicklung zu sehen, sondern „nur" als Ergänzung (Ebenda).

[37]R. König, Gruppe, a. a. O., (vgl. Anmerkungen 34 und 35).

[38]Etwa wie bei G.C. Homans, Social Behavior: Ist Elementary Forms. New York 1961. Ders., Sentiments & Activities. Essays in Social Science. Glencoe, Ill., 1962.

- nach der Problematik der Überorganisation von Gruppen als eine Form zu enger Bindungen in Gruppen und des „übermäßig" langen Verbleibens in diesen.[39]

Letztgenannter Aspekt (Überorganisation) steht in einem durchaus spannungsreichen Gegensatz zu dem Vertrauen in Selbstheilungskräfte der Gruppe. Letztere Perspektive wird im übrigen besonders in den siebziger Jahren des vergangenen Jahrhunderts publizistisch mit recht unterschiedlichen Inhalten gefüllt[40].

III

Während Königs Studien zur Soziologie der Gruppe meist mehr oder minder Zufallscharakter anhaftet, was die Anlässe zur Publizierung betrifft, verweisen seine Schriften zur Gemeindesoziologie hingegen auf ein Grundanliegen, Stellenwert und Konzeption einer Soziologie der Gemeinde grundlegend mit zu bestimmen.

Dieses gemeindesoziologische Interesse äußert sich bereits während seiner Züricher Zeit in der Förderung entsprechender Studien[41] sowie in seinem umfänglichen Beitrag „Die Gemeinde im Blickfeld der Soziologie" in dem von Hans Peters herausgegebenen „Handbuch der kommu nalen Wissenschaft und Praxis" im Jahre 1956[42]. Im gleichen Jahr erscheint als erstes Sonderheft der Kölner Zeitschrift für Soziologie und Sozialpsychologie „Soziologie der Gemeinde"[43]. Neben dem von König verfaßten Allgemeinen Teil[44] beinhaltet dieses Sonderheft neben Studien zur Ländlichen Soziologie vor allem Forschungsberichte einschließlich deren Diskussion und Literaturbesprechungen.

---

[39]Auf diese Problematik hat König auch in anderen Kontexten hingewiesen: R. König, Überorganisation der Familie als Gefährdung der seelischen Gesundheit. In: Ders., Familiensoziologie (Bd. 14 der René König Schriften. Hrsg. von Rosemarie Nave-Herz). Opladen 2002, S. 195–212 sowie ders., Die überorganisierte Familie als kriminogenes Feld. In: ders., Materialien zur Kriminalsoziologie (Bd. 13 der René König Schriften. Hrsg. von Aldo Legnaro und Fritz Sack). Wiesbaden 2004, S. 154–163.

[40]Z. B. Hans-Eberhard Richter, Die Gruppe. Hoffnung auf einen neuen Weg, sich selbst und andere zu befreien. Reinbek 1972.

[41]Vgl. u. a. Max Leutenegger, Großstadtsoziologie. Probleme der Stadt Zürich, Diss. Zürich 1953; P. Atteslander, Dynamische Aspekte des Zuzuges in die Stadt. In: Kölner Zeitschrift für Soziologie und Sozialpsychologie VII (1955). S. 253–279; Hans Weiss, Die Industrialisierung auf dem Lande. Bericht über eine Gemeindestudie in der Schweiz. In: R. König (Hrsg.), Soziologie der Gemeinde (Sonderheft 1 der Kölner Zeitschrift für Soziologie und Sozialpsychologie), 4. Aufl. KölnOpladen 1972, S. 51–64.

[42]R. König, Die Gemeinde im Blickpunkt der Soziologie. In: Hans Peters (Hrsg.), Handbuch der kommunalen Wissenschaft und Praxis, Bd. 1: Kommunalverfassung. Berlin-Göttingen-Heidelberg 1956, S. 18–50.

[43]R. König (Hrsg.), Soziologie der Gemeinde, a. a. O.

[44]Ders., Einige Bemerkungen zur Soziologie der Gemeinde. In: Ders. (Hrsg.), Soziologie der Gemeinde, a. a. O., S. 1–11.

Nur zwei Jahre später erscheint unter Verwendung der beiden o. g. Publikationen die in diesem Band abgedruckte umfassende Studie „Grundformen der Gesellschaft: Die Gemeinde" in „rowohlts deutsche enzyklopädie"[45], einer der wichtigsten wissenschaftlichen Informationsquellen der damaligen Zeit.

Und im Gegensatz zu den Beiträgen zu einer Soziologie der Gruppe wird hier schon recht detailliert zu Definitionsproblemen Stellung bezogen.

Zunächst heißt es in dem Handbuchartikel zur kommunalen Wissenschaft und Praxis noch recht allgemein „Die Gemeinde ist ... eine mehr oder weniger lokale und gesellschaftliche Einheit, in der Menschen zusammenwirken, um ihr wirtschaftliches, soziales und kulturelles Leben zu fristen"[46].

Diese Definition wird nachfolgend in „Grundformen der Gesellschaft: Die Gemeinde" erweitert: „Gemeinde ist zunächst eine globale Gesellschaft vom Typus einer lokalen Einheit, die eine bestimmte Mannigfaltigkeit von Funktionskreisen, sozialen Gruppen und anderen sozialen Erscheinungen in sich einbegreift, welche zahllose Formen sozialer Interaktionen und gemeinsamer Bindungen sowie Wertvorstellungen bedingen; außerdem hat sie neben zahlreichen Formen innerer Verbundenheiten, die sich in den erwähnten Teilen abspielen mögen, selbstverständlich auch ihre sehr handgreifliche institutionell-organisatorische Außenseite[47]."

Diese Positionierung basiert auf dem Postulat der Differenz von „Globalgesellschaft vom Typus Gemeinde und einer vom Typus der nationalen Gesellschaft"[48], die freilich nicht auf antinomischen Prinzipien basieren muß. Denn: „Wir bemerken auch grundsätzlich, daß eine Gemeinde als Globalgesellschaft auf lokaler Basis eine Fülle von Verhaltensweisen umfaßt, die mit dieser Fundamentalstruktur gar nichts zu tun haben, sei es, daß es sich ganz einfach um nicht-strukturiertes oder nicht strukturables Verhalten handelt, sei es auch nur, daß es in einem Determinationssystem eingeschlossen ist, das wesentlich nicht gemeindlicher Natur ist – also z. B. aus dem Determinationssystem von Globalgesellschaften höherer Ordnung resultiert[49]."

Angesichts dieser Zeilen mag es mehr als verwundern, daß Königs obige Kennzeichnung häufig mißverstanden wurde – wie zuletzt bei Schäfers „Die Auffassung Königs (1958) von der Gemeinde als ,globaler Einheit auf lokaler Ebene' begegnete wachsender Kritik. Stadt und Gemeinde wurden im Zusammenhang der zunehmenden Ökonomisierung und Zentralisierung gesellschaftlicher Prozesse mehr und mehr als Aktionsfeld dieser Prozesse, aber nicht mehr als deren (relativ) autonome Urheber angesehen[50]."

---

[45]Ders., Grundformen der Gesellschaft: Die Gemeinde (rde 79). Reinbek 1958.

[46]Ders., Die Gemeinde im Blickfeld der Soziologie, a. a. O., S. 20.

[47]Ders., Grundformen der Gesellschaft: Die Gemeinde, a. a. O., S. 83 f.

[48]Ebenda, S. 164.

[49]Ebenda, S. 183.

[50]B. Schäfers, Gemeindesoziologie. In: Günter Endruweit und Gisela Trommsdorff (Hrsg.), Handwörterbuch der Soziologie, 2. Aufl. Stuttgart 2002, S. 182.

Ob eine solche Relevanz von Gemeindesoziologie gegenwärtig wie in den 50er und 60er Jahren noch gegeben ist, soll an dieser Stelle nicht weiter diskutiert werden, sondern vielmehr zur Frage nach deren damaliger Bedeutsamkeit überleiten. In diesem Zusammenhang sind zumindest drei Aspekte zu unterscheiden:

- In der soziologischen Theoriediskussion hat Ferdinand Tönnies' Gegenüberstellung von Gemeinschaft und Gesellschaft bis heute – wenn auch abnehmend Dank König – einen wichtigen Platz eingenommen[51]. Gemeinschaft wird bei Tönnies als ein quasi-vorindustrielles Sozialmodell des menschlichen Miteinanders begriffen, in dem positiv bewertete und auch so gewollte Beziehungen organisch realisiert werden – mit der Konsequenz, daß ein solches Sozialmodell in der Sozialform „Gemeinde" im Sinne von Nachbarschaft als prototypisch realisiert angesehen werden kann[52]. Dem hat König stets widersprochen: *„Weil keine Gemeinschaft ohne gesellschaftliche Momente möglich ist"* und *„Gemeinschaft ohne Gesellschaft genau so wenig bestehen kann wie umgekehrt Gesellschaft ohne Gemeinschaft"*[53].
- Das harmonische Modell sozialer Beziehungen erfährt in der Völkischen Soziologie im Nationalsozialismus ideologische Weiterungen – mit durchaus fatalen Resultaten. In diesem Sinne konstatiert Hans F. K. Günther, seiner Zeit Professor für Rassenkunde, Völkerbiologie und Ländliche Soziologie an der Universität Berlin, wie folgt: „Der bäuerliche *Gemeinschaftsgeist,* der die einzelnen Bauern zur Eintracht mahnt, zur Einfügung in hergebrachte Lebensordnungen, die bäuerliche Vorstellung von einer zu bewahrenden oder wieder herzustellenden gottgewollten *Ordnung* aller menschlichen Dinge, der bäuerliche *Sinn für Obrigkeit,* für Gerechtigkeit und Einschärfung von Recht und Gesetz, die *Fügsamkeit* bäuerlicher Gemeinden und vieler einzelner Bauern bei einigermaßen erträglichen und gar bei geordneten innerstaatlichen Zuständen, die Bereitschaft bäuerlicher Jugend zum Dienst im Heere – alle diese von uns betrachteten Züge lassen ermessen, wieviel seelische Kräfte einem geordneten und gerechten, die Willkür unterdrückenden Staatswesen aus dem Bauerntum willig entgegenkommen[54]." Etwas „rustikaler" formuliert der damalige Hamburger Soziologe Andreas Walther die Anwendung nationalsoziologischen

---

[51]Ferdinand Tönnies, Gemeinschaft und Gesellschaft, 8. Aufl. Darmstadt 1988.

[52]Lars Clausen, Gemeinschaft. In: G. Endruweit und G. Trommsdorff (Hrsg.), Wörterbuch der Soziologie, a. a. O., S. 183.

[53]R. König, Ferdinand Tönnies. In: Ders., Soziologie in Deutschland. Begründer, Verfechter, Verächter. München-Wien 1987, S. 194.

[54]Hans F. K. Günther, Das Bauerntum als Lebens- und Gemeinschaftsform. Leipzig-Berlin 1936, S. 305.

Gedankenguts: „Um der Zukunft des Volkeswillen ist Volksschädigendes nicht länger schwächlich zu dulden, sondern unter Kontrolle zu nehmen und unschädlich zu machen. Das bedeutet eine grundsätzlich neue Einstellung auch zur Großstadtsanierung[55]." Insofern mag es dem Emigranten König mehr als verwunderlich erschienen sein, daß Helmut Schelsky in der Besprechung von Königs Artikel im „Handbuch der kommunalen Wissenschaft und Praxis" die Nichtberücksichtigung der seit 1937 erscheinenden Zeitschrift „Raumforschung und Raumordnung" moniert[56].

– Im Gegensatz zu diesen mehr oder minder harmonischen Vorstellungen hat die amerikanische Gemeindeforschung seit Mitte der 30er Jahre des vergangenen Jahrhunderts vielfach die Wirksamkeit von Machstrukturen und sozialer Schichtung und daraus resultierenden sozialen Konflikten selbst in – angeblich überschaubaren – kommunalen Sozialbeziehungen belegt, die sich bis in Alltagsbereiche auswirken und eine horizontale Integration zumindest behindern, wenn nicht gar ausschließen[57]. Die im Sonderheft „Soziologie der Gemeinde" zahlreich versammelten Besprechungen internationaler Forschungsprojekte und Literatur sollten den Blick öffnen für eine weniger euphemistische Betrachtungsweise von Gemeinde als einer angeblich „integrativen" Sozialform.

Abgesehen von Königs ideologiekritischer Obsession bleibt die Frage nach dem Stellenwert einer – speziellen – soziologischen Betrachtung von Gemeinde. König formuliert in diesem Zusammenhang m. E. vor allem drei Grundsätze:

1. Gemeinde stellt wie Familie den primären zentralen Rahmen zum „Aufbau der sozial-kulturellen Persönlichkeit" dar.
2. Zur Erfassung der „Gemeinde als Determinationssystem eigener Art" kommen auch Datenerhebungstechniken (wie biographische Auf-zeichnungen, teilnehmende Beobachtung, Zeitungsartikel, Archivunter-lagen usw.) zur Anwendung, die in gesamtgesellschaftlichen Analysen – in der Regel – nicht genutzt werden.
3. Im Rahmen von gemeindlichen Selbstanalysen können Gemeinden ein Aktivierungspotential zur Lösung eigener Probleme entfalten.

Insofern kann Gemeinde auch nicht – zwangsläufig – als „pars pro toto" für Gesellschaft fungieren.

---

[55]Andreas Walther, Neue Wege der Stadtsanierung, Berlin 1936, S. 3.

[56]Helmut Schelsky, Zur Begriffsanalyse der Gemeindesoziologie. In: R. König, Soziologie der Gemeinde, a. a. O., S. 189.

[57]Vgl. die Beispiele in der hier wieder abgedruckten Monographie „Grundformen der Gesell-schaft: Die Gemeinde".

Obige Definition von Gemeinde mag auf den ersten Blick als eine Art von Kompromiß aus vorgängig skizzierten Grundpositionen interpretiert werden. Jedoch wird dadurch der besondere Charakter der Königschen Gemeindesoziologie nur begrenzt sichtbar. Kennzeichnend sind für seine Position vor allem folgende Aspekte:

- Als ideologisch wird eine „kulturpessimistische" Sicht gesellschaftlicher Entwicklung von der sog. Gemeinschaft zur sog. Gesellschaft als Prozeß der Auflösung unmittelbarer sozialer Beziehungen abgelehnt.
- Aufgrund des Eindringens gesamtgesellschaftlicher Entwicklungsprozesse wie etwa Industrialisierung oder Bevölkerungsbewegungen sind Gemeinden – ob dörflich oder großstädtisch – einem besonderen Problemdruck ausgesetzt, der jeweils spezifische (Um-)Gestaltungsaufgaben erforderlich macht. Dennoch gilt, „daß die lokale Gemeinde in der Tat nach wie vor ein soziales System darstellt, das sich in voller Wirksamkeit erhält, auch nachdem weitreichende soziale Systeme gesamtgesellschaftlichen Charakters in den Vordergrund getreten sind"[58].
- Die emotionale Beziehung zu einer Gemeinde ist nicht notwendig gekoppelt an physische Anwesenheit.

Insofern kann selbst ein Kosmopolit affektive Bindungen an Orte entwickeln – auch ohne seine physische Anwesenheit. Königs Betonung der „Symbolischen Ortsbezogenheit"[59] mag hier als Hinweis dienen.

IV

Was bleibt? Die anfangs recht euphorisch, später eher distanziert aufgenommene Unterscheidung Homans' von innerem und äußerem sozialen System betrifft Königs Perspektive in grundlegender Hinsicht – nämlich als Weigerung, eine prinzipielle Abtrennung dieser beiden Perspektiven zu akzeptieren. Die vergleichende Methode als Untersuchungsrahmen zu nutzen ist einem „von außen" – wie zwangsläufig – auferlegt. Und so mag der Blick für Differenzen, für Diskrepanzen zwischen Selbstbildern von Gruppen bzw. Gemeinden und faktischem Verhalten besonders geschärft sein, aber auch für

[58]Ders., Neuere Strömungen der Gemeindesoziologie. In: Ders. (Hrsg.), Handbuch der empirischen Sozialforschung, 3. Aufl. Stuttgart 1974, S. 132 (Wiederabdruck in diesem Band). Globalisierungsprozesse mit entsprechenden „gegenläufigen" Tendenzen wie Regionalismus oder Glokalisierung (Robertson) sind lediglich entwicklungsbedingte gesellschaftliche Weiterungen. Roland Robertson, Glokalisierung: Homogenität und Heterogenität in Raum und Zeit: In: Ulrich Beck (Hrsg.), Perspektiven der Weltgesellschaft. Frankfurt/M.-New York 1999, S. 192–220. Vgl. in diesem Zusammenhang auch Renate Mayntz, Vom Dorf zur Weltgesellschaft. Ein Gespräch mit Georg Vobruba. In: Soziologie XXXIV (2005), S. 285–296.

[59]Vgl. hierzu Heiner Treinen, Symbolische Ortsbezogenheit. In: Kölner Zeitschrift für Soziologie und Sozialpsychologie XVII (1965), S. 254–297.

die Möglichkeit der Eigenaktivierung in Form einer „kreativen" Bewältigung „extern" produzierter Probleme.

Dies muß weder zu ätzender Kritik noch mitleidigem Lächeln führen, sondern zu einer intellektualisierten Art von Empathie – etwa auch in Form symbolischer Ortsbezogenheit. Selbst oder vielleicht richtiger: gerade ein Kosmopolit ist nicht „heimatlos".[60]

---

[60]Vgl. hierzu R. König, Indianer wohin? Alternativen in Arizona. Opladen 1973; ders., Navajo-Report 1970–1980. Von der Kolonie zur Nation, 2. Aufl. Berlin 1983; ders., Cultural Interplay and Political Anthropology. o. O. und o. J.

Personenregister

A

Abel, Wilhelm, 217
Abramowski, Günter, 328
Abu-Lughod, Janet L., 382, 410, 433, 434
Acheler, Max, 107
Acquarone, Alberto, 393
Acquaviva, Sabino S., 321
Adams, Robert M., 328, 377, 378, 382
Adler, Alfred, 49
Adler, Max, 60
Adorno, Theodor W., 250, 251, 258
Agger, Robert E., 340
Agthe, Klaus, 80
Agulhon, Maurice, 384
Aiken, Michael, 334
Albrecht, Günter, 321
Alemann, Heine von, 471, 474
Alexander, Frank D., 266
Allihan, Milla A., 151
Almendinger, Vladimir V., 401
Altheer, Arnold, 110
Altman, Irwin, 77
Alwardi, Ali, 436
Ammar, Hammed, 266
Ammon, Alf, 340
Anderson, Nels, 98, 295, 327, 375
Anfossi, Anna, 321
Angell, Robert C., 183, 207, 216, 230

Anger, Hans, 30, 52, 75, 476
Anton, Thomas J., 335
Ardigó, Achille, 321, 387, 392, 399, 423
Arensberg, Conrad M., 98, 138, 159, 172, 209, 238, 239, 264, 290, 291, 295, 324, 325, 328
Argyle, Michael, 478
Aristoteles, 129, 347, 379
Aron, Raymond, 56
Atteslander, Peter, 259, 471

B

Back, Kurt, 142
Bahrdt, Hans P., 91, 367, 370, 404, 424
Bakunin, Michail, 114
Balandier, Georges, 432
Bales, Robert F., 82, 83
Baltzell, Digby, 199
Balzac, Honoré, 55, 370
Banfield, Edward C., 321, 401, 417
Barbour, Kenneth Michael, 433
Barnard, Chester I., 92
Bartson, Lester J., 377
Bascom, William, 432
Bastié, Jan, 443
Bates, Marston, 104
Battegay, Raymond, 81
Baudelaire, Charles, 414